데일 카네기
불후의 3부작

인간관계론 · 성공대화론

데일카네기 지음

데일카네기 불후의 3부작을 읽는 사람은 행운아다.
상상하는 그 이상이다.
세계가 인정한 인간관계론, 자기관리론, 성공대화론의 최고의 바이블!

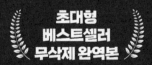
초대형
베스트셀러
무삭제 완역본

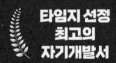
타임지 선정
최고의
자기개발서

워렌버핏
강력추천

Contents_차례

Contents_차례

Contents_차례

How to Win Friends & Influence People

1부 인간관계론

서문

이 책은 어떻게 쓰여졌고 왜 쓰여졌는가?

지난 35년간 미국의 출판사들은 20만종 이상의 책을 발간했다. 대부분의 책들은 끔찍하게 지루하고 많은 책이 상업적으로 실패했다. 내가 "많이"라고 했는가? 세계 최대 출판사의 사장이 자신의 회사가 출판을 시작한 지 75년이나 되었지만 아직도 출판하는 책 8권 중 7권이 적자를 기록한다고 고백했다.

사정이 이런데도 왜 나는 무모하게 또 다른 책을 썼을까? 왜 당신은 또 이 책을 돈 들여 사서 읽을까? 이제 그 질문에 대한 답을 하고자 한다.

나는 1912년부터 뉴욕의 직장인과 전문직 종사자들을 위한 강의를 해오고 있다. 처음에는 대중연설에 대한 강의만 했다. 실제 경험을 바탕으로 면접이나 대중 앞에서 좀더 명확하게 효과적으로 침착하게 자신의 생각을 전달할 수 있도록 수강생들을 훈련시켰다.

하지만 강의가 계속될수록 효과적인 화술 뿐 아니라 일상 업무와 사회적 교제를 하는데 있어 사람들과 잘 지내기 위한 훈련이 필요하다는 것을 깨닫게 되었다.

내 자신부터가 이런 훈련이 필요하다는 것을 절감했다. 지나온 세월을 돌이켜 보니 사람을 사귀는 능력과 이해심이 부족했다는 것에 깜짝 놀란다. 20년 전에 이 책을 읽었으면 얼마나 좋았을까! 정말 큰 도움이 되었을 텐데……. 정말 아쉽다.

대인관계는 아마 여러분이 접하는 가장 큰 문제일 것이다. 특히 여러분이 사업을 하고 있다면 더욱 그럴 것이다. 여러분이 가정주부이거나 건축가, 엔지니어인 경우에도 인간관계는 어렵다는 것을 느낄 것이다.

몇 년 전 카네기 교육진흥재단의 후원으로 이루어진 조사에서 아주 중요한 사실이 밝혀졌다. 이 사실은 카네기 기술연구소의 추가 연구를 통해서도 재확인되었다. 조사결과에서 엔지니어링 같은 기술적인 분야에서도 기술적 지식이 성공에 기여하는 것은 15%이고 나머지 85%는 인간관계기술이 좌우한다고 한다.

나는 오랫동안 필라델피아 기술자 모임과 미국 엔지니어 연구소 뉴욕지부에서 강의를 해왔다. 내 강좌에 참여한 엔지니어가 약 천 오백 명은 넘을 것이다. 그들은 오랜 관찰과 경험을 통해 급여를 많이 받는 사람은 기술에 대해 가장 잘 알고 있는 사람이 아니라는 사실을 깨달았기 때문에 내 강의를 들으러 왔다.

예를 들어 엔지니어링, 건축, 회계 분야에 기술적인 지식을 가지고 있는 사람을 고용하는 데는 주당 25에서 50달러만 주면 된다. 구직 시장에서 이런 사람들은 널려있다. 하지만 기술적인 지식에다가 자신의 생각을 표현하는 능력, 리더십이 있어서 다른 사람들의 열정을 고취시킬 수 있는 능력을 가진 사람에게는 더 보수가 높은 일자리가 기다리고 있다.

왕성한 활동을 하던 시절에 록펠러는 매튜 브러쉬에게 이런 말을 했다. "사람을 다루는 능력도 커피나 설탕 같은 상품이야. 나는 그 능력에 세상 다른 어떤 것보다 더 많은 돈을 지불할거야."

가장 값비싼 능력을 계발하는 강좌라면 세상 모든 대학이 개설하지 않을까? 하지만 이런 실용적이고 유용한 강좌가 대학에 개설되어 있다면 내가 이 글을 쓰지 않았을 것이다.

시카고 대학과 YMCA 연합학교는 성인들이 원하는 과목에 대해 조사했다.

이 조사에는 2만 5천 달러가 들었고 2년의 기간이 소요되었다. 조사가 마지막으로 실시된 지역은 코네티컷의 메리덴이라는 도시였다. 그곳은 미국의 전형적인 도시인데 메리덴의 모든 성인이 156개의 설문에 답변하고 면접조사를 실시했다. 설문의 내용은 다음과 같다. "당신의 직업은 무엇입니까? 당신의 학력은? 취미는 무엇입니까? 수입은 얼마입니까? 당신의 야망은 무엇입니까? 당신의 고민은 무엇입니까? 가장 공부하고 싶은 분야는 무엇입니까?"

조사 결과 성인들의 주된 관심사는 건강이고 두 번째 관심사는 어떻게 하면 인간관계를 잘 맺을 것인가? 어떻게 하면 사람들이 나를 좋아하게 만들 것인가? 어떻게 하면 다른 사람을 설득할 것인가 하는 것이었다.

이 조사를 실시한 위원회에서는 메리덴의 성인들을 대상으로 그런 과정을 개설하기로 했다. 그들은 이용할 수 있는 교재를 찾아보았으나 단 하나도 찾을 수 없었다. 위원회는 성인 교육 권위자를 찾아 적합한 교재를 문의했다. 그는 이렇게 대답했다. "성인들이 원하는 것을 알지만 그들이 원하는 책은 현재 존재하지 않습니다."

내 자신도 인간관계에 대한 실용서를 오랫동안 찾았지만 찾을 수 없었다.

그런 책이 없었기 때문에 나는 내가 내 강의에 쓸 수 있는 책을 직접 쓰기로 했다. 그 결과가 이 책이다. 여러분이 이 책을 좋아하기를 바란다.

이 책을 준비하면서 관련 주제에 대한 모든 책을 읽었다. 도로시 딕스와 이혼 재판기록, 〈페어런츠 매거진〉, 오버스트릿교수, 알프레드 아들러, 윌리엄 제임스에 이르기까지 모든 기록과 인쇄매체를 읽었다. 더불어 자료조사 전문가의 도움을 받아 일 년 반 동안 전국 각지의 도서관을 뒤져 내가 놓친 글을 읽고 심리학 서적을 통독했다. 잡지기사를 찾고 수많은 전기문을 찾아 모든 시대의 위인이 어떻게 사람들을 다루었는지 찾아보았다. 율리우스 카이사르부터 토머스 에디슨에 이르기까지 모든 위대한 사람들의 생애에 관한 이야기를 읽었다. 루즈벨트 한 사람만 해도 백 권 이상의 글을 읽은 것 같다. 우리는 친구를 사귀고 사람들을 설득하는 데 쓰였던 실제적인 방법을 찾기 위해 시간과 비용을 아끼지 않았다.

개인적으로도 수십 명의 성공한 사람들을 면담했다. 마르코니 같은 발명가, 루즈벨트, 사업가 오웬 영, 영화배우 클라크 케이블, 영화배우 메리 필포드, 탐험가 마틴 존슨 같은 유명인을 인터뷰하며 그들이 인간관계에 사용한 기술을 찾아내려 애썼다.

이 자료를 토대로 나는 짧은 강연을 준비하고 그 강연을 "친구를 사귀고 사람을 설득하는 법"이라고 이름 붙였다. 처음에는 짧았지만 강의를 계속하면서 내용이 늘어나 결국 1시간 30분의 강의가 되었다. 수년 동안 뉴욕에 있는 카네기 연구소의 강좌에서 성인들을 대상으로 이 강의를 진행하고 있다.

강의를 한 후 나는 사람들에게 가정이나 일터에서 실제 적용해보고 다음 강의에 그 경험을 발표해달라고 요청했다. 얼마나 재미있는 과제인가! 자기 계발을 갈망하는 사람들은 새로운 종류의 실험에 참여하고 있다는 생각을 좋아했다. 성인을 대상으로 인간관계 실험을 하는 최초의 유일한 실험이기 때문이다.

이 책은 보통의 방식과는 다르게 쓰여졌다. 이 책은 아이가 자라듯이 많은 사람들의 실험과 경험을 토대로 성장하고 개발되었다.

몇 년 전에 우리는 엽서만한 종이에 인쇄된 일련의 규칙으로 시작했다. 하지만 강의가 계속되면서 내용이 늘어나서 이제 15년의 연구와 실험의 결과물로 책 한권이 완성되었다.

이 책에 나온 규칙들은 막연한 이론이나 추론이 아니라 마법 같은 효과가 있다. 이 원칙들을 사용해서 말 그대로 인생에 혁명과도 같은 변화가 생긴 사람들을 많이 목격했다.

예를 들어보겠다. 지난 강의에 직원이 314명인 회사를 운영하는 사람이 강좌를 들었다. 오랫동안 그는 직원들을 몰아세우고 비난하고 야단쳤다. 친절함, 감사의 말, 격려는 그와는 거리가 먼 단어들이었다. 이 책에 나온 원칙들을 공부하고 나서 이 사람은 인생관을 바꿨다. 그의 회사는 다시 충성심, 열의, 팀워크가 되살아났다. 314명의 적이 이제는 친구가 되었다. 그는 강의에 앞서 강단에 나와 다음과 같은 발표를 했다.

"예전에는 제가 회사에서 지나가도 직원들 중 아무도 인사하는 사람이 없었습니다. 직원들은 제가 보이면 다른 쪽을 쳐다보는 척하며 지나쳤지요. 하지만 이제 직원들은 제 친구가 되어 회사의 경비원도 저의 이름을 부르며 친하게 지냅니다."

이 사람은 예전에 비해 더 많은 수익을 내고 더 많은 여가시간을 즐기고 있다. 사업과 가정생활에서 더 없이 행복을 느끼고 있다.

수없이 많은 영업사원들이 이 원칙을 적용하여 판매 실적을 올렸다. 많은 사람들이 예전에 실패했던 거래처와 계약을 성사시켰다. 중역들은 회사 내에서 더 확고한 위치를 확보하고 월급도 인상되었다. 지난학기에 강의를 들었던 중역은 이 원칙을 적용한 후에 급여가 일 년에 5천 달러나 인상되었다고 말했다. 필라델피아 가스회사의 임원은 65세에 직원들을 이끄는 능력이 부족하다는 이유로 강등 당했으나 이 강의를 들은 후에 승진하고 보수도 더 많이 받게 되었다.

강좌가 끝나면 파티를 여는데 거기에 참석한 부인들은 저마다 남편이 강의를 들은 후로 가정에 행복이 넘친다며 감사인사를 아끼지 않았다.

사람들은 종종 자신들이 거둔 새로운 결과를 보고 놀란다. 그들은 강의가 시작되는 월요일까지 기다릴 수가 없어서 일요일에 내 집으로 전화를 걸어 자신의 성공을 자랑한다.

지난 시즌 강의에 참석했던 사람은 강의의 내용에 너무 충격을 받아서 다른 수강생들과 강의의 내용에 대해 늦은 밤까지 토론을 했다. 새벽 3시가 되자 다른 사람들은 모두 집으로 돌아갔다. 하지만 그는 자신이 그동안 저지른 실수에 충격을 받고, 앞으로 자신에게 펼쳐질 새롭고 풍요로운 삶의 모습에 대한 기대로 잠을 이룰 수 없었다. 그는 그날 밤에도 다음날 낮에도 밤에도 잠을 잘 수 없었다.

그가 누구였을까? 자신이 접하는 새로운 이론이면 허겁지겁 달려드는 순진한 사람일까? 아니다. 그것과는 거리가 먼 사람이다. 그는 학식이 높은 미술품 수집가로 3개 국어에 능통하고 2개의 외국대학 학위가 있는 유명 인사였다.

서문을 쓰는 사이 호헨촐레른 왕가에서 대대로 직업 장교를 배출한 명문 귀족 집안 출신의 독일인에게 편지를 받았다. 그의 편지는 강의에서 접한 이론들을 실생활에 적용한 이야기들로 가득 차 있었고 그의 기쁨은 종교적인 열정에 가까웠다.

또 다른 사람은 뉴욕 출신의 하버드 졸업생으로 사교계에서 잘 알려진 카펫 공장을 운영하는 부유한 사람이었다. 그는 자신이 하버드 대학을 나왔지만 나의 14주 강의에서 배운 인간관계의 기술이 대학에서 4년간 배운 것보다 많다고 단언했다. 터무니없는 말 같은가? 우스운 소리 같은가? 허무맹랑한 소리인가? 어떻게 생각하든지 그것은 당신의 선택이다. 나는 그저 단순히 사실만을 나열하고 있다. 1933년 2월 23일 목요일 저녁 뉴욕 예일대 클럽에서 대단한 성공을 거둔 성공한 하버드대 출신 사업가가 6백여 명의 청중 앞에서 한 말을 옮길 뿐이다.

하버드 대학 교수인 윌리엄 제임스는 이렇게 말했다.

"우리가 가진 능력의 절반 정도만 깨어있습니다. 우리는 신체적 정신적 능력의 극히 일부만 사용하고 있습니다. 개념을 넓게 확장해서 본

다면 인간은 자신의 능력에 훨씬 못 미치는 삶을 살고 있습니다. 인간
은 생각보다 훨씬 많은 능력을 소유하고 있습니다."

　당신이 사용하지 못하고 있는 능력들을 발견하게 하고자 이 책은 쓰
여졌다.

　프린스턴 대학의 전직 총장인 존 G. 히번 박사는 다음과 같이 이야
기한다.

　"교육이란 살아가면서 부딪히는 다양한 상황에 대처하는 능력이
다."

　당신이 이 책의 처음 3장까지 읽고 나서도 살아가면서 마주치는 상
황에 대처하는 능력에 조금의 발전도 없다면 이 책이 완전한 실패작이
라는 것을 인정하겠다.

　허버트 스펜서의 말대로 "교육의 가장 큰 목적은 지식이 아니라 행
동"이다. 이 책은 바로 행동의 책이다.

데일 카네기

이 책에서 최대의 효과를 얻으려면

1. 이 책을 통해 최대의 효과를 얻으려면 필수불가결한 요소가 하나 있다. 이 요건을 갖추지 못한다면 수천가지 규칙들이 전부 쓸모가 없을 것이다. 이 핵심 요건을 갖추게 된다면 책을 읽지 않고도 놀라운 성과를 이루게 될 것이다.

핵심 요건이 무엇인가? 바로 이것이다. 배우고자 하는 욕구, 대인관계 능력을 향상시키고자 하는 확고한 결심이다.

어떻게 해야 이런 욕구를 개발할 수 있을까? 이 책의 원칙들이 여러분에게 얼마나 중요한지 계속해서 떠올리면 된다. 그 원칙들을 마스터하는 것을 계속해서 머릿속으로 그려보아라. 그렇게 하면 경쟁사회에서 좀더 나은 사회적 경제적 지위를 얻을 수 있을 것이다. 계속해서 혼잣말해보아라. "내 인기, 나의 행복, 나의 수입은 나의 대인관계 능력에 달려있다."

2. 속독을 해서 이 책의 전체적 내용을 대략적으로 살펴보아라. 얼른 다음 장을 넘기고 싶을 것이다. 단지 재미만을 위해 읽고 있는 것이 아니니까 그렇게 하지 마라. 인간관계 능력을 향상시키고자 한다면 천천히 앞으로 돌아가 각 장을 꼼꼼히 다시 읽어라. 그렇게 하면 결과적으로 시간을 절약하게 될 것이고 소기의 목적도 달성할 수 있을 것이다.

3. 책을 읽으면서 자주 멈추고, 읽고 있는 내용에 대해 곰곰이 생각해보아라. 각각의 원리를 언제 어떻게 적용할 수 있을 지 자문해보아라.

4. 필기구를 손에 들고 읽어라. 실생활에서 사용할 수 있을 것 같은 원칙이 나오면 표시해 두어라. 아주 중요한 원칙이면 줄을 긋거나 형광

펜 표시하고 별표시를 해서 중요도를 표시해 두어라. 이렇게 표시를 하면 읽는 것이 더 재미있어지고 나중에 다시 읽을 때 편하다.

5. 내가 아는 사람 중에 대형 보험회사의 소장으로 15년째 근무하고 있는 사람이 있다. 그는 매달 회사가 판매하는 보험약관을 읽는다. 그는 똑같은 계약서를 계속 읽는다. 왜 그럴까? 경험이 가르치는 대로 그렇게 하는 것만이 계약서 조항을 명확하게 기억하는 유일한 방법이기 때문이다.

나는 대중연설에 관한 책을 쓰는 데 거의 2년이 걸린 적이 있다. 그런데 지금도 책의 내용을 기억하려고 가끔 책을 들춰보고는 한다. 망각의 속도는 정말 놀랍다.

당신이 이 책으로 오래 지속되는 효과를 보고 싶다면 한번 훑어본 것으로는 충분하지 않다. 찬찬히 읽은 후에 매달 몇 시간씩 복습해라. 책을 책상 위나 당신 가까운 곳에 두어라. 틈날 때마다 자주 들여다보아라. 아직 고쳐야 할 점이 많다는 것을 자신에게 끊임없이 상기시켜주어라. 이 원칙들이 몸에 배어 무의식적으로 나오려면 늘 내용을 살펴보며 현실생활에서 적용하는 것 외에는 다른 방법이 없다.

6. 버나드 쇼는 이렇게 이야기했다. "가르쳐 주기만 하면 사람은 절대 배울 수 없다." 쇼의 말이 맞다. 학습은 능동적인 과정이다. 직접 해봐야지 배우는 것이다. 당신이 이 책에서 공부하고 있는 원칙들을 완벽하게 마스터하고 싶으면 이 원리들을 실생활에서 직접 실천해보아야 한다. 기회가 있을 때마다 이 규칙을 적용해보아라. 실생활에서 써먹지 않으면 금세 잊어버릴 것이다. 실제로 사용한 지식만이 기억속에 오래 남는다.

항상 이 규칙들을 적용하기는 어려울 것이다. 내가 썼기 때문에 나는 이 책의 내용을 잘 알고 있지만 나도 이 모든 규칙을 적용하는 것이 어렵다고 생각할 때가 있다. 예를 들어 당신의 기분이 나쁠 때 다른 사람의 의견을 이해하려고 노력하는 것보다 다른 사람을 비난하고 욕하는 것이 훨씬 쉬울 것이다. 칭찬하는 것보다 비난하는 게 훨씬 쉽다. 상대가 원하는 것에 대해 이야기 하는 것보다 당신이 원하는 것을 이야기 하는 것이 훨씬 자연스러운 일이다. 그러니 당신이 이 책을 읽으면서 단순히 정보를 얻으려고 하는 것이 아니라는 점을 명심하자. 여러분은 새로운 습관을 만들려고 하는 중이다. 새로운 삶의 방식을 만들어 내려 하고 있는 것이다. 그렇게 하려면 시간과 인내심, 매일 실생활에서의 적용하는 것이 필요하다.

그러니 이 책을 자주 펼쳐보라. 이 책을 인간관계에 대한 지침서로 생각해라. 아이를 대하거나 배우자를 설득할 때 화가 난 고객의 기분을 맞춰주려 할 때와 같은 특정한 문제 상황에 봉착했을 때 충동적인 반응을 억제해라. 대신에 이 책을 펼쳐 당신이 표시해둔 단락을 복습해보고 여태까지와 다른 새로운 방법을 적용해보고 놀라운 마법이 작용하는 것을 지켜보아라.

7. 배우자, 자녀, 동업자에게 당신이 정한 규칙을 어길 때마다 벌금을 내겠다고 공언해라. 이 규칙을 익히는 것을 재미있는 게임으로 만들어라.

8. 월가의 대형은행의 사장이 그가 사용하는 효과적인 자기 계발 시스템에 대해 이야기해주었다. 이 사람은 정규 교육을 많이 받지 못했지만 현재 미국에서 가장 중요한 금융인 중 한명이다. 그는 그의 성공이

자신이 직접 고안한 시스템 덕분이라고 고백했다. 가능한 한 정확하게 그의 말을 옮겨 보겠다.

"저는 오랫동안 매일 그 날 있었던 모든 약속을 빠짐없이 수첩에 적었습니다. 저의 가족은 저를 위해서 토요일 저녁에는 어떤 계획도 잡지 않고 비워두었습니다. 제가 토요일 저녁마다 자신을 반성하고 칭찬할 것은 칭찬하는 자신만의 시간을 가진 다는 것을 알기 때문에 가족들은 저를 배려해 주었습니다. 저는 저녁식사 후에 혼자 수첩을 펴서 그 주에 있었던 모든 인터뷰, 토론, 회의에 대해 생각합니다. 그리고 자문합니다.

"이번에는 내가 무슨 실수를 했지?"

"내가 올바로 한 것이 무엇이지? 어떻게 했으면 더 잘 했을까?"

"그 경험에서 내가 얻는 교훈은 무엇인가?"

주말에 자기반성을 하면 기분이 울적해질 때도 많이 있습니다. 자신의 실수에 깜짝 놀랄 때도 많이 있지요. 물론 시간이 가면서 이 실수들은 줄어들었지요. 요즘은 이렇게 자기반성을 하고 나면 약간 우쭐해질 때도 있어요. 이런 자기분석, 자기 계발 시스템은 오랫동안 지속되었고 제가 시도해본 어떤 방법 보다 효과적이었습니다.

이 시간들은 제가 올바르게 결정을 할 수 있는 능력을 발전시키는데 도움을 주었습니다. 그리고 사람들과의 관계에 크게 도움을 주었습니다. 이 방식을 여러분에게도 권합니다.

이 책에 제시된 원리들을 적용해보면서 여러분도 자신만의 점검 시스템을 사용하는 것이 어떨까? 그렇게 하면 두 가지의 성과가 있을 것이다.

첫째, 당신은 재미있으면서도 돈이 들지 않는 교육과정에 참여하게 될 것이다.

둘째, 당신의 인간관계기술이 일취월장함을 발견하게 될 것이다.

9. 이 책의 맨 뒤에는 수첩이 있다. 이 수첩에 이 규칙을 적용하면서 이룬 성과를 기록해라. 구체적으로 작성해라. 이름, 날짜, 결과를 적어라. 그렇게 기록하면 좀더 나은 결과를 낳고 싶은 욕심이 생길 것이다. 몇 년이 지난 후 수첩을 우연히 펼쳐보면 얼마나 놀랍겠는가!

이 책에서 최대의 효과를 얻기 위한 9가지 방법

1. 인간관계의 규칙을 완벽하게 습득하겠다는 강렬한 욕구를 가져라.

2. 다음 장으로 넘어가기 전에 각 장을 두 번씩 읽어라.

3. 읽으면서 이 규칙을 어떻게 적용할지 생각하는 시간을 가져라.

4. 중요한 아이디어에 밑줄을 그어라.

5. 매달 책을 복습해라.

6. 모든 경우에 이 규칙들을 적용하려 노력해라. 매일 접하는 문제를 해결하는 핸드북으로 이 책을 활용해라.

7. 이 규칙을 어길 때마다 지인들에게 벌금을 내겠다고 함으로써 게임처럼 재미있게 만들어라.

8. 매주 발전상황을 체크해라. 어떤 실수를 하고, 어떤 진전이 있는지, 미래를 위해 어떤 교훈을 얻었는지 자문해라.

9. 이 책 뒤에 있는 수첩에 언제, 어떻게 규칙을 적용했는지 기록해라.

Section **1**

인간관계의 기본규칙

1 꿀을 모으려면
벌집을 걷어차지 마라

1931년 5월 7일 뉴욕에서는 희대의 수색작전이 벌어졌다. 몇 주에 걸친 수색 끝에 '쌍권총 크로울리'가 웨스트엔드의 내연녀 아파트에 은신하고 있다는 것을 알아냈다. 그는 술도 마시지 않고 담배도 피지 않지만 사람을 죽인 살인범이었다.

150명의 경찰과 형사들이 옥상 탈출구를 포위했다. 지붕에 구멍을 뚫어 최루탄으로 크로울리를 몰아내려했다. 경찰은 주변빌딩에 사수들을 배치했고 한 시간 이상 뉴욕의 고급주택가는 총소리가 울려 퍼졌다. 크로울리는 두툼한 의자 뒤에 쭈그려 앉아 계속해서 경찰을 향해 총을 쐈다. 뉴욕의 길가에서 이런 장관을 본 적이 없는 만 명의 흥분한 사람들이 그 싸움을 지켜보고 있었다.

크로울리가 잡혔을 때 경찰청장 멀루니는 이 쌍권총 무법자를 뉴욕 역사상 최악의 범죄자라고 공언했다. 경찰청장의 표현에 따르면 "크로울리는 마구잡이로 사람을 죽이는 놈"이었다.

그러나 이 '쌍권총 크로울리'는 자기 자신을 어떻게 생각했을까? 경찰이 그의 아파트로 총을 쏘아대고 있는 와중에 그는 편지 한통을 썼다. 편지를 쓰면서 상처에서 피가 흘러 종이에 선명한 핏자국을 남겼다. 이 편지에서 크로울리는 말한다. "내 안에는 지쳐버린 연약한 마음이 있다. 어떤 누구도 해치고 싶어하지 않는 마음이다."

잡히기 바로 전에 크로울리는 롱 아일랜드 시골길에 차를 세워놓고 내연녀와 애정행각을 벌이고 있었다. 갑자기 경찰이 주차된 차에 다가와 말했다.

"면허증 좀 봅시다."

한 마디 말도 없이 크로울리는 총을 뽑아 경찰관을 죽여 버렸다. 경찰관이 쓰러지자 크로울리는 차에서 튀어나와 경찰관의 총을 뽑아 죽어가는 경찰관을 확인 사살했다. 이런 살인마가 "어떤 누구도 해치고 싶어하지 않는 마음" 운운하고 있었던 것이다.

크로울리는 사형을 선고 받았다. 씽씽교도소 사형집행실에 도착했을 때 그가 "사람을 죽였으니 당연하지." 라고 말했을까? 아니다. 그는 "이것이 정당방위를 한 대가란 말인가?" 라고 말했다.

이 이야기의 요점은 다음과 같다. 악랄한 '쌍권총 크로울리' 도 자기 탓은 하지 않았다는 것이다.

저것이 범죄자들 중에 특이한 태도라고 생각하는가? 그렇게 생각한다면, 이 이야기를 들어보라.

"나는 내 인생의 황금기를 사람들에게 기쁨을 주고 사람들이 인생을 즐길 수 있도록 돕는데 썼다. 그런데 그 대가로 나는 사람들에게 욕을 먹고 전과자가 되었다."

바로 알 카포네가 한 말이다. 악명높은 미국의 공공의 적 1호, 시카고를 주름잡았던 가장 악명 높은 갱 두목. 알 카포네는 자기 자신을 비난하지 않았다. 그는 사실 자신을 제대로 평가받지 못하고 오해받은 자선 사업가로 생각했다.

뉴어크에서 갱의 총탄에 쓰러지기 전에 더치 슐츠도 그랬다. 뉴욕의 가장 악질 범죄자였던 더치 슐츠는 신문인터뷰에서 자신이 자선사업가라고 말했다. 실제로 그는 그렇게 믿고 있었다.

나는 씽씽 교도소장에게서 흥미로운 이야기를 들었다. 그는 씽씽교도소의 범죄자들 중 자신이 악인이라고 생각하는 사람은 거의 없다고 공언했다. 그들도 당신과 나처럼 인간이다. 그래서 그들은 자신을 합리화해서 설명한다. 그들은 자신이 왜 금고를 털고 방아쇠를 빨리 당겨야 했는지 그럴듯한 이유를 대서 설명한다. 대부분은 반사회적인 행동이 정당했다고 생각한다. 자신들은 결코 수감될 만한 행동을 한 적이 없는데도 수감되어 있다고 주장한다.

만약 알 카포네와 쌍권총 크로울리, 더치 슐츠 등 감옥에 수감되어 있는 범죄자들이 자신을 탓하지 않는다면 일반 사람들은 어떨까?

작고한 사업가 존 워너메이커는 이렇게 고백한 적이 있다. "나는 30년 전에 남을 꾸짖는 것을 어리석은 일이라는 것을 깨달았다. 나는 하나님이 지적인 능력을 왜 공평하게 주지 않았을까 한탄하느니 내 부족함을 이겨내는 데 더 많은 노력을 기울였다."

워너메이커는 이 교훈을 일찍 깨달았다. 그러나 나는 30년 동안 실수하다 이 사실을 서서히 깨닫기 시작했다. 어떤 사람도 자신을 비난하지는 않는다.

비판은 상대가 방어 태세를 띠고 자신을 변호하려 애쓰게 만들기 때문에 백해무익하다. 비판은 사람의 소중한 자존심에 흠집을 내고 자아

존중감에 상처를 내고 분노를 불러일으키기 때문에 위험하다 .

독일군은 병사가 불미스러운 일이 일어나도 사건 발생 즉시 비판을 하고 불만을 재기하지 못하도록 했다. 병사는 하룻밤을 지내면서 자신의 분노를 다시 곰곰이 생각해보고 감정을 죽인다. 만일 그가 불만을 즉시 제기하면 그는 처벌을 받았다.

나는 평상시 사회생활에서도 이 법칙이 있어야 한다고 생각한다. 투덜대는 부모, 잔소리하는 아내, 꾸짖는 상사 등 잘못을 못 찾아서 안달하는 싫은 사람들은 이 법칙이 필요하다.

남을 비난하는 것이 얼마나 소용없는 짓인지 역사에서도 그 예를 수없이 찾아볼 수 있다. 예를 들어 루즈벨트 대통령과 테프트 대통령의 싸움은 아주 유명하다. 이 싸움은 공화당을 분열시키고 그 결과 윌슨이 백악관에 입성하여 1차 세계대전에 미국이 참전 결정을 내림으로써 역사의 흐름까지 바꾸게 되었다.

루즈벨트가 1908년에 대통령에서 물러나면서 차기 대통령으로 태프트를 지명했고 태프트가 다음 대통령이 되었다. 루즈벨트는 대통령직을 그만두면서 아프리카로 사냥여행을 다녀왔다. 여행을 다녀온 후 루즈벨트는 차기 대통령 후보 자리를 확보하기 위하여 새 대통령의 지나친 보수주의를 공공연히 비난했다. 곧 이어진 선거에서 태프트 대통령과 그가 속한 공화당은 버몬트와 유타 단 두 개 주에서만 의석을 확보하는데 그쳤다. 이는 공화당 창당이래 최악의 실패였다.
루즈벨트는 참패의 원인이 태프트라고 비난했다. 하지만 대통령이 자신의 잘못을 인정했을까? 물론 아니다. 눈물을 글썽이며 대통령은 이렇게 말했다. "그 상황에서는 그럴 수밖에 없었습니다."

누구의 탓일까? 루즈벨트일까 태프트 대통령일까? 솔직히 알 수도 없고 알고 싶지도 않다. 내가 말하고자 하는 바는 루즈벨트가 아무리 태프트의 잘못을 지적해도 태프트가 자신의 잘못을 인정하도록 만들 수 없었다는 것이다. 루즈벨트의 공세는 태프트 대통령이 자신을 방어하는데 급급하게 만들고 눈물을 글썽이며 "그 상황에서는 그럴 수밖에 없었다."라는 말만 되풀이하게 할 뿐 이었다.

또 다른 경우로, 티포트 돔 유전 스캔들을 들여다보자. 이 사건은 오랫동안 신문 지상에 오르며 미국을 뒤흔들어 놓았다. 미국 역사에서 이 같은 사건은 없었다. 이 사건은 아직 많은 사람의 뇌리에 남아 있을 것이다.

하딩정부에서 내무장관을 맡고 있던 앨버트 B. 펄은 정부 소유였던 엘크 힐과 티포트 돔 유전지대의 임대 권한을 쥐고 있었다. 이 유전지대는 향후 해군이 사용할 목적으로 보존되어 있었는데 펄은 공개 입찰 절차도 없이 친구인 에드워드 L. 도헤니에게 대여해주었다. 도헤니는 그 대가로 무엇을 주었을까? 그는 펄 장관에게 대여금 명목으로 10만 달러를 주었다. 펄 장관은 해병대를 시켜 엘크 힐 유전지대의 유전 업자들을 몰아냈다. 강제로 쫓겨난 유전업자들이 법원으로 달려가 이 사건은 세상에 알려지게 되었다. 이 사건은 하딩 정부뿐만 아니라 공화당까지 위기에 빠뜨렸고 당사자인 앨버트 B. 펄은 투옥되었다. 그리고 펄은 현직 관료로서는 유례를 찾기 힘든 무거운 형을 받았다.

그가 죄를 뉘우쳤을까? 천만에! 몇 년 후 후버 대통령은 연설에서 하딩 대통령의 죽음이 측근으로부터의 배신으로 인한 충격 때문이라고 말했다. 펄 부인이 그 이야기를 듣고 자리에서 벌떡 일어나 울면서 주먹을 불끈 쥐고 소리 질렀다.

"뭐라고! 하딩이 펄에게 배신을 당했다고? 내 남편은 누구도 배신하지 않았어요. 누가 이 집을 가득 채울 황금을 준다고 해도 남편은 나쁜 짓을 할 사람이 아니에요. 희생양은 오히려 남편입니다."

인간은 원래 그렇다. 실제로 인간은 아무리 나쁜 짓을 해도 자신을 제외하고 모든 사람을 비난한다. 우리 모두도 마찬가지다. 당신이나 내가 누군가를 비난하고 싶어질 때는, 알 카포네와 '쌍권총' 크로울리, 앨버트 펄을 기억하면 된다.

비난이란 집비둘기와 같다. 집비둘기는 언제나 자기 집으로 돌아오는 법이다. 우리가 바로잡아 주려고 하거나 비난하려고 하는 사람은 아마도 자신을 정당화하고 우리를 비난하려 할 것이다. 아니면 태프트처럼 이렇게 말할 것이다. "그 상황에서는 그럴 수밖에 없었다."

1865년 4월 15일 토요일 아침에 링컨은 저격당한 포드 극장의 길 건너편에 있는 싸구려 여관의 침실에서 죽어가고 있었다. 침대는 가운데가 푹 꺼져있고 링컨에게는 짧아 그는 대각선으로 누워있어야 했다. 로자 보뇌르의 유명한 그림 '마시장'의 싸구려 복사판이 벽에 걸려있고 노란 빛을 뿌리는 가스등이 깜빡거리고 있었다.

대통령의 임종을 지켜보면서 스탠튼 국방장관은 말했다.

"세상에서 인간 마음을 가장 잘 움직인 사람이 여기에 누워있다."

사람의 마음을 움직이는데 있어서 링컨이 거둔 성공의 비결은 무엇일까? 나는 10년 동안 링컨의 삶을 연구했고 〈우리가 모르는 링컨〉이라는 책을 저술하고 수정하는데 3년의 시간을 들여왔기 때문에 링컨의 인간성과 가정사를 어느 누구보다 자세하고 철저하게 연구했다. 나는 특히 링컨의 사람 다루는 법을 심층적으로 연구했다. 그도 남을 비판하기를 좋아했을까? 그렇다. 인디애나 주의 피전 크리크 밸리에서 살던 젊은 시절에 그는 다른 사람을 비난했을 뿐 아니라 사람들을 조롱하는 편지나 시를 써서 길에 놓아두곤 했다. 이런 편지들로 평생 그에게 증오를 품은 사람도 있었다.

일리노이주 스프링필드에서 변호사로 개업한 후에도 반대편 인사에 대한 비판을 신문지상에 기고하곤 했는데 이것이 지나쳐 한번은 큰 위기가 닥쳤다.

1842년 가을, 링컨은 허세를 잘 부리고 시비걸기를 좋아하는 아일랜드 출신 정치인 제임스 쉴즈를 조롱하는 익명의 투고를 스프링필드 저널지에 보냈다. 글이 신문에 실리자 사람들이 쉴즈를 비웃었다. 예민하고 자존심이 강한 쉴즈는 화가 머리끝까지 났다. 링컨이 편지를 쓴 것을 알아내서 그에게 달려가 결투를 신청했다. 링컨은 싸우고 싶지 않았지만 피할 방법이 없었다.

링컨은 무기를 선택해야 했다. 팔이 길었던 링컨은 기병대용 장검을 선택하고 사관학교 졸업생에게 개인교습까지 받았다. 그리고 약속한 날 그와 쉴즈가 미시시피 강 모래사장에서 만나 결투를 시작하려는 순간 입회인의 중재로 결투는 중지되었다.

그것은 링컨의 인생에서 가장 끔찍한 사건이었다. 그 사건으로 그는 사람을 대하는 방법에 있어 귀중한 교훈을 배우게 되었다. 그 후로 링컨은 남을 모욕하는 편지를 쓰지 않았고 남을 비웃지도 않았다. 이후로 어떠한 일이 있어도 남을 비난하지 않았다.

그로부터 훨씬 뒤에 남북전쟁 당시 링컨은 몇 번씩이나 포토맥 지구의 전투사령관으로 새로운 장군을 임명하지 않으면 안 되었는데, 매클레런, 포프, 번사이드, 후커, 미드 같은 장군들이 참패를 거듭해 링컨은 참담한 마음을 감출 수 없었다. 온 국민이 무능한 장군들을 맹렬히 비난했다. 하지만 링컨은 "어느 누구에게도 악의를 품지 말고 모두를 사랑하자"는 마음으로 침묵을 지켰다. 그가 가장 좋아한 문구는 "남의 비판을 받고 싶지 않으면 남을 비판하지 말라."였다.

링컨은 자기 부인과 다른 사람들이 남부 사람들을 나쁘게 이야기하면 이렇게 말했다. "그 사람들을 비난하지 마십시오. 우리도 같은 상황에 놓였다면 같은 행동을 취했을 것입니다."

사실 남을 비판할 일이 많은 사람이 있었다면 그것은 바로 링컨이었다. 예를 들어 보자.

게티즈버그 전투는 1863년 7월 1일부터 3일간 계속되고 있었다. 7월 4일 리 장군은 폭풍이 몰려오자 남쪽으로 후퇴하기 시작했다. 리 장군이 패배한 군대와 함께 포토맥에 도착했을 때 건널 수 없을 정도로 강물이 범람해있었고 기세가 오른 북군이 뒤에서 추격해오고 있었다. 그는 탈출할 곳이 없었다. 링컨의 생각에는 리 장군을 생포함으로써 전쟁을 끝낼 수 있는 하늘이 보내준 기회였다. 링컨은 미드 장군에게 작전회의로 시간을 끌지 말고 즉시 리 장군을 공격하라는 지시를 내렸다. 링컨은 자신의 명령을 전보로 보내고 즉시 전투에 임하라는 특사까지 미드 장군에게 보냈다.

그런데 미드 장군은 어떻게 했는가? 그는 명령과는 정반대의 행동을 취했다. 그는 바로 작전회의를 소집하고 시간을 지연시켰다. 이런 저런 핑계를 전보로 보냈다. 리 장군을 공격하라는 명령을 정면으로 거부한 것이다. 마침내 강물은 줄어 리 장군은 무사히 퇴각했다.

링컨은 격노하여 "이게 어찌된 일이냐?" 하고 곁에 있던 아들 로버트에게 소리쳤다. "어떻게 이럴 수가 있나? 손만 뻗으면 잡을 수 있었는데. 그런 상황이면 어떤 장군이라도 리의 군대를 무찔렀을 것인데. 내가 거기에 있었어도 리 장군을 생포했을 거다."

낙심하여 링컨은 책상 앞에 앉아 미드에게 다음과 같은 편지를 썼다. 이 시기에 링컨은 언사에 극도로 조심스러웠음을 기억해라. 그러나 1863년에 쓰여진 이 편지는 링컨이 화가 많이 나서 쓴 것임에 틀림없다.

친애하는 장군께

리 장군을 놓친 것이 얼마나 큰 불행인지 장군이 인식하지 못하고 있는 것 같습니다. 리 장군은 거의 다 잡은 것이었는데, 북군의 최근 승전을 보면 리 장군을 잡기만 했으면 전쟁은 끝났을 것입니다.

이 좋은 기회를 놓쳤으니 전쟁은 언제 끝날지 알 수 없게 되었습니다. 장군은 지난 월요일에 공격을 효과적으로 하지 못했는데 남부군 진지에서는 어떻게 전투를 치를 수 있겠습니까? 앞으로 장군의 활약을 기대한다는 것은 무리한 것으로 여겨지며 나 또한 이를 기대할 수 없습니다. 장군은 천재일우의 기회를 놓쳤습니다. 그로 인해 나는 더 할 수 없는 실망을 느끼고 있습니다.

이 편지를 읽고 미드 장군은 어떤 생각을 했을까?

미드 장군은 그 편지를 받지 못했다. 링컨이 그 편지를 보내지 않았기 때문이다. 그 편지는 링컨이 죽은 뒤 그의 서류함에서 발견되었다.

이것은 나의 추측이지만 이 편지를 쓴 후에 링컨은 창문 밖을 바라보며 혼잣말을 했을 것이다. "잠깐만. 이렇게 서두르지 않는 게 좋겠어. 조용한 이곳 백악관의 방에 앉아 미드 장군에게 공격 하라고 명령을 내리는 것은 쉬운 일이지. 내가 게티즈버그에 실제로 가서 미드 장군이 지난주에 본 것과 같은 참상을 보고, 부상자와 죽어가는 사람들의 비명 소리를 들었다면 나도 공격할 마음이 생기지 않았을 거야. 미드 장군과 같은 소심한 성격이라면 나도 그랬을 거야. 이미 지난일이야. 내가 편지를 보내면 내 마음은 누그러지겠지만 미드 장군은 자신을 정당화하려고 나를 비난하겠지. 이 편지를 읽으면 서운한 마음이 들어서 사령관직을 제대로 수행하지 못할 테고 그렇게 되면 군을 떠날지도 몰라."

그래서 내가 앞에 말한 것처럼 링컨은 편지를 보내지 않았던 것이다. 링컨은 경험을 통해 비난과 힐책은 대개의 경우 아무 소용이 없음을 깨달았기 때문이다.

시어도어 루즈벨트는 대통령 재임시절 난관에 부딪히면 의자를 뒤로 기대고 벽에 걸린 링컨의 초상화를 보면서 이렇게 묻곤 했다고 한다.

"이 상황에서 링컨이라면 어떻게 했을까? 그는 어떻게 이 문제를 해결할까?"

다음에 누군가를 질책하고 싶어지면 지갑에서 링컨의 초상화가 그려져 있는 5달러 지폐를 꺼내 그의 얼굴을 쳐다보면서 자문해보자. "링컨이라면 어떻게 했을까?"

주위에 누군가를 변화시키고 개선시키고 싶은가? 좋다! 하지만 우선 당신 자신을 먼저 바꿔보는 게 어떨까? 순전히 이기적인 관점에서 봐도 다른 사람을 바꾸려고 하는 것보다 자신을 바꾸는 것이 훨씬 이득이 많을 것이다. 또한 덜 위험한 일이기도 하다.

브라우닝은 "사람은 자기 자신과의 싸움을 시작할 때 가치 있는 사람이 된다."고 말했다. 자신을 완성하는데는 시간이 오래 걸릴지 모르지만 보람된 일이고 다른 사람에게 훈계를 하고자 할 때도 당당하게 할 수 있다.

공자는 "내 집 앞이 더러운데 옆집 지붕에 눈 쌓인 것을 탓하지 말라."고 했다.

내가 젊었을 때 나는 다른 사람에게 깊은 인상을 주기 위해 노력했다. 그러다가 한번은 미국의 유명한 문학가인 리처드 하딩 데이비스에게 편지를 쓴 적이 있다. 그 당시 나는 그 작가에 대한 잡지 기사를 준비하고 있었는데 데이비스에게 작가의 작법에 대한 글을 써달라고 부탁했다. 그 편지를 쓰기 몇 주 전에 지인으로 받은 편지의 말미에 "쓰기는 했지만 읽어보지는 않았음."이라는 글귀가 마음에 들었다. 그 구절은 인상적이었다. 보낸 사람이 굉장히 바쁘고 거물급 인사라는 느낌이 들게 하는 문구였다. 나는 바쁜 것과는 거리가 멀었지만 리차드 하딩 데이비스에게 깊은 인상을 주고 싶어서 내 짧은 편지 말미에 "쓰기는 했지만 읽어보지는 않았음." 이라는 구절을 적었다.

데이비스는 답장을 쓰지는 않았지만 돌려보낸 편지 하단에 "무례하기 짝이 없군." 이라고 휘갈겨 썼다. 내가 무례한 짓을 한 것은 사실이고 비난받아야 마땅하지만 나도 인간인지라 화가 났다. 어찌나 원망스러웠던지 10년 후에 리처드 하딩 데이비스의 부고를 읽고 가장 처음 든 생각은 그에게서 그 당시 받은 상처였다.

누군가를 비난해서 그가 상처를 받았다면 그 상처는 쉽게 없어지지 않고 죽을 때까지 지속된다. 비판이 정당한가는 중요한 것이 아니다.

사람을 대할 때 인간은 논리의 동물이 아니란 것을 명심하자. 인간은 감정의 동물이며 더구나 편견에 가득 차 있고 자존심과 허영심에 의해 움직인다는 사실을 알고 있어야 한다.

다른 사람을 비난하는 것은 위험한 불꽃이다. 그 불꽃은 자존심이라는 화약고를 건드려 폭발하게 하기 쉽다. 폭발은 죽음을 재촉하게 하기도 한다. 예를 들어 레오나드 우드 장군은 단명했는데 그에게 쏟아진 비판과 프랑스 출정에 참가하지 못하게 된 상처가 원인이 아니었나 싶다.

영국 문학을 풍성하게 한 훌륭한 소설가 토머스 하디도 신랄한 비판이 원인이 되어 절필하게 된다. 영국의 시인 토머스 채터튼은 혹평을 받고 자살했다.

젊었을 때 사교적이지 않았던 벤자민 프랭클린은 후에 외교적 수완과 능숙하게 사람을 대하는 기술로 프랑스 주재 미국대사가 되었다. 그의 성공비결은 무엇일까? "나는 어떤 누구도 비난하지 않습니다. 사람들의 좋은 점만 이야기하지요."라고 그는 말한다.

어떤 바보라도 비판하고 욕하고 불평할 수 있다. 대부분의 바보가 그렇게 한다.

다른 사람을 이해하고 용서하는 것은 뛰어난 품성과 참을성을 가진 사람만이 할 수 있다.

"위대한 사람의 위대함은 평범한 사람들을 대하는 태도에서 나타난다." 라고 칼라일은 말했다.

사람들을 비난하는 대신에 이해하려고 노력해보자. 사람들이 무슨 이유로 그런 행동을 하는지 이해하려고 노력해보자. 이것이 비판보다 훨씬 더 유익하다. 또한 이해하려고 하면서 우리는 사람들을 공감하고 관용을 보일 수 있게 된다. "모든 것을 알게 되면 용서하게 된다."

"하나님도 죽기 전까지는 사람을 심판하지 않는다." 라고 존슨 박사가 말했다.

2 인간관계의 비결

사람을 움직이게 하는 방법은 하나밖에 없다. 그것이 무엇인지 생각해본 적이 있는가? 그것은 스스로 마음이 동해서 움직이게 하는 방법이다.

명심해라. 다른 방법은 없다.

물론, 상대의 가슴에 총을 겨누고 시계를 달라고 협박할 수는 있다. 해고하겠다고 협박하여 직원이 당신이 있는 눈앞에서만 일하는 척하게 할 수 있다. 회초리나 위협으로 아이가 당신이 원하는 대로 행동하도록 만들 수 있다. 하지만 이런 어설픈 방법에 사람들은 반항하게 된다.

사람을 움직이게 하는 유일한 방법은 상대가 원하는 것을 주는 것이다. 사람들은 무엇을 원하는가?

20세기 저명한 심리학자중 한명인 프로이드는 인간의 모든 행동은 성적 욕구와 위대해지고 싶은 욕망 이 두 가지 동기에서 비롯된다고 한다.

미국에서 가장 유명한 심리학자 존 듀이 교수는 이를 약간 다르게 설명한다. 듀이박사는 인간 본성에서 가장 깊은 자극은 "인정받는 인물이 되고자 하는 욕망"이다. 이 책에서 아주 많이 언급되는 자아존중감은 아주 중요하다.

당신은 무엇을 원하는가? 모든 것을 바랄 수는 없지만, 자신이 정말로 바라는 것은 아무도 막을 수 없다. 보통 성인들이 바라는 것은 다음과 같다.

1. 건강과 장수
2. 음식
3. 수면
4. 돈과 돈으로 살 수 있는 것
5. 내세의 삶
6. 성적 욕구의 충족
7. 자녀들의 행복
8. 자아 존중감

한 가지를 제외한 대부분의 욕구는 충족되어 질 수 있다. 음식이나 수면에 대한 욕구만큼이나 기본적이지만 좀처럼 채워지지 않는 욕구가 있다. 그것은 프로이드는 "위대한 사람이 되고자 하는 욕구"라고 하고 듀이는 "중요한 사람이 되고자 하는 욕구"라고 표현하는 자아 존중감이다.

링컨은 "모든 사람은 칭찬을 좋아한다"는 말로 편지를 시작한 적이 있다. 윌리엄 제임스는 "인간본성 중에 가장 기본적인 원리는 인정받고자 하는 갈망이다."라고 했다. 주의할 것은 그가 인정받고자 하는

"욕구" "바람" "소망" 이라 하지 않고 "갈망" 이라고 한 점이다.

이것이야말로 절대 없어지지 않는 인간의 욕구이다. 사람들의 이런 욕구를 채워주는 사람은 사람을 좌지우지 할 수 있고 심지어 장의사도 그의 죽음에 슬퍼할 것이다.

자신의 가치를 인정받고자 하는 욕구가 인간과 동물을 구분 짓는 중요한 특징이다. 나는 어렸을 때 미주리의 농장에서 아버지의 일을 도왔다. 아버지는 듀록 저지종 돼지와 혈통이 좋은 흰머리 소를 키우고 있었다. 우리는 가축품평회에 돼지와 소를 출품해 1등상도 많이 받았다. 아버지는 1등 상인 파란 리본을 하얀 천에 붙여두었다가 손님이 집에 오면 천을 꺼내서 자랑했다. 아버지가 파란 리본을 꺼내면 나는 다른 한 쪽 끝을 잡았다.

돼지들은 상에는 관심이 없었지만 아버지는 그렇지 않았다. 상을 통해 아버지는 자신이 인정받는 느낌을 받았다.

조상들이 인정받는 존재가 되고 싶은 욕구가 없었다면 인류에 문명은 없었을 것이다. 문명이 없으면 인간도 동물과 다를 바 없다.

인정받고자 하는 욕구가 없었다면 못 배우고 가난한 식료품 가게 점원이 우연히 손에 들어온 법률책을 가지고 공부에 몰두하지도 않았을 것이다. 그 식료품 가게 점원은 바로 링컨이다.

찰스 디킨스가 불멸의 소설을 쓰게 한 것도 인정받고 싶은 욕구 때문이었다. 크리스토퍼 랜 경이 위대한 건축물을 만들게 했던 것도 바로 인정받고 싶은 욕구 때문이었다. 이 욕구는 록펠러가 평생 쓸 수도 없는 돈을 벌게 했다. 이 욕구가 여러분의 동네에 가장 부자인 사람이 필요 이상으로 큰 집을 짓게 한다.

최신 유행의 옷을 입고, 유행하는 차를 타고 자식자랑을 하는 것도 이 욕구 때문이다.

이 욕망이 많은 청년들이 갱단에 가입하게 한다.

"요즘 젊은 범죄자들은 자아가 강해서 잡히면 제일 먼저 요구하는 것이 자신을 영웅처럼 그려놓은 신문을 달라는 것이다. 자신이 신문 지면에 배우나 정치가와 같은 유명인들과 나란히 실린 것을 보면서 전기의자에 앉을 지도 모르는 미래는 생각하지도 않는다." 라고 전직 뉴욕 경찰국장인 멀루니는 말한다.

당신이 언제 자신의 존재가치를 느끼는지 나에게 말해주면 나는 당신이 어떤 사람인지 말해줄 수 있다. 그것이 당신의 성격을 결정짓는다. 존 D. 록펠러는 중국 베이징에 병원을 세워 그가 만난 적도 없고 만날 일도 없는 수많은 사람들을 돕도록 돈을 기부하는데 자신의 존재가치를 느꼈다.

반면에 딜린저는 은행 강도짓을 하고 살인하는 데서 자신의 존재가치를 느꼈다. 수사관들이 그를 추적하자 그는 미네소타의 농가에 달려 들어가 외쳤다. "나는 딜린저다!" 그는 자신이 공개수배 인물이라는 사실이 자랑스러웠다. "나는 당신을 해치지 않을 거야. 하지만 나는 딜린저야." 그는 이렇게 외쳤다.

딜린저와 록펠러를 구분 짓는 가장 큰 차이점은 그들이 자신의 존재가치를 어떻게 느꼈느냐 하는 것이다.

유명인들이 자신의 존재를 인정받기 위해 애를 썼다는 흥미로운 역사적 기록들이 많다. 조지 워싱턴도 "미합중국 대통령 각하" 라고 불리길 원했다. 콜럼버스는 "해군제독 겸 인도 총독" 이라는 호칭을 바랬으며, 예카테리나 여제는 "여왕 폐하"라는 칭호를 사용하지 않은 편지는 읽어보지도 않았다. 영부인 시절 링컨 여사는 그랜트 장군의 부인에게 이렇게 소리를 질렀다고 한다. "내 허락도 없이 마음대로 앉다니!"

버드 제독이 남극 탐험을 나설 때 백만장자들은 빙산에 자신들의 이름을 붙여준다는 조건으로 탐험비용을 지원했다. 빅토르 위고는 파리의 이름을 자신의 이름으로 바꾸려는 욕심을 부렸다고 한다. 셰익스피어조차 가족을 위한 문장(紋章)을 얻으려 노력했다고 한다.

사람들은 관심과 동정을 받고자 아픈척하기도 한다. 매킨리 여사의 예를 들어보자. 매킨리 여사는 자신이 중요한 사람이라는 것을 실감하기 위해 미국 대통령인 남편이 중요한 회의에 참석하는 것도 막고 자신의 침대 옆에서 몇 시간이고 간호하게 했다. 또한 그녀는 치과 치료를 받는 동안에도 남편을 잡아두었다. 남편이 존 헤이와의 약속에 가려고 하자 한바탕 소동을 벌이기도 했다.

메리 로버츠 라인하트는 주목을 받으려고 건강한 젊은 여성이 환자가 된 경우를 이야기해주었다.

"어느 날 이 여성은 어떤 문제에 부딪쳤습니다. 아마도 그녀의 나이겠지요. 나이가 많아 결혼도 힘들고 살 날은 많은데 기대할 것이 별로 없었어요. 그녀는 몸져눕고 말았어요. 10년 동안 노모는 음식접시를 들고 3층을 오르락내리락 하며 그녀를 돌보았어요. 그런 어느 날 그녀의 어머니는 지쳐 쓰러져 죽고 말았어요. 그녀는 괴로워하다가 갑자기 옷을 챙겨 입고 일어나 새로운 삶을 시작했답니다."

전문가에 따르면 사람들은 각박한 현실에서 자신의 존재를 인정받지 못하면 환상에서라도 인정받으려고 미쳐버리는 경우가 있다고 한다. 미국에서 다른 질병으로 아픈 환자를 합친 것보다 정신 질환으로 고통 받고 있는 환자들이 더 많다고 한다.

정신이상의 원인은 무엇일까?

아무도 정확한 답을 제시하지는 못하지만 우리는 매독이 뇌세포를 파괴하여 정신병을 유발한다는 것은 안다. 사실 모든 정신 질환의 절반 정도는 뇌 조직 장애, 알코올, 독극물 그리고 외상 같은 신체적 원인에 의해 발생한다. 그러나 나머지 절반은 놀랍게도 뇌조직에는 아무런 이상이 없다고 한다. 사후 부검을 해도 그들의 뇌세포는 정상인들의 뇌세포와 다름없이 건강하다고 한다.

왜 이런 사람들은 미치게 될까?

나는 유명 정신과의사에게 이 질문을 해보았다. 이 의사는 이 방면의 최고 권위를 가지고 있고 많은 상을 받았지만 자신도 사람들이 왜 미치는지 그 원인은 정확히 알 수 없다고 했다. 하지만 그에 따르면 정신이상이 되는 사람들은 현실에서 얻지 못하는 자신의 존재감을 정신이상 상태에서는 느낀다고 한다. 그러면서 의사는 다음과 같은 이야기를 들려주었다.

"지금 제가 맡고 있는 환자 중 결혼생활이 실패로 끝난 사람이 있었습니다. 그녀는 사랑, 성적만족, 자녀와 사회적 지위를 원했습니다. 하지만 실제 삶에서는 아무것도 이루어지지 않았습니다. 그녀의 남편은 그녀를 사랑하지 않았습니다. 그는 심지어 그녀와 식사하는 것조차 거부했습니다. 그리고 그녀에게 2층에 있는 자기 방으로 식사를 가지고 오게 했습니다. 그녀는 아이가 없었고 사회적 지위도 없었습니다. 그녀는 미쳤습니다. 상상속에서 그녀는 남편과 이혼하고 처녀적 이름을 되찾았습니다. 그녀는 지금 자신이 영국 귀족과 결혼했다고 믿고 있어서 자신을 스미스 부인이라고 불러달라고 하네요. 자녀에 관해서는 그녀는 지금 자신이 매일 아기를 낳는다고 생각하고 있습니다. 회진을 돌때마다 그녀는 '선생님, 제가 어젯밤에 아기를 낳았어요.' 이렇게 이야기를 합니다."

그녀의 꿈을 가득 실은 배는 암초에 부딪혀 부서졌지만 정신이상에 걸린 후에 따뜻한 상상의 섬에서는 모든 범선이 바람에 돛을 펄럭이며 항구로 들어오고 있다.

비극적인가? 잘 모르겠다. 그녀의 의사는 이렇게 말했다.

"내가 뛰어난 의사여서 그녀의 의식이 제대로 돌아오게 할 수 있어도 그렇게 하지 않겠습니다. 그녀는 지금이 훨씬 행복하니까요."

정신이상에 걸린 사람들이 당신이나 나보다 행복하다. 많은 사람들은 정신이상에 걸린 상태에 만족한다. 왜 그럴까? 그들은 자신들의 문제를 해결했다. 그들은 당신에게 백만 달러짜리 수표도 끊어줄 수 있고, 이슬람 교주인 아가 칸에게 추천장을 써줄 수도 있다. 그들은 꿈속에서 자신의 존재감을 발견한 것이다.

자신의 존재감을 느끼기 위해서 미치는 사람들이 있다면, 실제 정신이 온전한 사람들에게 칭찬을 하면 어떤 기적이 일어날지 생각해봐라.

역사상 백만 달러의 연봉을 받은 사람은 내가 알기에 월터 크라이슬러와 찰스 슈왑 단 두 명이다.

왜 앤드류 카네기는 슈왑에게 연봉 100만 달러를 주었을까?

슈왑이 천재여서? 아니다. 그가 다른 어떤 사람보다 철강 제조를 가장 잘 알고 있어서? 천만에. 그는 내게 자기보다 철강 제조 공정을 잘 아는 사람이 회사에 많다고 말했다.

슈왑은 자신이 연봉을 많이 받는 것은 자신이 사람을 잘 다루기 때문이라고 말했다. 나는 그 비결이 무엇이냐고 물었다. 그가 한 말을 동판에 새겨 모든 가정, 학교, 가게 사무실에 걸어두어야 한다. 학생들은 라틴어 동사 변화나 브라질의 연간 강우량을 외우는 대신에 이 말들을 외워야 한다. 이 말대로만 하면 나와 당신의 삶은 변할 것이다.

"사람들의 열정을 불러일으키는 능력이 제가 가진 최고의 자산인 것 같습니다. 열정을 불러일으키는 비결은 칭찬과 격려입니다. 상사의 비난만큼 사람의 의욕을 꺾는 것은 없습니다. 나는 결코 사람들을 비난하지 않습니다. 그보다는 사람들에게 동기를 부여하는 것이 효과적입니다. 그래서 나는 칭찬하려고 애쓰고 결점을 찾아내지 않으려고 노력합니다. 어떤 일이 마음에 들면 나는 진심으로 인정하고 아낌없이 칭찬합니다."

슈왑은 이렇게 하는데 보통사람은 어떻게 할까? 정확히 반대로 한다. 어떤 일이 마음에 안 들면 화를 내지만, 마음에 들면 아무 말도 하지 않는다.

"세계의 많은 훌륭한 사람을 만났지만 지위가 아무리 높은 사람이어도 인정받을 때보다 비난받을 때 일을 더 잘하고 더 기운차게 일하는 사람을 본 적이 없습니다."

사실 앤드류 카네기의 경이적인 성공의 원인 중에 하나도 이것이다. 카네기는 사석에서나 공석에서나 동료를 칭찬했다.

카네기는 심지어 묘비에도 직원의 칭찬을 새기고 싶어 했다. 그가 작성한 칭찬은 다음과 같다.

"자기보다 현명한 사람을 주변에 모이게 하는 법을 안 현명한 사람 여기에 잠들다."

진심으로 칭찬한 것은 록펠러의 성공 비결 중의 하나였다. 예를 들어 그의 동업자인 에드워드 T. 베드포드가 남미에서 물건을 잘못 구매해서 회사에 백만 달러의 손해를 끼쳤다. 록펠러는 그가 최선을 다한 것을 알았고 이미 상황은 종료된 상태였다. 그래서 록펠러는 칭찬할 거리를 찾았다. 그는 베드포드가 투자한 돈에서 60퍼센트를 회수한 것을 축하해주었다. "그만큼 회수한 것도 대단해."

플로렌즈 지그펠트는 브로드웨이의 유명한 제작자였다. 그는 평범한 소녀를 스타로 만드는 뛰어난 능력으로 유명해졌다. 그는 아무도 두 번 볼 것 같지 않은 평범한 소녀를 무대에서 신비롭고 고혹적인 여성으로 변신시켰다. 칭찬과 자신감의 힘을 알고 있었기에 그는 몇 마디 칭찬과 배려로 평범한 여자들이 스스로 아름답다고 생각하게 만들었다. 그는 현실적이었다. 그는 주당 30달러였던 코러스 걸의 급여를 175달러까지 인상했다. 그는 기사도 정신을 발휘하여 공연이 시작되는 날에는 주연배우에게 축전을 보내고 코러스 걸에게 아름다운 장미를 선물해 주었다.

단식이 유행했을 때 나도 6일 밤낮을 먹지 않은 적이 있었다. 어렵지는 않았다. 6일이 지날 무렵에는 오히려 단식 다음날보다 배가 덜 고팠다. 사람들은 가족이나 직원에게 6일 동안 음식을 주지 않으면 죄책감을 느낀다. 하지만 사람들은 음식만큼이나 필요한 칭찬을 6일이나 6주, 심하게는 6년 이상이나 해주지 않고도 아무런 생각이 없다.

"빈에서의 재회"라는 영화에서 주연이었던 알프레드 런트는 "나에게 가장 필요한 것은 내 자존감을 채워줄 수 있는 칭찬의 말이다."고 말했다.

우리는 아이들과 친구들, 직원의 몸에 영양분을 주지만 그들의 자존감은 얼마나 채워주고 있는가? 그들에게 쇠고기와 감자를 주어 힘을 나게 하지만 오랫동안 샛별들이 불러주는 노래처럼 기억에 남을 따뜻한 칭찬의 말은 인색하게 한다.

몇몇 독자는 아마 이 부분을 읽으면서 이렇게 말할 지도 모른다.

"진부한 이야기야! 아첨하라고? 나도 해봤지. 하지만 똑똑한 사람들에게는 씨도 먹히지 않던데."

물론 아첨은 분별력 있는 사람에게 통하지 않는다. 아첨은 저급하고 이기적이고 진실하지 않다. 아첨은 실패해야 하고 대부분 실패한다. 하지만 굶주린 사람이 풀이든 지렁이든 가리지 않고 먹는 것처럼 칭찬에 굶주리고 목마른 나머지 어떤 칭찬이든 좋아하는 사람도 있다.

결혼 전력이 많았던 엠디바니 형제가 결혼 식장에서 인기가 많은 이유가 무엇일까? 그들은 어떻게 두 명의 미인과 유명 여배우들, 세계적 성악 가수, 그리고 백만장자 바바라 허튼 같은 여자들과 결혼할 수 있었을까? 그들은 어떻게 했을까?

〈리버티〉지에 기고한 글에서 아델라 로저스 세인트 존은 이렇게 말하고 있다.

"여자들이 엠디바니 형제들에게 매력을 느끼는 이유는 오랫동안 많은 사람들에게 미스터리였다. 뛰어난 예술가이며 사교계의 여왕인 폴라 제그리가 언젠가 이렇게 말한 적이 있다. 그들은 내가 아는 한 최고로 아첨을 잘 하는 사람들이야. 아부의 기술은 요즘 같은 현실적이고 유머가 넘치는 세상에서 잊혀진 기술이지만 이 기술이 엠디바니 형제들이 여자들을 유혹하는 무기인 셈이지."

심지어 빅토리아 여왕도 아첨에 약했다. 디즈레일리는 여왕을 만날 때 아첨을 많이 했다고 고백했다. 그의 말을 그대로 옮기면 "흙손으로 벽에 흙을 바르듯" 여왕에게 아첨을 했다. 하지만 디즈레일리는 광대한 대영제국을 통치하는 수상으로 가장 명민하고 빈틈이 없는 사람이었다. 그는 자신의 방법을 만들어 사용한 천재였다. 그에게 효과적인 방법이 우리에게 반드시 효과적이라는 보장이 없다. 길게 보면 아첨은 득보다는 실이 많다. 아첨은 위조지폐와 같아서 나중에 당신을 곤란하게 만들 수도 있다.

그러면 아첨과 칭찬의 차이는 무엇일까? 그것은 간단하다. 칭찬은 진심으로 하는 말이고 아첨은 진심이 담겨져 있지 않다. 칭찬은 마음에서 우러나오는 것이고 아첨은 입술에서 나올 뿐이다. 칭찬은 이기적이지 않지만 아첨은 이기적이다. 칭찬은 모든 사람이 좋아하지만 아첨은 모든 사람이 비난한다.

나는 최근에 멕시코시티에 있는 차폴테펙 궁정에서 오브레곤 장군의 흉상을 보았다. 흉상 아래에는 장군의 철학이 담긴 문구가 새겨져 있다.

"너를 공격하는 적을 두려워말라. 너에게 아첨하는 자들을 경계해라."

나는 아첨하라고 제안하는 것이 아니다. 그것과는 정반대로 새로운 삶의 방식을 제안하고 있다.

조지 5세는 버킹엄 궁에 그의 서제 벽에 6개의 격언을 걸어 놓았다.

그중 하나는 이것이다.

"값싼 칭찬을 받지도 주지도 말게 하라."

아첨은 바로 값싼 칭찬이다. 전에 아첨에 대한 정의를 해놓은 글을 읽은 적이 있다.

"아첨이란 상대방이 자신을 생각하는 대로 정확하게 일치하는 말을 해주는 것이다."

랄프 왈도 에머슨은 이렇게 말했다.

"당신이 하는 말은 당신이 어떤 사람인지 말해준다."

아첨을 해서 만사가 다 해결되면 모든 사람들이 아첨을 하려할 것이다. 그렇게 되면 모든 사람이 인간관계의 전문가가 될 것이다.

사람들은 대부분의 시간은 자신에 관한 생각을 하면서 보낸다. 이제 잠시 자신에 대해 생각하는 것을 멈추고 다른 사람의 장점에 대해 생각하기 시작한다면 입에서 나오기도 전에 천박하고 거짓인 아첨에 의지하지 않아도 된다.

"내가 만나는 모든 사람이 어떤 면에서든지 나보다 나은 점을 가지고 있다. 나는 다른 사람에게서 배움을 얻는다." 라고 에머슨은 말했다.

에머슨이 이렇게 생각한다면 우리 같은 평범한 사람들에게는 몇 천 배 더 진리일 것이다. 우리 자신의 업적, 자신이 원하는 것을 그만 생각하자. 다른 사람의 장점을 생각해보자. 그러면 아첨 따위는 잊게 될 것이다. 진실하고 정직한 칭찬을 하자. 진심으로 인정하고 아낌없이 칭찬하면 사람들이 그 말을 가슴 깊이 간직하고 평생을 두고 되풀이 할 것이다. 당신이 칭찬했던 것을 잊어도 당사자는 오랫동안 두고두고 되풀이 할 것이다.

3 이렇게 하면 세상을 얻지만 하지 못하면 외로운 길을 간다

나는 메인 주로 매년 여름마다 낚시를 하러 간다. 나는 개인적으로 딸기빙수를 매우 좋아한다. 하지만 물고기들은 이상하게도 벌레를 좋아한다. 낚시를 갈 때는 내가 좋아하는 것은 생각하지 않는다. 물고기들이 좋아하는 것만 생각한다. 그래서 내가 좋아하는 딸기빙수를 낚시 미끼로 하지 않고 벌레나 여치를 미끼로 낚싯대에 드리우고 "맛있는 먹이 먹고 싶지 않니?" 라고 말한다.

사람을 낚을 때에도 같은 방법을 쓰는 게 어떨까?

이 방법이 전직 영국 총리 로이드 조지가 사용한 방법이다. 로이드 조지는 같은 시기에 활동한 미국의 윌슨, 이탈리아의 올란도와 프랑스의 클레망소처럼 실각하거나 잊혀지지 않고 어떻게 그 지위를 유지하는 지 비결에 대한 질문을 받았다. 그는 자신이 아직도 최고의 자리에 앉아 있는 단 하나의 이유는 아마도 낚싯바늘에 물고기가 좋아하는 먹이를 달아두는 것을 알기 때문이라는 답을 했다.

왜 자신이 원하는 것에 대해서만 말하는가? 이것은 참으로 미숙한 행동이다. 물론 인간은 자신이 원하는 것에만 관심이 있다. 죽을 때까지 영원히 그럴 것이다. 그러나 다른 사람은 당신이 원하는 것에 관심이 없다. 모든 사람이 당신처럼 자신이 원하는 것에만 관심이 있다.

그래서 세상에서 다른 사람을 움직일 수 있는 유일한 방법은 상대가 원하는 것에 대해 말하고 상대가 원하는 것을 얻는 방법을 보여주는 것이다.

내일 당신이 누군가에게 어떤 일을 시키려고 할 때 이것을 기억해라. 예를 들어 당신이 아들을 금연시키고자 할 때 설교를 하지 말고 당신이 원하는 것에 대해 말하지 마라. 그 대신에 담배를 피우면 농구팀에 못 들어갈지 모르고 백 미터 달리기에서 질지도 모른다는 것을 알려주어라.

당신이 아이들이나 송아지 또는 침팬지 중 무엇을 다루던지 이것을 기억해두면 좋다. 어느 날 랄프 왈도 에머슨은 아들과 함께 송아지를 우리로 몰고 들어가려고 했다. 하지만 그들은 자신이 원하는 것만 생각하는 실수를 저질렀다. 그래서 에머슨은 송아지를 밀고 아들은 잡아끌고만 있었다. 하지만 송아지도 에머슨 부자처럼 똑같이 자신이 원하는 것만 생각하고 있었다. 그래서 그는 네 다리로 버티며 목초지를 벗어나지 않으려고 안간힘을 썼다.

아일랜드 출신 하녀가 이 광경을 보았다. 그녀는 에머슨처럼 수필을 쓰고 책을 쓸 수는 없었지만 이런 상황에서는 주인보다는 말이나 송아지에 대해 더 많이 알고 있었다. 그녀는 송아지가 원하는 것이 무엇인지를 생각하고 그녀의 손가락을 송아지의 입속에 집어넣어 송아지가 손가락을 빨게 하면서 아주 평화롭게 송아지를 외양간으로 끌고 들어갔다.

당신이 태어난 날부터 해 온 모든 행동은 당신이 무엇인가를 원했기 때문에 한 것이다. 당신이 적십자에 백 달러를 기부한 것은 어떻게 해석할 것인가? 그렇다. 기부행위에도 이 법칙의 예외는 아니다. 당신이 적십자에 기부한 것은 당신이 도움을 주고 싶어서 한 것이다. 당신이 아름답고, 신성한 행동을 하고 싶어서 그렇게 행동한 것이다.

기부를 함으로써 느끼는 행복보다 돈이 좋은 사람은 기부를 하지 않을 것이다. 물론 거절하는 것이 창피하거나 고객이 기부하라고 요구했기 때문에 기부를 했을 수도 있다. 하지만 명백한 사실은 당신이 원해서 기부를 한 것이다.

해리 A. 오버스트리트 교수는 그의 유명한 저서 〈인간의 행동을 지배하는 힘〉에서 이렇게 말한다.

"인간의 행동은 마음속에 내재한 욕구에서 생긴다. 따라서 장차 리더가 되려고 하는 사람에게 줄 수 있는 최고의 충고는 다음과 같다. 첫째, 다른 사람의 마음에 강렬한 욕구를 불러일으키라는 것이다. 이렇게 할 수 있는 사람은 온 세상을 가질 수 있을 것이다. 그렇게 할 수 없는 사람은 외로운 길을 걷는다."

한 시간에 2센트 받는 일에서 시작하여 마침내 3억6천5백만 달러를 기부한 가난했던 스코틀랜드 청년 앤드류 카네기는 사람을 움직이는 유일한 방법은 다른 사람이 원하는 것을 이야기하는 것이라는 사실을 어려서 깨달았다. 정규교육을 받은 것은 4년에 불과하지만 그는 사람 대하는 법은 누구보다 잘 알았다.

한 가지 예를 들어보자. 카네기의 형수는 두 아들을 항상 걱정했다. 아들들은 예일 대학교에 다니고 있었는데 자신들의 일에 너무 바빠 집에 편지를 잘 쓰지 않았다. 안달하는 어머니의 편지에도 그다지 신경을 쓰지 않았다.

카네기는 답장 보내라고 간청하지 않고서도 자신은 답장을 받을 수 있다며 백 달러 내기를 제안했다. 누군가 내기에 응하자 그는 신변잡기를 다룬 편지를 쓰며 추신에 지나가는 말로 5달러씩 동봉하겠다고 썼다.

하지만 돈은 동봉하지 않았다.

그의 편지에 감사하는 답장이 곧바로 왔다. "친애하는 숙부님께……" 나머지 내용은 독자 여러분이 생각해보시라.

내일 당신이 누군가를 설득하여 당신이 바라는 대로 하게 하고 싶다면 말하기 전에 멈춰 서서 자신에게 물어라. "어떻게 하면 그가 이 일을 하고 싶어 하게 만들까?"

이런 질문은 우리가 바라는 것을 쓸데없이 주구장창 늘어놓지 않게 해 줄 것이다.

나는 강의를 위해 매 시즌 20일 동안 밤에만 뉴욕 한 호텔의 대강당을 빌렸다. 갑자기 사용료를 3배 가까이 올리겠다는 통보를 받았다. 이미 티켓은 인쇄되어 배부되고 강연광고가 다 나간 뒤였다.

당연히 나는 인상분을 지불하고 싶지 않았다. 하지만 내가 원하는 것을 호텔 측에 이야기한들 무슨 소용이 있겠는가? 호텔은 그들이 원하는 것에만 관심이 있을 뿐이었다. 한 이틀 지난 후에 나는 지배인을 만나러갔다.

"편지를 받고 약간 놀랐습니다." 나는 말했다. "하지만 지배인님을 비난하고 싶지는 않아요. 당신의 입장이라면 저 역시 비슷한 내용의 편지를 썼을 것입니다. 호텔 지배인으로서 당신의 임무는 가능하면 큰 이득을 남기는 것이니까요. 당신이 그렇게 하지 않으면 해고를 당할 것이니까요. 당신이 임대료를 올리겠다면 이 종이에 당신에게 생길 이익과 손해를 써 주십시오."

그러고 나서 나는 종이에 세로로 선을 긋고 한쪽에는 이익, 다른 한쪽에는 손해라고 적었다.

나는 이익 란의 첫 머리에 "대강당 비었음"이라는 말을 쓰고 말을 계속 이어나갔다. "당신은 대강당이 비었으니 대강당을 댄스모임이나 집회에 대여해줄 수 있을 것입니다. 이것은 큰 이익이지요. 왜냐하면 그런 모임은 당신에게 강연회에서 얻을 수 있는 돈 보다 큰돈을 벌게 해줄 테니까요. 제가 매 계절 20일 밤을 차지한다면 당신은 이익이 훨씬 많이 나는 사업을 놓치게 될 것입니다.

자, 그럼 손해를 생각해볼까요. 첫째 나에게서 나오는 돈이 줄어들기 때문에 수입이 줄어들 것입니다. 사실 줄어드는 것이 아니라 아예 없을 것입니다. 저는 호텔 측이 제시하는 임대료를 지불할 수 없기 때문입니다. 저는 이 강연을 다른 장소에서 열 수 밖에 없습니다.

당신에게는 또 다른 손해가 있습니다. 제 강연은 많은 지식인과 문화인들이 듣습니다. 이것은 호텔 측에게도 이익입니다. 자연스럽게 호텔 홍보가 되니까요. 5천 달러를 들여 신문에 호텔 홍보를 해도 제 강연에 오는 사람들만큼 많은 수의 사람을 호텔로 불러들일 수 없을 것입니다. 그것만 해도 호텔 측으로서는 상당한 이익이죠, 그렇죠?"

이야기를 하면서 나는 손해 란에다가 이 두 가지를 적어서 지배인에게 종이를 주었다.

"장점과 단점 두 가지를 면밀히 살펴보시고 저에게 최종 결정을 알려주십시오."

다음날 나는 300퍼센트 대신 50퍼센트만 임대료를 올리겠다는 내용의 편지를 지배인으로부터 받았다.

내가 원하는 것은 한마디도 하지 않고 원하는 것을 얻어냈다는 사실에 주목하기를 바란다. 나는 상대가 원하는 것과 어떻게 그것을 얻을 수 있는지에 대해서만 이야기했다.

내가 보통 사람들이 하는 대로 행동을 했다고 가정해보자. 나는 사무실로 뛰어 들어가 말할 것이다. "티켓은 이미 인쇄되었고 광고도 끝났는데 어떻게 임대료를 300퍼센트나 올리십니까? 300퍼센트 나요! 말도 안 됩니다! 그 돈을 내지 않겠어요!"

그렇게 되면 무슨 일이 일어날까? 격한 논쟁이 오갈 것이고 당신은 논쟁이 어떻게 끝을 맺을지 짐작할 수 있을 것이다. 매니저가 자신이 틀렸다고 생각해도 그는 자존심 때문에 물러서지 않을 것이다.

훌륭한 인간관계를 위한 최고의 충고가 있다. "성공의 유일한 비밀은 다른 사람의 생각을 파악하고 자신의 관점에서만 아니라 상대의 관점에서 사물을 볼 줄 아는 능력이다."라고 헨리 포드는 말했다.

이 말이 참 좋아서 나는 반복해서 말하고 싶다. "성공의 유일한 비밀은 다른 사람의 생각을 파악하고 자신의 관점에서만 아니라 상대의 관점에서 사물을 볼 줄 아는 능력이다."

이 말은 너무나 간단하고 명료해서 누구나 즉시 이 말의 진의를 파악할 수 있지만 지구상의 90퍼센트의 사람이 대부분 이를 무시하고 살아간다.

예를 들어볼까? 내일 아침 책상위에 놓인 편지를 봐라. 그러면 편지의 대부분이 중요한 상식을 벗어나고 있음을 발견할 것이다. 전국에 지사를 둔 광고 대행사의 라디오 광고 국장이 보낸 편지를 예를 들어보겠다. 이 편지는 전국의 라디오 방송국장들에게 보낸 편지다. (편지의 각 단락마다 나의 생각을 괄호 속에 적어 넣었다.)

○○ 귀하

저희 회사는 라디오 광고 분야에서 독보적인 위치를 유지하고자 합니다.

(당신 회사가 바라는 게 나랑 무슨 상관이야? 나는 내 문제만으로도 골치가 아프다고. 은행은 집살 때 받은 대출을 갚으라고 난리지, 우리 집 접시꽃이 벌레 먹어 죽어가고 있고, 어제 증권시장이 곤두박질쳤어. 오늘 아침에는 8시 15분 통근차를 놓쳤고, 어젯밤 존의 댄스파티에는 초대받지도 못하고 의사는 고혈압, 신경통, 비듬까지 있다고 하네. 그리고 무슨 일이 있었지? 오늘 아침에 뒤숭숭해서 출근했는데 뉴욕에서 건방진 애송이가 자기가 원하는 것만 줄줄이 늘어놓고 있네. 흥! 자기 편지가 어떤 인상을 주는지 알면 당장 광고계를 떠나 비누나 만드는 게 낫겠다.)

저희 회사의 수많은 광고주를 고객으로 하고 있습니다. 광고시간은 업계 최고를 항상 유지하고 있습니다.

(당신네 회사가 크고 업계 정상이라고? 그래서 뭐? 당신네 회사가 GM이나 GE 미국 합동참모본부 보다 크다고 해도 신경도 안 쓴다고. 벌새 반만이라도 똑똑하면 당신네가 얼마나 큰 게 아니라 내가 얼마나 큰 존재인지가 중요하다는 것을 알아야지. 당신네가 크다고 떠벌이니 내가 참 작고 하찮은 존재처럼 느껴지는군.)

저희는 광고주들에게 라디오 방송 편성과 관련된 최신 정보를 제공하고 싶습니다.

(바란다고? 실컷 바라기만 해라! 이 바보야. 난 너희 회사가 뭘 바라는지, 무솔리니[이탈리아의 대통령], 빙 크로즈비[미국의 유명 연예인]가 뭘 바라는지 신경 쓰지도 않는다고. 내가 관심 있는 것은 내가 바라는 것뿐이야. 당신이 보낸 편지에는 내가 뭘 바라는 지 한 마디도 안하잖아.)

주간 방송 정보를 제일 먼저 저의 회사에 알려주시겠습니까? 모든 상세한 정보는 저희 회사가 광고 방송시간을 예약하는데 유용하게 쓰일 것입니다.

("우선순위?". 참 뻔뻔하기도 하지! 자기 회사에 대해 허풍을 떨면서 나를 기죽이더니 이제 자기네 회사를 우선순위에 넣어 달래? 부탁하면서도 "제발"이라는 말은 죽어도 넣지 않냐?)

귀사의 최신 정보를 저희에게 곧바로 회신해주시면 큰 도움이 되겠습니다.

(너 바보 아니냐? 가을철 낙엽처럼 흔해빠진 싸구려 복사본 편지나 보내는 주제에 뻔뻔하게 회신을 보내달라고? 난 한가한 사람이 아니라고 은행 대출, 접시꽃, 혈압 걱정으로 머리가 복잡한 판국에 답장 쓸 일 있냐? 거기에 "빨리" 보내라고? 나도 당신 못지않게 바쁘다고. 아니 적어도 바쁘다고 생각하고 싶다고. 당신이 뭔데 나를 이래라 저래라 명령하는데? 서로 도움이 된다고? 이제야 내 입장을 이해하기 시작했군. 하지만 당신은 어떻게 해야 내게 이익이 되는지 모르는 것 같군.)

그럼 이만 줄입니다.

존 블랭크

라디오부 국장

추신. 동봉한 블랭크빌 저널이 귀하의 관심을 끌 것으로 생각되고 방송국에서 방송하셔도 좋을 듯합니다.

(편지 끝머리에 와서야 내 문제들을 해결하는 데 도움이 될 것들을 말하기 시작하는군. 편지를 시작할 때 진작 하지 그랬어? 이런 실수를 끊임없이 되풀이하는 당신 같은 광고장이들은 숨골에 뭔가 병이 있는 게 틀림없어. 당신네들한테 필요한 것은 최근 광고방송 현황이 아니라 갑상선 치료에 쓰이는 요오드겠지.)

평생을 광고계에서 일하며 사람들에게 물건을 구매하도록 설득하는 전문가들도 편지를 이렇게 쓰는데 정육점, 제과점, 인테리어 가게에서 일하는 사람들에게서는 무엇을 기대할 수 있을까?

대형 화물 터미널 소장이 강좌에 참가한 적이 있는 에드워드 버밀렌 씨에게 쓴 편지를 소개해 보겠다. 에드워드 버밀렌 씨는 편지를 어떻게 느꼈을까? 읽어보고 내가 하는 이야기를 들어보라.

에드워드 베밀린 씨께

물류가 오후 늦게 들어와서 화물터미널의 물류 발송 작업이 지연되고 있습니다. 그 결과 업무 지연이 일어나고 인부들의 연장근무, 배차의 지연 그리고 일부 경우에 운송이 지연되는 상황까지 일어나고 있습니다. 11월 10일 오후 4시 20분에 510개의 귀사 물건을 받았습니다. 화물 접수가 늦어짐에 따라 발생한 문제를 해결 하는데 귀사의 협조를 요청하는 바입니다. 화물을 보내실 때 트럭을 일찍 보내시던지 물량의 일부라도 오전 중에 보내주십시오.

협조해주시면 귀사의 트럭 대기 시간도 줄 것이고 배송도 정시에 이루어질 것을 확신합니다.

이만 줄입니다.

J.B. 소장 드림

이 편지를 읽고 제레가즈 선즈 주식회사의 영업부장인 베밀렌 씨는 다음의 의견을 보내왔다.

"이 편지는 의도한 것과는 다른 역효과를 가져왔습니다. 편지는 우리가 관심도 없는 운송터미널의 애로사항으로 시작하고 있습니다. 우리 회사의 어려움은 고려하지 않고 협조만 요구하고 마지막 단락에 와서야 우리가 협조하면 트럭대기 시간이 줄어들고 배송이 빨라지는 이익에 대해 언급하고 있습니다. 다시 말해 저희가 관심을 갖고 있는 부분을 맨 마지막에 언급해 협조보다는 반발심만 일으키는 역효과를 일으켰습니다."

이 편지를 다시 한 번 고쳐 써 보자. 문제를 이야기함으로써 시간을 낭비하지말자. 헨리 포드가 강조한대로 우리 입장에서 뿐만 아니라 다른 사람의 입장에서도 상황을 살펴보자.

다음은 수정된 편지이다. 최상은 아니지만 좀더 괜찮은 편지라고 생각한다.

베밀렌 씨께

귀사는 14년 동안 저희의 우수고객이셨습니다. 당연히 저희 회사는 귀사의 성원에 감사드리며 귀사에 신속하고 정확한 서비스를 드리고자 노력하고 있습니다. 하지만 귀사의 트럭이 11월 10일 오후 늦게야 화물을 배송해주셔서 신속한 서비스를 제공할 수 없게 됨을 알려드려 송구스럽게 생각합니다. 다른 회사들도 오후 늦게 배송을 하기 때문입니다. 당연히 체증이 빚어집니다. 이 때문에 귀사의 트럭이 불가피하게 하역부두에 묶여있게 되고 가끔 배송이 지연되기도 합니다.

아주 바람직하지 않은 일이지요. 어떻게 이 사태를 막을 수 있을까요? 트럭을 아침에 하역부두로 보내주시면 작업이 순조롭게 이루어져 화물이 곧바로 선적될 것이고 인부들은 일찍 퇴근해서 가정에서 맛있는 저녁식사를 할 수 있을 것입니다.

제가 편지를 보내는 것이 불평을 쏟아내기 위한 것이나 귀사의 운영에 간섭하고자 하는 것이 아님을 꼭 알아주십시오. 단지 귀사에 좀더 나은 서비스를 제공하기 위해 심사숙고해서 보내는 편지입니다.

귀사의 물류가 언제 도착하던지 간에 저희 회사는 기꺼이 온힘을 다해 신속하게 서비스해드리도록 할 것입니다.

바쁘시니 답장까지 하는 수고는 안하셔도 됩니다.

이만 줄입니다.

J.B. 소장 드림

많은 세일즈맨들이 충분한 수입도 얻지 못하고 피곤에 찌들고 낙심한 채 거리를 돌아다니고 있다. 왜일까? 그들은 항상 자신이 원하는 것만 생각하고 있기 때문이다. 그들은 당신이나 내가 어떤 것도 사기를 원하지 않는 것을 깨닫지 못하고 있다. 우리는 물건을 사고 싶으면 밖으로 나가 물건을 산다. 우리는 모두 자신의 문제를 해결하는 데 끊임없는 관심을 갖고 있다. 만약 세일즈맨이 우리에게 그들의 서비스나 상품이 우리의 문제를 해결하는 데 도움이 된다는 것을 보여준다면 그는 물건을 팔러 돌아다니지 않아도 된다. 우리가 직접 살 것이기 때문이다. 그리고 고객은 자신이 직접 사는 그 느낌은 좋아하지 강매당하는 느낌은 싫어한다.

그러나 많은 세일즈맨들이 고객의 입장에서 보지 않고 물건을 팔러 다니느라 인생을 보낸다. 나는 뉴욕 중심부의 포레스트 힐의 개인 주택 구역에 산다. 어느 날 내가 기차역으로 달려가는데 수 년 동안 롱 아일랜드에서 부동산을 거래하는 부동산 중개업자를 만났다. 그는 포레스트 힐을 잘 알아서 나는 급하게 그에게 나의 집이 메탈 라스로 지어졌는지 속빈 타일로 지어졌는지 물었다. 그는 잘 모른다고 답하고 포레스트 힐즈 주택협회로 전화하면 알 수 있다고 했다. 누가 그걸 모르나? 다음날 아침 나는 그에게서 편지를 받았다. 내가 알고 싶어 했던 정보를 편지가 담고 있었을까? 전화해보면 일 분 안에 내 질문에 답을 얻었을 텐데 그는 전화를 해보지 않았다. 그는 나에게 다시 협회에 전화해보라고 말하고 내 보험을 자신에게 맡겨달라고 부탁해왔다.

그는 나를 돕는 일에는 관심이 없었다. 그는 자기 자신을 돕는 일에만 관심이 있었다.

나는 그에게 배쉬 영의 책 〈주는 기쁨〉과 〈나누는 행운〉이라는 책을 주었다. 만일 그가 책을 읽고 책이 주장하는 대로 행동하면 내 보험을 처리하면서 얻는 이익보다 수천 배의 이익을 얻을 수 있을 것이다.

전문직에 있는 사람들도 같은 실수를 한다. 몇 년 전에 나는 필라델피아에 있는 유명한 이비인후과에 갔다. 그는 내 편도선을 보기도 전에 내가 무슨 일을 하는 지 물었다. 그는 내 편도선의 크기에는 관심도 없었다. 그는 내가 얼마나 버는지에 관심이 있었다. 그의 주된 관심사는 그가 나를 얼마나 도울 수 있는 가가 아니라 나에게서 얼마나 얻을 수 있는 지였다. 결과는 그는 아무것도 얻지 못했다는 것이다. 나는 의사의 성품에 경멸하며 병원을 나섰다.

세상은 자기 것만 생각하는 이기적인 사람들로 가득 차 있다. 그래서 자신을 버리고 남을 도우려고 애쓰는 소수의 사람에게는 엄청난 이익이 따른다. 그런 사람들은 경쟁자가 없다. 오웬 영은 말했다. "다른 사람의 입장에 서서 다른 사람의 마음을 읽는 능력을 가지고 있는 사람은 미래를 걱정할 필요가 없다."

이 책을 읽고 다른 사람의 관점에서 생각하고 다른 사람의 관점에서 사물을 보려는 이 단 한 가지만 얻어도 당신 경력의 밑거름이 될 것이다.

대부분의 사람은 대학에 들어가 버질의 작품을 읽고 미적분학을 배우면서도 타인의 마음읽기라는 중요한 덕목은 배우지 않는다. 나는 언젠가 에어컨 제조회사인 캐리어 회사의 신입사원들에게 "효과적인 대화법"이라는 강연을 한 적이 있다. 젊은이들 중 한명이 농구가 하고 싶어서 다른 사람들에게 이렇게 말했다. "나가서 농구를 하고 싶습니다. 몇 번 체육관에 가보았는데 농구를 할 수 있을 정도의 인원을 모을 수가 없었습니다. 지난밤에는 두세 명이 공 던지기를 했는데 공을 눈에 잘못 맞아 멍이 들었네요. 여러분들 내일 밤에는 꼭 와서 함께 농구를 합시다."

그가 당신이 원하는 것에 대해 이야기했는가? 아무도 가지 않는 체육관에 가고 싶지 않을 것이다. 당신은 그가 원하는 것은 신경 쓰지도 않는다. 눈에 멍이 들고 싶지도 않다.

당신이 체육관을 이용하면 얻게 되는 이점을 그가 이야기했는가? 원기회복, 식욕증진, 맑은 두뇌, 재미, 농구 등을 이야기하면 더 효과적이었을 것이다.

오버스트리트 교수의 현명한 충고를 다시 한 번 되풀이해보자. "우선 다른 사람의 욕구를 불러일으켜라. 이것을 할 수 있는 사람은 온 세상을 얻을 수 있고 이렇게 못하는 사람은 외로운 길을 걸을 것이다."

나의 강좌에 참가하고 있는 학생들 중 한명이 아들 걱정을 하고 있었다. 아이는 저체중인데도 제대로 먹으려 하지 않았다. 그의 부모는 다른 부모들이 쓰는 방법을 썼다. 그들은 혼내거나 잔소리를 했다. "엄마는 네가 이것을 먹었으면 좋겠어." "아빠는 네가 자라서 튼튼하고 키 큰 어른이 되었으면 좋겠어."

아이가 부모의 간청에 귀를 기울였을까? 당신이 이슬람교 축제에 관심을 주지 않는 것과 마찬가지일 것이다.

제대로 된 판단력을 가진 사람이라면 아무도 세 살짜리 어린애가 서른 살 아빠의 생각에 제대로 따를 것이라고 생각하지 않을 것이다. 아이의 아빠는 그렇게 기대하고 있었던 것이다. 그는 마침내 이 사실을 깨닫고 혼자 말했다. "아이가 바라는 게 뭘까? 어떻게 하면 내가 원하는 것과 아이가 원하는 것을 하나로 연결할 수 있을까?"

그가 관점을 바꾸자 문제는 쉽게 풀렸다. 그의 아들은 브루클린에 있는 집 앞 도로에서 세발자전거를 타는 것을 좋아했다. 하지만 같은 동네에 사는 말썽쟁이가 소년의 자전거를 빼앗아 타곤 했다.

당연히 소년은 울면서 엄마에게 뛰어갔다. 그러면 엄마는 나와서 아이의 자전거를 되찾아와서 아이를 다시 자전거에 앉혔다. 이런 일이 매일 되풀이되었다.

소년이 원하는 것이 무엇이었을까? 셜록 홈즈가 아니어도 알 만큼 답은 간단하다. 아이의 자존심, 분노, 자기 중요감—내면의 이런 강렬한 감정이 복수심을 불러일으켜 말썽장이의 코를 멋지게 한방 먹이고 싶은 욕구를 불러일으키기만 하면 되는 것이었다. 아빠는 엄마가 먹으라는 음식만 잘 먹으면 개구쟁이를 혼내줄 수 있다고 말해주었다. 그 말을 하자 더 이상 음식 문제로 부부가 고민하는 일은 없어졌다. 아이는 자기에게 그렇게 자주 모욕을 주던 덩치 큰 녀석을 이기기 위해 시금치, 양배추 초무침, 절인 고등어든 가리지 않고 잘 먹었다. 이 문제가 해결되자 아빠는 다른 문제에 맞닥뜨렸다. 아이에게 밤에 이불을 적시는 나쁜 버릇이 생긴 것이었다.

아이는 밤에 할머니와 함께 잤다. 아침에 할머니는 아이를 깨우다가 이불이 젖은 것을 보고 말했다. "조니야 간밤에 무슨 짓을 한 거냐?"라고 말했다.

아이는 "아니야, 내가 안했어. 할머니가 했잖아요." 하고 말했다.

혼내고, 엉덩이를 찰싹찰싹 때리고, 무안을 주기도 하면서 오줌 싸지 말라는 말을 되풀이하기도 했지만 어떤 것도 아이가 오줌 싸는 것을 막지는 못했다. 그래서 부모는 물었다. "우리가 어떻게 하면 아이가 밤에 오줌 싸지 않게 할 수 있을까?"

아이가 원하는 게 무엇일까? 첫째, 아이는 할머니와 같은 잠옷이 아니라 아빠 같은 파자마를 입고 싶어 했다. 할머니는 아이가 밤마다 오줌 싸는 일에 진저리가 나서 아이가 버릇을 고치기만하면 기꺼이 아이에게 파자마를 사주겠노라 약속했다. 둘째로 아이는 자신만의 침대를 원했다. 할머니는 반대하지 않았다.

엄마는 아이를 데리고 브루클린의 백화점에 가서 점원에게 눈짓을 보내며 말했다. "여기 도련님이 쇼핑을 하고 싶다네요."

판매원은 "도련님, 무엇을 보여드릴까요?"라고 말하면서 아이가 중요한 사람이라는 느낌이 들게 해 주었다.

아이는 키가 조금이라도 더 커보이게 똑바로 서면서 말했다. "제 침대를 사고 싶어요."

점원은 아이에게 침대를 하나씩 보여주었다. 엄마 마음에 드는 침대를 보자 엄마는 점원에게 눈짓을 보내 그 침대를 아이가 고르도록 했다.

다음날 침대가 배송되었다. 그날 밤 아빠가 집에 오자 아이는 "아빠! 아빠! 위층에 가서 제가 산 침대 좀 보세요!"라고 소리 지르며 달려 나왔다.

아빠는 침대를 보면서 찰스 슈왑의 권고대로 "진심으로 찬사를 보내고, 아낌없이 칭찬"을 했다.

"이불에 오줌 안 쌀 거지?" 아빠가 물었다.

"네! 절대로 이불에 오줌 안 쌀 거예요." 소년은 자신의 자존심이 달려 있었기에 약속을 지켰다. 자신이 직접 선택한 자기 침대였기 때문이었다. 그는 신사처럼 파자마를 입고 있었다. 그는 어른처럼 행동하고 싶었다. 그래서 그는 어른처럼 이불에 오줌 싸는 행동은 하지 않았다.

내 강좌를 듣고 있던 전화 엔지니어인 K.T. 더치맨도 3살짜리 딸에게 아침을 먹이는 일로 골치 아파 하고 있었다. 평소대로 꾸짖고, 간청하고, 달래보아도 모두 허사였다. 그래서 부모는 자문해보았다. "어떻게 하면 아침을 먹고 싶은 마음이 들게 할까?"

아이는 엄마처럼 행동하기를 좋아했다. 그래서 어느 날 그들은 아이가 아침식사를 준비하도록 시켰다. 아이가 아침 식사를 준비하고 있을 때 아빠가 부엌에 들어왔다. "아빠 보세요. 내가 오늘 아침식사를 만들었어요." 아이는 의기양양해하며 말했다.

그날 아침 아이는 먹으라고 간청하지 않고도 씨리얼을 두 그릇이나 먹었다. 아이가 음식에 흥미를 갖고 있었기 때문이다. 아이는 식사를 준비하면서 자기 중요감을 성취했고 자신을 표현할 수 있는 기회를 얻게 된 것이다.

윌리엄 윈터는 언젠가 "자기표현 욕구는 인간 본질의 중요한 요소"라고 언급한 적이 있었다. 우리는 어째서 이런 심리를 사업에 사용하지 않는가? 우리에게 멋진 생각이 떠오를 때 그 생각이 우리가 한 것이라고 하지 말고 상대가 멋진 생각을 한 것으로 하고 그 생각을 자신의 것으로 여기게 하라. 그는 그것을 좋아하게 되고 그 생각을 직접 실행할 것이다.

기억해라. "먼저 다른 사람의 마음에 욕구를 불러 일으켜라." 이렇게 할 수 있는 사람은 온 세상을 자기편으로 만들 수 있고, 그렇지 못한 사람은 외로운 길을 걷는다.

인간관계의 기본 규칙

1. 상대방에게 비난, 비평, 불평하지 말라.

2. 솔직하고 진지하게 칭찬하라.

3. 다른 사람들에게 간절한 욕구를 불러일으켜라.

Section 2

사람들의 호감을 얻는 6가지 방법

1 어디에서나 환영받는 방법

친구를 사귀는 방법을 알아내기 위해서 왜 이 책을 읽고 있는가? 왜 세상에서 친구를 가장 잘 사귀는 사람의 기술을 연구하지 않는가? 그는 누구인가? 내일 당신은 길거리에서 그를 만날지 모른다. 당신이 다가가면 그는 꼬리를 흔들기 시작할 것이다. 멈춰 서서 쓰다듬어 주면 얼마나 당신을 좋아하는 지 보여주려고 펄쩍펄쩍 뛰며 좋아할 것이다. 어떤 속셈을 가지고 예컨대 당신에게 부동산을 팔거나 당신과 결혼하고자 당신에게 애정을 표시하는 것이 아니다.

개는 살기 위해 일하지 않아도 되는 유일한 동물이라는 것을 생각해 본 적이 있는가? 암탉은 알을 낳아야 하고, 암소는 우유를 생산하고, 카나리아는 노래를 불러야 한다. 하지만 개는 인간에게 사랑을 주기만 하면 된다.

내가 다섯 살이었을 때 아버지는 50센트를 주고 노란 털북숭이 강아지를 사왔다. 강아지는 내 유년시절의 기쁨이었다. 매일 오후 4시 반쯤 되면 강아지는 앞마당에 앉아 예쁜 눈을 길 쪽으로 주시하다 내 목소리가 들리거나 내가 도시락 통을 흔들며 오는 모습이 보이면 총알같이 나와 언덕까지 헐떡거리며 달려 나와 기뻐 날뛰고 짖으며 나를 맞아주곤 했다.

티피는 5년 동안 변함없는 친구였다. 내가 절대로 잊을 수 없는 어느 비극적인 밤에 강아지는 벼락에 맞아 죽었다. 티피의 죽음은 내 유년시절의 비극이었다.

티피야, 너는 심리학책을 읽어 본 적이 없지? 읽을 필요도 없었지. 2년동안 얻을 수 있는 친구보다 다른 사람에게 관심을 가지면 2달 안에 더 많은 친구를 만들 수 있다는 것을 너는 본능적으로 아니까. 다시 한번 반복하면 2년 동안 다른 사람이 나에게 관심을 갖게 하는 것보다 내가 다른 사람에게 관심을 가지면 2달 안에 더 많은 친구를 사귈 수 있다. 하지만 사람들은 다른 사람이 자기에게 관심을 가지게 하려고 헛수고를 한다.

물론 아무 소용없는 일이다. 사람들은 당신에게 관심이 없다. 하루 종일 오로지 자신에게만 관심이 있을 뿐이다.

뉴욕 전화회사에서 전화통화 중에 가장 많이 쓰이는 말을 조사했는데 추측대로 일인칭 대명사인 '나'라는 말이 가장 많이 쓰였다. 500건의 전화통화에서 이 단어는 무려 3990번이나 쓰였다.

당신이 찍힌 단체사진을 볼 때 누구를 가장 먼저 찾는가?

사람들이 당신에게 관심이 있다는 생각이 들면 이 질문에 답해보아라. 당신이 오늘밤 죽으면 과연 몇 명이나 당신의 장례식에 올 것인가?

당신이 사람들에게 먼저 관심을 갖고 있지 않는데 왜 사람들이 당신에게 관심을 가질까? 연필을 잡고 내 질문에 대한 당신의 대답을 여기에 적어라.

우리가 단순히 사람들에게 강한 인상을 주어 사람들이 우리에게 관심을 갖도록 한다면 진정한 친구를 만들 수 없다. 진짜 친구는 그런 식으로 만들어 지는 것이 아니다.

나폴레옹은 조세핀을 마지막으로 만났을 때 이렇게 말했다. "조세핀, 나는 지금까지 이 세상에서 누구보다 운이 좋은 사람이었소. 하지만 지금 이 순간 당신은 내가 의지할 수 있는 유일한 사람이오." 역사가들은 나폴레옹이 조세핀에게조차 의지할 수 있었는지 의문을 품는다.

비엔나의 저명한 심리학자 알프레드 아들러는 〈인생의 의미는 무엇인가〉라는 저서를 썼다. 그 책에서 저자는 말한다. "인생에서 가장 큰 어려움을 겪는 사람은 타인에게 관심이 없는 사람이고, 타인에게도 큰 해를 끼치게 된다. 인간의 모든 실패는 이런 유형의 인간에게서 비롯된다."

심리학책을 아무리 읽어봐도 이보다 더 의미심장한 글귀를 찾을 수 없다. 나는 반복은 싫어하지만. 아들러의 발언은 너무 심오해서 한 번 더 강조하고자 한다.

"인생에서 가장 큰 어려움을 겪는 사람은 타인에게 관심이 없는 사람이고, 타인에게도 큰 해를 끼치게 된다. 인간의 모든 실패는 이런 유형의 인간에게서 비롯된다."

나는 뉴욕 대학에서 단편 소설 창작에 관한 강좌를 들은 적이 있다. 강사는 〈콜리어〉지의 편집자이었다. 그는 매일 책상에 올라오는 기사들 중 하나를 잡고 몇 단락만 읽어도 글을 쓴 사람이 사람들을 좋아하는 지 아닌지를 느낄 수 있다고 말했다. "글 쓴 사람이 사람들을 싫어

하면 사람들도 그의 이야기를 싫어하죠."

냉철한 편집장은 소설 창작 강의에서 두 번이나 말을 멈추고 설교조로 말하는 것에 사과했다. "정말로, 자꾸만 설교하듯이 강의가 흘러가네요. 하지만 명심하십시오. 여러분이 작가로 성공하고 싶다면 사람들에게 흥미를 가져야 합니다."

소설을 쓰는데 이것이 필요하다면 사람과 직접 대면하고 있을 때에도 이 규칙은 적용이 된다.

나는 하워드 써스톤이라는 유명한 마술사가 브로드웨이에 마지막 출연을 하는 저녁에 그의 분장실에 있었다. 40년 동안 그는 전 세계를 여행하며 환상을 만들어내고 관중을 매혹시켰다. 6천만 명 이상의 사람들이 그의 마술쇼를 보러왔고 그는 2백만 달러 이상의 수익을 올렸다.

나는 그에게 성공의 비밀을 물었다. 학교교육은 그의 성공과는 상관이 없었다. 그는 어려서 가출해서 부랑자가 되어 화차를 타고 건초 더미에서 자고 집집마다 돌아다니며 음식을 구걸하고 간판을 보며 글을 익혔다.

그렇다면 그는 뛰어난 마술 실력을 가지고 있는가? 그는 마술에 관한 책이 많이 나와 있고 많은 사람들이 그가 하는 정도의 마술 실력을 가지고 있다고 했다. 하지만 그는 다른 마술사가 가지고 있지 않은 두 가지가 있었다. 하나는 그는 자신의 개성을 무대에 올리는 능력이 있었다. 그는 흥행의 대가였다. 그는 인간 본성을 잘 알았다. 그가 하는 모든 행동, 목소리톤, 모든 눈썹의 움직임이 모두 미리 치밀하게 연습된 것이고, 그의 행동은 초단위로 계획된 것이었다. 그러나 이런 것과 더

불어 그는 인간에 대한 진실한 관심이 있었다. 그는 나에게 말했다. 많은 마술사들은 관중을 보고 "바보들이 많이 왔군. 저런 멍청이들을 속이는 건 식은 죽 먹기지."라고 말한다. 하지만 써스톤의 방법은 다른 마술사들과 완전히 달랐다. 그는 나에게 매번 무대에 오를 때마다 스스로 이런 말을 한다고 말했다. "많은 사람들이 내 쇼를 보러와줘서 참 감사한 일이야. 내가 잘 살 수 있는 것도 관중 덕분이지. 내가 할 수 있는 한 최선의 공연을 보여줘야겠어."

무대에 나가기 전에 몇 번이고 되풀이하는 말이 있다고 한다. "나는 관중들을 사랑해." 우습다고? 바보 같다고? 물론 당신은 당신 마음대로 생각할 수 있다. 나는 그저 이 시대의 유명한 마술사중의 한명이 가진 비법을 여러분께 알려줄 뿐이다.

슈만 하잉크도 나에게 써스톤이 한 말과 비슷한 말을 한 적이 있다. 배고픔과 시련, 자살 시도를 할 정도로 비극적인 삶이었지만 그녀는 노래를 불러 관객을 매료시키는 가장 뛰어난 바그너 가수가 되었다. 그녀도 또한 그녀의 성공 비결 중의 하나는 자신이 진심으로 사람들에게 관심을 가진 것이었다고 말했다.

루즈벨트 대통령이 놀랄만한 인기를 누린 비결도 바로 여기에 있다. 그의 하인들도 그를 사랑했다. 그의 시종인 제임스 아모스는 〈시종의 영웅, 루즈벨트〉라는 책에서 감동적인 일화를 소개했다.

언젠가 내 아내가 대통령에게 메추리에 대해 물어본 적이 있었다. 그녀는 메추리를 본 적이 없어서 대통령은 최대한 상세하게 아내에게 메추리에 대해 설명했다. 얼마 후에 우리 집으로 전화가 걸려왔다.(아모스와 그의 아내는 오이스터 베이에 있는 루즈벨트의 저택안의 작은 집에 살고 있었다.) 루즈벨트가 직접 전화를 걸어서 창문밖에 메추리가 있으니 창문 밖을 지금 내다보라고 말했다. 사소한 것까지 배려하는 이가 바로 루즈벨트였다. 우리 집 옆을 지날 때마다 우리가 보이지 않아도 그가 우리를 부르는 소리를 들을 수 있었다. 지날 때마다 그렇게 다정하게 인사를 하시는 거였다.

고용인들이 어떻게 그와 같은 사람을 좋아하지 않을 수 있겠는가? 사람들이 어떻게 그를 좋아하지 않을 수 있겠는가?

루즈벨트는 어느 날 태프트 대통령 부부가 자리에 없을 때 백악관으로 전화를 했다. 루즈벨트가 자신이 대통령 시절 함께 있었던 하인들 심지어 식모까지도 이름을 부르면서 인사하는 것을 보면 그가 평범한 사람들에게도 얼마나 큰 애정을 가지고 있는 지를 볼 수 있다.

아치 버트는 이렇게 썼다.

"그 분이 주방 하녀인 엘리스를 만났을 때 그는 그녀가 여전히 옥수수 빵을 만드는 지 물었습니다. 엘리스는 가끔 하인들을 위해 만들기는 하지만 윗분들은 드시지 않는다고 대답했습니다. '진짜로 뭐가 맛있는 지 모르는구먼. 대통령을 만나면 옥수수 빵을 먹어보라고 말하겠네.' 루즈벨트는 큰 목소리로 대답했습니다. 엘리스가 빵을 쟁반에 담아 드렸더니 그 빵을 드시면서 걸어가며 만난 정원사와 일꾼들에게 반갑게 인사를 건네셨습니다. 그분은 예전에 그랬던 것처럼 사람들 이름을 부르셨습니다. 그들은 아직도 서로 그 일에 관해 이야기합니다. 아이크 후버는 눈물을 글썽이며 말했습니다. 2년 동안 이렇게 기쁜 날은 없었습니다. 백 달러를 준다고 해도 아무도 이날과 바꾸지는 않을 것입니다."

가장 성공한 대학 총장의 한명인 찰스 W. 엘리엇 박사도 루즈벨트 대통령과 마찬가지로 다른 사람의 문제에 깊은 관심을 기울인데 성공의 비결이 있다. 엘리엇 박사는 남북전쟁이 끝난 4년 후부터 1차 세계대전이 일어나기 5년 전까지 하버드 대학 총장직에 있던 사람이다. 앨리엇 박사의 일화를 소개하고자 한다. 어느 날 그랜든이란 신입생이 학생 융자금 50달러를 빌리기 위해 총장실을 방문했다. 융자는 허가되었는데. 그랜든은 그때를 이렇게 회상한다.

"감사 인사를 드리고 총장실을 나서려는데 총장님이 잠시 앉으라고 하셨다. 그러고는 다음과 같이 말씀하셨다. '자네 자취를 하고 있다고 들었네. 음식을 골고루 잘 해먹게. 충분히 배부르게 먹으면 나쁠 것은 없지. 내가 대학을 다닐 때 나도 자취를 했지. 송아지 요리를 만들어 본 적이 있나? 송아지를 충분히 잘 삶기만 하면 아주 훌륭한 요리가 되네. 내가 그렇게 자주 해먹곤 했지.' 그리고서 총장님은 고기를 고르는 법과 국물이 젤리처럼 될 때까지 천천히 조리해야 한다는 요리의 팁과 고기 자르는 법, 먹는 법까지 상세히 설명해주셨다."

나는 아무리 바쁜 사람이라도 진심으로 관심을 가지면 그들로부터 협조를 얻을 수 있다는 직접적인 경험을 한 적이 있다.

몇 년 전 나는 브루클린의 예술 과학 연구소에서 소설 창작법을 강의한 적이 있다. 캐슬린 노리스, 패니 허스트, 아이다 타벨, 앨버트 페이슨 터휸, 루퍼트휴즈와 같이 저명한 작가들을 강사로 모시려고 했다. 나는 작가들에게 그들의 작품을 엄청나게 좋아하고 성공의 비결을 가르쳐 달라는 내용의 편지를 보냈다.

각각의 편지에 수강생 150명의 학생들이 서명을 했다. 우리는 그들이 너무 바빠 강의를 준비할 시간이 없을 것을 충분히 알고 있다고 덧붙였다. 그래서 우리는 그들이 자신만의 창작 기법에 대해 대답해 줄 수 있도록 일련의 질문을 동봉했다. 그들은 이 아이디어를 좋아했다. 누군들 싫어하겠는가? 그들은 기꺼이 브루클린까지 와서 우리에게 강의를 해주었다.

같은 방법을 이용하여 루즈벨트 내각의 재무장관 레슬리 M. 쇼, 태프트 내각 법무장관인 조지 W. 위커샴, 윌리엄 제닝스 브라이언, 루즈벨트 대통령 등 많은 저명인사를 초대해서 대중연설 강의를 듣는 학생들의 위한 강연을 부탁했다.

우리 모두는 노동자든 왕이든 누구든 우리를 존경하는 사람을 좋아하게 마련이다. 독일 황제 빌헬름의 예를 들어보자. 1차 세계대전이 끝날 무렵 그는 세계에서 가장 비난받는 인물일 것이다. 그의 조국조차도 그에게 등을 돌려 그는 목숨을 부지하기 위해 네덜란드로 도피해야 했다. 황제에 대한 증오심이 너무나 커서 사람들은 그를 갈기갈기 찢어 죽이거나 화형 시키고 싶어 했을 것이다. 이런 격렬한 분노 속에서 한 소년이 황제에게 진심이 담긴 편지를 보냈다. 소년은 다른 사람이 황제를 어떻게 생각하던지 자신은 빌헬름 황제를 자신의 황제로 영원히 사랑할 것이라고 썼다. 황제는 소년의 편지에 깊이 감화되어서 소년을 초대했다. 소년과 그의 어머니가 함께 황제를 만나러 갔는데 그 후 황제는 소년의 어머니와 결혼했다. 소년은 〈친구를 사귀고 사람을 설득하는 법〉에 대한 책을 읽을 필요가 없었다. 그는 본능적으로 알고 있었다.

친구를 사귀고 싶으면 자신을 버리고 타인을 위해 무슨 일이든 해주어라. 이를 위해서는 시간과, 노력, 희생 그리고 사려 깊은 마음이 필요하다. 윈저 공이 영국의 황태자였을 때 그는 남미로 여행할 예정이었다. 그는 남미로 떠나기 전에 그 나라말로 연설하기 위해 몇 달 동안 스페인어를 배웠다. 그 결과 남미사람들은 모두가 그를 좋아했다.

오랫동안 나는 친구들의 생일을 기억해왔다. 어떻게 그렇게 하느냐고? 나는 점성술을 믿지 않지만, 생일이 성격이나 기질과 연관이 있는지 친구들에게 물어보는 것으로 이야기를 시작해 친구들의 생일을 자연스럽게 물었다. 예를 들어 그가 생일이 11월 24일이라고 하면 나는 혼자 되뇌다가 친구가 뒤를 돌아보자마자 그의 이름과 생일을 적어서 나중에 생일을 적어 놓은 수첩에 옮겨 적었다. 새해가 되면 생일을 달력에 표시해둔다. 생일이 오면 편지를 보내거나 축전을 보냈다. 이것은 아주 효과적이었다. 어떤 때는 생일을 기억해주는 사람이 나 뿐 일 때도 있었으니 말이다.

친구를 사귀고 싶으면 생기 있고 열정적으로 사람들을 맞이하자. 전화를 받을 때도 마찬가지다. 그 사람의 전화를 받게 되어 얼마나 기쁜지 상대가 느낄 수 있게 아주 밝은 목소리로 전화를 받아라. 뉴욕 전화회사는 전화교환원이 고객의 전화에 기쁘게 응대할 수 있는 훈련을 실시하고 있다. 내일 전화를 받으면 이것을 기억해라.

이 규칙이 사업에도 똑같이 적용될까? 수없이 많은 예가 있지만 지면관계상 두 개의 예시만 들겠다.

뉴욕의 대형은행의 직원인 찰스 R. 월터스 씨는 어떤 회사에 대한 기밀서류를 작성하는 업무를 맡았다. 그에게 필요한 정보를 알고 있는 사람이 있었다. 월터스 씨는 대기업 중역인 그 사람을 만나러 갔다. 중역의 방에 안내를 받아 들어갔는데 비서가 고개를 내밀고 그날은 우표가 없다고 말했다.

"12살 먹은 아들을 위해 우표를 수집하고 있어요." 사장이 월터스에게 말했다.

월터스는 용건을 말하고 질문을 시작했다. 사장은 관심이 없는 듯이 보였다. 사장이 인터뷰를 원하지 않는 눈치라 더 이상 인터뷰의 진전이 없었다. 인터뷰는 짧게 끝나버렸다.

"사실 어떻게 해야 좋을지 몰랐습니다. 갑자기 비서가 사장에게 한 말이 생각이 나더군요. 우표, 12살 난 아들……. 그리고 우리 은행 외환부서가 전 세계의 우표를 수집하고 있다는 사실이 갑자기 생각났어요. 다음날 오후 다시 사장을 찾아가 아들에게 줄 우표를 갖고 왔다고 말했죠. 제가 환대를 받았을까요? 물론 열렬히 환영을 받았습니다. 그가 국회의원 선거에 출마했어도 이렇게 악수를 할 수는 없을 것입니다. 사장은 활짝 웃으며 저에게 호의를 보였습니다. '조지가 이 우표를 정말 좋아할 거요.' 그는 우표를 쓰다듬으며 계속 이렇게 말했습니다. '이것 좀 봐요! 정말 진귀한 우표네요.'

우리는 우표 얘기를 나누고 아들 사진을 보면서 30분을 보냈습니다. 그러고 나서 사장은 한 시간을 할애하여 제가 필요한 정보를 자세히 들려주기 위해 노력했습니다. 자신이 알고 있는 것을 다 말하자 직원을 불러 모르는 것은 더 물어보고 지인에게까지 전화를 걸었습니다. 그는 제가 필요로 하는 사항들, 보고서, 숫자 그리고 서신을 제공해주었습니다. 그야말로 특종을 건진 셈이죠."

여기에 다른 예가 있다.

필라델피아에 사는 C. M. 크내플은 대형 체인점에 석탄을 팔려고 수년 동안 애를 썼다. 그러나 그 체인점은 멀리 떨어진 업자에게서 연료를 구입해서 크내플 씨가 보라는 듯이 크내플 씨 사무실 앞으로 연료배송 트럭이 지나다녔다. 크내플 씨는 어느 날 밤 수업시간에 강단에 서서 자신의 그 체인점에 대한 분노를 쏟아냈다.

그때까지도 크내플은 자신이 그 체인점에 연료를 팔지 못하는 이유를 몰랐다.

나는 그에게 다른 방법을 써보라고 제안했다. 우리는 그 대형 체인점의 확장이 나라의 발전에 득보다는 실이 많다는 문제에 대해 토론을 벌였다.

크내플은 내 제안에 따라 그 체인점을 옹호하는 입장에 섰다. 그리고 체인점 중역을 곧장 찾아갔다. "오늘은 석탄을 팔러 온 것이 아닙니다. 제 부탁 하나만 들어주십시오."

그리고는 강좌에서 있었던 토론에 대해 이야기 한 후에 "제가 알고 있는 사람들 중에 제가 필요한 사실을 알려줄 수 있는 사람이 사장님뿐입니다. 이 토론에 꼭 이기고 싶습니다. 저를 도와주신다면 진심으로 감사하겠습니다."

여기 크내플이 한 이야기를 그대로 옮기겠다.

"저는 이사에게 꼭 1분만 내달라고 하고 만났습니다. 제가 그를 만나러 온 이유를 이야기하자 그는 저를 의자로 청하더니 정확히 1시간 47분 동안 이야기를 했습니다. 그는 체인점에 대한 책을 쓴 다른 중역을 불렀습니다. 그는 전미 체인점 연합회에 연락해 저에게 이 문제에 대한 토론집 사본을 구해주었습니다. 그는 체인점이 사람들에게 진정한 서비스를 제공하고 있다고 생각하고 있었습니다. 그는 공동체를 위해 자신이 하고 있는 일에 대해 자부심을 느끼는 듯 했습니다. 그가 말하는 내내 그의 눈은 밝게 빛났습니다. 제가 한 번도 생각해본 적이 없던 일에 대해 제 시각을 넓혀 주었다고 단언합니다. 그는 저의 생각하는 방식을 완전히 바꾸어 놓았습니다. 제가 이사의 사무실을 나설 때 그는 문 앞까지 나와 저를 배웅하며 어깨에 손을 얹으며 토론에서 좋은 결과를 얻기를 바라고 언제 한번 들러 토론 결과를 알려달라고 말했습니다. 그가 제게 한 마지막 말은 다음과 같습니다. '봄에 한번 다시 들르세요. 그때쯤 당신에게 석탄을 주문하고 싶군요.'

그것은 제게 기적과도 같았습니다. 제가 부탁하기도 전에 제 석탄을 사겠다고 말하다니요. 제가 10년 동안 그토록 제 석탄에 관심을 가져달라고 애썼던 것보다 그와 그의 문제에 대해 진지한 관심을 가진 2시간이 일의 진척을 빠르게 했습니다."

예수님이 태어나기 백 년 전에 유명한 로마의 시인 퍼블릴리어스 사이러스는 다음과 같이 말했다. "우리는 우리에게 관심을 갖는 사람에게 관심을 갖는다."

사람들이 당신을 좋아하게 만들고 싶다면.

규칙 1

타인에게 진심으로 관심을 가져라.

좀더 명랑한 성격이 되고 싶으면, 인간관계에서 좀더 효과적인 방법을 찾고 있다면 헨리 링크 박사의 〈종교로의 회기〉라는 책을 꼭 읽어라. 책 제목에 주눅들 필요는 없다. 이 책은 저명한 심리학자가 쓴 책으로 성격문제로 그에게 상담하러 온 삼천 명 이상의 사람들을 면담하고 그에 대한 조언을 담은 책이다. 링크 박사는 나에게 이 책을 〈성격을 어떻게 고칠 것인가?〉라고 쉽게 제목을 달 걸 그랬다는 말을 했다. 이 책은 흥미롭고 큰 도움을 주는 책이다. 읽어보고 그의 제안대로 행하면 사람들을 대하기가 훨씬 수월해 질 것이다.

2 첫 인상을 좋게 하는 간단한 방법

나는 최근에 뉴욕에서 열린 만찬에 참석했다. 손님 중 막대한 유산을 상속한 여자가 있었다. 그녀는 모든 사람들에게 좋은 인상을 주려고 애쓰고 있었다. 그녀는 모피, 다이아몬드와 진주를 사는 데 많은 돈을 썼다. 그러나 그녀는 얼굴표정은 어쩌지 못했다. 얼굴 표정은 뚱하고 이기심으로 가득해보였다. 그녀는 얼굴의 표정이 입고 있는 옷보다 더 중요하다는 상식을 모르는 것 같았다. (그나저나 당신의 부인이 모피코트를 사고 싶어 하면 이 말을 하면 좋을 듯싶다.)

찰스 슈왑은 나에게 자신의 미소는 백만 불짜리라고 말했다. 아마 그는 그 사실을 아는 듯싶다. 그의 인격, 매력, 남들이 자신을 좋아하게 만드는 능력이 그가 이룬 성공의 토대였다. 슈왑의 가장 매력적인 면은 사람을 사로잡는 미소였다.

나는 모리스 슈발리에와 오후를 함께 보낸 적이 있었는데 솔직히 실망했다. 무뚝뚝하고 과묵한 남자로 내가 기대했던 것과 완전히 달랐다. 하지만 그가 미소 짓자 구름 사이에 햇살이 미치는 것 같았다. 그의 미소가 아니었다면 모리스 슈발리에는 아직도 파리의 뒷골목에서 대를 이어 장식장이나 만들고 있을 것이었다.

말보다는 행동이 더 설득력이 있다. 미소는 "나는 당신을 좋아해요. 당신은 나를 행복하게 해줍니다. 나는 당신을 만나게 되어 기쁩니다." 라고 말한다.

거짓 웃음? 그 웃음에는 아무도 속지 않는다. 그런 기계적인 웃음에는 오히려 화가 치민다. 내가 말하는 미소는 진정한 마음에서 우러나온 미소를 말한다.

뉴욕의 대형 백화점의 인사담당자는 근엄한 표정을 짓고 있는 철학박사 학위를 가지고 있는 직원보다는 학벌이 형편없어도 사랑스러운 미소를 가진 사람을 뽑겠다고 말했다. 미국에서 가장 큰 고무회사의 사장은 그가 관찰한 바에 따르면 일하는데 재미를 느끼지 않으면 절대로 성공 못한다는 말을 했다. 이 산업계의 거물은 "근면함만이 성공의 문을 여는 유일한 열쇠이다."라는 오래된 격언을 그다지 믿지 않는다. "나는 자신의 일을 놀이처럼 너무 즐거워하여 성공한 몇 사람을 알고 있다. 그런데 이런 사람들이 일을 직업으로 생각하는 순간 일은 지겨워지고 일에 대한 흥미를 잃어 끝내는 실패해버렸다."

다른 사람이 당신과 만나는 것을 좋아하기를 바란다면 당신도 다른 사람과 만나는 것을 즐거워해야만 한다.

나는 많은 사업가들에게 어떤 사람을 정해놓고 일주일동안 그 사람에게 미소를 짓고 그 결과를 수업에 와서 이야기해보는 과제를 낸 적이 있다. 결과가 어떻게 되었을까? 뉴욕 증권거래소 직원인 윌리엄 B. 스타인하트가 보낸 편지를 소개하고자 한다. 그의 케이스가 특별한 것이 아니다. 사실 이런 예는 주위에 흔하다.

저는 결혼한 지 18년이 되었습니다. 그동안 아침에 일어나서 출근을 준비할 때까지 아내에게 웃어본 적도 몇 마디 말을 걸어본 적도 없었습니다. 브로드웨이로 통근하는 사람들 중 최고로 무뚝뚝한 사람들 중에 한 명일 것입니다. 선생님이 미소에 관한 경험을 이야기해보라고 하셨을 때 일주일 시도 해봐야겠다고 생각했습니다. 그래서 다음날 머리를 빗으며 거울 속에 비친 무뚝뚝한 제 모습을 보며 혼잣말했죠. '빌, 너의 얼굴에서 뚱한 표정을 벗어버리자고. 오늘부터 웃어보자. 지금 당장 시작해보자고.' 저는 아침을 먹으려 식탁에 앉으면서 아내에게 '여보 잘 잤어?' 라고 웃으며 말했습니다.

선생님은 아내가 놀랄 거라고 제게 미리 말씀하셨죠. 아내를 과소평가하신 겁니다. 아내는 당황하고 충격을 받은 것 같았습니다. 저는 아내에게 앞으로 두 달 동안 매일 아침 웃으며 인사할 것이라고 말했습니다.

두 달 동안의 저의 달라진 태도가 저희 가정에 행복을 가져다주었습니다.

출근할 때 엘리베이터를 운전하는 소년에게도 반갑게 웃으며 인사합니다. 도어맨에게도 미소를 보내고 지하철 표 판매원이 거스름돈을 줄 때도 웃습니다. 객장에서 일할 때는 제가 웃는 것을 보지 못했던 사람들에게 미소를 보냅니다.

제가 웃으니까 다른 사람들이 웃음으로 저를 맞아준다는 것을 깨달았습니다. 제게 불평을 하는 사람들도 기분 좋게 대해주었습니다. 그들의 말을 웃으면서 들어주었더니 의견 조정이 훨씬 쉽게 되었습니다. 웃으니 돈도 생겼습니다.

다른 중개인과 공동으로 사무실을 쓰고 있는데, 직원들 중에 마음에 드는 사람이 있습니다. 제가 거둔 성과에 우쭐해져서 저의 새로운 인간 관계 철학을 그 직원에게 이야기했습니다. 그는 처음에 저를 무척 퉁명스러운 사람이라고 생각했는데 요즘에 생각을 바꿨다고 털어놓았습니다. 제가 미소를 지으니 이제야 인간적으로 보인다고 하더군요.

저는 남을 비난하는 버릇도 없애버렸습니다. 비난하는 것 보다는 감사와 칭찬을 많이 이야기합니다. 제가 원하는 것에 대해 이야기하는 것도 그만두었습니다. 이제 다른 사람의 관점을 이해하려고 노력하고 있습니다. 문자 그대로 제 삶에 혁명이 일어났습니다. 저는 예전과는 완전히 다른 사람이 되었습니다. 전보다 더 행복하고, 더 부유해지고 친구도 더 많아졌습니다."

이 편지를 쓴 사람이 뉴욕 주식 거래소에서 주식을 거래하는 세상 물정에 밝은 주식 거래인이라는 사실에 주목해라. 주식 중개는 100명중 99명은 실패하는 어려운 직업이다.

웃고 싶지 않은가? 그럴 땐 어떻게 할까? 두 가지 방법이 있다.

첫 번째, 억지로라도 웃어라. 혼자 있으면 휘파람을 불거나 콧노래를 해라. 두 번째, 당신이 행복한 사람인 것처럼 행동해라. 그러면 저절로 행복해질 것이다. 하버드 대학교수였던 윌리엄 제임스는 다음과 같이 말한다.

"행동이 감정을 따라오는 것 같지만 사실 행동과 감정은 동시에 일어난다. 더 직접적으로 의지의 통제를 받는 행동을 조절하면 의지가 통제할 수 없는 감정을 간접적으로 조절할 수 있다. 그러므로 유쾌해지기 위한 최고의 방법은 유쾌한 마음을 가지고 이미 기분이 좋은 것처럼 행동하고 이야기하는 것이다."

세상의 모든 사람들은 행복을 추구한다. 그런데 이 행복을 찾는 확실한 한 가지 방법이 있다. 그것은 바로 당신의 생각을 통제함으로 얻어진다. 행복은 외부 조건에 달려있는 것이 아니라 당신의 마음가짐에 달려있다.

재산, 지위, 거주지와 직업이 당신을 행복하고 불행하게 만드는 것이 아니다. 당신의 사고방식이 당신의 행복을 결정한다. 예를 들어 두 사람이 동일한 장소에 살고 같은 일을 하고 지위가 비슷하고 버는 돈도 같다고 가정해보자. 어떤 사람은 불행하고 다른 사람은 행복하다고 생각한다. 왜일까? 그것은 바로 다른 마음가짐 때문이다. 나는 적은 돈을 받으며 뜨거운 태양아래 일하는 중국인 노동자들 속에서도 뉴욕의 부촌인 파크 애비뉴의 사람들에게서 볼 수 있는 행복한 얼굴을 보았다.

"세상에는 좋고 나쁜 것이 없다. 사고방식이 그렇게 만들뿐이다." 라고 셰익스피어는 말했다.

에이브러햄 링컨은 이렇게 말한다. "대부분의 사람들은 마음먹기에 따라 행복해진다." 그의 말이 맞다.

나는 그런 예를 생생히 목격했다. 내가 뉴욕의 롱 아일랜드 역 계단을 올라가려고 애썼다. 바로 앞에 지팡이와 목발을 짚은 3,40명의 장애인 소년들이 계단을 오르려고 애를 쓰고 있었다. 한 소년은 업혀 있었다. 나는 그들의 웃음소리와 쾌활한 모습에 놀랐다. 나는 소년들의 인솔자에게 내 놀라움을 말했다. "아이들이 평생을 불구로 살아야 한다는 것을 깨달으면 처음에는 충격을 받습니다. 하지만 충격을 극복하고 나면 자신을 운명에 맡기고 평범한 소년들과 같이 행복해지게 됩니다." 라고 말했다.

나는 소년들에게 경의를 표하고 싶었다. 그 아이들은 내가 절대로 잊고 싶지 않은 교훈을 알려주었다.

메리 픽포드가 남편 더글라스 페어뱅크스와 이혼을 준비하고 있을 때 그녀를 만나 오후를 함께 보낸 적이 있었다. 세상 사람들은 그녀가 이혼으로 인해 지치고 불행했을 거라고 생각했을지 모른다. 하지만 그녀는 내가 만난 사람들 중 가장 침착하고 유쾌한 사람이었다. 그녀는 행복함으로 얼굴이 반짝였다. 그녀의 비밀이 무엇일까? 그녀는 35페이지의 작은 책에서 비밀을 알려주고 있다. 도서관에 가서 〈하나님께 의지하기〉라는 그녀의 책을 찾아봐라.

전직 세인트루이스 카디널스의 3루수였고 현재 성공한 보험사 직원인 프랭클린 베트거는 미소를 띠는 사람은 어디에서나 환영받는 사실을 오래전부터 알고 있었다고 말했다. 그래서 영업을 위해 사람을 찾아가기 전에 잠시 멈춰 서서 그가 감사해야 할 일을 생각하고 마음에서 우러나오는 환한 미소를 짓고 미소가 사라지기 전에 방으로 들어간다.

이 단순한 방법으로 대성공을 거두게 된 것이다.

앨버트 허버드의 말을 꼼꼼하게 읽어라. 행동으로 실천하지 않으면 읽는 것만 가지고는 소용이 없다.

집에서 나올 때는 턱을 당겨 머리를 똑바로 세우고 숨을 크게 쉬어 햇빛을 들이마셔라. 웃으며 친구와 인사하고 친구와 하는 악수에 영혼을 불어넣어 진심을 담아라. 오해받을 걱정은 말고 미운 사람을 생각하는데 시간을 낭비하지 마라. 하고 싶은 일을 마음속으로 굳게 정해라. 그런 후에 흔들리지 말고 목표를 향해 곧바로 나아가라. 크고 훌륭한 일을 하겠다고 다짐해라. 시간이 지나면서 무의식적으로 목표 달성을 위한 기회를 잡고 있음을 발견할 것이다. 이는 마치 산호초에 기생하는 곤충이 조류에서 자신이 필요한 영양소를 취하는 것과 같은 원리이다.

마음속에 당신이 되고 싶어 하는 유능하고 정직하고 쓸모 있는 사람을 그려보라. 그러면 당신이 품고 있는 생각이 시간이 흐름에 따라 당신을 그런 사람으로 만들어 줄 것이다. 생각의 힘은 엄청난 것이다. 올바른 마음가짐을 갖도록 노력해라. 용기, 정직, 긍정적인 마음가짐을 갖도록 노력해라. 올바르게 생각하는 것이 곧 창조하는 것이다. 모든 것은 무엇인가를 바라는 것에서 비롯되고 간절한 기도는 응답받는다. 우리는 우리의 마음가는대로 만들어진다. 턱을 안으로 당기고 고개를 꼿꼿이 세워라. 우리 인간은 신의 축소판과 같다.

옛 중국인들은 현명했다. 그들은 우리들이 기억해야 할 명언을 남겼다. "웃지 않는 사람은 장사를 해서는 안 된다."

프랭크 어빙 프레처는 오펜하임 콜린스 회사의 광고에서 다음과 같은 평범한 철학을 말하고 있다.

크리스마스에 보내는 미소의 가치

미소는 돈 들이지 않고도 많은 것을 이루어 냅니다.

미소는 주는 사람을 가난하게 만들지 않고 받는 사람의 마음은 풍족하게 해줍니다.

미소는 잠깐이지만 영원히 마음속에 남아 있습니다.

미소 없이 살 수 있는 부자는 없고 미소를 누리지 못할 만큼 가난한 사람도 없습니다.

미소는 가정에 행복을 주고, 사업에서는 호의를 만들어내고, 우정의 징표가 됩니다.

미소는 지친 자에게 위로를 주고, 낙심한 자에게 희망을 주고, 슬픈 사람에게는 태양이 되고, 아픈 사람에게는 자연의 해독제가 됩니다.

하지만 미소는 살 수 없고 구걸하거나 빌리거나 훔칠 수 없습니다.

왜냐하면 미소는 누군가에게 주기 전에는 아무 소용이 없기 때문이죠.

크리스마스 쇼핑의 막바지에 저희 직원이 너무 지쳐서 당신에게 미소 짓지 못하면 당신의 미소를 그들에게 보내주시지 않겠습니까?

왜냐하면 더 이상 지을 미소가 남아 있지 않은 사람에게 가장 필요한 것은 미소니까요.

규칙 2

웃어라

3 이것을 못하면
문제가 생긴다

1898년 뉴욕의 로크랜드 주에서 불행한 사건이 일어났다. 한 어린아이가 죽어 이웃들이 장례식에 갈 준비를 하고 있었다. 짐 팔리는 마구간에서 말을 끌어내고 있었다. 땅은 눈으로 덮여있었고 공기는 차고 매서웠다. 말은 며칠째 운동을 하지 않아 물통 쪽으로 끌고 가려하자 갑자기 난폭해져 짐을 걷어차 죽이고 말았다. 그래서 스토니 포인트 마을은 그 주에 장례식을 두 차례 치르게 되었다.

짐 팔리는 미망인과 세 아들 그리고 약간의 보험금을 남기고 죽었다.

10살짜리 큰 아들 짐은 벽돌공장에서 틀에 모래를 부어 햇볕에 말리는 일을 했다. 짐은 정규교육을 받을 기회가 없었다. 하지만 소년은 천성적으로 쾌활했고 사람들은 그를 좋아했다. 마침내 그는 정계에 입문했다. 세월이 지나면서 그는 사람들의 이름을 외우는 신비로운 능력을 갖게 되었다.

그는 고등학교 문 앞에도 가본 적이 없지만 그가 46세 되기 전에 4개의 대학이 명예 학위를 그에게 수여했다. 그는 민주당 위원회의 의장과 미합중국 체신국장이 되었다.

나는 짐 팔리를 인터뷰하며 그의 성공비결을 물어본 적이 있었다. 그는 "열심히 일하는 것이요."라고 말했다. 나는 "농담이시죠?"라고 말했다.

그러자 그는 자신의 성공비결이 무엇이라고 생각하는지 나에게 되물었다. "의장님은 만 명의 이름을 기억하고 계신다고 들었습니다."

"아니오. 틀렸어요. 나는 5만 명의 이름을 기억할 수 있어요."

이것을 꼭 명심하기를 바란다. 팔리는 이런 능력으로 루즈벨트가 대통령이 되는 데 일조했다.

짐 팔리가 석고 영업사원으로 전국을 돌아다니고, 스토니 포인트 읍 사무소 서기관으로 일하던 당시에 그는 이미 사람들의 이름을 기억하는 방법을 고안해냈다.

처음은 무척 간단한 것이었다. 새로운 사람을 만날 때마다 그는 사람의 성과 이름, 가족, 하는 일, 정치적 견해 등을 알아냈다. 이런 사실들을 마음속에 그림을 그리듯 새겨두었다가 다음번에 다시 그 사람을 만나면 일 년이라는 세월이 지났더라도 그는 반갑게 등을 치며 가족의 안부를 묻고 뒤뜰의 접시꽃에 대해 물었다. 지지자가 늘어나는 것은 당연한 일이었다.

루즈벨트의 선거유세를 시작하기 몇 달 전부터 짐 팔리는 하루에 몇 백통씩의 편지를 서부 및 서북부 사람들에게 보냈다. 그 후에 그는 기차를 타고 19일 동안 20개주를 방문했다. 1만 2천 마일의 여정으로 그는 기차, 마차, 자동차, 나룻배 등 온갖 교통수단을 이용했다. 그는 한 마을에 도착하면 식사나 차를 마을 사람들과 함께 하며 진심어린 대화를 나누었다. 그러고 나서 그는 또 다른 행선지로 떠났다.

동부에 도착하는 즉시 그는 방문했던 마을의 사람에게 편지를 써서 모임에 모였던 사람들의 명부를 보내달라고 부탁했다. 최종 목록에는 수만 명의 사람들의 이름이 올라있었다. 짐 팔리는 이 많은 사람들에게 편지를 보냈다. 이 편지는 "친애하는 빌에게" 또는 "친애하는 조에게"처럼 이름으로 시작해서 항상 끝에는 "짐"이라는 서명이 있어 친한 사람들이 주고받는 편지처럼 느껴졌다.

짐 팔리는 일찍부터 보통사람들이 세상의 어떤 다른 이름보다 자신의 이름에 관심을 가지고 있다는 사실을 깨달았다. 이름을 기억하고 자주 불러주면 상대에게 티는 안 나지만 효과적인 칭찬을 하는 셈이 된다. 하지만 이름을 잊어버리거나 잘못 부르면 역효과가 크다. 예를 들어 나는 예전에 파리에서 대중연설 강연을 기획하면서 파리주재 미국인들에게 편지를 보낸 적이 있었다. 영어를 잘 모르는 프랑스인 타이피스트가 이름을 잘못 타이핑하는 실수를 범했다. 파리주재 미국 은행장은 나에게 항의 편지를 보내왔다.

앤드류 카네기의 성공 비결은 무엇일까?

그는 철강 왕이라고 불렸다. 그러나 그는 강철 제조에 대해 아는 바가 거의 없었다. 그보다 강철 제조에 대해 많이 알고 있는 수백 명의 사람들을 고용할 뿐이었다.

그러나 그는 사람 다루는 법을 알았기 때문에 부자가 될 수 있었다. 어릴때부터 그는 조직을 운영하는 능력과 리더십에 있어 천재적인 재능을 보여 왔다. 그가 10살이 되었을 때 그는 사람들이 자신의 이름에 지대한 관심을 가지고 있다는 것을 간파하였다. 그래서 그는 사람들의 협조를 구하는데 이 원리를 사용했다. 예를 들어보자. 그가 소년시절 스코틀랜드에서 살 때 그는 새끼를 밴 어미 토끼 한 마리를 얻었다. 번식력이 엄청나서 순식간에 많은 수의 토끼를 기르게 되었는데 토끼를 먹일 것이 없었다. 그는 마을 소년들에게 토끼들에게 먹일 클로버와 민들레를 가져다주면 토끼들에게 아이들 이름을 붙여 주겠다고 말했다.

이 계획은 마법 같은 효과가 있었고 카네기는 그것을 한 번도 잊은 적이 없었다.

몇 년이 지나 그는 사업에서도 이 원리를 적용하여 수백만 달러를 벌었다. 예를 들어 그는 펜실베니아 철도회사에 강철 레일을 납품하고 싶었다. 그 당시 펜실베니아 철도회사의 사장은 J. 에드가 톰슨이었다. 그래서 카네기는 피츠버그에 거대한 철강 제련소를 짓고 그 제련소를 '에드가 톰슨 강철공장' 이라고 불렀다.

여기서 수수께끼를 하나 내겠다. 맞출 수 있는 지 한 번 생각해봐라. 펜실베니아 철도회사가 강철 레일이 필요하면 J. 에드가 톰슨 사장이 레일을 어디에서 구매할까? 시어스 백화점에서 구입할까? 아니다. 다시 한 번 생각해봐라.

카네기와 조지 풀먼이 침대 열차 시장을 선점하기 위해 경쟁할 때, 철강왕은 다시 토끼의 교훈을 기억해냈다.

카네기가 소유한 센트럴 철도회사는 풀먼이 소유한 회사와 경쟁을 하고 있었다. 두 회사 다 유니온 퍼시픽 철도회사의 침대 열차 사업권을 따내기 위해 입찰가를 깎아 내려 이익을 볼 수 없는 지경이었다. 카네기와 풀먼은 유니온 퍼시픽의 이사회 임원들과 면담을 위해 뉴욕에

갔다. 어느 날 저녁 세인트 니콜라스 호텔에서 두 사람은 만났다.

카네기가 말했다. "안녕하십니까, 풀먼 씨! 우리가 바보짓을 하고 있는 것 같습니다."

"무슨 말입니까?" 풀먼이 물었다.

그러자 카네기는 마음속으로 생각하고 있던 두 회사의 합병을 털어 놓았다. 그는 서로 반목하지 않고 함께 힘을 합치면 일어날 수 있는 장 밋빛 전망을 늘어놓았다. 풀먼은 아무 말 없이 조용히 들었다. 하지만 그는 완전히 확신할 수는 없었다. 마침내 그가 물었다. "새 회사의 이 름은 무엇으로 할 것입니까?" 그러자 카네기는 즉시 답했다. "풀먼 펠 리스사 어떻습니까?"

풀먼의 얼굴이 환해지면서 "내 방에 가서 이야기를 마무리합시 다."라고 말했다. 두 사람의 대화는 산업역사의 새 장을 열게 되었다.

앤드류 카네기가 친구와 사업 파트너의 이름을 기억하고 존중하는 것이 그의 리더십의 비결 중 하나였다. 그는 자신의 직원들의 이름을 기억하는데 자부심을 느끼고 그가 책임자로 있던 공장이 한 번도 파업 한 적이 없는 것을 자랑했다.

파데레프스키는 그의 흑인 요리사를 요리사의 성인 "코퍼 씨"라고 정중히 불러 상대에게 자기 존중감을 느끼게 했다. 파데레프스키는 15 회나 전미 횡단 연주여행을 했다. 그때마다 그는 전용차를 탔는데 그의 요리사는 연주회가 끝난 한밤에 그를 위한 식사를 성심성의껏 준비했 다. 그는 요리사의 이름을 미국식으로 "조지"라고 부르지 않고 예를 갖 추어 "코퍼 씨"라고 불렀고 요리사는 이렇게 불러주는 그에게 고마움 을 느꼈다.

인간은 자신의 이름에 자부심을 가지고 있어서 무슨 수를 써서라도 이름을 영원히 남기고 싶어 한다. 서커스왕 P.T. 바넘은 이름을 이어줄 아들이 없어 실망한 나머지 손자인 C.H. 실리에게 "바넘 실리"로 개명하면 2만 5천 달러를 주겠다고 제안했다.

2백 년 전에 부자들은 책의 저자에게 돈을 주고 '이 책을 ○○에게 바칩니다.'라고 쓰게 했다.

도서관과 박물관에 있는 값비싼 소장품들은 자신의 이름이 기억에서 사라질 것이라는 생각을 참을 수 없는 사람들이 기증한 것이다. 뉴욕 시립 도서관에는 애스터와 레녹스 소장품들이 있고, 메트로폴리탄 미술관에는 벤자민 알트만과 J. P. 모건의 기증품들이 있다. 그리고 거의 모든 교회마다 헌금을 낸 사람들의 이름을 새긴 스테인드글라스로 장식되어 있다.

대부분의 사람들은 다른 사람의 이름을 기억하지 않는다. 너무 바빠서 이름을 기억할 시간이 없다는 것이 그 이유이다.

하지만 프랭클린 D. 루즈벨트보다 바쁜 사람은 없을 것이다. 그는 그가 마주친 기계공의 이름까지 기억하고 있었다.

예를 들어보자. 크라이슬러 자동차회사는 루즈벨트를 위한 특별한 자동차를 만들었다. W. F. 챔벌린과 기술자가 직접 백악관으로 자동차를 배달했다. 챔벌린 씨가 이 때의 경험을 이야기한 편지를 여기에 소개한다.

"저는 루즈벨트 대통령에게 여러 특수 장치가 설치된 자동차를 운전하는 법을 가르쳐 드렸고 대통령은 저에게 사람을 대하는 방법에 대해 가르쳐 주셨습니다. 제가 백악관을 방문했을 때 대통령은 아주 유쾌해 보였습니다. 그는 제 이름을 불러 저를 편안하게 해 주셨습니다. 대통령이 저의 말과 행동에 집중하는 것에 깊은 인상을 받았습니다. 차는 손으로만 조작할 수 있도록 설계되었습니다. 사람들이 차를 보려고 몰려들었습니다. 대통령은 이렇게 말했습니다. '정말 멋져. 버튼만 누르면 움직이니 대단한 것 같아. 한번 속을 뜯어서 어떻게 작동하는 지 보고 싶군.'

대통령의 친구와 동료들이 자동차를 칭찬하자 그들이 있는 자리에서 대통령은 이렇게 말했습니다. '챔벌린 씨. 당신이 이 자동차를 개발하는데 들인 시간과 노력에 감사드리고 싶습니다. 정말 훌륭합니다.' 그는 라디에이터, 특별 제작된 후방 거울, 시계, 조명등, 실내장식, 운전석과 그의 이름이 새겨진 여행가방 등을 칭찬하셨습니다. 다시 말해 그분은 차의 모든 부분을 세세하게 놓치지 않고 보았던 것이지요. 대통령은 영부인, 노동부 장관과 비서에게 자동차의 새로운 장치를 구경시키며 설명하는 것을 잊지 않으셨습니다. 그는 짐꾼도 차에 데려와서 이렇게 말했습니다. '조지, 차에 있는 여행가방 관리를 잘 해주게.'

운전교육이 끝나자 대통령은 나를 돌아보며 말했습니다. '자, 챔벌린 씨, 연방준비위원회를 30분이나 기다리게 했군요. 이제 가서 일을 해야 할 듯합니다.'

나는 백악관에 기계공과 함께 갔는데 그를 대통령에게 소개했습니다. 그는 대통령에게 말을 하지 않았고 대통령은 그의 이름을 단 한번 들었습니다. 그는 수줍음을 많이 타서 내내 무리들 뒤편에서 서성이고 있었습니다. 떠나기 전에 대통령은 기계공을 찾더니 악수하며 그의 이름을 부르며 백악관에 와준 것에 감사했습니다. 그 인사는 형식적인 것이 아닌 진심에서 나온 감사였습니다.

뉴욕으로 돌아온 며칠 후 저는 대통령의 친필이 든 사진과 감사 카드를 받았습니다. 그렇게 바쁜 대통령이 이런 일을 할 시간이 있다는 것이 저에게는 신기할 따름이었습니다."

프랭클린 D. 루즈벨트는 다른 사람의 호의를 얻을 수 있는 가장 간단하고 확실한 방법이 상대의 이름을 기억하여 중요한 느낌이 들도록 하는 것이라는 사실을 알고 있었다. 과연 우리들 중에 그렇게 하는 사람이 얼마나 될까?

낯선 사람과 인사를 나눈 다음 몇 분 이야기하고 헤어질 때는 이름조차 기억하지 못하는 경우가 많다.

정치가가 배워야 할 첫 번째 교훈은 다음과 같다. "유권자의 이름을 기억하는 것이 정치가의 도리이다. 유권자의 이름을 잊어버리면 그들도 당신의 이름을 잊어버린다."

이름을 기억하는 능력은 정치에서 뿐만 아니라 사업과 사교활동에서도 중요하다.

프랑스의 황제이며 나폴레옹의 조카였던 나폴레옹 3세는 모든 국정을 살피는 와중에서도 만나는 사람들의 이름을 기억하고 있음에 자부심을 느꼈다.

그의 방법은 간단하다. 상대의 이름을 확실하게 듣지 못하면 "미안합니다. 이름을 제대로 못 들었어요." 만일 특이한 이름이면 이렇게 말한다. "이름 철자가 어떻게 되지요?"

대화를 하면서 몇 번이고 그 이름을 되풀이해서 말해 마음속에 이름과 그 사람의 특징, 표정과 전체적인 모습을 연관시킨다.

상대가 중요한 사람이면 나폴레옹은 더 많은 노력을 기울였다. 혼자 남게 되면 종이에 상대의 이름을 쓰고 집중해서 이름을 보고 이름을 완전히 기억한 다음 그 종이를 찢어 버렸다. 이런 식으로 그는 귀를 통해서 뿐만 아니라 눈을 통해서도 이름에 대한 인상을 간직했던 것이다.

이렇게 하는 것은 시간이 걸린다. 에머슨이 말한 것처럼 "좋은 습관은 소소한 희생으로 만들어진다."

규칙 3

사람들에게 자신의 이름이야 말로 가장 달콤하고 중요한 말임을 명심해라.

---

4 대화를 잘 하는 사람이 되려면

최근에 나는 브리지 게임에 초대를 받았다. 나는 브리지 게임을 하지 않는데 그 모임에 나처럼 게임을 하지 않는 금발여인이 있었다. 그녀는 내가 로웰 토마스가 라디오에 출연해서 유명해지기 전에 그의 매니저였던 것을 알고 있었다. 나는 그의 여행기 준비를 돕기 위해 유럽을 자주 여행했다. "카네기 씨, 당신이 방문했던 멋진 장소들과 당신이 본 아름다운 경치에 대해 이야기 해주세요." 라고 부탁했다.

그래서 이야기를 하려고 우리가 소파에 앉자마자 그녀는 자신의 남편과 최근 아프리카 여행을 다녀왔다고 말했다. "아프리카요!" 나는 큰 소리로 외쳤다. "정말 재미있었겠네요! 저는 항상 아프리카에 가보고 싶었지만 알제리에 하루 동안 머물렀을 뿐이에요. 정말 맹수들이 우글거리는 곳을 갔었나요? 운이 좋으십니다. 정말 부럽네요! 아프리카 이야기 좀 해주세요."

그녀는 45분 동안이나 이야기를 했다. 그녀는 나의 여행 이야기를 듣고 싶지 않았다. 그녀가 원하는 것은 자신을 과시하며 자신이 갔던 곳을 이야기 할 수 있도록 자신의 이야기를 들어주는 사람이었다.

그 여자가 이상하다고? 아니다. 많은 사람들이 그녀와 같다.

예를 들어 나는 최근에 저명한 식물학자를 뉴욕 출판업자 J. W. 그린버그가 주최하는 디너파티에서 만났다. 나는 식물학자와는 이야기를 나눠본 적이 없어서 그의 얘기에 완전히 빠져들었다. 나는 말 그대로 의자 끝에 걸쳐 앉아 대마초, 식물학자 루터 버뱅크, 실내정원과 감자에 대한 흥미로운 이야기를 들었다. 나는 집에 작은 실내 정원이 있다. 그와 이야기하면서 실내 정원에 대해 내가 가지고 있던 궁금증이 해결되었다.

수십 명의 다른 손님들도 있었지만 나는 예의는 잊고 다른 손님들은 무시한 채 식물학자와만 몇 시간이고 이야기했다.

자정이 되어 나는 모든 사람들에게 작별인사를 하고 떠났다. 식물학자는 파티의 주최자에게 내 칭찬을 늘어놓았다. 나중에는 내가 "가장 흥미로운 대화상대" 라는 칭찬으로 끝을 맺었다.

가장 흥미로운 대화상대라고? 내가? 나는 거의 말을 하지 않았다. 화제를 바꾸지 않고는 말을 하고 싶어도 아무 말을 할 수가 없었다. 나는 식물학에 대해 아는 바가 없었기 때문이다. 하지만 나는 주의 깊게 듣기는 했다. 나는 진심으로 재미있게 이야기를 들었다. 그리고 상대방은 그것을 알고 있었다. 당연히 자신의 말을 귀 기울여 들어주는 상대가 있으니 그는 기분이 좋았던 것이다. 이처럼 진심으로 경청하는 태도는 우리가 다른 사람에게 하는 최고의 찬사 가운데 하나이다.

잭 우드포드는 〈사랑의 이방인〉에서 이렇게 썼다. "자신의 이야기에 열중해서 이야기를 듣는 사람에 빠져들지 않는 사람은 없다."

나는 상대의 이야기에 열중해서 들었을 뿐 아니라 아낌없이 칭찬도

해 주었다.

나는 그 식물학자에게 정말로 즐거웠고 많은 것을 배웠다고 말했다. 그리고 나도 그처럼 많은 지식을 갖고 싶다고 말했고 실제로 그랬다. 그와 함께 들판을 돌아다니며 채집을 하고 싶다고 말했는데 말뿐이 아니라 진짜 채집을 하고 싶었다. 그를 다시 만나고 싶다고 말했는데 실제로 만나고 싶었다.

나는 그저 그의 이야기를 들으며 그가 계속 이야기를 하도록 했을 뿐인데 그는 나를 최고의 대화상대로 생각한 것이었다.

사업상 면담의 성공 비결은 무엇일까? 찰스 W. 엘리엇에 따르면 "성공적인 사업 상담의 비결은 없다. 상대의 이야기에 집중하는 것이 중요하다. 경청이 상대에 대한 최고의 찬사이다."

뻔한 이야기인가? 명문대를 나오지 않아도 이것은 누구나 알고 있다. 비싼 임대료를 내고 좋은 물건을 구입해서 쇼윈도를 그럴듯하게 장식하고 많은 돈을 들여 광고해도 고객의 이야기를 가로 막고 고객을 화내게 해서 고객을 쫓아내는 직원을 고용하면 이 모든 노력이 허사가 된다.

J. C. 우튼의 경험을 예로 들어보자. 그는 나의 수업에서 이 이야기를 했다. 그는 뉴저지 뉴어크에 있는 어느 백화점에서 양복 한 벌을 샀다. 입어보니 옷감에서 색이 빠져서 와이셔츠 깃에 검게 묻었다.

백화점에 양복을 가지고 가서 직원에게 사정을 이야기했다. 아니 말하려했다. 하지만 말을 할 수 없었다.

"저희 백화점에서는 이 양복을 지금까지 몇 천 벌이나 팔아왔지만 옷감에서 색이 빠진다는 소리를 들어본 적이 없습니다."

점원의 말투는 너무나 공격적이어서 마치 "거짓말 마세요. 우리에게 뒤집어씌울 모양인데. 우리는 그리 만만하지 않답니다." 라고 말하는 듯 했다.

말싸움이 계속 되고 있는데 다른 점원이 끼어들었다. "어두운 색 양복은 처음에는 약간 염료가 배어나올 수 있어요. 그것은 어쩔 수가 없습니다. 그 가격의 양복은 다 그래요."

이쯤 되자 저는 완전히 화가 났어요. 첫 번째 점원은 저의 정직을 의심했고 두 번째 직원은 제가 싸구려 물건을 산 것처럼 말하는 것입니다. 저는 화가 났습니다. 제가 화가 나서 양복을 점원에게 팽개치려고 할 때 백화점의 지배인이 그 자리에 있었습니다. 그는 자신이 해야 할 일을 정확히 알고 있었습니다. 그는 저의 기분을 완전히 바꿔놓았습니다. 그는 화가 난 사람을 만족하는 손님으로 바꿔 놓았던 것입니다. 그가 어떻게 그렇게 할 수 있었을까요? 그는 다음 세 가지 방법을 썼습니다.

첫째, 그는 제 얘기를 처음부터 끝까지 잠자코 들었습니다.

둘째, 제가 이야기가 끝나자 점원들이 다시 그들의 의견을 말했는데 그는 제 입장에서 점원들과 논쟁을 벌였습니다. 와이셔츠 깃이 양복에서 나온 염료로 물들었고 고객을 만족시키지 않는 상품은 판매하면 안 된다는 이야기였습니다.

셋째, "이 양복을 어떻게 해드릴까요? 고객님이 원하시는 대로 해드리겠습니다." 그는 양복에 문제가 있는 줄 몰랐다고 솔직히 인정했습니다.

불과 몇 분전만 하더라도 저는 그 양복을 환불하고 싶었습니다. 하지만 이제 저는 이렇게 답하고 있었습니다. "지배인님의 충고를 듣고 싶습니다. 양복에서 물이 빠지는 것이 일시적인지, 물이 빠지지 않게 하려면 어떻게 해야 하는지 알려주십시오."

그는 1주일을 더 입어보면 어떻겠냐고 말했습니다. "1주일을 입어 보시고 그때도 만족하시지 않으시면 백화점에 가져오십시오. 새 상품 으로 바꿔드리겠습니다. 불편을 끼쳐드려 죄송합니다."

저는 만족스럽게 백화점을 나왔습니다. 1주일이 지나자 양복에서는 물이 빠지지 않았습니다. 그 백화점에 대한 저의 신뢰는 완전히 회복되 었습니다.

이 지배인은 이런 능력이 있으니 지배인의 자리에 오를 수 있는 것 이다. 반대로 직원들은 계속 직원으로 머물러 있을 것이다. 아니. 점원 들은 고객 응대를 할 필요가 없는 포장부서로 좌천될 것이다.

항상 불평하는 사람 심지어 가장 거친 비평가도 인내심 있게 동감하 는 경청자 앞에서는 누그러지게 마련이다. 그가 코브라처럼 몸을 빳빳 이 세우고 독을 내뿜는 동안 경청자는 조용히 침묵을 지키는 것이다. 뉴 욕전화회사는 몇 년전에 교환원에게 악담을 퍼붓는 못된 고객을 상대 해야 했다. 그는 욕을 하고 분노를 터뜨리고 전화선을 끊어버리겠다고 위협했다. 그는 요금청구가 잘못되었다며 요금납부를 거절했다. 신문 사에 투서를 하고 공익사업위원회에 진정서를 내고 전화회사를 상대 로 소송을 제기하기도 했다.

드디어 전화회사에서는 회사 내에서 가장 분쟁해결을 잘 하는 사람 중에 한명을 그 고객과 상담하도록 보냈다. 분쟁해결 전문가는 조용히 들으며 상대가 마음껏 울분을 터트리도록 내버려두었다. 그 직원은 계속 그의 말을 귀담아 듣고 그에게 동조하였다.

"그는 계속해서 화를 냈고 저는 거의 세시간을 듣기만 했습니다."

그 분쟁해결 전문가는 나의 수업에서 그의 경험에 대해 이야기했다.

"다시 한 번 그를 찾아가서 그의 이야기를 더 들었습니다. 나는 그와 세번의 면담을 했습니다. 그리고 네 번째 방문이 끝나기 전에 나는 그가 시작하려는 모임의 멤버가 되었습니다. 그는 이 모임을 '전화 가입자 보호협회'라고 불렀습니다. 나는 아직도 이 모임의 멤버입니다. 제가 아는 한 그 사람을 빼고는 세상에서 유일한 회원이 아닐까 싶습니다.

저는 그 사람이 하는 말을 듣고 공감을 했습니다. 그는 그에게 이런 식으로 말하는 전화회사 직원을 만난 적이 없었기에 점차 우호적으로 변했습니다. 제가 그를 방문한 목적은 한 번도 말한 적이 없었지만 세 번째 방문했을 때 저는 모든 문제를 완전히 해결했습니다. 그는 요금을 전부 납부했으며 자진해서 위원회에 그가 제기한 불만을 거두었습니다.

이 사람은 분명 자신을 시민들의 권리를 방어하는 성스러운 십자군으로 생각했을 것이다. 하지만 실제로 그가 원했던 것은 인정 받고 싶은 욕구였던 것이다. 그는 공격성을 보임으로서 자기 중요감이라는 감정을 느꼈다. 하지만 회사 직원에게서 자기 중요감을 얻게 되자 그의 망상이 빚어낸 불평은 사라져 버렸다.

몇 년 전에 화가 난 고객이 데트머 모직회사의 설립자 줄리안 데트머의 사무실로 쳐들어왔다.

"이 사람은 우리 회사에 15불의 돈을 빚지고 있었습니다. 그 고객은 부인했지만 우리는 그가 실수했다는 것을 알고 있었습니다. 우리 직원에게서 몇 통의 편지를 받은 후에 그는 짐을 싸서 시카고로 친히 방문한 것입니다. 우리 사무실로 뛰어 들어와서는 그 돈을 갚지 않을 것이고 우리 회사에서 나온 어떤 상품도 이제는 구매하지 않을 것이라고 말했습니다.

저는 그가 하는 말을 조용히 듣고 있었습니다. 중간에 끼어들어서 말을 하고 싶었지만 그렇게 하면 역효과가 날 것을 알고 있었습니다. 그래서 그가 이야기를 하도록 내버려두었습니다. 그가 화가 누그러지고 제 말을 들을 기분이 되자 저는 조용히 말했습니다. '친히 시카고까지 오셔서 말씀해주셔서 감사합니다. 신용관리부가 당신을 그렇게 기분 나쁘게 했다면 다른 고객들도 기분 나쁘게 했을 테니까요. 이런 문제라면 선생님이 오시지 않으셔도 제가 직접 가서 들었어야 했을 일입니다.'

그는 제가 이렇게 까지 말하리라고 기대하지 않았습니다. 그는 약간 실망한 듯이 보였습니다. 시카고에 따지러 왔는데 제가 그와 다투는 대신 그에게 고마워하고 있으니 말입니다. 저는 그에게 15달러를 장부에서 깨끗이 지워버리고 잊으라고 말했습니다. 그는 자신의 계좌만을 살피면 되지만 우리 직원들은 수천의 계좌를 거래하고 있으니 우리 직원이 틀릴 확률이 더 크다고 말했습니다.

저는 그에게 그의 기분을 정확히 이해하고 제가 그의 입장이라면 저라도 틀림없이 그처럼 행동했을 거라고 말했습니다. 그가 우리 회사의 물건을 더 이상 사지 않을 것처럼 보여 몇 개의 다른 모직물 회사를 추천해주었습니다.

예전에 우리는 그가 시카고에 왔을 때 함께 점심식사를 했었기 때문에 그날도 저는 그를 점심식사에 초대했습니다. 그는 마지못해 저의 제안을 받아들였습니다. 우리가 사무실에 돌아왔을 때 그는 예전보다 더 많은 주문을 했습니다. 그는 기분이 누그러져 집으로 돌아갔고 서랍에서 청구서를 찾아서 검토해보았더니 잘못 계산되었음을 발견했다며 사과편지와 함께 돈을 부쳐왔습니다.

나중에 그가 아들을 낳았을 때 아들의 이름을 데트머라고 짓고 그가 죽을 때까지 22년 동안 우리는 좋은 친구로 좋은 고객으로 지냈습니다."

오래전 네덜란드에서 이민 온 가난한 소년이 방과 후에 50센트를 받고 제과점의 창문을 청소하고 있었다. 그의 집은 가난해서 그는 양동이를 들고 거리에 나가 석탄 마차가 길에 흘리고 간 석탄 조각을 주우러 다녔다. 그 소년 에드워드 보크는 정규교육은 6년밖에 받지 못했지만 미국 언론 역사상 가장 성공한 잡지 편집자가 되었다. 그가 어떻게 성공할 수 있었을까? 그는 이 장에서 주장하고 있는 원리를 사용해서 성공의 발판을 마련했다.

그는 13살에 학교를 그만두고 주급 6달러 25센트를 받고 유니언 전보회사의 급사가 되었다. 그러나 그는 한순간도 공부하고 싶다는 생각을 버린 적이 없었다. 그는 독학을 시작했다. 그는 '미국 전기 전집'을 살 때까지 교통비를 절약하고 점심을 걸렀다. 그 전집으로 그는 전대미문의 일을 했다. 그는 유명인들의 전기를 읽고 그들에게 어린 시절 이

야기를 들려달라는 편지를 썼다. 그는 뛰어난 경청가였다. 그는 유명인
들에게 그들의 이야기를 더 들려달라고 부탁했다. 그는 대통령 선거에
출마한 제임스 가필드 장군에게 편지를 써서 장군이 운하에서 배를 끄
는 인부로 일한 것이 사실이냐고 물었다. 가필드 장군은 답장을 보냈
다. 그는 그랜트 장군에게 편지를 보내 장군이 치른 유명한 전투에 관
해 질문했다. 그랜트 장군은 그에게 지도를 그려 보크에게 답장을 했고
열네 살 먹은 소년을 저녁식사에 초대했다. 그는 에머슨에게 편지를 써
서 에머슨이 기꺼이 자신에 대한 이야기를 하게했다.

유니언 전보회사의 급사소년은 에머슨, 필립스 브룩스, 올리버 웬델
홈즈, 롱펠로우, 링컨 부인, 루이자 메이 알코트, 셔먼 장군과 제퍼슨
데이비스 등 많은 유명인사와 서신을 교환하는 사이가 되었다.

그는 유명인사와 편지를 교환할 뿐만 아니라 휴가 때에 그들을 찾아
갔으며 극진한 대접을 받았다. 이 경험은 무엇과도 바꿀 수 없는 자신
감을 그에게 심어주었다. 유명 인사들은 이 소년에게 꿈과 야망을 심어
주었다. 그것은 여기에 기술한 원리를 적용함으로써 가능한 것이었다.

많은 저명인사들을 인터뷰했던 아이작 F. 마코슨은 많은 사람들이
상대의 이야기를 주의 깊게 듣지 않아서 좋은 첫인상을 주는데 실패한
다고 말한다. "사람들은 다음에 무슨 말을 할 지 골몰해서 타인의 이야
기에 귀를 열지 않습니다. 성공한 사람들은 말 잘하는 사람보다 잘 들
어주는 사람을 좋아하고 잘 듣는 능력은 다른 어떤 재능보다 터득하기
가 어렵습니다."

성공한 사람들 뿐만 아니라 보통 사람들 역시 잘 들어주는 사람을 좋
아한다. 리더스 다이제스트 지는 이런 글을 실었다. "많은 사람들은 자

기 이야기를 경청할 사람이 필요할 때 의사를 찾는다."

남북전쟁이 한창일 때 링컨이 일리노이 스프링필드의 옛 친구에게 워싱턴으로 와달라고 부탁했다. 링컨은 몇 가지 문제에 대해 그와 상의를 하고 싶다고 말했다. 오랜 친구는 백악관을 찾았고 링컨은 노예해방 선언을 하는 것이 상책인지를 그와 몇 시간이고 이야기했다. 링컨은 노예 해방에 반대하는 것과 찬성하는 것에 대해 토론을 한 후 편지들과 신문기사를 읽어주었다. 몇 시간동안 이야기한 후에 작별인사를 한 뒤 그의 의견은 묻지 않고 그를 일리노이로 돌려보냈다. 링컨 혼자 이야기를 했다. 이것이 그의 생각을 정리하는 데 도움을 준 듯했다. "그는 이야기를 하고 나서 마음이 편해진 것 같았다."고 옛 친구는 말했다. 링컨은 조언을 원하지 않았다. 그가 원한 것은 자신의 마음을 털어 놓을 수 있는 경청하는 사람이었던 것이다. 우리에게 문제가 생겼을 때 우리가 원하는 것은 바로 이것이다. 성난 고객, 불만을 터트리는 직원 또는 상심한 친구가 원하는 것이 이것이다.

사람들이 당신의 등 뒤에서 당신을 비웃고 조롱하고 심지어 경멸하게 하고 싶다면 여기에 방법이 있다. 사람들이 하는 말은 듣지 말고 끊임없이 너 자신에 대해 떠들어라. 다른 사람이 말을 하고 있을 때 생각나는 게 있으면 그가 말을 끝낼 때까지 기다리지 마라. 그는 너만큼 똑똑하지 않다. 왜 멍청한 사람이 하는 이야기를 듣는데 너의 시간을 낭비하는가? 말을 하는 중간에 끼어들어 말을 잘라라.

사람들이 실제로 이럴까? 불행히도 나는 이런 사람들을 알고 있다. 유명한 사람들 중에서도 이런 사람이 있다.

이런 사람들은 지루한 사람들이다. 자아에 도취해서 자신이 세상에서 가장 중요하다는 생각에 빠져있다.

이런 사람들은 자신만을 이야기하고 자신만을 생각한다. 콜롬비아 대학 총장인 니콜라스 머레이 버틀러 박사는 이렇게 말했다 : "자신밖에 생각하지 않은 사람은 교양이 없는 인간이다. 아무리 교육을 잘 받아도 교양이 없는 사람이다."

좋은 대화상대가 되고 싶으면 경청하는 사람이 되어라. 찰스 노담 리 여사는 다음과 같이 말한다. "상대방에게 재미있는 사람이 되고 싶으면 우선 내가 흥미를 가져야 한다."

다른 사람이 기꺼이 대답해 줄 질문을 해라. 그가 자신에 대해 이야기하고 자신이 이룬 업적을 말할 수 있게 부추겨주어라.

당신이 이야기를 나누고 있는 상대는 당신에 대하여 갖는 관심보다 자신에 대해 몇 백배나 더 관심을 가지고 있다는 것을 기억해라. 중국에서 백만 명이 굶어 죽는 기근보다는 자신의 치통이 더 중요하게 느껴진다. 목에 난 종기가 아프리카에서 지진이 40번 일어난 것보다 더 심각하다. 다음에 대화를 시작할 때에는 이 점만 생각해라.

규칙 4

경청해라. 다른 사람이 자신에 대해 이야기하도록 부추겨라.

5 사람들의 관심을 끄는 방법

오이스터 만에 있는 루즈벨트를 방문한 사람은 누구나 그의 해박한 지식에 놀란다. "방문객이 카우보이든 기병대이건 뉴욕의 정치가이건 외교관이건 상관없이 루즈벨트는 상대에게 적합한 대화거리를 가지고 있었다." 라고 가말리엘 브래드포드는 루즈벨트를 평했다. 어떻게 그렇게 풍부한 지식을 가지고 있었을까? 답은 간단하다.

루즈벨트는 방문객이 찾아오면 전날 밤 늦게까지 손님이 흥미 있어할 주제에 관한 책을 읽었던 것이다.

모든 지도자들이 알고 있는 바와 같이 루즈벨트는 사람의 마음을 얻는 최고의 방법은 상대가 가장 좋아하는 것을 화제로 삼는 것임을 알고 있었다.

왕년의 예일대 문학부 교수였던 온화한 윌리엄 라이언 펠프스는 어렸을 때부터 이미 이 사실을 알고 있었다.

"내가 8살이었을 때 스트래트포드에 살고 있는 리비 린슬리 아주머니 댁에 가서 주말을 보낸 적이 있었다. 저녁에 한 신사분이 아주머니를 방문하셨다. 아주머니와 잠시 이야기하고 나를 상대로 열심히 이야기를 시작했다. 그 당시에 나는 보트에 엄청난 관심이 있었는데 그 신사분은 아주 흥미로운 태도로 보트에 대해 이야기 했다. 그가 떠난 후에 나는 그에 대해 입에 침이 마르도록 칭찬을 했다. '정말 멋진 분이예요! 보트에 대해 정말 관심 있는 분인가 봐요.' 아주머니는 그가 뉴욕의 변호사이고 그는 보트에는 별로 관심이 없다고 말씀하셨다. '그럼 왜 보트에 대해서 말씀하셨을까요?'"

'그분은 신사이기 때문이지. 네가 보트에 관심이 있다는 것을 알고 너를 기분 좋게 해줄 대화거리를 보트라고 생각하고 그 이야기만 한 거지. 대화주제를 너한테 맞춘 거야.' 그는 인간본성에 관한 그의 수필에서 이 일화를 소개했다.

현재 보이스카우트 지부에서 일하고 있는 에드워드 L. 채리프에게서 받은 편지를 소개하겠다.

"어느 날 저는 도움을 청할 일이 생겼습니다. 유럽에서 개최되는 대규모의 보이스카우트 잼버리가 열리는데 미국에서 가장 큰 기업체의 대표에게 그 잼버리에 참석하는 소년들 중 한명의 비용을 지원해달라고 부탁해야 했습니다.

운이 좋게도 내가 그 대표를 만나러 가기 직전에 그가 결제가 끝난 백만 달러짜리 수표를 액자에 담아 걸어두고 있다는 것을 들었습니다.

"대표의 사무실에 들어가자마자 한 일은 그 수표를 보여 달라고 한 일이었습니다. 백만 달러 수표라니요! 나는 이런 거액의 수표를 쓰는 사람을 본 적이 없다고 말했습니다. 그리고 보이스카우트 소년들에게 실제로 백만 달러 수표를 보았노라고 말하고 싶다고 말했습니다. 그는 기뻐하며 저에게 그 수표를 보여주었습니다. 저는 그 수표를 보고 감탄을 쏟아내며 어떻게 수표를 발행하게 되었는지 자세히 이야기해달라고 요청했습니다."

당신이 눈치 챈 것처럼 챌리프 씨는 보이스카우트나 유럽에서 열리는 잼버리 대회에 대한 이야기로 대화를 시작하지 않았다. 그는 상대가 좋아하는 이야기를 꺼내면서 대화의 실마리를 풀어나간 것이다. 그 대화의 결과는 다음과 같다.

"이야기를 이어나가던 중에 그 대표는 '오, 그런데 저를 찾아오신 용건이 무엇이지요?' 그래서 저는 그를 찾아온 용건을 이야기했습니다. 놀랍게도 그는 즉시 제가 요청한 것을 수락했을 뿐 아니라 예상하지 못했던 것까지 제공해주었습니다. 저는 소년 한 명만 유럽으로 보내달라고 말했는데 그는 다섯 명의 소년들과 저까지 보내 주겠다는 것이었습니다. 그는 천 달러를 주면서 유럽에서 7주 동안 묵고 오라고 말했습니다. 유럽 지점장에게 소개장을 써 주어 우리에게 도움을 줄 수 있도록 살펴주었습니다. 대표가 직접 파리에 와서 우리에게 파리 안내까지 해 주었습니다. 그 이후로 집안 형편이 어려운 단원에게 일자리를 구해주는 등 보이스카우트의 활동을 도와주고 있습니다.

만일 제가 대표의 관심사를 몰랐다면 그에게 가까이 다가가기가 열 배는 힘들었을 것입니다."

이 방법이 사업에서도 유용할까? 뉴욕 일류의 제과회사인 듀버노이 앤 선즈의 헨리 G. 듀버노이를 예로 들어보자.

듀버노이는 뉴욕 어떤 호텔에 빵을 납품하려고 애를 쓰고 있었다. 그는 4년 동안 매주 대표를 찾아갔다. 그는 대표가 참석하는 사교모임에도 참석했다. 그는 심지어 호텔에 투숙하기도 했지만 아무 소용이 없었다.

인간관계에 대한 공부를 한 후에 듀버노이는 전략을 수정했다. 그는 대표가 흥미 있어 하는 것을 알아내기로 결심했다. 듀버노이는 대표가 전미호텔협회 회원이라는 것을 알았다. 그는 모임에 속해 있을 뿐 아니라 그 모임의 회장이었고 국제호텔협회 회장까지 겸하고 있었다. 협회의 모임이 어디에서 열리던지 대표는 비행기를 타고 산 넘고 바다를 건너 참석했다.

그래서 다음날 듀버노이는 대표를 찾아가 호텔협회에 대해 이야기를 시작했다. 그의 반응은 놀라웠다. 그가 30분 동안 협회에 대해 이야기하는 동안 흥분해서 그의 목소리는 높았다. 이 협회가 그의 취미이자 즐거움의 원천인 듯했다. 대표의 사무실을 떠나기 전에 그는 저에게 회원으로 가입하도록 했습니다.

그동안 저는 빵에 대한 이야기는 일절 하지 않았습니다. 하지만 며칠 후에 지배인이 전화해서 빵 샘플과 가격표를 가지고 오라고 전화를 하였습니다.

"어떻게 했기에 대표님이 당신에게 홀딱 빠져 있지요?" 그 지배인은 나를 맞이하며 말했다.

생각 해보세요. 4년 동안 호텔 대표를 쫓아다니며 납품을 하려고 했는데 대표가 관심 있어 하는 것을 알아내지 못했다면 아직도 고군분투하고 있었을 것입니다."

규칙 5

상대의 관심사에 대해 이야기하라

6 사람들이 나를
즉시 좋아하게 만드는 방법

나는 뉴욕 33번가와 8번가 사이의 우체국에서 편지를 부치기 위해 줄을 서있었다. 우편물 무게를 재고 우표를 팔고, 거스름돈을 주고, 영수증을 발부해주는 등 날마다 되풀이 되는 일이 싫증나는지 직원의 표정이 지루해보였다.

그래서 나는 혼잣말했다. "저 직원이 나를 좋아하게 만들어보자. 그가 나를 좋아하게 만들려면 내 일이 아니라 그에 대해 좋은 말을 해야 한다. 내가 진심으로 그 사람을 칭찬할 것이 뭐가 있지?"

그것은 때때로 대답하기 힘든 질문이다. 특히 처음 본 사람의 경우에 더욱 그렇다. 그런데 이번에는 우연히 아주 쉽게 해결되었다. 나는 즉시 그의 칭찬거리를 찾았다.

그가 나의 우편물 무게를 재는 동안 나는 경탄하며 말했다. "머릿결이 정말 좋으네요."

그는 놀라서 나를 올려다보았는데 그의 얼굴에 미소가 가득했다. "예전처럼 좋지는 않아요." 그는 겸손하게 말했다. 젊었을 때보다 덜 할지 모르지만 그래도 여전히 멋지다고 나는 말해주었다. 그는 엄청나게 기분이 좋아보였다. 우리는 유쾌한 대화를 잠깐 이어나갔고 그가 나에게 마지막으로 한 말은 이것이었다. "많은 사람들이 제 머릿결에 감탄하죠."

장담컨대 그 사람은 그날은 밖에 나가서 점심을 먹었을 것이다. 그리고 그날 밤 집에 가서 아내에게 오늘 있었던 나와의 일을 말할 것이다. 그리고 거울을 보며 말하겠지. "머릿결 하나는 좋단 말이야."

나는 이 이야기를 강연에서 한 적이 있었다. 한 사람이 강연 후에 나에게 질문을 했다. "그 우체국 직원에게서 무엇을 얻어내려고 했습니까?"

내가 무엇을 얻으려고 했냐고? 만약 우리가 남에게 대가를 바라지 않고 남을 칭찬해서 행복하게 해줄 수 없다면, 우리의 마음이 그렇게 옹졸하다면 우리는 당연히 불행을 당하는 게 맞을 것이다.

내가 그 우체국 직원에게 뭔가를 바란 건 맞기는 맞다. 그리고 바랐던 것을 얻었다. 그를 기분 좋게 해주면서도 그에게 아무런 부담도 주지 않았다는 것이 바로 그것이다. 이런 일은 시간이 지나서도 기억 속에 남아 잔잔한 기쁨을 준다.

인간행동의 중요한 규칙이 있다. 우리가 이 규칙을 따르면 인간관계에서 곤란한 일은 피할 수 있을 것이다. 사실 이 규칙을 제대로 따르기만 하면 우리에게 많은 친구와 계속되는 행복을 줄 것이다. 하지만 우리가 이 규칙을 어기는 순간 우리는 곤란함을 당할 것이다. 규칙은 이것이다. "항상 다른 사람으로 하여금 자신이 중요하다는 느낌이 들게 하라." 존 듀이 교수는 중요한 존재가 되려는 소망은 인간의 가장 뿌리 깊은 욕구라고 말한다. 윌리엄 제임스 교수는 인간 본성의 가장 깊은 본질은 인정받고 싶어 한다는 것이라고 말한다. 내가 항상 지적한 것처럼 인간을 동물과는 다르게 만들어 주는 것이 이 욕구이다. 문명이 발전되어 온 것도 바로 이런 욕구에 의해서이다.

철학자들은 오랫동안 인간관계의 규칙에 대해 연구해왔는데 한 가지 중요한 규칙을 발견했다. 그 규칙은 새로운 것이 아니다. 페르시아의 조로아스터교는 3천 년 전에 그 추종자들에게 이 규칙을 가르쳤다. 중국에서 공자는 24세기 전에 이 규칙을 설파했다. 도교의 시조인 노자는 이 규칙을 제자들에게 가르쳤다. 석가는 예수보다 오백년 빨리 갠지스 강에서 이 규칙을 설교했다. 그보다 천 년 전에 힌두교의 성서는 이 규칙을 가르쳤다. 예수는 19세기 전에 유대의 석산에서 이것을 가르쳤다. 예수는 이것을 한 가지 사상으로 요약했다. 그것은 아마도 세상에서 가장 중요한 규칙일 것이다. "남에게 대접받고 싶은 대로 남을 대접하라."

당신은 주위 사람들에게서 인정을 받고 싶어 한다. 당신은 당신의 진정한 가치를 인정받고 싶어 한다. 당신은 세상에서 중요한 존재이기를 바란다. 당신은 경박하고 입에 발린 칭찬은 듣고 싶지 않지만 마음속에서 우러나오는 칭찬에는 목말라한다. 당신은 친구들과 지인들이 찰스 슈왑이 말한 것처럼 "진심으로 동의해주고 아낌없이 칭찬" 해주기를 바란다. 모든 사람이 그것을 바란다.

황금률을 따라서 당신이 대접받고 싶은 대로 남들을 대접해주자.

어떻게? 언제? 어디에서? 답은 어디에서나 항상 그렇게 해야 한다.

예를 들어 라디오시티(록펠러 센터에 위치한 대규모 극장)의 안내 데스크의 직원에게 헨리 수벤의 사무실 번호를 물었다. 깔끔한 제복을 입고 그 안내원은 자랑스러운 듯이 알려주었다. 명확하고 분명하게 그는 대답했다. "헨리 수베인……18층……. 1816호입니다."

나는 엘리베이터로 가다가 발길을 돌려 말했다. "당신이 내 질문에 답한 방식이 정말 멋지다고 말해주고 싶어요. 명확하고 정확했어요. 아주 독특한 방법이예요."

그는 기뻐하며 자신이 왜 그렇게 띄엄띄엄 말했는지 이유를 설명해 주었다. 내 몇 마디가 그의 기분을 좋게 만들었다. 나는 18층으로 올라 가면서 그날 오후 인류의 행복 총량을 늘리는데 기여했다는데 뿌듯해 했다.

이 칭찬의 규칙을 사용하는데 당신이 프랑스 대사나 위원회의 위원 장이 될 때까지 기다릴 필요는 없다. 당신은 거의 매일 이 규칙을 사용 해서 마법 같은 효과를 거둘 수 있다.

만약 당신이 감자튀김을 주문했는데 종업원이 으깬 감자를 가져왔 다면 말해보자. "죄송한데요. 저는 감자튀김이 더 좋은데요." 종업원은 기꺼이 감자튀김을 가져다 줄 것이다. 당신이 그녀를 존중했기 때문에 종업원은 기분 나빠 하지 않을 것이다.

"귀찮게 해드려 죄송하지만……", "죄송하지만 해주시겠습니 까?" "감사합니다."와 같은 말은 단조로운 일상의 톱니바퀴에 기름을 쳐준다. 그리고 이러한 말은 좋은 교육을 받았다는 증거가 된다.

다른 예를 들어보자. 홀 케인의 소설 〈크리스챤〉 〈맨 섬의 재판관〉 〈맨 섬의 사나이〉를 읽어 본 적이 있는가? 수백만 명의 사람들이 그의 소설을 읽었다. 그는 대장간 집 아들로 태어나 정규교육은 8년 밖에 받 지 못했다. 하지만 그가 사망할 당시 문학 역사상 가장 부유한 작가 중

하나였다.

홀케인은 소네트와 발라드를 좋아했다. 그는 단테 가브리엘 로제티의 시를 탐독했다. 그는 로제티를 경외하는 글을 썼다. 로제티는 매우 기뻐했다. "내 능력에 대해 이처럼 고상한 의견을 지닌 사람은 아주 뛰어난 사람일거야." 로제티는 아마 이렇게 생각했을 것이다. 그래서 로제티는 이 대장장이의 아들을 런던으로 오게 하여 비서로 고용했다. 이것이 홀 케인의 삶의 전환점이었다. 새로운 일자리에서 당시 유명 작가들과 만났다. 그들의 조언과 격려에 힘입어 그는 작가의 길을 걷게 되었다.

맨 섬에 있는 그의 집인 그리바 성은 전 세계의 관광객들의 메카가 되었다. 그는 250만 달러나 되는 유산을 남겼다고 한다. 만일 그가 유명한 시인을 예찬하는 글을 쓰지 않았다면 그는 아마도 가난하게 살다가 죽었을 것이다.

진심에서 나오는 칭찬은 이와 같이 엄청난 힘을 가지고 있다.

로제티는 자신을 중요하다고 생각했다. 그것은 당연한 것이다. 거의 모든 사람들은 자신을 중요하다고 생각한다.

미국인들 중에 자신이 일본인보다 뛰어나다고 생각하는 사람들이 있다. 일본인 중에서도 자신이 미국인보다 뛰어나다고 생각하는 사람들이 있다. 보수적인 일본인은 백인이 일본 여인과 춤추는 것만 봐도 분개한다.

힌두교도들은 외국인들보다 자신들이 우월하다고 느낀다. 그래서 외국인의 그림자가 조금이라도 스치면 음식이 더럽혀졌다고 생각해서 먹지 않는다.

에스키모인들은 백인에 대해 어떻게 생각할까? 에스키모인들 사이에서 게으르고 쓸모없다고 느껴지는 사람들을 그들은 "백인같은 놈"이라고 욕한다. 이것이 최고의 욕이라고 한다.

어느 나라 국민이든 모두 다른 나라 국민보다 우수하다고 생각한다. 이것이 애국심을 낳고 전쟁을 일으킨다. 사람은 누구나 자신이 남들보다 어느 면에서는 우수하다고 생각한다. 상대의 마음을 얻는 확실한 방법은 상대가 세상에서 중요한 인물임을 인정하고 그것을 상대방에게 잘 깨닫게 하는 일이다.

에머슨의 "누구든 나보다 어느 면에서는 우수해서 배울 점을 가지고 있다."고 한 말을 기억해라.

그런데 남에게 내세울 것 없는 사람일수록 역겨울 정도로 요란하게 자신을 내세우려든다. 셰익스피어가 말한 것처럼 "인간, 오만한 인간이여! 얄팍한 권위를 앞세워 하늘을 앞에 두고 장난을 치고 있구나."

칭찬의 원리를 사용해서 성공을 거둔 세 사람의 이야기를 소개하고자 한다.

친척들 때문에 이름을 공개하기를 원하지 않는 코네티컷의 변호사를 예로 들어보자. 편의상 그를 R씨라고 부르겠다. 나의 강연을 들은 후에 그는 아내와 함께 아내 친척을 방문하러 롱 아일랜드에 갔다. 아내가 다른 친척들을 방문하기 위해 나간 사이 그는 고령의 이모님과 함께 있게 되었다. 칭찬의 규칙을 실생활에서 어떻게 적용했는지를 발표해야했기 때문에 그는 이모님과 이야기하면서 칭찬의 규칙을 사용하기로 했다. 칭찬할 수 있는 것이 없을까 하고 그는 집안을 둘러보았다.

"이 집은 1890년경에 지어진 집이죠?" 그는 물었다.

"그렇지. 바로 그해에 지어졌어."

"제가 태어난 집이 생각나는군요. 아름답네요. 잘 지어진 집이예요. 방도 넓고요. 요즘은 이렇게 지어진 집이 없어요."

"자네 말이 맞아. 요즘 젊은이들은 아름다운 집에는 관심이 없어. 젊은 사람들이 바라는 것은 작은 아파트에 냉장고를 사고, 자동차를 타고 돌아다니는 일만 좋아하지. 이집이야 말로 꿈의 집이야. 이 집은 사랑으로 지어진 집이네. 남편과 나는 집을 짓기 전 몇 년 동안 이런 집을 꿈꾸었지. 우리는 건축가의 손을 빌리지 않고 우리끼리 설계해서 집을 지었어."

그녀는 그에게 집 구경을 시켜주었고, 그는 이모님이 여행 중에 사온 기념품들(스코틀랜드에서 사온 숄, 영국제 찻잔세트, 프랑스산 침대와 의자, 이탈리아산 그림, 프랑스의 고성에 걸려 있던 커튼)을 보며 진심으로 감탄했다.

"집안 구석구석을 보여주신 뒤에 이모님은 저를 차고로 데려갔어요. 거기에 새것과 다름없는 패커드 자동차가 있었습니다." R씨는 말했다.

"남편이 죽기 직전에 산 차야. 남편이 죽고 차를 타본 적이 없어. 자네는 물건 보는 안목이 있어. 자네에게 이 차를 주고 싶어."

"이모님, 호의는 감사하지만 이 차를 받을 수 없어요. 저는 이모님 친척도 아닌데요. 저도 최근에 산 차가 있습니다. 이 패커드차를 가지고 싶어 하는 친척들이 많을 거예요."

"친척들!" 그녀는 소리쳤다. "이 차가 갖고 싶어서 내가 죽기를 기다리는 친척들은 있지. 하지만 그들에게는 이 차를 주고 싶지 않아."

"친척 분들에게 차를 주고 싶지 않으시면 중고차상에게 차를 팔면 되겠네요."

"팔라고!" 그녀는 외쳤다. "내가 차를 팔 거라고 생각하나? 낯선 사람이 내 남편이 나를 위해 사준 차를 타고 다니는 것을 내가 보고 견딜 수 있을 것 같나? 팔 생각은 추호도 없어. 자네에게 주고 싶어. 자네는 물건의 진가를 알아보는 사람이니까."

그는 받지 않으려고 사양했지만 이모님의 감정을 상하게 할 수 없었다.

넓은 집에 혼자 남겨져 스코틀랜드 숄, 프랑스산 골동품, 기억 속에 살고 있는 이 노인은 칭찬에 굶주려 있었다. 이모님은 한때는 젊고 아름다웠고 구애도 많이 받았다. 또 사랑이 가득 담긴 따뜻한 집을 짓고 집을 아름답게 꾸미기 위해 전 유럽을 뒤져 물건을 사 모으기도 했다. 이제 노년에 홀로 고독 속에 살고 있는 이모님은 인간적인 따뜻함과 마음에서 우러나온 칭찬을 갈망하고 있었던 것이다. 하지만 아무도 그녀에게 그것을 주지 않았다. 인간적인 따뜻함과 진솔한 칭찬을 받자 사막에 솟은 샘물처럼 그녀는 고마운 마음에 소중한 패커드 자동차를 선물로 선뜻 주려고 한 것이다.

다른 경우를 예로 들어보자. 뉴욕 주 라이의 루이스 앤 밸런타인 조경회사의 건축가 도날드 M. 맥마흔은 자신의 경험을 이야기했다.

"강좌에 참석한 직후 저는 유명한 법률가의 조경 일을 맡았습니다. 집주인이 나와서 철쭉과 진달래를 심고 싶은 장소에 대해 말했습니다."

저는 집주인에게 말했습니다. "판사님, 아주 좋은 취미를 가지고 계시네요. 판사님의 멋진 개를 보고 감탄했습니다. 매디슨 스퀘어 가든에서 열리는 강아지 콘테스트에서 매년 많은 상을 타셨다고 들었습니다."

"그래요. 개들 때문에 즐거워요. 개 사육장을 보여드릴까요?"

그는 거의 한 시간 동안 저에게 개를 보여주고 그들이 받아온 상들을 보여주었습니다. 심지어 족보를 가지고 나와 아름답고 영리한 개를 낳은 혈통에 대해 설명해주었습니다.

마침내 저를 돌아보며 물었습니다. "아들 있어요?"

"예 있습니다." 저는 대답했습니다.

"아드님이 강아지를 좋아하나요?" 판사님은 물었습니다.

"그럼요. 아주 좋아합니다."

"그럼 강아지 한 마리 드리죠."

그는 강아지 키우는 법을 설명하기 시작했습니다. 그러다가 갑자기 말을 멈추고는 "말만 하면 잊어버리겠죠? 내가 적어줄께요." 그래서 판사는 집으로 들어가서 강아지의 족보와 먹이를 주는 방법 등을 타이핑 해 가지고 나왔습니다. 그는 값비싼 강아지와 1시간 15분이라는 귀중한 시간을 주었는데 이는 제가 그의 취미를 칭찬했기 때문입니다.

코닥으로 유명한 조지 이스트먼은 투명필름을 발명하여 엄청난 재산을 모았다. 하지만 그 역시 보통사람처럼 사소한 칭찬에 크게 감동했다고 한다.

수년전에 이스트먼은 로체스터에 '이스트먼 음악학교' 와 어머니를 기리기 위해 '킬번 홀'이라는 극장을 짓고 있었다. 뉴욕의 슈피리어 의자 회사 사장이던 제임스 애덤슨은 건물에 필요한 의자를 납품하고 싶었다. 건축가의 주선으로 애덤슨은 로체스터에서 이스트먼과 만날 약속을 했다.

애덤슨이 도착하자 건축가가 말했다. "당신이 납품하고 싶어 하는 것은 알고 있습니다. 하지만 당신이 이스트먼의 시간을 오 분 이상 빼앗게 된다면 성공할 승산이 없습니다. 그분은 엄격하고 바쁜 분이어서 빨리 용건을 말하고 가는 것이 상책입니다."

이스트먼의 사무실로 가자 이스트먼은 책상의 서류더미를 열중해서 보고 있었다. 건축가와 애덤슨이 들어가자 이스트먼은 안경을 벗고 그들에게로 걸어왔다. "안녕하십니까? 무슨 일로 오셨는지요?"

건축가는 애덤슨을 소개했고 애덤슨은 다음과 같이 말했다.

"기다리는 동안 사무실을 둘러보면서 감탄했습니다. 이런 방에서 일할 수 있으면 얼마나 좋을까요? 가구업계에 종사하지만 이렇게 아름다운 사무실을 본 적이 없습니다."

조지 이스트먼은 다음과 같이 답했다.

"제가 잊고 있었던 것을 상기시켜 주었군요. 아름다운 사무실이지요? 처음에 지었을 때는 정말 좋아했는데. 요즘엔 일이 많다보니 몇 주일이고 방을 둘러볼 틈이 없네요."

애덤스는 걸어가더니 벽의 판자를 손으로 문지르며 말했다. "이것은 영국산 떡갈나무 아닙니까? 이태리산 떡갈나무와는 결이 약간 다르지요."

"그래요." 이스트먼은 대답했다. "그것은 영국에서 수입해 온 떡갈

나무예요. 목재전문가인 친구가 나를 위해 골라준 거요."

그러고 나서 이스트먼은 그에게 방을 구경시켜주었다. 방의 구조와 색채, 조각한 장식 등 여러 가지를 애덤스에게 설명해 주었다.

방을 구경하고 목재에 대해 찬사를 하다가 그들은 창문 앞에서 멈추었다. 조지 이스트먼은 겸손하고 차분한 목소리로 사회사업으로 세운 여러 시설에 대해 이야기하기 시작했다. 로체스터 대학교, 종합병원, 아동병원, 동종요법병원, 양로원 등에 대해 설명했다. 애덤슨은 인간의 고통을 덜어주기 위해 큰돈을 쓰고 있는 이스트먼의 이상주의적인 태도에 진심으로 경의를 표했다. 그러자 이스트먼은 유리 상자를 열고 그가 처음으로 소유한 카메라를 꺼냈다. 영국인에게서 사들인 발명품이었다.

애덤슨은 이스트먼에게 사업초기에 겪었던 어려움에 대해 자세히 물었다. 이스트먼은 가난했던 어린 시절을 이야기하고 그가 보험회사에서 일급 59센트를 받으며 일하는 동안 어떻게 그의 홀어머니가 하숙집을 꾸려나갔는지 이야기했다. 가난의 두려움이 계속 그를 쫓아 다녔고 그는 어머니가 더 이상 하숙집에서 고생하지 않도록 돈을 많이 벌기로 결심했다. 이스트먼이 사진 건판 실험을 이야기하는 동안 애덤슨은 더 많은 질문을 해서 그의 이야기를 이끌어내고 그의 이야기를 경청했다. 이스트먼은 하루 종일 일하고 가끔 밤을 새워 실험하기도 했다. 화학약품이 작용하는 시간을 이용해 쪽잠을 자고 72시간동안 같은 옷을 입은 채로 일하며 잠을 잤다고 말했다.

제임스 애덤슨은 이스트먼의 사무실에 10시 15분에 들어갔는데 5분 이상 지체해서는 안 된다는 설명을 듣고 들어갔다. 한 시간이 지나고 두 시간이 지나도 그들은 계속 이야기를 했다.

마침내 조지 이스트먼은 애덤슨을 돌아보며 말했다. "지난번 일본에 갔을 때 의자를 사서 집에 가져 왔는데 햇볕이 드는 앞마루에 두었더니 페인트가 벗겨져서 시내에 나가 페인트를 사다가 내손으로 직접 칠했 소. 내가 페인트 칠한 의자를 보여줄까요? 좋아요. 집에 가서 점심을 먹으면서 의자를 보여주지요."

점심 식사 후에 이스트먼은 애덤슨에게 그가 일본에서 사온 의자를 보여주었다. 몇 달러 밖에 안 되는 물건이지만 그는 자신이 직접 페인 트칠을 했다는 이유로 의자를 애지중지했다.

공사의 의자대금은 9만 불에 달했다. 누가 납품을 하게 되었을까? 제임스 애덤슨 일까? 아니면 그의 다른 경쟁자일까?

이스트먼이 죽을 때까지 두 사람은 가까운 친구로 지냈다.

어디에서 이 마법의 칭찬의 규칙을 적용해볼까? 집에서 해보는 것은 어떨까? 집만큼 칭찬의 규칙을 필요로 하는 곳은 없고, 가정만큼 이 규 칙이 소홀 한 곳이 없다. 당신의 아내는 좋은 점이 많은 사람일 것이다. 적어도 한번은 당신은 그녀가 장점이 많은 사람이라 생각했을 것이다 그렇지 않으면 그녀와 결혼 하지 않았을 테니까. 하지만 마지막으로 그 녀의 매력에 대해 칭찬해 준 것이 언제인가?

몇 년 전에 나는 뉴브런즈윅의 미라미치 강의 상류에 낚시를 간 적 이 있었다. 삼림 깊숙이 인가가 없는 곳에서 캠핑을 했다. 읽을 것이라 곤 지방신문만 있을 뿐이어서 나는 그 신문을 구석구석 광고까지 정독 을 했다. 그 신문에는 도로시 딕스가 쓴 칼럼이 있었는데 그녀의 글이 너무 훌륭해서 그 기사를 오려서 보관해두었다. 그녀는 신부에게 하는 충고는 많지만 신랑에게 하는 충고는 없다며 다음과 같은 충고를 남겼다.

블라니 돌(아일랜드의 입 맞추면 아첨을 잘하게 된다는 돌)에 키스할 때까지 결혼하지 마라. 결혼 전에 여성을 칭찬하는 것은 성향의 문제이지만 일단 결혼을 하면 필수조건이 된다. 솔직하게 이야기하는 것은 금물이다. 결혼생활은 외교의 장이다.

편안하게 살고 싶으면 당신 아내의 살림을 비평하지 말고 당신 어머니의 살림법과 비교하지 마라. 이와는 반대로 항상 아내의 살림법을 칭찬하고 재색을 겸비한 아내와의 결혼을 공공연히 기뻐해야 한다. 설사 스테이크가 질기고 빵이 타도 불평하지 마라. 지나가는 말로 '오늘은 예전만큼 잘되지 않았네'라고 가볍게 넘겨라. 그러면 아내는 당신의 기대에 어긋나지 않도록 끊임없이 노력할 것이다.

이 방법은 너무 갑자기 시작해서는 안 된다. 그러면 아내가 이상하게 생각할 것이다.

오늘밤이나 아니면 내일 밤에 아내에게 꽃이나 초콜릿을 선물로 가지고 들어가라. "그렇게 하면 좋겠네."라고 말하지 말고 당장 실천에 옮겨라! 선물을 주면서 환하게 웃으며 상냥하게 몇 마디 나누어라. 이것을 실천하는 아내나 남편이 늘어나면 이혼율이 많이 줄어들 것이다.

여성에게 사랑받는 법을 알고 싶은가? 비결이 있다. 분명히 효과가 있을 것이다. 그것은 내 생각이 아니라 도로시 딕스 여사에게서 배운 것이다. 그녀는 23명의 여성을 속이고 그녀들의 예금통장까지 손에 넣은 악명 높은 결혼사기범을 인터뷰한 적이 있었다. 여자들의 마음을 사로잡은 방법을 물었더니 큰 비밀은 없고 그저 상대방 이야기만 하면 된다는 간단한 답을 얻을 수 있었다.

이 방법은 남성에 대해서도 동일하게 적용된다. "상대 남자에 대해서만 이야기해라. 그러면 상대는 몇 시간이고 당신 말에 귀 기울일 것이다." 라고 영국의 정치가 디즈레일리가 말했다.

규칙 6

상대방으로 하여금 자신이 중요한 사람이라고 느끼게 하여라.

여기까지 읽었으면 많이 읽은 것이다. 책을 덮고 칭찬의 규칙을 당신과 가까운 사람에게 적용해보아라. 놀라운 효과를 체험해보시리라.

사람들이 당신을 좋아하게 만들려면

1. 다른 사람들에게 순수한 관심을 기울여라.

2. 웃어라.

3. 상대의 이름을 잘 기억해라.

4. 경청해라.

5. 상대의 관심사에 대해 이야기해라.

6. 상대방으로 하여금 자신이 중요하다는 느낌이 들게 하라.

Section 3

상대를 설득하는
12가지 방법

1 논쟁을 피하라

제1차 세계대전 직후의 일이다. 나는 런던에서 아주 소중한 교훈을 배웠다. 나는 그 당시 로스 스미스 경의 비서였다. 전쟁 중에 로스 경은 팔레스타인에서 공을 세운 호주인 조종사로 종전 직후 지구의 절반을 30일 만에 비행하여 세상을 놀래게 만들었다. 그때까지만 해도 이런 모험은 시도된 적이 없는 일로 커다란 센세이션을 일으켰다. 호주 정부는 그에게 5만 달러의 상금을 주었고 영국 왕실에서는 기사작위를 수여하였다. 한동안 그는 대영제국의 화제의 주인공이 되었다. 말하자면 영국의 린드버그(1927년 대서양횡단 비행에 성공한 미국인)였던 셈이다. 어느 날 저녁 로스 경을 축하하는 연회가 열렸고 나는 그 연회에 참석했다. 저녁 식사 때 내 옆에 앉은 사람이 "인간이 엉성하게 벌여놓은 일을 완성하는 이는 신이시다." 라는 말에 대해 재미있는 이야기를 했다. 그 사람은 이 말이 성경에 있는 문구라고 말했지만 그것은 틀린 말이었다. 그래서 나는 내 자존심을 만족시키기 위해서 그의 잘못을 지적했다. 그는 자신의 주장을 굽히지 않았다. "뭐라고요? 셰익스피어 작품에 나온 말이라고요? 말도 안 돼요. 그 인용구는 성경에서 나온 말이

오."

그 사람은 내 오른쪽에 앉아 있었고, 내 왼쪽에는 내 오랜 친구 프랭
크 가먼드가 앉아있었다. 가먼드는 오랜 세월 셰익스피어를 연구해왔
다. 그래서 그 사람과 나는 가먼드의 의견을 들어보기로 했다. 그는 가
만히 이야기를 듣더니 식탁 아래로 나를 치면서 말했다. "데일, 자네가
틀렸어. 이분이 옳아. 그 말은 성경 말씀이야."

그날 밤 집에 가는 길에 나는 가먼드에게 말했다. "프랭크, 그 인용
문은 셰익스피어의 작품에 나오는 말이잖아."

"그럼, 물론이지." 그가 대답했다. "햄릿의 5막 2장에 나오지. 하지
만 우리는 잔치에 초대된 사람이야. 그 사람이 잘못 말했다고 말할 필
요가 뭐가 있나? 그렇게 되면 그가 자네를 좋아하겠나? 그 사람 체면
도 생각해야지. 그는 자네 의견을 물어본 게 아니야. 그 사람과 왜 다투
나? 어떤 경우에도 모나는 짓은 하지 말게."

그 친구는 죽고 없지만 그는 나에게 평생 잊을 수 없는 교훈을 알려
주었다.

논쟁을 좋아하는 나에게 그 교훈은 정말 필요한 것이었다. 어린 시
절 나는 매사에 형과 토론을 벌였다. 대학에 가서 나는 논리학과 변론
을 공부했고 토론 대회에도 참가했다. 나중에 나는 뉴욕에서 토론법과
변론술을 가르쳤다. 그리고 부끄러운 이야기지만 토론법과 변론에 대
한 책도 쓸 계획도 세웠다. 그 이후부터 토론을 경청하고, 토론을 나만
의 관점에서 재해석해보기도 하고, 토론에 직접 참여하기도 하면서 토
론 결과를 주의 깊게 살펴보았다. 그 결과 한 가지 결론을 이끌어냈는
데, 논쟁에서 이기는 최선의 방법은 바로 논쟁을 피하는 것이라는 결론

이었다. 방울뱀이나 지진을 피하는 것처럼 토론을 피해라.

십중팔구 논쟁은 참가자들이 자신이 절대적으로 옳다는 것을 더욱 확실하게 믿게 되는 것으로 끝난다.

논쟁에서 이길 수 없다. 왜냐하면 논쟁에서 지면 지는 것이고 이겨도 지는 것이다. 왜 그럴까? 설사 상대를 당신의 논리로 이기고 상대의 생각이 잘못되었다는 것을 증명했다고 치자. 그래서 뭐? 기분은 좋을 것이다. 상대는 어떨까? 상대는 열등감을 느끼고 자존심의 상처를 입었다. 그는 당신의 승리를 혐오할 것이다.

"인간은 억지로 설득시키면 더욱더 자신의 의견을 굳게 지킨다."

펜 생명보험회사는 직원들에게 다음과 같은 방침을 세워 철저히 교육시킨다. "논쟁하지 말라!"

진짜 영업을 잘하는 사람은 논쟁을 잘하지 않는다. 인간 마음은 그런 식으로 바뀌지 않는다.

몇 해 전 패트릭 J. 오헤어라는 논쟁을 좋아하는 아일랜드 인이 수업에 참가한 적이 있었다. 그는 학식은 별로 없었지만 토론을 좋아했다. 그는 한때는 개인운전사를 한 적이 있었고 지금은 트럭을 팔고 있으나 일이 잘 풀리지 않아 내 수업에 참가한 것이었다. 그는 트럭을 팔려는 고객과 끊임없이 싸우고 대립하는 사람이었다. 고객이 트럭에 대해 안 좋은 말을 하면 고객의 말을 반박했다. 패트릭은 항상 논쟁에서 이겼다. 패트릭은 나중에 나에게 이렇게 말했다. "고객의 사무실을 나오면서 항상 이렇게 말했죠. '내가 올바른 말을 하긴 했지. 헌데 차를 팔지 못했네.'"

내가 해결할 문제는 패트릭에게 말하는 법을 가르치는 것이 아니었다. 당장 할 일은 그가 말을 삼가고 언쟁을 피하도록 훈련시키는 일이었다.

패트릭은 화이트 자동차회사에서 잘나가는 판매 왕이 되었다. 어떻게 그렇게 되었을까? 여기 그가 직접 한말을 옮겨보겠다.

"제가 고객의 사무실에 갔는데 고객이 '화이트 트럭이요? 그 트럭은 안 좋아요. 거저 준다해도 안 가질 겁니다. 차라리 후지트 트럭을 살 겁니다.' 그러면 저는 이렇게 말하죠. '후지트 트럭도 훌륭합니다. 후지트 트럭을 사면 올바른 판단을 하신 겁니다. 후지트 트럭은 좋은 회사에서 만들고 훌륭한 사람들이 판매를 하고 있지요.'

그러면 고객은 할 말이 없어집니다. 논쟁의 틈이 없어지지요. 후지트 트럭이 최고다라고 말하면 저는 그 말에 동조를 하죠. 그러면 그는 거기서 말을 멈출 수밖에 없습니다. 제가 계속 그의 말에 맞장구를 치는데 후지트사 트럭이 최고라는 말을 계속 할 수는 없으니까요. 후지트 트럭 이야기를 그만하게 되면 그때 비로소 저는 화이트 트럭의 장점에 대한 이야기를 시작합니다.

고객이 하는 말에 화를 냈던 적이 있었지요. 후지트 트럭에 대한 논쟁을 하기도 했는데 논쟁을 할수록 고객은 후지트 트럭의 좋은 점만 계속 생각하고 그럴수록 고객은 경쟁사의 제품을 좋아해서 결국은 구입하게 되지요.

지금 돌이켜 보니 그렇게 해서 물건이 팔린다면 이상한 일이지요. 저는 싸우고 논쟁하는 일에 인생을 허비했습니다. 이제는 입을 다물고 삽니다. 그게 더 이익이 되네요."

벤자민 프랭클린은 다음과 같이 말했다. "당신이 논쟁을 하고 반박을 하면 당신이 이길 수도 있다. 하지만 상대방의 호감을 절대 얻지 못하니까 그것은 진정한 승리가 아니다.”

생각해봐라. 논쟁에서 이겨서 똑똑하다고 증명하고 싶은가 아니면 상대의 호감을 얻고 싶은가? 둘 다가지기는 어렵다.

보스턴 트랜스크립트 잡지는 다음과 같은 의미심장한 풍자시를 실었다.

여기 윌리엄 제이가 잠들다.

평생 자기가 옳다고 고집하던 사람.

하지만 죽었는데 자기가 옳다고 주장한들 무슨 소용이 있으랴?

당신 말이 맞을지도 모른다. 하지만 상대의 마음은 바꾸지 못한다.

우드 로우 윌슨 내각의 재무장관 윌리엄 G. 매카두는 다년간의 정치 생활에서 “무지한 사람을 논쟁으로 이기기는 불가능하다.”고 말하고 있다.

“무지한 사람이라?” 매카두 씨는 에둘러 말하고 있지만 지능지수가 높던 낮던 간에 말로 사람의 생각을 바꾸는 것은 불가능하다.

프레드릭 S. 파슨스는 한 시간째 세무서 직원과 논쟁을 하고 있었다. 9천 달러의 돈이 걸려있는 일이었다. 파슨스는 그 9천 달러가 받을 수 없는 악성 채무여서 세금을 매길 수 없다고 주장했다.

“악성 채무라뇨? 말도 안 돼요? 세금을 매겨야 합니다.”

“그 세무서 직원은 냉정하고, 오만하고 고집불통이었습니다. 논리적으로 말하는 것은 소용이 없었습니다. 우리가 논쟁을 하면 할수록 그의 고집은 더욱더 굳어졌습니다. 논쟁은 하지 않고 주제를 바꾸어 그를 칭찬하기로 했습니다.

'제가 생각하기에 당신이 해야 할 중요하고 어려운 일들에 비하면 이 일은 매우 사소한 일인 듯하다. 저도 세법 공부를 하고 있지만 책에서 얻은 지식에 불과합니다. 저도 당신처럼 세무서 직원이면 좋겠습니다. 많은 것을 배울 수 있잖아요.'

제가 한 말은 모두 진심이었습니다. 그러자 그 직원은 의자에 등을 기대고 편안히 앉더니 자신의 일에 대해 오랫동안 이야기를 시작했습니다. 자기가 적발했던 교묘한 탈세사건에 대해 말하는데 그러는 중 어조가 차츰 누그러들었습니다. 곧 자기 아이들에 대해 말을 하더군요. 이야기를 마치고 가면서 그는 제 문제를 좀더 고려해 본 뒤 며칠 후에 결정을 내려 알려주겠다고 말했습니다.

삼일 후에 그는 제 사무실에 전화해서 세금은 신고한 대로 결정했다고 알려주었습니다.

이 직원은 인간이 보편적으로 지니고 있는 약점을 보여주고 있다. 그는 누군가 자신을 알아주기를 원하고 있었던 것이다. 파슨스 씨와 논쟁을 할 때 그는 자신의 권위를 주장함으로서 자신이 중요한 사람이라는 것을 내세우고 싶어 했던 것이다. 하지만 상대가 자신이 대단한 사람이라고 추켜세워주자 논쟁은 끝이 났다. 그는 상대의 입장을 이해하고 친절한 사람이 되었다.

나폴레옹의 집사 콘스탄트는 조세핀과 당구를 쳤다. 그가 쓴 책 〈나폴레온의 사생활 회고록〉 73쪽에서 다음과 같은 이야기를 하고 있다. "나는 당구를 꽤 쳤지만 항상 조세핀이 이기도록 양보했다. 이것이 황

후에게는 몹시 기뻤던 모양이다."

콘스탄트를 배우자. 우리들도 고객, 애인, 배우자와 말다툼을 하게 되었을 때 그들에게 승리를 양보하자.

석가는 이렇게 말했다. "미움은 미움으로 없어지지 않는다. 미움은 사랑으로 없어진다." 오해도 논쟁으로 없어지는 것이 아니라 재치, 화해, 상대방을 이해하려는 마음에 의해 없어진다.

링컨은 동료와 잦은 논쟁을 벌이는 청년 장교를 이렇게 타일렀다.

"자기발전을 위해 노력하는 사람은 논쟁할 시간이 없다. 불쾌감에 빠지거나 자제심을 잃게 된다는 것을 생각하면 언쟁은 더욱 더 할 필요가 없는 것이다. 자신이 완전히 옳다고 생각되지 않으면 많이 양보하고, 전적으로 자신이 옳다고 생각되어도 어느 정도 양보해라. 좁은 골목에서 개를 마주쳤을 때 개에 물리기보다 개에게 길을 양보하는 것이 낫다. 개를 죽였다하더라도 개에 물린 상처는 남는다."

규칙 1

논쟁에서 이기는 최고의 방법은 논쟁을 피하는 것이다.

2 적을 만드는 방법,
그런 상황을 피하는 방법

루즈벨트가 대통령이 되자 그는 자신의 생각이 75%만 맞아도 더 이상 바랄 것이 없다고 말한 일이 있다.

20세기 가장 훌륭한 인물 중 한 사람이 이렇다면 우리들은 어떠할 것인가?

당신의 생각이 55%만 옳다면 당신은 월스트리트에서 하루에 백만 달러를 벌고, 요트를 사고, 아름다운 여자와 결혼할 수 있을 것이다. 55%도 확신하지 못하면서 당신은 무엇 때문에 다른 사람이 틀렸다고 말하는가?

눈짓, 말씨, 몸짓으로도 상대의 잘못을 지적할 수 있다. 당신이 틀렸다고 말하면 상대가 수긍하겠는가? 절대로 아니다! 왜냐하면 당신은 그들의 지성, 판단력, 자존심 모두를 건드렸기 때문이다. 그렇게 하면 그들도 당신에게 반격을 가하고 싶어질 것이다. 그들은 자신의 생각을 바꾸려는 생각은 애초에 없다. 칸트나 플라톤의 논리를 가지고 그들을 공격해도 상대의 의견은 변하지 않는다.

"당신에게 이러이러한 것을 증명해보이겠소." 라는 말로 시작하면 안 된다. 그것은 잘못된 일이다. "내가 당신보다 더 똑똑하니 내 이야기를 들어보고 마음을 바꾸시오."라고 말하는 것과 같다.

그것은 일종의 도전이다. 그것은 상대의 반감만 불러일으킨다. 당신이 말도 꺼내기 전에 싸우고 싶게 만드는 것이다.

호의적인 분위기에서도 상대의 마음을 바꾸는 것은 어려운 일이다. 그런데 왜 더 어렵게 만드는가? 무엇 때문에 자신에게 불리하도록 만드는가?

무엇인가를 증명할 필요가 있으면 상대가 눈치 채지 못하게 해라. 교묘하면서 재치 있게 해라.

사람을 가르칠 때에는 가르치지 않는 것처럼 가르치고, 무엇인가를 제안할 때에는 잊어버렸던 것을 생각하게 된 것처럼 제안하라.

체스터 필드 경은 그의 아들에게 다음과 같이 말했다. "할 수 있다면 다른 사람보다 현명해지도록 해라. 하지만 그것을 상대에게 알려서는 안 된다."

나는 구구단을 빼고 20년 전에 내가 믿고 있던 어떤 것도 이제는 믿지 않는다. 심지어 아인스타인을 읽으니 구구단도 믿기 어려워지기 시작했다. 20년이 또 지나면 지금 내가 이 책에서 하고 있는 말도 믿지 않을지 모른다. 나는 전과는 달리 만사에 확신을 가질 수 없게 되었다. 소크라테스는 제자들에게 되풀이해서 말했다. "나는 단 한가지 밖에 모른다. 그것은 내가 아무것도 모른다는 사실이다."

나는 소크라테스보다는 똑똑할 수는 없다. 그래서 나는 사람들에게 그들이 틀렸다고 말하는 것을 포기했다. 이렇게 하니 얻는 게 더 많아졌다.

상대가 잘못이 있다고 생각되었을 때에는 아니 설사 실제로 잘못되었을 때에도 이렇게 말을 시작하는 것이 좋을 것이다. "글쎄요, 저는 그렇게 생각하지는 않지만 제 생각이 틀렸을지도 모르겠네요. 저도 자주 실수를 하니까요. 만약 제 생각이 틀렸으면 바로잡고 싶습니다. 이 문제를 같이 검토해 볼까요?"

"제가 틀렸을지도 모르니까요. 저도 자주 실수를 하니까요. 문제를 같이 검토해볼까요?" 이 구절에는 마력이 아주 긍정적인 마력이 있다.

세상에 어떤 누구도 당신이 "제가 틀렸을지도 모르니까요. 문제를 같이 검토해볼까요?" 라고 말하는데 대놓고 당신의 말에 반대하지는 않을 것이다.

과학자들은 이렇게 한다. 한번은 내가 북극권에서 11년을 보내며 근 6년을 고기와 물로만 연명한 유명한 탐험가이자 과학자 스테판슨과 인터뷰한 적이 있었다. 그는 나에게 그가 한 실험을 이야기했다. 나는 그가 실험으로 무엇을 증명하려 했는지 물었다. 나는 그의 대답을 잊을 수가 없다. 그는 "과학자는 결코 어떤 사실을 증명하려 실험하지 않습니다. 과학자는 그저 사실만을 찾아내려 노력할 뿐이죠."

당신은 과학적으로 사고하고 싶은가? 그렇다면, 당신을 제외한 어떤 누구도 당신을 막을 수 없다.

당신의 실수를 인정함으로서 당신이 곤란할 일은 없다. 당신의 잘못을 순순히 인정하면 논쟁을 하지 않아도 되고 상대방도 당신처럼 열린 마음을 가질 수 있게 된다. 당신이 실수를 인정하면 상대도 자신의 실수를 인정할 수 있게 된다.

상대가 실수를 확실히 알고 있는데 당신이 노골적으로 상대의 실수를 지적하면 무슨 일이 일어날까? 그 좋은 예를 하나 들어보자.

뉴욕의 젊은 변호사 S씨가 미국 최고재판소에서 변론을 하고 있었다. 그 사건에는 거액의 돈과 중요한 법률문제가 연관되어 있었다.

변론 중에 재판관이 S씨에게 "해사법의 법정기한이 6년이지요?"

S씨는 말을 멈추고 재판관을 잠시 응시하며 퉁명스런 말투로 "재판장님, 해사법에는 법정기한이라는 것이 없습니다."

"갑자기 법정 안이 조용해졌습니다." S씨는 내 강연에 나와서 이 순간을 이렇게 회상했다. "법정 안은 차가운 공기가 감돌았습니다. 제가 맞았고 재판장님은 틀린 것입니다. 나는 그것을 지적했을 뿐입니다. 그러나 재판장님은 제게 호의를 가졌을까요? 아니겠죠. 저는 지금도 제가 옳았다고 믿고 있습니다. 그때의 변론도 그 어느 때보다 잘했다고 생각합니다. 하지만 결과적으로는 상대를 납득시키지 못했던 것입니다. 대단히 학식 있고 저명한 판사에게 그의 말이 틀렸다고 말하는 엄청난 실수를 했습니다."

논리적인 사람은 거의 없다. 대부분의 사람은 편견을 가지고 있으며, 질투, 의심, 두려움, 자부심으로 점철되어있다. 사람들은 종교에 대한 생각이나 머리 스타일 또는 정치적 신념 등을 바꾸려고 하지 않는다. 다른 사람의 잘못을 지적하고 싶거든 아침 식사 전에 매일 아침 무릎을 꿇고 다음의 글을 읽어보기 바란다. 다음 글은 제임스 하비 로빈슨 교수의 명저 〈정신의 발달과정〉 중의 일부이다.

우리는 별다른 저항의식 없이도 생각을 바꿀 때가 가끔 있다. 하지만 다른 사람이 잘못을 지적하면 우리는 화를 내고 고집을 부린다. 우리는 쉽게 생각을 정하지만 누군가가 그 생각을 바꾸려고 하면 고집스럽게 그 생각에 매달린다. 이 경우 우리에게 중요한 것은 우리가 가진 생각이 아니라 우리의 자존심이다. "나"라는 사소한 단어가 인간 삶에서 가장 중요한 단어이다. 이 말을 현명하게 사용하는 것이 지혜로움의 시작이다. "나" 라는 단어 뒤에 어떤 단어가 붙던지 '나의' 라는 말에는 강한 힘이 있다. 우리는 알고 있는 지식이 틀렸다고 지적받으면 화를 낸다.

우리는 우리가 사실이라고 습관적으로 생각하고 있는 것을 계속 해서 믿고 싶은 경향이 있다. 그 신념을 뒤흔드는 것이 나타나면 분개하고 무슨 수를 써서든지 그 믿음을 지키려고 한다. 대부분의 논쟁은 우리의 주장을 옹호하기 위해 증거를 찾으려는 과정에서 비롯된다.

예전에 나는 집에 커튼을 달기 위해 인테리어 업자를 고용한 적이 있었다. 작업이 끝나고 청구서를 받은 나는 너무도 놀랐다.

며칠 후에 친구가 집을 방문해서 커튼을 보았다. 내가 커튼의 가격을 말하자 그녀는 놀라서 소리쳤다. "뭐라고? 그 가격은 말도 안 돼. 바가지 썼네!"

그녀의 말은 사실이었다. 하지만 자신의 어리석음을 지적하는 말에 귀를 기울이는 사람은 거의 없다. 나도 인간이기에 나 역시 변명을 하느라 정신이 없었다. 좋은 물건이니 비싼 것은 당연한 것이고, 싼 물건은 품질과 예술적 감각이 떨어진다는 등 이런저런 소리를 늘어놓았다.

다음날 다른 친구가 집에 잠깐 들렀는데 그 친구는 내 커튼을 감탄하면서 찬사를 늘어놓는 것이었다. 그리고 자신의 집에도 이런 예쁜 커튼을 달고 싶다는 말을 했다. 그 친구에 대한 나의 반응은 어제와는 완전히 달랐다. "저기, 사실은 너무 비싼 커튼을 산 것 같아. 돈을 너무 많이 썼어. 괜히 주문했나봐."

우리가 틀렸을 때 우리 스스로 잘못을 인정할 때가 있다. 상대가 부드러운 어조로 돌려서 말하면 다른 사람에게도 자신의 잘못을 인정하고, 우리의 정직함과 열린 마음에 자부심을 가지기도 한다. 하지만 누군가가 공격적으로 우리의 잘못을 지적하면 그렇게 되지 않는다.

남북전쟁 당시 미국에서 가장 유명한 편집자 호레이스 그릴리는 링컨의 정책에 강하게 반대했다. 그는 링컨에게 따지고 조롱하고 비난을 하면 링컨의 생각이 바뀔 것이라고 생각했다. 그는 이런 비난기사를 몇 달이고 계속했다. 사실 그는 링컨이 부스의 총탄에 쓰러지는 날에도 그는 링컨에게 야만적이고도 혹독한 인신공격을 계속했다.

이런 비난기사를 보고 링컨이 그릴리의 의견에 동의할 수 있었을까? 전혀 아니다. 조소와 비난은 동의를 이끌어낼 수 없다.

처세와 인격 수양하는 방법을 알고 싶다면 벤자민 프랭클린의 자서전을 읽어라. 그의 자서전은 그 어떤 글보다도 매혹적인 삶의 이야기로 가득 차있고 미국 문학의 고전중의 하나이다. 도서관에서 한 권 빌리던지 아니면 서점에서 한 권 사라.

이 자서전에서 프랭클린은 어떻게 하여 논쟁을 좋아하던 자신이 어떻게 이 버릇을 극복하고, 미국에서 가장 유능하고 온화하며 사교적인 사람이 되었는지 말해준다.

어느 날 프랭클린이 혈기왕성하던 청년시절에 퀘이커교 신자인 친구로부터 뼈아픈 진실을 들은 적이 있었다.

"벤, 너는 틀려먹었어. 상대가 너와 생각이 다르면 너무 공격적으로 말을 해서 모욕을 준단 말이야. 친구들이 네가 없을 때가 더 재미있다고 말해. 네가 너무 유식한 척해서 아무도 너와는 말을 하고 싶지 않아. 너랑 얘기하려고 노력해봤자 기분만 나빠지거든. 그러니 너는 지금 알고 있는 얄팍한 지식 이상으로는 발전할 가망이 없어."

프랭클린의 최고 장점중의 하나는 이런 비난의 말도 잘 받아들일 줄 안다는 데 있다. 그는 이 말을 인정할 만큼 마음이 넓고 지혜로웠으며 자신의 태도가 계속된다면 자신이 사람들로부터 소외당할지도 모른다고 생각했다. 그래서 그는 방향전환을 했다. 그는 즉시 완고하고 거만한 태도를 바꾸기로 결심했다.

"나는 남의 의견을 정면으로 반박하지 않기로 했습니다. 나는 '확실히'나 '의심할 나위 없이' 같은 단정적인 표현을 쓰지 않기로 결심했습니다. 대신에 '~라고 생각합니다.' '현재로서는 그렇게 생각합니다.' 같은 말을 하기로 했습니다. 누군가 잘못된 주장을 하더라도 곧바로 그 잘못을 지적하지 않고 그 대신 그의 생각이 어떤 경우에는 옳을지도 모르지만 지금 내 생각과는 다르다고 대답했습니다. 내가 태도를 바꾸니 대화가 즐거워지기 시작했습니다. 내 의견을 조심스럽게 꺼내니 상대로부터 적극적인 반응도 이끌어내고 비난도 덜했습니다. 내가 틀렸다는 말을 들어도 기분이 덜 나빠졌습니다. 내 생각이 옳을 때도 좀더 쉽게 상대를 설득할 수 있었습니다.

처음에는 성질을 죽이기가 힘들었지만 차차 쉽게 억제할 수 있었고 이것이 하나의 습관으로 굳어졌습니다. 아마 50년 동안 내가 독선적으로 이야기하는 것을 들은 사람은 없을 것입니다. 새로운 제도나 개정안을 제시할 때 국민들을 생각하게 되었고, 향후 위원회의 일원이 되어서도 큰 영향을 준 것 같습니다. 나는 말재주가 없어 웅변가가 아닙니다. 어휘선택도 오래 걸리고 선택한 어휘도 적절하지 않았지만 대부분의 경우 나의 주장을 관철시킬 수가 있었습니다.”

사업에서 프랭클린의 방법을 어떻게 적용시킬 수 있을까?

두 가지 예를 들어보자.

뉴욕에서 정유 설비를 판매하는 F. J. 마호니는 롱 아일랜드의 중요한 거래처로부터 주문을 받았다. 거래처에 청사진을 제시하고 승인을 받아 설비를 제작하고 있었다. 그 와중에 사건이 터졌다. 고객이 지인들과 이야기를 하던 중 지인이 그 설비에 큰 결함이 있다고 말한 것이었다. 지인들은 설비가 폭이 넓다느니 짧다느니 이런 저런 이야기를 하면서 설비를 폄하했다. 고객은 마호니씨에 전화를 걸어 주문한 설비를 인수할 수 없다고 말한 것이다.

“저는 제품을 면밀히 검토하여 틀림이 없다는 사실을 확인했습니다. 고객과 그 친구들은 설비를 잘 모르기에 제가 그들의 실수를 지적한다면 만사가 끝장이라고 생각했습니다. 그래서 저는 고객을 만나기 위해 롱아일랜드로 갔습니다. 제가 고객의 사무실로 들어서자마자 그는 흥분해서 저에게 달려들 기세였습니다. 그는 한동안 분풀이를 한 후 이렇게 말했습니다. ‘대체 어쩔 셈이오?’

저는 침착하게 고객의 요구대로 하겠다고 대답했습니다. ‘돈을 지불하시는 입장이니 당연히 원하시는 물건을 구입할 권리가 있으십니다. 하지만 누군가는 책임을 져야하니까요. 선생님이 맞는다고 생각하시면 저에게 설계도를 주십시오. 지금까지 2천 달러의 비용이 들었지만 그것은 제가 부담하겠습니다. 하지만 선생님이 요구하시는 대로 만들 경우 야기되는 문제에 대한 책임은 선생님이 지셔야 합니다. 하지만 제 설계대로 계속 제작하게 해주신다면 그 책임은 제가 지겠습니다.'

그는 차분해지더니 마침내 이렇게 말했다.

'좋아요. 계속 진행하십시오. 잘 안되면 신이 도와주시겠지요.'

제 생각이 맞았고 그는 계속해서 똑같은 장치 두 개를 더 주문했습니다.

고객이 저를 모욕하고 제 얼굴에 주먹을 휘두르려 했을 때 온힘을 다해 그와 말다툼을 하지 않으려 했습니다. 계속 참았더니 참는 만큼의 소득은 있었습니다. 만약 제가 그와 논쟁을 했다면 고객은 소송을 걸고 저는 재정적으로 큰 타격을 입고 소중한 고객을 잃었을 것입니다. 상대의 잘못을 지적하는 일에는 결코 이익이 생기지 않습니다."

또 한 예를 들어보자. 이런 이야기는 주변에서 얼마든지 있을 수 있는 흔한 일이다. R.V. 크로올리는 가드너 테일러 목재회사의 세일즈맨이다. 그는 오랫동안 완고한 목재검사원들을 상대할 때마다 그들의 잘못을 지적해왔다. 논쟁이 벌어질 때면 그들을 꼼짝 못하게 했다. 결과는 좋지 않았다. 목재 검사원은 야구 심판과 같아서 그들이 판정을 내리면 절대 번복하지 않는다.

그는 논쟁에서는 이겼지만 그 때문에 회사는 수천 달러의 손해를 입었다. 내 강의를 들으면서 그는 절대로 논쟁을 하지로 않기로 결심했다. 결과는 어땠을까? 여기 수업에서 그가 한 이야기를 옮기겠다.

"어느 날 아침 사무실의 전화가 울렸습니다. 저희 회사에서 발송한 목재가 불합격 판정을 받았다고 고객이 노발대발이었습니다. 그의 회사는 목재 선적을 중단할 테니 빨리 목재를 인수하러 오라는 것이었습니다. 거의 4분의 1정도를 내렸을 때 검사계가 목재에 불합격품이 반이상이라는 말을 했습니다. 이런 상황에서 그들은 인수받기를 거절한 것입니다.

저는 즉시 그곳으로 가면서 이 상황을 가장 잘 처리할 수 있는 방법을 생각해보았습니다. 평소대로라면 저는 당연히 다년간의 목재에 관한 지식을 살려 등급판정 기준에 대해 검사원의 잘못을 지적했을 것입니다. 하지만 이번에는 예전과는 달리 강좌에서 훈련한 규칙대로 해보기로 했습니다.

공장에 도착하니 그 회사 쪽 담당자와 검사관이 화난 표정으로 당장이라도 싸울 듯한 태세였습니다. 저는 그들과 함께 현장으로 가서 목재를 전부 내려서 상태를 볼 수 있도록 해달라고 요청했습니다. 저는 검사관에게 합격품과 불합격품을 가려 달라고 부탁했습니다.

검사관이 선별하고 있는 것을 보면서 그의 기준이 너무 엄격하고 법규를 잘못 해석하고 있다는 것을 발견했습니다. 문제가 된 것은 백송이었는데 제가 알기론 그 검사관은 단단한 나무에 관한 한 전문가지만 백송에 대해서는 경험이 많지 않았습니다. 백송에 관한 한 제가 전문가였지만 그가 재목의 등급을 매기는 방식에 대해서 어떠한 이의제기도 하지 않았습니다. 계속 그가 작업하는 것을 보고 조심스럽게 어떤 목재에 불합격 판정을 주었는지 질문을 시작했습니다. 그의 대답에 토도 달지 않았습니다. 그저 향후에 어떤 목재를 보내야 고객을 만족시킬지 알고 싶어서 질문했다는 것을 강조했습니다.

이런 식으로 친절하게 협조적으로 질문하고 계속해서 그들의 처사가 매우 정당했음을 말하다보니 그의 마음이 누그러지고 긴장감이 풀어지더군요. 가끔씩 주의 깊게 던진 제 말을 듣고 검사관은 퇴짜 놓은 재목들이 사실은 기준에 부합하고 자기들 기준에 맞추려면 더 비싼 목재가 필요하다는 생각을 하게 되었습니다. 제가 이런 것을 머릿속으로 계산하고 있다는 것을 검사관이 눈치 채지 못하도록 조심스럽게 행동했습니다.

그러자 검사관의 태도가 점점 변하더니 결국은 백송나무를 다룬 경험이 없다는 사실을 인정하면서 오히려 그 나무에 대해 제게 질문하기 시작했습니다. 저는 그 목재가 기준에 맞는다는 것을 설명하면서 지금이라도 마음에 들지 않는다면 인수를 하지 않아도 된다고 말했습니다. 그는 마침내 저희 제품에 퇴짜를 놓을 때마다 죄책감을 느꼈다는 말을 했습니다. 그리고 마침내 실수는 심사기준을 제대로 정해놓지 않은 자기 회사 측에 있다고 인정했습니다.

결국 그 검사관은 제가 떠난 후 다시 전체 목재를 검사하여 전부 구입하는 한편 대금 전액을 수표로 보내왔습니다.

이 한 가지 예를 보더라도 상대의 실수를 지적하지 않겠다는 결심과 작은 기지만으로 회사에 150달러의 이익을 올렸을 뿐 아니라 돈으로 가치를 따질 수 없는 상대의 호감까지도 얻을 수 있었습니다.”

이 장에서 이야기한 규칙은 전혀 새로운 것이 아니다. 1900년 전에 이미 예수는 “원수와 빨리 화해하라.”라는 말을 했다. 즉 상대가 고객이든 남편이든 정적이든 그들과 논쟁하지 마라. 상대가 틀렸다고 말하면서 상대를 들쑤시지 말고 약간의 사교적인 술책을 부려보아라.

2200년 전 예수가 태어나기 전 이집트의 악토이 왕은 아들에게 다음과 같은 지혜로운 충고를 했다. "외교적이 되어라. 이것은 너에게 큰 이익을 가져다 줄 것이다."

규칙 2

상대 의견에 경의를 표하고 상대의 잘못을 지적하지 마라.

3 잘못을 솔직하게 시인해라

나는 지리상으로는 뉴욕 한복판에 살지만 집 가까이에 원시림이 있다. 그곳에는 봄이 되면 산딸기가 흰 꽃들을 피우고 다람쥐가 살며 잡초들은 무성해진다. 이 숲은 '숲의 공원'이라고 불린다. 이 숲은 아마도 콜럼버스가 신대륙을 발견했을 때와 비교해도 별로 달라지지 않았을 것이다. 나는 보스턴 불독 렉스와 이 공원을 자주 산책한다. 이 개는 사람을 잘 따르는 온순한 개다. 공원에는 사람이 거의 없기 때문에 목줄도 입마개도 하지 않고 데리고 다닌다. 어느 날 나는 권위를 보이고 싶어 안달 난 경찰관과 마주쳤다.

"공원에서 개를 목줄도, 입마개도 안하고 풀어놓으면 어쩌겠다는 겁니까? 법에 어긋난 다는 것을 모르십니까?

"네, 알고 있습니다. 하지만 순한 개라 사람을 물거나 하지 않을 것 같아 괜찮다고 생각해서요."

"생각된다구요? 법은 당신 생각에 따라 바뀌는 것이 아닙니다. 그 개가 다람쥐를 죽이거나 아이를 물수도 있습니다. 이번에는 그냥 넘어가지만, 한 번 더 이 개가 입마개나 목줄도 없이 돌아다니는 것을 보면 당신을 재판에 넘기겠소."

나는 앞으로는 조심하겠다고 약속했다.

나는 정말이지 몇 번은 경찰관의 말대로 했다. 하지만 렉스는 입마개를 좋아하지 않았고 내 마음도 편하지가 않았다. 그래서 우리는 한번만 그냥 목줄이나 입마개 없이 나가보기로 했다. 며칠은 잘 넘어갔는데 그만 걸리고 말았다. 어느 날 오후 렉스와 나는 언덕배기까지 달려갔다. 갑자기 말을 탄 경찰관과 마주치고 말았다. 렉스는 곧장 경찰관이 있는 쪽으로 달려갔다.

나는 꼼짝없이 걸렸다. 그래서 나는 경찰관이 말하기 전에 먼저 선수를 쳐서 말했다.

"드디어 현행범이 되고 말았네요. 제가 법을 어겼습니다. 변명의 여지가 없습니다. 지난주에 입마개 없이 다시 한 번 나오면 벌금을 물리겠다고 경고하셨지요."

"글쎄요. 저런 조그만 개라면 사람을 해치지는 않겠네요." 경찰관이 말했다.

"아닙니다. 다람쥐를 죽일지도 몰라요." 나는 말했다.

"문제를 너무 심각하게 생각하시는군요. 당신이 할 일을 말해줄게요. 강아지를 내가 볼 수 없는 언덕 너머까지 달리게 하십시오. 그러면 우리 모두 이 일을 잊어버릴 겁니다."

경찰관도 사람이니 그도 자기 중요감을 느끼고 싶어 했다. 그래서 내가 내 죄를 인정하자 그가 자존감을 만족시킬 수 있는 유일한 방법은 나를 용서하는 아량을 베푸는 일이었다.

하지만 내가 변명에 급급했다면 어땠을까? 경찰관과 말다툼해본 적이 있는가?

경찰과 논쟁하는 대신에 그가 전적으로 옳고 내가 전적으로 틀렸음을 인정했다. 나는 잘못을 즉시 솔직하게 인정했다. 나는 그의 입장에서 상대는 나의 입장에서 생각하니 원만하게 해결되었다. 불과 일주일 전만해도 법 운운하며 겁을 주던 경찰관이 이렇게 친절하게 변하다니 정말 놀라운 일이었다.

다른 사람에게서 비난을 듣느니 스스로 자신을 비판하는 편이 훨씬 낫다. 자신의 잘못을 알았다면 상대가 악담을 퍼붓기 전에 내가 먼저 앞질러 하는 것이 좋다. 그렇게 되면 상대는 풀이 죽어 더 이상 할 말이 없어진다. 십중팔구 나와 렉스를 용서해준 경찰관처럼 상대는 관대해지고 당신의 잘못을 눈감아준다.

상업 미술가인 페르디난드 워렌은 까다롭고 부정적인 고객을 대할 때 이 방법을 사용했다.

"광고나 출판용 그림은 간결하고 정확한 것이 중요합니다. 어떤 미술 편집자들은 주문한 그림을 빨리 해달라고 재촉합니다. 이런 경우에 자칫하면 사소한 실수가 생기기 쉽습니다. 나는 사소한 잘못을 찾아서는 비평하는 재미로 사는 미술감독을 알고 있는데 종종 그의 사무실을 화가 나서 나갈 때가 있습니다. 그의 비평 때문에 화가 나서가 아니라 그가 비평하는 방법이 마음에 들지 않아서일 때가 많습니다. 최근에 급하게 그의 작업을 진행한 적이 있었는데 사무실에 빨리 와달라는 그의 전화를 받았습니다. 잘못된 것이 있다는 것이었습니다. 사무실에 도착하자 제가 예상한 대로 그는 마구 혹평을 퍼부었습니다. 그는 화가나서 이렇게 그린 저의 의도를 물었습니다. 제가 그동안 꾸준히 공부해온 자기비판의 방법을 응용할 기회가 드디어 왔습니다. 그래서 저는 이렇게 말했습니다.

"당신이 말한 것이 사실이라면, 잘못은 저에게 있습니다. 정말 죄송합니다. 오랫동안 일해 와서 이제는 알 법도 되었는데 정말 제 자신이 부끄럽습니다."

즉시 그는 저를 옹호해주기 시작했습니다.

"그렇기는 하지만, 큰 잘못은 아닙니다. 그저……"

저는 곧바로 그의 말에 끼어들었습니다. '사소한 잘못이라도 잘못은 잘못이니까요. 사람을 짜증나게 하지요.'

그는 제 말을 자르고 끼어들기 시작했습니다. 하지만 저는 그에게 끼어들 틈도 주지 않았습니다. 정말 신나는 경험을 했습니다. 난생처음 제 자신을 꾸짖고 있었지만 정말 기분이 좋았습니다.

'제가 좀더 주의 깊게 작업했어야 했는데 죄송합니다. 제게 일거리를 많이 주셔서 저로서는 정말 최선을 다했어야 했는데 죄송합니다. 다시 작품을 시작하겠습니다.'

'아니, 아니요! 다시 그런 수고를 하실 필요는 없습니다.'

그는 저의 작업을 칭찬하기 시작하며 작품을 약간 변형하기만 하면 된다고 강조했습니다. 그리고 제가 한 작은 실수는 그의 회사에 어떤 금전적 손해도 끼치지 않으니 걱정하지 말라며 위로하기까지 했습니다.

제가 대놓고 저의 실수를 인정하자 그 평론가의 전의는 상실되었습니다. 그는 제게 점심식사를 대접하기까지 했습니다. 우리가 헤어지기 전에 수표를 주며 다른 작업까지 맡겼습니다."

어떤 바보라도 자기 잘못에 대한 변명을 하려고 한다. 역사 기록에서 가장 아름다운 장면은 로버트 리 장군이 자신의 잘못을 시인한 것이다. 게티즈버그 전투에서 피켓 장군의 공격 실패의 책임을 자신에게 돌린 것이다.

피켓 장군의 돌격은 의심할 여지없이 역사상 가장 아름답고 그림 같은 공격이었다. 피켓 장군의 모습은 그림 같았다. 그는 머리를 길게 늘어뜨려 머리가 거의 어깨까지 닿았다. 이탈리아 전선에서의 나폴레옹처럼 전장에서 거의 매일 열렬한 연애편지를 썼다. 비극적인 7월의 어느 날 오후 그가 모자를 비스듬히 쓰고 의기양양하게 말에 올라 적진으로 진격하자 그의 충성스러운 군대는 환호했다. 그들은 함성을 지르며 장군의 뒤를 따랐다. 군기는 펄럭이고 총검은 태양아래 빛났다. 웅장하고 장엄한 광경이었다. 북군이 그 광경을 보자 찬탄의 웅성거림이 일었다.

피켓의 군대는 과수원과 옥수수 밭을 지나 초원과 계곡을 통과하며 진격했다. 적의 대포가 전열에 큰 구멍을 내었다. 하지만 그들은 계속 진격했다.

세미터리 리지의 돌담 뒤에서 갑자기 매복해있던 북군의 보병이 나타나 피켓의 군대에 일제사격을 가했다. 세미터리 리지의 언덕은 순식간에 불바다가 되고 시체로 뒤덮였다. 불과 몇 분 사이에 피켓 장군의 사령관들은 한 명만 빼고 모두 죽었고, 5천명의 부하 중 4천명이 전사했다. 최후의 돌격을 이끈 아미스테드 장군은 돌담을 단숨에 뛰어넘고 총검에 끼운 모자를 흔들며 외쳤다.

"돌격!"

군인들은 돌격했다. 그들은 돌담을 뛰어넘어 적을 향해 총검을 휘둘렀다. 곤봉처럼 생긴 머스캣 총으로 적을 무찌르고 세미테리 리지에 남군 군기를 꽂았다. 그 깃발은 아주 잠시 동안 펄럭였지만 그 순간은 남부 동맹군에 최고의 순간으로 기록되었다.

피켓 장군의 돌격은 영웅적이었지만 종말의 시작에 불과했다. 리 장군은 패배했다. 그는 북군을 이길 수 없었고 그도 잘 알고 있었다. 남부 동맹군의 운명은 이미 정해져있었다.

리 장군은 너무나 낙심하고 충격을 받아 남부 동맹의 의장인 제퍼슨 데이비드에게 사의를 표명하고 젊고 유능한 사람을 총사령관으로 임명해달라고 요청했다. 만약 리 장군이 피켓 장군의 실패 이유를 다른 곳에서 찾으려 했다면 많은 이유를 찾을 수 있었을 것이다. 몇몇 사단장이 그의 명령에 따르지 않았고 돌격대를 지원할 기병대도 늦게 도착했다.

하지만 리 장군은 고결한 사람이어서 책임을 남에게 전가하지 않았다. 처참한 모습의 패잔병이 남부동맹으로 돌아오자 리 장군은 몸소 그들을 맞이하기 위해 나갔다. 리 장군은 다음과 같이 자신의 잘못을 탓하며 말했다. "이 모든 것이 내 잘못이며, 모든 책임은 나에게 있다."

역사상 자신의 실패를 인정할 수 있는 용기를 가진 장군은 거의 없었다.

엘버트 허버드는 가장 독창적인 작가 중 한 명이었다. 그의 신랄한 문장은 몇 차례나 사람들의 분노를 샀다. 하지만 보기 드물게 사람을 잘 다루는 기술을 가진 허버드는 적을 친구로 만들었다.

분노한 독자에게 항의 서한을 받으면 엘버트 허버드는 다음과 같이
편지를 썼다.

생각해보니 저도 제 의견에 전적으로 동의하지는 않습니다. 어제 쓴 글
을 오늘 다시 읽어보면 다른 생각이 드니까요. 독자분의 의견을 알게 되어
서 기쁩니다. 다음번에 근처 지나실 일이 있으면 방문해주십시오. 이 점에
대해 함께 철저하게 검토해 봅시다. 멀리에서 박수를 보냅니다.

엘버트 허버드 드림

당신에게 이렇게 대해주는 사람에게 더 이상 무엇을 할 수 있겠는
가?

자기가 옳았을 때에는 상대를 점잖고 교묘하게 설득하도록 하자. 틀
렸을 때에는(틀렸을 때가 의외로 많다.) 실수를 빨리 인정하자. 이런 방
법은 놀랄만한 결과를 가져올 뿐만 아니라 자신의 잘못을 방어하는 것
보다 훨씬 재미있다.

옛 속담을 기억하자. "싸우면 얻는 것이 없지만 양보하면 기대한 것
보다 더 많이 얻을 수 있다."

규칙 3

잘못은 빨리 기분 좋게 인정하라.

4 상대를 설득하는
가장 **빠른** 방법

화가 나서 상대에게 퍼붓고 나면 기분은 풀릴 것이다. 하지만 상대는 어떨까? 그도 기분이 좋을까? 당신의 호전적인 어조와 태도로 상대를 설득할 수 있을까?

우드로 윌슨 대통령은 다음과 같이 말했다. "당신이 주먹을 쥐고 덤비면 상대도 주먹을 쥐고 덤빈다. 하지만 '우리 앉아서 이야기해 봅시다. 우리가 서로 다른 견해를 갖고 있다면 그 이유와 차이점을 함께 따져봅시다.' 라고 말하면 의견 차이가 그다지 큰 것이 아니며 오히려 같은 점이 더 많다는 것을 알게 될 것이다. 인내와 솔직함과 선의를 가지면 문제는 해결된다."

우드로 윌슨이 한 말의 진가를 누구보다도 더 잘 알고 있는 사람은 록펠러 2세였다. 1915년 록펠러는 콜로라도에서 공분을 사고 있는 사람이었다. 미국 산업역사상 최악의 파업이 2년 동안 이어지고 있었다. 성난 광부들이 록펠러가 소유한 콜로라도 석유 철강 회사에 몰려가 임금인상을 요구했다. 회사 기물이 파괴되고 군대까지 동원되었다. 유혈사태가 벌어져 시위자들이 총에 맞았다.

증오가 팽배하던 그때 록펠러는 그 만의 방식으로 파업에 참가한 노동자들의 마음을 사로잡았다. 여기 그 일화를 들려주겠다. 몇 주에 걸쳐 포섭공작을 펼친 후 노동자 대표들을 모아 놓고 그들에게 연설했다. 이 연설은 걸작이었다. 연설은 놀라운 결과를 이끌어냈다. 연설은 증오를 가라앉혔고 록펠러 추종자들도 생겨났다. 우호적인 방법으로 사실을 말했기 때문에 파업 노동자들은 그들이 그토록 외쳤던 임금인상에 대한 언급 한 마디 없이 일터로 돌아갔다.

그 유명한 연설의 처음 부분을 인용해보겠다.

불과 며칠 전만해도 분노에 사로잡혀 록펠러의 목을 나무에 매달고 싶어 하던 사람들에게 록펠러가 연설하고 있다는 것을 기억해라. 그의 어조는 선교사에게 말하는 것보다 더 우호적이었다.

"이 자리에 선 것이 자랑스럽습니다. 집에 방문하여 가족들과 만났기 때문에 우리는 남이 아니라 친구로서 만나고 있는 것입니다. 제가 이 자리에 있는 것은 여러분의 호의 덕분입니다.

오늘은 제 인생에서 특별한 날입니다. 이 큰 회사의 임원진, 노동자 대표들과 만날 수 있는 것은 저에게 큰 행운이라고 생각합니다. 이 자리에 참석한 것은 저에게 큰 영광입니다. 이 모임을 제 평생 영원히 기억하겠습니다. 이 모임이 2주전에 열렸다면 저는 극소수의 몇 명을 제외하고는 대부분의 분들과는 낯선 사이였을 것입니다. 지난 2주 동안 남부 탄광촌을 방문하여 그 자리에 없던 분들을 제외하고는 모든 근로자 대표들과 이야기를 나눴고 여러분의 가정을 방문하여 가족들을 만나볼 수 있었기 때문에 우리는 생판 남이 아닌 친구로 만나는 것입니다. 우호적인 분위기에서 우리의 공통관심사를 의논할 수 있게 되어 정말 기쁩니다. 이 모임은 회사의 직원과 근로자 대표의 모임이기 때문에 제가 여기 있는 것은 여러분 덕분입니다. 불행히도 저는 여러분 중 어느 한편에도 끼지 못하지만 주주와 이사회의 대표로서 여러분들과 긴밀히 연관되어 있다고 생각합니다."

이것이야 말로 적을 친구로 만드는 경의적인 방법 중에 훌륭한 예가 아닐까?

록펠러가 다른 방법을 사용했다고 가정해보자. 록펠러가 광부들과 논쟁하고 잘못이 노동자들에게 있다고 지적하거나 논리적으로 증명하려했다면 어떻게 되었을까? 광부들의 분노는 커지고 증오와 폭동이 일어났을 것이다.

다른 사람이 당신에 대한 나쁜 감정을 품고 있으면 이 세상 어떤 논리로도 그의 마음을 돌릴 수 없다. 아이들을 꾸짖는 부모, 윽박지르는 직장 상사와 남편 그리고 잔소리 하는 아내들은 사람들은 생각을 바꾸기 좋아하지 않는다는 사실을 깨달아야 한다. 사람들을 강제로 윽박지른다고 해서 그들의 의견이 당신의 의견과 똑같아 지지 않는다. 하지만 우리가 친절하고 다정하게 대하면 사람들의 생각이 바뀔 수도 있다.

링컨은 백 년 전에 이런 말을 했다.

"한 방울의 꿀이 한 통의 쓸개즙보다 더 많은 파리를 잡는다." 는 말은 만고의 진리이다. 그러므로 상대의 마음을 얻고 싶으면 먼저 당신이 진정한 친구임을 확신시켜라. 그것이 사람의 마음을 사로잡는 한 방울의 꿀이며 사람의 이성에 호소하는 최고의 방법이다.

파업노동자에게 우호적으로 대하는 것이 도움이 된다는 것을 사업가들은 알고 있다. 예를 들어 화이트 자동차 회사의 2천 5백 명 노동자들이 임금인상과 유니언 숍 제도의 도입을 요구하며 파업을 벌였을 때 사장 로버트 블랙은 화를 내거나 비난하거나 협박하지 않았고 공산주의자들이라 비판하지 않았다. 그는 클리브랜드 신문사에 "평화롭게 파업하는 노동자들"을 칭찬하는 광고를 냈다. 농성을 벌이는 노동자들이 빈둥거리고 있자 그는 그들에게 배트와 글로브를 사주며 공터에서 야구를 하라고 했다. 볼링을 좋아하는 사람들에게는 볼링장을 세내어 주었다.

그가 호의를 베풀자 상대측에서도 호의를 베풀었다. 노동자들이 빗자루와 삽, 쓰레기차를 빌려 공장주변의 성냥개비들, 종이, 담배꽁초를 줍기 시작한 것이다. 임금인상을 위해 싸우는 노동자들이 공장을 청소하는 모습을 상상해보라! 격렬한 투쟁으로 얼룩진 미국 노동사상 일찍이 볼 수 없었던 광경이었다. 이 파업은 일주일도 지나지 않아 타결되었고 쌍방에 어떤 악감정도 없었다.

다니엘 웹스터는 당당한 풍채와 화려한 언변으로 성공한 변호사중 한명이었다. 하지만 재판에 임할 때 온화한 태도로 임했다. 변론을 시작할 때 "배심원님들께서 고려할 가치가 있으리라 생각됩니다." "배심원님들께서 놓치지 않으리라 생각되는 사실들을 말씀드리겠습니다." "인간의 본성을 잘 알고 계시는 배심원 여러분들께서 이 사안의 중요성을 쉽게 파악하시리라 생각됩니다."라는 말들로 서두를 시작했다.

그는 밀어붙이지도 않고 강압적인 태도를 취하지도 않았다. 자신의 의견을 상대에게 강요하지도 않았다. 웹스터는 부드러운 말로 조용하고 다정스럽게 접근하는 방법을 사용해서 유명하게 되었다.

당신은 파업을 해결하거나 배심원단 앞에서 말할 일이 없을지도 모른다. 하지만 임대료를 깎아 달라고 부탁할 일이 있을 수도 있다. 이런 온건한 접근방법이 효과적일까? 예를 들어보겠다.

엔지니어인 스트로브는 임대료를 깎고 싶었다. 하지만 집주인은 완고한 사람이었다. 그가 내 강연에서 한 이야기를 옮기겠다.

"저는 옮기고 싶지 않지만 계약이 만료되는 대로 아파트를 비우겠다고 집주인에게 편지를 썼습니다. 임대료를 깎아주면 계속 살고 싶었습니다. 하지만 상황은 희망이 없는 상태였습니다. 다른 세입자들도 모두 시도해봤지만 실패했습니다. 모든 사람들이 집주인이 상대하기 아주 어려운 사람이라고 말했습니다. 하지만 저는 혼잣말했습니다. '사람을 대하는 방법을 배우고 있으니 한번 방법을 써보고 어떻게 되는지 봐야지.' 집주인과 비서가 편지를 받자마자 저를 찾아왔습니다. 저는 그들을 반갑게 맞이했습니다. 저는 임대료가 얼마나 높은지에 관한 말로 대화를 시작하지 않았습니다. 대신에 제가 그의 아파트를 얼마나 좋아하는지 장황하게 이야기하기 시작했습니다. 그가 건물을 관리하는 방식에 경의를 표하고 몇 년 더 건물에 세 들고 싶지만 그럴 여력이 안 된다고 말했습니다.

그는 확실히 임차인에게서 그런 환대를 받은 적이 없는 듯 보였습니다. 뭐라고 말해야 할지 잘 모르는 듯 보였습니다.

시간이 좀 흐른 뒤에 그는 자신의 고충을 이야기하기 시작했습니다. 임차인들에 대해 불평을 늘어놓았습니다. 어떤 임차인은 그에게 14통의 편지를 썼습니다. 그 편지들 중 몇 통은 정말 모욕적이기까지 하다고 털어놓았습니다. 위층에 사는 사람의 코고는 소리를 막아주지 않으면 계약을 파기하겠다고 위협한 사람도 있었다고 합니다. 그는 '당신처럼 만족해하는 입주자를 보니 정말 위안이 됩니다.' 라고 나에게 말했다. 제가 부탁도 하지 않았는데 그는 임대료를 약간 깎아주었습니다. 저는 좀더 깎아주기를 원해서 제가 지불할 수 있는 금액을 말하자 그는 두말 않고 승낙했습니다.

그는 집을 떠나면서 저를 돌아보고 물었습니다. '실내 장식을 해주고 싶은데 어떻게 해드릴까요?'

제가 다른 세입자들이 했던 방식으로 임대료를 깎아 달라고 했다면 저도 십중팔구 실패했을 것입니다. 제가 임대료를 깎을 수 있었던 비결은 따뜻한 태도로 진심으로 고맙게 여겼기 때문이었습니다."

다른 예를 들어보자. 이번에는 사교계에서 유명한 부인, 롱아일랜드의 가든시티에 살고 있는 도로시 데이 부인의 이야기이다.

"저는 최근에 소규모의 오찬 모임을 가졌습니다. 저에게는 중요한 행사였지요. 당연히 저는 모든 것이 물 흐르듯 자연스럽게 진행되기를 원했습니다. 이런 모임을 가질 때는 언제나 에밀이라는 유능한 급사장이 행사진행을 해줬는데 이번에는 그가 저를 실망시켰습니다. 모임은 완전한 실패였습니다. 에밀은 어디에도 보이지 않았습니다. 그는 웨이터 한명만을 보냈습니다. 웨이터는 이 모임이 중요한 모임이라는 것을 모르는 듯했습니다. 그는 계속해서 주빈에게 가장 마지막으로 음식 서빙을 했습니다. 한번은 큰 접시에 작은 셀러리 한 개만 덜렁 담아 내 놓는 것이었습니다. 고기는 질기고 감자는 기름졌습니다. 행사는 엉망이었습니다. 저는 아주 화가 났지만 행사 내내 미소 지으려 애썼습니다. '다음에 에밀을 만나면 아주 호되게 따져야겠어.' 라고 마음속으로 계속 되뇌었습니다.

이 일이 있었던 것은 수요일이었는데 다음날 밤에 인간관계에 대한 강연을 들었습니다. 들으면서 에밀에게 따지는 것은 현명하지 못하다는 사실을 깨달았습니다. 제가 따지면 에밀을 더 화나게 만들어 그는 절대 제 일을 도와주지 않을 것이라는 생각이 들었습니다. 저는 이 일을 그의 입장에서 보려고 노력했습니다. 요리의 재료를 산 것도, 요리를 한 것도 그가 아니었습니다. 그의 직원 중에는 멍청한 직원도 있을 텐데 그의 힘으로는 직원들을 통제하기 힘들 것 같았습니다. 그래서 그를 탓하는 대신 그에게 부드럽게 이야기하기로 했습니다. 다음날 저는 에밀을 만났습니다. 그는 저를 경계하여 화난 표정을 짓고 있었습니다. '에밀, 당신은 우리 집 파티에서는 없어서는 안 될 사람이에요. 제가 아는 한 당신은 뉴욕에서 최고의 급사장입니다. 재료구입이나 요리는 당신의 책임이 아니니 수요일에 모임이 엉망이 된 것은 당신의 책임이 아녜요.'

그러자 굳은 얼굴로 내 말을 듣던 에밀은 환하게 웃으며 말했습니다. '부인, 그날 요리사들이 큰 실수를 했네요. 제가 관여할 수 있는 부분이 아니었습니다.'

저는 계속해서 말을 이어나갔습니다. '다른 모임이 잡혀있는데, 에밀 당신의 조언이 필요해요. 이번에도 그 요리사에게 일을 맡겨야 하나요?'

'저번과 같은 일은 다시는 없을 겁니다.'

다음 주에 오찬 모임을 열었습니다. 에밀과 저는 메뉴를 함께 짰습니다. 저번의 잘못은 언급하지도 않았습니다.

우리가 도착하자 탁자는 아름다운 장미로 장식되어있었습니다. 에밀은 행사 내내 자리를 지키면서 행사 진행을 도왔습니다. 여왕을 모신다고 해도 이런 서비스는 바랄 수 없을 것이라고 생각했습니다. 음식은 완벽했고 서비스도 훌륭했습니다. 웨이터도 저번과는 달리 4명이나 있었습니다. 식사 후에는 마무리로 맛있는 박하과자를 에밀이 직접 서빙했습니다.

행사가 끝나고 손님들이 떠날 때 주빈이 물었습니다. '급사장에게 마술이라도 걸었어요? 이렇게 완벽한 서비스를 어디에서도 본 적이 없어요.'

맞습니다. 저는 부드러운 태도와 진심어린 칭찬으로 에밀에게 마술을 걸었습니다."

오래전에 내가 미주리 주의 시골학교에 다니던 시절에 태양과 바람이 힘자랑하는 우화를 읽은 적이 있었다. 그들은 누가 힘이 센지 내기를 했다. 바람이 말하길, "내가 더 힘이 세지. 두꺼운 외투를 입은 노인이 보이지? 내가 너보다 더 빨리 저 사람이 외투를 벗게 할 수 있어."

그러자 태양은 구름 뒤로 몸을 숨기고 바람은 세게 불었다. 하지만 바람이 불면 불수록 노인은 점점 더 단단히 외투로 몸을 감쌌다.

북풍은 기진맥진해서 마침내 포기했다. 그러자 태양이 구름 뒤에서 나와 노인을 향해 부드럽게 미소 지었다. 오래지 않아 노인은 이마의 땀을 훔치더니 외투를 벗었다. 태양은 바람에게 온화함과 친근함이 분노와 폭력보다 강하다고 말했다.

내가 아주 어렸을 때 이 이야기를 읽을 무렵 내가 모르는 멀리 떨어진 교육과 문화의 도시 보스턴에서 이미 이 우화가 옳다는 사실이 A. H. B라는 의사에 의해 증명되고 있었다. 그로부터 30년 후 이 의사는 내 강연에 수강생으로 참여했다. 여기 내 수업에서 그가 한 이야기를 옮겨 보겠다.

당시 보스턴의 신문에는 돌팔이 의사들의 광고로 가득했다. 낙태를 전문으로 하는 의사, 환자들의 공포심을 자극해서 돈만을 뽑아내려고 하는 엉터리 의사들이 광고로 환자모집을 하고 있었다. 낙태수술을 전문으로 하는 의사들은 많은 여성들을 죽음으로 내몰았지만 기소는 거의 되지 않았다. 많은 의사들이 약식 벌금을 내거나 정치적 압력으로 사건을 무마하고 있었다.

상황은 점차 악화되어서 급기야 보스턴의 양식 있는 사람들이 들고 일어났다. 목회자들은 연단을 치면서 신문들을 비난하고 하나님이 이 광고를 막아달라고 기도를 하였다. 각종 민간단체, 사업가, 부인회, 교회, 청년단체들이 들고 일어나 비난했지만 소용없었다. 이런 종류의 신문광고를 금지하려는 법률을 둘러싸고 의회에서도 공방전이 벌어졌지만 매수와 정치적 압력으로 실패로 끝났다,

B씨는 당시 보스턴 시 기독교 연합회 회장이었다. 그의 위원회는 전력을 다했지만 실패하고 말았다. 의료범죄에 대한 투쟁은 절망적이었다.

어느 날 밤 B씨의 머리에 아무도 생각하지 못했던 방법이 떠올랐다.

그는 친절, 동정, 감사의 방법을 쓰기로 했다. 신문발행인들이 자발적으로 광고를 중단하게 만들 수 있는 방법이었다. 그는 보스턴 해럴드의 발행인에게 그 신문을 찬탄하는 편지를 썼다.

"신문의 오랜 독자입니다. 신문기사가 자극적이지 않고 간결하며 사설 또한 뛰어납니다. 뉴잉글랜드는 물론 미국을 통틀어 가장 뛰어난 가족을 위한 신문이라고 생각합니다. 하지만 제 지인의 어린 딸이 한번은 귀사의 광고 중에 낙태의사의 광고를 읽고는 아버지에게 광고에 나오는 낱말 뜻을 질문했습니다. 솔직히 그는 당황해서 뭐라 할 말이 없었다고 하더군요. 보스턴의 상류가정에서 귀사의 신문을 많이 읽는데 이런 사태가 다른 가정에서도 일어나지 않을까요? 당신에게 어린 딸이 있다면 이 광고를 읽게 하고 싶습니까? 당신의 딸이 광고를 읽고 그 내용을 당신에게 질문하면 당신은 뭐라고 설명하겠습니까? 보스턴 헤럴드와 같은 일류 신문에 아버지로서 딸이 읽지 않았으면 하고 두려워하는 부분이 있다는 것은 유감입니다. 다른 구독자들도 저와 같은 생각을 하지 않을까요?"

이틀 후에 보스턴 헤럴드의 발행인이 B씨에게 답장을 보내왔다. B씨는 그 답장을 30년이나 보관해왔다. 나는 내 앞에 발행인이 1904년 10월 13일에 쓴 편지를 갖고 있다.

B 선생님께

보내주신 편지를 읽고 큰 책임감을 느낍니다. 제가 취임한 이후로 줄곧 고민해오고 있던 문제를 이제는 해결해야할 시점이 온 것 같습니다.

월요일 이후 보스턴 헤럴드에 문제가 있는 광고는 개제하지 않도록 하겠습니다. 부득이하게 게재하는 의료광고에 대해서는 절대로 불미스러운 일이 일어나지 않도록 철저하게 편집하도록 하겠습니다.

다시 한 번 편지 보내주셔서 감사드립니다.

발행인 W. E. 하스켈 올림

이솝은 기원전 6백년 경 크노소스 궁에 살던 그리스 노예였는데 불멸의 우화를 썼다. 인간 본성에 대한 진리는 25세기전 아테네에서와 마찬가지로 보스턴과 버밍햄에서도 똑같이 적용되고 있다. 태양은 바람보다 더 빨리 당신의 외투를 벗길 수 있다. 친절한 태도와 칭찬은 호통과 비난보다 더 쉽게 사람들의 마음을 바꾼다.

링컨이 한 말을 기억하자. "한 방울의 꿀이 한통의 쓸개즙보다 더 많은 파리를 잡는다."

규칙 4

우호적인 태도로 말을 시작해라.

5 소크라테스의 비결

사람들과 이야기할 때 이견이 있는 문제에 대해 먼저 논의하지 마라. 동의하는 것에 대해 말을 시작하고 계속 그것을 강조하라. 나와 상대가 같은 목표를 향해 가고 있음을 강조하고 다른 점이 있다면 목표 추구를 위한 방법이지 목표 그 자체는 아니다.

다른 사람이 처음부터 "네, 네"라고 말하게 하고 "아니요"라는 말은 하지 않도록 해라.

오버스트리트 교수에 따르면 '아니요'라는 반응은 가장 극복하기 어렵다. 사람이 '아니요'라고 말하면 자존심 때문에라도 그 말을 번복하지 않으려 한다. 나중에 '아니요'라는 대답이 너무 경솔한 것이 아니었나 의심이 되어도 자존심 때문에 말을 바꾸지는 않는다. 일단 말을 하면 사람은 그 말을 끝까지 고집한다. 그러므로 처음부터 상대에게 '예'라는 대답을 이끌어내는 것이 중요하다.

노련한 연사는 처음부터 청중으로부터 '네'라는 대답을 이끌어낸다. 그러면 청중의 심리는 긍정적인 방향으로 움직인다. 그것은 당구공의 움직임과도 같다. 당구공의 방향을 바꾸게 하는 것은 힘이 들고 반대방향으로 굴러가게 하려면 더 큰 힘이 필요하다.

심리적인 움직임은 분명한 형태로 나타난다. 사람이 진심으로 '아니요'라고 말하면 단순히 입으로만 말하는 것 이상으로 많은 일이 일어난다. 분비샘, 신경, 근육 등의 모든 조직이 일제히 거부반응을 나타낸다. 대개는 미미한 정도지만 가끔은 눈에 띌 정도로 심하게 거부 현상이 일어난다. 신경과 근육의 조직이 방어태세를 취하고 있는 것이다. 하지만 "예"라고 말하면 이런 거부 반응은 일어나지 않는다. 신체 기관은 전향적이며 수용적이며 개방된 태도를 띤다. 그러므로 "예"라고 더 많이 말할수록 상대를 내가 생각하고 있는 방향으로 이끌기가 쉬워진다.

다른 사람에게 "예"라는 대답을 하게 하는 기술은 매우 간단하다. 하지만 이 쉬운 것을 우리가 얼마나 많이 무시해왔는가! 무조건 반대해서 자신의 중요성을 부각시키려는 것처럼 보이는 사람들이 있다. 급진적인 사람이 보수적인 사람과 만나면 곧 상대를 화나게 한다. 도대체 그렇게 하면 무슨 이익이 있다는 말인가? 쾌감을 맛보려고 그런다면 그럴 수도 있겠지 하는 생각이 든다. 하지만 무엇인가를 성취하고자 한다면 멍청한 짓을 하고 있는 것이다.

학생이건 고객이건 가족이건 처음에 '아니요'라는 대답을 하면 그것을 '예'로 바꾸는 데 상당한 지혜와 인내심이 필요하다.

뉴욕 그리니치 은행의 제임스 에버슨은 이 "예"라고 말하게 하는 방법을 사용해서 잃을 뻔한 우수고객을 붙잡는데 성공했다.

에버슨의 이야기는 다음과 같다.

"어떤 사람이 계좌를 개설하러 왔는데 늘 사용하는 양식을 주면서 적으라고 했습니다. 몇 가지 항목은 기꺼이 기재했지만 몇 가지에 대해서는 쓰기를 거절했습니다.

인간관계를 공부하기 전에는 이 고객에게 양식을 다 적지 않으면 계좌개설이 안 된다고 말했습니다. 부끄럽지만 예전에는 그렇게 했습니다. 당연히 그런 말을 하면 제가 중요한 사람인 듯 느껴져서 기분이 좋았지요. 은행의 규정은 어길 수 없다는 사실을 말하면서 은행에서 누가 갑의 위치에 있는지 보여주는 데 우쭐해했습니다. 하지만 이런 태도는 은행의 고객이 되려고 일부러 찾아온 손님에게는 불쾌감을 주었을 것입니다.

저는 이 날은 상식적으로 고객의 입장에서 행동해보기로 했습니다. 은행이 원하는 것이 아니라 고객이 원하는 것을 말하기로 결심했습니다. 저는 처음부터 고객이 '네'라고 말하도록 하려고 했습니다. 그래서 우선 고객의 말에 동의했습니다. 그가 쓰기 싫어하는 항목은 사실 아주 중요한 정보는 아니라고 말했습니다.

그런 다음 '하지만 만일 손님께서 갑자기 사망하시기라도 한다면 법정 상속인이 돈을 받으시는 게 좋지 않을까요? 그래서 법정 상속인을 기재하라고 은행에서 말하는 것입니다.' 다시 그는 '예'라고 대답했습니다.

은행이 고객을 위해 정보기재를 요구한다는 생각이 들자 고객의 태도는 누그러졌습니다. 은행을 나서기 전에 고객은 은행이 요구하는 모든 정보를 주었을 뿐만 아니라 제 권유로 어머니를 수혜자로 지정하는 신탁계정도 개설하고 어머니에 관한 모든 질문에도 선뜻 대답해 주었습니다.

처음부터 고객으로부터 긍정적인 대답을 하게 했더니 처음에 했던 생각을 잊고 저의 제안을 흔쾌히 따라주었습니다."

다음은 웨스팅하우스사의 영업사원 조셉 앨리슨의 이야기이다.

"제가 담당하고 있는 구역에 제가 물건을 꼭 팔아보고 싶은 사람이 있었습니다. 제 전임자가 10년 동안 그를 쫓아 다녔지만 물건을 팔 수가 없었습니다. 저도 이 구역을 담당한 후 3년 동안이나 노력했지만 역시 헛수고였습니다. 마침내 13년 동안 계속된 방문 끝에 모터 몇 대를 팔 수 있었습니다. 만약 모터가 좋다는 생각이 들면 몇 백대는 더 팔 수 있을 거라 장담하고 있었습니다.

당연히 그럴 것이라 확신하고 3주 후에 전화를 걸었습니다. 하지만 수석 엔지니어가 전화를 받더니 '앨리슨, 모터를 살 수가 없소.' '왜요?' 저는 어리둥절해서 물었습니다.

'모터가 너무 과열되어 손을 댈 수가 없어요.'

설득할 수가 없는 사안이라는 것을 알았습니다. 그래서 "예" 대답을 하도록 만들어 보자고 생각했습니다.

'스미스씨, 당신의 말에 동감합니다. 모터가 과열되면 더 이상 주문하면 안 되지요. 전기협회의 규정 이상으로 과열되는 모터를 구매하지 않는 게 당연합니다, 그렇죠?'

그는 그렇다고 대답했습니다. 이로써 나는 첫 번째 '예'라는 대답을 얻었습니다. '전기협회 규격에 모터의 온도가 실내온도보다 화씨 72도까지 높아지는 것은 인정되어 있지요?' '그렇죠.' 그는 동의했다. '하지만 당신네 모터는 그보다 훨씬 뜨거워요.'

저는 그와 논쟁하지 않고 물었습니다. '공장 실내온도는 몇 도죠?' '화씨 75도 쯤 됩니다.' '공장 실내온도가 화씨 75도에 72도를 더하면 147도가 되네요. 그렇게 뜨거운 수도꼭지에 손을 대고 있으면 손을 데지 않을까요?' 다시 한 번 그는 '예'라고 대답했습니다. '그러면, 모터에 손을 대지 않는 것이 좋지 않겠습니까?' 하고 제가 제안을 했습니다.

'당신 말이 맞네요.' 그는 인정했다. 우리는 잠시 동안 이야기를 계속했다. 그러고 나서 그는 비서를 부르더니 3만 5천 달러에 상당하는 상품을 주문했습니다.

논쟁 해봤자 소용없고 상대의 입장에서 생각해보고 상대가 '예'라는 대답을 하도록 유도하는 것이 훨씬 재미가 있고 훨씬 이득이 된다는 사실을 깨달을 때까지 저는 많은 시간과 비용을 허비했습니다."

아테네의 천덕꾸러기 소크라테스는 맨발로 다니고 40이라는 중년의 나이에 19세 소녀와 결혼했다는 사실에도 불구하고 뛰어난 철학자였다. 그의 방법은 무엇일까? 그는 사람들이 틀렸다고 말했을까? 그렇지 않다. 소크라테스는 '소크라테스식 문답법'으로 상대에게서 "예"라는 대답을 이끌어내었다. 그는 상대가 "예"라고 말하지 않을 수 없는 질문을 한다. 그는 계속해서 "예"라는 대답을 계속하게 만든다. 그래서 불과 몇 분전에 부정하고 있던 문제에 대해서 상대는 긍정적인 답변을 하게 되는 것이다. 그는 인간 사고의 방향의 전환을 가져온 사람이다. 사후 23세기가 지났지만 시끄러운 세상에 불을 밝혀주는 철학자 중에 한 사람으로 추앙받고 있다.

다음번에 상대의 잘못을 지적하고 싶어지면 소크라테스를 생각하고 상대가 "예"라는 대답을 할 수 있는 질문을 해라.

중국 속담에 "살며시 걷는 사람이 멀리 간다."라는 것이 있다. 중국 인들은 인간 본질을 연구하는데 오천년을 보냈으며 중국 문화는 그렇게 만들어졌고 중국인들은 많은 지혜를 축적했던 것이다.

규칙 5

상대가 즉시 "예"라고 대답하게 만들어라.

6 불만을 해소하는 방법

상대를 설득할 때 수다스럽게 떠드는 사람이 많다. 특히 영업사원들이 이런 잘못을 많이 저지른다. 상대가 말을 많이 하게끔 만들어라. 그들은 자신의 일이나 문제에 관해 당신보다 더 많이 알고 있다. 그러니 질문을 해서 상대가 몇 마디라도 더 하게 해라.

당신이 상대와 의견이 다르면 끼어들고 싶을 때가 많을 것이다. 하지만 그러면 안 된다. 위험한 일이다. 상대는 할 말이 많기 때문에 당신에게 관심이 없을 것이다. 그러니 열린 마음으로 인내심을 가지고 듣기만 해라. 진심으로 상대의 말을 경청하고 상대가 충분히 자신의 생각을 말할 수 있도록 맞장구를 쳐 주어라.

이렇게 하면 사업에 유리할까? 여기 어쩔 수 없이 그렇게 할 수 밖에 없었던 사람의 이야기를 들어보자.

몇 년 전에 미국 최대 자동차 회사가 차 시트용 직물 1년 치 구매를 위한 협상을 진행하고 있었다. 세 곳의 회사에서 견본을 제출했다. 자동차 회사의 중역들은 견본을 점검해보고 최종 프레젠테이션을 듣고 결정할 것이니 지정한 날짜에 와 달라고 세 회사에 통보했다.

그 중 한 회사의 대표인 R씨는 심한 후두염을 앓는 상태에서 프레젠테이션을 위해 자동차 회사에 도착했다.

"자동차 회사 임원을 만나 프레젠테이션을 하려는데 목소리가 하나도 나오지 않았습니다. 말을 하려고 했지만 한 마디도 나오지 않았습니다. 저는 회의실로 안내를 받아 엔지니어, 구매 담당자, 영업 파트장, 회사 사장 앞에 섰습니다. 프레젠테이션을 하려고 했지만 목에서는 쉿소리만 나올 뿐이었습니다.

어쩔 수 없이 저는 종이에 '여러분, 제 목이 아파서 목소리가 나오지 않습니다.' 라고 썼습니다.

'그러면 당신 대신 제가 말하지요.' 라고 사장이 말했습니다.

그는 저희 회사 견본을 꺼내 장점을 늘어놓기 시작했습니다. 저희 회사의 장점에 대한 활발한 논의가 펼쳐졌습니다. 사장은 저를 대신해서 말했기 때문에 토론 내내 제 편을 들어주었습니다. 저는 단지 미소를 짓거나, 고개를 끄덕이거나 몸짓을 할 뿐이었습니다.

회의 결과 저는 계약을 성사시켰고 50만 야드의 직물 주문을 받았습니다. 금액으로 따지면 160만 달러에 달했습니다.

목소리가 쉬지 않았다면 계약을 성사시키지 못했을 것입니다. 내가 떠드는 것 보다 상대가 이야기 하도록 하는 것이 얼마나 효과적인 방법인지 우연히 발견했습니다."

필라델피아 전기회사의 조셉 웹도 같은 발견을 했다. 웹은 펜실베이니아 주에 있는 부유한 네덜란드인이 모여 사는 농촌지역을 시찰한 적이 있었다.

"이 농가에서는 왜 전기를 사용하지 않지요?" 그는 잘 손질이 되어 있는 농가를 지나면서 지역 담당자에게 물었다.

"구두쇠들이어서 그들에게는 아무것도 팔 수 없어요. 게다가 전기회사에 반감을 가지고 있어서 저도 시도해봤는데 실패했어요."라고 지역 담당자는 이야기했다.

지역 담당자의 말이 사실이더라도 웹은 이곳에 방문한 이상 한번 시도해보기로 했다. 그래서 그는 농가의 문을 두드렸다. 문이 빼꼼이 열리더니 드라켄브로드 여사가 고개를 내밀었다.

부인은 지역 담당자를 보자마자 문을 세차게 닫았습니다. 저는 다시 문을 두드렸더니 다시 문이 열리더군요. 이번에는 그녀가 전기 회사에 대해 생각하고 있는 것을 이야기하기 시작했습니다.

그래서 저는 이렇게 말했습니다.

"부인, 폐를 끼쳐서 죄송합니다. 부인에게 전기 설비를 하라고 설득하러 온 것이 아니라 단지 계란을 사고 싶어서 왔습니다."

부인은 문을 좀더 열고 우리를 의심스러운 눈초리로 쳐다보았습니다.

"닭들이 참 좋네요. 도미니크 종이지요? 신선한 달걀을 사고 싶습니다."

"어떻게 닭들이 도미니크 종이란 것을 알지요?" 부인은 문을 더 열었습니다. 호기심이 동했나봅니다.

"저도 닭을 키우거든요. 이렇게 훌륭한 닭은 본 일이 없습니다."

"댁의 계란을 쓰지 그러세요?" 아직도 의심의 끈을 놓지 않은 채 그녀는 물었습니다.

"제가 키우는 레그혼은 흰 계란만 낳기 때문에요. 요리 하시니까 잘 아시죠? 케이크를 만드는 데는 흰 계란 보다는 누런 것이 좋으니까요. 제 아내는 케이크를 아주 잘 만들죠."

이 말을 듣자 그녀는 마음이 놓이는지 문을 열고 현관으로 나왔습니다. 그녀와 문 앞에서 실랑이를 벌이는 동안 저는 눈으로 재빠르게 농장을 훑어보았습니다. 농장은 훌륭한 낙농시설이 갖춰져있더군요.

"부인께서 기르는 닭들이 남편이 기르는 젖소보다 훨씬 이익이 있지요?"

이 말이 부인의 마음의 벽을 허물어버렸습니다. 그녀는 이 이야기를 너무나 하고 싶어 했던 것입니다. 고집쟁이 그녀의 남편은 이 사실을 인정하려 하지 않았습니다.

그녀는 우리를 닭장으로 안내했습니다. 돌아보는 동안에 그녀가 손수 만든 다양한 설비를 진심으로 칭찬했습니다. 그녀에게 사료와 양계장의 적정 온도를 추천해주면서 그녀에게 몇 가지 조언도 들었습니다. 우리는 서로 정보를 공유하며 정말 친해졌습니다.

곧 그녀는 이웃 양계장에서 전구를 달아서 좋다는 말을 들었는데 저의 정직한 의견을 들려달라고 말했습니다.

2주 후에 부인의 닭들은 밝은 전등불 아래서 만족스럽게 모이를 쪼아 먹고 있었습니다. 저는 전기 설비 주문을 받았고 그녀는 더 많은 달걀을 얻게 되어 서로 원원하게 되었습니다.

제가 만약 그녀가 마음껏 이야기할 기회를 주지 않았다면 그녀의 양계장에 전등을 달 수 없었을 것이다.

"억지로 팔려고 할 것이 아니라 자진해서 사도록 만들어야 한다."

최근 뉴욕 헤럴드 트리뷴지의 경제란에 비범한 능력과 경험을 가진 사람을 구한다는 구인 광고가 크게 실렸다. 찰스 큐벨리스는 광고를 보고 편지를 보냈다. 며칠 후에 그는 인터뷰를 하러 오라는 편지를 받았다. 그가 인터뷰하기 전에 그는 그 회사를 창립한 사람에 대해 가능한 한 많은 조사를 했다. 인터뷰를 하면서 그는 말했다. "귀사와 같이 훌륭한 역사를 가진 회사를 알게 되어 영광입니다. 사장님께서는 28년 전에 책상 한 개와 속기사 한명만 데리고 창업하셨다는데 사실입니까?"

대부분의 성공한 사람은 자신이 초창기 겪었던 어려움을 회상하는 것을 좋아한다. 이 사람도 예외는 아니었다. 그는 단돈 450달러와 빛나는 아이디어만으로 창업했던 이야기를 오랫동안 했다. 그는 하루도 쉬지 않고 하루에 12시간에서 16시간을 일하며 어떻게 절망을 이겨내고 사람들의 비웃음을 극복했는지 이야기했다. 결국 모든 어려움을 극복하고 오늘날 월 스트리트에서 성공해서 많은 사람들이 그의 정보와 조언을 들으러 온다고 말했다. 그는 이런 자신의 경력을 자랑스럽게 여겼다. 그는 그럴 자격이 있었다. 그는 신나서 자신의 성공담을 이야기했다. 마침내 그는 큐벨리스의 경력을 간단히 묻고는 부사장을 불러 말했다. "이 사람이 우리가 찾고 있는 사람인 것 같소."라고 말했다.

큐벨리스는 열심히 장래 고용주가 될 사람의 업적을 알기 위해 노력했다. 그는 상대방에 대해 흥미를 보였다. 그는 상대가 이야기를 하게 함으로써 상대의 호감을 샀다.

우리의 친구들도 우리 자랑을 듣는 것보다 자신의 이야기를 하는 것을 더 좋아한다.

프랑스 철학자 라 로슈푸코는 이렇게 말했다. "적을 만들고 싶으면 친구를 능가해라. 친구를 얻고 싶으면 친구가 이기게 해주어라."

이 말이 왜 옳은 말일까? 친구가 우리 보다 잘하면 그들은 자기중요감을 느끼지만 우리가 친구들보다 잘 나가면 그들은 열등감을 느끼고 질투를 일으킨다.

독일에는 이런 속담이 있다. "우리가 부러워하는 사람이 잘못되는 것을 보는 것이 가장 큰 즐거움이다."

당신의 친구 중에도 당신의 성공보다는 당신의 실패를 보고 더 좋아하는 사람이 있을 것이다.

그러니 우리가 잘한 일은 작게 말하자. 좀더 겸손해지자. 어빈 콥은 겸손의 미덕을 잘 알고 있었다. 증언대에 선 변호사가 콥에게 말했다. "당신은 일류작가가 맞습니까?"

"저는 운이 좋았을 뿐입니다." 콥이 대답했다.

우리는 겸손해져야 한다. 앞으로 백년이 지나면 우리들은 다 죽어 사람들 기억에서 사라질 것이다. 인생은 짧다. 쓸데없는 자기 자랑을 할 시간이 없다. 다른 사람이 이야기하도록 해라. 생각해보면 자랑할 거리도 그다지 없지 않은가? 평범한 인간과 정신병자를 구분하는 것은 갑상선에 있는 요오드다. 의사가 갑상선을 절개해 요오드를 빼내면 바보가 될 것이다. 약국에서 5센트면 살 수 있는 요오드가 보통사람과 정신병자를 구분 짓는다. 도대체 자랑할 것이 무엇이 있는가?

규칙 6

상대가 말하도록 해라.

7 상대의 협력을 얻어내는 방법

사람은 다른 사람이 알려준 생각보다 스스로 생각해낸 아이디어를 더 신뢰한다. 그러므로 다른 사람에게 당신의 의견을 강요하는 것은 잘못된 생각이다. 이런 생각도 있을 수 있다고 암시를 주고 상대가 생각해서 결정을 내리도록 하는 것이 훨씬 현명한 방법이다.

내 수강생 중에 한명인 필라델피아에 사는 아돌프 셀츠 씨는 사기가 떨어진 자동차 영업사원에게 사기를 북돋아야겠다는 생각을 했다. 그는 회의를 열고 영업사원에게 요구사항을 말해달라고 요청했다. 그는 영업사원들의 요구사항을 칠판에 적은 다음 이렇게 말했다.

"여러분들의 요구사항은 다 들어드리겠습니다. 그럼 이제 제가 여러분들에게 바라는 바를 말씀드리도록 하겠습니다. 여러분들이 제 요구사항을 어떻게 들어줄지 말씀해주십시오. 사원들은 즉석에서 대답했습니다. 충성, 정직, 솔선수범, 낙관주의, 팀워크 그리고 하루 8시간 열성적으로 근무하는 것 등이었습니다. 한 영업사원은 하루에 14시간 근무를 자원하기도 했습니다. 그 회의는 서로에게 새로운 용기와 영감을 주는 것으로 끝이 났습니다."

셀츠 씨는 판매 실적이 경이적으로 증가했다고 후일담을 전해왔다.

"영업사원들은 저와 일종의 도의적인 거래를 한 셈입니다. 제가 그들이 바라는 대로 해주니까 그들 역시 제가 바라는 기준에 맞추기로 한 것입니다. 그들의 요구사항을 서로 의논한 것은 마치 영양제 주사 한 대를 맞는 효과를 낸 것입니다."

다른 사람에게 강요당하고 있다든가 명령에 의해 움직인다는 느낌은 아무도 좋아하지 않는다. 자발적으로 행동하고 있는 그 느낌을 좋아한다. 사람들은 자신의 희망, 요구사항, 생각을 타인과 함께 이야기하는 것을 좋아한다.

유진 웨슨의 예를 들어보자. 그는 이 진리를 깨달을 때까지 많은 돈을 잃었다. 웨슨 씨는 직물 제조업자와 스타일리스트에게 밑그림을 팔고 있었다. 웨슨씨는 3년 동안 일주일에 한 번씩 뉴욕에서 잘 나가는 스타일리스트 중 한명을 방문했다.

"언제나 만나 주었지만 제 스케치를 산적은 한 번도 없었어요. 제 스케치를 유심히 쳐다보며 말하죠. '죄송합니다. 웨슨 씨. 오늘은 아무래도 마음에 드는 스케치가 없네요.'"

150번을 실패하고 나니 자신의 생각이 틀에 박혔다는 것을 깨닫게 되었다. 그래서 그는 일주일에 하루저녁을 인간 행동에 영향을 미치는 방법을 연구하여 새로운 아이디어를 개발하고 의욕을 되찾아 보려는 결심을 했다.

곧 그는 새로운 방법을 시도해 보기로 했다. 미완성인 스케치를 가지고 고객의 사무실을 방문했다.

"부탁 하나만 드려도 될까요. 여기 미완성인 스케치를 가져왔는데 어떻게 하면 쓸 만한 작품이 될지 말씀해주시면 안될까요?" 고객은 한 마디도 하지 않고 스케치를 보고는 말했다. "며칠 좀 생각해볼 테니 스케치는 두고 가세요. 나중에 한번 방문해주십시오."

웨슨은 3일 후에 고객을 다시 찾아갔다. 고객의 제안을 듣고 다시 스튜디오로 돌아와서 고객의 요청대로 스케치를 완성했다. 결과는 어떻게 되었을까? 고객은 스케치를 전부 사주었다.

이것이 9개월 전의 일이었다. 그 이후로 그 고객은 다른 스케치들도 주문하고 고객의 생각을 반영하여 작업을 했더니 1천 6백 달러 이상의 수입이 생겼다.

"제가 지난 몇 년간 왜 실패했는지 이제야 감이옵니다. 고객이 좋아할 것이라고 생각한 스케치를 일방적으로 사라고만 권했던 것입니다. 이제는 방법을 바꿔 고객의 생각을 듣고 작업을 합니다. 고객은 자신이 디자인을 창작하고 있다고 생각할 것입니다. 이제 더 이상 팔려고 애쓰지 않고 상대가 자진해서 제 작품을 사줍니다."

루즈벨트가 뉴욕의 시장이었을 때 그는 엄청난 업적을 남겼다. 그는 정치인과 친하게 지내면서 그들이 가장 싫어했던 개혁을 했다. 여기 어떻게 그가 개혁을 이뤄냈는지 소개해 보겠다.

중요한 자리가 공석이 되어 임명해야 할 때 그는 정치인들이 후보를 추천하게 했다. 루즈벨트는 그 문제에 대해 다음과 같이 말했다.

"정치인들이 처음에 추천하는 인물은 당에서 돌봐줘야만 하는 쓸모 없는 사람들이다. 그러면 정치인들에게 대중이 싫어할 인물이니 다른 인물을 추천해달라고 말한다. 그러면 두 번째로 추천하는 인물도 역시 쓸모없이 자리만 차지하고 일은 안하는 사람이다. 나는 정치인들에게 이 인물도 대중의 기대에 부합하지 않는 인물이니 직책에 적합한 인재를 추천해달라고 부탁한다. 세 번째 추천하는 사람은 그럭저럭 괜찮지만 딱 들어맞는 인물은 아니다. 그러면 지도자들에게 감사하면서 한 번 더 추천해달라고 부탁한다. 네 번째 추천하는 사람은 내 의중에 맞는 사람이다. 나라도 그런 사람을 뽑을 것이다. 그들의 협조에 감사를 표하며 나는 그 사람을 임명한다. 즉 공로를 그들에게 돌리는 것이다."

실제로 그들은 국가공무원법과 법인세법안 등의 개혁 법안을 지지해 주었다.

루즈벨트는 상대와 상의하고 되도록 그 의견을 받아들인다. 중요한 임명을 할 때 책임자들이 자신들이 직접 후보자를 골랐다고 생각하게 하고 아이디어는 자기생각이라고 여기게 만든다.

롱 아일랜드의 자동차 판매업자가 스코틀랜드인 부부에게 같은 방법으로 중고차를 팔았다. 판매업자는 부부에게 차를 차례로 보여주었다. 하지만 그들은 모양이 나쁘다, 차 상태가 안 좋다, 너무 비싸다는 등 차에 트집을 잡았다. 특히 가격문제에 있어서 모든 차가 너무 비싸다고 했다. 내 강의의 수강생이었던 이 판매업자는 강연에서 이 문제를 공개하고 도움을 요청했다.

우리는 그에게 억지로 팔려고 하지 말고 사고 싶어지도록 만드는 것이 중요하다고 충고했다. 그래서 판매업자는 며칠 후에 그 방법을 시도해보기로 했다. 그는 스코틀랜드인 부부에게 차 가격 산정에 대해 그들의 의견을 듣고 싶으니 와 달라고 부탁했다.

부부가 도착하자 판매상은 말했다. "안목이 상당하시니 이 자동차를 얼마에 인수해야 좋을 지 알려주시겠습니까?"

스코틀랜드인 부부는 환하게 웃었다. 자신들의 안목을 알아보고 부탁을 했으니 능력이 인정받은 것이다. 그들은 시승을 하고 오더니 말했다. "300달러에 팔면 잘 파는 거요."

"차주가 300달러에 팔면 사시겠습니까?" 300달러는 자신들의 생각이었으니 당연히 스코틀랜드인 고객은 그 차를 샀다.

X선 장비 제조업자는 이 같은 심리를 이용하여 브룩클린에서 가장 큰 병원에 장비를 판매하는데 성공하였다. 이 병원은 증축하면서 미국 내에서 가장 뛰어난 X선과를 만들려고 하였다. X선과를 책임지고 있는 L박사는 서로 자기네 장비가 뛰어나다며 병원 측에 몰려드는 영업사원들로 골머리를 앓고 있었다.

그런데 그들 중에 다른 영업사원보다 노련하고 능란한 사람이 있었다. 그는 다른 영업사원들보다 인간 본성에 대해 훨씬 잘 알고 있었다. 그는 다음과 같은 편지를 L박사에게 보냈다.

"저희 공장은 최근 새로운 X선 장비를 개발했습니다. 마침 1차로 만든 제품이 사무실에 도착했습니다. 물론 이 제품이 완전한 것이라고는 생각하고 있지 않습니다. 앞으로 품질개선에 더욱 노력하겠습니다. 그러니 선생님께서 저희 제품을 한 번 검토해주시고 어떻게 개선해야 할지 방향제시를 해주시면 정말 감사하겠습니다. 얼마나 바쁘신지 알지만 말씀만 주시면 언제든지 모실 차를 보내드리도록 하겠습니다."

나의 강연에서 L박사는 당시를 이렇게 회상했다.

"그 편지를 받고 저는 놀랐습니다. 동시에 기분이 좋았습니다. 제 조언을 구하는 X선 제조업자를 만난 적이 없었거든요. 제가 중요한 사람인 것처럼 느껴졌습니다. 그 주는 매일 밤까지 바빴지만 그 장비를 보러 갈 시간을 만들려고 만찬 약속을 취소했습니다. 장비를 보면 볼수록 제 마음에 쏙 들었습니다. 그 장비를 사기로 결정한 것은 병원을 위한 제 자발적인 결정이었지 강매는 아니었습니다. 그 장비의 우수한 점에 끌려 장비를 주문한 것이었습니다."

우드로우 윌슨 대통령 집권 당시 에드워드 하우스 대령은 국내외에서 큰 영향력을 가지고 있었다. 윌슨 대통령은 중요한 문제의 의논 상대로 각료보다 더 그에게 의지했다.

어떻게 했기에 하우스 대령은 대통령의 마음을 사로잡았을까? 다행히 하우스 대령 스스로 아더 스미스에게 그 비결을 밝혔고 스미스가 신문 기사에서 그것을 밝혔다.

"대통령과 친해진 이후 대통령에게 어떤 생각을 유도하는 데는 아주 우연히 대통령의 마음에 그 생각을 심어놓고 대통령이 자발적으로 관심을 갖게 하는 것이 최고의 방법임을 알게 되었다. 즉 대통령 자신이 그것을 생각한 것처럼 여기게 하는 것이다. 나는 우연한 기회에 이 사실을 알게 되었다. 백악관으로 대통령을 방문해서 어떤 정책에 대해 의견을 나누었다. 그는 반대하는 것처럼 보였다. 하지만 놀랍게도 며칠 후에 만찬에서 대통령의 의견이 내가 전에 얘기한 것과 같았다."

하우스 대령이 이때 대통령의 말에 끼어들어, "그것은 대통령 각하의 의견이 아닙니다. 제 생각입니다." 라고 말했을까? 아니다. 하우스 대령은 능란하여 명예보다는 실리를 선택했다. 그는 계속해서 대통령이 그 생각이 자신이 스스로 생각한 것인 것처럼 느끼게 만들었다.

우리가 당장 내일 만나는 사람들은 전부 우드로우 윌슨 대통령과 똑같은 사람이다. 내일부터 하우스 대령의 방법을 이용해보자.

몇 년 전에 뉴브런즈윅에 사는 한 남자가 이 방법을 써서 나를 단골 손님으로 만들었다. 나는 당시 뉴브런즈윅에 낚시와 카누를 타러 갈 계획이었다. 그래서 여행사에 정보요청 편지를 보냈다. 내 이름과 주소가 즉시 다른 여행사에도 뿌려졌다. 당장 여행사와 산장에서 보낸 편지와 팜플렛이 쇄도하기 시작했다. 정보가 너무 많으니 무엇을 골라야 할지 머리가 아플 지경이었다.

그런데 어느 기발한 사람이 나에게 자신의 숙소에 묵었던 뉴욕 사람들의 전화번호와 이름을 보내면서 내가 직접 그들에게 전화해서 물어보라는 편지를 보냈다.

그런데 놀랍게도 그 명단에 내가 아는 사람이 있었다. 그에게 전화해서 물어보고 그 산장에 예약을 했다.

다른 사람들은 나에게 자기 산장에 묵으라고 강권하지만 그 사람은 내가 직접 선택하도록 기회를 주었다.

규칙 7

상대가 그 생각이 바로 자신의 것이라고 느끼게 하라.

8 기적을 일으키는 방법

2500년 전에 중국의 현자 노자는 이 책을 읽는 독자들이 명심해야 할 말을 했다.

"강과 바다가 시냇물 위에 있는 이유는 자신을 낮추기 때문이다. 그래서 그들은 시냇물을 다스릴 수 있는 것이다. 백성의 위에 서려고 하는 자는 자신을 낮추라. 그렇게 하면 다스리는 사람이 위에 있어도 백성이 무겁다고 하지 않고 그들보다 앞서 있어도 백성들이 해롭다고 생각하지 않는다."

상대에게 전적으로 잘못이 있어도 상대는 그렇게 생각하지 않는다는 것을 기억해라. 그러니 그들을 비난하지 마라. 그들을 이해하려고 노력해라. 현명하고 관대하고 특별한 사람이 그런 노력을 할 수 있다.

다른 사람이 자기 방식대로 생각하고 행동하는 데에는 다 이유가 있다. 그 이유를 먼저 알아보면 그의 행동, 더 나아가 그의 성격까지도 이해할 수 있는 열쇠를 얻을 것이다.

상대의 입장에서 생각해보려고 노력해라.

자신에게 "내가 그의 입장이면 내가 어떻게 느끼고 반응할까?" 자문해보아라. 그러면 시간도 아끼고 화도 내지 않게 된다. 행동의 원인에 관심을 갖게 되면 결과에 대해 이해할 수 있게 된다. 게다가 인간관계 기술도 더욱 발전하게 될 것이다.

케레스 구드는 자신의 저서에서 다음과 같이 말한다.

"당신이 자신의 문제를 대할 때 갖는 관심과 다른 사람의 문제를 대할 때 갖는 관심도를 비교해보십시오. 세상 사람들이 나와 똑같이 생각한다고 깨달으면 모든 직업에 필요한 탄탄한 기반을 닦을 겁니다. 즉 인간관계에서 성공은 다른 사람의 입장에 서서 그를 이해하려는 마음가짐에 달려있습니다."

오랫동안 나는 우리 집 근처 공원에서 산책과 자전거를 타면서 기분전환을 해왔다. 나는 공원의 떡갈나무를 정말 좋아하는데 부주의한 화재로 그 어린 나무들이 불타 죽어가는 것을 보면 너무나 슬프다. 화재는 담배 피는 사람들이 꽁초를 버려서 생기는 것이 아니라 소년들이 공원에서 소시지나 계란요리를 하고 뒤처리를 잘 하지 못해서 생기는 경우가 대부분이다. 가끔 큰 화재로 번져 소방차가 출동할 때도 있다.

공원에는 '모닥불을 금지함. 위반자는 처벌함' 이라는 표지가 붙어 있지만 눈에 잘 띄는 장소가 아니어서 보는 사람이 거의 없다. 경찰도 공원을 순찰하지만 불은 계속 일어난다. 한번은 내가 불이 난 것을 발견하고 경찰에게 달려가 소방서에 연락을 해달라고 말했다. 하지만 그는 자기 담당구역이 아니어서 할 수 없다고 말하는 것이었다. 이 사건 이후로 나는 내가 경찰이 된 것처럼 행동했다. 초기에는 소년들의 입장에서 생각하려고 하지도 않았던 것 같다. 나무 밑에서 불길이 보이면 기분이 너무 안 좋아서 소년들에게 달려가 불을 피우면 감옥에 들어간다고 경고했다. 아이들이 내 말을 듣지 않으면 체포하겠다고 겁을 주었다. 나는 상대의 의견은 생각지도 않고 내 분풀이를 하고 있었던 것이다.

결과는 어땠을까? 소년들은 속으로 화가 치밀어 투덜거리며 마지못해 불을 껐다. 하지만 내가 시야에서 사라지면 그들은 다시 불을 피웠을 것이다. 아마 공원이 다 타버렸으면 좋겠다고 생각했을지도 모르겠다.

시간이 좀 지나고 인간관계에 대한 지식이 좀 쌓이자 다른 사람의 관점에서 생각해 보려는 시도도 좀 하게 되었다. 그래서 명령을 하는 대신에 아이들이 불을 피우는 곳에 가서 이렇게 말한다.

"얘들아 재미있니? 무슨 요리를 만들 거야? 나도 어렸을 때 불 피우기를 좋아했지. 지금도 좋아하고. 하지만 공원에서 불을 피우면 아주 위험하단다. 너희들이 불을 내지는 않겠지만 다른 아이들은 조심성이 없단다. 그런 아이들은 불을 피우고 끄지도 않고 집으로 가버려서 나무를 다 태워버리지. 조심하지 않으면 나무가 다 타 버릴 거야. 방화죄로 감옥에 갈수도 있고. 너희들이 노는 것을 방해하고 싶지 않단다. 재미있게 놀아 하지만 지금 나뭇잎들을 불 밖으로 치워버리고 불을 다 쓰고 나면 흙으로 꼭 덮어라. 그래주겠니? 그리고 다음에 재미있게 놀고 싶으면 저기 언덕 위 모래땅에 불을 피우면 어떨까? 저 위라면 불을 피워도 위험하지가 않을 거야. 애들아 고마워. 재미있게 놀아라."

이렇게 말하면 얼마나 달라질까? 이렇게 말하면 아이들은 기분 나빠하지 않고 내 말을 들을 것이다. 내 명령에 억지로 따르라고 강요하지 않아도 되고 아이들의 체면도 산다. 내가 그들의 입장을 고려하여 상황에 대처했기 때문에 모두가 기분이 좋아졌을 것이다.

다른 사람에게 무엇을 부탁하려고 할 때는 우선 눈을 감고 상대의 입장에서 상황을 생각해보아라. 그리고 스스로에게 물어보아라. "그가 왜 이렇게 행동하는 걸까?" 시간은 걸리지만 이렇게 하면 적을 만들지 않고 마찰은 적게 하면서 좋은 결과를 이끌어낼 것이다.

"나는 인터뷰를 할 때 내가 어떤 말을 할 지 그가 어떻게 대답할지 확실하게 예상이 될 때까지 상대의 사무실 밖에서 두 시간동안 서성대는 것이 더 낫다고 생각한다." 라고 하버드 비즈니스 스쿨의 딘 돈햄 교수는 말한다.

이 책을 읽고 타인의 입장에 서서 생각하고 타인의 관점에서 사물을 보는 방법을 배운다면 이것은 당신의 경력에 획기적인 전환점이 될 것이라고 생각한다.

규칙 8

상대의 입장에서 생각해라.

9 모든 사람이 원하는 것

언쟁을 피하고 상대가 호감을 갖게 하여 당신의 이야기를 주의 깊게 듣게 하는 마법의 문구를 알고 싶은가? "그렇게 생각하는 것은 당연한 일입니다. 제가 당신이더라도 역시 그렇게 생각할 것입니다." 라는 문구이다.

이렇게 이야기를 시작하면 아무리 화가 난 사람이라도 금방 누그러진다. 상대의 입장이 되면 그와 같은 생각을 갖게 되니까 이 말은 백퍼센트의 진정성이 있다. 알 카포네를 예로 들어보자. 당신이 그와 같은 몸, 성질, 정신을 가졌다고 생각해보자. 그와 같은 환경에서 자라고 그가 겪은 경험을 했다면 당신은 그와 똑같은 사람이 될 것이다. 알 카포네를 만든 것은 바로 그와 같은 것들이기 때문이다.

당신이 방울뱀이 아닌 이유는 당신의 부모가 방울뱀이 아니기 때문이다. 당신이 소에게 키스를 하지 않고 뱀을 신성시 하지 않는 이유는 당신이 인도의 힌두교 가정에서 태어나지 않았기 때문이다.

당신에게 화를 내는 고집불통인 비이성적인 사람들이 그렇게 된 데에는 충분한 이유가 있다. 그 사람들을 불쌍하게 여겨라. 동정하고 이해해라. 술에 취해 비틀거리는 사람을 길에서 보면 "신의 은총으로 말미 암아 내가 있나니."라고 감사해라.

당신이 만나는 사람들 중에 4분의 3은 동정에 굶주리고 있다. 그들을 동정하면 그들은 당신을 좋아하게 될 것이다.

나는 언젠가 작은 아씨들의 저자 루이자 메이 알콧을 방송한 적이 있다. 나는 그녀가 매사추세츠 주 콩코드에서 저서를 집필한 것으로 알고 있다. 하지만 실수로 뉴햄프셔 주의 콩코드에 있는 그녀의 집을 방문했다고 이야기하고 말았다. 실수로 한 번만 뉴햄프셔라고 말하면 괜찮았을 텐데 두 번씩이나 말하고 말았다. 곧바로 항의 편지, 전보들이 쇄도했다. 많은 사람들이 분노하고 몇은 욕을 해댔다. 메샤츠세츠 주 콩코드에서 자라 지금은 필라델피아에 산다는 어떤 부인의 편지는 특히 신랄했다. 내가 루이자 메이 알콧을 식인종이라고 해도 이렇게 화를 내지는 않았을 것이다. 편지를 읽으면서 "이런 여자와 결혼하지 않게 해주신 것을 감사드립니다." 하고 혼잣말했다. 당장 편지를 써서 내가 지명을 잘못 말했지만 그녀는 기본 상식에 어긋나는 무례를 저질렀다고 말해주고 싶었다. 당장 팔을 걷어붙이고 내 생각을 말하고 싶었지만 그렇게 하지는 않았다. 그것은 어떤 멍청이도 할 수 있는 바보 같은 짓이었다.

나는 바보가 되고 싶지 않아 그녀의 적의를 호의로 바꿀 결심을 했다. 일종의 도전이었지만 해보고 싶었다. "내가 그녀였더라도 그렇게 했을 거야." 이렇게 말하며 그녀를 이해하기로 했다. 다음번에 내가 필라델피아에 갔을 때 나는 그녀에게 전화를 걸었다.

나: 부인, 몇 주 전에 보내주신 편지 잘 받았습니다.

부인: (교양 있고 예의바른 목소리로) 실례지만 누구시지요?

나: 저는 데일 카네기라고 합니다. 몇 주 전에 제가 한 루이자 메이 알콧에 관한 방송을 들으셨지요. 제가 그녀가 뉴햄프셔 콩코드에 살았다고 잘못말을 했었습니다. 그 실수에 대해 사과 하고 싶어서요. 일부러 시간을 내주셔서 편지까지 보내주셔서 감사했습니다.

부인: 제가 흥분해서 생각도 하지 않고 편지를 보내버렸네요. 죄송합니다.

나: 아닙니다. 사과할 사람은 부인이 아니라 접니다. 학교 다니는 애들도 저보다 잘 알거예요. 방송에서 사과했지만 개인적으로 사과드리고 싶습니다.

부인: 저는 매사추세츠 콩코드에서 태어났어요. 저의 집안은 2백 년 동안그 고장의 명문가였습니다. 저는 저의 고향을 자랑스럽게 여깁니다. 알콧이뉴햄프셔의 콩코드에서 살았다는 방송을 듣고 정말 실망했습니다. 하지만그 편지를 보낸 것은 정말 부끄럽습니다.

나: 저는 부인보다 더 기분이 상했습니다. 제 실수는 매사추세츠 주에 사는 사람들만 기분 나쁘게 만든 것이 아니라 제 마음을 더욱 상하게 만들었습니다. 부인처럼 교양 있고 사회적 지위가 있는 분들이 일부러 시간을 내서라디오에서 방송하는 사람들에게 편지를 쓰는 일은 없는데 다음에 제가 또실수를 하면 다시 편지를 써서 지적해주십시오.

부인: 제가 한 일을 이렇게 이해해주시니 정말 감사합니다. 선생님은 정말 멋진 분이세요. 선생님에 대해 더 알고 싶군요.

이렇게 내가 사과를 하고 부인의 입장을 이해했기 때문에 그녀도 나에게 사과를 하고 나를 이해해주었다. 일시적인 분노를 참아내니 나를 모욕했던 사람이 나에게 친절하게 응대해주었다. 나를 비난했던 사람이 나를 좋아하게 만드니 기분이 정말 좋아졌다.

역대 대통령들도 매일 껄끄러운 대인관계에 직면한다. 태프트 대통령도 예외는 아니어서 그에게 반감을 가진 사람이 공감해주면 그 반감이 누그러진다는 사실을 경험에서 체득했다. 태프트 대통령은 야심찬 어머니의 분노를 어떻게 누그러뜨렸는지 재미있는 일화를 공개했다.

"약간의 정치적 영향력이 있는 남편을 둔 워싱턴의 한 부인이 나에게 자기아들을 어떤 보직에 앉혀달라며 6주 이상 간청을 했다. 그 부인은 상하원 의원들의 도움을 얻어 줄기차게 부탁해왔다. 그 직책은 전문적인 자질을 요구하는 것이어서 나는 부처 책임자의 추천에 따라 다른 사람을 임명했다. 그러자 그 부인에게서 편지가 왔다. 내가 마음만 먹으면 그녀의 소원을 들어줄 수 있는데 그렇게 하지 않은 것은 무례한 것이라는 내용이었다. 부인은 자신이 내가 특별히 관심 있던 법안을 통과시키기 위해 자기 지역구 의원들을 설득해주었는데 그에 대한 보답이 이것이냐며 불평했다.

이런 편지를 받으면 누구나 감정을 억제하지 못하고 반박의 편지를 쓴다. 하지만 현명한 사람은 편지를 서랍에 넣고 서랍을 잠가버린다. 며칠 뒤에 서랍을 열어 편지를 보면 답장을 보낼 생각은 없어져 버린 뒤다. 이것이 내가 취한 방법이다. 나는 될 수 있는 대로 공손하게 편지를 썼다. 그녀의 실망은 이해하지만 그 직책은 개인적인 호불호를 떠나 전문성이 중요하기 때문에 담당자의 추천에 따라 임명했다고 소상히 설명했다. 그녀의 아들은 현재의 위치에서도 충분히 성공할 것이라는 나의 기대도 편지에 적었다. 이 편지는 그녀의 화를 누그러뜨렸고 그녀는 지난 번 편지에 대해 사과했다.

그런데 내가 임명한 사람의 임명동의안이 지연 처리되자 이번에는 지난번 편지와 필적이 같은데 그녀의 남편이라는 사람에게서 편지가 왔다. 아내가 실망한 나머지 위암이 발병하여 침대에 누워있다는 편지였다. 처음에 임명했던 사람대신 그녀의 아들을 임명하면 그녀의 건강이 좋아지지 않겠냐는 편지였다. 나는 이번에는 그녀의 남편에게 편지를 다시 썼다. 의사의 진단이 오진이기를 바라고 그녀의 중병으로 인한 슬픔을 그와 함께 나누고 싶다고 썼지만 임명을 철회할 수는 없다고 했다. 내가 처음에 임명한 사람이 곧 확정되었고 이틀 후에 백악관에서 음악회가 열렸다. 우리 부부에게 가장 먼저 인사를 건넨 사람은 바로 이 부부였다. 부인이 중병에 걸렸다고 하는데 말이다."

휴록은 아마 미국 제일의 음악 감독일 것이다. 그는 20년 동안 살리아핀, 이사도라 덩컨, 파블로바와 같은 세계적으로 유명한 예술가들과 작업해왔다. 개성 강한 예술가들과 작업하면서 배운 첫 번째 교훈은 바로 그들을 마음속으로 깊이 이해하는 것이다.

3년 동안 휴록은 메트로 폴리탄 음악애호가들을 흥분시킨 가장 위대한 베이스 가수 중 한명인 피오도르 살리아핀의 음악감독을 맡아왔다. 하지만 그는 항상 문제를 일으켰다. 그는 마치 버릇 나쁜 아이처럼 행동했다.

예를 들어 공연이 예정되어 있는 날 정오쯤에 휴록에게 전화를 걸어 이렇게 말한다. "몸이 좋지 않아요. 성대가 부어있어요. 오늘밤 공연은 힘들겠어요." 휴록이 그와 말다툼을 했을까? 전혀 아니다. 예술가를 그런 식으로 대하면 안 된다 것을 그는 알았다. 그는 당장 살리아핀의 호텔방으로 달려가 그를 위로한다. "정말 안됐네. 불쌍한 친구, 목이 그러면 노래하면 안 되지. 공연을 당장 취소하겠네. 당장 몇 천 달러 손해는 보겠지만 그 정도 돈은 자네 명예에 비하면 아무것도 아니지."

그러면 살리아핀은 한숨을 쉬며 말한다. "오후 늦게 한 번 더 와주세요. 5시쯤요. 그때 와서 제 상태를 봐주세요."

5시에 휴록은 다시 살리아핀의 호텔방으로 달려간다. 다시 그가 공연을 취소하라고 말하면 살리아핀은 한숨을 쉬며 "글쎄, 나중에 다시 오세요. 그때쯤 되면 괜찮아지겠죠."

7시 30분이 되면 이 위대한 가수는 노래하겠다고 말하면서 휴록에게 자신이 무대에 오르기 전 지독한 감기에 걸려 목 상태가 좋지 않다고 미리 관객들에게 양해를 구해달라고 부탁한다. 휴록은 그것이 유명가수를 무대에 올리는 유일한 방법이기 때문에 그렇게 하겠다고 약속할 것이다.

아더 게이츠 박사는 그의 유명 저서 교육심리학에서 다음과 같이 말한다. "인간은 모두 공감을 받고 싶어 한다. 어린이는 자신의 상처를 보여주고 싶어 하며 동정을 받기 위해 심지어 상처를 내기도 한다. 이와 마찬가지로 어른도 상처를 보여주고 사고, 질병 특히 외과 수술 같은 것은 상세하게 다 이야기 하려고 한다. 어떤 상황에서든 불행에 대한 자기 동정은 모든 인간이 느끼는 감정이다."

상대의 생각이나 욕구에 공감해라.

10 모든 사람이 좋아하는 호소법

나는 미주리 주의 변두리에서 자랐는데 근처에 악명 높은 제시 제임스의 농장이 있었다. 한번은 제시 제임스의 농장을 찾아간 적이 있었다. 지금은 제시 제임스의 아들이 그 농장에 살고 있다.

그의 아내는 제임스가 열차나 은행을 습격했을 때의 이야기를 해주고 이웃 농부들이 빚을 갚도록 돈을 나눠 준 이야기를 해주었다.

제시 제임스는 쌍권총 크로울리나 알 카포네와 마찬가지로 자신을 이상주의자로 생각하고 있었던 모양이다. 인간은 누구나 자신을 과대평가하고 자기기준에서 자신을 훌륭하고 남을 배려하는 이타주의자로 생각하는 경향이 있다.

J. P. 모건은 인간의 심리를 해부하여 "인간의 행위에는 두 가지 이유가 있다. 하나는 그럴듯해 보이는 이유이고 또 하나는 진짜 이유이다. 사람은 이상주의적인 경향을 띄고 있어 자신의 행위에 그럴 듯한 이유를 붙이기 좋아한다. 사람들을 바꾸려면 더 고상한 동기에 호소하는 것이 효과적이다." 라고 말했다.

사업을 할 때 이 방법을 사용하면 너무 이상적일까? 펜실베이니아

글레놀덴에 있는 파렐 미첼 회사의 해밀턴 파렐 씨의 경우를 한번 보자. 그의 건물에 아직 4개월이나 잔여기간이 있는데도 당장 이사하겠다고 으름장을 놓는 임차인이 있었다. 다음은 그가 내 강의에서 한 이야기이다.

"이 사람들은 겨울 내내 제 건물에 살았습니다. 임대료가 일 년 중 가장 비싼 계절이죠. 가을까지 새 입주자를 구하는 것은 어려울 겁니다. 한 달 임대료가 55달러이니까 제 입장에서는 220달러가 날아가 버리는 겁니다. 보통 때 같으면 계약서를 다시 읽어보라고 하고 이사 갈 거면 계약기간의 임대료를 전부 지불하라고 다그쳤을 것입니다.

하지만 그런 소동을 일으키지 않고 해결할 방법이 없을까 생각해 보고 이렇게 말했습니다.

'말씀은 잘 알겠습니다. 하지만 제 생각에 이사하지 않으실 것 같군요. 오랫동안 임대업을 하다 보니 사람 보는 눈이 생겼습니다. 당신은 약속을 어길 사람이 아녜요. 이것은 내기를 걸어도 좋습니다. 제가 제안을 하나 하겠습니다. 당장 결정을 하지 마시고 며칠 곰곰이 생각해보십시오. 다음달 초에 오셔서 이사 가겠다고 하시면 그때는 당신이 원하시는 대로 해드리겠습니다. 그렇게 되면 제가 당신에 대해 잘못 생각한 것이 되겠지요. 하지만 저는 당신이 계약을 지킬 분이라고 믿습니다.'

약속한 날이 다가오자 이 남자는 나에게 직접 와서 임대료를 지불했습니다. 아내와 얘기해보고 계속 이 집에 살기로 결정했다고 말했습니다."

고(故) 노스클리프 경은 공개하고 싶지 않은 자신의 사진이 신문에 개제된 것을 보고 편집자에게 편지를 썼다. 그가 "신문에 내 사진을 개제하지 말아주십시오."라고 썼을까? 그는 좀더 고상한 동기에 호소했다. 그는 누구나 마음에 품고 있는 어머니에 대한 존경과 애정에 호소했다. 그는 "제 사진을 신문에 싣지 말아 주십시오. 어머니께서 대단히 싫어하십니다."

록펠러 2세도 자녀들 사진이 신문에 실리는 것을 막기 위해 고상한 동기에 호소했다. 그는 "자녀의 사진이 신문에 실리는 것을 원하지 않습니다."라고 말하지 않고 우리 내면 깊숙이 있는 자녀를 보호하고 싶은 부모의 마음에 호소했다. 그는 "여러분들도 자녀를 기르고 있어 잘 아시겠지만 자녀의 얼굴이 세상에 알려지는 것은 좋지 않은 것 같습니다."

메인 주의 가난한 집안에서 태어난 사이러스 커티스는 〈세터데이 이브닝 포스트〉와 〈레이디스 홈 저널〉의 소유자로 입지전적인 인물이다. 사업 초창기에 그는 다른 잡지사 수준의 원고료를 지불할 수 없었다. 일류 작가에게 지불할 정도의 원고료는 전혀 없었다. 그래서 그는 인간의 고상한 동기에 호소했다. 그는 작은 아씨들로 유명한 작가 루이자 메이 올콧이 인기의 정점에 있을 때 원고 청탁을 했다. 그는 불과 100달러를 그녀가 아니라 그녀가 지원하는 자선단체에 보냈다.

독자 중에는 "그런 방법은 노스클리프경이나 록펠러나 감상적인 작가에게 통하지. 그 방법을 써서 독종한테 돈을 받아낼 수 있겠어?"라고 반문할지 모른다.

당신이 맞을지 모른다. 그런 경우에는 어떤 방법을 써도 소용이 없을 것이다. 당신이 쓰고 있는 방법이 효과적인데 굳이 왜 바꾸려고 하는가? 당신이 쓰는 방법이 효과적이지 않다면 내가 소개한 방법도 한번 써 보는 게 어떨까?

내 강의를 들은 적이 있는 제임스 토머스의 이야기를 소개하겠다.

어느 자동차 회사의 고객 여섯 명이 서비스 대금 지불을 거부했다. 청구액 전부에 대해 반대하는 사람은 없었지만 청구액 중 일부가 잘못되었다고 항의했다. 회사 측에서는 고객들이 서비스를 받은 항목마다 서명했기 때문에 문제가 없다고 생각했지만 이것이 첫 번째 잘못이었다.

신용관리부 직원들은 다음과 같은 방법으로 미수금을 받았는데 이 방법이 성공했을까?

1. 그들은 각각의 고객에 전화를 걸어 납부기한이 지난 대금을 받으려 한다고 퉁명스럽게 이야기한다.

2. 그들은 자신의 회사는 전적으로 잘못이 없고 잘못은 고객이 있다고 분명하게 설명한다.

3. 그들은 자동차에 관해서는 고객보다 회사 측이 훨씬 잘 알고 있으니 논쟁의 여지가 없다고 이야기했다.

4. 그 결과로 고객과 신용관리부 직원 사이에 언쟁이 벌어졌다.

이 방법이 고객을 설득시켜 대금납부를 하도록 할 수 있을까? 신용관리부 직원이 고객을 상대로 고소를 하려고 할 때쯤 이 문제가 상급자에게 알려졌다. 상급자가 이 고객들을 조사해보니 그들은 다른 대금납부는 절대로 미루지 않는다는 사실을 알았다. 수금방법에 결정적인 문제가 있었던 것이다. 그래서 그는 제임스 토머스를 불러 이 문제를 해결하도록 지시했다.

토머스가 취한 방법은 다음과 같다.

1. 고객을 한 사람씩 찾아갔습니다. 납부기한이 지난 수리비를 받으려고 간 것이지만 그에 대해 언급은 전혀 하지 않고 회사가 제대로 서비스 했는지 알아보러 왔다고 말했습니다.

2. 고객 측의 말을 들을 때까지 회사에 보고하지 않겠다고 말했습니다. 회사 측의 잘못이 있을지 모른다고 말했습니다.

3. 제가 알고 싶은 것은 고객의 차 상태라고 말했습니다. 그리고 고객이 세상 어떤 사람보다 자신의 차를 잘 알고 있다고 말했습니다.

4. 고객이 주로 말하고 저는 열심히 동조해가며 듣기만 했습니다.

5. 고객이 냉정을 되찾자 고객의 고상한 동기에 호소했습니다. "저희 회사 측의 미숙한 업무진행으로 불편을 끼친 점 사과드립니다. 이런 일은 있어서는 안 되는데 회사를 대표하여 사과드립니다. 고객님의 인내심에 큰 감동을 받았습니다. 고객님이 인내심이 있고 공정하신 분이니 부탁하나 드리겠습니다. 고객님이 저희 회사 사장이라 생각하시고 이 청구서를 직접 정정해주십시오. 모든 것은 전적으로 고객님께 맡기겠습니다. 고객님의 의향에 따라 모든 일을 처리하도록 하겠습니다."

고객은 청구액을 수정했을까요? 물론 그렇게 하더군요. 청구 금액이

150달러에서 400달러에 달했는데 고객이 대금을 지불했을까요? 한명을 빼고 모두가 지불해주었습니다. 한명은 논란이 있었던 청구금액을 지불하기를 거절했지만 나머지 다섯 명은 전부 지불해주었습니다. 더 재미있는 대목은 그로부터 2년 후 고객 여섯 명 모두가 저희 회사에 새 자동차 주문을 했습니다.

고객에 대한 정보가 없을 때 고객을 정직하고 진실된 사람이라고 생각하고 거래를 진행하면 거의 틀림이 없다는 사실을 이번 경험에서 다시 배웠습니다. 사람을 속이는 사람이라도 상대로부터 신뢰받으면 여간해서 부정한 짓을 저지르지 않습니다.

규칙 10

상대방의 고매한 동기에 호소해라.

11 쇼맨십을 발휘해라

몇 년 전에 〈필라델피아 이브닝 불리틴〉은 악성루머에 시달리고 있었다. 기사는 적은데 광고만 많다는 소문이 광고주들에게 돌았던 것이다. 특단의 조치가 필요했다.

신문사가 취한 조치는 다음과 같다.

신문사는 하루치의 신문에서 기사만을 뽑아 분류하여 한권의 책으로 펴냈다. 이 책은 "하루"라는 제목이 붙여졌다. 307페이지의 분량에 2달러가 아닌 불과 2센트에 팔았다. 이 책은 〈필라델피아 이브닝 불리틴〉에 재미있는 읽을거리가 많다는 것을 극적으로 보여주었다. 숫자나 단순한 사실을 나열하면 며칠이 걸려도 못할 일을 더 흥미 있고 인상적인 방법으로 해낸 것이다.

케네스 굿과 젠 코프만이 지은 〈사업과 쇼맨십〉이라는 책에 연출을 통해 매출을 신장한 재미있는 예들이 있다. 일렉트로룩스는 냉장고를 팔 때 냉장고의 소음이 얼마나 작은지 극적으로 강조하기 위해 고객의 귀에 성냥 키는 소리를 들려주었다. 1.95달러짜리 모자에 유명배우 앤 소던의 사인을 넣어서 유명인 마케팅의 사례가 된 시어즈 로벅의 카탈로그, 움직이는 윈도우 디스플레이가 멈추면 관심도가 80% 줄어든다는 것을 보여준 조지 웰바움, 퍼시 파이팅이 두 가지의 채권 목록을 보여주면서 유가증권을 팔았던 사례, 미키마우스가 백과사전에 등재된 사연과 장난감에 미키 마우스라는 이름을 붙여 망해가던 회사가 기사회생한 일, 이스턴 항공이 창가를 조정석처럼 만들어 고객이 창가에 앉도록 유도한 일, 헤리 알렉산더가 자사 제품과 경쟁사 제품이 벌이는 가상의 복싱 시합을 방송해 영업사원의 사기를 복돋은 일, 크라이슬러가 차의 견고함을 증명하기 위해 차 위에 코끼리를 세운 일 등이 책에 나온다.

뉴욕대학교의 리차드 본든과 앨빈 버스는 1만 5천 건의 상담을 분석하여 〈논쟁에서 이기는 법〉이라는 책을 썼다. 강의할 때는 〈판매의 6원칙〉이라는 제목으로 강의하였다. 이것은 영상물로 만들어져 대기업 영업사원들의 필수 코스가 되었다. 그들은 연구의 결과를 설명할 뿐 아니라 실례를 보여주었다. 두 사람은 청중 앞에서 논쟁을 하면서 판매의 올바른 방법과 잘못된 방법을 보여주었다.

요즘은 연출의 시대다. 단순히 사실을 나열하는 것만으로는 충분하지가 않다. 사실에 생동감과 흥미와 극적인 요소를 가미해야 한다. 쇼맨십이 있어야 한다. 영화, 라디오 등 대중매체가 이 방법을 쓰고 있다. 주목을 받고 싶다면 이 방법이 제일 효과적이다.

쇼윈도 전문가라면 연출의 엄청난 효과를 안다. 예를 들어 새로운 쥐약이 출시되었을 때 살아있는 쥐 두 마리를 이용했더니 매출이 평소보다 다섯 배는 뛰었다.

〈아메리칸 위클리〉지의 제임스 보인턴은 콜드크림 시장조사 보고서를 발표해야 했다. 보인튼의 말을 그대로 옮기겠다.

"경쟁업체의 가격인하에 대응하기 위한 데이터를 즉시 제공해야 했습니다. 첫 번째 프리젠테이션 때는 실패했습니다. 지난번에는 쓸데없이 조사 방법론에 대해 논쟁하느라 발표를 잘 못했습니다. 서로 논쟁하느라 시간을 보냈죠. 그는 제가 틀렸다고 말하고 저는 제 방법을 옳다는 것을 보여주려고 노력했습니다. 결국 제가 이겼지만 예정된 시간이다 가버려 회의가 끝나버렸습니다. 본론은 들어가지도 못하고요.

두 번째 갈 때는 숫자나 자료를 도표로 만들지 않았습니다. 그 분을 찾아가서 사실을 극적으로 제시했습니다.

그의 사무실에 들어갔더니 그는 전화통화중이었습니다. 저는 가방에서 콜드크림 32개를 그의 책상위에 쏟아 부었습니다. 그의 경쟁사 제품이었으니 그는 그 제품들을 다 알고 있었습니다.

병마다 시장조사 결과가 적힌 메모를 붙였습니다. 각각의 메모가 사실을 극적으로 전달하고 있었습니다. 논쟁은 일어나지 않았습니다. 기존의 것과 다른 새로운 방법이었습니다. 그는 콜드크림 병을 집어 들더니 메모를 읽었습니다. 우호적인 분위기에서 대화가 이어졌습니다. 그는 부가적인 질문을 했고 큰 흥미를 보였습니다. 그는 제게 10분의 시간만을 줄 생각이었지만 시간은 금방 지나갔고 한 시간이 지나도 우리는 계속 이야기를 이어갔습니다.

지난번과 같이 사실을 제시했지만 이번에는 극적인 연출을 한 것이 다른 점이었습니다."

규칙 11

생각을 극적으로 표현해라.

12 다른 방법이 통하지 않을 때
사용하는 방법

찰스 슈왑이 담당하고 있는 공장 중에 실적이 좋지 않은 공장이 있었다. 슈왑은 공장장을 불러 물었다.

"당신처럼 유능한 사람이 있는데 공장 실적이 왜 이렇게 안 좋지요?"

"저도 잘 모르겠습니다. 직원들을 달래보고, 밀어붙여보고, 욕을 하기도 하고 해고하겠다고 위협까지 했는데도 직원들이 잘 움직여주지를 않습니다."

마침 저녁시간이라 야간 근무조의 교대시간이 되었다.

분필을 하나 얻어 슈왑은 직원에게 물었다. "용해작업을 몇 번이나 했지요?"

"6번요."

말 한마디 없이 슈왑은 바닥에 6이라고 크게 쓰고 공장을 나갔다.

야간 근무조가 들어와서 바닥에 숫자를 보고 그 뜻을 주간 근무 조에게 물었다.

"사장이 오늘 왔다갔는데 주물을 몇 번 만들었는지 물어보고 6이라고 쓰고 갔어."

다음날 아침 슈압은 다시 공장에 들렀다. 야간 근무조는 숫자 6을 지우고 7이라고 써 놓았다.

주간 근무조가 아침에 바닥에 적어놓은 숫자 7을 보았다. 야간반이 주간반보다 더 빨리 작업했다는 말인가? 주간 근무조는 경쟁의식에 불타 부지런히 작업했고 퇴근 무렵에는 숫자 10을 바닥에 써 넣었다.

이런 식으로 공장의 능률은 하루가 다르게 올라갔다. 성적이 가장 불량했던 공장은 다른 어떤 공장보다 더 많은 생산량을 자랑하게 되었다.

이에 대해 슈압은 이렇게 말한다. "일을 시키는 데는 경쟁심을 조장하는 것이 중요하다. 돈에 대한 경쟁이 아니라 남들보다 뛰어나고 싶어하는 경쟁심을 이용해야 한다."

남들보다 뛰어나려는 욕구, 경쟁의식에 호소하면 실패하지 않는다.

경쟁의식이 없었다면 루즈벨트는 결코 미국의 대통령이 되지 못했을 것이다. 쿠바에서 막 귀국한 루즈벨트는 뉴욕 주의 주지사로 선출되었다. 그런데 반대파가 루즈벨트가 법적으로 뉴욕 주의 거주민으로서 자격이 없다고 주장했다. 루즈벨트는 지레 겁을 먹고 사퇴하려 하였다. 그런데 토머스 플래터 당수가 그에게 호통을 쳤다. 그는 쩌렁쩌렁 울리는 목소리로 "산후안 언덕 전투의 영웅이 이렇게 겁쟁이인가?"

루즈벨트는 이 한 마디에 반대파와 싸우기로 결심했다. 그 이후의 일은 역사가 말해주고 있다. 루즈벨트의 경쟁의식을 자극한 한 마디가 그의 인생 뿐 아니라 미국 역사에도 큰 영향을 끼쳤던 것이다.

찰스 슈압, 플래터 당수, 알 스미스 이 세 사람 모두 경쟁의식의 힘을 깨닫고 있었다.

알 스미스가 뉴욕 주지사였을 때 악명 높은 씽씽교도소 소장을 맡길 사람이 없어 골치를 썩은 적이 있었다. 감옥에는 스캔들과 추문이 나돌았다. 스미스는 이 교도소를 지배할 수 있는 강력한 인물이 필요했다. 하지만 누가 나설 것인가? 그는 뉴 햄프턴의 루이스 로즈를 불렀다.

"씽씽교도소를 맡아보지 않겠나? 경험이 많은 사람이 필요하다네."

로즈는 깜짝 놀랐다. 그는 씽씽 교도소가 위험한 곳임을 알고 있었다. 정치적 입김이 센 곳이라 소장은 쉴 새 없이 교체되었다. 심지어 3주 밖에 보내지 못한 소장도 있었다. 앞으로의 경력에 누가 될 여지가 있기에 그는 심사숙고해야 했다. 모험할 가치가 있을까?

로즈가 주저하는 것을 보고 스미스는 몸을 뒤로 젖히며 웃으면서 말했다. "자네가 주저하는 것도 당연하지. 그 자리는 힘든 자리니까. 여간 거물이 아니고는 그 자리를 버티기 힘들지."

스미스는 로즈의 경쟁심을 자극했다. 로즈는 거물이 아니고는 힘든 그 일을 자신이 해보기로 했다.

그는 곧 부임하여 당대 가장 유명한 교도소장이 되었다. 그의 책 〈씽씽교도소에서의 2만년〉은 수십만 부가 팔렸다. 그는 방송에도 출연하고 그의 책을 토대로 많은 영화가 제작되었다. 그리고 그가 죄수들을 인간적으로 대한 방법이 교도소 개혁이라는 기적을 가져다주었다.

파이어스톤 타이어회사 창업자인 하비 파이어스톤은 이렇게 말한다.

"월급만 많이 준다고 인재가 모여드는 것이 아니다. 경쟁이 있으면 인재가 몰린다."

성공한 사람은 누구나 경쟁을 좋아한다. 경쟁은 자기표현의 기회이다. 자신의 가치를 드러낼 수 있는 기회이다. 경주나 아나운서 오디션, 파이 먹기 대회 등 각종 대회가 열리는 것도 이런 이유 때문이다. 남보다 뛰어나고자 하는 욕구, 자기 중요감을 얻고 싶은 욕구이다.

> **규칙 12**
>
> 경쟁의식을 자극한다.

상대방을 설득하는 12가지 방법

1. 논쟁에서 이기는 최고의 방법은 논쟁을 피하는 것이다.

2. 상대 의견에 경의를 표하고 상대의 잘못을 지적하지 마라.

3. 잘못은 빨리 기분좋게 인정하라.

4. 우호적인 태도로 말을 시작하라.

5. 상대가 즉시 "예" 라고 대답하게 만들어라.

6. 상대가 말하도록 해라.

7. 상대가 그 생각이 바로 자신의 것이라고 느끼게 하라.

8. 상대의 입장에서 생각해라.

9. 상대의 생각이나 욕구에 공감해라.

10. 상대방의 고매한 동기에 호소하라.

11. 생각을 극적으로 표현해라.

12. 경쟁의식을 자극한다.

Section 4

반감이나 반발을 사지 않으면서 사람들을 변화시키는 9가지 방법

1 칭찬과 감사의 말로
시작하라

내 친구가 캘빈 쿨리지 대통령의 초대를 받아 주말을 백악관에서 보낸 적이 있었다. 집무실로 들어가려하는데 대통령이 비서 중 한명에게 하는 말을 들었다. "오늘 입은 옷이 참 예쁜데. 정말 미인이야."

무뚝뚝하기로 소문난 대통령이 이렇게 칭찬하는 것은 매우 드문 일이었다. 여비서는 갑자기 칭찬을 들어 얼굴이 붉어졌다. 그러자 대통령은 말했다. "그렇게 굳어질 것 없어. 그저 기분 좋으라고 한 말이니까. 다음부터는 구두에도 좀 신경 쓰도록 해요."

그의 방법이 약간은 빤하기는 했지만 인간 심리를 누구보다 잘 알고 있었다. 칭찬을 들고 난 후에 불쾌한 말을 들어도 기분이 나쁘지가 않다.

이발사는 면도 전에 비누거품을 충분히 칠한다. 1896년에 매킨리가 대통령 선거에 출마했을 때 그는 이 방법을 썼다. 공화당 간부가 선거 연설문을 작성했다. 그 사람은 자신이 키케로와 패트릭 헨리, 다니엘 웹스터 같은 달변가들보다 글을 더 잘 썼다고 자부하고 있었다. 들떠서 이 사람은 매킨리에게 연설문을 읽어주었다. 연설문은 훌륭했지만 완

217

벽하지는 않았다. 이 연설문은 엄청난 반향을 몰고 올 것 같았다. 매킨리는 그의 감정을 상하게 하고 싶지 않았다. 또한 그의 열정을 죽이고 싶지도 않았다. 그가 얼마나 능숙하게 상황을 헤쳐나가는지 살펴보자.

"훌륭한 연설문이군. 이런 연설문을 쓸 수 있는 사람은 자네밖에 없을 거야. 적당한 경우에 사용하기만 하면 정말 끝내 줄 텐데 당의 입장에서 보면 조금 적당하지 않은 것 같아. 미안하지만 내 취지에 따라 다시 한 번만 써주지 않겠나? 다 쓰면 연설문을 내게 보내주게."

그는 매킨리가 시키는 대로 다시 연설문을 썼다. 그는 선거운동 기간 중에 가장 영향력 있는 연사 중 한명이 되었다.

다음은 링컨이 쓴 편지 가운데 두 번째로 유명한 편지이다. (가장 유명한 것은 다섯 명의 아들을 전쟁터에서 잃은 빅스비 부인에게 보낸 애도의 편지이다.) 링컨은 이 편지를 불과 5분 만에 썼지만 1926년 경매에서 무려 1만 2천 달러에 팔렸다. 그 금액은 50년 동안 그가 저축할 수 있는 돈 보다 훨씬 많은 액수이다.

이 편지는 남북전쟁기간인 1863년 4월 26일에 쓴 것이다. 18개월 동안 북군은 계속 참패하고 있었다. 사상자는 계속 늘어가고 국민들은 실의에 빠져있었다. 공화당 상원의원까지도 링컨의 사임을 압박하고 있었다.

"우리는 지금 파멸직전에 있습니다. 하나님조차 우리를 버리신 것 같고 희망의 빛은 어디에도 보이지 않습니다." 라고 한탄하던 시기에 이 편지는 씌어졌다. 내가 여기서 이 편지를 인용하는 것은 국가의 운명이 한 장군의 어깨에 걸려 있는 중요한 때에 링컨이 어떻게 완고한 장군의 생각을 돌려놓았는지 잘 나타내고 있기 때문이다.

이 편지는 링컨이 대통령이 된 이후에 쓴 가장 신랄한 편지이다. 하지만 그가 후커 장군의 결정적 실수를 책망하기 전에 우선 장군을 칭찬하는 것은 주목할 만하다.

장군의 실수는 중대한 것이었지만 링컨은 그런 표현을 쓰고 있지 않다. 링컨은 가능한 한 신중하게 외교적으로 접근하고 있다. 링컨은 "장군의 행보에 불만인 것이 몇 가지 있습니다." 이 얼마나 재치있고 외교적인 표현인가!

여기에 링컨 대통령이 후커 장군에게 보낸 편지를 소개하겠다.

나는 장군을 포토맥 전선의 지휘관으로 임명했습니다. 확신을 가지고 결정을 내렸지만 내가 장군에게 불만인 점도 있다는 것을 명심해주십시오.

장군은 용감하고 지략을 갖춘 군인입니다. 그리고 나는 장군이 정치와 군대를 혼동하지 않는 인물임을 확신합니다. 장군은 자신감이 넘칩니다. 이것은 불가결한 요소는 아니지만 소중한 자산입니다.

장군은 이성적인 범위 안에서 야심이 있습니다. 하지만 번사이드 장군의 지휘 하에 있는 동안 지나친 야심에 사로잡혀 국가와 장군에 대해 중대한 실수를 저질렀습니다.

내가 들은 바에 따르면 정치와 군사에 있어 독재자의 필요성을 주장하고 있다고 들었습니다. 성공한 장군만이 독재자가 될 수 있습니다. 지금 내가 장군에게 요구하는 것은 전투에서의 승리이며 승리를 위해 독재라도 용인할 수 있다고 생각합니다. 앞으로도 정부는 최선을 다하여 장군을 지원하겠습니다. 장군의 영향을 받아 군대 내에서 상관을 비판하고 사기가 떨어지지는 않을지 염려되지만 나는 할 수 있는 한 장군을 도와 그런 사태가 발생하지 않도록 막고 싶습니다.

군대 내에서 그런 풍조가 만연하다면 장군이나 나폴레옹이라도 우수한 군대를 만들 수 없을 것입니다. 그러니 경솔한 언행을 주의하고 전력을 다하여 승리를 거둘 수 있도록 노력해주십시오.

우리는 쿨리지도 아니고 매킨리도 아니고 링컨도 아니다. 단지 우리가 알고 싶은 것은 이 규칙이 사업에서도 효과가 있는가 하는 점이다. 워크 건설회사의 고우 씨의 예를 들어보자. 고우 씨는 당신과 나처럼 평범한 사람이다. 그는 필라델피아에서 내 수업을 듣고 있는데 수업에서 이 이야기를 해주었다.

워크 회사는 필라델피아의 대규모 사무실 빌딩 신축공사를 수주해서 특정한 날짜에 공사를 마무리 짓기로 계약을 맺었다. 모든 공사는 순조롭게 진행되었는데 건물의 외장공사에 사용할 청동장식 세공업자가 납품기일을 지킬 수 없다는 전갈을 보내왔다. 모든 공사를 중단해야 할 위기에 처했다. 한 사람의 하청업자 때문에 엄청난 손해를 볼 지경이었다.

장거리 전화를 걸어 논쟁이 벌어졌지만 모두 허사였다. 고우 씨는 직접 뉴욕에 가기로 했다.

"브루클린에 사장님과 같은 성을 가진 사람이 한명도 없다는 것을 아십니까?" 고우 씨는 사장의 사무실에 들어서며 말했다.

"아, 그래요? 저도 몰랐는데요." 사장이 놀라서 물었다.

"오늘 아침 기차에서 내려 사무실 주소를 알기 위해 전화번호부를 찾아보았습니다. 사장님과 성이 같은 사람은 한명도 없더군요."

"저도 그 사실은 전혀 모르고 있었습니다." 그는 책상에 놓인 전화번호부를 뒤적이며 말했다. "그럴 거예요. 희귀성이니까요. 우리 조상은 200년 전에 네덜란드에서 뉴욕으로 건너 왔습니다."

그는 자랑스럽게 자기네 가족과 조상에 대한 이야기를 몇 분 동안 계속했다. 그가 이야기를 끝내자 고우 씨는 이번에는 자신이 방문했던 다른 공장들과 비교하며 공장의 규모와 시설을 칭찬했다.

"사업을 이 정도로 일구느라 내 평생을 다 바쳤어요. 공장을 한번 둘러보시겠습니까?"

공장을 둘러보며 고우 씨는 공장 시설을 칭찬하고 경쟁자들과 경쟁이 안될 만큼 우수하다고 말했다. 고우 씨가 특이한 기계를 보고 감탄하자 사장은 그 기계는 자기가 발명한 것이라고 말하면서 직접 그 기계를 시연해 보여주었다.

공장 구경이 끝나자 사장은 고우 씨에게 점심식사를 청했다. 그때까지도 고우 씨는 자신이 찾아온 용건에 대해서는 단 한마디도 하지 않았다.

식사 후에 사장이 말했다. "자, 이제 사업이야기를 시작해볼까요. 저는 당연히 당신이 저희 공장에 왜 왔는지를 압니다. 우리 만남이 이렇게 즐거우리라고는 기대하지 않았어요. 다른 주문이 늦더라고 당신 회사의 주문은 기일 안에 납품 해드릴 테니 편안한 마음으로 필라델피아로 돌아가셔도 됩니다."

고우 씨는 한 마디 부탁도 하지 않고 소기의 목적을 달성했다. 약속대로 제품이 제 시간에 도착했고 건물은 예정된 기일에 준공되었다.

만약 고우 씨가 세상 사람들이 이런 경우에 쓰는 고압적인 방법으로

밀고나갔다면 과연 어떻게 되었을까?

규칙 1

진심으로 칭찬해준다.

2 미움을 사지 않고
비판하는 법

찰스 슈압이 공장을 둘러보고 있을 때 직원들이 담배를 피우고 있는 광경을 목격했다. 그들의 머리위에는 '금연'이라는 표지가 붙어있었다. 슈압이 표지를 가리키며 "글 읽을 줄 모르나?"라고 호통 쳤을까? 그는 그런 말은 결코 하지 않았다. 그는 그들에게 다가가 담배를 한 개비씩 쥐어주고 "밖에 나가 담배를 피워주면 참 고맙겠네." 그들은 자신들이 규칙을 어긴 것을 알고 있었다. 그런데도 슈압은 말 한 마디 없이 작은 선물까지 주며 그들의 체면을 세워주었으니 직원들이 슈압을 존경하지 않을 수 없었다.

존 워너메이커도 같은 방법을 사용했다. 워너메이커는 하루에 한 번씩 필라델피아에 있는 그의 매장을 둘러보고 있었다. 하루는 고객이 카운터에서 기다리고 있는 것을 보았다. 아무도 고객에게 관심을 기울이지 않고 있었다. 직원들은 구석에 모여 잡담을 하고 있었다. 워너케이커는 말 한 마디 하지 않고 조용히 카운터로 가서 대기하고 있던 고객의 주문을 받은 다음 포장을 직원에게 부탁하고 그대로 가 버렸다.

1887년 3월 8일 명설교사로 알려진 헨리 워드 비처 목사가 죽었다.

그 다음 일요일 비처 목사의 후임으로 라이먼 애보트가 연단에 섰다. 그는 정성스럽게 설교의 초고를 쓰고 아내에게 설교를 읽어주었다. 연설이란 으레 재미가 없기 마련인데 이것도 예외는 아니었다. 아내가 사려 깊지 못한 사람이었다면 이렇게 말했을 것이다. "라이먼, 설교가 너무 재미가 없어요. 사람들이 다 졸겠어요. 백과사전을 읽는 것 같아요. 설교를 그토록 오래했으면 이제는 잘할 때가 되었잖아요. 사람이 말하는 것처럼 자연스럽게 할 수는 없나요? 이런 식으로 읽으면 망신만 당할 거예요."

그녀는 이런 말은 하지 않았다. 그녀는 설교문이 〈북미논평〉 잡지에 실리기에 좋은 글이라고 말했다. 즉 칭찬은 하면서도 남편의 글이 논문이면 몰라도 연설문으로는 적절하지 않다는 것을 은연중에 내비친 것이었다. 라이먼 애보트는 아내의 뜻을 이해하고 열심히 준비했던 연설문을 찢어버리고 메모조차도 준비하지 않고 성공적으로 설교를 끝냈다.

규칙 2

사람들의 실수는 간접적으로 주의시킨다.

---

3 자신의 잘못을 먼저 이야기해라

내 조카인 조세핀 카네기는 몇 년 전에 캔자스시티의 고향을 떠나 뉴욕에 와서 내 비서로 일하고 있다. 당시 그녀는 고등학교를 졸업하고 직장 경험이 전무했다. 지금 그녀는 우수한 비서이지만 처음에는 실수만 저질렀다.

어느 날 그 애를 야단치려다가 생각을 바꿔 내 자신을 다음과 같이 타일렀다.

"잠깐만, 데일 카네기. 네 나이는 조카의 두 배나 많잖아? 일의 경험도 그 애보다 몇 만 배나 많다고. 어떻게 어린 아이에게 너의 관점, 판단력을 기대할 수 있겠는가? 네가 열아홉 살 때 어땠는지 생각해봐. 실수만 저질렀잖아?"

심사숙고한 뒤 나는 조세핀이 내가 열아홉 살 때보다 더 나을뿐더러 인정하기 부끄럽지만 조세핀에게 칭찬 한번 해 준적이 없다는 결론을 내렸다.

그 이후로 조세핀을 불러 실수를 지적해주고 싶을 때마다 이렇게 말을 시작했다. "조세핀, 실수를 했구나. 하지만 내가 네 나이 때 저지른 실수에 비하면 아무것도 아니란다. 판단력은 태어날 때부터 가지고 오는 것이 아니라 경험에서 나오는 것이지. 내가 네 나이 때에는 아무 생각 없이 살았단다. 멍청하게 행동했던 내 자신이 부끄러워 너를 혼내고 싶지는 않단다. 하지만 네가 이렇게 해보면 더 좋지 않을까?"

야단을 치는 쪽이 먼저 자기 또한 완벽하지 않다고 인정하면서 실수를 지적하면 상대는 그다지 기분나빠하지 않는다.

기품이 넘치는 폰 뷜로우 왕자는 1909년에 이 방법의 필요성을 절실하게 느꼈다. 당시 폰 뷜로우 왕자는 독일제국의 수상이었고 빌헬름 2세가 국왕이었다. 당시 황제는 강력한 육군과 해군을 자랑하고 있었다.

놀라운 사건이 일어났다. 황제가 유럽 대륙을 뒤흔들고 세계 도처에서 반향을 일으킨 폭언을 했다. 설상가상으로 그가 영국을 국빈 방문했을 때 폭언을 한 것이 데일리 텔레그레프지에 실렸다. 예를 들어 자신이 영국에 호감을 가지고 있는 유일한 독일인이라고 말하고 일본의 위협에 대처하기 위해 해군을 창설했다던가 영국이 러시아와 프랑스의 공격을 받지 않은 것은 자신 덕분이고 남아공 전쟁에서 로버트 경이 승리한 것도 자신이 지지해준 덕분이라는 말을 한 것이다.

유럽 국왕의 입에서 그런 놀라운 말이 나온 적은 백 년 동안 한 번도 없었기에 영국 대륙은 들끓었다. 영국은 격분했고 독일 정치가들은 아연실색했다. 이 소란에 황제는 당황해서 폰 뷜로우 수상에게 책임을 전가했다. 그는 수상이 나서서 모든 것이 자기 책임이고 수상이 황제에게 이런 말을 하도록 유도했다고 말해주기를 바랐다.

"폐하! 제 생각에는 독일이나 영국에 어떤 사람도 폐하에게 그런 발

언을 하도록 조언할 수 있는 사람이 없습니다."라고 폰 뷜로우는 항의
했다.

그 말을 하자마자 그는 자신이 큰 실수를 저질렀다는 것을 깨달았다.
황제의 분노가 폭발했다.

"나를 바보로 아는가? 자네라면 저지르지 않을 실수를 내가 저질렀
다는 말인가?"

폰 뷜로우는 황제를 비난하기에 앞서 먼저 칭찬부터 했어야 했다고
깨달았지만 때는 이미 늦었다. 그는 차선책을 강구했다. 비난 뒤에 칭
찬을 늘어놓은 것이었다. 그리고 이것은 기적을 낳았다.

"결코 그런 식으로 말씀드린 것은 아닙니다. 황제 폐하는 원래 현명
하셔서 제가 감히 황제 폐하를 따라갈 수 없습니다. 군대는 물론 자연
과학분야에 있어 더욱 그렇습니다. 폐하께서 기압계, 무선전신, X선 등
에 대해 말씀하실 때 감탄하며 그 이야기를 들었습니다. 저는 자연과학
분야는 무지하고 화학, 물리학 지식은 아예 없습니다. 저는 자연현상의
단순한 이치를 설명할 수가 없습니다. 하지만 그 대신 역사적 지식은
조금 가지고 있고 특히 외교에 필요한 지식을 약간 가지고 있을 뿐입니
다."

황제는 환하게 미소 지었다. 폰 뷜로우는 자신을 낮추고 상대를 높
여 주었던 것이다. 그러자 황제는 어떤 일도 다 용서할 수 있었다. 황제
는 흥분하여 외쳤다. "내가 항상 말하는 것처럼 우리는 환상의 짝꿍 아
닌가? 우리는 항상 함께여야 하네."

그는 폰 뷜로우의 손을 굳게 잡았다. 그날 오후 황제는 흥분해서 주
먹을 불끈 쥐고는 이렇게 말했다. "누구라도 폰 뷜로우를 나쁘게 말하

는 사람이 있으면 혼을 내주겠어."

폰 뷜로우는 이런 식으로 위기를 모면했다. 빈틈없는 외교관인 그도 실수를 한 것이다. 그는 우선 자신의 결점을 말하고 황제의 장점을 말했어야 하는데 황제를 바보로 취급하는 이야기를 먼저 한 것이다.

자신을 낮추고 상대를 칭찬해주는 몇 마디 말이 모멸감을 느낀 화가 난 황제를 다정한 사람으로 만들 수 있었다면, 겸손과 칭찬이 일상생활에서 어떤 결과를 만들지 상상해봐라. 적절히 사용하면 인간관계에서 기적을 만들어 낼 것이다.

규칙 3

상대를 비난하기 전에 먼저 자신의 잘못을 이야기하라.

4 명령하지 말라

나는 최근에 전기 작가인 아디다 타벨 여사와 식사할 기회가 있었다. 내가 이 책을 집필하는 중이라고 말하자 화제는 인간관계로 옮겨져 우리는 활발하게 의견을 교환했다.

그녀는 오웬 영의 전기를 쓸 당시 그와 같은 사무실에서 삼년간 근무했던 사람을 인터뷰했던 일을 이야기했다. 그에 따르면 영은 누구에게도 명령한 적이 없다고 했다. 명령이 아니라 제안을 했다는 것이다. 오웬은 "이렇게 해. 저렇게 해." 또는 "이렇게 하지 마. 저렇게 하지 마."라고 명령을 한 적이 없다는 것이다. 그는 대신에 "이렇게 생각해 볼 수 있지 않을까?" "이렇게 하면 잘 될까?"라고 말했다는 것이다. 편지를 쓰고 나서도 "이 점에 대해 어떻게 생각해?"라고 묻곤 했다. 직원이 쓴 편지를 보고 그는 이렇게 말했다고 한다. "편지의 이 부분을 이런 식으로 고치면 더 좋을 것 같아." 그는 항상 사람들에게 스스로 할 수 있는 기회를 주었다. 절대로 명령하지 않고 스스로 해보게 하였다. 그리고 실수하면서 스스로 깨닫고 배웠던 것이다.

이런 방법을 쓰면 상대의 잘못을 바로잡기가 쉬워진다. 이 방법은 상대의 체면을 세워주고 자기 중요감을 주게 되어 반감 대신 도와주고 싶은 마음이 우러나게 한다.

> **규칙 4**
>
> 명령하지 않고 의견을 물어본다.

5 상대의 체면을
살려주어라

몇 년 전에 제너럴 일렉트릭사는 찰스 스타인메츠를 부서장 자리에서 끌어내려야 하는 까다로운 상황에 처하게 되었다. 스타인메츠는 전기에 관한 한 권위자였지만 회계파트의 부서장으로는 부적격자였다. 회사로서는 그의 감정을 상하게 하고 싶지 않았다. 그는 회사에 필요한 존재였으며 무척 예민한 사람이었으므로 회사는 그에게 새로운 직책을 주었다. 회사는 고문 엔지니어라는 새로운 직책을 마련하고 그가 맡았던 부서장 자리에 다른 사람을 앉혔다.

스타인메츠의 기분도 상하지 않았고 회사의 간부들도 만족했다. 회사로서는 까다로운 인물의 인사문제를 그의 체면을 세워줌으로 별 탈 없이 해결할 수 있었다.

상대의 체면을 세워주는 것은 중요한 일이다. 그런데 이 문제를 곰곰이 생각해 보는 사람은 거의 없을 것이다. 자기의 뜻을 관철하기 위해 상대의 기분을 짓밟고 넘어간다. 상대의 감정이 상처 입는 것은 생각하지도 않고 남들 앞에서 아이와 직원을 꾸짖고 비난한다. 좀더 신중히 생각해서 하는 사려 깊은 말 한 두 마디가 훨씬 효과적인 데도 말이다.

다음 번에 하인이나 직원을 해고해야 한다면 이 말을 기억하도록 하자.

"직원을 해고하는 것은 기분 좋은 일이 아닙니다. 하물며 해고당하는 일은 더 괴롭습니다." 공인회계사인 마샬 그랜저가 내게 보낸 편지에서 한 말이다. "우리가 하는 일은 시기를 타는 일이 많습니다. 그래서 3월에는 많은 사람들을 해고해야 합니다. 해고하기를 좋아하는 사람은 없습니다. 그래서 가능하면 빨리 일을 처리하고 싶어 합니다. 대부분 다음과 같이 일이 진행되지요.

'스미스 씨, 앉아보세요. 바쁜 시기가 지났으니 당신에게 줄 일이 없습니다. 물론 처음부터 바쁜 시기에만 일하기로 계약을 했으니 말이지요.……'

해고당하는 사람이 받는 타격은 크다. 이 사람들은 실망과 함께 '버림받은 느낌'을 갖게 됩니다. 대부분 평생을 회계분야에 종사한 사람들이고 자신을 아무렇지도 않게 해고하는 회계 법인에 대해 특별한 애정을 가지지 않습니다.

최근에 이런 임시직 직원들을 좀더 사려 깊고 요령 있게 해고하기로 결정했습니다. 임시직 직원들을 불러들일 때마다 그 사람이 한 일을 살펴봅니다. 그리고 이렇게 말하지요.

'스미스 씨, 일을 참 잘해주셨습니다. 지난번 뉴욕 출장 갔을 때 어려운 일이었지만 잘 해주셨습니다. 당신은 그만한 실력이 있으시니 어디서 일하시든 성공하실 겁니다.'

효과가 어땠을까요? 임시직 직원들은 해고당한 후에도 좋은 감정을 가지고 회사를 떠났습니다. 그들은 우리가 일거리만 있었다면 그들을 해고하지 않았을 것이라는 것을 압니다. 그래서 향후 회사가 그들을 다시 필요로 할 때 흔쾌히 회사로 돌아 와 주겠지요."

고(故) 드와이트 모로우는 싸우는 사람들을 화해시키는 데 비상한 재주를 갖고 있었다. 그는 양측의 잘한 점을 면밀하게 따져서 칭찬해주고 어떤 식으로 해결이 되더라도 어느 쪽도 잘못을 저지른 편이 되지 않도록 만들었다.

상대의 체면을 살려주는 것은 모든 중재자들이 잘 알고 있다.

1922년 수백 년에 걸친 극심한 대립 끝에 터키 사람들은 자국 영토에서 그리스인을 영원히 몰아내야 한다고 결정했다. 무스타파 케말은 병사들에게 다음과 같은 연설을 했다. "여러분의 목표는 지중해입니다." 현대사에서 가장 치열한 전쟁이 일어났고 터키 군이 승리했다. 그리스의 두 장군 트리코피스와 디오니스가 항복하기 위해 케말이 있는 곳으로 갈 때 터키 사람들은 굴복한 적에게 저주를 퍼부어댔다.

하지만 케말의 태도는 승리자의 태도가 아니었다.

"장군, 앉으십시오." 케말은 그들의 손을 잡으며 말했다. "피곤하시죠." 전쟁에 대해 세부적으로 논의한 후 그는 패배의 충격을 덜어주고자 군인의 입장에서 말했다. "전쟁은 게임과 같아서 뛰어난 사람이 가끔 지기도 합니다."

승리의 기쁨 속에서도 케말은 이 원칙을 기억하고 있었다.

규칙 5

상대의 체면을 살려주어라.

6 사람들을 성공으로 이끄는 법

나는 피트 발로우를 오래전부터 알아왔다. 그는 동물 쇼를 하면서 평생을 서커스와 곡마단을 따라 돌아다녔다. 나는 피트가 새로 들여온 개에게 재주를 가르치는 것을 보는 것이 즐거웠다. 개가 조금이라도 잘하면 피트는 그 개를 쓰다듬고 칭찬을 해주면서 먹이를 주고 크게 칭찬해주었다.

이 방법은 새로운 것이 아니다. 동물 조련사들은 오랫동안 이 방법을 사용해왔다.

그런데 누구나 다 아는 이 방법을 왜 사람의 행동을 바꾸려 할 때는 사용하지 않는 걸까? 채찍 대신 고기를, 비난대신 칭찬을 하지 않는 것인가? 조그만 진전이라도 보이면 칭찬해주자. 상대는 칭찬에서 힘을 얻어 더욱 잘 할 것이다.

씽씽교도소 소장인 워든 로즈는 범죄자들조차도 약간의 발전을 칭찬 해주면 큰 효과가 있다고 한다. 이 장을 쓰고 있을 때 그의 편지를 받았는데 그는 다음과 같이 말하고 있다.

"죄수들의 노력을 적절히 칭찬해주면 그들은 새로운 사람이 되려고 노력하는 모습을 보입니다. 잘못을 심하게 비판하는 것 보다 효과가 있습니다."

나는 감옥에 투옥된 적은 없지만 내 인생을 되돌아보니 몇 마디 칭찬의 말이 내 인생에 큰 전환을 가져온 기억은 확실히 있다. 당신의 인생에는 이런 일이 없었는가? 역사는 칭찬으로 인해 생긴 마법 같은 일들을 우리에게 보여준다.

지금으로부터 약 50년 전에 열 살짜리 소년이 나폴리의 어느 공장에서 일하고 있었다. 그 소년은 성악가가 되고 싶었다. 하지만 그의 첫 번째 선생님이 그의 기를 꺾어 놓았다.

"너는 노래를 할 수 없어. 목소리가 안 좋아. 네 목소리는 문틈으로 새어나오는 바람소리 같아."

하지만 가난한 농부인 그의 어머니는 아들의 어깨에 팔을 두르고 아들을 격려해주었다. 어머니는 아들이 노래를 잘한다고 생각하고 예전에 비해 노래솜씨가 좋아졌다고 말했다. 어머니는 아들이 성악 수업 받을 돈을 저축하기 위해 열심히 일했다. 어머니의 격려가 소년의 삶을 바꾸었다. 그를 들어본 적이 있을 것이다. 그의 이름은 카루소이다.

런던의 젊은이가 작가가 되기를 열망했다. 하지만 모든 일이 그의 뜻과는 반대로 가는 듯했다. 학교도 4년 이상을 다녀본 적이 없었다. 아버지는 빚을 갚지 못해 감옥에 들어갔고 청년은 배고픔에 허덕였다. 마침내 젊은이는 쥐가 들끓는 창고에서 구두약 통에 상표를 붙이는 일을 구하게 되었다. 밤에는 런던 빈민가를 돌아다니는 부랑아 두 명과 함께 음침한 다락방에서 잠을 청했다. 그는 자신의 글재주에 자신이 없어서 다른 사람이 비웃을까 두려워 아무도 없는 야심한 밤에 몰래 밖으로 나가 자신이 쓴 첫 번째 원고를 잡지사에 보냈다. 계속해서 원고를 보냈지만 모두 거절당했다. 마침내 그에게 기념비적인 날이 찾아왔다. 원고가 채택된 것이다. 사실 원고료는 한 푼도 받지 못했지만 편집장이 그에게 칭찬을 해주었다. 그는 너무나 감격한 나머지 눈물을 흘리며 길거리를 정처 없이 돌아다녔다.

작품이 인쇄되어 나오면서 그가 받은 칭찬과 인정이 그의 인생을 바꾸었다. 편집장으로부터의 격려가 없었다면 그는 평생을 쥐가 들끓는 공장에서 보냈을 것이다. 이 청년의 이름은 찰스 디킨스였다.

50년 전에 한 소년이 런던의 포목상에서 일하고 있었다. 그는 새벽 5시에 일어나 가게 청소를 하고 하루에 14시간씩 일했다. 일은 고되고 힘들어 그는 이 일이 정말 싫었다. 2년이 지나자 더 이상 견딜 수가 없었다. 어느 날 아침 소년은 자리에서 일어나 아침식사를 하지도 않고 가정부로 일하고 있는 어머니와 이야기하려고 15마일을 터벅터벅 걸어갔다.

그는 미친 듯이 울부짖으며 그 가게에서 일하느니 차라리 죽겠다고 어머니에게 호소했다. 그리고 그는 모교의 교장선생님에게 자신의 어려운 처지를 호소하는 길고 절박한 편지를 썼다. 교장선생님은 그를 칭찬하더니 그가 똑똑하므로 좀더 나은 일을 하는 것이 당연하다며 그에게 교사 자리를 제안했다.

그 칭찬은 소년의 앞날을 바꾸었고 그의 이름을 영문학사에 길이 남게 하였다. 나중에 그 소년은 수많은 베스트셀러 작품을 발표했고 펜 하나로 백만장자가 되었다. 당신도 아마 그 이름을 들어보았을 것이다. 그의 이름은 H. G. 웰스이다.

1922년에 캘리포니아 외곽에 아내와 함께 힘든 시절을 보내고 있는 젊은이가 있었다. 그는 일요일마다 교회 성가대에서 노래를 했고 가끔 결혼식 축가를 불러 5달러를 벌기도 했다. 집안이 너무 어려워서 포도 농장 한가운데 있는 낡은 집에 세 들어 살았다. 월세가 12달러 50센트 밖에 되지 않지만 그 돈을 낼 수가 없어서 월세가 10개월이나 밀려있었다. 그는 포도농장에서 포도를 따서 월세를 갚아 나갔다. 그는 포도 말고는 먹을 것이 없었던 시절도 있었다. 그는 너무 낙심해서 가수의 꿈을 접고 생계를 위해 트럭을 팔 생각을 하고 있었는데 마침 루퍼트 휴즈가 그를 칭찬했다. 루퍼트 휴즈는 그에게 이렇게 말했다. "자네는 목소리가 아주 좋아. 뉴욕에 가서 꼭 공부하게."

그 젊은이는 내게 그 자그마한 칭찬이 그 격려가 인생의 전환점이 되었다고 말했다. 그 말을 듣고 그는 2500달러를 빌려 동부로 갔다. 여러분은 그의 이름을 들어보았을 것이다. 그의 이름은 로렌스 티베트였다.

지금 사람을 변화시키는 방법에 대해 이야기하고 있다. 만약 우리가 상대에게 숨겨진 재능이 있다는 사실을 깨닫게 하면 우리는 사람을 변화시키는 것 이상의 일을 할 수 있다.

과장 같은가? 그렇다면 하버드 대학 교수이자 미국이 낳은 가장 뛰어난 심리학자이자 철학가인 윌리엄 제임스 교수의 말을 들어보자.

"우리의 가능성에 비하면 우리는 절반만 깨어있다. 우리의 육체적·정신적 능력의 극히 일부분만을 사용하고 있는 것이다. 넓은 의미로 이 말을 확대하면 인간은 자신의 능력 한계에 훨씬 못 미치는 삶을 살고 있다. 인간은 무한한 능력이 있지만 이 능력을 사용하지 못하고 있

다."

그렇다. 이 책을 읽고 있는 당신도 사용하지 못한 여러 가지 능력이 있다. 그리고 당신이 충분히 사용하지 않은 능력 중에는 다른 사람을 칭찬하여 상대의 잠재력을 깨닫게 해주는 능력일지 모른다.

규칙 6

아주 조그만 발전에도 칭찬을 해주어라. 칭찬은 아낌없이 해라.

7 개에게도 좋은 이름을 지어주어라

내 친구 중에 어니스트 젠트라는 부인이 있다. 이 부인은 뉴욕의 스카스데일에 살고 있는데 하녀를 고용하기로 하고 다음 주 월요일에 오라고 말했다. 젠트 부인은 그녀가 전에 일한 곳에 전화를 걸어보았다. 하녀는 모든 점에서 완벽하지는 않았다. 하녀가 일하러 왔을 때 부인은 말했다. "넬리, 전 주인에게 전화해서 너에 대해 물었어. 정직하고 믿을만한 아이라고 말하더구나. 요리를 잘하고 아이들을 잘 돌본다면서. 하지만 청소는 완벽하게 하지는 못한다고 하더라. 하지만 그건 사실이 아닐 거야. 옷을 이렇게 단정하게 입었는데 청소도 당연히 잘 하겠지. 너는 틀림없이 네 옷차림처럼 집안 청소도 깔끔하게 잘할 거야. 우리 잘 지내보자."

그들은 잘 지냈다. 넬리는 부인의 기대에 부응하고자 열심히 일했다. 넬리는 기쁜 마음으로 집안 구석구석을 청소했다.

볼드윈 기관차 공장의 사장인 사무엘 보클레인은 이렇게 말한다.

"보통 사람은 존경하는 사람이 자신들이 가진 능력을 높이 평가하고 있음을 보여주는 경우 그가 이끄는 대로 쉽게 움직인다."

즉 상대의 어떤 부분을 개선하고 싶으면 그 부분이 이미 상대의 뛰어난 점 중에 하나인 것처럼 행동하면 된다. 셰익스피어는 "장점이 없으면 장점이 있는 것처럼 행동해라." 라고 말했다. 상대에게 어떤 장점을 개발해주고 싶으면 공개적으로 상대가 그런 장점을 가지고 있다고 말하는 것이 좋다. 상대에게 기대하는 바를 말하면 상대는 기대에 부응하기 위해 열심히 노력할 것이다.

조제트 르블랑은 그녀의 책 〈메테르링크와 함께한 추억〉에서 볼품없는 벨기에 출신 신데렐라의 놀라운 변화를 묘사하고 있다.

"근처 호텔에서 일하는 심부름꾼 소녀가 식사를 가져왔다. 그 아이의 이름은 '접시닦이 마리'였는데 그녀가 허드렛일을 거드는 일로 시작했기 때문이었다. 그녀는 사팔뜨기에 안짱다리였고 피부도 거칠었다.

어느 날 그 아이가 마카로니 접시를 들고 있을 때 나는 그녀에게 말했다. '마리, 넌 네 안에 있는 보물을 몰라.'

감정을 숨기는 데 익숙한 마리는 움직이지도 않고 가만히 기다렸다. 그러더니 그녀는 식탁에 접시를 놓고 한숨을 쉬더니 천진하게 말했다. '부인, 부인이 말씀하지 않으셨으면 정말 몰랐을 거예요.'

그녀는 의심하지 않고 질문도 하지 않았다. 그녀는 부엌으로 돌아가서 내가 한 말을 되뇌였을 것이다. 아무도 그녀를 놀리지 않는 것은 이런 믿음의 힘때문이리라. 그날부터 나는 그 소녀에게 특별 대우를 해주었다. 하지만 신비한 변화는 바로 마리 자신에게 일어났다. 자신에게 숨겨진 보물이라고 믿자 그녀는 얼굴과 몸을 가꾸기 시작했다. 비로소 소녀의 아름다움이 나타나고 못생긴 얼굴이 예뻐 보였다.

두 달 뒤 내가 그곳을 떠날 때 그녀는 주방장의 조카와 결혼한다고 말했다. '저도 이제 숙녀가 될 거예요.' 그녀는 나에게 감사하며 말했다. 내가 지나가듯이 한 말이 그녀의 인생을 바꾸어버렸다."

조제트 르블랑은 '접시닦이 마리'에게 기대했고 그 기대가 그녀의 삶을 변화시켜 놓았다.

헨리 클레이 리스너는 프랑스에 주둔중인 미국 병사들의 품행을 개선하기 위해 이 방법을 썼다. 그는 미국에서 가장 유명한 장군 제임스 하보드가 '프랑스에 주둔중인 2백만 미국 병사들은 가장 청렴결백한 이상적인 군인'이라고 말하는 것을 들은 적이 있었다.

지나친 칭찬 아닌가? 하지만 리스너는 이 칭찬을 잘 이용했다.

"나는 대장의 말을 전군에게 강조하여 말했다. 이 말이 진위를 한 번도 의심한 적이 없었다. 장군이 자신들을 이렇게 생각하고 있다는 사실을 알기만 해도 군인들은 장군의 기대에 어긋나지 않도록 노력할 것이다."

속담에 "한 번 나빠진 평판은 되돌리기 힘들다."라는 말이 있다. 하지만 호평이 나면 어떻게 될까?

부자이거나 가난뱅이거나 도둑이거나 거의 모든 사람은 호평을 들으면 그 기대에 부응하려고 한다.

"범죄자를 대할 일이 있으면 그를 신사인 양 대하라. 신사의 대우를 받으면 그는 신사로서 부끄럽지 않게 행동하려고 노력할 것이다. 누군가가 자신을 신뢰한다는 사실을 뿌듯하게 생각할 것이다." 이것은 씽씽교도소 소장인 워든 로즈의 경험에서 우러난 말이다.

규칙 7

상대가 기대에 부응하도록 해라.

---

8 고치기 쉬운 잘못이라고 말하라

얼마 전에 내 친구인 40대 노총각이 약혼을 하게 되었다. 그런데 약혼녀가 그에게 춤을 배우라고 졸라댔다. "20년 전에 배운 춤을 아직까지 계속 추니까 어차피 춤을 배우기는 해야 되는데, 내가 처음 찾아간 춤 선생이 내 춤이 엉망이라고 하는 거야. 예전에 배운 것은 모두 잊고 다시 새로 시작해야 한다는 거야. 그 말을 들으니 의욕이 없어지더라고. 배울 생각이 사라져서 춤 배우는 것을 그만뒀어.

두 번째로 찾아간 춤 선생이 거짓말을 했을지도 모르지만 기분은 좋아. 내 춤이 약간 구식이지만 기초는 탄탄하대. 몇 가지 새로운 스텝을 배우는 데 아무 문제가 없을 거래. 첫 번째 선생은 내가 잘못하는 것만 강조해서 의욕을 꺾었지만 두 번째 선생은 정반대야. 내가 잘하는 것은 강조해서 칭찬해주고 내가 실수한 것은 사소한 것처럼 넘어가. '리듬 감각이 타고 나셨네요. 타고난 춤꾼이십니다.' 물론 내가 봐도 옛날이나 지금이나 춤을 잘 못 추는 것은 알지만 마음속 깊이 선생님의 말이 사실일지 모른다는 생각을 하게 돼. 어쨌든 그런 말이 듣고 싶어 수강료를 내는 거니까. 어쨌든 내가 리듬감이 타고 났다고 선생님이 말해주지 않았다면 춤을 배우러 다니지 않았을 거야. 그 말이 용기를 주었어. 내게 희망을 주었지. 더 잘하고 싶어져."

자녀나 배우자나 직원에게 그들이 무능하다거나 재능이 없다고 야단치면 잘하고 싶은 마음이 싹 사라질 것이다. 그러나 반대 방법을 사용해보라. 즉 격려를 아끼지 않고 일을 쉽게 할 수 있다고 생각하게 하고 내가 상대의 능력을 믿고 있다고 말해주어라. 그러면 상대는 자신의 우수성을 보여주려고 열심히 노력할 것이다.

로엘 토머스는 이 방법을 사용했다. 그는 이 방면의 명수다. 그는 사람들의 자신감을 불어 넣어주고 용기와 신념을 갖도록 격려한다. 예를 들어 나는 최근에 토머스 부부와 함께 주말을 보냈다. 토요일 밤에 모닥불 앞에서 브리지 게임을 하자는 제안을 받았다. 브리지 게임은 나에게는 영원한 수수께끼 같은 것이었다. 전혀 못한다.

"데일, 이 게임은 아주 쉬워. 기억력과 약간의 판단력만 있으면 되는 거야. 자네는 기억에 대한 책까지 썼잖아. 브리지 게임은 자네에게는 식은 죽 먹기야."

정신을 차려보니 나는 어느새 브리지 게임을 하고 있었다. 토머스가 내게 식은 죽 먹기라고 하니 쉬운 게임인 것처럼 느껴져서 게임에 참여했다.

브리지 게임 이야기를 하니 엘리 칼버트슨 생각이 난다. 브리지 게임을 하는 곳에서는 어디에서나 나오는 이름이다. 그가 브리지 게임에 대해 쓴 책은 12개국의 언어로 번역되어 백만 부가 팔렸다. 하지만 어떤 여자가 그가 게임에 재능이 있다고 말하지 않았다면 그는 브리지 게임의 일인자가 되지 않았을 것이다.

그는 1922년에 미국에 도착했다. 그때 그는 철학과 사회학 교수 자리를 알아보았으나 구할 수 없었다.

그래서 석탄을 팔려고 했지만 실패했다.

커피 판매를 하려고 했지만 이 역시 실패했다.

그는 브리지 게임을 가르치리라고는 생각해 본 적이 없었다. 그는 카드도 잘 못 쳐서 일일이 물어보면서 카드를 치니 아무도 그와 게임하고 싶어 하지 않았다.

그런데 그는 조세핀 딜런이라는 미모의 브리지 게임 강사를 만났고 그녀와 사랑에 빠져 결혼했다. 그녀는 그가 카드를 면밀히 분석하고 생각하는 것을 보고 그가 브리지 게임에 천부적인 소질이 있다고 말했다. 칼버트슨을 브리지 게임의 권위자로 만든 것은 바로 아내의 격려 때문이었다.

규칙 8

격려해라. 잘못은 쉽게 고칠 수 있다고 느끼게 해 주어라.

9 즐거운 마음으로 협력하게 해라

1915년 미국은 경악을 금치 못했다. 1년이 넘게 유럽의 나라들이 일류 역사 상 유례를 찾을 수 없는 살상을 저지르고 있었다. 평화가 다시 올까? 아무도 장담할 수 없었다. 하지만 우드로우 윌슨은 노력해 보기로 결심하고 전쟁 당사자국의 지도자들과 협의하기 위하여 평화사절을 파견하기로 했다.

평화 옹호론자인 국무장관 윌리엄 제닝스 브라이언은 그 임무를 맡고 싶어 했다. 그는 이번이 자기의 이름을 영원히 남길 절호의 기회라고 생각했다. 하지만 윌슨은 국무장관의 절친한 친구이자 국무성 고문인 하우스 대령을 평화 사절로 임명했다. 친구인 브라이언의 감정을 상하지 않도록 주의하면서 반갑지 않은 소식을 전하는 것이 하우스 대령으로서는 어려운 일이었다.

"브라이언은 내가 대통령의 특사로 유럽에 가게 되었다는 이야기를 들었을 때 매우 실망하는 듯이 보였다."고 하우스 대령은 일기에 이렇게 적었다. "나는 대통령이 이 사절 파견을 공식적으로 하는 것은 좋은 생각이 아니라고 생각한다고 말했다. 브라이언이 가게 되면 세상의 이

목을 끌게 되어 곤란할 것이라고 말했다."

이 말이 암시하는 것을 알 수 있겠는가? 하우스는 브라이언이 평화 사절 임무를 하기에는 지나치게 중요한 인물이라고 넌지시 말하고 있는 것이다. 브라이언은 이 말을 듣고 마음이 누그러졌다.

현명하고 경험 많은 하우스 대령은 "언제나 내가 제안하는 것을 상대가 기꺼이 하게 만들라"는 인간관계에서 중요한 규칙을 따르고 있다.

윌슨 대통령은 윌리엄 깁스 맥아두를 각료로 입각시킬 때도 이 방법을 썼다. 각료는 누구에게나 명예로운 지위다. 윌슨은 상대가 자신이 아주 중요한 사람이라고 느끼게 만들었다. 맥아두가 하는 말을 들어보자. "윌슨 대통령은 자신이 내각을 구성하고 있는데 내가 재무장관을 맡아주면 더없이 기쁘겠다고 말했다. 그는 다른 사람이 듣기 좋게 말하는 재주가 있었다. 그런 제안을 받으면서도 오히려 내가 호의를 베푸는 것 같은 느낌이 들었다."

불행히도 윌슨이 항상 그런 방법을 사용한 것은 아니다. 만약 윌슨이 이 방법을 항상 썼다면 역사는 달라졌을 것이다. 예를 들어 미국이 국제 연맹에 가입하려 할 때 윌슨은 상원과 공화당의 반발을 불러일으켰다. 윌슨은 엘리후 루트나 휴즈, 헨리 캐보트 로지 또는 다른 거물급 공화당 정치인을 대동하는 대신 자기 당에서 잘 알려져 있지 않은 위원들을 데리고 갔다. 그는 공화당원들을 냉대하고 국제연맹이 그의 생각일 뿐 아니라 공화당의 생각이기도 하다는 생각을 갖지 못하도록 막았고 그들이 국제연맹에 관여하지 못하도록 막았다. 인간관계를 무시한 이 방법은 그의 실각을 초래하고 건강을 해쳐 그의 수명을 단축시키고 미국이 결과적으로 국제 연맹에 참여하지 못하게 만들어 세계 역사의 운명을 바꾸어 놓았다.

〈더블데이 페이지〉라는 유명한 출판사도 '언제나 내가 제안하는 것을 상대가 기꺼이 하게 만들라'는 규칙을 따랐다. 이 회사가 얼마나 이 규칙을 잘 이용했던지 오 헨리는 이 회사는 출판을 거절할 때 아주 공손하게 하기 때문에 다른 출판사가 자신의 작품을 받아주는 것보다 더블데이 출판사가 출판을 거절하는 것이 더 기분이 좋다고 말할 정도였다.

내가 아는 사람 중에 강연 요청을 거절해야만 하는 사람이 있다. 친구들이 부탁하거나 그가 신세를 진 사람들이 부탁하는 경우도 있다. 그런데 그가 거절하는 방법이 너무 교묘해서 거절당한 쪽이 크게 기분 나빠하지 않는다. 그는 어떻게 거절을 할까? 그는 바쁘다거나 하면서 자신의 형편을 말하는 것이 아니라 우선 의뢰해준 것을 진심으로 감사해하고 사정이 되지 않는다고 사과한 다음 대신 다른 강연자를 추천해준다. 즉 그는 상대가 실망할 틈을 주지 않고 다른 강연자에 대해서 생각하게 만드는 것이다.

"제 친구 중에 브룩클린 이글지의 편집장인 클리브랜드 로저스가 있는데 그에게 부탁하면 어떨까요? 아니면 가이 히콕은 어떨까요? 유럽 특파원으로 파리에서 15년이나 살아서 재미있는 이야깃거리가 많은 친구입니다. 아니면 인도에서 맹수사냥을 한 경험이 있는 리빙스턴 롱펠로우는 어떨까요?"

뉴욕에서 가장 큰 인쇄회사 사장인 J. A. 윈트는 기계공의 기분을 상하지 않으면서 기계공의 태도를 바꿔야 했다. 이 기계공의 일은 타자기를 비롯해 밤낮으로 돌아가는 수십 대의 기계를 관리하는 것이었다. 그는 근무시간이 너무 길다고 항상 불평하면서 조수를 붙여달라고 요구했다.

J.A. 원트는 그에게 조수를 붙이거나 작업시간을 줄여주지 않고서도 기계공의 기분을 좋게 만들었다. 어떻게 했을까? 기계공에게 방을 하나 따로 주었다. 방문에는 그의 이름이 적혀있고 '서비스 파트 매니저'라는 직함이 붙어있었다.

그는 다른 평범한 기계공이 아니라 이제 수리계장이 된 것이다. 그는 권위가 부여되고 사람들의 인정을 받게 되어 자기 중요감이 충족되자 불평 없이 행복하게 일하게 되었다.

유치하다고? 그럴 지도 모른다. 하지만 이것은 나폴레옹이 쓴 방법이다. 그는 자신이 만든 훈장을 병사들에게 뿌리고 18명의 장군에게 '프랑스 대원수'라는 직위를 하사하고 자신의 군대는 '대육군'이라고 불렀다. 사람들은 전쟁터의 노병에게 '장남감'이나 줄 수 있냐고 비판했지만 나폴레옹은 이렇게 답했다. "장남감으로 지배당하는 게 인간이다."

이처럼 직위와 권위를 부여하는 방법은 나폴레옹에게 큰 도움이 되었다. 이러한 방법은 당신에게도 유용하게 쓰일 수 있을 것이다. 예를 들어 내가 소개한 적이 있는 뉴욕 스카스데일에 사는 내 친구 겐트 부인은 툭하면 정원으로 들어와서 엉망으로 만들어 놓는 소년들로 골치가 아팠다. 혼내보기도 하고 구슬려 보기도 했지만 어떤 방법도 효과가 없었다. 그래서 부인은 개구쟁이 대장에게 직함을 주어 권위를 세워주었다. 그녀는 그 대장을 '탐정'이라고 불러주고 잔디밭을 단속하는 임무를 주었다. 이 방법이 골칫거리를 해결해 주었다. '탐정'은 뒤뜰에 모닥불을 피워 철막대기를 달구어 휘두르며 침입자들을 몰아냈다.

규칙 9

당신이 제안하는 것을 상대가 기꺼이 하도록 만들어라.

반감이나 반발 없이 사람들을 변화시키는 9가지 방법

1. 칭찬과 감사의 말로 시작하라

2. 잘못을 간접적으로 알게 하라.

3. 상대를 비판하기 전에 자신의 잘못을 먼저 인정하라.

4. 직접적으로 명령하지 말고 요청하라.

5. 체면을 세워줘라.

6. 아주 작은 진전에도 칭찬을 아끼지 말라.

7. 상대가 기대에 부응하도록 해라.

8. 격려해주어라. 잘못은 쉽게 고칠 수 있다고 느끼게 해주어라.

9. 당신이 제안하는 것을 상대가 기꺼이 하도록 만들어라.

Section 5

기적을 일으킨 편지들

여러분은 아마 "기적을 일으킨 편지라고? 말도 안 돼!"라고 생각할지 모른다.

당신이 그렇게 생각해도 당신 탓을 하지는 않겠다. 15년 전이라면 나도 그렇게 생각했을 것이다. 너무 의심이 많다고? 나는 의심이 많은 사람이 좋다. 의심 많은 사람이 있어 역사는 발전했다.

정직하게 말해보자. '기적을 일으킨 편지들'이라는 제목이 정확한 것일까? 솔직히 말해 제목은 정확하지 않다.

사실 제목은 사실을 에둘러 표현한 것이다. 여기에 나오는 편지 몇 개는 두 배 이상의 기적을 거두었다. 이런 평가를 내린 사람은 미국에서 가장 유명한 홍보 전문가인 켄 다이크이다.

다이크는 판매업자에 정보 조사차 편지를 보내면 회신률이 5에서 8퍼센트를 넘지 않는다. 15퍼센트가 회신을 하면 대단한 것이고 20퍼센트가 회신을 하면 기적에 가깝다고 말했다.

하지만 이 책에 실린 다이크의 편지에 42.5퍼센트가 회신을 보냈다. 즉 이 편지는 기적의 두 배에 해당하는 결과를 거둔 셈이다. 이것은 웃어넘길 일이 아니다.

그는 어떻게 편지를 썼기에 이런 결과를 거두었을까? 켄 다이크의 말을 직접 들어보자.

"이 놀라운 결과는 내가 카네기의 '효과적인 화술과 인간관계'라는 강좌에 참가한 직후에 일어난 것입니다. 나는 코스를 마치고 내가 전에 사용하던 방법이 잘못되었음을 깨달았습니다. 나는 이 책에서 내가 배운 원리를 적용해보았습니다. 그랬더니 정보를 요청하는 편지를 받은 회수가 5~8배 증가했습니다."

아래 편지는 상대에게 부탁을 함으로서 상대를 기분 좋게 만들어주고 있다. 상대가 자신이 중요한 인물이라는 느낌을 받게 만들어주기 때문이다.

편지에 대한 내 생각을 괄호 안에 적어 놓았다.

　존 블랭크 귀하

　귀사의 도움을 부탁드리려 편지를 씁니다.

　(상황을 정리해보자. 애리조나에 목재 딜러가 존스 맨빌 회사의 중역으로부터 이 편지를 받았다고 생각해보자. 편지의 첫줄에 뉴욕의 잘나가는 임원이 당신에게 도움을 요청한다. 아마 애리조나의 딜러는 이렇게 혼잣말 할 것이다. "뉴욕에 있는 이 사람이 도움이 필요하다면 사람을 제대로 찾아왔군. 나는 항상 남을 잘 도와주니까. 무슨 문제가 있는지 볼까?")

　작년에 지붕 재처리재 판매 증대를 위해 딜러들이 본사에 바라는 것은 연중 홍보 책자를 돌리는 것이고 그 비용을 본사가 부담해야 한다는 것을 회사에 설득하는 데 성공했습니다.

(애리조나 주 딜러는 이렇게 생각할 것이다. "당연히 회사가 비용을 분담해야지. 이익은 회사가 다 가져가잖아. 나는 임대료 내기도 힘든데 회사는 수백만 달러를 가져가잖아. 이 사람 문제가 뭐지?")

최근에 저는 1천 6백 명의 딜러들에게 설문지를 보냈고 수백 통의 답변을 받았습니다. 보내주신 답변을 유용하게 사용할 것이고 답변해주신 여러분께 감사드립니다.

여러분이 더 좋아하실 광고 인쇄계획을 발표했습니다. 하지만 오늘 아침 사장으로부터 광고지 발송이 실제 매출과 얼마나 관련이 있는가 하는 질문을 받았습니다. 이 질문에 답하기 위해 여러분께 도움을 요청합니다.

("여러분께 도움을 요청합니다."는 표현은 좋다. 뉴욕에서 잘나가는 사람이 솔직하게 이야기하고 있다. 애리조나 주 존스 맨빌사의 딜러를 인정하고 있다는 뜻이다. 켄 다이크 씨가 자신의 회사가 얼마나 큰 회사인지 얘기하는 데 시간을 낭비하고 있지 않는다는 것에 주목해보자. 대신에 그는 딜러에게 얼마나 의지하고 있는지를 직접적으로 언급한다. 딜러들의 도움 없이는 대표이사에 제출할 보고서를 만들 수 없음을 인정하고 있다. 당연히 애리조나의 딜러도 인간인지라 이런 식으로 말하는 것을 좋아한다.)

저의 질문은 다음과 같습니다. (1) 동봉한 엽서에 작년의 광고지가 실제로 지붕작업에 연결되었는지, (2) 매출액이 얼마나 되는지 정확하게 계산하시어 엽서에 적어주십시오.

엽서를 보내주시면 정말 감사드립니다. 친절하게 도움을 주신 점에 감사드립니다.

켄 다이크

판매 담당 매니저

(마지막 문단에서 켄 다이크가 나는 낮추고 상대는 높이는 것에 주목해라. "감사" "친절하게"의 말을 얼마나 잘 사용하는 지도 주목해서 보아라.)

간단한 편지이지만 상대에게 부탁을 하고 부탁을 들어주는 상대에게 자기 중요감을 갖게 함으로써 기적을 만들어냈다.

이런 심리 활용은 여러분이 석면으로 된 지붕을 팔건 자동차를 타고 유럽을 여행하건 어느 경우에나 다 적용할 수 있다.

호머 크로이와 나는 프랑스 내륙 지방을 차로 여행하다가 길을 잃었다. 차를 세우고 우리는 농부들에게 어떻게 하면 큰 마을로 갈 수 있느냐고 물었다.

나무로 된 신발을 신고 있던 농부들은 미국인이면 다 부자라고 생각하는 듯 했다. 그리고 그 지역에서 자동차 여행은 드물었다. 자동차를 타고 프랑스를 여행하는 미국인이라니! 그들 눈에는 우리가 백만장자로 보였을 것이다. 하지만 그들은 우리가 모르는 것을 알았다. 우리가 그들보다 돈이 많을지 몰라도 다른 마을로 가기 위한 길을 물으려면 공손하게 물어봐야 했던 것이다. 그리고 이것이 농부들로 하여금 자신이 중요한 존재라는 느낌을 갖게 했다. 그들은 이구동성으로 말을 하기 시작했다. 한 사람이 다른 사람들을 입 다물게 했다. 길을 가르쳐 주는 즐거움을 혼자 느끼고 싶었나보다.

여러분도 시도해보라. 다음에 낯선 도시에 가면 당신보다 경제적 사회적으로 지위가 낮은 사람을 잡고 물어라. "도와주시겠어요? ○○에 가려면 어떻게 가야하는 지 알려주시겠습니까?"

벤자민 프랭클린도 이 방법을 써서 정적을 친구로 만들었다. 젊은 시절 프랭클린은 자신이 가진 모든 돈을 작은 인쇄회사에 투자했다. 마침 그는 필라델피아 의회에 직원으로 들어갈 수 있었는데 공문서 인쇄를 담당하는 자리였다. 수입이 좋아서 그는 계속 그 자리에 있으려 했다. 하지만 의회에 거물급 의원이 그를 무척 싫어했다. 그는 프랭클린을 싫어할 뿐 아니라 그를 공공연히 비난했다.

아주 위험한 상황이었다. 그래서 프랭클린은 그 의원이 자신을 좋아하게 만들겠다고 다짐했다.

하지만 어떻게? 그것이 문제였다. 적에게 호의를 베풀어서? 아니다. 그렇게 하면 상대의 의심을 살 것이다.

프랭클린은 그런 함정에 빠지기에는 현명하고 노련했다. 그는 정반대로 행동했다. 그는 그의 정적에게 도움을 요청했다.

프랭클린은 돈을 꿔달라고 부탁하지 않았다. 프랭클린은 상대를 기쁘게 하는 상대의 허영심을 채워주는 부탁, 상대의 존재를 인정하는 부탁, 자신이 상대의 지식과 성취를 존경하고 있음을 드러내는 부탁을 했다.

나머지 이야기는 프랭클린이 하는 이야기를 직접 들어보자.

"그의 서재에 아주 진귀한 책이 있다는 이야기를 듣고 나는 그에게 편지를 써서 그 책을 보고 싶은데 며칠 빌려줄 수 없느냐는 부탁을 했다. 그는 즉시 책을 보내왔다. 나는 일주일 후에 그의 호의에 정말 감사한다는 메모와 함께 책을 보냈다.

의회에서 다시 만났을 때 그는 대단히 정중하게 말을 건넸다. 그 이후로 그는 내 부탁을 기꺼이 들어주었고 우리는 둘도 없는 친구가 되어 죽을 때까지 우정을 지켜나갔다."

벤자민 프랭클린이 죽은 지 150년도 지났지만 상대의 도움을 요청하여 상대의 호감을 사는 방법은 아직도 계속되고 있다.

내 강좌의 수강생인 앨버트 암젤은 이 방법으로 큰 성공을 거두었다. 배관 및 난방장치를 판매하는 암젤은 브루클린의 배관업자와 거래를 하려고 노력하였다. 이 배관업자는 사업규모도 크고 평판도 좋았다. 하지만 암젤은 처음부터 어려움에 봉착했다. 배관업자는 거칠고 심술궂은 사람이었다. 암젤이 사무실에 들어설 때마다 의자에 앉아 큰 시가를 입에 물고 그에게 소리쳤다. "오늘은 아무것도 안사! 시간낭비 하지 말고 썩 나가!"

어느 날 암젤은 새로운 방법을 사용해보았다. 그 결과 둘은 친구가 되고 암젤은 많은 주문을 받게 되었다.

암젤의 회사는 롱 아일랜드 퀸스 빌리지에 대리점을 내기위해 협상 중이었다. 그곳은 배관업자가 잘 아는 지역이고 그는 이곳에서 사업을 많이 했다. 그래서 그의 사무실을 갔을 때 그는 "사장님, 오늘은 물건을 팔러온 것이 아니라 부탁드릴 게 있어 왔습니다. 시간 좀 내주시겠습니까?"

"좋아. 무슨 일인데? 빨리 말해 봐." 배관업자가 시가를 옮겨 물며 말했다.

"저희 회사가 퀸스 빌리지에 지점을 오픈할 예정인데 그 지역을 잘 아시지 않습니까? 그래서 어떻게 생각하시는지 여쭤보러 왔습니다. 이쪽으로 이전하는 것이 잘하는 것일까요?"

오랫동안 이 배관업자는 영업사원에게 소리를 질러 나가라고 내쫓으면서 자신의 중요성을 느껴왔는데 이번에는 영업사원이 자신의 조언을 구하고 있는 것이다.

"앉아." 그는 의자를 잡아당겼다. 그로부터 한 시간 동안 그는 퀸스 빌리지의 배관업 시장에 대한 현황을 설명해주었다. 대리점 위치에 찬성했을 뿐 아니라 상품 구매에서 상품 정리와 사업 개시할 때 주의점 등 자신이 아는 지식을 전부 말해 주었다. 그는 이런 이야기를 해주면서 자신이 중요한 사람이라는 것을 느끼게 된 것이다. 그러면서 그는 개인적 영역까지 화제를 넓혔다. 그는 우호적으로 변했으며 암젤에게 집안 문제와 부부싸움까지도 말하게 되었다.

"그날 저녁 저는 처음으로 그에게서 장비 주문을 받았을 뿐 아니라 단단한 사업 파트너가 될 초석도 깔아 놓았습니다. 이제는 골프를 같이 치는 사이가 되었습니다. 그 사람이 이렇게 변한 것은 내가 그에게 자신이 중요한 사람이라는 느낌이 들게 하는 부탁을 했기 때문이었습니다."

켄 다이크의 편지를 한 번 더 살펴보며 그가 얼마나 "부탁 좀 들어주세요." 심리를 잘 활용하는 지 살펴보자.

몇 년 전에 다이크는 사업가, 건축업자들에게 편지를 보내 정보를 요청해도 답장을 받을 수 없어 속을 태운 적이 있었다.

그 당시에 그가 회신을 받는 것은 1퍼센트를 넘는 경우가 드물었다. 2퍼센트도 우수하고 3퍼센트면 놀라운 경우였다. 10퍼센트는 기적에 가까웠다.

하지만 아래 소개하는 편지에는 50퍼센트의 회신율을 보였다. 기적의 다섯 배나 되는 결과다. 장문의 편지였고 조언과 협력의 뜻이 넘치는 편지들이었다.

여기에 편지를 보고 행간의 의미를 보고 편지를 읽는 사람의 심리를 분석해보려 노력해라.

친애하는 ○○씨

귀사께서 저희의 어려움에 도움을 주실 수 있으신지 부탁드리고자 편지를 드립니다.

1년 전쯤 저는 건축가들이 가장 필요로 한 것은 가옥을 수리하고 리모델링하는 데 사용되는 건축자재와 부품을 볼 수 있는 카탈로그이고 회사가 카탈로그를 제공해야 한다고 회사를 설득했습니다.

첨부하는 자료는 카탈로그입니다.

하지만 이제 재고가 떨어져 사장님께 보고했더니 카탈로그가 의도한대로 역할을 하고 있으면 추가제작을 하겠다고 말씀하셨습니다.

실례를 무릅쓰고 전국 49개 건축업체 여러분께 도움을 요청하는 바입니다.

이 편지 뒤에 간단한 설문을 첨부했으니 작성해주시고 혹시 하시고픈 말씀이 있으시면 동봉한 회신용 봉투에 넣어주시면 정말 감사드리겠습니다.

카탈로그 제작 여부는 여러분의 경험과 조언을 바탕으로 결정될 것입니다.

여러분의 도움에 감사드리며 이만 줄입니다.

켄 다이크
판매 담당 매니저

이 심리를 기계적으로 베끼려는 사람이 물론 있을 것이다. 그들은 진실한 칭찬이 아니라 아첨으로 상대의 자부심에 바람을 넣으려고 한다. 이런 방법은 통하지 않을 것이다.

사람은 누구나 칭찬과 인정을 갈망하고 그것을 얻기 위해 무슨 일이든 할 것이다. 하지만 누구도 아첨은 원하지 않는다.

다시 한 번 강조하지만. 이 방법들은 진심에서 우러나올 때 효과가 있다. 나는 잔재주를 알려주는 것이 아니라 새로운 삶의 방식을 알려주고 있다.

Section 6

행복한 가정을 만드는
7가지 비결

1 가정을 무덤으로 만드는 가장 빠른 방법

75년 전에 나폴레옹 보나파르트의 조카인 나폴레옹 3세는 테바 백작부인이자 세상에서 가장 아름다운 마리 유지니를 만났다. 후에 그들은 결혼하게 된다. 황제 주변 사람들은 그녀가 스페인의 이름 없는 공작의 딸일 뿐이란 점을 지적했다. 그러자 나폴레옹 3세는 이렇게 대구했다. "그래서 뭐가 문제인가?" 그녀의 우아함, 젊음, 매력, 아름다움이 그에게 행복을 맛보게 해주었다. 왕좌에 서서 그는 온 나라에 이렇게 선언했다. "나는 내가 모르는 여인이 아니라 내가 사랑하고 존경하는 여인을 택했노라."

나폴레옹 3세 부부는 건강, 부, 권력, 명성, 미모, 사랑, 존경 등 완벽한 사랑에 필요한 모든 조건을 가지고 있었다. 그리고 이처럼 열렬한 애정으로 빛나는 결혼은 유례를 찾기 힘들었다.

하지만 이 뜨거운 애정의 불꽃도 얼마 안 가 빛을 잃어 잿더미로 변했다. 나폴레옹 3세는 유지니를 부인으로 맞았지만 뜨거운 애정과 황제의 권력을 가지고서도 그녀의 잔소리를 막을 수는 없었다.

질투와 의심에 사로잡혀서 그녀는 그의 말을 무시했다. 국정을 논하는 회의에도 불쑥 들어오기가 다반사였다. 그녀는 그의 가장 중요한 회의도 방해했다. 그가 다른 여자와 있을까 두려워 감시의 눈을 잠시도 돌리지 않았다. 걸핏하면 친정 언니에게 달려가 남편 흉을 보았다. 그의 서재로 달려 들어가 남편에게 악담을 퍼붓기도 했다. 호화로운 궁전이 몇 개나 있어도 왕이 마음 편히 쉴 수 있는 곳이 없었다.

유지니가 얻은 것은 무엇인가? E.A. 라이하르트의 책 〈나폴레옹과 유지니 : 제국의 희비극〉에서 인용해보겠다.

"그래서 나폴레옹은 밤이면 부드러운 모자를 눌러 써 얼굴을 가리고 작은 문을 통해 밖으로 몰래 나왔다. 때로는 가까운 친구와 실제로 자신을 기다리고 있는 예쁜 아가씨에게 가기도 하고 때로는 도시 이곳저곳을 걷다가 상념에 빠지기도 했다."

유지니의 잔소리의 결과는 이랬다. 그녀가 프랑스의 왕좌에 앉았던 것은 사실이다. 그녀가 세상에서 가장 아름다운 여인이었던 것도 사실이다. 하지만 왕좌나 아름다움도 잔소리라는 결함 앞에서는 사랑을 살아있게 할 힘이 없었다. 유지니는 오래전 욥이 했던 것처럼 울부짖을 수도 있었을 것이다. "내가 두려워하던 일이 내게 닥쳤노라." 그녀에게 닥친 것일까? 이 불쌍한 여인은 질투와 잔소리로 이런 일을 자초했다.

사랑을 파괴하기 위해 지옥의 악마가 만들어 낸 것 중에 잔소리가 가장 나쁘다. 독사처럼 잔소리는 사랑을 질식시킨다.

톨스토이 백작부인은 죽기 전에 딸들을 불러놓고 다음과 같이 고백했다. "내가 아버지를 죽게 만들었어." 딸들은 아무 말도 하지 않고 울기만 했다. 그들은 어머니의 끝없는 잔소리와 불평과 비난이 아버지를 죽음으로 몰아넣었다는 것을 알고 있었다.

톨스토이 부부는 모든 면에서 행복한 부부였다. 그는 당대 유명한 소설가이고 〈전쟁과 평화〉〈안나 카레니나〉같은 걸작을 남겼다. 톨스토이의 숭배자들이 그를 찾아왔으며, 그가 하는 말은 한마디도 놓치지 않고 모두 기록해 두었다. 심지어 "이제 자러가야겠네."라는 말을 했으면 그 말도 적을 정도였다. 러시아 정부는 그가 적은 모든 문장은 책으로 만들었고 그의 글을 엮은 책만 해도 백 권은 넘을 것이다.

유명세에 더불어 톨스토이 부부는 부와 사회적 지위 많은 자녀들이 있었다. 이처럼 축복받은 결혼은 흔하지 않았다. 처음에는 그들의 행복이 너무 완벽해서 두 사람은 무릎을 꿇고 자신들의 행복이 계속되게 해달라고 하나님께 빌었다.

그러던 중 뜻밖의 일이 일어났다. 톨스토이가 점점 변한 것이다. 그는 전혀 다른 사람이 되었다. 그는 자신의 걸작을 부끄러워하고 그 후로는 평화를 외치는 전단을 작성하고 전쟁과 가난을 없애는 일에 평생을 바쳤다.

젊은 시절에 상상할 수 있는 모든 죄악을 경험하고 심지어 살인까지 했다는 톨스토이가 이제는 문자 그대로 예수의 가르침을 따르려 노력하게 되었다. 그는 들판에서 일하고 나무도 베고 풀도 깎았다. 신발도 만들어 신고, 자신의 방을 직접 치우고, 나무로 된 식기를 사용하고 원수까지도 사랑하려고 애썼다.

톨스토이의 삶은 비극이었다. 그 원인은 결혼이었다. 그의 아내는 사치를 좋아했지만 그는 그것을 경멸했다. 그녀는 사회적 명성과 칭송을 갈망했지만 그에게 이런 것은 아무 의미도 없었다. 아내는 부를 동경했지만 그는 부와 사유재산이 죄악이라 믿었다.

톨스토이가 인세를 받지 않고 저작권을 주려했기 때문에 오랫동안 그의 아내는 잔소리하고 화를 내고 야단을 떨면서 남편을 못살게 굴었다. 그녀는 책을 팔면 생기는 돈이 좋았던 것이다.

톨스토이가 그녀의 말을 듣지 않으면 그녀는 히스테리 발작을 일으키며 죽어버리겠다고 소리쳤다.

그들의 삶에 역사상 가장 비극적인 사건이 있었다. 이미 말한 것처럼 결혼 초기에 그들은 너무도 행복했다. 하지만 48년이 지나자 그는 아내를 쳐다보는 것조차 싫어했다. 저녁이 되면 이 나이 들고 상심한 아내는 애정에 굶주려 그의 발치에 무릎을 꿇고 남편이 50년 전 자신에 대한 사랑을 노래한 시 구절을 크게 읽어 달라고 간청했다. 그가 이미 지나가 버린 행복한 시절을 읽으면 그들 둘 다 울었다. 그들이 오래 전 옛날 꿈꾸었던 낭만적인 꿈들이 지금의 현실과 얼마나 다른가!

마침내 1910년 10월 어느 눈 오는 날 밤, 그가 82세 되던 때 톨스토이는 가정불화를 견디지 못하고 집을 나와 정처 없이 떠돌았다.

11일 후에 그는 어느 시골 역에서 폐렴으로 죽었다. 그의 유언은 아내를 절대 자기 가까이에 오지 못하게 해달라는 것이었다.

이것이 톨스토이 부인의 잔소리와 불평과 히스테리가 빚어낸 참담한 결과였던 것이다.

물론 그녀는 불만이 많았을 것이다. 하지만 문제는 잔소리를 해서 상황이 나아졌는가 하는 점이다. 잔소리는 오히려 상황을 악화시켰다.

"내 생각에도 내가 미치지 않았나 싶다."라고 톨스토이 부인은 자신에 대해 이렇게 평가했다고 한다. 하지만 이미 너무 늦어버렸다.

링컨의 삶을 비극으로 만든 것도 결혼이었다. 암살이 아니라 결혼이었다는 것에 주목해라. 부스가 저격했을 때 그는 자신이 총에 맞았다는 것도 몰랐다. 하지만 그는 23년간 거의 아내에게 시달렸다.

그녀는 항상 불평하고 남편을 비난했다. 남편에게는 마음에 드는 점이 하나도 없었다. 그는 걸을 때 등을 구부정하게 하고 인디언처럼 발을 똑바로 들었다 내렸다 하면서 어색하게 걸었다. 아내는 그의 걸음걸이가 힘이 없고 움직임이 우아하지 않다고 불평했다. 그녀는 그의 걸음걸이를 흉내 내며 자신이 멘텔 부인이 운영하는 렉싱턴의 기숙학교에서 배운 것처럼 발 앞쪽 끝을 먼저 디디며 걸으라고 잔소리를 했다.

그녀는 머리에서 바로 위로 삐죽 솟은 그의 큰 귀도 싫어했다. 코가 삐뚤어졌다, 아랫입술이 튀어 나왔다, 폐병환자처럼 보인다, 발과 손이 너무 크고 머리가 너무 크다며 나무랐다.

링컨과 부인 케리 토드 링컨은 교육, 환경, 기질, 취미, 사고방식 등 모든 면에서 정 반대였다. 그들은 늘 서로를 못 견뎌했다.

링컨에 관한 최고 권위자로 인정받는 앨버트 J. 베버리지 의원은 이렇게 적었다. "링컨 부인의 크고 날카로운 목소리는 길 건너편에서도 들렸다. 근처에 사는 사람들은 끊임없이 화를 터뜨리는 그녀의 목소리를 들을 수 있었다. 말로 끝나지 않는 경우도 있었다. 때로는 행패도 부렸다."

링컨 부부는 신혼 초에 의사의 미망인인 제이콥 얼리 여사의 집에서 하숙한 적이 있었다.

어느 날 아침 링컨 부부가 아침식사를 하고 있었는데 링컨이 부인의 화를 돋았는지 링컨 부인이 뜨거운 커피를 남편의 얼굴에 부어버렸다. 다른 하숙인들도 있는 자리였다.

얼리 부인이 달려가 물수건으로 그의 얼굴과 양복을 닦자 링컨은 한 마디도 없이 꾹 참고 있었다고 한다.

링컨 부인의 질투 또한 대단해서 그녀가 사람 많은 곳에서 남편에게 했던 행동들을 읽으면 놀라서 숨이 멈춰진다. 그녀는 마침내 미치고 말았다. 그녀의 이해 못할 행동들이 정신적인 문제가 있어서 그랬다고 하면 그녀를 약간이나마 호의적으로 볼 수 있게 될까?

그녀가 했던 잔소리와 비난과 분노가 링컨을 변화시켰을까? 한 가지 면에서는 그렇다. 남편의 태도가 달라졌다. 링컨은 결혼을 후회하고 가능하면 아내를 만나지 않으려고 했다.

스프링필드에는 변호사가 열 한명이 있었는데 모두가 거기서 생활할 수는 없었다. 그들은 말을 타고 데이비드 데이비스 판사가 재판을 하는 곳마다 따라다녔다.

다른 변호사들은 주말이 되면 스프링필드로 돌아가 가족들과 즐거운 주말을 보냈지만 링컨은 그러지 않았다. 그는 집에 가는 것을 싫어했다. 봄에 3개월, 가을에 3개월씩 재판 길에 오르면 그는 스프링필드에는 절대 들리지 않았다.

링컨 부인, 유지니 왕후, 톨스토이 부인들의 잔소리의 결과는 이렇다. 잔소리는 그들의 삶에 비극만을 가져왔을 뿐이다. 가장 소중한 것들을 파괴해버렸다.

뉴욕의 가정재판소에 11년간 근무한 베시 햄버거가 수천 건의 이혼

소송을 조사한 결과 남편이 가정을 떠나는 주요한 원인이 아내의 잔소리 때문이었다. 그리고 〈보스턴 포스트〉지는 다음과 같은 글이 실려 있다. "많은 아내들이 그들의 잔소리로 결혼을 무덤으로 만들고 있다."

규칙 1

잔소리를 하지 않는다.

---

2 사랑하며 살자

나는 일생동안 바보 같은 짓을 많이 저질렀지만 사랑 때문에 결혼하지는 않겠다." 라고 디즈레일리가 말했다.

그는 53세까지 독신으로 살다가 그보다 15살 많은 돈 많은 과부에게 청혼했다. 연애결혼일까? 아니다. 그녀는 그가 자신을 사랑하지 않는다는 것을 알았다. 그녀는 그가 돈을 보고 자신과 결혼한다는 것을 알았다. 그래서 그녀는 한 가지 제안을 했다. 그의 성격을 알기 위해 일 년을 기다려 달라는 것이었다. 1년이 지나자 그녀는 그와 결혼했다.

너무 밋밋하고 계산적이다. 하지만 역설적이게도 디즈레일리의 결혼은 성공적이었다.

디즈레일리가 선택한 부유한 과부는 젊지도 아름답지도 똑똑하지도 않았다. 그녀는 문학·역사적인 지식이 없어서 그녀가 말을 하면 사람들이 웃음을 터뜨리는 적이 많았다. 예를 들면 그녀는 그리스 시대와 로마 시대 중 어느 시대가 먼저였는지 모르고, 의상이나 가구에 대한 취향도 이상했다. 하지만 그녀는 결혼 생활에서는 천재였다. 남편 다루는 법을 잘 알았다.

그녀는 지적인 면에서 남편에 대항하겠다는 생각은 아예 하지 않았다. 그가 똑똑한 부인들과 오후 내내 지겹도록 재치 있는 대화를 주고받다가 지쳐 집에 들어오면 메리 앤은 가벼운 잡담으로 그가 편히 쉬게 해주었다. 집은 그가 정신적 긴장을 풀고 부인의 따뜻한 사랑을 느끼며 편히 쉴 수 있는 곳이었다. 아내와 함께 보낸 시간들이 그의 인생에서 가장 행복한 순간이었다. 아내는 그의 좋은 협력자이고 마음의 벗이고 조언자였다. 매일 밤 그는 그날 있었던 일을 아내에게 이야기하고 싶어 회의가 끝나자마자 서둘러 집에 갔다. 메리 앤은 남편이 하는 일에는 절대적인 신뢰를 가지고 살았다.

30년 동안 메리 앤은 남편을 위해 살았다. 그녀는 디즈레일리에게는 유일한 여자였다. 그녀가 죽은 후에 그는 백작이 되었다. 하지만 그 이전, 자신이 아직 평민이었을 때 그는 빅토리아 여왕을 설득해서 아내를 귀족의 서열에 올려주었다. 1868년 그녀는 귀족이 되었다.

부인이 사람들 앞에서 실수를 저질러도 그는 그녀를 나무라지 않았다. 그녀를 비웃는 사람이 있으면 그는 정색을 하고 아내를 옹호했다.

메리 앤은 완벽하지는 않았지만 30년 동안 남편 이야기만 하고 남편을 칭송했다. 결과 디즈레일리는 "우리는 30년이나 함께 살았지만 나는 아직 아내가 싫증나지 않는다."라고 말했다.

디즈레일리는 공공연히 아내가 자신에게 가장 소중하다고 말했다. 아내도 언제나 지인들에게 "남편 덕분에 내 삶은 언제나 행복해요."라고 말했다.

두 사람은 이런 농담을 자주했다.

"나는 당신 돈 때문에 결혼한 거야."

"맞아요. 하지만 다시 한 번 결혼한다면 당신은 나를 사랑하니까 나랑 결혼할거예요."

디즈레일리도 그것을 인정하고 있었다.

메리 앤은 완벽하지는 않았지만 디즈레일리는 그녀의 본 모습을 있는 그대로 사랑한 현명한 남편이었다.

헨리 제임스가 다음과 같이 말했다. "관계를 맺는 데 있어 먼저 알아야 할 것은 상대가 나의 행복 추구방식을 바꾸려 하지 않는다면 나도 상대의 방식을 인정해주어야 한다는 점이다."

〈가족으로 함께 성장하기〉라는 책에서 릴랜드 포스터 우드는 말했다. "자신에게 맞는 사람을 찾는다고 해서 결혼이 성공하는 것은 아니다. 자신도 상대에게 어울리는 사람이 되어야 한다."

규칙 2

상대를 바꾸려고 하지 마라.

3 이혼을 피하는 방법

디즈레일리의 정적은 글래드스톤이었다. 이 둘은 사사건건 대립하였지만 한 가지 공통점이 있었다. 행복한 가정생활을 유지하고 있었다는 점이다.

윌리엄과 케더린 글래드스톤은 59년간 함께 행복하게 살았다. 엄숙한 얼굴의 영국의 재상 글래드스톤이 아내의 손을 잡고 노래하면서 춤추는 모습이 좋아 보인다.

"건달 남편에 극성장이 아내, 우리 둘이 손을 맞잡고 가니 세상 풍파도 문제없네."

정적에는 무서운 존재였지만 일단 가정으로 돌아가면 절대 아내의 흠을 잡지 않았다. 아침 식사를 하러 내려왔을 때 가족들이 아직 자고 있으면 그는 자신만의 방식으로 식구들을 온화하게 꾸짖었다. 그는 큰소리로 노래를 부르면서 영국에서 가장 바쁜 사람이 혼자 식탁에 앉아 식구들을 기다리고 있음을 알렸다. 사려 깊은 그는 집에서는 절대로 꾸중하지 않기로 마음먹었던 것이다.

러시아의 예카테리나 여제 또한 그랬다. 예카테리나 여제는 역사상 가장 큰 제국을 다스렸다. 그녀가 생사여탈권을 가지고 있는 국민의 수가 수백만 명에 달했다. 정치적으로 잔인한 폭군의 모습을 보였던 여제는 전쟁을 일으키거나 수많은 정적을 총살시키기도 하였다. 하지만 요리사가 고기를 태우면 아무 말 하지 않고 웃으며 고기를 먹었다.

가정불화의 원인에 관해 미국 최고의 권위자인 도로시 딕스는 절반 이상의 결혼이 실패라고 단언한다. 결혼이라는 달콤한 꿈이 이혼이라는 바위에 부딪쳐 깨지는 이유 중 하나가 쓸데없는 비판이라는 것이다.

규칙 3

비판하지 마라.

아이를 혼내고 싶으면 아마 여러분은 내가 '혼내지 말라'는 말을 기대할지 모른다. 하지만 틀렸다. 내가 말하려고 하는 것은 자녀를 혼내기 전에 미국 잡지에 실린 글 중 고전이라고 일컬어지는 "아버지는 잊어버린다"라는 글을 읽어보라는 것이다. 그 글은 원래 〈피플즈 홈 저널〉지의 사설형태로 개재되었다가 작가의 동의를 얻어 〈리더스 다이제스트〉지에 요약판의 형태로 실렸다.

"아버지는 잊어버린다"라는 글은 감정이 고조되었을 때 순식간에 써 내려간 짧은 글이지만 수많은 사람의 마음을 울려 아직도 많은 사람들이 즐겨 읽는다. 글의 저자인 리빙스턴 라니드는 "15년 전 처음 나온 이래로 이 글은 전국 각지의 잡지, 신문에 실렸다. 외국어로 번역된 것도 많다. 학교나 교회 강단에서 내 글을 읽고 싶다고 해서 허락한 경우도 수천 건에 이른다. 방송으로 나간 횟수도 많다. 신기하게 대학학보나 고등학교 잡지에도 실렸다. 때로는 짧은 글이 이상하게 잘 나가는 경우가 있는 것 같다."

아버지는 잊어버린다

W. 리빙스턴 라니드

아들아, 들어보아라. 네가 잠든 모습을 보면서 이 말을 하고 있단다. 작은 주먹이 뺨을 받치고 곱슬거리는 금발머리가 땀에 젖은 이마에 붙어있구나. 아빠는 네가 자는 방으로 살그머니 들어왔단다. 몇 분전에 서재에서 신문을 보고 있는데 후회가 들었단다. 미안해서 네 방으로 왔다.

네게 화를 내서 미안하단다. 학교에 갈 때 고양이 세수 한다고 화내고, 신발이 지저분하다고 혼내고, 물건을 바닥에 던져놓는다고 꾸짖었지.

아침 먹으면서도 잔소리를 했지. 흘리지마라, 꼭꼭 씹어 먹어라. 식탁에 팔 괴고 먹지마라, 빵에 버터를 너무 두껍게 발랐다하면서 말이야. 네가 놀러나가면서 손을 흔들며 "아빠, 안녕!" 했는데 아빠는 인상을 찌푸리며 "어깨 활짝 펴고!" 하고 대답했지.

저녁에도 또 잔소리를 한 것 같아. 퇴근길에 잠깐 보니 네가 바닥에 무릎을 꿇고 구슬치기를 하더구나. 양말에 구멍이 있었지. 너를 앞세우고 집으로 오면서 친구들이 다 있는데 '양말이 비싼데, 네가 벌어서 사면 이렇게 막 신겠니?' 라면서 너에게 창피를 주었구나.

저녁에 서재에서 책을 읽고 있는데 네가 상처받은 눈빛으로 내 눈치를 보면서 들어온 것 기억하니? 방해를 받아 짜증이 나 올려다보았는데 네가 문가에서 서성댔지. "무슨 일인데?" 아빠가 차갑게 말했지?

너는 아무 말 없이 내게 달려와서 내 목을 끌어안으며 내게 입 맞추고 조그만 팔로 나를 꼭 안아주었지. 그런 다음 너는 탁탁 발소리를 내며 네 방으로 갔단다.

아들아 네가 나가고 끔찍한 두려움이 몰려와 손에서 보던 신문을 놓치고 말았단다. 내가 무슨 짓을 하고 있는 것인가? 너는 아직 아이인데 습관적으로 나는 너의 잘못을 찾아 꾸짖고 있었던 거야. 내가 너를 사랑하지 않아서가 아니야. 단지 너는 아직 어린데 내가 그것을 잘 모르고 너무나 많은 것을 너에게 바란 거지. 내 기준으로 너를 재고 있었단다.

아들아 너는 너무 착하고 진실된 아이란다. 조그만 네 마음에 언덕너머로 밝아오는 새벽만큼 넓은 마음이 있다는 것을 안다. 네가 먼저 아빠에게 달려와 잘 자라고 키스해준 것을 보면 알 수 있지. 오늘밤 내게 이보다 더 중요한 것은 아무것도 없어. 아빠는 어둠속에 너의 침대 가에 앉아 부끄러운 마음으로 무릎 꿇고 앉아 있다.

이것은 작은 속죄에 불과해. 네가 아침에 일어나서 아빠가 이런 말을 해도 잘 이해하지 못할 것을 알지만 내일 아빠는 진짜로 아빠다운 아빠가 되어볼게. 신나게 놀아보자. 네가 아파하면 같이 아파하고 네가 웃으면 같이 웃을게. 잔소리가 나올 것 같으면 꾹 참을게. 의식적으로 이 말을 되뇌일거야. "아직은 아이일 뿐이야. 아직은 아이라고!"

아빠는 너를 어른으로 생각하고 있었나봐. 이렇게 작은 침대에서 웅크리고 자고 있는 너를 보니 아직은 아가구나. 엄마 품에 안겨있을 때가 바로 엊그제인데 너에게 너무나 많은 것을 바랬구나.

4 모든 사람을
행복하게 하는 비결

"대부분의 남자가 아내를 찾을 때 기업 임원을 찾는 것이 아니라 자신의 허영을 채워주고 자신을 우월하게 느끼도록 만들어줄 사람을 찾는다. 유능한 여성이 식사에 초대를 받으면 대학에서 배운 '현대철학 사조' 이야기를 꺼내거나 자기가 먹은 밥값은 자기가 내겠다고 고집을 부릴 것이다. 그 결과 그녀는 그 이후 혼자 식사초대를 받지 못할 것이다. 반대로 대학을 나오지 못한 타이피스트가 식사 초대를 받으면 남자만을 바라보며 '당신에 대해 좀더 말해주세요.' 라고 재촉할 것이다. 그 결과 남자는 다른 사람에게 '엄청난 미인은 아니지만 정말 즐거운 시간이었어.' 라고 말할 것이다."

이 말은 로스앤젤레스 가족관계 연구소 소장인 폴 포피노가 한 말이다.

남자는 아름답게 보이려고 하는 여성의 노력을 칭찬해야 한다. 여성들이 얼마나 의상에 관심을 갖는지 알고 있다고 해도 잊어버리기 쉽다. 예를 들어 한 커플이 다른 커플을 길에서 만나면 여자들은 상대 남자를 잘 안 본다. 대신 그녀는 다른 여자의 옷차림을 유심히 본다.

몇 년 전 나의 할머니는 98세로 작고하셨다. 그런데 돌아가시기 직전에 30년 전 찍은 사진을 보여드렸다. 할머니는 눈이 잘 안 보이셔서 사진을 자세히 보실 수 없으셔서 우리에게 물으셨다. "내가 무슨 옷을 입고 있지?" 이제 임종이 얼마 안 남은 할머니가 정신이 가물가물해 자신의 딸도 알아볼 수 없는 할머니가 30년 전에 자신이 어떤 옷을 입고 있었는지에 관심이 있다니! 나는 할머니가 그 질문을 하실 때 할머니 침대 맡에 있었다. 그때 받은 인상은 너무 강해 잊혀지지 않는다.

이 글을 읽는 남자들은 자신이 5년 전에 무슨 옷을 입었는지 기억할 수 없고 기억하고 싶지도 않을 것이다. 하지만 여자들은 다르다. 우리 미국 남성들은 그 사실을 깨달아야 한다. 프랑스 상류층 남자들은 어려서부터 여성의 옷과 모자를 칭찬하도록 교육받는다.

여기에서 재미있는 일화를 하나 소개하겠다.

어느 농부의 아내가 고된 일을 끝내고 돌아온 남자들에게 저녁식사로 건초를 산더미처럼 놓았다. 남자들이 화내자 그녀는 대답했다. "어머나, 어떻게 알았어요? 20년 동안 요리를 계속 해왔는데 뭘 먹고 있는지 잘 모르는 것 같아서 건초를 준비했는데 알아버렸네!"

제정 러시아의 모스크바와 상트 페테르부르크의 귀족들은 그나마 나은 매너를 가지고 있었다. 맛있는 식사를 했으면 그들은 요리사를 식탁으로 불러내 요리에 대한 감사를 표하는 것이 관습이었다.

아내에게 이런 배려를 하는 것이 어떨까? 다음번에 구운 닭요리가 맛있다면 맛있다는 말을 꼭 해라.

칭찬할 때에는 아내가 얼마나 소중한 존재인지 말하는 것을 주저하지 마라. 영국의 위대한 정치가 디즈레일리도 공공연히 그렇게 말하고 다녔다.

얼마 전 잡지를 뒤적이다가 에디 캔터의 인터뷰를 읽게 되었다.

"나는 이 세상 누구보다 아내에게 감사하고 있습니다. 그녀는 어렸을 때부터 나의 소중한 친구였고 내가 바르게 살 수 있도록 도와주었습니다. 우리가 결혼한 후 그녀는 저축에 힘쓰고 요령 있게 투자하여 상당한 재산을 만들어 주었습니다. 우리는 사랑스러운 다섯 명의 자녀도 있습니다. 그녀는 항상 행복한 가정을 만들어 줍니다. 내가 조금이라도 성공했다면 이것은 전부 아내 덕분입니다."

할리우드는 런던의 로이드 보험사도 내기를 걸지 않을 정도로 결혼이 도박과 같은 곳이다. 거기서도 눈에 띄게 행복한 결혼생활을 이어나가는 얼마 안 되는 부부가 있는데 워너 백스터 부부가 그 중 하나다. 위니프렛 브라이슨이라는 이름으로 화려한 배우 활동을 하던 백스터 부인은 결혼을 하면서 연기를 접었다. 하지만 그녀의 희생이 그들의 행복을 막을 수는 없었다. "아내는 무대의 박수갈채를 그리워했지만 그녀는 나의 박수를 받고 있다. 남편이 자신에게 헌신하고 자신을 칭찬해준다고 느낄 때 아내는 행복하다. 그런 헌신과 칭찬이 진심이면 남편도 행복해 질 수 있다.

규칙 4

진심으로 칭찬하라.

---

5 여성들에게
작은 관심을 기울여라

옛날부터 꽃은 사랑의 언어로 여겨져 왔다. 꽃은 비싸지 않고 길거리에서 쉽게 살 수 있다. 그런데도 남편들은 수선화 한 다발 사다 주는 법이 없다. 남편들은 꽃이라면 난초처럼 비싸거나 알프스 절벽에 피는 에델바이스처럼 쉽게 얻을 수 없는 것으로 생각하나보다.

몇 송이 꽃을 아내에게 주는데 아내가 병원에 입원할 때까지 기다릴 필요는 없다. 당장 내일 밤에라도 장미 꽃 몇 송이를 사서 집에 가 봐라. 무슨 일이 생기나 한번 보자.

브로드웨이 스타 조지 M. 코핸은 어머니가 세상을 떠날 때까지 매일 두 차례 어머니에게 전화를 했다. 전화를 걸 때마다 깜짝 놀랄 소식을 전했을까? 작은 관심이란 바로 이것이다. 항상 상대에게 당신이 그녀를 생각하고 있다고 알려주는 것이다.

여성들은 생일이나 기념일을 중요하게 생각한다. 남자들은 많은 날짜들을 외우지 않고도 잘 살아간다. 하지만 콜럼버스가 미 대륙을 발견한 1492년, 미국이 독립을 선언한 1776년, 그리고 아내의 생일과 결혼 기념일은 중요하다. 앞의 두 날은 잊어도 되지만 뒤의 두 날은 잊으면 안 된다.

4만 건의 이혼소송을 진행하여 2천 쌍의 조정에 성공한 시카고의 조셉 사베스 판사는 이렇게 이야기한다.

"사소한 것이 쌓여 가정불화로 이어집니다. 아내가 출근길 남편에게 손을 흔들어 주는 것만으로도 이혼을 피할 수 있습니다."

로버트 브라우닝은 아내 엘리자베스 브라우닝과의 결혼생활에 목가적인 아름다움이 있었다고 한다. 그는 아무리 바빠도 작은 칭찬과 관심으로 애정을 북돋아 주었다. 그가 병든 아내를 얼마나 극진히 살피는지 그의 아내가 언니에게 이렇게 편지를 썼다.

"요즘 나는 남편 말처럼 정말 천사가 된 것 같은 기분이 들기 시작했어."

너무나 많은 남편들이 이 사소한 관심의 가치를 과소평가한다. 게이너 매덕스는 〈픽토리얼 리뷰〉에 기고한 글에 이렇게 썼다.

"미국 가정은 새로운 습관이 필요하다. 예를 들어 침대에서 아침 식사하는 것은 아내에게 기분전환이 된다. 아내에게 침대에서 아침식사는 남자들이 술집에 가는 것과 비슷한 역할을 한다."

결혼의 행복은 사소한 관심이 쌓여서 이뤄진다. 이 사실을 간과하는 부부는 불행해질 것이다. 시인 에드나 세인트 빈센트 밀레이는 이런 사실을 짧은 시구절에 표현했다.

'내 하루가 고통스러운 것은
　사랑이 가버려서가 아니라
　사랑이 사랑한 일로 떠나버렸기 때문.'

이 구절은 기억하면 좋은 시구절이다. 라스베가스에서는 일주일에

6일 이혼소송이 진행되는데 대략 열쌍 중에 한 쌍이 이혼한다. 이 부부들 중 정말 비극적인 일로 헤어지는 커플이 얼마나 될까? 장담컨대 얼마 안 될 것이다. 며칠 앉아서 부부의 증언을 들어보면 사랑이 사소한 일로 가버렸다는 사실을 알 수 있을 것이다.

지금 칼로 이 구절을 오려 모자 안에 붙이거나 거울에 붙여서 자주 보아라.

"나는 이 길을 한번만 지날 수 있다. 그러므로 내가 다른 사람에게 친절을 베풀 수 있는 기회가 생긴다면 지금 해라. 미루거나 무시하지 마라. 다시 인생을 살 수는 없으니까."

규칙 5

관심을 기울여라.

---

6 행복하기 위해
잊으면 안 되는 것들

월터 댐로치는 대통령 출마한 일이 있는 웅변가 제임스 브레인의 딸과 결혼했다. 오래전 스코트랜드의 앤드류 카네기의 집에서 만난 이후로 두 사람은 정말 행복한 삶을 누려왔다.

비결이 무엇일까?

"배우자를 선택하는 것이 중요하지만 결혼 후에도 예의를 지키는 것이 중요합니다. 젊은 아내들이 다른 사람에게 하듯이 남편에게도 예의를 차린다면 얼마나 좋을까요? 어떤 남자라도 여자가 바가지를 긁으면 도망가고 싶을 겁니다."

무례함은 사랑을 파괴하는 암이다. 누구나 이 사실을 알지만 다른 사람에게는 잘하면서 우리 가족에게는 막 대한다.

다른 사람이 말하면 "아, 지긋지긋해. 또 그 이야기야!" 라고 말하지 않을 것이다. 친구의 우편물을 허락 없이 열어보거나 비밀을 캐는 일은 꿈도 꾸지 못할 것이다. 이런 사소한 잘못을 저질러 기분 나쁘게 하는 것은 언제나 가장 가깝고 소중한 식구뿐이다.

도로시 딕스는 이렇게 말하고 있다. "우리에게 비열하고 가슴 아픈 악담을 퍼붓는 사람들은 다름 아닌 우리 식구라는 것이 놀랍다."

헨리 클레이 리스너는 "예의는 부서진 문보다는 문 너머 마당에 보이는 꽃을 보자고 하는 마음가짐이다." 라고 말한다.

예의는 결혼생활에서 윤활유와 같이 중요하다.

〈아침 식탁의 독재자〉의 저자 올리버 웬델 홈스는 자신의 집에서 결코 독재자가 아니었다. 사실 그는 기분이 우울하고 쳐져있으면 다른 식구들을 위해서 그 감정을 숨겼다. 그의 말에 따르면 다른 식구들이 그 기분에 전염되지 않게 감정을 숨기는 일은 아주 힘이 들었다고 한다.

올리버 웬델 홈스는 그렇게 했는데 우리는 어떤가? 회사에서 일이 안 되고 상사에게 꾸중을 듣는다. 머리가 아파오고 설상가상으로 통근 버스를 놓쳤다. 그러면 식구들에게 분풀이를 하고 만다.

네델란드에서는 집에 들어가기 전에 문간에 신발을 벗어놓는다. 우리는 네델란드 사람들에게 배울 점이 있다. 우리가 집에 들어가기 전에 직장에서의 고민은 벗어놓고 들어가자.

윌리엄 제임스는 〈인간의 무지에 관하여〉라는 글을 쓴 적이 있다. 근처 도서관에 가서 한번 읽어봐라. 이 글이 다루고자 하는 무지는 우리와 다른 사람들의 감정에 우리가 갖고 있는 무지다. 사업상 동업자나 손님에게 날카로운 말을 할 수 없는 남자들이 집에서는 아내에게 소리를 지른다. 하지만 그들의 행복을 위해서는 결혼이 사업보다 더 중요하다.

행복한 결혼생활을 하는 남자가 독신으로 사는 천재보다 행복하다. 러시아의 위대한 소설가 투르게네프는 어디에서나 칭송을 받았다. 하지만 그는 이렇게 말했다. "나는 내가 집에 돌아왔을 때 저녁식사를 준비해서 기다려주는 아내만 있다면 내 재능과 모든 나의 책을 포기할 것이다."

행복한 결혼생활을 할 가능성은 얼마나 될까? 도로시 딕스는 절반 이상은 실패라고 말한다. 하지만 폴 포피노 박사의 생각은 다르다. "결혼에서 성공할 확률은 다른 어떤 사업에서 성공할 확률보다 높다. 야채가게를 하면 70퍼센트가 실패하는데 결혼에서는 70퍼센트가 성공한다."

도로시 딕스는 결혼에 대해 다음과 같은 결론을 내리고 있다.

"결혼에 비교하면 출생은 단순한 에피소드에 불과하고 죽음 역시 사소한 일일 뿐이다. 여자들은 남자들이 왜 사업에 쏟는 노력만큼 가정을 지키기 위해 노력하지 않는지 이해하지 못한다. 돈을 많이 버는 것보다도 아내와 평화롭고 행복하게 사는 것이 남자들에게 훨씬 의미가 있는 일인데도 가정의 평화를 위해 노력하는 남편은 백 명에 한 사람도 안 된다. 인생에서 가장 중요한 것을 팽개치고 있는 것이다. 아내에게 부드러운 태도를 보여주는 것이 효과적인데도 남자들이 왜 그렇게 하지 않는지 여자들은 이해할 수 없다. 아내를 마음대로 조종할 수 있는 기술을 모든 남자들은 알고 있을 것이다. 조금만 칭찬해주면 아내가 얼마나 좋아하는 지 남편들은 알고 있다. 낡은 옷이라도 잘 어울린다고 말해주면 아내가 최신 유행의 옷을 바라지 않을 것이다. 아내의 눈에 키스를 해주면 아내는 모든 일을 눈감아 주고 입술에 가볍게 키스를 해주기만 하면 아내는 군소리를 하지 않을 것이란 것을 안다. 모든 아내들이 남편에게 자신이 뭘 해주면 좋아하는 지 이야기 해주었기 때문에 남편들은 이 사실을 알고 있다. 아내의 바람대로 해주는 대신에 싸우고 나서 맛없는 음식을 먹고, 아내에게 옷이며 차며 보석을 사주느라 돈을 낭비하는 것을 보면 아내들은 남편에게 화를 내야 할지 어째야 할지 알지 못한다."

규칙 6

예의를 갖춰라.

7 결혼생활과 성(性)

　사회위생국장인 캐서린 데이비스 박사가 천명의 기혼여성에게 결혼
생활에 대한 설문조사를 실시했다. 그 결과 성생활에 불만을 가진 사람
이 많다는 사실이 밝혀졌다. 이 조사에 따르면 이혼의 중요한 사유중
하나는 성생활의 부조화를 들 수 있다고 발표했다.

　G. V. 해밀턴 박사의 조사도 이 사실을 입증하고 있다. 박사는 남녀
각각 100명의 결혼생활에 대해 4년간 연구를 했다. 그는 이 사람들과
개별적으로 면담하여 4백 개에 달하는 질문을 하고 결과를 검토하였
다. 이 작업은 사회적으로 중요하다고 인정되어 많은 자선가들의 후원
을 받을 수 있었다. 해밀턴 박사와 케네스 맥거번 박사의 공저인 "결혼
생활의 문제"가 조사 결과이다.

　결혼생활의 문제는 무엇인가? 해밀턴 박사는 이렇게 말한다. "성적
부조화는 가정불화의 원인이 되지 않는다고 말하는 의사는 대단한 선
입견에 사로 잡혀 있는 것이다. 성생활만 순조로우면 사소한 마찰은 문
제가 되지 않는다."

　로스앤젤레스 가족관계 연구소 소장인 폴 포피노 박사는 수천 건의

결혼에 대해 검토했으며 가정생활에 관해서 최고 권위자로 인정받고 있다. 그에 따르면 결혼실패에는 대략 네 가지가 있는데 그가 제시한 순서는 다음과 같다.

1. 성생활의 부조화
2. 여가 활용에 대한 의견의 불일치
3. 경제적 곤란
4. 심신의 이상

성문제가 제일 처음이고 이상하게도 재정적 어려움이 목록의 세 번째에 오는 것을 주목해 보아라.

이혼문제 전문가는 누구나 성생활의 균형을 유지하는 것이 결혼생활에 절대적으로 필요하다고 말하고 있다.

수천 건의 이혼소송을 처리 해온 신시네티 가정법원의 호프만 판사는 "이혼의 90퍼센트는 성적 불만에서 비롯된다."라고 단언한다.

저명한 심리학자 존 왓슨은 이렇게 말한다. "섹스가 인생에서 가장 중요한 문제이다. 섹스는 인생의 행복을 좌우한다."

그리고 많은 개업의들이 내 강좌에서 이와 비슷한 말을 많이 했다. 문화가 발달한 20세기에 본능에 대한 무지로 결혼생활이 불행한 사람이 있는 것이 유감스러운 일이 아닌가?

올리버 M. 버터필드 신부는 18년 동안의 성직생활을 청산하고 가정 상담소를 뉴욕에 열었다. 그만큼 많이 주례를 많이 본 사람은 없을 것이다.

"결혼식장의 신랑, 신부들은 열정에 불타고 있지만 결혼의 의미를 모르는 이들이 많다. 그런데도 이혼율이 16%에 그치고 있다는 것은 놀랍다. 대부분의 부부들은 그저 이혼하지 않고 있는 것뿐이다. 행복한 결혼은 되는 대로 놔두어서는 안 된다. 신중하게 계획해야 하는 점에서 행복한 결혼은 건축물과 같다."고 버터필드 박사는 말한다.

이런 계획을 돕기 위해 박사는 오랫동안 커플들이 장래 계획을 세우는 것을 도와왔다. 많은 상담을 한 결과 그는 결혼할 커플들이 결혼의 실제를 잘 모르고 있다는 결론에 도달했다.

"섹스는 결혼생활에서 만족시켜야 할 여러 요소 중 하나지만 이 관계가 제대로 되지 않으면 다른 모든 것들이 제대로 되지 않는다."고 말했다.

하지만 어떻게 제대로 되게 만들까?

"감정적으로 입을 다무는 대신 객관적으로 결혼생활의 자세와 행동에 대해 이야기하는 능력을 키워야 한다. 이런 능력을 키우는 데는 책을 읽는 것 이상의 방법이 없다. 나는 늘 내가 지은 〈결혼과 성적조화〉라는 책을 나누어 주었다."

규칙 7

결혼생활의 성적인 측면에 관해 좋은 책을 읽는다.

성에 대해 책으로 배우는 것이 이상한가? 몇 년 전 콜롬비아 대학교는 미국 사회위생국과 공동으로 교육계 전문가들을 초청해서 대학생의 성과 결혼문제에 관해 토론했다. 이 토론에서 폴 포피노 박사는 이렇게 말했다. "이혼은 감소추세에 있습니다. 그 이유 중 하나는 사람들이 성과 결혼에 관해 좋은 책들을 더 많이 읽고 있기 때문입니다."

행복한 가정을 만드는 7가지 비결

규칙 1. 잔소리하지 마라.

규칙 2. 배우자를 바꾸려 하지 마라.

규칙 3. 비난하지 마라.

규칙 4. 진심으로 칭찬하라.

규칙 5. 작은 관심을 보여라.

규칙 6. 예의를 갖춰라.

규칙 7. 결혼생활의 성적인 측면에 관해 좋은 책을 읽어라.

결혼생활 평가설문

〈아메리칸 매거진〉1933년 6월판에는 에멧 크로지어가 쓴 "왜 결혼생활에 문제가 생기는가?" 라는 글이 있다. 다음은 그 글에 실려 있던 설문지이다. 각각의 질문에 '그렇다' 라고 대답하는 경우 10점을 매긴다.

남편

1. 아내의 생일, 결혼기념일, 아니면 평소에 가끔 아내에게 꽃을 사다주는가?
2. 사람들 앞에서 아내를 절대로 비난하지 않는가?
3. 생활비 이외에 별도로 아내가 쓸 수 있는 돈이 있는가?
4. 당신은 감수성이 강한 여성의 기분을 이해하여 아내가 피곤하거나 화내거나 짜증낼 때 잘 도와주는가?
5. 여가시간의 반 이상을 아내와 함께 하는가?
6. 아내의 요리솜씨나 살림솜씨를 당신의 어머니나 친구부인과 비교하지 않는가?
7. 아내의 사교활동, 교우관계, 정치관 등을 잘 알고 있는가?
8. 아내가 다른 남자와 춤을 추거나 건전하게 교제하면 군말없이 허락하는가?
9. 기회만 있으면 아내를 칭찬하고 존경심을 표현하는가?
10. 단추를 달거나 양말을 다리거나 옷을 세탁소에 보내는 것과 같은 사소한 일에도 고맙다고 말하는가?

아내

1. 동료나 비서, 근무시간 등 남편의 사업에 참견하지 않는가?

2. 당신은 가정을 재미있고 즐겁게 하기 위해 노력하고 있는가?

3. 날마다 음식 장만에 신경 쓰고 있는가?

4. 남편의 직업을 이해하고 도움이 되도록 노력하는가?

5. 남편이 실패하더라도 불평을 말하지 않고 용감하게 역경을 헤쳐
   나갈 수 있는가?

6. 당신은 시댁식구들과 친하게 지내기 위해 노력하는가?

How to Stop Worrying and Start Living

2부 자기관리론

서문

이 책은 어떻게 쓰여졌고 왜 쓰여졌는가?

35년 전에 나는 뉴욕에서 가장 불행한 사람 중에 하나였다. 그 당시 생계를 위해 트럭을 팔면서도 트럭이 어떤 원리로 움직이는지도 몰랐고 관심도 없었다. 나는 나의 직업을 경멸했다. 뉴욕 서부 56번가의 바퀴벌레가 득실대는 허름한 집에 사는 것에 진저리가 났다. 아침에 벽에 걸어 둔 넥타이를 매려고 보면 바퀴벌레가 새까맣게 붙어있던 모습을 아직도 생생히 기억한다. 바퀴벌레가 득실대는 싸구려 식당에서의 식사도 너무나 싫었다.

매일 밤 나 자신에 대한 실망, 미래에 대한 걱정으로 쓸쓸히 마음 아파하며 집으로 퇴근했다. 대학시절부터 바랬던 꿈이 악몽으로 변한 현실에 나는 반항했다. 이것이 진정한 삶인가? 이것이 내가 그토록 바랐던 삶이던가? 싫어하는 일을 하고, 바퀴벌레와 동거하며 싸구려 음식을 먹고, 미래에 대한 희망이 없는 이것이 내 인생이란 말인가? 나는 책을 읽고 글을 쓰던 학창시절이 너무나 그리웠다.

이제 내가 경멸하는 일을 때려치워도 잃을 것이 없었다. 떼돈을 버는 것에는 관심이 없었다. 다만 진정한 삶을 누리고 싶었다. 젊은이들이 인생의 출발점에서 겪는 결정의 순간이 나에게도 찾아왔다. 그래서 나는 결정을 했고, 이 결정이 나의 미래를 완전히 바꾸어놓았다. 이 결정으로 내가 꿈꿨던 것 이상으로 나는 행복했다.

싫어하는 일은 하지 않고, 사범대학교에서 교육학을 전공했으니까 야간학교에서 성인을 대상으로 강의하기로 결정했다. 자유로운 낮 시간에는 책을 읽고, 강의를 준비하고 소설을 쓸 수도 있을 것이다.

성인들을 대상으로 무엇을 가르칠 것인가? 대학시절에 배운 것을 되돌아보니 사람들 앞에서 자신의 생각을 발표하는 능력이 실생활에서 쓸모 있을 것 같았다. 그 수업은 나의 소심함과 부족한 자신감을 없애고 사람들을 대할 수 있는 용기와 확신을 주었다. 자신이 생각하는 바를 말하는 사람이 리더가 된다는 것을 그 때 깨달았다.

나는 콜럼비아 대학과 뉴욕 대학의 야간 강좌에 대중연설 강사로 지원했지만 탈락했다.

그때는 실망했지만. 지금 되돌아보니 그것이 나에게는 행운이었다. YMCA야간학교에서 강의를 시작했다. YMCA 학생들은 실생활에서 써먹을 수 있는 강의를 원했다. 학생들은 학위나 사회적 지위를 위해 내 강의에 온 것이 아니었다. 그들은 자신들의 문제를 해결하기 위한 단 한 가지 이유로 내 강의에 왔다. 그들은 사람들 앞에 서서 두려움 없이 이야기하기를 원했다. 영업사원들은 주저 없이 까다로운 고객을 상대하고 싶어 했다. 그들은 침착함과 자신감을 키워서 출세하고 싶어 했다. 수업료는 분납제여서 강의에 만족하지 않으면 돈을 지불하지 않아도 되었다. 월급이 아니라 이익의 몇 퍼센트를 받는 계약이어서 내가 먹고 살려면 나의 강의는 실용적이어야 했다.

그 당시에는 나에게 불리한 조건에서 가르쳤지만 지금 생각해보니 더 없이 소중한 경험이었다. 나는 학생들을 격려하고, 학생들의 문제를 해결하기 위해 함께 노력했다. 재미있는 강의로 학생들이 계속 출석하게 만들었다.

나는 이 일을 정말로 좋아했다. 수강생들이 내가 생각한 것보다 더 빨리 자신감을 얻고 승진하는 것을 보는 것은 놀라운 일이었다. 수업은 기대이상으로 성공적이었다.

하루 강의료로 5달러도 주지 않겠다던 YMCA는 30달러를 지급했다. 처음에는 대중연설만 가르쳤지만 세월이 흐르며 사람들이 친구를 사귀고 상대에게 어필하는 능력이 필요하다고 생각했다. 인간관계를 다룬 적합한 교재를 찾을 수 없어서 내가 직접 교재를 썼다. 이 책은 내가 썼다기보다 강의에서 얻은 경험으로 쓰여졌다. 나는 그 책의 제목을 〈인간관계론〉이라고 붙였다.

이 책은 내 수업교재로 썼고, 다른 사람들이 들어보지 못한 다른 책도 4권 썼는데 이렇게 많이 팔리리라고는 상상도 못했다.

세월이 지나면서 성인들이 가지고 있는 가장 큰 문제가 걱정이라는 것을 깨달았다. 수강생의 대다수는 회사의 중역, 영업사원, 엔지니어, 회계사 등 다양한 분야에서 일하는 직업인이다. 그들 모두가 고민거리가 있었다. 강의에는 직장에 다니는 여성이나 전업주부가 있었는데 그들 역시 고민이 있었다. 확실히 내가 필요한 것은 걱정을 어떻게 잠재우는 지에 대한 교재였다. 그래서 적합한 교재를 찾으려고 했다. 뉴욕에서 가장 큰 도서관에 갔는데 놀랍게도 걱정, 고민이라는 제목으로 등록된 책이 22권밖에 없었다. 벌레라는 표제 아래에는 189권의 책이 있는데 말이다. 벌레에 대한 책이 고민에 대한 책 보다 9배가 많다니 놀랍지 않은가? 걱정은 인간이 가진 가장 큰 문제인데 고등학교, 대학교에서 〈걱정을 하지 않는 방법〉에 대한 강의가 있다는 것은 들어본 적이 없다. 데이비드 시베리는 그의 책 〈효과적으로 고민하기〉라는 책에서 다음과 같은 말을 했다. "우리는 발레를 춰달라고 부탁받은 공부벌레처럼 아무런 준비 없이 성인이 되어간다."

결과는 어떨까? 미국 병원의 절반 이상이 신경 질환을 앓고 있는 환자들로 가득 차 있다.

뉴욕 공립 도서관 서가에 꽂혀있는 걱정에 대한 22권의 책을 살펴보았다. 내가 찾을 수 있는 걱정에 대한 책도 전부 사 보았는데, 내 수업에 교재로 쓰일만한 책이 없었다. 그래서 내가 직접 책을 쓰기로 결정했다.

이 책을 쓰기위해 7년 전부터 준비했다. 그동안 나는 모든 시대의 철학자들이 고민에 대해 말한 것을 찾아보았다. 공자부터 처칠까지 수백 권의 전기문도 읽어보았다. 잭 뎀프시, 오마르 브래들리 장군, 마크 클락 장군, 헨리 포드, 일레노어 루즈벨트와 도로시 딕스까지 유명 인사를 직접 면담했다. 그러나 이것은 시작에 불과했다.

5년간 고민을 해결하는 방법을 연구했다. 내가 아는 한 이런 시도는 없었다. 나는 수강생들에게 고민을 해결하기 위한 방법을 몇 가지 알려주고 이것을 실생활에서 적용해본 뒤 수업에서 결과를 발표하게 했다. 자신이 예전에 사용했던 방법을 발표한 학생들도 있었다.

이 경험의 결과로 고민극복을 어떻게 했는지에 대한 많은 이야기를 들을 수 있었다.

그뿐만 아니라 고민을 이겨낸 사람들이 보낸 편지를 수백 통 읽었다. 이 책은 대학에서 만든 책도 아니고 학구적인 책도 아니다. 나는 고민을 어떻게 해결했는지에 대한 간략한 보고서 형식으로 책을 쓰려고 노력했다. 이 책이 확실히 실용적이다. 이 책은 철저하게 사실에 입각해서 쓰여졌다.

프랑스의 철학자 발레리는 이렇게 말했다. "과학은 성공한 처방의 집대성이다." 이 책은 성공한 방법들의 집대성이다. 하지만 주의 할 것이 있다. 이 책에 새로운 내용은 없겠지만 일반적으로 사용하지 않는 방법들이 많이 있을 것이다. 우리는 이미 성공적으로 살기 위한 방법은 다 알고 있다. 우리는 모든 황금률을 다 알고 있다. 우리의 문제는 무지가 아니라 실천을 하지 않는 데 있다. 이 책의 목적은 그 황금률을 다시 말하고, 실천하고, 보여주고 직접 행동하게 하는 데 있다.

당신은 지금 이 책이 어떻게 쓰여졌는지 보려고 이 책을 집은 것이 아니다. 당신은 어떻게 살아야 하는 지를 알기 위해 이 책을 집은 것이다. 자, 그렇다면 이제 시작해보자. 처음 40~50페이지를 읽고서도 걱정은 그만하고 인생을 즐길 준비가 되어 있지 않으면 이 책을 쓰레기통에 버려도 좋다. 그런 것을 찾을 수 없다면 이 책은 아무런 도움이 되지 않기 때문이다.

데일 카네기

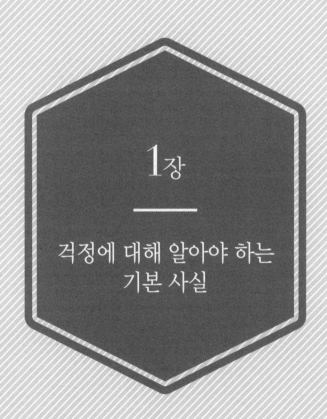

1장

—

걱정에 대해 알아야 하는
기본 사실

1 오늘에 충실해라

1871년 봄에 어떤 젊은이가 책을 읽다가 그의 인생에 중대한 영향을 미칠 구절을 발견했다. 몬트리올 종합병원의 의학도인 이 청년은 졸업 시험, 어디에서 어떻게 개업을 해야할 지, 앞으로 어떻게 삶을 할 지 걱정을 하고 있었다.

이 때 읽은 구절로 인해 그는 당대 가장 유명한 의사가 되었다. 그는 존스 홉킨스 의과대학을 설립하고, 영국에서 의료인에 주어지는 최고의 영예인 옥스퍼드 의과대학의 교수가 되었다. 그는 영국 기사 작위를 받았다. 그가 죽었을 때 무려 1,466쪽에 달하는 두 권의 전기가 출간되었다.

그가 바로 윌리엄 오슬러 경이다. 그가 1871년 봄에 읽었던 토머스 칼라일의 책 구절을 소개해본다. 이 구절을 읽고 윌리엄 오슬러 경은 고민에서 벗어날 수 있었다.

"우리는 멀리 희미하게 보이는 것을 쫓을 것이 아니라 바로 앞에 명확하게 보이는 것을 실행해야 한다."

그로부터 42년 후 튤립이 만발한 따뜻한 봄날 저녁에 윌리엄 오슬러는 예일 대학교 학생들에게 연설했다. 자신이 4개 대학교 교수였고 유명한 책을 써서 사람들이 자신을 천재라고 생각하지만 자신은 지극히 평범한 사람이라고 말했다.

그의 성공의 비결은 무엇일까? 그것은 바로 오슬러 경이 말한 "하루를 충실하게 살기" 덕분이었다. 이 말은 무슨 말일까? 그는 예일 대학에서 연설하기 전에 대형 증기선을 타고 대서양을 건넜다. 그 배는 선장이 단추만 두르면 배의 각 부분이 차례로 닫혀 방수가 되는 구조였다. 오슬러 경은 다음과 같이 학생들에게 말했다.

"여러분 각자는 장거리 여행을 하기 위해 만들어진 거대한 증기선보다 더 훌륭한 존재입니다. 제가 여러분께 간곡히 부탁드리는 것은 인생이라는 항로를 안전하게 지나가려면 '오늘'이라는 구획을 명확히 구분지어 살아갈 수 있도록 여러분 자신을 조절하는 방법을 잘 배우라는 것입니다. 선교에 오르면 거대한 함선의 모든 기관이 질서정연하게 놓여있는 것이 보일 것입니다. 단추를 누르면 과거는 사라집니다. 다음 단추를 또 누르면 아직 보이지 않는 미래가 철문과 함께 닫힙니다. 그러면 당신의 오늘은 안전합니다. 이미 지나간 과거를 닫아버리십시오! 어리석은 자를 죽음으로 이끄는 과거는 잊어버리십시오. 미래와 과거라는 짐은 강한 사람도 쓰러뜨립니다. 미래나 과거를 모두 닫아버리십시오. 미래란 바로 오늘입니다. 내일은 없습니다. 지금 이 순간에 충실하십시오. 아직 일어나지도 않은 미래를 고민하는 사람에게 정력의 낭비, 정신적 스트레스, 고민은 붙어 다닙니다. 오늘을 충실하게 사는 습관을 기르십시오."

오슬러 박사가 우리에게 미래를 준비하지 말라고 이야기하는 것일까? 아니다. 전혀 그렇지 않다. 그는 미래를 준비하는 최고의 방법은 바로 모든 힘을 다하여 현재의 일에 충실하는 것이라고 강조하여 말하고 있다. 그것이야 말로 내일을 준비하는 유일한 방법이다.

윌리엄 오슬러 경은 예일대학교의 학생들에게 예수의 기도문 중 '오늘날 우리에게 일용할 양식을 주십시오.' 라는 기도로 하루를 시작할 것을 주문했다.

이 기도는 단지 오늘의 양식만을 구하고 있다는 것을 기억해라. 그 기도는 우리가 어제 먹은 딱딱한 빵을 불평하고 있는 것이 아니다. 다음과 같은 말도 아니다.

"하나님, 요즘 가물어서 밀밭이 말라갑니다. 가뭄이 계속될지 모릅니다. 그러면 내년에 밀농사는 어떻게 될까요? 제가 실업자가 되면 빵은 어떻게 구할까요?"

이 기도는 오늘의 양식만을 기도하라고 가르치고 있다. 오늘의 빵만이 우리가 먹을 수 있는 유일한 양식이다.

옛날에 가난한 철학자가 황무지 지역을 거닐고 있었다. 어느 날 한 무리의 사람들이 그의 연설을 듣고자 언덕에 몰려들었다. 거기서 그는 역사상 가장 많이 인용되는 말을 했다.

"내일의 걱정은 하지 말라. 내일 일은 내일 생각해라. 하루의 괴로움은 그 날로 족하니라."

많은 사람들이 "내일의 걱정은 하지 말라." 는 예수의 말을 거부했다. 그들은 예수의 말을 실현 불가능한 이상적인 충고, 동양의 신비주의에서 나온 말로 보고 거절했다. 그들은 이렇게 말했다. "나는 내일 일을 생각해야 되겠어. 내 가족을 위한 보험을 들어야 하고, 노년을 위해 저축을 해야 돼. 성공하기 위해 계획을 세우고 준비해야겠어."

맞는 말이다. 물론 그렇게 해야 한다. 3백 년 전의 생각은 고민을 의미했다. 예수의 말을 정확히 옮기자면 다음과 같다. "내일 일은 걱정하지 말라."

그러니 내일을 생각해라. 주의 깊게 생각하고 계획하고 준비해라. 하지만 걱정은 하지 마라.

전쟁 중에 군 지휘자들은 내일을 계획했지 걱정하면서 시간을 보낼 틈이 없었다. 미국 해군을 지휘하던 어니스트 J. 킹 제독은 다음과 같이 말했다.

"나는 최정예 부대에 최고의 무기를 제공했습니다. 그리고 가장 적절한 작전을 부여했지요. 그것이 내가 할 수 있는 전부였습니다. 만약 배가 침몰했다면, 내게 침몰한 배를 인양할 능력은 없습니다. 이미 지난 일에 마음 졸이는 것보다는 내일의 문제를 해결하기 위해 시간을 쓰는 것이 현명합니다. 게다가 이미 지난 일에 얽매이면 나는 견뎌내지 못할 겁니다."

전시상황이건 아니건 간에 현명한 사고와 미련한 사고의 주된 차이는 이것이다. 현명한 사고는 원인과 결과를 따져서 논리적이며 건설적인 계획을 세우게 한다. 미련한 사고는 긴장과 신경쇠약에 이르는 경우가 많다.

나는 운 좋게도 최근에 세계적으로 유명한 신문 중에 하나인 〈뉴욕 타임즈〉의 발행인 아더 헤이즈 슐츠버거를 인터뷰하는 기회를 얻었다.

슐츠버거 씨는 제2차 세계대전이 유럽을 휩쓸자 미래가 걱정되어 잠을 잘 수가 없었다고 말했다. 한밤중에 거울을 보고 자화상을 그리려고 노력했다고 한다. 그는 그림을 배운 적이 없었지만 걱정을 마음에서 떨쳐 버리고자 그림을 그렸다. 슐츠버거 씨는 찬송가에 나오는 '그저 한걸음만 인도하소서.' 라는 가사를 되뇌이며 걱정을 떨칠 수 있었다고 말했다.

내 갈길 멀고 밤은 깊은 데 빛되신 주
저 본향 집을 향해 가는 길 비추소서
내 가는 길 다 알지 못하나
한 걸음씩 늘 인도하소서.

비슷한 시기에 유럽에서 군 복무하던 어떤 젊은이도 이와 같은 교훈을 배우고 있었다. 메릴랜드 주 볼티모어 출신의 테드 벤저미노는 전쟁으로 심한 신경증에 시달리고 있었다.

"1945년 4월 저는 스트레스가 심해져서 의사가 '경련성 가로결장' 이라고 부르는 병에 걸렸습니다.

저는 완전히 지친 상태였습니다. 저는 보병 94사단 소속 유해 발굴 하사관이었습니다. 내가 하는 일은 전사자, 실종자, 부상자들의 기록을 작성하고 관리하는 것이었습니다. 그리고 적군이건 아군이건 간에 전시 중에 급하게 묻어버린 병사들의 시체를 발굴하는 것을 돕는 것도 제 일이었습니다. 죽은 병사들의 유품을 모아서 부모나 친척에게 보내는 것도 제 담당이었습니다. 실수를 해서 유품이 잘못 가지 않을까 걱정했고, '내가 이 일을 견딜 수 있을까' 항상 걱정했습니다. 살아서 16 개월 된 아들을 품에 안을 수 있을까 항상 걱정했습니다. 걱정이 지나쳐 체중이 34파운드나 빠졌습니다. 걱정이 지나쳐 미칠 것 같았습니다. 손을 내려다보니 뼈만 앙상했습니다. 쇠약해진 몸으로 집에 갈 생각을 하니 두려워졌습니다. 마음이 약해져서 혼자 있을 때면 눈물이 쏟아졌습니다. 벌지 전투가 시작된 후에는 너무 자주 울어서 정상적인 인간으로 돌아갈 수 있을지 장담할 수 없는 지경에 이르렀습니다.

저는 결국 병원 의무실에 입원했습니다. 군의관의 충고가 제 인생을 완전히 바꾸어 놓았습니다. 신체검사를 한 후에 그는 제 문제가 정신적인 것 같다고 말했습니다. '테드, 자네의 인생을 모래시계라고 생각해보게. 모래시계 꼭대기에는 수천 개의 모래알이 있어. 이 모래알이 중간의 가늘고 작은 홈으로 천천히 균일하게 지나가지. 한 알 이상을 통과시키려고 하면 모래시계는 부서져버리고 말거야. 우리 모두는 모래시계와 같아. 우리가 아침에 일어나면 해야 할 일이 수백 가지야. 하지만 한 번에 한 가지씩 하지 않으면 우리의 몸과 마음은 고장 나 버릴 거야.'

잊을 수 없는 그 날 이후 저는 의사가 제게 해준 말을 꾸준히 실천하고 있습니다.

'한 번에 한 알의 모래, 한 번에 한가지 일.'

의사의 충고 덕분에 전쟁 동안에 정신적으로나 육체적으로 무사하게 지낼 수 있었습니다. 그리고 에드크래프트 인쇄회사에서 홍보담당이라는 현재의 위치에 오를 수 있게 도와주었습니다. 일을 할 때도 전쟁 때와 같은 문제들이 일어납니다. 비축된 재고가 적고, 새로운 양식을 처리해야 하고, 주문을 새로 해야 하고, 주소를 변경해야 하고, 지점을 개설하거나 폐쇄하는 등 할 일은 많은 데 할 시간이 없습니다. 초조해하는 대신에 군의관이 한 말을 기억합니다. '한 번에 한 알의 모래, 한 번에 한가지 일'—이 말을 계속 되뇌면서 좀더 효율적으로 일을 처리하고, 동요되지 않고 제가 해야 할 일을 처리합니다."

요즘 입원환자 절반이 과거와 미래라는 무거운 짐에 짓눌려 정신적으로 문제가 있는 사람들이다. 그러나 그런 사람들 중 대다수는 "내일 일을 걱정하지 말라."는 예수의 가르침, "오늘에 충실하라"는 윌리엄 오슬러 경의 말대로 살았다면, 행복하고 보람찬 인생을 살면서 즐겁게 거리를 활보하고 다녔을 것이다.

우리는 지금 이 순간 과거와 미래가 만나는 지점에 있다. 우리는 단 한 순간도 이 둘 중 어느 곳에도 있을 수 없다. 그렇게 하려다가는 우리의 몸과 마음이 부서질 것이다. 지금부터 잠자리에 들 때까지 우리가 사는 현재에 만족하자. 로버트 루이스 스티븐슨은 다음과 같이 말했다.

"아무리 힘들어도 밤이 올 때까지 누구든 자신의 짐을 질 수 있다. 아무리 힘들어도 하루 동안이면 그 일을 할 수 있다. 해가 질 때까지 누구든 즐겁게, 참을성 있게, 순수하게 하루를 살 수 있다. 이것이 바로 진정한 인생이다."

그렇다. 삶이 우리에게 요구하는 것은 이것이 전부이다. 하지만 미시건주에 사는 E. K. 쉴즈 부인은 낙심해서 거의 자살하기 직전에 이 사실을 깨달았다.

"1937년에 남편을 잃고 저는 매우 절망했습니다. 돈도 없었습니다. 전에 다니던 회사 사장에게 재취업을 부탁하는 편지를 써서 예전의 일을 맡았습니다. 저는 예전에 시골과 도시의 학교에 책을 파는 일을 했습니다. 남편이 아프면서 이미 2년 전에 차를 팔았지만 있는 돈을 다 긁어모아 중고차를 사서 다시 책장사에 나섰습니다.

다시 영업일을 하면 제 절망이 사라질 줄 알았습니다. 하지만 혼자 운전하고, 혼자 먹는 것은 제가 감당하기에 벅찼습니다. 실적이 좋지 않아 얼마 안 되는 자동차 할부금도 갚기가 힘들었습니다.

1938년 봄에 저는 미주리의 베르사유에서 책을 팔고 있었습니다. 그 지역 학교들은 재정이 빈약하고 도로 사정도 좋지 않았습니다. 너무 외롭고 절망스러워서 자살까지 생각했습니다. 절대로 성공할 수 없을 것 같았습니다. 살아야 할 이유가 없었습니다. 매일 아침 일어나서 삶과 직면하는 일이 두려웠습니다. 모든 것이 두려웠습니다. 차 할부금을 내지 못할까 두려웠고, 월세를 못낼 것 같아 두렵고, 먹을 것이 없을까 두려웠습니다. 건강이 나빠지는 것 같은데 의사를 찾아갈 돈도 없었습니다. 여동생과, 장례치를 돈도 없다는 생각 때문에 죽지 못해 살고 있었습니다.

그런데 어느 날 저를 절망에서 구해주고 다시 살아갈 용기를 준 글을 읽었습니다. '**현명한 자에게는 매일이 새로운 삶이다.**' 저는 그 구절을 타이핑해서 자동차 앞 유리창에 붙여놓고 운전을 할 때 항상 쳐다봅니다. 한 번에 단 하루를 사는 것이 힘든 일이 아니라는 것을 발견했습니다. 어제 일은 잊어버리고 내일 일은 생각하지 않는 법을 배웠습니다. 매일 아침 저는 이렇게 외칩니다. '오늘은 새로운 인생이다.'

저는 외로움, 결핍의 두려움을 극복하고 행복하고 성공적인 삶을 살고 있습니다. 삶에 대한 열정과 사랑이 넘쳐납니다. 저에게 어떤 일이 일어나더라도 다시는 두려워하지 않을 것입니다. 이제 미래를 두려워할 필요가 없다는 것을 압니다. 이제 하루에 한 번의 인생을 살 수 있다는 것을 알고, '현명한 자에게는 매일이 새로운 삶이다.' 라는 것을 압니다." 당신은 누가 다음의 시를 썼는지 알고 있는가?

행복하리니 홀로 행복하리니
오늘을 자신의 것이라 말할 수 있는 사람.
내면이 단단하여 이렇게 말하리.
"내일이 최악이라도 나는 오늘을 살리라."

요즘 쓰여진 시 같은가? 이 시는 예수가 태어나기 30년 전에 로마시인 호레이스가 쓴 것이다.

인간 본성 중에 가장 비극적인 것은 제대로 된 삶을 뒤로 미루는 것이다. 우리는 지평선 넘어 마법의 장미정원을 꿈꾸면서도 우리 창 밖에 피어있는 장미꽃은 쳐다보지도 않는다.

우리는 왜 이렇게 바보일까? 스티븐 리콕은 이렇게 썼다.

"우리의 짧은 인생은 얼마나 기묘한가! 아이는 말한다. '내가 청년이 되면……' 이라고 말하고 청년은 '내가 어른이 되면……' 이라고 말하고, 어른이 되면 '내가 결혼 하면……' 이라고 말한다. 하지만 결혼한다고 뭐가 달라지는가? 그 다음에는 '내가 은퇴하면……' 이라 하고 은퇴하면 이미 지나가버린 자신의 인생을 되돌아보게 된다. 차가운 바람이 휩쓸고 있다. 그는 모든 것을 놓쳐버렸다. 인생이 매순간을 살아가는 연속임을 깨닫게 되면 그때는 이미 너무 늦은 것이다."

디트로이트의 고(故) 에드워드 L. 에반스는 그가 인생이 매순간을 살아가는 연속임을 깨닫기 전에 걱정으로 자살하려고 했다. 가난한 집에서 자란 에반스는 신문을 팔아 처음 돈을 벌었고 그 다음에는 식료품점의 점원으로 일했다. 나중에 그가 부양해야 할 식구는 7명으로 늘었고, 그는 보조 사서로 일하게 되었다. 월급은 적었지만 그만둘 수가 없었다. 자신의 일을 시작할 용기를 내기까지 8년의 세월이 흘렀다. 자본금은 빌린 돈 55달러였지만 1년에 2만 달러를 벌 정도로 사업이 확장되었다. 그러고 나자 무시무시한 한파가 불어 닥쳤다. 그는 친구를 위해 거액의 보증을 섰는데, 그만 친구의 회사가 부도가 나고 말았다. 엎친 데 덮친 격으로 그가 전 재산을 맡겼던 은행이 파산하고 말았다. 그는 무일푼이 되었을 뿐 아니라 만 육천 달러의 빚마저 떠안게 되었다. 그의 정신이 이 상황을 버텨내지 못했다.

"저는 잠을 잘 수도 먹을 수도 없었습니다. 이상하게 몸이 아프기 시작했습니다. 온종일 걱정뿐이었지요. 근심이 병을 몰고 왔습니다. 어느 날 길을 걷다가 갑자기 기절해서 길바닥에 쓰러졌습니다. 저는 더 이상 걸을 수 없었습니다. 입원을 했는데 몸에 종기가 나기 시작했습니다. 이 종기가 몸속에도 나는 바람에 나중에 침대에 누워있는 것도 고통스러웠습니다. 저는 매일매일 쇠약해졌습니다. 마침내 주치의가 이대로는 2주도 버티지 못한다는 말을 했습니다. 저는 큰 충격을 받았습니다. 유언장을 쓰고 침대에 누워 죽을 날만 기다리고 있었습니다. 아무리 발버둥을 치고 걱정을 해도 소용이 없었습니다. 모든 것을 포기하고 편안하게 잠을 잤습니다. 몇 주 동안 두 시간 이상을 자본 적이 없었습니다. 이 고행을 끝내려고 하니까 갓난아기처럼 잠에 빠졌습니다. 피곤함이 사라지고 식욕이 돌아와 살이 찌기 시작했습니다.

몇 주가 지나자 목발을 짚고 걸을 수 있었습니다. 6주가 지나자 다시 일을 시작할 수 있었습니다. 예전에는 연봉이 2만 달러였는데 이제는 일주일에 30달러만 벌어도 감사했습니다. 제가 하는 일은 차를 선적할 때 차의 바퀴를 받치는 블록을 파는 일입니다. 이제 더 이상 걱정하지 않습니다. 이미 일어난 일을 후회하지도 않습니다. 미래에 대한 불안도 없습니다. 저의 모든 시간, 에너지, 열정을 오로지 블록 파는 일에만 집중했습니다."

에드워드 S. 에반스는 빠르게 성장했다. 몇 년 후에 그는 에반스 프로덕트 회사의 대표가 되었다. 그 회사는 뉴욕주식시장에 장기간 상장되었다. 비행기로 그린란드에 가면 그의 이름을 딴 비행장에 착륙할 것이다. 그가 현재에 충실하지 않았다면 이런 성공은 이루지 못했을 것이다.

당신은 화이트 퀸 한 말을 기억할 것이다.

"규칙은 내일도 잼을 바르고 어제도 잼을 발랐는데 오늘은 잼을 바르지 않는 거야."

우리들 대부분은 지금 발라야 할 잼에는 신경 쓰지 않고 어제 바른 잼 때문에 속을 썩이고 내일 바를 잼 때문에 걱정을 한다.

프랑스의 위대한 철학자 몽테뉴도 이와 같은 실수를 했다.

"내 삶은 끔찍한 불운으로 가득 차 있었다. 하지만 그런 불운은 일어나지도 않았다."

내 삶도 그렇고 당신의 삶도 그렇다.

단테는 다음과 같은 말을 했다.

"오늘이 결코 다시 시작되지 않음을 기억해라."

인생은 엄청난 속도로 지나간다. 우리는 초속 19마일이라는 속도로 달리고 있다. 오늘이 우리가 가진 가장 소중한 재산이다.

로웰 토마스의 철학도 그랬다. 나는 최근에 그의 농장에서 주말을 보냈는데 그는 시편 118편에 나오는 구절을 액자에 넣어서 그의 스튜디오 벽에 걸어놓고 자주 쳐다보았다.

"이 날은 여호와께서 정하신 것이라
  이 날에 우리가 즐거워하고 기뻐하리로다."

존 러스킨의 책상에는 "오늘"이라는 단어를 새긴 돌이 있다. 내 책상에는 돌은 없지만 거울에 시 한편을 붙여놓고 매일 아침 면도할 때마다 들여다본다. 유명한 인도 희곡작가 칼리다사의 시인데 윌리엄 오슬러 경도 이 시를 책상에 붙여놓았다.

새벽에 바치는 인사

오늘 하루를 잘 봐라!
이 하루가 인생이니
그 짧은 하루 안에
너라는 존재가
성장의 기쁨이
행동의 영광이
찬란한 아름다움이 있다

어제는 꿈에 불과하고

내일은 환영일 뿐이나

오늘을 충실하게 살면

어제는 행복한 꿈이 되고

내일은 희망이 가득한 환영이 된다.

그러니 오늘하루를 잘 봐라!

이것이 새벽 여명에 바치는 인사

당신의 인생에서 걱정을 없애고 싶으면 윌리엄 오슬러 경의 방법을 실천해라.

과거와 미래를 철문으로 막아라. 오늘 하루를 충실하게 살아라.

스스로에게 다음의 질문을 해보고 답을 적어보아라.

1. 나는 미래를 걱정하거나 지평선 너머 아득한 곳에 있는 장미정원
   을 동경한 나머지 현실의 삶을 사는 것을 도외시하지 않는가?

2. 나는 이미 끝나버린 과거에 일을 후회하면서 현재의 삶을 망치고
   있지 않는가?

3. 나는 아침에 일어나서 "현재를 즐겨야지" 라고 결심하는가?

4. 오늘 하루를 충실하게 살 수 있는가?

5. 언제부터 이렇게 할 수 있을까? 다음 주? 내일? 아니면 오늘?

2 걱정을 해결하는 마법의 공식

이 책을 더 읽기 전에 걱정을 해결하는 빠르고 확실한 방법을 알고 싶은가?

그렇다면 에어컨 산업의 선구자이자 세계적으로 유명한 캐리어사의 사장인 윌리스 H. 캐리어가 실천했던 방법을 당신에게 소개하고자 한다. 이것은 내가 아는 한 최고의 걱정 해결 방법이다. 나는 캐리어 씨와 뉴욕 엔지니어 클럽에서 만나 점심식사를 하면서 직접 이 이야기를 들었다.

"젊었을 때 버팔로 주물공장에서 일했습니다. 미주리 주 피츠버그 유리공장에 가스 정화 시설을 설치하라는 임무를 받았습니다. 가스 정화 시설을 설치하면 가스의 불순물이 제거되어 엔진이 고장 나지 않습니다. 가스를 정화한다는 방법 자체가 그 당시에는 새로운 방법이었습니다. 전에 한번 해본적은 있는데 이번과 다른 상황이었습니다. 예상치 못한 문제가 일어났습니다. 장치가 어느 정도는 작동했지만 우리 회사에서 장담했던 것과는 거리가 있었습니다.

실패했다는 사실에 충격을 받았습니다. 마치 누군가가 제 머리를 세게 친 것과 같았습니다. 위와 내장이 꼬이고 뒤집히기 시작했습니다. 한동안 너무 걱정이 되어 잠을 이룰 수가 없었습니다.

마침내 걱정 해봤자 상황이 좋아질 것이 없다는 생각이 들었습니다. 그래서 걱정하지 않고 문제를 해결할 수 있는 방법을 찾아냈습니다. 그것은 놀라운 효과가 있었습니다. 나는 이 규칙을 30년이 넘게 실천하고 있습니다. 그것은 간단합니다. 누구라도 할 수 있어요.

첫째, 두려워하지 않고 상황을 냉정하게 분석합니다. 이번 실패로 인해 일어날 수 있는 최악의 경우를 예측해보았습니다. 이번일로 감옥에 가거나 총을 맞을 일은 없을 것이다. 사실 직장을 잃을 수도 있지요. 사장이 기계를 떼어 버리고 투자금 2만 달러를 잃을 가능성은 있었습니다.

둘째, 일어날 수 있는 최악의 상황을 생각한 후에 그것을 감수하기로 결심했습니다. 그리고 혼잣말을 했습니다. '이번 실패는 내 경력에 오점이 되겠지. 직장을 잃을 수도 있어. 하지만 그렇게 되면 다른 직장을 구하면 되잖아. 또 사장의 입장에서 봐도 가스 정화 시설을 실험중인 거고, 2만 달러를 손해 본다고 회사가 망하지는 않을 거야. 그 비용을 연구개발비로 돌릴 수 있겠지. 어차피 실험이었으니까.

최악의 상황을 확인하고 그 결과를 받아들이기로 하자 정말 큰 변화가 일어났습니다. 마음이 편안해지고 몇 일동안 느끼지 못했던 마음의 평화를 느꼈습니다.

셋째, 그때부터 최악의 상황을 좀더 개선시키려는 방향으로 시간과 에너지를 집중했습니다.

2만 달러라는 손실액을 줄이기 위해 모든 수단과 방법을 강구했습니다. 그 장비에 추가로 5천 달러를 투자하면 문제가 해결될 것 같았습니다. 우리는 그렇게 했고 회사가 2만 불을 잃는 대신에 우리는 만 5천 달러의 이익을 냈습니다.

내가 걱정만 하고 있었으면 이런 일은 결코 일어나지 않았을 것입니다. 왜냐하면 걱정의 가장 큰 단점이 집중력을 떨어뜨리는 것이기 때문입니다. 우리가 걱정을 하면 마음이 갈피를 못 잡고 우리는 결단력을 잃어버립니다. 하지만 우리가 최악의 상황을 감수하고 마음속으로 최악의 상황을 받아들이면 쓸데없는 공상들이 없어지고 문제 해결에 온 힘을 쏟을 수 있게 됩니다.

그때 이후로 이 방법을 쭉 써오고 있습니다. 그 결과로 내 삶은 걱정에서 완전히 해방되었습니다."

캐리어 씨의 마법의 공식이 왜 그렇게 소중하고 실제적인 가치가 있을까? 그의 방법은 우리를 걱정에서 해방시켜 준다. 그 방법은 우리를 세상에 단단히 설 수 있게 해준다. 우리는 우리의 처지를 잘 안다. 우리의 마음이 방황하고 있으면 무슨 수로 우리가 어려움을 헤쳐 나갈 수 있겠는가?

응용심리학의 아버지 윌리엄 제임스 교수가 죽은 지 38년이 지났지만 그가 최악의 상황을 직시하는 이 공식을 들으면 진정으로 그것을 인정해줄 것이다. 내가 왜 그렇게 확신하느냐고? 왜냐하면 그가 학생들에게 다음과 같이 말했기 때문이다.

"마음 편히 받아들여라. 이미 일어난 일을 인정하는 것이 불행을 극복하는 첫 번째 과정이기 때문이다."

중국의 철학자 임어당도 그의 유명한 저서 〈생활의 발견〉에서 같은 생각을 말했다.

"진정한 마음의 평화는 최악의 상황을 인정하는 데서 온다. 심리학적으로 보면 그것은 에너지의 해방을 의미한다."

바로 그것이다! 심리학적으로 그것은 에너지의 해방을 의미한다. 최악의 상황을 인정하면 우리는 더 이상 잃을 것이 없다.

캐리어 씨는 이렇게 말한다.

"최악의 상황을 겪고 나자 마음이 즉시 편해지고 그동안 경험할 수 없었던 마음의 평화를 얻었다. 그때부터 생각을 할 수 있었다."

맞는 말 아닌가? 하지만 수백만 명의 사람들은 최악의 상황을 인정하기를 거부하기 때문에 분노의 소용돌이에 빠져 자신의 삶을 파괴하고 있다. 상황을 개선하려는 시도를 거부하고 파멸에서 자신의 인생을 구하는 것을 거부하고 있다. 운명을 개척하려고 노력하려는 대신에 예전의 경험에 집착하다가 우울증의 희생자가 된다.

캐리어의 마법의 공식을 자신의 문제에 적용한 다른 사람의 예를 보고 싶은가? 그렇다면 내 강좌의 수강생인 뉴욕의 석유 중개상의 이야기를 해보겠다.

"저는 협박을 당하고 있었습니다. 저는 이런 일이 영화가 아닌 실제 생활에서 가능하리라고 생각하지 않았습니다. 하지만 저는 실제로 협박을 당했습니다! 상황은 이렇습니다. 제 정유회사에는 많은 배달 트럭과 기사들이 있습니다. 그 당시 물가 관리국의 규제가 심해서 배달할 수 있는 석유의 양이 정해져있었습니다. 저는 몰랐지만 기사들 중 몇몇이 단골에게는 기름을 적게 배달하고 남은 양을 자신의 고객에게 되팔고 있었습니다.

감사관이 와서 제게 뒷돈을 주면 사건을 무마해주겠다고 요구해 온 이후에 이런 불법거래를 알게 되었습니다. 그는 우리 배달 기사들이 하고 있는 일에 대해 결정적 증거가 있으니 제가 돈을 주지 않으면 이 자료를 검찰청에 제출하겠다고 협박했습니다.

개인적으로는 걱정할 것이 없다는 것을 알았습니다. 하지만 법률상으로 회사는 직원의 행위에 책임이 있었습니다. 게다가 그 사건이 법정에 회부되면 언론에 보도되어 회사 이미지에 치명적일 것입니다. 저는 제 아버지가 24년 전에 세운 회사에 자부심을 갖고 있습니다.

저는 너무 걱정을 해서 몸이 아팠습니다. 3일 밤낮을 먹을 수도 없고 잠을 잘 수도 없었습니다. 5천 달러라는 뇌물을 줘야 하나? 마음의 결정을 내려야 했습니다. 악몽과 같은 순간이었습니다.

그러다가 일요일 밤에 우연히 카네기 대중 연설 수업에서 받은 〈걱정하지 않는 법〉이라는 책자를 집어 들었습니다. 책을 읽기 시작했고 캐리어 씨의 이야기를 읽었습니다. '최악의 상황에 직면하라'라는 말이 있었습니다. 그래서 저는 자문했습니다.

'내가 뇌물을 거부해서 감사관이 사건을 검찰에 넘기면 일어날 수 있는 최악의 일은 무엇인가?'

질문에 대한 저의 답은 이랬습니다.

'회사가 망한다. 그것이 최악이다. 감옥에 갈 리는 없다. 일어날 수 있는 일은 평판이 나빠지는 것이겠지. 좋아. 회사가 망하면 그건 받아들일 수 있어. 그 다음에 무슨 일이 일어날까? 사업이 망하면 일자리를 찾아봐야겠지. 그것도 나쁘지는 않아. 석유에 대해 많이 아니까 나를

기꺼이 고용할 회사는 많겠지.'

3일 밤낮동안 저를 괴롭혔던 우울함은 사라지기 시작했습니다. 마음이 차분해지고 놀랍게도 생각할 수가 있었습니다.

머리가 맑아져 '최악의 상황을 개선해라' 라는 3단계까지 생각을 할 수 있었습니다. 해결책을 생각하면서 완전히 새로운 각도로 문제를 볼 수 있었습니다. 변호사에게 사실을 털어놓으면 내가 생각지도 못했던 방법을 생각할 지도 모른다는 생각이 들었습니다. 전에는 이런 생각을 못했다고 말하면 바보처럼 보인다는 것을 알지만 생각할 겨를이 없었습니다. 전에는 걱정만 했으니까요! 다음날 아침 제일 먼저 변호사를 만나리라는 다짐을 하고 깊이 잠이 들었습니다.

사건은 어떻게 끝났을까요? 다음날 아침 제 변호사는 검사를 찾아가서 사실대로 말하라고 하더군요. 저는 시킨 대로 했습니다. 제가 이야기를 마치자 저는 놀라운 이야기를 들었습니다. 검사는 이런 협박사건이 몇 개월째 계속 되고 있고, 저를 협박한 감사관이 경찰 수배범이라는 사실을 말해주었습니다. 사기꾼에게 5천 달러를 건네야 하는지 3일 밤낮동안 고민했던 저에게 얼마나 위안이 되던 지요!

이제 문제가 생기면 캐리어 씨의 마법의 공식을 적용합니다."

캐리어 씨의 고민은 고민도 아니다. 메사츄세츠 윈체스터에 사는 얼 P. 헤이니 씨의 이야기를 들어보자. 다음은 1948년 11월 17일 보스턴 스태틀러 호텔에서 헤이니 씨가 나에게 해 준 이야기이다.

"20대에 고민을 많이 해서 위궤양을 앓았습니다. 어느 날 밤 설사가 심해서 시카고에 노스웨스턴 의대와 연계되어 있는 병원에 달려갔습니다. 체중은 175파운드에서 90파운드로 줄었습니다. 아무것도 하지 말고 누워있으라고 의사에게 경고를 들었습니다. 유명한 위궤양 전문의를 포함해서 세 명의 의사가 제 병이 불치병이라고 진단했습니다. 시간마다 알칼리 분말과 우유 반 숟가락, 크림 반 숟가락만으로 연명했습니다. 간호사가 아침저녁으로 고무관을 집어넣어 위 속 내용물을 빨아냈습니다.

이렇게 수개월이 흘렀습니다. 마침내 저는 이런 말을 할 지경에 이르렀습니다.

'얼 헤이니, 죽을 일 밖에 안 남았다면, 남은 시간을 최대한 활용하는 건 어때? 언제나 죽기 전에 세계를 여행하고 싶어 했잖아. 지금이야말로 여행하기에 제일 좋은 때야.'

의사에게 세계여행을 떠날 것이고 하루에 두 번씩 내가 직접 위의 내용물을 빨아내겠다고 하자 의사들은 깜짝 놀랐습니다.

'불가능해요!'

그들은 환자가 이런 말을 하는 것을 들어본 적이 없었습니다. 지금 세계여행을 떠나면 여행 도중에 장사지낼 것이라고 경고했습니다.

'아니요. 저는 죽지 않을 거예요. 나는 친척들에게 네브라스카 브로큰 보우의 가족 묘지에 묻히겠다고 약속했습니다. 그래서 관을 가지고 갈 생각입니다.'

관을 준비해서 배에 실었습니다. 그리고 증기선 회사와 내가 죽을 경우 시신을 냉동해 고향으로 가져오는 계약을 맺었다. 나는 오마르의 시에 용기를 얻어 여행을 떠났습니다.

아, 우리가 죽어서 먼지가 되기 전에

쓸 게 남아 있다면 마음껏 써라.

술도, 노래도, 가수도 없는

먼지아래 묻히리니.

로스엔젤레스에서 동양으로 가는 프레지던트 아담스 호에 승선하자마자 기분이 좋아졌습니다. 알칼리 분말을 안 먹게 되었고 위세척기로 위장을 씻어내는 일을 중단했습니다. 곧 모든 종류의 음식을 먹기 시작했습니다. 제게 아주 해롭다는 이국의 낯선 음식과 음료수를 먹고 있었습니다. 시간이 지나면서 담배까지 피우고 위스키로 만든 하이볼도 마셨습니다. 몇 년 동안 이렇게 즐거웠던 적이 없었습니다! 계절풍과 태풍을 만나 죽을 뻔 하기도 했습니다. 하지만 이 모험에서 정말 큰 즐거움을 느꼈습니다.

배 안에서 게임도 하고, 노래도 부르고, 친구도 사귀며 밤늦게까지 놀았습니다. 우리가 일본과 인도에 도착하자 이곳의 가난과 배고픔에 비하면 고국에서의 사업상 문제들은 배부른 고민이었음을 깨달았습니다. 부질없는 걱정을 하지 않으니 기분이 정말 좋았습니다. 미국에 돌아오니 90파운드나 살이 쪄 있었습니다. 위궤양이 있었다는 사실조차 잊었습니다. 인생에서 이렇게 행복한 적이 없었습니다. 나는 사업을 다시 시작해서 그때 이후로 하루도 아픈 적이 없었습니다."

얼 P. 헤이니는 은연중에 자신도 캐리어 씨가 걱정을 극복하기 위해 사용하던 방법을 쓰지 않았나 하고 말했다.

"첫째, '일어날 수 있는 최악의 일이란 무엇인가?' 하고 자문했더니 답은 죽음이었습니다.

둘째, 죽음을 받아들일 마음의 준비를 했습니다. 의사들은 내 병이 불치병이라고 했습니다.

셋째, 남은 시간동안이라도 최대한 즐김으로서 상황을 개선하려고 노력했습니다. 배에 타서도 계속 걱정했다면 돌아올 때는 관속에 들어가 있었을 것입니다. 하지만 편안하게 생각하려고 했고, 모든 문제를 잊었습니다. 마음의 평화가 목숨을 구했습니다."

고민이 있다면 캐리어 씨의 다음 세 가지 마법의 공식을 적용해보아라.

규칙 2

1. 자문해라. "지금 일어날 수 있는 최악의 상황이 무엇인가?"
2. 피할 수 없다면 받아들일 준비를 해라.
3. 침착하게 최악의 상황을 개선시키기 위해 노력해라.

3 걱정이 미치는 영향

걱정에 대처할 줄 모르는 사업가는 단명한다.
- 알렉시스 카렐 박사

얼마 전에 이웃이 나와 내 가족에게 천연두 백신을 맞으라고 권했다. 그는 뉴욕 전역에서 이웃에게 천연두 접종을 권유하는 수천 명의 자원봉사자 중 한명일 뿐이었다. 겁먹은 사람들이 몇 시간이나 접종을 위해 줄을 섰다. 접종소는 모든 병원 뿐 아니라 소방서, 경찰서와 대형공장에까지 설치되었다. 2천명이 넘는 의사와 간호사들이 밤낮없이 열심히 일했다. 이 소동의 원인이 대체 무엇일까? 뉴욕시에서 8명이 천연두에 감염되어 그 중에 두 명이 죽었다. 8백만이나 되는 인구 중에 2명이 죽은 것이 이 소동의 원인인 것이다.

지금까지 37년을 뉴욕에서 살았지만 지금까지 누구도 천연두에 비해 수십 배나 많은 피해를 입히는 걱정이라는 정신적 질병에 대해 경고를 해 준 사람이 없었다.

어떤 누구도 미국에서 10명 중에 한명이 신경쇠약에 걸린다고 경고

해준 적이 없었다. 그래서 나는 당신에게 경고해주기 위해 이 글을 쓰고 있다.

노벨의학상 수상자인 알렉시스 캐럴 박사는 다음과 같이 말했다.

"걱정에 대처할 줄 모르는 사업가는 단명한다."

이 말은 가정주부, 수의사, 벽돌공의 경우에도 마찬가지이다.

몇 년 전에 나는 산타페 철도회사의 보건담당임원 중의 한명인 O. F. 고버 박사와 함께 차로 텍사스와 뉴멕시코를 여행했다. 그의 정확한 직함은 걸프 콜로라도 산타페 병원협회 수석 내과의이다. 우리는 걱정의 영향에 대해 이야기 했는데 그는 이런 말을 했다.

"병원에 찾아오는 환자의 70%는 걱정과 두려움을 없애기만 하면 병을 치료할 수 있습니다. 사람들의 병이 상상에 의한 것은 아닙니다. 그들의 병은 지끈지끈한 치통보다 심합니다. 제가 말하는 병은 신경성 소화불량, 위궤양, 심부전, 불면증, 두통, 마비증상 등입니다. 이 병들은 실제 있는 병입니다. 제가 실제 앓은 적이 있어 잘 알고 있습니다. 저도 12년 동안 위궤양으로 고생하고 있거든요. 두려움은 걱정을 낳습니다. 걱정은 긴장하게 만들고 위액이 비정상적으로 바뀌어 위궤양이 생깁니다."

조셉 R. 몽테규 박사는 〈신경성 위장장애〉라는 책에서 비슷한 이야기를 한다.

"당신이 먹는 음식 때문에 위궤양이 걸리는 것이 아니다. 스트레스로 인해 위궤양이 생긴다."

메이요 클리닉의 W. C. 알바레즈 박사는 다음과 같이 말한다.

"위궤양은 스트레스의 기복에 따라 완화되기도 하고 악화되기도

한다."

메이요 클리닉에서 위 질환으로 치료를 받은 1만 5천명의 환자가 그의 말을 뒷받침한다. 5명 중에 4명은 위 질환을 앓아야 할 신체적 문제가 전혀 없다. 두려움, 걱정, 증오, 극단적 이기심, 현실 사회 부적응 같은 것들이 위 질환과 위궤양의 주된 원인이다. 위궤양이 당신을 죽일 수도 있다. 〈라이프〉 잡지에 따르면 위궤양은 치명적 질병 순위에서 10위를 차지한다.

나는 최근에 메이요 클리닉의 헤럴드 C. 허바인 박사와 편지를 주고받았다. 그는 전미 개업의 연례 총회에서 평균나이 44.3세인 기업체 임원 176명의 연구 결과를 발표했다. 그는 기업체 임원 3분의 1이 나이 45세에 도달하기 전에 고도의 긴장에서 오는 특유의 질환인 심장병, 위궤양, 고혈압에 걸렸다고 발표했다. 성공을 위해 얼마나 큰 대가를 치르고 있는가! 게다가 그들은 아직 완전히 성공한 것도 아니다. 성공을 위해 위궤양과 심장병에 걸렸다면 과연 성공한 것이라고 할 수 있겠는가? 세상을 다 가져도 건강을 잃으면 무슨 소용이 있겠는가? 세상을 다 가져도 침대에 누워 하루에 세끼밖에 먹을 수 없다면 무슨 소용인가? 막노동을 하는 사람도 이 정도는 할 수 있다. 아니 막노동을 해도 이보다 더 잘 자고 중역들보다 음식을 더 맛있게 먹을 수 있다. 솔직히 나는 철도회사나 담배회사의 임원이 되려고 45살에 건강을 망치느니 앨라배마에서 밴조를 껴안고 노래를 흥얼거리는 소작농이 되는 게 더 좋다.

담배 얘기가 나왔으니 말인데, 세계에서 가장 유명한 담배회사 사장이 캐나다 숲에 휴양을 왔다가 심장마비로 갑자기 죽었다. 그는 수백만 달러를 벌었지만 61세에 죽고 말았다. 그는 성공과 자신의 수명을 맞

바꾼 셈이다.

재산이 수백만 달러인 그 담배회사 중역은 미주리에서 농사를 짓다가 89세에 1달러도 남기지 않고 돌아가신 우리 아버지의 절반만큼도 성공적인 삶을 살지 못한 것 같다.

유명한 메이요 형제는 자신들 병원 환자의 절반은 신경질환을 앓고 있는 사람이라고 공언했다. 하지만 부검을 통해 이들 환자의 신경을 현미경으로 보면 대부분의 경우 건강한 사람의 신경만큼 건강하다. 신경질환은 신경이 물리적으로 손상되어 생기는 것이 아니라 무기력감, 절망, 불안, 근심, 두려움, 패배감, 절망 같은 감정 때문에 생긴다. 플라톤은 다음과 같이 말했다.

"의사들의 최대 실수는 마음을 치료하려 하지 않고 몸만 치료하려고 하는데 있다. 하지만 마음과 몸은 하나이고 그들은 개별적으로 치료되어서는 안 된다!"

의학이 이 위대한 진리를 깨닫는데 2천3백년이나 걸렸다. 최근에 정신신체의학이라고 불리는 새로운 종류의 의학이 주목받고 있다. 이 의학은 몸과 마음을 동시에 치료한다. 지금이 정신신체의학이 발달하기 최적의 시점이다. 기존 의학은 천연두, 콜레라, 황열병 병균에 의한 질병을 박멸했다. 하지만 기존 의학은 걱정, 공포, 증오, 패배감, 절망으로 야기되는 마음의 병은 치료할 수 없었다. 이런 마음의 병에 의한 사상자는 급속도로 빠르게 증가하고 있다.

의사들은 미국인 20명 중에 1명이 정신병원을 찾을 것이라고 전망하고 있다. 제2차 세계대전에 징집된 젊은이들 중 6명 중에 1명이 정신적인 문제 때문에 입대 거부를 당했다.

정신병의 원인이 무엇일까? 아무도 정확한 답을 모른다. 하지만 많은 경우에 두려움과 걱정이 주된 요소일 가능성이 높다. 각박한 현실을 견디지 못하고 걱정에 시달리는 사람들은 주변과의 관계를 단절하고 자신만의 꿈의 세계로 도피해 자신의 걱정을 해결한다.

이 글을 쓰고 있는 내 책상위에는 에드워드 포돌스키 박사의 책 〈걱정을 멈추면 병이 낫는다〉라는 책이 있다. 이 책의 소제목 중 몇 개를 소개해 본다.

걱정이 심장에 끼치는 영향

걱정은 고혈압을 낳는다

류마티즘은 걱정 때문에 생긴다

당신의 위를 위해서 걱정은 조금만 해라

걱정을 하면 감기에 걸린다

걱정과 갑상선

걱정 많은 당뇨병환자

정신의학의 메이요 형제라고 불리는 칼 메닝거 박사의 책 〈내 안의 적〉에서 메닝거 박사는 걱정을 피하는 방법을 제시하지는 않지만 걱정, 절망, 증오, 분노, 배반 그리고 두려움이 몸과 마음을 어떻게 파괴하는 지 생생하게 보여준다.

걱정은 가장 둔한 사람도 아프게 할 수 있다. 그랜트 장군은 남북전쟁이 끝날 때쯤 이 사실을 깨달았다.

그랜트 장군은 리치몬드를 9개월째 포위하고 있었다. 지치고 배고픈 리치몬드 장군의 군대는 패배했다. 연대가 한꺼번에 탈영하기도 했다. 병사들이 텐트에서 기도회를 열었다. 그 기도회에서 병사들은 소리지르고, 울고 환영을 보기도 했다. 전쟁의 끝이 가까워오고 있었다. 리치몬드 장군의 병사들은 리치몬드에 있는 목화와 담배 저장고에 불을 지르고 무기고를 태웠다. 병사들은 화염이 치솟는 동안 도시를 탈출했다. 그랜트가 이끄는 군대가 맹렬히 뒤를 쫓으며 양 측면과 후방에서 남부군에 총을 쏘아댔다.

셰리던장군의 기병대는 적의 퇴로를 막고 철로를 뜯고 군수품을 실은 열차를 포획했다.

거의 눈을 뜨지 못할 정도로 심각한 두통을 겪던 그랜트 장군은 부대에서 벗어나 한 농가에서 휴식을 취했다. 그의 회고록에서 그는 다음과 같이 기록하고 있다.

"나는 밤새 겨자를 푼물에 발을 담그고 겨자반죽을 손목과 목 뒤에 붙이고 아침까지 두통이 좋아지기를 기다리고 있었다."

다음날 아침 그의 편두통은 말끔히 사라졌다. 그의 두통을 치료한 것은 겨자 반죽이 아니라 기병이 가지고 온 항복의사를 담은 리치몬드 장군의 편지였다.

"장교가 편지를 가지고 올 때까지 나는 심각한 편두통에 시달리고 있었다. 내가 편지를 읽자마자 그 두통은 사라졌다."

그랜트 장군을 아프게 한 것은 걱정과 긴장이었다. 그의 감정이 자신감, 성공, 승리로 바뀌자마자 그의 두통은 순식간에 사라졌다.

70년 후에 루즈벨트 내각의 재무장관 헨리 모겐소 주니어는 걱정이 현기증의 원인이 된다는 사실을 발견했다. 일기에서 그는 대통령이 밀의 가격을 올리기 위해 하루에 4백 4십만 부셸이나 사들인 일을 크게 걱정했다. 그는 일기에 다음과 같이 적고 있다.

"그 일이 진행되는 동안 나는 말 그대로 현기증이 나는 것 같았다. 나는 점심을 먹고 집에 가서 두 시간동안 누워있었다."

걱정이 사람들에게 미치는 영향을 보려면 도서관이나 의사에게 갈 필요가 없다. 내가 책을 쓰고 있는 집 밖의 창문을 내다보면 된다. 우리 집에서 한 블록도 미치지 않은 곳에 신경쇠약에 걸린 사람이 있고, 걱정으로 당뇨에 걸린 사람이 있다. 주식 시장이 폭락했을 때 그의 당수치가 올라갔다.

프랑스의 유명한 철학자 몽테뉴가 자신의 고향 보르도의 시장에 당선되었을 때 그는 시민들에게 다음과 같이 말했다.

"열심히 일하겠습니다. 하지만 제 폐와 간까지 나빠지도록 과로하지는 않겠습니다."

걱정이 사람에게 어떤 영향을 미치는지 이웃집까지 보지 않아도 된다. 내가 사는 집의 주인은 걱정이 지나쳐 일찍 죽었다.

걱정을 하면 류머티즘과 관절염에 걸려 휠체어 신세를 질 수도 있다. 코넬 의과대학의 러셀 L. 세실 박사는 관절염의 세계적 권위자이다. 그는 관절염을 부르는 4가지 요인을 다음과 같이 지적한다.

1. 결혼 실패
2. 재정적 어려움
3. 외로움과 걱정
4. 오랫동안 품고 있는 원한

당연히 이 4가지 감정적 요인만이 관절염의 원인이 될 수는 없다. 관절염의 요인은 다른 여러 가지 원인이 있을 수 있다. 하지만 다시 말하지만 관절염을 부르는 가장 일반적인 요인은 위의 4가지이다.

예를 들어보자. 내 친구는 경제공황 당시에 큰 타격을 입었다. 가스 회사는 가스공급을 중단하고 은행은 집을 차압했다. 그의 아내는 갑자기 관절염에 걸렸다. 갖은 약과 식이요법에도 불구하고 아내의 관절염은 낫지 않았다. 그러나 경제적 상황이 좋아지면서 병세도 좋아졌다.

걱정은 충치의 원인이 되기도 한다. 윌리엄 맥고니글 박사는 미국 치과의사협회에서 다음과 같은 발표를 했다.

"걱정, 두려움, 잔소리 등에 의해 생긴 불쾌한 감정이 신체의 칼슘 밸런스를 무너트려 충치가 생기기도 한다."

맥고니글 박사는 부인의 갑작스러운 투병으로 부인이 입원해 있는 3주 동안 충치가 9개나 생긴 환자에 대해 말했다.

갑상선에 이상이 생긴 사람을 본 적이 있는가? 나는 본 적이 있는데, 그들은 부들부들 떨면서 죽을 것 같은 모습을 하고 있다. 신체의 항상성을 조절하는 갑상선의 불균형 때문이다. 심장박동이 빨라지고 모든 신체기관이 통풍구를 열어젖힌 용광로처럼 빠르게 움직인다. 신체의 작동을 제대로 조절하지 못하면 환자는 기력이 소진되어 죽을 것이다.

얼마 전에 나는 갑상선을 앓고 있는 친구와 필라델피아에 간 적이 있다. 우리는 갑상선 전문가로 38년 동안 활동하고 있는 전문의 이스라엘 브램 박사를 만나 상담을 받았다. 그의 대기실에 커다란 나무 액자가 있는데 거기에 다음과 같은 환자에게 주는 충고가 있다. 나는 편지봉투의 뒤편에 그 글을 옮겨 적었다.

마음의 휴식

사람의 마음에 가장 편안함을 주는 것은 건강한 종교생활, 잠, 음악 그리고 웃음이다.

하나님을 믿고, 잠 잘 자고

좋은 음악을 사랑하고, 인생의 즐거운 면을 보려고 해라.

그러면 건강과 행복은 당신의 것이 될 것이다.

내 친구에게 의사가 한 첫 번째 질문은 다음과 같다. "어떤 스트레스 때문에 이 증세가 발생했습니까?" 그는 나의 친구에게 걱정을 멈추지 않으면 심장질환, 위궤양 또는 당뇨병 같은 다른 합병증이 생길 것이라고 경고했다. "이 질병들은 서로 사촌간인데, 모두 걱정을 해서 생기는 것입니다." 그렇다. 그들은 친척간이다. 걱정이 이런 질병들을 생기게 하는 것이다.

내가 멀 오버론과 인터뷰를 했을 때, 그녀는 걱정을 하면 영화배우로서 자신이 가진 가장 중요한 자산인 외모가 망가지기 때문에 걱정하지 않기로 했다고 말했다.

"내가 처음 영화계에 발을 들여놓았을 때, 나는 겁이 났어요. 런던에 아는 사람이 아무도 없었습니다. 몇몇 제작자를 만났지만 누구도 나를 쓰려고 하지 않았어요. 내가 가진 얼마 안 되는 돈도 떨어져 가고 있었습니다. 2주 동안 크래커와 물만으로 연명했습니다. 나는 스스로에게 이렇게 말했죠. '배우가 안 될지 몰라. 연기를 해 본 적도 없고, 경험도 없잖아. 예쁜 얼굴 말고는 가진 게 없잖아?'

나는 거울 앞에 섰습니다. 거울에 비친 얼굴을 보자 걱정으로 얼굴이 어떻게 변하는가 볼 수 있었습니다. 걱정스러운 얼굴을 보았습니다. 그래서 말했죠. '당장 걱정을 그만둬! 걱정할 형편이 아니야. 가진 게 얼굴밖에는 없는데 걱정이 얼굴을 망칠거라구!'

걱정만큼 여자의 얼굴을 심술궂게 보이게 하고 나이 들게 하는 것은 없다. 걱정은 표정을 굳게 한다. 걱정은 이를 악물어 얼굴에 주름이 생기게 한다. 걱정으로 찌푸린 표정은 사라지지 않는다. 걱정은 머리도 세게 만들고 어떤 경우에는 탈모의 원인이 되기도 한다. 걱정은 피부에도 영향을 미쳐서 피부발진, 뾰루지, 여드름이 생기게 한다.

심장병은 오늘날 미국에서 사망원인 1위를 차지하는 질병이다. 제2차 세계 대전 중에 전사한 미군의 숫자는 30만 명 정도 되지만 같은 기간 동안 심장병으로 사망한 사람은 2백만 명 이상이다. 그 중에서 1백만 명은 걱정과 극도의 긴장이 병의 원인이 되었다. 심장병은 알릭시스 캐럴 박사가 말한 "걱정에 대처할 줄 모르는 사업가는 단명한다"고 말한 주된 원인 중에 하나이다.

남부지방의 흑인과 중국인들은 세상일을 차분히 받아들이기 때문에 걱정으로 인한 심장병에 잘 걸리지 않는다. 의사들이 심장마비로 죽는 경우는 농장 일꾼보다 20배나 많다. 의사들은 긴장된 삶을 살고 그 결과 심장마비로 죽는 사람이 많은 것이다.

"하나님은 우리의 죄를 용서해 주실지 모르지만 우리의 마음은 우리의 죄를 절대 용서하지 않는다." 라고 윌리엄 제임스가 말했다.

매년 미국에서는 전염성이 강한 질병으로 죽는 사람보다 자살로 죽는 사람이 더 많다.

왜 그럴까? 원인은 대부분 "걱정"이다.

중국 군주가 죄수를 고문할 때, 죄수의 손과 발을 묶고 머리위에 물이 계속해서 똑똑 떨어지게 했다. 머리위에 떨어지는 물방울은 마침내 망치를 치는 소리처럼 들려 죄수는 미쳐버리고 만다. 이와 같은 고문이 스페인 종교 재판과 히틀러의 강제수용소에서 사용되었다.

걱정은 물이 떨어지는 소리와 같다. 꼬리에 꼬리를 무는 걱정은 사람을 미치게 하고 자살하게 만든다.

내가 어린 시절 미주리에 살 때 빌리 선데이의 지옥 불 이야기를 듣고 거의 미치는 줄 알았다. 그러나 그는 걱정에 사로잡힌 사람들이 겪는 육체적 고통이라는 지옥의 불길에 대해서는 언급하지 않았다. 예를 들어 당신이 만성적으로 걱정하는 사람이라면 언젠가 사람이 겪을 수 있는 극심한 고통인 협심증으로 고생할 수 있다.

협심증이 오면 당신은 고통스러워 비명을 지를 것이다. "하나님! 제발 이 병만 낫게 해주세요. 이제 다시는 걱정은 하지 않겠습니다." (내 말이 과장되었다고 생각한다면 주치의에게 물어봐라.)

삶을 사랑하는가? 오랫동안 건강하게 살고 싶은가? 그 비결을 알려주겠다. 다시 알렉시스 캐럴 박사의 말을 인용한다.

"현대사회의 혼란 속에서도 내면의 평화를 유지하는 사람은 정신질환에 걸리지 않는다."

현대사회의 혼란 속에서도 내면의 평화를 유지할 수 있겠는가? 보통 사람들의 답은 "그렇다" 일 것이다. 우리 중 대부분은 우리가 알고 있는 것 보다 더 강하다. 우리는 여태 한 번도 사용하지 않은 내적 능력이 있다. 소로우의 명저 〈월든〉에서 그는 이렇게 말했다.

"자기가 꿈꾼 대로 자신감 있게 나아가면, 자신이 바라는 대로 삶을 살아가려고 노력하면 그는 평소에 기대할 수 없었던 성공에 이르게 될 것이다."

이 책을 읽는 독자는 올가 K. 자베이 못지않은 내면의 힘을 가졌을 것이다. 그녀는 가장 비극적인 상황에서도 걱정을 물리칠 수 있다는 것을 발견했다. 우리가 이 책에서 이야기하고 있는 원리를 적용하면 걱정을 극복할 수 있으리라 생각한다. 내게 보낸 편지에서 올가 K. 자베이는 다음과 같이 이야기한다.

"8년 반 전 나는 암에 걸렸다는 진단을 받았습니다. 메이요 형제 같은 전문가들의 진단도 같았습니다. 나는 막다른 골목에 서 있었고, 죽음이 입을 크게 벌리고 나를 기다리고 있었습니다. 나는 젊었고 죽고 싶지 않았습니다! 절망에 빠져 주치의에게 전화를 걸어 가슴속의 절망을 털어놓았습니다.

'왜 그래, 올가? 당신 안의 투지는 어디로 가 버린 거야? 그렇게 계속 울면 당연히 죽을 거야. 그래. 최악의 상황이 당신에게 닥쳤어. 그래. 현실을 직시하라고! 걱정은 집어치우고 행동을 해봐.'

바로 그때 나는 맹세를 했습니다. 손톱이 살을 찌르고 차가운 냉기가 척추를 타고 흐르는 것 같았습니다.

'이제 걱정 따윈 하지 않을 거야. 이제 울지 않을 거야. 나는 이길 거야! 나는 살 거야!

라듐을 처방할 수 없는 암에는 보통 하루에 10분 30초씩 30일간 방사선 치료를 합니다. 저는 49일 동안 하루에 14분 30초 동안 방사선 치료를 받았습니다. 앙상한 몸에서 뼈가 튀어나오고 다리가 납덩이처럼 무거워도 저는 걱정하지 않았습니다. 한 번도 울지 않았습니다! 저는 웃었습니다! 억지로라도 웃으려고 했습니다.

저는 단순히 웃는 것만으로 암을 치료할 수 있다고 생각할 정도로 어리석지 않습니다. 하지만 명랑한 기분이 질병과 싸우는 데 도움을 준다고 확고하게 믿습니다. 어쨌든 저는 암이 치료되는 기적을 경험했습니다. 지난 몇 년 동안 이보다 더 건강한 적은 없었습니다. '현실을 직시해라. 걱정을 멈추고 행동을 하라!'는 주치의의 격려 덕분이었습니다.”

나는 이 장의 제목을 다시 한 번 되풀이함으로 이 장을 마치려고 한다.

알렉시스 캐럴 박사의 말 “걱정에 대처할 줄 모르는 사업가는 단명한다.”

예언자 모하메드의 광신도들은 코란의 구절을 가슴에 문신처럼 새겨놓는다. 나는 이 책의 독자들도 “걱정에 대처할 줄 모르는 사업가는 단명한다.”는 말을 가슴속에 문신처럼 깊이 새기기를 바란다.

캐럴 박사가 당신 이야기를 한 것일까?

그럴지도 모른다.

걱정에 대해 알아야 할 기본 사실

규칙 1. 걱정을 피하고 싶다면 윌리엄 오슬러 경이 말한 것처럼 해라.
　　　 “오늘에 충실하라.”
　　　 “미래의 일로 조바심 내지 말라. 잠들기 전까지 하루를 충실
　　　　히 살아라.”

규칙 2. 걱정거리가 당신을 구석으로 몰면 캐리어의 마법의 공식을

사용해봐라.

1. 자문해라.

"지금 일어날 수 있는 최악의 상황이 무엇인가?"

2. 피할 수 없다면 받아들일 준비를 해라.

3. 침착하게 최악의 상황을 개선시키기 위해 노력해라.

규칙 3. 걱정을 하면 건강을 해치는 엄청난 대가를 치르게 된다는 것

을 기억해라. "걱정에 대처할 줄 모르는 사업가는 단명한

다."

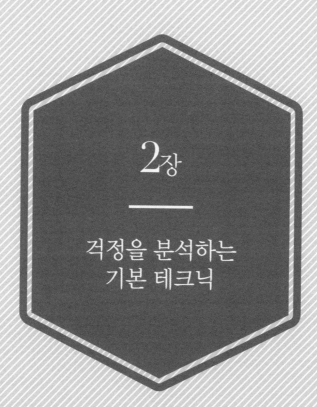

2장

—

걱정을 분석하는
기본 테크닉

1 걱정을 분석하고 해결하는 방법

나는 6명의 충실한 하인이 있다.

(내가 아는 모든 것은 그들이 가르쳐주었다.)

그들의 이름은 '누가', '언제', '어디서', '무엇을', '어떻게', '왜' 이다.

－러드야드 키플링

캐리어의 마법의 공식이 당신의 걱정을 전부 해결해줄 수 있을까? 물론 그렇지는 않다.

그러면 해답은 무엇일까? 해답은 우리가 문제 분석의 3단계를 익혀서 다양한 종류의 걱정에 대처할 수 있어야 한다는 것이다. 기본 3단계는 다음과 같다.

1. 사실을 파악하라.
2. 사실을 분석하라.
3. 결론을 도출하고, 그것을 실행하라.

너무 뻔한가? 아리스토텔레스도 이 방법을 가르쳤고, 이 방법을 사용했다. 우리의 낮과 밤을 지옥으로 만들어버리는 문제를 해결하려면, 우리도 이 방법을 사용해야 한다.

먼저 첫 번째 단계를 보자. 사실을 파악하라. 사실을 파악하는 것이 왜 중요한가? 우리가 사실을 정확하게 파악하지 못하면 문제를 지혜롭게 해결하려는 시도도 하지 못하기 때문이다. 사실이 없으면 우리가 할 수 있는 일이라고는 혼란에 빠져서 조바심을 내는 것뿐이다. 내 생각이냐고? 아니다. 이것은 콜럼비아 대학의 총장으로 22년간 재직한 허버트 E. 호크스의 생각이다. 그는 22만 명의 학생들이 걱정을 해결하는 데 도움을 주었다. 그는 다음과 같이 말한다.

"혼란이 걱정의 중요한 원인입니다. 세상 걱정의 절반은 결정을 내리는 데 필요한 충분한 지식을 얻기 전에 결정을 하려고 하는 사람들이 만듭니다. 다음 주 화요일 어떤 문제에 대한 결정을 해야 하는데 그 사이에 문제와 관련된 모든 사실을 확인하는 데 집중합니다. 나는 걱정하지 않습니다. 나는 그 문제로 골머리를 앓지 않습니다. 잠도 잘 잡니다. 그저 사실을 확인하는데 집중합니다. 결정을 내려야 할 화요일이 다가오고 내가 사실을 다 확인하면 문제는 대게 저절로 해결됩니다!"

나는 그 말이 고민에서 완전히 해방되었냐는 말이냐고 물었다.

"나의 삶은 걱정에서 완벽하게 자유롭습니다. 누구든 공정하고 객관적인 시각으로 사실을 확인하는 데 시간을 들인다면 걱정은 없어져 버릴 것입니다."

다시 한 번 강조한다. "누구든 공정하고 객관적인 시각으로 사실을 확인하는 데 시간을 들인다면 걱정은 없어져 버릴 것입니다."

하지만 우리는 어떻게 하고 있는가? 토머스 에디슨은 이렇게 말했다. "생각하지 않고 문제를 해결할 수 있는 방법은 없다." 우리가 사실에 신경 쓴다고 해보자. 우리는 우리가 생각하고 있는 사실만을 쫓을 뿐 다른 사실들은 무시한다. 우리는 우리의 행동을 정당화하는 사실, 우리의 선입견을 정당화 시켜줄 사실만을 원한다.

앙드레 모루와는 다음과 같이 말했다.

"우리의 욕망과 부합하는 것은 진실해 보인다. 그렇지 않은 모든 것에 우리는 분노한다."

우리가 문제에 대한 해답을 구하는 일을 어려워하는 게 놀랄만한 일인가? 2 더하기 2는 5라고 믿으면서 초급 수학을 풀려고 하면 같은 문제가 생기지 않겠는가? 그런데도 세상에는 2 더하기 2는 5, 아니 2더하기 2가 500이라고 우기는 사람들 때문에 자신과 다른 사람의 삶을 지옥으로 만드는 사람들이 너무나 많다.

어떻게 하면 될까? 우리는 감정을 사고로부터 분리시켜야 한다. 호크스 총장이 말한 것처럼 사실을 "공정하고 객관적으로" 봐야 한다.

우리가 걱정을 하고 있을 때 그렇게 하는 것은 쉬운 일이 아니다. 우리가 걱정을 하면 우리의 감정이 날카로워진다. 하지만 공정하고 객관적인 시선으로 사실을 확인하는 데 도움이 될 수 있는 두 가지 방법을 제시해 보겠다.

1. 사실을 확인하려고 노력할 때, 나는 나 자신을 위해서가 아니라 다른 사람을 위해 정보를 수집하는 것처럼 행동한다. 이렇게 하면 냉정하고, 공정하게 사실을 볼 수 있게 도움을 준다. 이렇게

하면 나의 감정을 배제하는 데 도움이 된다.

2. 정보를 수집할 때 나와 반대되는 입장을 변론하는 변호사인 것처럼 행동한다. 다른 말로 하면 나에게 불리한 사실들, 내 기대와 어긋나는 사실들, 내가 보고 싶지 않은 사실들을 모으려고 노력한다.

그런 다음 내 입장과 반대편 입장을 기록한다. 보통 진실은 양쪽 극단의 중간 어딘가에 있다.

내가 말하려는 요지는 이것이다. 당신이나 나 아니면 아이슈타인이건 미국 연방대법관이건 간에 사실을 확인하지 않고서는 어떤 문제에도 현명한 판단을 내릴 수 없다. 토머스 에디슨도 이 사실을 알았다. 그가 죽었을 때 그가 직면했던 문제와 관련된 사실을 기록한 공책이 2천 5백 권이나 되었다.

우리의 문제를 해결하는 제 1규칙은 '사실을 확인하라'이다. 호크스 총장이 한 대로 하자. 공정하게 모든 사실을 확인하지 않고는 문제를 풀려는 시도조차 하지 않는다.

하지만 사실을 분석하고 해석하지 않으면 사실을 수집하는 것만으로는 아무 소용이 없다.

나는 귀중한 경험을 통해 사실을 기록하면 사실을 분석하는 것이 훨씬 쉽다는 것을 발견했다. 사실 종이에 사실을 적고, 문제를 나열하는 것만으로도 현명한 결정을 내리는 데 큰 도움이 된다. 찰스 케터링은 "명쾌하게 쓰여진 문제는 반은 풀린 것과 다름없다."

이 말이 현실에서 어떻게 적용되는 지 보여주겠다. 극동지역에서 가장 성공한 미국 사업가인 갈렌 리치필드의 예를 들어보겠다.

"일본군이 진주만을 공격하고 얼마 지나지 않아 상하이를 침공하였습니다. 저는 상하이의 아시아 생명보험사의 매니저였습니다. 그들은 우리에게 '군 청산인'을 보냈습니다. 그는 나에게 우리의 자산을 청산하는 일을 하는 데 협조하라는 명령을 내렸습니다. 선택의 여지가 없었습니다. 협조하지 않으면 목숨을 부지할 수 없었습니다.

저는 시키는 대로 하는 척 했습니다. 다른 대안이 없었으니까요. 하지만 75만 달러에 해당하는 유가증권 한 묶음을 빼돌렸습니다. 이 유가증권은 홍콩 지사에 속한 것이어서 상하이 자산과는 관련이 없었습니다. 그래도 혹시 일본군이 이 사실을 알면 제가 곤란해질까 두려웠습니다. 그리고 일본군은 곧 이 사실을 알아채고 말았습니다.

그들이 이 사실을 발견했을 때 저는 사무실에 없었고 제 수석 경리 과장이 있었습니다. 그는 제게 일본 장성이 화가 나서 발을 구르고 욕을 해대고 저를 도둑, 반역자라 불렀다고 전해주었습니다. 저는 일본군에게 반항한 셈이었습니다. 그것이 무엇을 의미하는지 저는 알고 있었습니다. 저는 브리지하우스로 끌려 갈 판이었습니다!

브리지하우스! 그곳은 일본군의 고문실입니다! 고문실에 끌려가느니 자살을 선택한 친구들도 있고, 거기서 10일 동안 취조와 고문을 당한 친구도 있었습니다. 이제 제가 브리지하우스에 끌려갈 판이었습니다!

제가 무엇을 했을까요? 저는 일요일 오후에 그 소식을 들었습니다. 문제해결을 위한 정확한 방법을 몰랐다면 겁에 질려 벌벌 떨고 있었겠지요. 오랫동안 고민이 있을 때마다 타자기에 가서 두 가지 질문과 그 질문에 대한 답을 쳤습니다.

1. 내가 걱정하고 있는 것이 무엇인가?

2. 이것에 대해 나는 무엇을 할 수 있는가?

전에는 이 두 가지 질문을 쓰지 않은 상태에서 답을 하려고 했습니다. 하지만 몇 년 전부터는 그러지 않았습니다. 두 가지 질문과 그에 대한 답을 적는 것이 생각을 명확하게 하는 데 도움을 준다는 것을 알았기 때문이죠.

그래서 일요일 오후에 저는 상하이 YMCA에 있는 제 방으로 가서 타자기를 꺼내서 쳤습니다.

1. 내가 걱정하고 있는 것이 무엇인가?

나는 내일 아침 브리지하우스에 끌려가는 것이 두렵다.

그리고 나서 두 번째 질문을 쳤습니다.

2. 이것에 대해 나는 무엇을 할 수 있는가?

저는 몇 시간동안 생각해서 제가 취할 수 있는 4가지 행동과 그 행동이 가져올 결과를 적어보았습니다.

1. 일본군 제독에게 상황을 설명할 수 있다. 하지만 그는 영어를 못한다. 통역을 이용해서 그에게 설명한다면 그를 화나게 할 수 있

다. 그러면 바로 죽음이다. 그는 잔인한 성격이라 변명을 듣느니 나를 브리지하우스에 보내버릴 것이다.

2. 탈출을 시도할 수도 있다. 불가능하다. 그들은 언제나 나를 감시하고 있다. YMCA에 있는 내 방을 드나들 때도 신고해야 한다. 도망치려고 하면 붙잡혀서 총살당할 것이다.

3. 방에 머물면서 사무실 근처에는 얼씬도 하지 않는다. 그렇게 하면 일본군 장성이 나를 의심해서 나를 잡아다가 변명할 기회도 주지 않고 브리지하우스에 보내버릴 것이다.

4. 월요일에 평소처럼 사무실에 출근한다. 출근하면 일본군 장성이 너무 바빠서 내가 한 일에 대해서는 생각조차 못 할 수도 있다. 그가 내가 한 일을 생각해 내도 그는 그때쯤이면 성질이 죽어서 나는 신경도 쓰지 않을지 모른다. 이렇게 되면 나는 무사할 것이다. 그가 내게 트집을 잡으면 그에게 설명할 기회는 아직 있다. 그러니 월요일 아침에 평소대로 출근해서 아무 일도 없었던 것처럼 행동하면 브리지하우스를 피할 수 있다.

네 번째 계획대로 월요일 아침에 평소대로 출근하기로 결정하자 마음이 편해졌습니다.

다음날 아침에 출근했을 때 일본군 장성은 입에 담배를 물고 앉아있었습니다. 그는 평소대로 나를 노려보았지만 아무 말도 하지 않았습니다. 6주일 후에 그는 도쿄로 돌아갔고 제 걱정도 거기서 끝났습니다.

앞서 말씀드린 것처럼 일요일 오후에 취할 수 있는 모든 방법을 적고 조용히 결정을 내린 것이 제 목숨을 구했을지 모릅니다. 그렇게 하지 않았다면 갈피를 못 잡고 우왕좌왕 헤매다가 실수를 저질렀을지 모릅니다. 문제를 곰곰이 생각해서 결정을 내리지 못했으면 일요일 오후 내내 걱정에 휩싸여서 그날 밤 잠을 못 잤을지 모릅니다. 그러면 월요일 아침 지치고 걱정스러운 표정으로 출근했을 것이고, 그것만으로도 일본군 장성의 의심을 사서 그가 어떤 조치를 가했을 지도 모릅니다.

여러 번의 경험으로 결정을 내리는 것이 얼마나 중요한 가를 깨달았습니다. 확고한 결정을 내리지 못하고, 어쩔 줄 몰라 하면서 우왕좌왕 하면 신경쇠약에 걸리고 삶이 지옥으로 변합니다. 일단 명확한 결정을 내리면 50%의 고민은 사라집니다. 그리고 그 결정을 실행하는 과정에서 40%의 고민이 사라집니다.

이 4가지 단계를 거치면서 제 고민의 90%는 사라집니다.

1. 걱정하고 있는 문제를 정확하게 적는다.
2. 그에 대해 내가 할 수 있는 것을 적는다.
3. 무엇을 할 지 결정한다.
4. 결정을 즉각적으로 실행에 옮긴다.

갈렌 리치필드는 현재 대형 금융보험회사 스타 파크 프리맨의 극동 지역 담당책임자로 일하고 있다.

내가 말한 것처럼 갈렌 리치필드는 오늘날 아시아에서 활동하는 가장 중요한 미국 사업가 중에 한명이다. 그는 자신의 성공은 걱정을 분석하고 걱정을 정면돌파하는 자신의 방법 덕분이라고 말했다.

그의 방법이 뛰어난 이유는 무엇일까? 그의 방법은 효율적이고 구체적이고 문제의 핵심을 꿰뚫는다. 무엇보다도 세 번째 규칙이자 필수 규칙으로 '해결을 위해 행동하라.'는 실천하지 않으면 사실을 확인하고 분석하는 과정은 소용이 없게 된다는 말이다.

윌리엄 제임스는 이런 말을 했다.

"결정을 내리고 실행하기로 했으면 결과에 대한 책임과 염려는 잊어버려라."

그가 의미한 바는 일단 사실에 근거해서 결정을 내렸으면 주저 없이 행동하라는 것이다. 다시 생각해보기 위해 멈추지 마라. 머뭇거리거나 걱정하거나 이미 지나 온 과정을 다시 밟아서는 안 된다. 자기 자신에 대한 믿음을 잃지 마라. 뒤를 돌아보지 마라.

오클라호마의 유명한 석유업자인 웨이트 필립스에게 어떻게 결단하고 실행에 옮기는지 물어본 적이 있었다. 그는 다음과 같이 대답했다.

"저는 어떤 문제든 지나치게 생각하면 혼란과 걱정만 불러일으킨다는 것을 발견했습니다. 조사나 생각을 정도 이상으로 하면 해가 되는 때가 옵니다. 결정을 내린 다음 뒤 돌아보지 말고 행동을 해야 할 때가 있습니다."

걱정을 해결하기 위해 갈렌 리치필드의 방법을 쓰는 것이 어떨까?

질문 1. 내가 걱정하고 있는 것이 무엇인가?
(아래 빈칸에 질문에 대한 답을 써 보아라.)

질문 2. 이것에 대해 나는 무엇을 할 수 있는가?

(아래 빈칸에 질문에 대한 답을 써 보아라.)

질문 3. 문제에 대해 내가 할 수 있는 일

질문 4. 언제부터 시작할 것인가?

2 업무상의 고민을 반으로 줄이는 법

당신이 사업가라면 지금 이렇게 말할지 모른다. "이 장의 제목이 웃기는군. 19년 동안 사업을 해왔는데, 다른 사람이 할 수 있는 것이면 나도 벌써 했지. 업무 고민을 반 이상 줄여주는 법을 말해준다고. 거참 웃기는군!"

맞는 말이다. 나도 몇 년 전에 이런 제목을 봤으면 똑같이 느꼈을 것이다.

솔직하게 얘기해보자. 아마 나는 당신의 업무 걱정을 절반으로 줄여주지 못할 지 모른다. 그렇게 할 수 있는 사람은 당신밖에 없다. 하지만 내가 할 수 있는 것은 당신에게 다른 사람들이 어떻게 하고 있는 가를 보여주고 나머지는 당신에게 맡기는 것이다.

내가 이 책에서 세계적으로 유명한 알렉시스 캐럴 박사의 말을 인용한 것을 기억할 것이다. "걱정에 대처할 줄 모르는 사업가는 단명한다."

걱정은 이렇게 심각한 문제다. 내가 당신의 걱정을 10%만 줄여줘도 좋지 않은가? 그렇다고? 좋다! 지금부터 사업상의 문제를 해결하기 위한 회의 시간의 75%를 줄인 한 사업가의 이야기를 들려주겠다.

게다가 내가 하려는 이야기는 "X씨", "오하이오 주의 어떤 사람" 같은 당신이 직접 확인하기 어려운 허구의 인물이 아니라 실제 인물인 레온 심킨의 이야기이다. 그는 미국에서 유명한 출판사 중의 하나인 사이먼 앤 슈스터의 공동경영자이자 총 책임자를 맡고 있다.

다음은 레온 심킨이 경험담이다.

"15년 동안 나는 매일같이 거의 반나절을 회의를 하느라 보냈습니다. 이걸 할까, 저걸 할까 아니면 아예 하지 말아야 할까? 우리는 긴장하여 의자에서 몸을 꼬거나 방을 서성이고 토론을 했습니다. 밤이 되면, 저는 말 그대로 녹초가 되었습니다. 죽을 때까지 계속 이렇게 살아야 될 것 같은 생각이 들었습니다. 15년 동안 이렇게 살아왔고 더 좋은 방법을 생각할 엄두도 내지 않았습니다. 누군가 제게 회의에서 보낸 시간과 회의에서 생긴 긴장의 4분의 3을 줄여준다고 얘기했다면, 저는 그를 무모하고 실정은 모르는 낙관주의자라고 욕했을 것입니다. 하지만 저는 정확히 그렇게 할 수 있는 방법을 생각해냈습니다. 이 방법을 8년째 계속해오고 있습니다. 이 방법은 놀랄 정도로 능률과 건강, 행복을 가져다주었습니다.

마법처럼 들리지만 그 원리를 보면 엄청나게 단순합니다.

비밀은 이렇습니다. 이 회의 절차를 모두 중단하고 예전에는 직원들이 문제를 모두 나열하고 나서 마지막에 "이제 어떻게 할까요?" 하고 의견을 구했었습니다. 새로운 규칙을 만들었습니다. 문제점을 발표하고 싶은 사람은 누구든지 다음과 같은 4개의 질문에 답할 수 있는 메모를 미리 작성해서 제출해야 합니다.

질문 1. 무엇이 문제인가?

(과거에는 진짜 문제가 무엇인지 정확하게 모른 채 걱정된 표정으로 1시간이고 2시간이고 회의를 하면서 시간을 보냈습니다. 우리는 무엇이 문제인지 구체적으로 쓰지도 않고 열띠게 토론만 했습니다.)

질문 2. 문제의 원인이 무엇인가?

(예전에 문제의 근원을 명확히 찾아내려고 노력하지도 않은 채 걱정만 하면서 회의하느라 낭비한 시간을 생각하면 오싹합니다.)

질문 3. 문제를 해결할 수 있는 해결책은 무엇이 있는가?

(예전엔 어떤 사람이 한 가지 해결책을 제시합니다. 다른 사람이 해결책을 제시한 사람과 논쟁을 합니다. 그러다보니 모두가 흥분을 하고 토론이 주제에서 벗어나서 회의 끝에는 아무도 문제 해결을 위해 우리가 할 수 있는 다양한 방법을 적은 사람은 아무도 없었습니다.)

질문 4. 당신이 제안하는 해결책은 무엇인가?

(예전에는 회의에 들어오면서 몇 시간씩 밖에서 서성대면서 상황에 대해 고민을 할 뿐이었습니다. 해결책을 생각해보고 적어오는 사람은 없었습니다.)

회사에서 자신들의 문제를 들고 나에게 오는 직원들은 거의 없습니다. 왜냐고요? 그들은 이 4가지 질문에 답하기 위해서 모든 사실을 확인하고, 문제를 철저히 검토해야 하기 때문입니다. 그렇게 하는 과정에서 4분의 3은 토스터기에서 빵이 튀어나오는 것처럼 해결책이 부지불식간에 나오기 때문에 저를 찾아올 필요도 없습니다. 상의가 필요한 경우에도 토론은 예전에 걸리던 시간의 3분의 1로 줄어들었습니다. 절차에 따라 논리적인 과정을 거쳐 합리적인 결론에 도달하기 때문입니다.

이제 사이먼 앤 슈스터에서 문제점을 토론하는 데 걸리는 시간이 훨씬 많이 줄어들고 문제를 해결하기 위한 행동을 더욱 많이 하게 되었습니다."

내 친구인 미국 최고의 보험 왕 프랭크 베트거는 위와 비슷한 방법을 써서 사업상의 걱정이 줄었을 뿐 아니라 수입도 거의 두 배가 되었다고 말한다.

"몇 년 전, 내가 막 보험을 팔기 시작했을 때 무한한 열정과 일에 대한 사랑으로 가득 차 있었지. 그러던 중 문제가 생겼어. 나는 너무나 낙심해서 내 일을 경멸하고 그 일을 포기하려고 까지 했어. 어느 토요일 아침에 조용히 앉아서 걱정의 근원이 무엇인지 찾아내려고 하지 않았다면, 나는 아마 그만두었을 거야.

1. 나는 우선 스스로에게 이런 질문을 했어. '정확히 문제가 뭘까?' 문제는 내가 고객을 엄청나게 많이 방문하지만 수익은 그에 비례해 많지가 않았어. 면담할 때는 괜찮은 데 막상 보험 계약을 하려고 하면 고객이 이렇게 말하지. '생각 좀 해볼게요. 다음에 다시 한 번 와주세요.' 다음에 방문하면 계약은 이루어지지 않으니까 우울하게 되더군.

2. '가능한 해결책은 무엇일까?' 이 질문에 답을 하기위해서는 사실을 면밀히 살펴봐야했어. 지난 12개월의 기록을 꺼내 살펴보았어.

나는 놀라운 발견을 했지! 실적 가운데 70%는 첫 방문 때 이루어진 것이었어! 23%의 경우 계약이 두 번째 방문에 이루어지고! 7%는 세 번, 네 번, 그 이상씩 방문해야 성사된 것이었어. 이 7%의 계약이 나를 지치게 하고 내 시간을 잡아먹었던 거였어. 달리 말해 내 실적의 7%밖에 되지 않는 일에 업무 시간의 절반을 쓰고 있었던 거지!

3. '문제의 답은 무엇일까?' 답은 분명했어. 나는 한 곳을 두 번 이상 방문하지 않기로 하고 남은 시간을 새로운 고객을 찾는 일에 썼어. 결과는 믿을 수 없었지."

프랭크 베트거는 미국에서 가장 잘 알려진 보험 판매 왕이다. 그는 피델리티에서 일하고, 1년에 백만 달러 이상의 계약고를 올리고 있다. 하지만 그에게도 포기하려던 순간이 있었다. 그가 막 포기하려던 순간에 문제를 분석했고 이는 그에게 성공으로 가는 발판을 마련해주었다.

당신의 사업 문제에 이 질문들을 적용할 수 있는가? 단언컨대 이 질문들은 당신의 걱정을 50% 줄여줄 수 있을 것이다. 다시 한 번 그 질문을 반복하면 다음과 같다.

1. 문제는 무엇인가?

2. 문제의 원인은 무엇인가?

3. 가능한 해결책이 무엇인가?

4. 문제해결을 위한 당신의 제안은 무엇인가?

걱정을 분석하는 기본 방법

규칙 1. 사실을 파악하라. 콜럼비아 대학의 학장 호크스의 말을 기억해라. "세상 걱정의 절반은 결정을 내릴 때 필요한 충분한 지식 없이 결정하려고 하는 사람들이 만들어낸다."

규칙 2. 모든 사실을 면밀히 검토한 후에 결정을 해라.

규칙 3. 결정을 하면 실행하라! 결정을 실행으로 옮기기 위해 열심히 노력하고 결과에 대한 걱정은 하지 마라.

규칙 4. 당신 또는 당신의 동료가 어떤 문제에 대해 걱정을 할 경우, 다음의 질문과 그에 대한 답을 적어보아라.
　1) 문제는 무엇인가?
　2) 문제의 원인은 무엇인가?
　3) 가능한 해결책이 무엇인가?
　4) 최선의 해결책은 무엇인가?

3장

걱정하는 습관을
없애는 방법

1 걱정을 머릿속에서 지우려면

나는 수강생 중에 한명인 매리언 J. 더글라스가 강좌를 들으러 왔던 몇 년 전의 그 밤을 결코 잊지 못한다. (그의 요청으로 실명은 쓰지 않겠다.) 그러나 지금부터 하는 이야기는 그가 수강생들 앞에서 직접 한 이야기이다. 그의 가정에 한 번도 아니고 두 번이나 비극이 불어 닥쳤다. 첫 번째 비극은 그가 사랑하는 5살짜리 딸아이를 잃었을 때이다. 딸의 죽음은 그들 부부에게는 견딜 수 없는 일이었지만 10개월 뒤에 두 번째 아이가 생겼다. 하지만 그 아이도 태어난 지 5일 만에 죽고 말았다. 두 번의 상실은 부부에게는 견딜 수 없는 아픔이었다.

"저는 도저히 받아들일 수 없었습니다. 잠을 잘 수도, 먹을 수도 없었습니다. 휴식을 취할 수도 없고 편한 마음을 가질 수도 없었습니다. 의욕을 상실해서 살 수가 없었습니다."

마침내 그는 의사를 찾았다. 한 의사는 그에게 수면제를 권했고 다른 의사는 여행을 권했다. 그는 두 가지 모두를 해보았지만 어떤 것도 도움이 되지 않았다.

"제 몸이 집게에 끼어 그 집게가 점점 더 조여 오는 것처럼 느껴졌습니다."

슬픔에 사로잡힌 적이 있는 사람은 그의 심정을 이해할 수 있을 것이다.

"하지만, 저에게는 한 아이가 남아있었습니다. 4살짜리 아들이었죠. 그 아이가 제 문제에 해결책을 주었습니다. 제가 너무나 슬퍼하며 자리에 앉아있는데 아이가 저에게 부탁을 하더군요. '아빠, 제게 보트를 만들어 주시겠어요?' 저는 보트를 만들 기분이 아니었습니다. 사실 어떤 일도 하고 싶지 않았습니다. 하지만 제 아들 녀석은 고집이 센 녀석입니다! 결국 아들 녀석에게 굴복하고 말았습니다.

그 장난감을 조립하는 데 거의 세 시간이 걸렸습니다. 장난감 조립이 끝날 때쯤 몇 달 동안 느껴보지 못했던 편안함과 평화를 느꼈습니다.

그 발견이 저를 무기력감에서 벗어나 생각이라는 것을 할 수 있게 해주었습니다. 계획하고 생각하느라 바쁠 때에는 걱정을 하기가 어렵다는 것을 깨달았습니다. 제 경우에는 장난감 배를 만들 때 고민이 사라졌습니다. 그래서 이제부터 바쁘게 살아야겠다고 결심했습니다.

다음날 밤 저는 집을 돌아다니며 해야 할 일의 목록을 작성했습니다. 책장, 계단, 유리창, 블라인드, 손잡이, 자물쇠, 물이 새는 수도꼭지 등 고쳐야 할 것이 많았습니다. 2주에 걸쳐서 손봐야 할 것의 목록을 작성했더니 놀랍게도 242개나 되었습니다.

지난 2년 동안 그 대부분을 수리했습니다. 매일 분주하게 보냈습니다. 일주일에 이틀은 뉴욕에서 성인 대상 강좌를 들었습니다. 제가 살고 있는 지역의 시민 활동에도 참가해서 지금은 학교 교육위원회 위원장을 맡고 있습니다. 참석하는 모임도 많습니다. 적십자와 다른 활동들을 위한 기금모금에도 참석하고 있습니다. 너무 바빠서 걱정할 시간이 없습니다."

걱정 할 시간이 없다! 그것은 윈스턴 처칠이 전쟁이 절정일 무렵 하루 18시간 일할 때 한 말이다. 그의 막중한 책임에 스트레스를 받느냐는 질문에 그는 다음과 같이 답했다.

"나는 너무 바빠서 걱정할 시간이 없습니다."

찰스 케터링도 그가 자동차 시동기 개발을 시작했을 때 같은 문제를 겪었다. 케터링은 최근에 은퇴할 때까지 GM의 부사장으로 있으며 GM 연구소의 총책이었다. 그는 한때 몹시 가난해서 헛간을 실험실로 썼다. 그의 아내가 피아노 강습을 해서 생활비를 벌었다. 나중에 보험금을 담보로 500달러를 빌려야 할 정도였다. 나는 그의 부인에게 걱정되지 않느냐고 물었다.

"그럼요. 너무나 걱정이 돼서 잠을 잘 수가 없어요. 하지만 남편은 안 그래요. 연구에 빠져서 걱정할 틈이 없어요."

위대한 과학자 파스퇴르는 "도서관과 연구실에서 찾는 평화"라는 말을 한 적이 있다. 왜 그런 장소에서 평화를 찾을 수 있는 것일까? 도서관과 연구실에 있는 사람들은 그들의 연구에 몰두해서 걱정할 틈이 없기 때문이다. 연구원들은 신경쇠약에 걸리는 일이 없다. 그들은 그런 사치를 부릴 시간이 없다.

왜 바쁘게 일에 매달리는 것이 걱정을 없애는 데 도움을 주는 것일까? 이것은 심리학에서 밝혀진 가장 기본적인 법칙 중에 하나이다. 그 법칙은 아무리 똑똑한 사람이라도 한 번에 한 가지 이상의 생각을 하는 것은 불가능하다는 것이다. 믿을 수 없는가? 그러면 실험을 하나 해보자.

의자에 편안히 기대서 눈을 감고 자유의 여신상과 당신이 내일 아침 해야 할 일을 동시에 생각한다고 가정해보자.

두 가지를 하나씩 생각할 수는 있지만 절대로 두 가지 모두를 동시에 생각할 수 없다는 것을 알았을 것이다. 걱정의 영역에서도 마찬가지다. 어떤 일을 재미있게 하는 데 동시에 걱정으로 축 늘어져 있는 것은 불가능하다. 하나의 감정이 다른 감정을 몰아낸다. 육군 정신과 군의관들이 전쟁 중에 기적을 이루어 낸 것은 이런 단순한 발견 덕택이었다.

전쟁의 끔찍한 경험으로 충격을 받아 신경쇠약증에 걸린 병사들이 병원에 오면 그들이 내리는 처방은 "바쁘게 만들라"였다.

환자들은 한순간도 쉴 새 없이 활동을 해야 했다. 주로 낚시, 사냥, 축구, 골프, 사진 찍기, 정원손질, 춤추기 같은 야외활동이 주를 이루었다. 환자들에게 끔찍한 경험을 생각할 틈이 없었다.

"작업 요법"은 요즘 정신과에서 활동을 약처럼 처방할 때 쓰는 용어이다. 이 방법은 새로운 것이 아니다. 기원전 5세기 그리스에서는 이미 이 방법을 사용하고 있었다.

벤자민 프랭클린이 활동하던 시기에 퀘이커 교도들도 필라델피아에서 이 방법을 사용했다. 1774년 어떤 사람이 퀘이커교에서 운영하는 요양소를 방문했다. 그는 정신병 환자들이 리넨을 짜느라 바쁜 것을 보고 놀랐다. 퀘이커 교도들이 환자들에게 약간의 노동을 시키면 증세가 완화된다는 것을 설명해줄 때까지 그는 이 불쌍한 환자들이 착취를 당한다고 생각했다. 약간의 노동은 신경을 안정시켜준다.

어떤 정신과의사든 당신에게 바쁘게 움직이는 것이 정신 질환에 가장 잘 듣는 최고의 치료제 중 하나라고 말해줄 것이다. 헨리 W. 롱펠로우도 사랑하는 아내와 사별했을 때 이 사실을 직접 깨달았다. 그의 아내가 봉인용 밀납을 촛불에 녹이던 중 옷에 불이 붙었다. 롱펠로우는 아내의 비명을 듣고 아내를 구하기 위해 달려갔지만 아내는 화상으로 죽고 말았다. 한동안 그 끔찍한 기억으로 그는 거의 미칠 지경이었다. 하지만 운이 좋게도 그에게는 돌봐줘야 할 세 명의 어린 자녀가 있었다. 슬펐지만 롱펠로우는 자녀들에게 어머니 노릇까지 해야 했다. 그는 아이들을 데리고 산책을 가고, 아이들에게 동화책을 읽어주고, 아이들과 함께 놀았다. 아이들과 함께 보내며 〈아이들의 시간〉이라는 시도 지었다. 그는 또한 단테의 작품도 번역했다. 여러 가지 일로 바빠서 그는 슬픔을 잊고 마음의 평화를 찾을 수 있었다. 테니슨은 가장 친한 친구 아더 할램을 잃고 다음과 같은 말을 했다.

"일에 몰두해서 나 자신을 잊어버려야 한다. 그렇게 하지 않으면 절망에 빠질 것이다."

대부분의 사람들은 열심히 일하고 있을 때 일에 몰두하는 것이 어렵지 않다. 하지만 일이 끝나고 나서가 위험하다. 여가시간을 즐길 때가 가장 행복해야 하지만 그때 걱정이라는 우울한 마귀가 우리를 공격한다. 잘 살고 있는 것인가? 쳇바퀴 같은 삶을 사는 것은 아닌가? 상사가 오늘 한 말에 무슨 의도가 있었던 것은 아닌가? 대머리가 되고 있는 것은 아닌가? 같은 잡념이 끊임없이 머릿속을 파고든다.

우리가 바쁘지 않을 때 우리의 뇌는 거의 진공상태와 같다. 물리학을 배운 학생은 누구나 "자연은 진공상태를 싫어한다." 라는 말을 알고 있다. 우리가 알고 있는 것 중에 진공에 가장 가까운 것은 백열등의 내부이다. 전구를 깨뜨려 보아라. 자연은 비어있는 공간을 채우기 위해 공기를 밀어 넣을 것이다. 자연은 공허한 마음도 무엇인가로 채운다. 무엇으로 채울까? 대개는 감정이다. 왜일까? 왜냐하면 걱정, 두려움, 증오, 시기, 질투라는 감정은 원시적인 활력과 역동적인 에너지에 의해 움직이기 때문이다. 이런 감정들은 너무나 강렬해서 우리 마음속에서 평화롭고 행복한 생각을 몰아내는 경향이 있다.

콜럼비아 사범대학 교육학과 교수 제임스 L. 머셀은 이 사실을 다음과 같이 잘 설명하고 있다.

"걱정이 당신을 몰아붙여 지치게 하는 때는 당신이 일할 때가 아니라 당신이 휴식하고 있을 때입니다. 쉬고 있을 때 당신의 상상력은 미친 듯 날뛰면서 모든 종류의 그릇된 가능성을 불러들이고, 조그만 실수도 과장합니다. 이럴 때는 당신의 정신은 부하가 걸리지 않은 채 작동하는 모터와 같습니다. 결국에 베어링이 타거나 산산조각 날 것입니다. 걱정을 하지 않으려면 생산적인 일에 완전히 몰두해야 합니다."

이런 사실을 깨닫고 실행에 옮기기 위해 당신이 대학교수가 될 필요는 없다. 세계 대전 중에 나는 시카고에서 온 주부를 만났다. 그녀는 자신이 어떻게 "걱정을 하지 않기 위해서는 건설적인 일에 완전히 몰두해야 한다"는 규칙을 발견했는지 말해주었다. 나는 뉴욕에서 미주리에 있는 내 농장에 가면서 들른 식당차에서 그녀와 그녀의 남편을 만났다. (나는 이야기의 진실성을 강조하기 위해 실명과 주소를 명기하는 데 유감스럽게도 그 부부와 통성명을 하지 못했다.)

이 부부는 자신들의 아들이 일본이 진주만을 공격한 다음날 입대했다고 말했다. 부인은 외아들 걱정을 하느라 건강을 잃었다고 말했다. 아들은 어디에 있을까? 무사할까? 작전 중일까? 부상당했을까? 죽었을까?

내가 그녀에게 어떻게 걱정을 극복했는지를 묻자 그녀는 자신을 바쁘게 만들었다고 대답했다. 처음에는 하녀를 내보내고 집안일을 스스로 해서 몸을 바쁘게 움직였다. 하지만 그것만으로 큰 도움이 되지 않았다.

"머리를 쓰지 않고 기계적으로 집안일을 할 수 있는 게 문제였어요. 그래서 계속해서 아들 걱정을 했습니다. 잠자리를 준비하고 설거지를 하면서 낮 동안 정신적으로 육체적으로 저를 바쁘게 할 일이 필요하다는 것을 깨달았습니다. 그래서 큰 백화점의 판매원으로 취직했습니다. 그게 효과가 있었습니다. 무척 바빴습니다. 고객들이 몰려들어서 가격, 치수, 색깔을 물으니 일초도 다른 생각할 틈이 없었습니다. 밤이 되면 피곤한 다리를 쉬게 해 줘야 한다는 생각 말고는 다른 생각을 할 수가 없었습니다. 저녁을 먹자마자 죽은 듯 잠이 들었습니다. 걱정할 시간도, 걱정할 힘도 없었습니다."

그녀는 존 쿠퍼 포이즈가 〈불쾌한 일을 잊는 기술〉에서 말한 것을 자신의 체험을 통해 깨달았다.

"주어진 일에 몰두할 때 일종의 안정감, 내면의 평화, 행복한 마비상태가 찾아온다. 이 감정이 인간의 마음을 진정시켜준다."

얼마나 큰 축복인가! 세계에서 가장 유명한 여성 탐험가 오사 존슨은 나에게 걱정과 슬픔에서 벗어나는 그녀의 비결을 말해주었다. 당신은 〈나는 모험과 결혼했다〉라는 책에서 그녀의 인생이야기를 읽은 적이 있을 것이다. 이 세상에 모험과 결혼한 여자가 있다면 바로 그녀일 것이다. 그녀가 16살이었을 때 그녀는 마틴 존슨과 결혼해 캔사스를 떠나 보르테오의 정글에 정착했다. 25년 동안 이 캔사스 출신 부부는 아시아와 아프리카의 멸종 위기의 야생동물에 대한 영화를 찍으면서 전 세계를 여행했다. 몇 년 전에 미국으로 돌아온 이 부부는 강연을 다니며 그들이 찍은 유명한 영화를 보여주었다. 그들은 덴버에서 해안으로 가는 비행기를 탔는데 그만 비행기가 산으로 추락하고 말았다. 남편인 마틴 존슨은 즉사했다. 의사들은 오사에게 다시는 침대에서 일어나지 못할 것이라고 말했다. 하지만 그들은 오사 존슨이라는 사람을 몰랐다. 3개월 후 그녀는 휠체어를 타고 많은 청중 앞에서 강연을 하고 있었다. 사실 그녀는 이 무렵 휠체어에 앉아 100회 이상 강연을 했다. 내가 그녀에게 왜 그렇게 했느냐고 묻자 그녀는 다음과 같이 답했다.

"그렇게 하면 슬퍼하고 고민할 시간이 없으니까요."

버드 제독은 혼자서 5개월 동안 남극을 뒤덮고 있는 만년설에 말 그대로 파묻혀 오두막에서 지낼 때 같은 진리를 발견했다. 태고의 신비를 간직하고 있는 이 만년설은 미국과 유럽대륙을 합친 것보다 더 큰 미지의 대륙을 덮고 있었다. 버드 제독은 그곳에서 혼자 5개월 동안 지냈다. 반경 100마일 안에 살아 있는 생명체는 아무것도 없었다. 어찌나 추운지 바람이 불면 입김이 어는 소리를 들을 수 있었다. 그의 책 〈혼자서〉에서 버드 제독은 영혼을 갉아먹는 암흑 속에서 보낸 5개월에 대해 말하고 있다. 낮도 밤처럼 어두웠다. 맨 정신을 유지하기 위해 그는 스스로를 끊임없이 바쁘게 움직였다.

"밤에 등불을 끄기 전에 내일 할 일을 계획하는 습관을 길렀다. 예를 들어 탈출용 터널을 만드는 데 한 시간, 쌓인 눈을 치우는 데 30분, 연료통을 평평하게 만드는 데 한 시간, 식량 터널 벽에 선반을 만드는 데 한 시간, 썰매에 부서진 브리지를 고치는 데 2시간……

시간을 이런 식으로 배분하는 것은 멋진 생각이었다. 이렇게 함으로서 자제심을 키울 수 있었다. 이런 일을 하지 않았더라면, 목적 없이 하루하루가 흘렀을 것이고, 목적이 없었으면 생활 자체가 무너졌을 것이다."

마지막에 한 말을 기억해라. "목적이 없었으면 생활 자체가 무너졌을 것이다." 우리가 걱정을 하면, 오래전부터 하던 일을 약처럼 사용하자. 하버드 대학교 임상의학 교수였던 리처드 C. 캐버트 박사는 그의 책 〈인간은 무엇으로 사는가?〉에서 다음과 같은 주장을 했다.

"의사로서 의혹, 주저함, 우유부단, 두려움으로 마음의 병을 앓고 있는 사람들이 일을 함으로서 병을 치료하는 것을 보는 것은 기쁨이었다. 일을 통해 얻게 되는 자신감은 에머슨이 주장하는 자기 신뢰와 같다."

당신과 내가 바쁘게 움직이지 않는다면, 우리가 자리에 앉아 빈둥거리며 상념에 젖어 들면, 우리는 찰스 다윈이 말하는 "위버 기버"를 수도 없이 만들어 낼 것이다. "위버 기버"는 옛이야기에 나오는 꼬마 악마인데, 이 꼬마 악마는 우리를 공허하게 만들고, 우리의 행동력과 의지력을 파괴한다.

나는 조바심을 내거나 속을 끓이지 않게 자신을 바쁘게 만들어서 이 "위버 기버"를 이겨낸 뉴욕의 사업가를 안다. 그의 이름은 트렘퍼 롱

맨으로 그의 사무실은 월스트리트 40번지에 있다. 그는 내 강좌의 수강생 중 한 명이었는데 그가 걱정을 이겨낸 이야기가 너무 재미있고 인상적이어서 수업 후에 그와 식사자리를 만들었다. 우리는 자정이 지날 때까지 식당에 앉아 그의 경험에 대해 이야기를 나누었다. 그가 한 이야기를 옮겨보겠다.

"18년 전에 저는 너무 걱정이 많아서 불면증에 걸렸습니다. 항상 긴장해 있고, 화도 잘 내고, 초조했습니다. 이러다가는 신경쇠약에 걸릴 것 같았습니다.

그때 걱정할 만한 일이 있었습니다. 저는 크라운 과일 추출회사의 회계담당이었습니다. 회사는 갤런 단위의 통조림에 50만 달러를 투자한 상태였습니다. 20년동안 이 딸기 통조림을 아이스크림 업체에 팔아왔는데 갑자기 내셔널 데어리나 보든즈 같은 대형 아이스크림 제조업체가 생산량을 급격히 늘리면서 돈과 시간을 절약하기 위해 배럴 단위로 포장된 딸기를 사들이면서 갑자기 판매가 중단되었습니다.

50만 달러에 해당하는 딸기가 재고품으로 남게 되었을 뿐만 아니라 향후 1년간 1백만 달러의 딸기를 구매하겠다는 계약도 맺은 상태였습니다. 회사는 이미 은행에서 35만 달러를 대출한 상태였습니다. 대출금을 상환하거나 연장할 방법이 없었습니다. 제가 걱정하는 것도 놀라운 일이 아니지요?

저는 상황이 바뀌었고 이대로 가다가는 파산이라고 사장을 설득하기 위해서 공장이 위치해있는 캘리포니아 왓슨빌에 달려갔습니다. 사장님은 믿으려 하지 않았습니다. 모든 잘못을 뉴욕 지사에 돌렸습니다.

며칠을 설득한 끝에 마침내 딸기 포장을 멈추게 할 수 있었습니다.

그리고 샌프란시스코에 있는 청과 시장에 신선한 딸기를 팔기로 계약을 맺었습니다. 문제가 거의 해결되었습니다. 그때 걱정을 하지 않았어야 했지만 걱정을 멈출 수 없었습니다. 걱정은 습관과 같습니다. 제게 그런 걱정하는 버릇이 생겨버렸습니다.

뉴욕으로 돌아온 뒤, 이탈리아에서 구매한 체리, 하와이에서 구매한 파인애플 등 모든 일에 걱정을 하기 시작했습니다. 항상 긴장을 하고, 신경이 예민해져서 잠을 잘 수가 없었습니다. 거의 신경쇠약 직전까지 가고 있었습니다.

절망 끝에 제 불면증과 걱정을 해결할 새로운 생활 방식을 찾았습니다. 몸을 바쁘게 움직였습니다. 제 모든 능력을 써야 해결되는 문제들이 많아서 걱정을 할 시간이 없었습니다. 예전에는 하루에 7시간씩 일했지만 이제는 하루에 15~16시간씩 일합니다. 매일 아침 8시에 출근해서 거의 자정까지 사무실에서 일합니다. 새로운 일과 새로운 책임을 떠맡았습니다. 자정에 집에 돌아오면 지쳐서 침대에 눕자마자 곯아떨어졌습니다.

3개월 이상 이런 식으로 생활했습니다. 3개월이 지나자 걱정하는 습관이 없어져서 예전대로 하루에 7~8시간씩 일했습니다. 벌써 18년 전 일이지만 그 이후 불면증이나 걱정으로 고생한 적이 없습니다."

조지 버나드 쇼의 말이 맞았다. 그는 몇 마디로 이 이치를 정리했다.

"괴로워지는 것은 당신이 행복한 지 불행한 지 고민할 여유가 있기 때문이다."

그러니 당신이 행복한 지 불행한지 굳이 생각하려고 애쓰지 마라! 몸을 바쁘게 움직여라. 움직이면 혈액 순환이 될 것이고, 머리가 바쁘게

움직여 삶의 긍정적인 에너지가 걱정을 몰아낼 것이다. 바빠져라. 이것
이 세상에서 가장 값싸고, 가장 효과가 좋은 약이다.

> **규칙 1**
>
> 바쁘게 생활해라. 고민이 있으면 일에 몰두해라.

2 딱정벌레에게 무릎 꿇지 마라

내가 살아있는 한 아마 영원히 기억할 극적인 이야기가 있다. 그것은 뉴저지에 사는 로버트 무어가 내게 직접 해준 이야기이다.

"저는 1945년 3월 제 인생에서 가장 큰 교훈을 얻었습니다. 인도차이나 해안의 수심 276피트나 되는 해저에서 있을 때 일입니다. 저는 잠수함 바야 318호에 탑승한 88명의 승무원 중 한 사람이었습니다. 레이더에 일본 호위선 한척이 잡혔습니다. 날이 밝자 우리는 공격을 위해 잠항을 시작했습니다. 잠망경으로 보니 구축함, 유조선, 기뢰 부설함이 다가오고 있었습니다. 우리는 구축함에 어뢰 3발을 발사했지만 빗나갔습니다. 어뢰의 기계장치가 고장 났기 때문입니다. 구축함은 우리 측의 공격의도를 모르는 지 계속 전진해오고 있었습니다. 우리는 기뢰부설함을 공격할 준비를 하고 있었는데 갑자기 배가 방향을 바꾸더니 곧장 우리를 향해 돌진해왔습니다. (일본군 비행기가 바다 속 60피트에 있던 잠수함을 발견하고 기뢰부설함에 무선으로 우리 잠수함의 위치를 알려주었기 때문입니다.) 우리는 적에게 발견되는 것을 피하려고 150피트까지 내려가서 적의 공격에 대비했습니다. 우리는 수문에 볼트를 더 박고, 잠수함에서 어떤 소리도 나지 않도록 선풍기, 냉각장치와 모든 전기장치의 가동을 멈추었습니다.

3분후에 지옥 같은 일이 벌어졌습니다. 6개의 폭뢰가 사방에서 터져서 배가 276피트 아래로 주저앉았습니다. 모두들 겁에 질렸습니다. 수심 1천 피트 이내에서 공격당하는 것은 위험합니다. 5백 피트 이내에서 공격당하는 것은 치명적입니다. 우리는 수심 5백 피트의 절반 정도 되는 거리에서 공격을 당했습니다. 안전도 측면에서 말하자면 무릎 정도의 높이 일 뿐이었습니다. 15시간동안 일본 기뢰부설함은 폭뢰를 투하했습니다. 폭뢰가 잠수함에서 17피트 이내에서 폭파하면 잠수함에 구멍이 생깁니다. 폭뢰 수십 발이 15피트 이내에서 폭발했습니다. 승무원들에게 침대에 누워 움직이지 말고 대기하라는 명령이 떨어졌습니다. 저는 겁에 질려 숨을 쉴 수가 없었습니다. '이제는 죽겠구나!' 선풍기와 냉각장치를 꺼놓았기 때문에 잠수함내의 기온은 섭씨 40도가 넘었습니다. 하지만 저는 너무 추워서 스웨터와 털이 달린 외투를 찾아입었습니다. 그렇게 많이 옷을 껴입었는데도 추워서 몸이 떨렸습니다. 이가 덜덜덜 떨렸습니다. 차가운 식은땀이 흘렀습니다. 공격은 15시간이나 계속되다가 갑자기 멈췄습니다. 일본 기뢰부설함에 폭뢰가 다 떨어져서 본부로 돌아가 버린 것 같았습니다.

공격이 계속되던 15시간은 마치 1천 5백 만년 같았습니다. 제가 살아온 인생이 주마등처럼 제 머릿속에 떠올랐습니다. 제가 저질렀던 잘못과 제가 걱정하던 하찮고, 어리석은 일이 기억났습니다. 해군에 입대하기 전에 저는 은행원이었습니다. 긴 근무시간과 쥐꼬리 같은 월급, 불투명한 앞날에 대해 끊임없이 걱정했습니다. 제 소유의 집이 없고,

새 차를 사지 못하고, 부인에게 멋진 옷을 사주지 못해서 걱정했습니다. 항상 잔소리하고 꾸짖던 상사를 얼마나 싫어 했는지 모릅니다. 저녁에 퇴근해서 별 일 아닌 것을 가지고 아내와 싸움을 했던 일이 떠올랐습니다. 예전에 자동차 사고로 생긴 이마의 흉터로 고민하기도 했습니다. 몇 년 전까지만 해도 얼마나 큰 고민거리였는지 모릅니다! 하지만 폭뢰가 터져서 죽을지 모르는 상황에서 그런 고민들이 얼마나 터무니없게 느껴졌는지 모릅니다. 그때 제 자신에게 살아서 태양과 별을 다시 본다면 절대 다시는 걱정은 하지 않으리라 다짐했습니다. 잠수함에서 보낸 15시간의 끔찍한 시간이 시라큐스 대학에서 4년 동안 공부한 것보다 인생에 대해서 더 많은 것을 알려주었습니다."

우리는 인생의 커다란 재난에는 용감하게 맞서면서 사소한 일들로 무너진다. 사무엘 페피스는 그의 일기에서 해리 베인 경이 참수 당하는 광경을 본 일을 적었다. 해리 경은 처형대에 올랐을 때 사형 집행인에게 그의 목숨을 구걸하지 않고 다만 목에 난 종기는 건드리지 말아달라고 부탁했다.

버드 제독은 남극의 혹독한 추위와 어둠속에서 이 사실을 깨달았다. 대원들은 큰일보다는 사소한 일에 야단법석이었다. 그들은 위험, 어려움, 영하 60도까지 내려가는 추위도 불평 없이 견뎠다.

"상대방 장비가 자신의 자리를 침범한다고 생각해서 서로 말을 하지 않게 된 대원도 있었다. 음식을 삼키기 전에 28번 씹어야만 하는 플레처식 식사법 추종자가 있었는데, 그 사람이 보이지 않는 장소를 찾을 때까지 밥을 먹지 않는 사람도 있었다. 극지대에서는 이런 사소한 것조차 충분한 교육을 받은 사람을 미치게 하는 힘을 가지고 있다."

그리고 여러분은 다음과 같은 말을 덧붙일 수도 있을 것이다.

"결혼생활에서 사소한 것들이 사람들을 미치게 하고, 사소한 일들이 세상 고민의 절반을 차지한다."

적어도 전문가들은 이것에 동의한다. 시카고에서 4만 건 이상의 결혼을 조정한 조셉 사베스 판사는 다음과 같이 말한다.

"결혼생활에서 불행의 원인은 대부분 사소한 일이다."

뉴욕의 프랭크 W. 호간 검사는 이렇게 말한다.

"형사재판에 회부되는 사건의 과반수는 사소한 일에서 비롯된다. 술집에서의 주정, 가정에서의 말다툼, 모욕적인 언행, 비방하는 말, 무례한 행동 같은 사소한 일이 폭행과 살인으로 이어진다. 우리가 아주 잔인하거나, 크게 잘못한 것은 없다. 우리의 자존심과 인격에 약간의 상처만 입어도 큰 사건으로 번진다."

엘레노어 루즈벨트는 결혼 초기에 요리를 잘 못하는 요리사 때문에 며칠씩 고민을 했다.

"지금이라면 어깨 한번 으쓱하고 잊어버릴 거예요."

이런 것이 감정적으로 성숙한 사람의 행동이다. 예카테리나 여제도 요리사가 음식을 잘못했을 때 웃어넘기곤 했다고 한다.

우리 부부는 시카고의 친구 집에서 저녁 식사를 하게 되었다. 고기를 썰다가 친구가 실수를 했다. 나는 눈치 채지 못했다. 내가 눈치 챘다고 해도 나는 신경도 쓰지 않았을 것이다. 하지만 그의 아내가 그것을 보고 우리가 있는 자리에서 남편에게 면박을 주었다. "존, 무슨 짓을 하고 있는 거예요! 음식 접대 좀 제대로 하세요!"

그러고는 우리에게 말했다.

"저이는 항상 실수를 한다니까요. 노력하려고 하지를 않아요."

그는 고기를 잘 썰지 못하지만, 저런 여자와 20년 이상을 함께 살아온 것에 경의를 표한다. 잔소리를 들으면서 북경 오리나 상어지느러미를 먹는 것보다 편안한 분위기에서 핫도그에 겨자를 발라서 먹는 것이 낫다.

그 일이 있은 후 얼마 지나지 않아 우리 부부는 저녁식사에 몇몇 친구를 초대했다. 친구들이 도착하기 직전에 부인이 냅킨 3개가 식탁보와 어울리지 않는 것을 발견했다.

"요리사에게 달려가 보았더니 남아있던 냅킨 3개는 세탁소에 보내버렸다네요. 손님들이 올 때가 돼서 식탁보를 바꿀 시간이 없었어요. 울고 싶은 기분이었죠! 하지만 내 생각은 이랬어요. '실수 한번 한 것 가지고 오늘 저녁 식사를 망칠 수는 없잖아?' 나는 재미있게 보내리라 다짐하고 식탁에 갔어요. 그리고 재미있게 보냈죠. 친구들이 나를 성질 더러운 사람으로 보는 것 보다는 칠칠맞은 사람으로 보는 편이 더 나을 것 같았어요. 어쨌든 내 생각에 냅킨이 식탁과 어울리지 않는다는 걸 알아차린 사람은 아무도 없었어요!"

잘 알려진 법률 격언에 이런 것이 있다. "법은 사소한 일에 관여하지 않는다." 걱정에서 벗어나 마음의 평화를 원하는 사람은 이렇게 해야 한다.

사소한 일에 얽매이지 않으려면 새롭고 유쾌한 사고방식을 가지면 된다. 〈파리에 가야했던 사람들〉 말고도 많은 책을 쓴 내 친구 호머 크로이는 자신의 놀라운 경험담을 들려주었다. 책을 집필할 때 그의 뉴욕 아파트의 시끄러운 라디에이터 소리에 미칠 지경이었다. 스팀이 땅땅

거리다가 칙소리가 나면 그는 부글부글 화가 났다.

"그 무렵에 친구들과 캠핑을 갔었어. 이글거리는 불속에서 나무들이 타는 소리를 들으니 내 아파트의 라디에이터 소리와 비슷하다는 생각이 들었어. 비슷한 소리인데도 아파트의 라디에이터 소리는 싫어하고 장작 타는 소리는 좋아할까? 집에 돌아가서 이렇게 혼잣말을 했지. '장작이 타는 소리는 기분이 좋아. 라디에이터 소리도 마찬가지야. 소리에는 신경 끄고 잠이나 자자.' 그리고 그렇게 했지. 며칠 라디에이터 소리가 들리더니 곧 그 소리는 들리지도 않게 되더군.

수많은 사소한 고민도 마찬가지야. 그 사소한 고민들을 싫어하고 노심초사하는 것은 우리가 그 사소한 일들을 지나치게 크게 생각하기 때문이야."

디즈레일리는 "인생은 **사소한 일에 신경 쓰기에 너무 짧다**"라고 말했다. 앙드레 모루와는 이 말과 관련해 〈디스위크〉에서 이런 말을 했다.

"이 말이 고통스러운 경험을 극복하는 데 도움을 주었습니다. 우리는 우리가 무시하고 잊어버려야 할 사소한 것들에 쉽게 화를 냅니다. 우리가 살아있을 시간은 짧은데 그 소중한 시간을 쓸데없는 일로 걱정하느라 낭비합니다. 우리의 인생을 가치 있는 행동과 감정, 위대한 사상과 진실한 애정, 지속적인 과업에 바쳐야 합니다. 인생은 사소한 일에 신경 쓰기에 너무 짧습니다."

루드야드 키플링처럼 위대한 인물도 가끔씩 "인생은 사소한 일에 신경 쓰기에 너무 짧다"는 사실을 잊었다. 그와 그의 처남은 버몬트 역사상 가장 유명한 법정 다툼을 벌였다. 그 다툼이 너무 유명해서 이를 다룬 〈루드야드 키플링의 버몬트 불화〉라는 책도 출판되었다.

그 사건의 자초지종은 다음과 같다. 키플링은 버몬트 출신 여성인 캐롤라인 발레스티어와 결혼하여 버몬트에 정착해서 살려고 했다. 그의 처남인 비티 발레스티어와는 친한 친구가 되었다. 그 둘은 함께 일하고, 취미생활도 함께했다.

키플링은 처남이 건초를 베어가도 좋다는 조건하에 처남에게서 땅을 샀다. 어느 날 처남은 키플링이 이 건초 밭에 꽃밭을 만들기로 했다는 것을 알았다. 처남은 불같이 화를 냈다. 키플링도 처남에 맞받아쳤다.

며칠 후에 키플링이 자전거를 타고 가는데 마차를 몰던 처남이 길을 가로막아 키플링은 넘어지고 말았다. "다른 사람이 모두 자제심을 잃고 당신을 비난하더라도 당신은 대응하지 마라." 라고 썼던 키플링은 냉정을 잃고 처남을 고소했다. 희대의 재판이 열렸다. 기자들이 버몬트로 밀려왔다. 그 소식이 전 세계에 보도되었다. 하지만 사건은 해결되지 않았다. 이 다툼으로 말미암아 키플링과 그의 아내는 미국을 떠나 다시는 돌아오지 않았다. 건초더미 때문에 이런 씁쓸한 일이 일어났다.

2천 4백 년 전에 페리클레스는 다음과 같이 말했다.

"우리는 사소한 일에 너무도 많은 시간을 들이고 있다."

해리 에머슨 포스딕 박사가 해준 재미있는 이야기 중 한 가지를 소개하고자 한다. 숲의 거인의 승리와 패배 이야기이다.

콜로라도의 롱스피크 경사면에는 거대한 나무의 잔해가 있다. 박물학자들은 이 나무가 약 4백년은 넘었을 것이라고 말한다. 콜럼버스가 산 살바도르에 상륙했을 때 어린 나무였고, 청교도들이 플리머스에 정착했을 때는 어느 정도 크게 자라있었다. 이 나무는 4백년을 살아오면서 벼락에 맞은 적이 14번이나 되고, 수많은 산사태와 폭풍우를 이겨냈다. 그런데 딱정벌레 한 무리가 나무에 몰려와 나무를 쓰러뜨리고 말았다. 딱정벌레들은 작지만 끊임없는 공격으로 나무껍질을 파고들어가 나무를 죽이고 말았다. 세월에 시들지 않고 벼락도 돌풍에도 끄떡없었던 이 숲의 거인은 어떤 사람이든 손가락으로 간단히 죽일 수 있는 미약한 존재인 딱정벌레에 죽고 말았다.

우리 인간도 이 숲의 거인과 비슷하지 않은가? 사나운 폭풍이나 눈사태, 번개 같은 인생의 큰일은 이겨내면서 손끝으로 간단히 죽일 수 있는 미약한 존재 같은 걱정 때문에 마음이 좀먹고 있지는 않은가?

몇 년 전에 나는 와이오밍 고속도로 순찰대인 찰스 사이프레드와 친구들과 함께 와이오밍 텔톤 국립공원을 여행하고 있었다. 그 공원의 존 D. 록펠러의 사유지로 갈 예정이었다. 하지만 우리가 타고 있던 차가 길을 잘못 들어 길을 잃고 말았다. 다른 차들이 들어가고 한 시간이 지나서야 사유지의 입구로 들어설 수 있었다. 사이프레드는 사유지로 들어서는 문의 열쇠를 가지고 있었기 때문에 덥고, 모기로 바글바글한 숲에서 우리가 도착할 때까지 1시간동안 기다리고 있었다. 모기는 성인 군자라도 미치게 만들 정도로 극성맞았다. 하지만 모기들은 찰스 사이프레드를 이길 수 없었다. 우리를 기다리면서 그는 버드나무가지를 꺾어 피리를 만들었다. 우리가 도착했을 때 그는 모기는 아랑곳없이 피리를 불고 있었다. 나는 사소한 것에 휘둘리지 않았던 찰스 사이프레드를 기념하기 위해 그 피리를 징표로 얻었다.

우리가 무시하고 잊어버려야 할 사소한 일로 신경 쓰지 말자. "인생은 사소한 일에 신경 쓰기에는 너무나 짧다."

3 걱정을 무력화 시키는 법칙

나는 어린 시절 미주리의 농장에서 자랐다. 어느 날 어머니가 체리를 따는 것을 돕다가 갑자기 울음을 터뜨렸다. 어머니가 말씀하셨다.

"데일, 도대체 왜 우니?"

"생매장 당할까봐 무서워서 그래요." 나는 엉엉 울며 말했다.

그 당시에 나는 모든 것이 걱정스러웠다. 비바람이 불면 벼락에 맞아 죽지 않을까 걱정했고, 집안 형편이 어려워지면 먹을 것이 없을까봐 걱정했다. 죽으면 지옥에 갈까 걱정했다. 심지어 내 귀를 잘라버리겠다고 협박하던 나보다 나이 많은 샘 화이트가 진짜로 내 귀를 잘라버릴까 걱정했다. 내가 모자를 들고 살짝 인사하면 여자아이들이 나를 비웃지 않을까 걱정했다. 나와 결혼할 여자가 없을까봐 걱정했다. 결혼식이 끝난 직후 아내에게 무슨 말을 해야 할지 걱정했다. 한적한 시골교회에서 결혼하고 술로 장식한 마차를 타고 농장으로 돌아올 때 아내에게 무슨 말을 해야 할지 걱정했다. 나는 밭을 갈면서 이런 '중대한' 문제에 대해 고민했다.

세월이 흐르면서 내가 걱정하던 일의 99%는 절대 일어나지 않을 것임을 알게 되었다.

예를 들어 나는 예전에 벼락에 맞아 죽을까봐 걱정했는데, 국가안전위원회에 따르면 일 년에 벼락에 맞아 죽는 사람은 35만 명 중에 하나라고 한다.

생매장 당하면 어쩌나 하는 걱정은 어처구니없는 헛소리였다. 시체를 방부처리하기 전 오래전 옛날에도 생매장하는 것은 천만 명 가운데 하나도 되지 않았다.

8명 중에 1명은 암으로 죽는다. 내가 뭔가에 대해 걱정한다면 벼락에 맞아 죽는 것이나 생매장 당하는 것 대신에 암에 걸리는 것을 두려워했어야 했다.

물론 내가 말하고 있는 고민은 내가 어렸을 때 하던 걱정이다. 하지만 성인이 하는 걱정도 터무니없는 것이 많다. 우리가 '평균율의 법칙'으로 봤을 때 우리 걱정에 정당성이 있는가를 충분히 평가해보고 조바심 내지 않으면 우리 걱정의 90%는 없앨 수 있을 것이다.

세계에서 가장 유명한 보험사인 런던의 로이즈 보험사는 사람들이 거의 일어나지 않을 일을 걱정하는 성향을 이용해서 천문학적으로 많은 돈을 벌었다. 런던의 로이즈 보험사는 사람들이 걱정하는 일이 결코 일어나지 않는 쪽에 내기를 건다. 그들은 이것을 도박이라고 하지 않고 보험이라고 부른다. 하지만 이것은 '평균율의 법칙'에 기반을 둔 내기이다. 이 회사는 2백년 넘게 최고 보험사의 위상을 유지해오고 있다. 인간의 본성이 변하지 않는 한 이 회사는 향후 5천 년간은 최고의 위치를 지킬 것이다. 사람들은 재난에 대비해서 갖가지 보험에 가입하지만 '평균율의 법칙'에 따르면 재난은 사람들이 생각하는 것만큼 자주 일어나지 않기 때문이다.

'평균율의 법칙'을 살펴보면 새롭게 드러나는 사실에 놀랄 것이다. 예를 들어, 5년 후 내가 게티즈버그 전투만큼 치열한 전투에서 싸워야 한다면 나는 겁이 나서 내가 들 수 있는 모든 보험은 죄다 들어놓을 것이다. 나는 유언장을 작성하고, 내가 벌여놓은 일들을 전부 정리해 놓을 것이다.

"전투에서 살아남지 못할 지도 몰라. 남은 시간을 충실하게 사는 게 좋겠어."

하지만 '평균율의 법칙'에 따르면 50~55세까지 사는 것은 게티즈버그 전투에서 싸우는 것만큼이나 위험하고 치명적이다. 평화시의 50~55세 사이의 사망률과 16만 3천명의 병사가 싸운 게티즈버그 전투에서 병사들의 사망률은 거의 같다.

나는 이 책의 몇 장을 캐나다 로키 산맥에 있는 보우 호수 해변에 있는 제임스 심슨의 별장에서 썼다. 어느 여름날 그곳에 들렀을 때, 샌프란시스코에서 온 샐린저 부부와 만났다. 샐린저 부인은 정숙하고 품위 있는 여성이었는데 걱정은 해본 적이 없는 인상을 주었다. 어느 날 저녁 벽난로 앞에서 그녀에게 걱정으로 고생해 본 적이 있느냐고 물었다.

"걱정으로 고생해 본 적이 있느냐고요? 제 인생이 걱정으로 무너질 뻔 했어요. 걱정을 극복하는 법을 배우기 전까지, 거의 11년을 제가 만든 지옥에서 살았어요. 저는 쉽게 화를 내고 성격이 급했습니다. 극심한 긴장 속에서 살았어요. 매주 집에서 버스를 타고 샌프란시스코로 쇼핑을 갔어요. 쇼핑을 하면서 마음이 편하지가 않았어요. 다리미를 다리미판에 그냥 두고 왔으면 어쩌나? 하녀가 아이들을 집안에 두고 도망가 버렸으면 어쩌나? 아이들이 자전거를 타고 나가서 차에 치어 죽으면 어떡하지? 쇼핑을 하다가 갑자기 식은땀을 흘리며 밖으로 뛰어나가 아무 일도 없나 확인하러 집에 갔어요. 제 첫 번째 결혼이 파경을 맞은 것은 당연한 일이었죠.

제 두 번째 남편은 변호사입니다. 어떤 일에도 걱정을 하지 않는 조용하고 분석적인 사람이죠. 제가 긴장을 하고 걱정을 하면 제게 이렇게 말합니다.

'진정하고 생각해봐. 당신이 정말 걱정하는 것이 뭐야? 평균율의 법칙을 써서 그 일이 실제로 일어날 수 있는지 한번 살펴볼까?'

예를 들어 제가 뉴 멕시코 앨버커키에서 칼스배드 동굴로 운전을 했을 때가 기억납니다. 도로 사정이 좋지 않았는데 중간에 폭풍우를 만났습니다.

차는 흔들리고 미끄러져서 통제할 수가 없었습니다. 차가 도로 옆의 웅덩이에 빠질 것 같았어요. 하지만 남편은 계속해서 제게 이런 말을 하는 거예요. '지금 아주 천천히 운전하고 있으니까 아무 일도 없을 거야. 차가 도랑으로 빠져도 평균율의 법칙에 따라 우리는 다치지 않을 거야.' 그의 침착함과 자신감이 저를 안정시켜 주었습니다.

어느 해 여름 캐나다 로키 산맥의 토퀸 계곡으로 캠핑여행을 갔습니다. 해발 7천 피트에서 캠핑을 하고 있었는데 갑자기 폭풍이 불어 텐트를 산산 조각낼 것 같은 바람이 불기 시작했습니다. 텐트는 밧줄로 단단하게 나무에 묶여 있었지만, 바깥쪽의 텐트는 바람에 펄럭이면서 날카로운 소리가 났습니다. 텐트가 찢어져 공중으로 날아갈 것만 같았어요. 정말 무서웠죠! 하지만 남편은 제게 계속 다음과 같은 말을 했습니다. '여보, 우리는 지금 가이드와 함께 여행 중이야. 이 사람들은 전문가야. 60년이나 산에서 텐트를 쳐왔어. 텐트도 바람에 날아간 적은 한번도 없었어. '평균율의 법칙'에 따라 이 텐트는 오늘밤도 무사할거야. 설사 텐트가 날아가도 우리는 다른 텐트에서 자면 되잖아? 그래서 저는 안심했죠. 그리고 그날 밤에 편안하게 잠을 잘 수 있었습니다.

몇 년 전에 우리가 사는 캘리포니아에 소아마비가 유행한 적이 있었습니다. 예전의 저였다면 예민하게 반응했겠지만 남편이 저를 안정시켜 주었습니다. 우리는 가능한 모든 예방 조치를 취했습니다. 아이들이 사람 많은 곳에는 가지 않게 하고, 학교에도 보내지 않고, 극장에도 보내지 않았습니다. 위생국에 알아보니 캘리포니아 역사상 소아마비가 가장 심했을 때도 주 전역에 소아마비에 걸린 아이는 1,835명에 불과하다는 사실을 알았습니다. 그리고 보통 때는 200~300명이라더군요. '평균율의 법칙'에 따르면 한 아이가 병에 걸릴 확률은 매우 작다는 것을 알 수 있죠.

'평균율의 법칙에 따르면 그런 일은 일어나지 않을 거야.' 이 말이 제 걱정의 90%는 없애주었습니다. 그리고 이 말이 지난 20년 동안 저에게 상상할 수도 없는 평화를 주었습니다."

미국 역사상 인디언과의 싸움에서 가장 큰 공을 세운 조지 크룩 장군은 그의 자서전 77페이지에서 다음과 같이 말한다.

"걱정과 불행은 현실에서가 아니라 상상에서 온다."

지난 수십 년을 돌아보면 내 고민의 대부분도 상상에서 왔음을 알 수 있다. 짐 그랜트는 자기도 역시 그랬다고 말한다. 그는 그랜트 유통회사를 소유하고 있다. 그는 플로리다에서 한 번에 화물차 10대에서 15

대 분량의 오렌지와 자몽을 주문한다. 그는 아래와 같은 생각들이 자신을 괴롭히곤 했다고 말했다.

"기차가 탈선하면 어떻게 하지? 내 과일들이 시골 길바닥에 쏟아지지는 않았을까? 차가 다리를 지나갈 때 다리가 무너지면 어떻게 하지? 물론 보험은 들어두었지만 과일이 제 시간에 배달이 안 되면 어떻게하지?"

그는 걱정을 너무 많이 해서 자신이 위궤양이 걸렸을까 두려워 의사를 찾았다. 의사는 그에게 신경과민을 제외하고는 건강에 이상이 없다고 말했다.

"그제야 정신이 번쩍 들었습니다. 제 스스로에게 물었습니다. '이봐, 짐 그랜트, 그동안 운행한 화물차가 몇 대정도 되지?' 답은 이랬습니다. '약 2만 5천대.' 다시 질문을 했습니다. '그 중에 얼마나 많은 차들이 고장 났었지?' 여기에 대한 답은 '아마 다섯 대.' 다시 스스로에게 말했습니다. '2만 5천대에서 5대 밖에 안 된다고? 그게 무슨 의미인지 알아? 확률이 5천분의 1이란 말이야. 즉, 평균율의 법칙에 따르면 화물차가 고장날 확률이 5천분의 1이란 말이야. 걱정할 게 뭐가 있냐?'

그러고 나서 또 이렇게 말했습니다. '다리가 무너질 수도 있지!' 이렇게 물었습니다. '다리가 무너져서 화물차가 부서진 적이 있어?'

'한대도 없어.' 제게 또 말했습니다. '확률이 5천분의 1밖에 안 되는 아직 무너지지도 않은 다리, 아직 탈선하지도 않은 철로 때문에 걱정하느라 위궤양에 걸리면 정말 바보 같지 않아?'

이런 식으로 생각하자 제가 너무 바보같이 느껴졌습니다. 그때 저는 평균율의 법칙을 적용해서 그 이후로 걱정을 하지 않았고, 위궤양 걱정은 해본 적이 없었습니다."

알 스미스가 뉴욕 시장이었을 때, 그의 정적들이 공격을 하면 그가 계속해서 다음과 같은 말로 답변했다.

"기록을 검토해보겠습니다. 기록을 검토해보겠습니다."

그리고 나서 그는 사실을 제시했다. 앞으로 어떤 일이 일어날까 걱정이 되면, 알 스미스에게서 힌트를 얻자. 기록을 검토해보고, 우리를 좀먹는 고민에 어느 정도 근거가 있는 지 검토해보자. 프레드릭 말스테드가 죽을까 두려웠을 때 바로 그렇게 했다. 여기 그가 뉴욕에서 열린 성인 강좌에서 이야기한 것을 옮긴다.

"1944년 6월 초, 저는 오마하 해변 근처의 좁은 참호 속에 있었습니다. 나는 999 통신 중대의 일원으로 우리는 노르망디에 참호를 팠습니다. 바닥에 네모난 구덩이를 판 것에 불과한 참호를 돌아보며 혼잣말했습니다. '이건 무덤 같군.' 누워서 잠을 자려고 하는데, 정말이지 무덤처럼 느껴졌습니다. '어쩌면 이건 내 무덤일지 몰라.' 이런 생각이 드는 것을 막을 수가 없었습니다. 밤 11시경 독일 폭격기가 날아와서 폭격을 시작하자 저는 공포로 몸이 뻣뻣하게 굳었습니다. 처음 2~3일간은 잠을 잘 수가 없었습니다. 4일이나 5일째 밤이 되자 거의 신경쇠약에 걸릴 지경이었습니다. 뭐든지 하지 않으면 미칠 것 같은 생각이 들었습니다. 이미 5일이 지났고, 나뿐 아니라 우리 부대의 모든 사람이 살아있다는 생각을 계속했습니다. 두 명이 부상당했는데, 독일군 폭격이 아니라 아군 대공포에 의한 부상이었습니다. 뭔가 건설적인 일을 해서 걱정을 하지 않기로 결심했습니다. 그래서 유탄을 막기 위해 참호위에 두꺼운 나무 지붕을 만들었다. 참호 주변의 지역이 얼마나 넓은지 생각했습니다. 깊고 좁은 참호 속에 있는 내가 죽을 수 있는 유일한 경우는 폭탄이 정통으로 떨어지는 것인데, 그 확률이 1만 분의 1도 되지 않는다는 생각을 했습니다. 이런 식으로 생각을 바꾸고 하루 이틀이 지나자 마음이 진정되어 공습 중에도 잠을 잘 수가 있었습니다!"

미 해군은 장병들의 사기를 진작시키기 위해 평균율의 법칙을 사용했다. 예전에 해군에 복무했던 사람은 자신이 그의 동료들과 함께 고옥탄가 휘발유를 운반하는 유조선에 배치되자 걱정이 태산 같았다. 고옥탄가 휘발유를 실은 유조선이 어뢰라도 맞으면 유조선은 폭발해서 승무원들은 전부 죽을 것이라고 굳게 믿고 있었다.

하지만 미 해군은 그렇지 않다는 것을 알고 있었다. 해군은 어뢰에 맞은 100대의 유조선 중에 60척은 침몰하지 않았다는 정확한 통계를 제시했다. 어뢰에 맞은 40척 가운데 5척만이 10분 이내에 침몰했다. 그것은 탈출할 충분한 시간이 있다는 것을 의미했다. 또한 사상자가 극소수에 그쳤다는 사실을 보여주었다. 이렇게 해서 사기가 올라갔을까? 미네소타에 사는 클라이드 W. 마스는 다음과 같이 말했다.

"평균율의 법칙이 제 불안감을 없애주었습니다. 모든 승무원들도 안심을 했습니다. 우리는 우리에게 기회가 있을 것이고, 평균율의 법칙으로 보았을 때 우리는 전사하지 않을 것이라는 것을 알았습니다."

규칙 3

기록을 살펴보자. 자문해보자. "평균율의 법칙에 따르면 내가 걱정하고 있는 일이 실제로 일어날 확률이 얼마나 될까?"

4 피할 수 없으면 받아들여라

내가 어렸을 때 미주리의 오래된 폐가의 다락방에서 친구들과 놀았다. 나는 다락방에서 내려오려고, 잠깐 창문틱에 발을 디뎠다가 뛰어내렸다. 왼쪽 검지에 반지를 끼고 있었는데 뛰어내리면서 반지가 못에 걸려 손가락이 절단되었다.

나는 겁이 나서 소리를 질렀다. 곧 죽을 것 같았다. 하지만 손을 치료하고 나서는, 한 번도 그 일에 대해 걱정하지 않았다. 걱정해봤자 무슨 소용이 있겠는가? 나는 피할 수 없는 일은 그냥 받아들였다.

지금은 왼손 손가락이 4개밖에 없다는 사실도 한 달에 한번 정도 생각할까 말까이다.

몇 년 전에 뉴욕 도심의 오피스 빌딩에서 화물용 엘리베이터를 운행하는 사람을 만났다. 나는 그의 왼손이 손목부터 잘려나간 것을 보았다. 손이 없는 것이 마음에 걸리지 않느냐고 물었다. 그는 말했다.

"아니오, 그런 것은 생각해본 적도 없습니다. 단지 저는 아직 독신이어서 바늘에 실을 꿸 때만 왼손이 없는 게 아쉽습니다."

우리가 얼마나 빨리 상황을 받아들이는 지 정말 놀랍다.

나는 종종 15세기에 지어진 암스테르담의 성당의 폐허에 있던 글귀를 생각한다. 플랑드르어로 새겨진 글귀는 이렇게 새겨져 있다.

"원래 그런 것이다. 달리 방법이 없다."

우리가 인생을 사는 동안, 우리는 많은 불쾌한 상황에 부딪힐 것이다. 그것은 피할 수가 없다. 그 상황을 피할 수 없다고 생각하고 받아들이든지 아니면 반발하고 결국 신경쇠약으로 삶을 망치는 것 중 선택을 할 수 있다.

내가 좋아하는 철학자들 가운데 윌리엄 제임스는 현명한 충고를 했다.

"그대로 받아들여라. 상황을 있는 그대로 받아들이는 것이야 말로 불행한 결과를 극복하는 첫 번째 방법이다."

오레곤 주에 사는 엘리자베스 콘리는 고생 끝에 그 사실을 깨달았다. 그녀가 최근 내게 보내온 편지를 소개한다.

"북 아프리카 전투에서 미군이 승리하는 것을 축하하던 바로 그날 저는 제가 가장 사랑하는 조카가 작전수행 중 실종되었다는 전보를 받았습니다. 얼마 지나지 않아 조카가 전사했다는 또 다른 전보가 도착했습니다.

저는 슬픔에 빠졌습니다. 그때까지 저는 삶이 행복하다고 느꼈습니다. 제가 좋아하는 직업이 있고, 조카를 키우는 데 도움을 주었습니다. 조카는 더없이 착하고 아름다운 젊은이의 표본이었습니다. 저는 물위에 빵을 던졌는데 그게 케이크가 돼서 제게 돌아오는 느낌이었어요! 그런데 조카가 전사했다는 전보가 온 겁니다. 모든 것이 무너졌습니다. 살아야 할 의미가 없었습니다. 일에도 신경 쓰지 않고, 친구들도 귀찮

앉습니다. 될 대로 되라며 모든 것을 팽개쳤습니다. 가슴이 아프고 화가 났습니다. 왜 내 사랑하는 조카가 죽어야 하지? 살아갈 날이 창창한 착한 아이를 왜 데려간 거야? 저는 받아들일 수가 없었습니다. 슬픔이 너무 커서 일을 그만두고 어디로든 멀리 떠나서 숨어살기로 결심했습니다.

일을 그만둘 준비를 하면서 제 책상을 정리하고 있었는데 조카가 제게 보내준 편지를 발견했습니다. 그 편지는 제 어머니가 몇 년 전에 돌아가셨을 때 조카가 제게 쓴 편지였습니다.

'물론, 우리 모두 할머니를 그리워하겠지요. 특히 이모는요. 하지만 이모가 슬픔을 잊고 잘 살아가리라고 믿어요. 이모의 인생관이 뚜렷하니 이모는 잘 이겨낼 수 있을 거예요. 저는 이모가 제게 가르쳐주신 그 진리를 잊지 못할 거예요. 제가 어디에 있던지 저는 항상 이모가 제게 '웃어라', '사내처럼 무슨 일이든지 당당하게 받아들여라' 라고 한 말을 항상 기억할게요.'

저는 그 편지를 읽고 또 읽었습니다. 조카가 제 옆에서 말하고 있는 것 같은 느낌이었어요.

'왜 이모가 제게 가르쳐 주신대로 하지 않으세요? 무슨 일이 일어나든 잘 이겨내라고 하셨잖아요. 슬픔은 미소 속에 숨기고, 슬픔을 이겨내라고 하셨잖아요.'

그래서 저는 다시 일을 시작했습니다. 더 이상 슬퍼하지 않고, 반항하지 않았습니다. 끊임없이 제 스스로에게 이렇게 말했습니다. '이미 지난 일이야. 상황을 바꿀 수는 없어. 하지만 조카가 바라는 대로 슬픔을 이겨낼 수는 있어.'

저는 모든 정신을 일에 쏟았습니다. 병사들에게 편지를 썼습니다. 밤에는 성인 대상 교육 강좌를 들었습니다. 새로운 관심거리를 찾고 새로운 친구를 만들었습니다. 제게 찾아온 변화를 믿을 수가 없습니다. 이미 지난 일을 슬퍼하는 것은 멈추었습니다. 저는 이제 제 조카가 바랐던 것처럼 매일을 기쁘게 살고 있습니다. 제 삶은 다시 평화로워졌습니다. 운명을 받아들이고 풍요롭고 완전한 삶을 살고 있습니다."

오리건 주의 엘리자베스 콘리는 우리가 조만간 배워야 할 것을 미리 배웠다. 즉 피할 수 없는 일은 받아들이고, 협력하라는 것이다.

"원래 그런 것이다. 달리 방법이 없다."

왕조차도 끊임없이 스스로에게 이 규칙을 되뇌었다. 조지 5세는 다음과 같은 글귀를 액자로 만들어 버킹엄 궁전에 있는 서재 벽에 걸어두었다.

"달을 따 달라고 울지 말고, 이미 엎질러진 물을 아쉬워하지 않도록 가르쳐 주소서."

쇼펜하우어도 같은 생각을 이런 말로 표현했다.

"깨끗하게 단념하는 것이야 말로 인생이라는 여정을 준비하는 데 가장 중요한 덕목이다."

환경이 우리를 행복하게 하거나 불행하게 만들지 않는다. 우리의 감정을 결정하는 것은 환경에 반응하는 우리의 방식이다. 예수는 천국이 우리 마음 안에 있지만 지옥도 우리 마음에 있다고 말씀하셨다.

우리는 재난과 비극을 견디고 승리를 얻을 수 있다. 우리는 잘 모르지만 우리는 놀랄 만큼 강한 내면의 힘이 있다.

부스 타킹턴은 항상 말했다.

"나는 인생이 내게 주는 모든 것을 감내할 수 있지만 눈이 머는 것만은 견딜 수 없을 것 같다."

그런데 그가 60대가 되었을 때 바닥의 카펫을 내려다보았는데 색이 뿌옇게 흐려보였다. 그는 카펫의 무늬를 제대로 식별할 수가 없었다. 안과전문의에게 갔더니 그가 시력을 잃어가고 있다는 비극적인 사실을 알게 되었다. 한쪽 눈은 거의 실명단계였고 다른 눈도 거의 시력을 잃어가고 있었다. 그가 가장 두려워하던 일이 실제로 일어났다.

타킹턴은 이 최악의 비극에 어떻게 반응했을까? 그가 "이제 끝이야! 내 인생은 끝장난 거야?"라고 했을까? 아니다. 놀랍게도 그는 명랑한 기분이었다. 그는 유머로 그의 상황을 표현하기 까지 했다. 그를 성가시게 하는 것은 눈 속을 떠다니다가 그의 시야를 막는 반점들이었다. 반점 중에도 가장 큰 반점이 그의 시야를 막으면 그는 이렇게 말하곤 했다. "안녕하쇼! 할아버지께서 또 오셨네! 이렇게 화창한 아침에 어디를 가시려나?"

운명이 이렇게 강한 정신을 어떻게 꺾을 수 있을까? 실명이 되자 타킹턴은 이렇게 말했다.

"사람이 어떤 일이든 받아들이듯 나는 눈이 보이지 않는 사실도 받아들일 수 있게 되었다. 다른 오감을 모두 잃어도 내면의 힘으로 살아갈 수 있다. 우리가 알든 모르든 우리는 마음으로 보고 마음의 힘으로 살아간다."

시력을 회복하려는 희망으로 타킹턴은 일 년에 12번이 넘는 수술을 받았다. 그것도 부분마취로! 그가 불평을 했을까? 그는 주어진 상황을 피할 수 없다는 것을 알았기에 상황을 받아들였다. 고통을 조금이라도 줄이기 위한 유일한 방법은 품위 있게 받아들이는 것뿐이었다. 그는 병원의 1인실을 거부하고 그와 마찬가지로 질병을 앓고 있는 다른 사람들과 함께 있을 수 있는 병동으로 들어갔다. 그는 병동의 사람들에게 힘을 주려고 노력했다. 그가 계속되는 수술을 받아야 했을 때, 부분마취를 해서 수술과정을 정확히 알 수 있는 수술을 받으면서도 자신이 얼마나 운이 좋은 지를 기억해내려고 노력했다.

"정말 놀라운 일이야! 과학이 이제는 사람 눈처럼 섬세한 것에도 수술을 할 수 있는 기술을 가졌다니, 정말 놀라워!"

보통사람이라면 그처럼 12번 이상의 수술을 받고 시력을 잃는다면 신경쇠약에 걸렸을 것이다. 하지만 타킹턴은 말했다.

"나는 이 경험을 어떤 행복한 경험과도 바꾸지 않겠다."

이 경험은 그에게 받아들임의 의미를 가르쳐주었다. 인생을 살다가 어떤 일이 닥쳐도 그가 견디지 못할 것은 없다는 것을 가르쳐 주었다. 존 밀턴처럼 그는 다음과 같은 사실을 깨닫게 되었다.

"눈이 머는 것은 비극적인 일이 아니다. 앞이 보이지 않는 것을 견디지 못하는 그것이 비극이다."

뉴잉글랜드의 여권주의자 마가렛 풀러는 자신의 신조가 다음과 같다고 말했다.

"나는 우주를 받아들인다!"

성질 더러운 영국의 토머스 칼라일이 이 말을 듣고 퉁명스럽게 말했다.

"물론 그러셔야지!"

그렇다. 우리는 피할 수 없다면 받아들이는 게 낫다.

우리가 반항하거나 발버둥 친다고 해서 상황을 피할 수 없다. 하지만 우리는, 우리자신은 바꿀 수 있다. 내가 그래봤기 때문에 잘 안다.

나는 예전에 피할 수 없는 상황을 받아들이지 않으려고 발버둥친 적이 있었다. 나는 바보처럼 저항했다. 불면증으로 밤은 지옥으로 변했다. 내가 원하지 않는 일들이 일어났다. 나는 처음부터 상황을 바꿀 수 없다는 것을 알았지만 어리석게 1년 동안 고생했다.

월트 휘트먼의 시를 진작 알았어야 했다.

나무와 동물들이 그러하듯

어두운 밤, 폭풍, 배고픔, 조롱, 사고, 냉대를.

나도 그렇게 맞이할 수 있기를.

나는 12년 동안 소떼를 돌보는 일을 했다. 하지만 암소가 가물어서, 건초가 말라버려서, 추위나 진눈깨비 때문에, 수소가 다른 암소에게 관심이 있다고 해서 열을 내는 것을 본 적이 없다. 동물들은 밤, 폭풍, 배고픔에 의연하게 맞선다. 동물들은 결코 신경쇠약에 걸리는 일이 없고, 위궤양을 앓지도 않는다. 동물들은 절대로 미치는 법이 없다.

내가 지금 우리에게 오는 역경에 굴복하기만 하면 된다고 주장하는 것처럼 보이는가? 전혀 아니다! 그것은 단지 운명론에 불과하다. 상황을 개선할 여지가 있으면 열심히 상황개선을 위해 노력해라! 하지만 상식적으로 생각해서 어쩔 수 없다는 생각이 들면 냉정한 마음으로 되지도 않는 일은 바라지 말자.

콜럼비아 대학의 호크스 총장은 전래 동요가사의 한 구절을 자신의 좌우명으로 삼고 있다고 말했다.

태양아래 모든 아픔은

치료제가 있거나 치료제가 없다.

치료제가 있으면 찾아 나서고,

치료제가 없으면 잊어버려라

이 책을 쓰는 동안 나는 미국의 성공한 사업가들과 인터뷰를 진행했다. 나는 그들이 피할 수 없는 일은 받아들이면서 걱정 없는 삶을 사는 모습에 깊은 인상을 받았다. 그들이 그렇게 하지 않았으면 그들은 긴장감에 무너졌을 것이다.

몇 가지 예를 소개하겠다.

전국 가맹점을 가지고 있는 페니 스토어의 설립자인 J. C. 페니는 내게 이런 말을 했다.

"제가 가진 전 재산을 잃는다고 해도 저는 걱정하지 않을 것입니다. 걱정한다고 해서 뭐 하나 생기는 것이 아니니까요. 제가 할 수 있는 최선을 다한 후에 결과는 하나님께 맡기겠습니다."

헨리 포드도 비슷한 말을 내게 했다.

"내가 어찌할 수 없는 일이라면, 나는 그냥 내버려둡니다."

내가 크라이슬러의 사장인 K. T. 텔러에게 고민이 생기면 어떻게 해결하는 지 물었더니 그는 다음과 같이 대답했다.

"힘든 일이 생기면, 할 수 있는데 까지 최선을 다해봅니다. 해보고 안 되면 그냥 잊어버립니다. 미래에 어떤 일이 닥칠지 아는 사람은 아무도 없으므로 나는 미래에 대해 절대 걱정을 하지 않습니다. 미래에 영향을 미치는 요인은 참으로 많습니다. 누구도 그 요인이 무엇인지 모르고, 이해할 수도 없습니다. 그런데 왜 미래를 걱정하나요?"

당신이 K. T. 텔러에게 철학자라고 한다면 그는 당황할 것이다. 그는 훌륭한 사업가이기 때문이다. 하지만 그의 생각은 19세기 전 로마 철학자 에픽테투스의 사상과 비슷하다.

"행복으로 가는 단 하나의 방법이 있다. 인간의 의지를 벗어나는 일은 걱정하지 않는 것이다."

'성스러운 사라'라고 알려져 있는 사라 베르나르는 피할 수 없는 일에 어떻게 대처해야 하는 지 잘 보여준다. 지난 반세기동안 그녀는 전 세계에서 가장 사랑받는 여배우였다. 그러던 그녀가 71세에 파산해서 전 재산을 잃었다. 엎친데 덮친 격으로 그녀의 주치의 포치 교수는 그녀의 다리를 절단해야 한다는 진단을 내렸다. 대서양을 건너면서 폭풍우를 만나 갑판에서 떨어졌을 때 다리에 심한 상처가 났는데 이 상처가 정맥염으로 악화되었다. 그녀의 다리는 쪼그라들었다. 고통이 너무 심해서 의사는 다리를 절단해야 한다고 생각했다. 그는 성질이 불같은 여배우에게 앞으로 무슨 일이 닥칠지 말하는 것이 두려웠다. 그는 이 끔찍한 소식을 들으면 그녀가 히스테리 발작을 일으킬 것이라고 생각했다. 하지만 그의 생각이 틀렸다. 사라는 그를 잠시 쳐다보고는 조용히 말했다.

"그렇게 해야 한다면, 그렇게 해야죠."

그것은 운명이었다. 그녀가 침대에 실려 수술실로 가는 동안 그녀의 아들은 울면서 서 있었다. 그녀는 그에게 밝게 손을 흔들며 명랑하게 말했다.

"어디 가지마. 금방 돌아올게."

수술실로 가면서 그녀는 자신이 했던 연극의 한 장면을 연기했다. 누군가가 그녀에게 기분을 좋게 하려고 연기를 하느냐고 물었다.

"아뇨. 의사와 간호사들의 기분을 좋게 하려고요. 수술 전에는 긴장이 많이 되니까요."

회복한 후에 사라 베르나르는 7년이나 더 세계를 여행하며 관객의 마음을 사로잡았다.

"우리가 피할 수 없는 일과 싸우는 것을 멈추면 우리의 삶을 더 풍족하게 만들어 주는 에너지가 생깁니다."라고 엘지 맥코믹은 〈리더스 다이제스트〉에 기고한 글에서 말한다.

피할 수 없는 일과 싸우면서 동시에 새로운 삶을 창조해나갈 정도로 활력이 넘치는 사람은 없다. 둘 중 어느 하나를 선택해야 한다. 피할 수 없는 인생의 진눈깨비에서 휘어짐을 선택하든지 그것에 저항하다가 부러지던지 선택은 당신의 몫이다.

나는 미주리 주의 내 농장에서도 이런 일을 봤다. 농장에 나무를 많이 심었는데 처음에 나무들은 놀라운 속도로 자랐다. 그러다가 진눈깨비가 내려 나뭇가지마다 얼음이 두껍게 쌓였다. 무게에 눌려 우아하게 휘어지는 대신에 이 나무들은 꼿꼿이 버티다가 결국에는 부러지고 쪼개지고 말았다. 결국에 그 나무들을 베어내야 했다. 그 나무들은 북부에 있는 나무들에게 있는 지혜가 없었다. 나는 캐나다의 울창한 숲을 많이 여행했지만 진눈깨비나 얼음으로 부러진 전나무나 소나무를 본적이 없다. 이 침엽수들은 불가피한 상황에 굽히고, 휘는 방법을 안다.

유도 사범들은 제자들에게 '버드나무처럼 휘어져라. 참나무처럼 저항하지 말라.' 고 가르친다.

당신은 자동차 타이어가 길에서 어떻게 충격을 견디는지 아는가? 처음에 제조업자들은 노면의 충격에 저항하는 타이어를 만들었다. 그랬더니 이내 타이어가 찢어지고 말았다. 그러고 나자 그들은 도로의 충격을 흡수하는 타이어를 만들었다. 그 타이어는 견뎌냈다. 우리도 험한 인생의 행로에서 충격과 동요를 감싸 안는 법을 배우면 더 오래 견디고, 행복한 인생을 살 수 있을 것이다.

우리가 충격을 흡수하는 대신의 인생의 충격에 저항하면 무슨 일이 생길까? 우리가 버드나무처럼 휘어지지 않고 참나무처럼 저항하면 어떻게 될까? 답은 쉽다. 우리는 수많은 내적 갈등을 겪을 것이다. 걱정하고, 긴장하고, 지치고, 신경쇠약에 걸릴 것이다.

더 나아가 냉엄한 삶의 현실을 거부하고 우리 자신이 만든 공상의 세계에 침잠한다면, 그때 우리는 비로소 미치게 되는 것이다.

전쟁 중에 수백만의 겁에 질린 병사들은 피할 수 없는 일에 수긍하거나 공포심에 무너졌다. 뉴욕의 윌리엄 H. 캐설리어스의 경우를 보자. 그는 뉴욕 강좌에서 다음과 같은 발표를 해서 상을 탔다.

"연안경비대에 입대하고 나서 저는 대서양 연안에서 가장 치열한 전투가 벌어지는 곳에 배치되었습니다. 저는 폭발물 관리를 맡게 되었습니다. 생각해보세요. 제가요! 크래커나 팔던 제가 폭발물을 관리하다니요! 수천 톤의 폭발물 위에 서 있다는 생각만으로도 등에서 식은땀이 흘렀습니다. 저는 단지 이틀간의 교육을 받았습니다. 교육을 받으면서 배운 것은 저를 더욱 두렵게 만들었습니다. 제 첫 번째 임무를 결코 잊지 못할 것입니다. 어둡고 춥고 안개가 자욱하게 낀 어느 날 뉴저지

주 베이언에 있는 캐번 곳의 부두에 가라는 명령을 받았습니다.

저는 5번 선창에 배치되었습니다. 5명의 인부와 함께 일했습니다. 그들은 모두 건장한 체격이지만 폭발물에 대해 아는 것이 없었습니다. 그들이 싣고 있는 것 하나에 1톤의 폭발물이 있는데 낡은 배를 산산조각 내버리기에 충분한 양이었습니다. 이 폭발물들은 두 개의 철사 줄로 묶여 내려오고 있었습니다. 저는 계속 혼잣말을 했습니다. 줄 하나라도 끊어지면……. 오, 맙소사! 저는 겁이 났습니다! 저도 모르게 몸이 떨리고, 입에 침이 마르고 다리가 떨렸습니다. 심장이 요동쳤습니다. 하지만 도망갈 수는 없었습니다. 도망은 곧 탈영이니까요. 제 명예는 더럽혀지고 부모님의 체면도 말이 아닐 것입니다. 탈영으로 총살당할 지도 모르는 일이었습니다. 저는 도망칠 수 없어 그대로 있기로 했습니다. 이 인부들이 엄청난 폭발물을 부주의하게 다루는 것을 지켜볼 수밖에 도리가 없었습니다. 배가 폭파되기 일보직전이었습니다. 한 시간여를 공포에 떨다가, 평상심을 되찾기 시작했습니다. 저는 스스로에게 이런 말을 했습니다.

'이봐! 폭발이 일어나면 어때? 큰 차이는 없잖아. 이렇게 죽으면 편하기는 할 거야. 암으로 죽는 것보다 훨씬 낫지. 바보처럼 굴지 마. 영원히 살 수는 없잖아! 이 일을 할 거야? 아니면 총살당할 거야? 차라리 이 일을 즐기려고 해봐'

몇 시간동안 계속 이 말을 되풀이했습니다. 그랬더니 마음이 좀 편안해 지더군요. 마침내 피할 수 없는 상황은 받아들이기로 하니 걱정과 공포를 극복할 수 있었습니다.

그 교훈을 절대 잊지 못할 것입니다. 제가 어떻게 할 수 없는 걱정스러운 일이 생길 때마다 어깨를 한번 으쓱하고 말합니다. '잊어버려.' 이건 크래커 판매하는 사람에게도 효과가 있습니다."

멋지지 않은가? 이 크래커 판매원에게 힘껏 박수를 쳐주자.

십자가에 못 박힌 예수의 죽음 이외에 가장 유명한 죽음이 소크라테스의 죽음이다. 지금부터 만세기가 지나도 사람들은 소크라테스의 죽음을 묘사한 플라톤의 글을 읽고 감동할 것이다. 문학 역사상 가장 감동적이고 아름다운 구절 중에 하나이다. 맨발의 소크라테스를 시기하고 질투한 아테네의 몇몇 사람들이 소크라테스에게 무고죄를 씌워 사형 판결을 받게 했다. 친절한 간수는 소크라테스에게 독배를 주며 이렇게 말했다.

"피할 수 없는 일이라면 담담히 받아들이십시오."

소크라테스는 그렇게 했다. 그는 거의 신과 같이 죽음을 침착하게 받아들였다.

"피할 수 없는 일이라면 담담히 받아들여라."

이 말은 기원전 399년에 한 것이지만 오늘날 더 필요하다.

지난 8년 동안 나는 고민을 해결하는 방법을 다룬 책과 잡지들을 잃었다. 이런 독서의 결과 내가 발견한 고민 해결에 관한 최고의 충고가 무엇인지 알고 싶은가? 욕실 거울에 붙여두고 세수할 때마다 마음속에 고민도 씻어버리기 바란다. 이 소중한 기도문은 뉴욕 유니언 신학교의 라인홀드 니버 박사가 쓴 것이다.

주여 제게 허락하여 주소서.

바꾸지 못할 것을 받아들이는 평온한 마음,

바꿀 수 있는 것을 바꿀 수 있는 용기,

이 둘을 구별하는 지혜를

허락하여 주소서.

규칙 4

피할 수 없으면 받아들여라.

5 걱정에 손절매 주문을 내라

월 가에서 돈을 버는 방법을 알고 싶은가? 다른 사람들도 답을 알고 싶어할 것이다. 내가 그 답을 알고 있다면 이 책은 한권에 1만 달러에 팔릴 것이다. 하지만 성공한 중개인들이 사용하는 좋은 방법이 있다. 뉴욕의 투자 자문으로 일하고 있는 찰스 로버트는 다음과 같은 이야기를 내게 했다.

"제가 처음에 텍사스를 떠나 뉴욕에 왔을 때 주식에 투자하기 위해 친구들에게 빌린 2천 달러가 전부였습니다. 저는 주식 투자 요령을 잘 알고 있다고 생각했지만 제가 가진 돈을 몽땅 잃고 말았습니다. 몇몇 거래에서 큰 수익을 내기도 했지만 결국 모두 잃었습니다.

제 돈을 잃었으면 크게 걱정을 하지 않았을 텐데 친구들 돈을 잃어서 걱정스러웠습니다. 친구들은 물론 그 돈에 크게 구애를 받지 않았지만 저는 친구들을 대하기가 두려웠습니다. 하지만 놀랍게도 친구들은 그 일을 농담 삼아 이야기할 정도로 대단히 긍정적이었습니다.

저는 제가 운과 다른 사람의 의견에 의존해서 주먹구구식으로 투자를 해왔다는 것을 알고 있었습니다. H. I. 필립스가 말한 대로 저는 귀로 주식투자를 해온 셈이었습니다.

제 실수를 되돌아보기 시작했고 다시 주식투자를 시작하기 전에 주식 전반에 대해 제대로 공부해보기로 결심했습니다. 그래서 수소문 끝에 현존하는 가장 성공한 투자자인 버튼 S. 캐슬즈를 찾아갔습니다. 그는 오랫동안 성공한 투자자로 명성을 이어오고 있고, 그런 명성이 단지 운으로 얻어지는 것이 아니라는 것을 알았기에 저는 제가 그에게서 많은 것을 배울 것이라고 믿었습니다.

그는 저의 투자 포트폴리오에 대한 질문 몇 가지를 하고, 주식투자에서 가장 중요한 원칙을 말해주었습니다. 그는 이렇게 말했습니다.

'나는 어떤 거래에도 손절매 조항을 달아놓는다네. 예를 들어 내가 한 주에 50달러에 주식을 사면, 45달러가 되면 즉시 손절하라는 주문을 넣는 거지.'

이 말은 매수한 주식이 5포인트 하락하면 주식을 자동으로 매도해서 손실을 5포인트로 제한한다는 말입니다.

'거래가 잘 되면 이익은 평균 10, 25, 50포인트에 달할 때도 있을 거야. 결과적으로 손실을 5포인트로 제한하면 거래에서 절반 이상 실패해도 여전히 많은 돈을 벌 수 있지 않겠나?'

저는 그 원칙을 즉시 채택해서 그 이후로도 줄곧 그렇게 해오고 있습니다. 이 원칙이 제 고객과 저에게 많은 돈을 벌게 해주었습니다.

시간이 흐르면서 이 손절매 원칙을 주식시장이 아닌 다른 곳에서도 사용할 수 있다는 것을 깨달았습니다.

저는 걱정, 성가신 일, 화나는 일에도 손절매 주문을 하기 시작했습니다. 그것은 마법 같은 효과가 있었습니다.

저는 약속시간을 잘 지키지 않는 친구와 자주 점심 식사를 합니다. 예전에 그는 점심 식사 시간이 절반이 지나가도록 나타나지 않아 제 속을 끓게 했었습니다. 마침내 저는 친구에게 이렇게 말했습니다.

'빌, 자네를 기다리는 손절매 기준은 정확히 20분이야. 20분이 지나도 오지 않으면 점심 약속은 물 건너 간 줄 알아. 나는 그냥 갈거야.' "

내가 오래전에 조급함, 자기정당화 욕구, 후회, 정신적 긴장에 대해 손절매 주문을 했으면 얼마나 좋았을까! 왜 내 마음의 평화를 위협하는 상황을 제대로 판단해서 "이봐, 데일 카네기! 이 상황은 이 정도 신경 쓰면 될 일이야. 그이상은 안 돼." 라고 말할 수 있는 상식이 없었을까?

그러나 나는 적어도 이것 하나만은 잘했다고 인정할 수 있다. 미래에 대한 내 꿈과 계획 그리고 몇 년간의 작업이 물거품이 되려 하고 있었다. 30대 초반에 나는 소설가가 되기로 결심했다. 제2의 프랭크 노리스나 잭 런던 아니면 토마스 하디가 되고 싶었다. 유럽에서 2년 동안 지낼 무렵 제1차 세계대전 후 달러가 풍족한 시절이라 그리 어렵지 않게 지낼 수 있었다. 나는 유럽에서 내 역작을 쓰면서 2년을 지냈다. 나는 그 작품에 눈보라는 제목을 지었다. 제목은 아주 적합했다. 왜냐면 출판사들의 반응은 다코타의 평원에 휘몰아치는 눈보라처럼 냉정했기 때문이었다. 출판 대리인이 나에게 소설가로서의 재능이 없다고 말했을 때 심장이 멎을 것 같았다. 멍한 상태로 그의 사무실을 나갔다. 내 머리를 곤봉으로 친다고 해도 그렇게 멍할 것 같지는 않았다. 나는 망연자실했다. 인생의 기로에 서 있고 중대한 결정을 할 시점이라는 것을 깨달았다. 무엇을 해야 할까? 어느 쪽으로 가야하나? 이런 멍한 상태를 벗어날 때까지 몇 주가 걸렸다. 그때는 "걱정에 손절매 주문을 하라"는 구절을 들은 적이 없었지만 지금 돌이켜보니 나는 정확히 그렇게 했다. 나는 땀 흘려 소설을 쓰던 2년이란 시간이 나름대로 가치가 있었음을 인정하고 거기서부터 앞으로 나아갔다. 나는 성인 교육 강좌를 개발해서 가르치는 본연의 일로 돌아왔고 남는 시간에는 전기문을 썼다.

내가 그때의 결정을 기뻐하고 있을까? 그때를 생각할 때마다 나는 길거리에 나가 춤이라도 추고 싶은 느낌이다. 내가 제2의 토머스 하디가 되지 못한 것을 단 하루, 단 한 시간도 후회한 적이 없다.

백 년 전 부엉이가 우는 월든 호숫가에서 헨리 소로우는 손수 만든 잉크에 거위 털로 만든 만년필을 적셔가며 일기에 다음과 같이 썼다.

"어떤 일의 가치는 시간을 얼마나 들였느냐로 판단된다."

다른 말로 하면, 우리가 어떤 일에 우리 시간을 지나치게 소비하면 미련하다는 말이다.

길버트와 설리반은 유쾌한 대사와 음악은 만들 줄 알았지만, 자신들의 삶을 유쾌하게 만드는 방법은 몰랐다. 그들은 '인내', '피나포어', '미카도' 같은 아름다운 오페라를 만들어 세상을 즐겁게 해주었다. 하지만 그들은 성질을 조절할 수 없었다. 그들은 카페트의 가격 때문에 사이가 나빠졌다. 설리번이 그들이 구입한 극장에 깔 새로운 카페트를 주문했는데 길버트가 영수증을 보고 화를 냈다. 그들은 이 싸움을 법정까지 끌고 갔고 평생 다시는 이야기하지 않았다. 설리번이 새로운 작품에 쓸 곡을 길버트에게 보내면 길버트는 가사를 붙여서 다시 설리번에게 보냈다. 그들이 함께 무대 인사를 할 일이 있었는데 서로 마주치지 않으려고 그들은 무대의 양 끝쪽에 섰다. 그들은 링컨이 한 것처럼 분노에 손절매 주문을 내는 현명함이 없었다.

남북전쟁 중에 링컨의 친구들이 링컨의 정적을 비난하자 링컨은 다음과 같이 말했다.

"자네들이 나보다도 개인적인 원한이 심한 것 같군. 어쩌면 내가 너무 화를 내지 않는 지도 몰라. 하지만 그럴만한 가치가 있는 일이라고 생각하지 않아. 인생의 절반을 싸움에 낭비할 정도로 시간이 많은 사람은 없어. 어느 누구라도 나를 비난하지 않으면, 나는 지난일은 잊어버린다네."

내가 에디스 숙모라고 부르는 분도 링컨의 용서하는 마음을 가졌다면 얼마나 좋을까. 프랭크 삼촌과 숙모가 살던 농장은 저당이 잡혀 있었고, 온통 잡초로 뒤덮여 있었고, 척박하고 물대기도 힘들었다. 그들의 형편은 안 좋았고, 한 푼이라도 아껴 써야 했다. 하지만 에디스 숙모는 휑한 집을 꾸밀 수 있는 커튼과 자질구레한 것들을 사는 것을 좋아했다. 그녀는 세간을 댄 에버소울 포목점에서 외상으로 샀다. 프랭크 삼촌은 빚을 지는 것을 걱정했다. 삼촌은 몰래 포목점에 자기 부인에게 외상으로 물건을 주지 못하게 했다. 숙모는 이 사실을 알고는 화를 냈다. 그 화가 사건이 지난 50년 까지도 계속되고 있다. 나는 그녀가 그 이야기를 하는 것을 한번이 아니라 여러 번 들었다. 내가 마지막으로 그녀를 만났을 때 그녀는 70대 후반이었다. 나는 숙모에게 이렇게 말했다.

"에디스 숙모님, 삼촌이 숙모 체면이 깎이게 한 것은 잘 못한 거예요. 하지만 솔직히 거의 50년이나 그 일로 불평을 하는 건 삼촌이 한 일보다 더 나쁜 것 같다고 생각하지 않으세요?" (사실 이 말은 소귀에 경 읽기였다.)

에디스 숙모는 오래 간직해온 감정의 응어리 값을 톡톡히 치렀다. 그 대가로 마음의 평화를 잃었다.

벤자민 프랭클린이 7살이었을 때 실수를 했는데 그는 70년 동안이나 그 실수를 기억했다. 일곱 살이었을 때 그는 피리를 너무나 좋아했다. 피리를 너무 좋아해서 장난감 가게에 들어가 계산대에 가지고 있던 동전을 모두 쏟아 붓고는 가격도 묻지 않고 피리를 달라고 졸라댔다. 그는 70년 후에 친구에게 이런 편지를 썼다.

"피리를 달라고 한 다음 집에 왔어. 집에 와서 신이 나서 피리를 불어댔지."

하지만 그의 형과 누나들은 그가 피리의 정가보다 더 많은 돈을 지불했다는 것을 알고는 배꼽을 잡고 웃었다. 벤자민은 말했다.

"나는 짜증이 나서 울었어."

세월이 흘러 프랭클린이 세계적인 인물이 되어 프랑스 대사로 임명되었을 때 그는 아직도 그가 피리의 정가보다 더 많은 돈을 지불했던 사실을 여전히 기억하고 있었다.

그러나 프랭클린이 얻은 교훈은 결국 값싸게 얻은 교훈이었다.

"자라면서 사람들의 행동을 관찰하면서 피리 값을 지나치게 많이 치르는 사람들을 아주 많이 만났다. 즉 나는 불행의 대부분은 가치 판단을 잘못해서 피리에 너무나 많은 것을 지불하는 데서 발생한다고 생각한다."

길버트와 설리번도 피리에 너무 많은 대가를 지불했다. 에디스 숙모도 그렇고, 나 자신의 경우도 그렇다. 세계 최고의 소설 〈전쟁과 평화〉, 〈안나 카레니나〉를 지은 불멸의 작가 레오 톨스토이의 경우도 마찬가지이다. 〈브리태니커 백과사전〉에 따르면 레오 톨스토이는 생애 마지막 20년 동안은 "아마 세계에서 가장 존경받는 사람"일 것이다. 그가 죽기 전 20년(1890~1910) 동안 그의 얼굴이라도 보고 싶고, 그의 목소리라도 듣고 싶고, 그의 옷이라도 만져 보고 싶어서 그의 집으로 순례를 오는 경배자들이 끊임없이 이어졌다. 마치 그가 "신성한 계시"라고 하는 양 그의 입에서 나오는 모든 말들을 공책에 적었다. 하지만 톨스토이는 7살적 프랭클린보다 더 분별력이 없었다.

톨스토이는 사랑하는 여자와 결혼했다. 사실 그들은 너무 행복해서 무릎을 꿇고 신에게 자신의 행복을 영원히 지속시켜달라는 기도를 하곤 했다. 하지만 톨스토이가 결혼한 여자는 천성적으로 질투심이 많았다. 그녀는 농부처럼 차려입고 톨스토이를 미행했다. 때로는 숲속도 따라다녔다. 그들은 심한 말다툼을 했다. 그녀는 자신의 아이들에게 까지 질투를 느껴서 총을 쏴서 딸의 사진에 구멍을 내기도 했다. 그녀는 아편 병을 물고 죽어버리겠다고 위협하기도 했다. 그러면 아이들은 방구석에 웅크리고 겁이 나서 소리를 질러댔다.

그때 톨스토이는 어떻게 했을까? 그가 화가 나서 가구를 박살내도 그를 탓하지 않겠다. 그럴만한 이유가 있으니까 괜찮다고 생각한다. 하지만 그는 그것보다 더 심한 짓을 했다. 그는 비밀일기를 적고 있었던 것이다. 그 일기에 그는 아내 욕을 써놓았다. 그것이 그의 피리였다. 그는 다음 세대가 그를 탓하지 않고 모든 것은 아내 탓을 하게끔 만들어 놓은 것이다. 이 일기에 그의 아내는 어떻게 반응했을까? 그녀는 일기장을 찢어 불태웠다. 그녀도 자신의 일기를 썼다. 그 일기에서 톨스토이는 나쁜 놈이었다. 그녀는 〈누구의 잘못일까?〉라는 소설도 썼다. 그 소설에서 그녀는 남편을 가정의 폭군으로 자신은 순교자로 묘사했다.

무엇 때문에 이 일이 일어난 것일까? 왜 이 두 사람은 가정을 톨스토이의 표현대로 "정신병원"으로 만들었을까? 분명히 몇 가지 이유가 있다. 이유 중의 하나는 그들이 우리에게 좋은 인상을 주려고 했기 때문이다. 그들은 후대 사람이 자신들을 어떻게 생각할 지 걱정했는데, 우리가 그 후대 사람이다. 그들 중 누가 더 잘못했는지 우리가 신경이라도 쓰는가? 아니다. 우리는 우리 자신의 문제들로도 너무 바빠서 톨스토이 부부에 대해 생각할 시간이 1분도 없다. 피리 때문에 이 불쌍한 두 사람이 치른 대가가 얼마나 큰가? 50년을 지옥에서 살았다. 그들 중 어느 누구도 "그만!"이란 말을 할 정도로 현명하지 않았다. 그들 중 어느 누구도 "이제 그만 이 문제에 대해서는 손절매 주문을 냅시다. 우리는 우리의 삶을 낭비하고 있어요. 이제 그만합시다!"라는 말을 할 정도로 판단력이 없었다.

적절한 가치 판단력이야 말로 마음의 평화로 가는 가장 큰 비결 중의 하나라고 생각한다. 그리고 나는 우리가 일종의 개인적인 황금률(우리 삶에서 가치 있는 것이 무엇인지를 결정짓는 황금률)을 개발한다면 우리의 걱정의 반은 사라질 것이라고 믿는다.

규칙 5

살면서 손해를 만회하려다 더 큰 실수를 하게 되면, 일단 멈추고 다음의 세 가지 질문에 답해보자.

1. 지금 고민하고 있는 문제가 나에게 정말로 중요한가?

2. 언제 이 고민에 손절매 주문을 내고 잊어버릴 것인가?

3. 이 피리에 정확히 얼마나 지불할 것인가? 이미 너무 많이 지불

   한 것은 아닌가?

6 톱밥을 켜려고 하지마라

우리 집 정원에는 공룡 발자국이 있다. 이 공룡 발자국은 혈암과 돌에 묻혀있던 것으로 나는 이것을 예일 대학교 피바디 박물관에서 구입했다. 피바디 박물관의 큐레이터가 내게 보낸 편지에서 이 발자국이 1억 8천만 년 전의 것이라고 말했다. 아무리 바보라도 이 발자국들을 바꾸기 위해 1억 8천만 년 전으로 돌아가지 않을 것이다. 시간을 되돌려 180초 전에 일어난 것을 바꿀 수 없기 때문에 이미 일어난 일을 걱정하는 것 보다 어리석은 것은 없다. 180초 전에 일어난 일의 결과를 바꾸기 위해서 뭔가를 할 수는 있다. 하지만 이미 일어난 일을 바꿀 수는 없다.

과거가 건설적일 수 있는 길은 단 하나밖에 없다. 조용히 과거의 잘못을 분석하고 거기에서 교훈을 얻은 후에 잊어버리는 것이다.

나는 그것이 사실임을 알고 있다. 하지만 내가 항상 이것을 실천할 용기와 분별력을 가졌던 걸까? 그 질문에 답하기 위해, 내가 몇 년 전에 겪은 놀라운 경험을 말하고자 한다. 나는 30만 달러를 한 푼도 남기지 못하고 날렸다. 대규모 성인 교육 사업을 시작해서 여러 도시에 지점을 열고 홍보비와 간접비용으로 많은 돈을 썼다. 가르치는 데 너무 바빠서 재정에 신경을 쓸 여유가 없었다. 나는 너무 순진해서 지출을 관리할 유능한 관리인이 필요하다는 사실을 깨닫지 못했다.

일 년이 지난 후 나는 정신이 번쩍 들게 하는 놀라운 사실을 발견했다. 엄청난 수입에도 불구하고 순이익이 한 푼도 없었다. 이 사실을 발견하고 나서 나는 두 가지 조치를 취했어야 했다. 하나는 흑인 과학자 조지 워싱턴 카버가 은행의 부도로 평생 모은 돈 4만 달러를 날렸을 때 그가 했던 일을 나도 했었어야 했다. 누군가가 그에게 그가 파산했냐고 물었을 때, 그는 이렇게 대답했다.

"예, 그렇다고 들었습니다."

그리고 그는 계속해서 강의를 했다. 그는 그의 마음속에서 손실을 완전히 잊어버리고 다시는 그 일을 언급하지 않았다.

두 번째로 내가 했어야 했던 일은 실수를 분석해서 불변의 교훈을 얻는 것이었다.

하지만 솔직히 나는 그 둘 중 어떤 방법도 시도하지 않았다. 대신에 나는 걱정의 소용돌이에 빠져버렸다. 몇 달 동안 망연자실한 상태에 있었다. 잠을 잘 수가 없었고, 체중이 빠졌다. 이 엄청난 실수에서 교훈을 배우는 것 대신에 똑같은 실수를 저지르고 말았다.

어리석음을 인정하는 것은 민망한 일이다. 하지만 나는 오래전에 "유익한 것을 20명에게 가르치는 것이 내가 가르치는 것을 해야 하는 20명 중 한 사람이 되는 것보다 쉽다"는 것을 발견했다.

나도 뉴욕에서 조지 워싱턴 고등학교를 다니면서 폴 브랜드와인 박사님의 지도 아래서 공부하는 특권을 가졌으면 정말 좋겠다.

손더스 씨는 폴 브랜드와인 박사가 그에게 가장 중요한 인생의 교훈을 가르쳐 주었다고 말했다.

"저는 그때 십대였지만, 그때도 걱정을 많이 하는 아이였죠. 제가 한 실수에 대해 마음을 졸이고 조바심내곤 했었습니다. 시험지를 제출하면, 통과하지 못할까 두려워 뜬눈으로 밤을 새우고 손톱을 깨물곤 했습니다. 저는 항상 제가 한 일을 되돌아보고 다르게 했으면 좋았을 텐데, 했던 말을 되돌아보고 좀더 멋지게 말했으면 좋았을 텐데 라고 바랐습니다.

어느 날 아침, 과학 실험실로 갔는데 책상 모서리에 있던 우유병이 시선을 끌었습니다. 우리는 모두 자리에 앉아 우유를 바라보며 우유와 위생학 수업이 무슨 상관이 있을까 궁금해 하고 있었습니다. 그런데 갑자기 선생님이 일어나시더니 우유병을 싱크대에 쓸어 넣으며 이렇게 외치셨습니다.

'엎질러진 우유는 후회해도 소용없다!'

선생님은 우리더러 싱크대에 와서 깨진 유리병을 보라고 하셨습니다.

'잘 봐라. 나는 여러분이 평생 이 교훈을 기억했으면 좋겠다. 우유는 이미 엎질러져 하수구로 흘러갔다. 아무리 난리를 치고 머리를 쥐어뜯어도 우유는 한 방울도 되돌릴 수 없다. 조심하기만 했어도 우유는 쏟지 않았을지 모른다. 하지만 이제 너무 늦어버렸어. 우리가 할 수 있는 일은 잊어버리고 다음일로 넘어가는 것이지.'

그 짧은 시범은 입체 기하학이나 라틴어를 잊어버린 후에도 오랫동안 제 뇌리에 남았습니다. 사실 제 고등학교 4년 동안에 배운 어떤 것보다도 더 실용적인 삶의 방식을 가르쳐 주었습니다. 그 시범은 가능하면 우유를 쏟지 말고, 쏟았다면 완전히 잊어야 한다는 것을 가르쳐 주었습니다."

어떤 독자들은 "엎질러진 우유는 후회해도 소용없다."는 진부한 속담을 과대평가한다며 콧방귀를 낄지도 모르겠다. 나도 이 말이 진부한 말임을 안다. 나는 당신이 이 속담을 천 번도 넘게 들었다는 것을 알고 있다. 하지만 나는 이 진부한 속담에 수세기에 걸쳐 내려온 지혜의 정수가 들어있다고 생각한다. 이 속담은 인류의 치열한 경험에서 나와 무수한 세대를 거쳐 왔다. 역사상 최고의 학자가 걱정에 대해 쓴 모든 글을 읽어봐도, "다리에 도착하기까지 미리 다리를 건너지 마라"와 "엎질러진 우유는 후회해도 소용없다"라는 진부한 속담만큼 심오한 것을 읽어본 적이 없다. 이 속담에 콧방귀를 끼는 것 대신에 이 속담을 적용해보면 우리는 이 책이 전혀 필요하지 않을 것이다. 사실 우리가 속담의 대부분을 적용하면, 거의 완벽한 삶을 살 것이다. 하지만 지식은 실제 적용될 때까지 힘을 가지지 못한다. 이 책의 목적은 새로운 지식을 여러분에게 말해 주기 위한 것이 아니다. 이 책의 목적은 여러분이 이미 알고 있는 것을 상기시켜 주어 그것을 실천하라고 말해주기 위함이다.

나는 항상 〈필라델피아 불리틴〉의 편집장 프레드 풀러 셰드 같은 사람을 존경해왔다. 그는 오래된 진리를 새롭게, 생생하게 설명할 줄 아는 재능을 가졌다. 대학 졸업식 연설에서 그는 학생들에게 물었다.

"나무를 톱질해본 사람이 있습니까? 손을 들어보십시오."

대부분의 학생이 손을 들었다. 그때 그가 다시 질문했다.

"톱밥을 켜 본 사람은 있습니까?"

아무도 손을 들지 않았다.

"물론, 여러분은 톱밥을 켤 수 없습니다. 이미 톱질했으니까요. 과거도 마찬가지입니다. 여러분이 이미 끝난 일을 걱정하기 시작하면, 톱밥을 다시 켜려는 것과 같습니다."

야구계의 오래된 전설 코니 맥이 81세 였을 때, 나는 그에게 이미 진게임에 대해 걱정을 해본 적이 있는 지 물었다.

"그럼, 그랬었지. 하지만 오래전에 그런 바보짓은 그만두었지. 그렇게 해봤자 상황이 좋아지지가 않는다는 것을 깨달았지. 이미 흘러간 물로 물레방아를 돌릴 수는 없지."

이미 흘러간 물로 물레방아를 돌릴 수는 없고, 톱으로 톱밥을 켤 수도 없다. 그러나 얼굴의 주름과 위궤양은 없앨 방법이 있다.

나는 잭 뎀시와 추수감사절에 저녁식사를 했다. 그는 식사를 하면서 터니에게 져서 헤비급 챔피언 타이틀을 빼앗겼을 때를 이야기했다. 당연히 패배는 그의 자존심의 큰 상처가 되었다.

"시합 중간에 내가 갑자기 늙었다는 것을 깨달았어. 10라운드의 끝에 쓰러지지는 않았지만 얼굴은 찢어져 부풀었고 눈은 거의 감겨 있었지. 심판이 승리의 표시로 진 터니의 손을 들어 올리는 것을 봤어. 나는 더 이상 세계 챔피언이 아니었어. 나는 비를 맞으며 사람들 사이를 뚫고 선수대기실로 돌아왔어. 내가 지나갈 때 어떤 사람들이 내 손을 잡으려 했지. 다른 사람들은 눈에 눈물이 가득 고여 있었어.

일 년 후에 나는 터니와 다시 싸웠어. 하지만 소용없었어. 나는 끝난 거야. 걱정하지 않는 것은 어려운 일이지만 나는 이렇게 내 자신에게 말했어. '나는 과거 속에서 살거나, 이미 쏟아진 우유 때문에 울지 않을 거야. 턱에 한방 맞았지만 쓰러지지 않을 거야.'"

그리고 잭 뎀시는 정확히 그렇게 했다. 어떻게 했느냐고? 속으로 쉴 새 없이 "나는 과거를 생각하지 않을 거야."라고 말했을까? 아니, 그러는 것은 오히려 과거의 아픈 기억을 더 생각나게 만들었다. 그는 패배를 받아들이고 잊었다. 그러고 나서 미래에 대한 계획에 집중했다. 그는 브로드웨이의 잭 뎀시 레스토랑을 경영하고 57번가에 호텔을 경영하면서 바쁘게 지냈다. 권투경기를 주최하고, 권투 강습을 하면서 바쁘게 지냈다. 건설적인 일로 바쁘게 지내며 과거에 대해 생각하는 시간도 마음도 없었다.

"지난 10년이 내가 챔피언이었을 때 보다 더 좋았어." 라고 잭 뎀시는 말했다.

뎀시는 책을 많이 읽지 못했지만 자신도 모르게 그는 셰익스피어의 충고를 따르고 있었다.

"현명한 사람은 앉아서 실수를 한탄하지 않고 손실을 만회하는 방법을 즐겁게 찾는다."

역사책과 전기문을 읽고, 힘든 상황에 처해있는 사람들을 관찰하면서 나는 사람들의 걱정과 비극을 극복하고 행복한 삶을 살아가는 능력에 놀라고 감명을 받는다.

나는 예전에 씽씽 교도소를 방문한 적이 있었다. 거기에 죄수들이 보통사람들처럼 행복해 보여 놀랐다. 나는 이 말을 씽씽 교도소장인 루이스 E. 로스에게 했다. 그는 나에게 이렇게 말해주었다. 죄수들이 처음 씽씽 교도소에 오면 그들은 억울해하고 분통을 터트린다. 하지만 몇 개월이 지나면 좀 똑똑한 사람들은 자신의 불행은 잊고 교도소 생활에 차분하게 적응하고 유쾌하게 지내려 한다. 로스 소장은 정원사였던 수감자 이야기를 해주었다. 그는 교도소 담장에 채소와 꽃을 키우면서 노래를 불렀다.

교도소 안에서 꽃을 키우면서 노래를 불렀던 죄수는 우리들보다 더 현명한 사람이었다. 그는 알고 있었다.

움직이는 손은 글을 쓰고 다 쓰고 나서는
옮겨간다.
너의 신앙심이나 지혜도
그 한 줄의 반도 되찾지 못하고
너의 모든 눈물로도
그 가운데 한 마디 말도 지우지 못한다.

그런데 왜 쓸데없이 눈물을 흘리는가? 물론 우리는 실수도 하고 바보 같은 일도 저지른다! 그런 게 뭐가 어떻다는 말인가? 그렇지 않은 사람이 어디 있는가? 나폴레옹도 그가 싸운 중요한 전투의 3분의 1은 패배했다. 아마 우리의 승률이 나폴레옹보다 나쁘지 않을 것이다.

어쨌든 왕이 거느린 준마와 병사로도 과거는 돌릴 수 없다.

규칙 6

톱으로 톱밥을 켜려 하지 마라.

걱정하는 습관을 없애는 방법

규칙 1. 바쁘게 생활해서 마음속에서 고민을 몰아내라. 바쁘게 움직이는 것이 '마음의 병'을 치료할 수 있는 최고의 방법이다.

규칙 2. 사소한 일에 법석 떨지 마라. 사소한 것이 행복을 망치게 하지 마라.

규칙 3. 걱정을 몰아내기 위해서 평균율의 법칙을 사용해라. 스스로에게 이런 질문을 해봐라.
"이 일이 일어날 가능성이 얼마나 되지?"

규칙 4. 피할 수 없으면 받아들여라. 상황을 변화시키거나 개선할 수 없다면 스스로에게 이렇게 얘기해라.
"이미 그렇게 된 일이야. 달리 방법이 없어."

규칙 5. 걱정에 손절매 주문을 내라. 한 가지 일에 어느 정도의 걱정을 할 지 정하고 그 이상이면 고민을 멈춰라.

규칙 6. 과거는 과거로 묻어버려라. 톱으로 톱밥을 켜려 하지 마라.

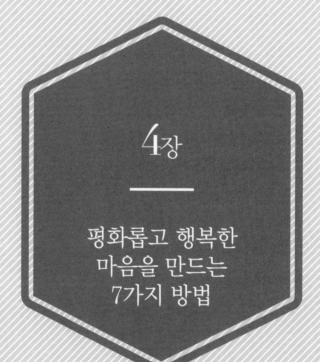

4장

—

평화롭고 행복한
마음을 만드는
7가지 방법

1 당신의 삶을 바꾸는 몇 마디

　몇 년 전에 나는 어떤 라디오 프로그램에서 다음과 같은 질문을 받았다. "당신이 배운 가장 큰 교훈은 무엇입니까?"

　답은 쉬웠다. 내가 지금껏 배운 가장 중요한 교훈은 생각의 중요성이다. 당신의 생각을 알면 당신이 어떤 사람인 지 알 수 있다. 우리의 생각이 우리를 만든다. 우리의 정신 자세는 우리의 운명을 결정짓는 중요한 요소이다. 에머슨은 이렇게 말했다.

　"그 사람이 하루 종일 생각하고 있는 것이 바로 그 사람이다."

　우리가 가진 가장 큰 문제는 사실 우리가 해결해야 할 유일한 문제는 올바른 사고방식 선택하는 것이라고 확신한다. 그렇게 할 수만 있다면, 우리는 우리의 모든 문제를 해결할 수 있는 열쇠를 가지게 될 것이다. 로마 제국을 통치한 가장 위대한 철학자 마르쿠스 아우렐리우스는 당신의 운명을 결정지을 수 있는 규칙을 다음과 같이 표현했다.

　"우리의 인생은 우리의 생각대로 만들어진다."

　그렇다. 우리가 행복한 생각을 하면, 우리는 행복해질 것이다. 우리가 불행한 생각을 하면, 우리는 불행해질 것이다. 우리가 두려운 생각을 하면, 우리는 두려워질 것이다. 우리가 아픈 생각을 하면, 우리는 아마 아플 것이다. 우리가 실패를 생각하면, 우리는 분명히 실패할 것이다. 우리가 자기 연민에 빠져있으면, 모든 사람이 우리를 피할 것이다. 노먼 빈센트 필은 이렇게 말했다.

"당신은 당신이 생각하는 그런 사람이 아니다. 당신의 생각 그 자체가 바로 당신이다."

내가 모든 문제에 대해 지나치게 낙관적으로 생각하는 것 같은가? 아니다. 불행히도 인생은 그렇게 단순하지가 않다. 하지만 나는 우리가 부정적인 태도보다는 긍정적인 태도를 취해야 한다고 주장하고 있을 뿐이다. 다른 말로 하면, 우리는 우리의 문제에 대해 신경써야지 걱정을 하면 안 된다는 말이다. 이 둘의 차이는 무엇일까? 이렇게 설명해보겠다.

내가 교통 복잡한 뉴욕의 거리를 건널 때마다 나는 신경쓰지 걱정하지는 않는다. 신경쓰는 것은 문제가 무엇인지 인식해서 차분히 문제를 해결할 방법을 찾는 것이다. 걱정은 미친 듯이, 덧없이 제자리만 빙빙 도는 것을 의미한다.

어떤 사람은 자신의 문제에 대해서 신경쓰면서도 여전히 가슴에 카네이션 장식을 하고 고개를 들고 당당하게 걸어 다닌다. 나는 로웰 토머스가 정확히 그렇게 하는 것을 본 적이 있다. 나는 로웰 토머스가 제1차 세계 대전의 알렌비와 로렌스의 작전에 대한 유명한 영화를 발표할 때 공동 프로젝트를 진행한 적이 있었다. 그와 그의 동료들은 수많은 전투현장에서 사진을 찍었다. 무엇보다도 T. E. 로렌스와 그의 화려한 아라비아 군대를 찍은 사진들, 앨런비가 팔레스타인을 탈환하는 모습을 담은 영화는 최고였다.

그는 "팔레스타인의 알렌비, 아라비아의 로렌스"라는 제목의 강연을 열었는데 영국 뿐 아니라 전 세계에서 호평을 받았다. 그가 코벤트 가든 로열 오페라 하우스에서 자신이 겪은 모험에 대한 강연회와 사진을 보여줄 수 있도록 런던 오페라 시즌이 6주나 연기되었다. 런던에서 놀라운 성공을 거둔 후 그는 많은 나라들을 돌며 성공적인 강연을 했다. 그러고 나서 그는 2년 동안 인도와 아프가니스탄의 모습을 영화로 만들기 위해 준비했다. 믿을 수 없는 많은 불운이 이어지더니, 있을 수 없는 일이 일어났다. 그는 런던에서 파산을 했던 것이다. 그때 그는 나와 함께 있었다.

나는 우리가 라이온즈 코너 하우스식당에서 싸구려 식사를 했던 것을 기억한다. 토마스 씨가 스코틀랜드 출신의 유명한 예술가 제임스 맥베이에게 돈을 빌리지 않았다면 우리는 거기서도 식사를 하지 못했을 것이다.

내 이야기의 요점은 이것이다. 로웰 토머스는 엄청난 빚을 지고 실의에 빠져있었는데도 신경은 쓰지만 걱정하지는 않았다. 그는 이 역경에서 좌절하고 만다면, 그의 채권자를 포함해 모든 사람에게 형편없는 인간이 되리라는 것을 알았다. 그래서 매일 아침 외출하기 전에 그는 꽃을 사서 단추 구멍에 꽂은 다음 고개는 당당하게 들고, 활기찬 발걸음으로 옥스퍼드 거리를 활보했다. 그는 긍정적이고 용감한 생각을 했고 패배감에 지기를 거부했다. 당신이 정상으로 가고자 한다면 효과적인 훈련방법이다.

우리의 정신자세는 우리의 육체적인 힘에도 믿을 수 없는 영향력을 지니고 있다. 유명한 영국 정신과 의사 J. A. 하드필드는 54쪽에 이르는 멋진 책 〈힘의 심리학〉에서 놀라운 사례를 소개했다.

"나는 3명의 남자에게 정신적 암시가 힘에 끼치는 영향을 시험해볼 수 있게 해달라고 요청했다. 그는 피실험자에게 악력계를 있는 힘껏 잡게 했다. 그는 이들에게 세 가지의 다른 조건하에서 실험에 임하도록 했다.

정상적으로 깨어있는 상태에서 실험했을 때 그들의 평균 악력은 101파운드였다.

그가 피실험자에게 그들이 매우 약하다는 최면을 걸고 실험했더니 악력은 29파운드에 불과해서 정상적인 근력의 3분의 1이하였다. (피실험자 중에는 권투선수가 있었는데 자신이 약하다는 최면을 걸었더니 그의 팔이 "어린 아기처럼 작게" 느껴졌다고 말했다.)

하드필드가 피실험자들이 매우 강하다는 최면을 걸고 세 번째 실험을 했을 때 평균 악력이 142파운드나 되었다. 피실험자들의 마음이 자신들의 힘에 대한 긍정적인 생각으로 가득하자, 그들의 실제 힘보다 거의 50% 가깝게 증가했다.

이것이 정신자세가 가진 놀라운 힘이다.

생각의 마법과 같은 힘을 보여주기 위해서 당신에게 미국 역사상 가장 놀라운 이야기를 들려주겠다. 나는 이 이야기를 책으로도 쓸 수 있지만 간단하게 말하겠다.

남북전쟁이 끝나고 얼마 지나지 않은 서리가 많이 내린 10월의 어느 날 밤, 집 없고 가난한 여자가 매사추세츠 엠즈베리에 살고 있는 퇴역 해군 장군의 부인 웹스터의 집 문을 두드렸다. 문을 열자 웹스터 부인은 뼈와 가죽만 남아 100파운드도 안되어 보이는 힘없는 작은 여자를 보았다. 자신의 이름을 글로버 부인이라고 한 이 여자는 밤낮으로 자신을 괴롭히는 문제를 해결하고자 머물 수 있는 집을 찾고 있다고 자신의 처지를 설명했다.

"그럼 여기 머무르지 그래요? 이 큰 집에 저 혼자랍니다."

웹스터 부인은 이렇게 대답했다.

웹스터 부인의 사위 빌 엘리스가 뉴욕에서 휴가차 방문하지 않았다면 글로버 부인은 그 집에서 영원히 머무를 수도 있었을 것이다. 그가 글로버 부인이 있는 것을 보고 소리쳤다. "이 집에 뜨내기 여인을 들일 수는 없습니다." 그는 글로버 부인을 쫓아냈다. 억수같은 비가 쏟아지고 있었다. 글로버 부인은 몇 분 동안 빗속에서 떨면서 서 있다가 머물 곳을 찾아 길을 걸어 내려갔다.

이 이야기의 놀라운 부분은 지금부터다. 빌 엘리스가 집에서 쫓아낸 그 '뜨내기 여인'은 지금까지 존재했던 세상의 어떤 여성보다도 더 인류의 사고에 큰 영향력을 미칠 운명을 지니고 있었다. 그녀는 수백만 명의 추종자에게 메리 베이커 에디라고 알려져 있는 인물이다. 그녀는 '크리스천 사이언스'의 창시자이다.

하지만 이때까지만 하더라도 그녀의 인생에는 질병, 슬픔, 비극만 가득했다. 그녀의 첫 번째 남편은 결혼하고 얼마 지나지 않아 죽었다. 그녀의 두 번째 남편은 그녀를 떠나 유부녀와 도망갔다. 그는 나중에 빈민가에서 죽었다. 그녀는 4살밖에 안된 아들을 빼앗겨야 했다. 그녀는 아들의 소식을 듣지 못하다가 31년이 지나서야 아들을 만날 수 있었다.

건강이 좋지 않아서 에디 부인은 오랫동안 소위 "정신 치유의 과학"에 관심을 가져왔다. 그러나 그녀 인생의 극적인 전환은 매사추세츠 주 린에서 일어났다. 어느 추운 날 거리를 걷다가 미끄러져 차가운 보도에 넘어지면서 그녀는 의식을 잃었다. 척추에 부상을 입어서 간헐적으로 경련을 일으켰다. 의사들도 그녀가 죽을 것이라고 생각했다. 기적이 일어나 살아난다 해도 다시는 걸을 수 없다고 말했다.

침대에 누워 죽을 날을 기다리며 메리 베이커 에디는 성경을 폈다. 그녀는 성령의 계시로 마태복음의 한 구절을 읽었다.

"사람들이 예수께 중풍에 걸려 침대에 누워있는 사람을 데리고 오거늘 예수께서… 중풍환자에게 이르시되 네 죄 사함을 받았느니라… 일어나 네 침상을 가지고 집으로 돌아가라 하시니 그가 일어나 집으로 돌아가더라."

예수의 이 말씀으로 그녀 안에 놀라운 힘과 믿음, 치유의 힘이 생겨났다. 그녀는 즉시 침상에서 일어나 걸었다. 에디 여사는 이렇게 이야기한다.

"그 경험은 내 자신을 건강하게 만들뿐 아니라 다른 사람도 건강하게 만드는 방법을 발견하게 만들었습니다. 나는 모든 원인은 마음이고, 모든 결과는 정신적 현상이라는 과학적 확신을 갖게 되었습니다."

이렇게 해서 메리 베이커 에디는 크리스천 사이언스라는 신흥 종교의 창시자이자 교주가 되었다. 크리스천 사이언스는 여성이 세운 유일한 종교로서 전 세계에 퍼져있다.

당신은 지금 아마 속으로 이렇게 말할지도 모른다.

"카네기 이 사람 크리스천 사이언스 선전을 하고 있네."

아니다. 당신이 틀렸다. 나는 크리스천 사이언스 교도가 아니다. 하지만 세월이 흐를수록, 나는 생각의 엄청난 힘을 더욱 깊이 확신하게 되었다. 성인 대상 강좌를 35년이나 해보니, 나는 사람들이 걱정, 두려움, 다양한 종류의 질병을 없앨 수 있고, 사고방식을 바꿈으로서 삶도 바꿀 수 있다는 것을 알게 되었다. 나는 안다! 나는 믿을 수 없는 변화들을 수백 번이나 봐왔다. 이런 변화를 너무나 자주 봐서 놀라지도 않는다.

내 강좌의 수강생에게 생각의 힘을 보여주는 믿을 수 없는 변화가 일어났다. 그는 신경쇠약에 걸렸다. 무엇이 신경쇠약을 가져왔을까? 걱정이다. 이 수강생은 나에게 이렇게 말했다.

"저는 모든 것에 걱정을 했습니다. 너무 말라서 걱정이었고, 머리가 빠져서 걱정이었고, 결혼할 수 있을 만큼 돈을 못 벌어 걱정이었습니다. 좋은 아빠가 되지 못할 것 같아 걱정이었고, 결혼하고 싶은 여자를 잃을까 걱정이었습니다. 제대로 살고 있지 않은 것 같아 걱정이었고, 다른 사람에게 어떤 인상을 주고 있을까도 걱정했습니다. 위궤양에 걸리지는 않았나 라는 생각에 걱정이었습니다. 저는 더 이상 일을 할 수가 없어 사표를 냈습니다. 제 안에 긴장이 가득 차 안전밸브가 없는 보일러 같이 느껴졌습니다. 압력이 커져 터질 것만 같았고 결국에는 터졌습니다. 신경쇠약에 걸려 본적이 없으면 하나님께 신경쇠약에 걸리지 않게 해달라고 기도하십시오. 그 어떤 육체적인 통증도 마음의 고통에 비한다면 아무것도 아닙니다.

제 신경쇠약은 너무 심각해서 가족과 이야기도 할 수 없을 정도였습니다. 제 생각을 통제할 수가 없었습니다. 공포에 사로잡혀 아주 작은 소리에도 깜짝 놀랐습니다. 저는 모든 사람들을 피했습니다. 아무 이유

없이 울음을 터뜨리기도 했습니다.

매일이 고통이었습니다. 모든 사람 심지어 신에게서도 버림받았다고 느꼈습니다. 저는 강에 뛰어들어 죽고 싶은 충동에 사로잡히기도 했습니다.

다른 풍경을 보면 좀 도움이 될까 싶어 플로리다로 여행을 떠나기로 결심했습니다. 기차를 탈 때 아버지가 저에게 편지를 건네면서 제가 플로리다에 도착할 때까지 편지를 보지 말라고 말씀하셨습니다. 저는 여행 최고 성수기에 플로리다에 도착했습니다. 호텔이 만원이어서 주차장에 있는 방 하나를 빌렸습니다. 저는 마이에미에서 출발하는 부정기 화물선에 일자리를 알아보았지만 운이 없었습니다. 그래서 바닷가에서 시간을 보냈습니다. 집에서보다 플로리다에서 더 비참했습니다. 그래서 아버지의 편지를 열어보았습니다.

'아들아, 너는 집에서 1,500마일이나 떨어진 곳에 있구나. 집에서와 별 차이가 없지? 네 문제의 원인을 데리고 갔기 때문이지. 그 원인은 바로 너 자신이다. 네 몸과 마음에는 아무런 이상이 없다. 너의 상황이 원인이 아니라 그 상황을 어떻게 생각하느냐가 문제이다. 사람이 생각하는 것이 바로 그 사람이다. 네가 이 사실을 깨달으면 집으로 돌아와라. 너는 다 나았을 테니.'

아버지의 편지는 저를 화나게 했습니다. 저는 훈계가 아니라 동정을 구하고 있었습니다. 너무 흥분해서 집에 다시는 돌아가지 않겠다고 결심했습니다. 그날 밤 마이에미 길거리를 걷다가 예배가 진행 중인 교회에 들어갔습니다. 갈 곳이 없어서, 교회로 들어가 설교 말씀을 들었습니다. '자기의 마음을 다스릴 줄 아는 사람은 한 도시를 정복하는 자보다 강하니라.' 라는 말씀이었습니다. 예배당에 앉아 아버지가 편지에서 한 말과 똑같은 설교 말씀을 들으면서 머릿속에 들어있던 쓰레기 같은 생각들이 없어졌습니다. 저는 제 인생에서 처음으로 지혜로운 생각을 할 수 있었습니다. 그동안 제가 얼마나 어리석었는지를 깨달았습니다. 제 자신을 있는 그대로 바라보고 충격을 먹었습니다. 그동안 저는 세상과 다른 사람들을 바꾸려 하고 있었습니다. 바꿔야 하는 것은 바로 저인데 말입니다.

다음날 아침 짐을 싸서 집으로 갔습니다. 일주일 후에 다시 일을 시작했습니다. 4개월 후에 제가 잃어버릴까 노심초사했던 그 여자와 결혼을 했습니다. 이제 저는 5명의 아이를 둔 행복한 가장입니다. 하나님께서는 물질적으로나 정신적으로 저를 축복해주셨습니다. 신경쇠약에 걸렸을 때 저는 18명의 직원을 거느린 작은 백화점의 야간 주임이었습니다. 이제 저는 종이상자 제조공장의 관리책임자로 450명의 종업원을 거느리고 있습니다. 이제 삶의 진정한 가치를 누리고 있다고 생각합니다. 불안한 생각이 치밀어 오르려고 하면(다른 사람들도 누구나 다 이런 생각이 들 때가 있지요.) 제 스스로에게 카메라 초점을 다시 맞추라고 말합니다. 그러면 모든 것이 괜찮아집니다.

제가 신경쇠약에 걸렸던 것이 다행이라고 생각합니다. 우리의 생각이 우리의 몸과 마음에 끼치는 영향력을 알 수 있었기 때문입니다. 이제 저는 제 생각을 저에게 유리하게 조정할 수 있습니다. 저에게 고통을 준 것은 외부 문제가 아니고 상황을 바라보는 제 시각이라는 아버지의 말이 옳았다는 것을 이제 분명히 압니다. 그 사실을 깨닫자마자 저는 치유되었습니다."

나는 마음의 평화와 인생에서 얻는 기쁨은 재산, 지위가 아니라 정신 자세에 달려있다고 굳게 믿는다. 외부 조건은 우리의 행복과 아무런 상관이 없다. 하퍼스 페리에 있던 무기고를 습격하고 노예들에게 반란을 교사했다는 이유로 교수형을 당한 존 브라운의 예를 들어보자. 그는 자신의 관에 앉은 채 교수대로 이송되었다. 그의 옆에 있던 간수는 긴장하고 걱정을 했다. 하지만 존 브라운은 침착하고 냉정했다. 버지니아의 블루 리지의 산들을 바라보면서 그는 이렇게 외쳤다. "얼마나 아름다운 나라인가! 전에는 풍경을 제대로 볼 기회가 없었는데."

아니면 남극에 도착한 최초의 영국인 로버트 스코트와 그의 대원들의 예를 들어보자. 그들의 귀환은 최악이었다. 그들의 식량은 다 떨어졌고, 연료도 바닥났다. 11일 동안 휘몰아치는 눈 폭풍 때문에 그들은 더 이상 앞으로 나갈 수 없었다. 바람이 어찌나 세게 부는지 남극 얼음의 표면에 골이 생길 정도였다. 스코트와 대원들은 자신들이 죽을 것이라는 것을 알았다. 이런 응급상황에 대비해서 아편을 가져갔었는데, 이 아편만 있으면 그들은 모두 행복한 꿈에 빠져들어 다시는 깨어나지 않을 것이다. 하지만 그들은 아편을 사용하지 않았다. 그 대신에 그들은 신나는 노래를 부르며 죽어갔다. 8개월 뒤 수색대가 발견한 동사한 시체와 함께 발견된 편지로 이 사실이 알려졌다.

그렇다. 우리가 창조적인 생각과 용기와 침착함을 가지면, 우리는 관에 앉아 사형대로 가면서도 풍경을 감상할 수 있고 아니면 굶주림과 추위로 죽어가면서도 텐트를 신나는 노래로 채울 수도 있을 것이다.

밀턴도 3백년 전에 실명이 되고 나서 같은 진리를 발견했다.

정신은 그 자체가 세계이니

그 안에서 지옥을 천국으로

천국을 지옥으로 만들 수 있다.

나폴레옹과 헬렌 켈러는 밀턴의 말을 잘 보여주는 사례이다. 나폴레옹은 모든 사람이 바라는 영광, 권력, 부 모두를 가졌지만 유배지 세인트 헬레나 섬에서 다음과 같이 말했다.

"내 평생 행복했던 날은 6일도 되지않는다."

헬렌 켈러는 앞도 보이지 않고, 귀도 들리지 않고, 말도 할 수 없지만 다음과 같은 말을 했다.

"나는 인생이 너무도 아름답다는 것을 발견했습니다."

반백년 살아온 인생이 나에게 가르쳐 준 것이 있다면 이것이다. "평화를 주는 것은 당신 자신밖에는 없다."

나는 단지 에머슨의 〈자기 신뢰〉의 맺음말을 반복하는 것에 불과하다.

"정치적 승리, 임대료의 인상, 건강 회복, 떠났던 친구가 돌아오는 것 또는 다른 외부적인 사건이 여러분을 기분 좋게 하고 좋은 일만 생길 것이라는 기대를 하게 만든다. 그것에 속지 말라. 항상 그렇게 될 수는 없다. 평화를 주는 것은 당신 자신밖에는 없다."

위대한 스토아학파의 철학자는 우리가 우리 몸에서 종기와 종양을 제거하는 것보다 우리 마음에서 나쁜 생각을 제거하는 것에 더 힘써야 한다고 말했다.

에픽테투스는 19세기 전에 이 말을 했지만 현대의학이 그의 말을 증명하고 있다. G. 캔비 로빈슨 박사는 존스 홉킨스 병원에 입원한 환자 중 5명 중에 4명은 스트레스와 긴장이 병의 일부 원인이라고 지적했다. 기질적 장애도 정신적인 문제로 발생하는 경우가 많다. G. 캔비 로빈슨 박사는 다음과 같이 주장한다. "결국 질병들은 생활과 생활에서 발생하는 문제에 대한 부적응 때문입니다."

위대한 프랑스 철학자 몽테뉴는 다음의 말을 인생의 좌우명으로 삼았다.

"사람은 일어나는 일 때문에 상처를 받는 것이 아니라 일어난 일에 대한 자신의 생각 때문에 상처를 받는다."

그리고 일어나는 일에 대한 우리의 생각은 전적으로 우리의 마음에 달려있다.

이것은 무슨 뜻인가? 내가 당신이 여러 문제로 낙심해있고 신경이 곤두서 있는데 의지를 가지고 노력하면 정신 자세를 바꿀 수 있다고 당신의 면전에 대고 말하는 것이 너무 뻔뻔한가? 그렇다. 내 말이 바로 그 말이다. 하지만 그게 전부가 아니다. 어떻게 그렇게 할 수 있는지를 보여주려 한다. 약간의 노력이 필요하지만 비결은 간단하다.

실용 심리학의 권위자 윌리엄 제임스는 이런 말을 한 적이 있다.

"행동은 감정을 따르는 것 같지만 실제로 행동과 감정은 동시에 일어난다. 의지로 조절할 수 있는 행동을 조절함으로서 의지로 조절할 수 없는 감정을 간접적으로 조절할 수 있다."

다른 말로 하면, 윌리엄 제임스는 우리가 그저 "단지 다짐한 것" 만으로는 우리의 감정을 즉시 바꿀 수 없지만 우리는 우리의 행동은 바꿀 수 있다고 말한다. 그리고 우리의 행동을 바꾸면 우리의 감정도 자동적으로 바뀐다.

그는 이렇게 설명한다. "그러므로 유쾌함이 사라졌을 때 유쾌해지기 위한 최고의 자발적인 방법은 유쾌하게 행동하고 말하는 것이다."

이 간단한 행동이 실제로 효과가 있을까? 한번 시도해봐라. 얼굴에 환한 미소를 지어라. 어깨를 활짝 펴고 숨을 깊게 들이마셔라. 그리고 노래라도 한 소절 불러봐라. 노래를 부를 수 없으면 휘파람이라도 불어라. 휘파람을 불 수 없으면 콧노래라도 불러라. 윌리엄 제임스가 말한 것을 금방 이해할 수 있을 것이다. 몸이 행복할 때 나오는 행동을 하면 우울할 수가 없다.

이것은 우리의 삶에서 쉽게 기적을 만들어 내는 자연의 기본 진리 중에 하나이다. 나는 캘리포니아의 어떤 여성분을 아는데 그녀의 이름을 언급하지는 않겠다. 그녀도 이 비밀을 알면 24시간 안에 그녀의 절망을 극복할 수 있을 것이다. 그녀는 나이든 미망인이다. 그녀가 행복해지려 노력하고 있는가? 아니다. 당신이 그녀에게 기분이 어떤 지 물으면 그녀는 이렇게 대답할 것이다. "오, 저는 괜찮아요." 하지만 그녀의 표정과 그녀의 목소리는 이렇게 말하고 있다. "제가 무슨 일을 겪고 있는지 당신은 모를 거예요."

그녀는 그녀 앞에서 당신이 행복한 표정을 보이는 것을 책망하는 듯이 보인다. 그녀보다 불행한 여자는 수도 없이 많다. 그녀의 남편은 그녀에게 충분한 보험금을 남겨주었고, 그녀를 모실 결혼한 자녀들도 있다. 하지만 나는 그녀가 웃는 것을 본 적이 없다. 그녀는 딸들 집에 한번 가면 몇 달씩 지내면서 3명의 사위들이 구두쇠이고 이기적이라고 불평한다. 그녀는 노후에 대비해 돈을 꼭 쥐고 풀어놓지도 않으면서 딸들이 그녀에게 선물을 사주지 않는다고 불평한다.

그녀는 자신뿐만 아니라 불쌍한 가족들에게까지 고통을 주고 있다. 하지만 꼭 그렇게 해야 할까? 그녀는 자신을 불쌍하고, 불행한 노파에서 존경받고 사랑받는 가족의 일원으로 바꿀 수 있다. 이렇게 변화하기 위해 그녀가 할 일은 그저 유쾌하게 행동하기만 하면 된다. 자신의 사랑을 불행하고 고통 받는 자아에 쏟아 붓는 대신에 다른 사람에게도 사랑을 나누어 줄 수 있는 것처럼 행동하면 된다.

인디애나에 사는 H. J. 잉글러트라는 사람은 이 비밀을 발견했기 때문에 지금까지 살아있다. 10년 전에 그는 성홍열을 앓았다. 회복되자 이번에는 신장 질환에 걸렸다. 모든 의사를 다 찾아다녔지만 아무도 그를 고칠 수 없었다.

얼마 전에 합병증이 찾아왔다. 혈압이 치솟았다. 병원에 갔는데 혈압이 최고 214에 달한다는 말을 들었다. 치명적이고 병세가 진행 중이라 악화되기 전에 신변정리를 하는 것이 좋겠다는 말을 들었다.

"저는 집에 가서 보험료를 다 납부했는지 확인했습니다. 그러고 나서 신에게 제 모든 잘못에 대한 용서를 구한 후 우울한 생각에 빠졌습니다. 저는 모든 사람을 불행하게 만들었습니다. 제 아내와 가족들은 비참해졌습니다. 그리고 저도 우울해졌습니다. 하지만 일주일을 자기 연민에 빠져 지낸 후에 스스로에게 이런 말을 했습니다.

'너는 바보같이 굴고 있냐? 1년은 살 텐데 살아있는 동안 행복하게 지내는 게 어때?'

저는 어깨를 활짝 펴고 얼굴에 미소를 짓고 아무 일도 없는 듯이 행동하기로 했습니다. 처음에는 힘들었지만 억지로 유쾌해지려고 노력했습니다. 이것은 내 가족에게 도움이 되었을 뿐 아니라 제 자신에게도 도움이 되었습니다.

다른 무엇보다도 기분이 좋아졌습니다. 병세도 좋아졌습니다. 무덤 속에 들어가야 할 날을 몇 달이나 넘겼는데도 행복하고 건강할 뿐 아니라 혈압도 내려갔습니다! 이것 한 가지는 확실하게 압니다. 제가 죽는다는 패배감에 빠져 계속 죽을 생각만했다면 의사의 예언대로 되었을 것입니다. 저는 그저 정신 자세를 바꾸기만 했는데 제 몸이 스스로 치유할 기회를 주었습니다!"

당신에게 질문 한 가지만 해보자. 그저 유쾌한 듯 행동하고 긍정적인 생각만으로 이 사람은 목숨을 건질 수 있었다. 그렇다면 여러분과 내가 1분이라도 사소한 근심과 우울함으로 고통을 겪어야 하는가? 유쾌하게 행동하는 것만으로도 행복해질 수 있는데 왜 우리 자신과 우리 주위에 있는 모든 사람들을 불행하고 우울하게 만드는가?

몇 년 전에 나는 내 삶에 큰 영향을 끼친 작은 책 한권을 읽었다. 제임스 알렌이 지은 〈생각하는 모습 그대로〉라는 책인데 여기에 그 내용을 일부 옮긴다.

"우리가 주변 사물과 사람들에 대한 생각을 바꾸면 주변 사물과 사람들이 바뀔 것이다…… 생각을 급진적으로 바꾸게 되면 상황이 빠르게 변해서 놀랄 것이다…… 사람들은 자신이 원하는 것을 끌어당기지 않고 있는 그대로의 것을 끌어당긴다…… 우리의 존재 목적을 정하는 신성은 우리 안에 있다…… 인간은 자신의 생각대로 성취한다……인간은 생각을 발전시킴으로서 성취한다. 이를 거부하는 사람은 약하고 비참하게 될 것이다."

구약성서 창세기에는 하나님이 인간이 온 땅을 지배하도록 만들었다. 엄청난 은총이다. 하지만 나는 이런 제왕적 특권에는 관심이 없다. 내가 바라는 것은 내 자신을 지배하는 내 생각을 지배하는 것뿐이다. 내 행동을 통제하는 것만으로도 내가 원할 때는 언제든지 놀라울 정도로 생각에 대한 지배력을 얻을 수 있다는 것이 놀랍다.

윌리엄 제임스가 한 말을 기억하자.

"우리가 악으로 부르는 많은 것들이 두려움에서 투지로 마음을 바꾸기만 하면 선으로 바뀐다."

우리의 행복을 위해 싸우자!

유쾌하고 건설적인 생각을 유도하는 하루 단위의 프로그램을 짜서 우리의 행복을 쟁취하자. 이 프로그램의 이름은 '오늘만은'이며 그 내용은 다음과 같다. 나는 이 프로그램이 도움이 된다고 생각해서 많은 사람들에게 알려주었다. 이것은 시빌 F. 패트릭이 36년 전에 쓴 글이다. 당신과 내가 이대로 따르면, 우리는 우리의 걱정을 없애고 프랑스인들이 말하는 '삶의 기쁨'을 누릴 수 있을 것이다.

오늘만은

1. 오늘만은 나는 행복할 것이다. 링컨이 말한 대로 대다수 사람들은 자기가 행복하고자 한 만큼 행복하다. 행복은 내면에서 나온다. 행복은 환경의 문제가 아니다.

2. 오늘만은 모든 것을 내 기대에 맞추는 것이 아니라 나는 내 자신을 현실에 맞추려고 할 것이다. 나는 나의 가족, 나의 일, 나의

운을 있는 그대로 받아들이고 나를 거기에 맞추겠다.

3. 오늘만은 내 몸을 혹사하거나 무시하지 않고 내 몸을 돌보겠다. 나는 운동을 할 것이고, 소중히 할 것이다. 내 몸은 나만을 위한 훌륭한 기계가 될 것이다.

4. 오늘만은 나는 내 마음을 강하게 만들 것이다. 나는 유익한 것을 배울 것이다. 나는 정신적으로 게으름뱅이가 되지 않을 것이다. 나는 노력, 사고, 집중을 요하는 것을 읽을 것이다.

5. 오늘만은 나는 내 마음을 세 가지 방법으로 훈련할 것이다. 다른 사람 몰래 친절을 베풀 것이다. 윌리엄 제임스가 제안한대로 내가 원하지 않는 일 두 가지를 해 볼 것이다.

6. 오늘만은 나는 유쾌한 사람이 될 것이다. 가능한 한 활발하게 행동하고, 잘 차려입고, 낮은 소리로 이야기하고, 우아하게 행동하고, 칭찬은 후하게 비난은 박하게 할 것이다. 어떤 것에도 트집 잡지 않고 다른 사람을 바로 잡으려 하지 않겠다.

7. 오늘만은 내 인생의 문제를 한꺼번에 해결하려하지 않고 오늘 하루를 충실하게 보내려 할 것이다. 일생동안 평생 못할 일도 12시간 안에 할 수 있다.

8. 오늘만은 프로그램을 짜서 보낼 것이다. 나는 매 시간 해야 할 일을 적을 것이다. 시간표대로 못해도 일단 해보자. 그러면 나의 성급함과 우유부단함은 없어질 것이다.

9. 오늘만은 30분이라도 나만의 시간을 가지고 휴식할 시간을 가질 것이다. 이 30분 동안에 인생에 대한 통찰력을 높이기 위해 하나님을 생각하겠다.

10. 오늘만은 나는 두려워하지 않겠다. 특히 행복해지는 것을, 아름다움을 즐기는 것을, 사랑하는 것을, 내가 사랑하는 사람들이 나를 사랑한다고 믿는 것을 두려워하지 않겠다.

규칙 1

유쾌하게 생각하고 행동하면 유쾌해질 것이다.

2 앙갚음은 비용이 많이 든다

몇 년 전 어느날 밤 내가 옐로우스톤 공원을 여행할 때 소나무와 전나무가 **빽빽**하게 서 있는 숲을 마주보게 설치되어 있는 관람석에 앉아 있었다. 얼마 후 우리가 구경하려던 곰이 환한 불빛 아래 나타나 공원 호텔 주방에서 버린 쓰레기를 먹어 치우기 시작했다.

삼림 경비대원인 마틴데일 소령은 말에 앉아 흥분한 여행객들에게 곰에 대한 이야기를 했다. 그는 우리에게 회색 곰은 버팔로나 코디액 불곰을 제외하고 서구 세계에 존재하는 어떤 동물보다도 강하다고 했다.

그러나 나는 그날 밤 회색 곰이 숲에서 나와서 환한 조명 아래서 자기와 함께 음식을 먹도록 허락한 동물이 단 하나 있는 것을 보았다. 바로 스컹크였다. 회색 곰은 자신이 앞발로 한 대 치기만 해도 스컹크를 죽일 수 있는 것을 알았다. 왜 가만히 있었을까? 왜냐하면 회색 곰은 지금까지의 경험에서 그렇게 하는 것이 이익이 없다는 것을 알았기 때문이다.

나도 그런 사실을 잘 알고 있었다. 어렸을 때 나는 미주리 주의 관목 사이에 덫을 놓아 스컹크를 잡았다. 어른이 되어서 다리가 둘 달린 스컹크를 본 적이 있다. 나는 경험에서 어느 쪽이든 건드리면 좋지 않다는 것을 알았다.

우리가 적을 증오할 때 우리는 적에게 우리를 지배하는 힘을 주게 된다. 우리의 잠, 우리의 식욕, 우리의 혈압, 우리의 건강, 우리의 행복을 지배하는 힘을 준다. 우리의 적은 그들이 우리를 괴롭히고 있다는 것을 알면 기뻐서 춤을 출 것이다. 우리의 증오는 그들을 아프게 하지 않는다. 우리의 증오는 우리의 낮과 밤을 지옥으로 만든다.

다음과 같은 말을 누가 했을까?

"이기적인 사람들이 당신을 이용하려 하면 무시해버려라. 똑같이 갚아주려고 하지 마라. 앙갚음하려하면 네 자신이 더 다친다."

이 말은 어떤 이상주의자가 한 말일까? 아니다. 이 말은 밀워키 경찰서 회보에 나오는 말이다.

앙갚음 하려고 하면 당신에게 어떤 해가 미칠까? 〈라이프〉지에 따르면 당신의 건강을 잃을 수도 있다.

"고혈압에 걸린 사람들의 가장 큰 성격 특징은 분노이다. 분노가 만성적이 되면, 고혈압과 심장질환이 생기기 쉽다."

예수가 **"원수를 사랑하라."** 라고 했을 때 그는 윤리를 말한 것이 아니다. 그는 20세기 의학을 말하고 있는 것이다. 예수가 "7번씩 70번 이라도 용서해라." 라고 말했을 때, 예수는 당신과 나에게 고혈압, 심장질환, 위궤양과 다른 질병을 피할 수 있는 방법을 알려주고 있다.

내 친구중 하나가 최근에 심한 심장마비를 일으켰다. 그의 의사는 친구를 침대에 눕게 하고 어떤 것에든 절대 화내지 말라는 지시를 내렸다. 심장이 약한 사람은 갑자기 화를 내는 것만으로도 죽을 수 있다.

내가 죽을 수 있다고 말했나? 몇 해 전 워싱턴 주에서 레스토랑을 경영하는 사람이 갑자기 화를 내는 바람에 죽었다. 내 앞에 워싱턴 경찰청장 제리 스와타웃이 보낸 편지가 있다.

"몇 년 전에 여기 스포케인에서 카페를 경영하던 윌리엄 폴카버는 주방장이 커피를 마실 때 자신의 커피 잔 받침을 사용한다고 버럭 화를 냈다가 죽었습니다. 그는 너무 화가 나서 총을 쥐고 요리사를 쫓아가다가 심장마비로 죽었습니다. 검시관은 분노가 심장마비의 원인이라고 보고했습니다."

예수가 "원수를 사랑하라." 라고 말했을 때 우리에게 어떻게 하면 인상도 좋아질 수 있는 지 말하고 있다. 내가 아는 사람 중에 증오와 분노로 얼굴이 주름지고 일그러진 사람이 있다. 이 세상 어떤 피부 관리도 용서와 친절, 사랑하는 마음이 주는 것만큼 효과적인 것은 없다.

증오는 음식을 즐길 수 없게 한다. 성경(구약성경 잠언 15장 17절)에 이런 말씀이 있다. **"채소를 먹으며 서로 사랑하는 것이 살진 소를 먹으며 서로 미워하는 것보다 낫다."**

우리의 적이 그들에 대한 증오가 우리를 좀먹고 있다는 것을 알면 손을 비비면서 기뻐하지 않을까?

우리가 적을 사랑할 수 없어도 적어도 우리 자신을 사랑하도록 해보자. 우리 자신을 사랑함으로써 우리의 원수가 우리의 행복, 건강, 아름다움을 조종하지 못하게 하자. 셰익스피어는 이렇게 말했다.

적의를 너무 불태우지 마라.
그 불이 오히려 너를 태울 테니.

예수가 우리에게 적을 7번, 70번까지도 용서해야 한다고 말했을 때, 그는 또한 건실한 사업에 대해서도 이야기하고 있다. 스웨덴의 조지 로나의 이야기를 소개하겠다. 오랫동안 조지 로나는 비엔나에서 변호사로 일했다. 하지만 제2차 세계대전이 발발하자 그는 스웨덴으로 피신했다. 돈이 없어서 일자리가 절실하게 필요했다. 몇 개 국어를 말하고 쓸 수 있었기 때문에 수출입 회사의 주재원으로 취직하려 했다. 그러나 무역회사에서는 전쟁 중이라 일자리가 없으니 그의 이름을 파일에 보관해 두겠다고 대답했다. 그러나 그 사람은 조지 로나에게 이렇게 편지를 썼다.

"당신은 무역회사의 일에 대해 잘 모릅니다. 당신은 실수투성이에 어리석기까지 합니다. 나는 그런 직원은 필요 없습니다. 주재원이 필요해도, 나는 당신을 고용하지 않을 것입니다. 당신은 스웨덴어조차 잘 구사하지 못합니다. 당신의 편지는 오자투성이입니다."

조지 로나가 그 편지를 읽었을 때, 그는 무척 화가 났다. 내가 스웨덴어를 잘 모른다니 이 사람 무슨 말을 하고 있는 거야? 스웨덴 사람이면서 자기가 온통 실수투성이 편지를 썼구먼! 조지 로나는 이 사람을 화나게 하려고 무례한 내용의 편지를 썼다. 그러다 그는 갑자기 멈추고 혼잣말을 했다.

"잠깐만 기다려봐. 이 사람이 틀렸다는 걸 어떻게 알지? 내가 스웨덴어를 공부하기는 했지만 모국어가 아니잖아. 나도 모르는 실수를 했을 지도 몰라. 취직하려면 더 열심히 공부를 해야지. 이 사람은 본인은 의도하지 않았을지 모르지만 내게 큰 교훈을 줬어. 이 사람의 표현방식이 기분 나쁘기는 하지만 그에게 빚을 진 것은 사실이야. 그러니 그에게 감사 편지를 써야겠어."

그래서 조지 로나는 그가 이미 쓴 무례한 편지를 찢어버리고 새로 편지를 썼다.

"주재원이 필요없으신데도 일부러 제게 편지까지 써주셔서 정말 감사합니다. 제가 귀사에 대해 잘못 알고 있었던 점 사과드립니다. 제가 편지를 쓴 이유는 제가 조사해본 결과 귀사가 무역업계의 주도적인 회사라고 알려졌기 때문입니다. 제가 편지에 문법적인 실수를 저지른 것을 몰랐습니다. 제 자신이 정말 부끄럽습니다. 이제부터 좀더 열심히 스웨덴어 공부를 해서 잘못을 바로잡도록 하겠습니다. 제가 자기발전을 위해 노력할 수 있도록 도와주셔서 감사드립니다."

며칠 후에 조지 로나는 그 사람에게서 자신을 만나러 와달라는 편지를 받았다. 로나는 그 자리에서 취직이 되었다. 조지 로나는 "부드러운 대답이 분노를 누그러뜨린다." 는 것을 알게 되었다.

우리는 우리의 적을 사랑할 만큼 성인은 아니다. 하지만 적어도 우리 자신의 건강과 행복을 위해 적을 용서하고 분노를 잊으려고 노력해보자. 이것이 현명한 처사이다.

공자는 이렇게 말했다.

"도둑을 맞거나 모함을 당해도 계속 기억하지만 않으면 아무것도 아니다."

나는 예전에 아이젠하워 장군의 아들인 존 아이젠하워에게 아버지가 분노를 마음에 담아두는 지 물었다.

"아니오. 아버지는 자신을 싫어하는 사람들을 생각하는데 단 1분도 낭비하지 않으셨습니다."

옛 속담에 이런 말이 있다. "바보는 화를 내지 못하지만 현명한 사람
은 화를 내지 않는다."

전직 뉴욕 시장 윌리엄 J. 게이너도 이러했다. 그가 황색언론에 심하
게 비판을 받은 후 그는 미친 사람이 쏜 총에 맞아 거의 죽을 뻔했다. 병
원에 누워 죽음과의 사투를 벌이면서도 그는 이렇게 말했다.

"매일 밤 나는 모든 사람을 용서합니다."

너무 이상적인가? 너무 가볍게 생각하는 것 같은가? 그렇다면 〈염세
주의 연구〉의 저자인 독일의 위대한 철학자 쇼펜하우어의 말을 들어보
자. 그는 삶을 무의미하고 고통스러운 과정으로 보았다. 그가 걸어가면
우울함이 그에게서 뚝뚝 떨어졌다. 그러나 그의 깊은 절망 속에서도 쇼
펜하우어는 다음과 같이 외쳤다. "할 수만 있다면 어떤 누구에게도 악
의를 느껴서는 안 된다."

나는 윌슨, 하딩, 쿨리지, 후버, 루즈벨트, 투르먼 대통령의 신임하
던 고문인 버나드 바루크에게 정적의 비난으로 고민했던 적이 있는 지
물어보았다.

"어떤 사람도 나를 모욕하거나 고민하게 만들 수 있는 사람은 아무
도 없습니다. 제가 그렇게 하도록 내버려두지 않으니까요."

막대기와 돌멩이로 내 뼈를 부러뜨릴 수는 있어도
말로는 내게 상처 입힐 수 없다.

오랫동안 인류는 자신의 적에게 악의를 품지 않는 예수 같은 인물을
존경했다. 나는 가끔 캐나다의 재스퍼 국립공원에 서서 서방에서 가장

아름다운 산 중에 하나인 에디스 카벨 산을 바라본다. 이 산은 1915년 10월 12일 독일 소총부대 앞에서 성인처럼 죽음을 맞은 에디스 카벨의 이름을 기념한 것이다. 그녀의 죄는 무엇일까? 그녀는 벨기에에 있던 자신의 집에 프랑스와 영국 부상병들을 숨기고, 상처를 치료해주고, 먹을 것을 주고, 그들이 네덜란드로 도망칠 수 있게 도와주었다. 영국인 신부가 사형 집행일 아침에 브뤼셀의 감옥으로 찾아갔을 때 그녀는 다음과 같은 말을 남겼다.

"나는 애국심만으로는 충분하지 않다는 것을 압니다. 나는 누구에게도 증오를 품지 않으려 합니다."

4년 후에 그녀의 시신이 영국으로 옮겨져 웨스트민스터 사원에서 기념식이 열렸다. 나는 영국에서 1년간 지낸 적이 있었는데, 그때 자주 국립 초상화 미술관에 있는 에디스 카벨의 동상 앞에 서서 화강암에 새겨진 그녀의 말을 읽곤 했다. "나는 애국심만으로는 충분하지 않다는 것을 압니다. 나는 누구에게도 증오를 품지 않으려 합니다."

원수를 용서하고 잊을 수 있는 한 가지 확실한 방법 가운데 하나는 우리 자신보다도 큰 어떤 대의에 몰입하는 것이다. 그러면 우리가 받은 모욕감과 증오는 아무런 문제가 되지 않을 것이다. 우리의 대의를 제외하고는 다른 것에 신경을 쓰지 않게 되기 때문이다.

1918년 미시시피의 소나무 숲에서 일어난 극적인 사건을 예를 들어 설명해보고자 한다. 교사이자 목사로 일하던 흑인 로렌스 존스가 막 폭행을 당하려 하고 있었다. 몇 년 전에 나는 로렌스 존스가 세운 학교인 파이니우즈 컨트리 스쿨을 방문하여 학생들 앞에서 강연한 적이 있었다. 그 학교는 오늘날 미 전역에 잘 알려져 있다. 하지만 내가 지금 이야기하려고 하는 사건은 오래전에 일어난 일이다.

그 사건은 제 1차 세계대전이 한창이어서 사람들의 신경이 예민할 때 일어났다. 중부 미시시피에 독일군이 흑인들을 선동하여 폭동을 일으키려 한다는 소문이 퍼졌다. 로렌스 존스는 이미 말했다시피 흑인이고 자신과 같은 흑인들을 선동해 반란을 일으키려 한다는 의심을 받고 있었다. 한 무리의 백인들이 교회 밖에 서서 로렌스 존스가 집회에 모인 사람들에게 외치는 소리를 들었다.

"인생은 전투입니다. 모든 흑인들은 무기를 갖추고 생존하고 성공하기 위해 투쟁해야 합니다."

"투쟁!" "무기!" 이 말로 충분했다. 흥분한 청년들은 사람들을 불러 모아 다시 교회로 돌아왔다. 그들은 목사를 밧줄로 묶고 그를 1마일이나 떨어진 곳 까지 질질 끌고 갔다. 그를 장작더미에 세워놓고 성냥불을 켜고 교수형과 동시에 화형에 처하려 했다. 그때 누군가가 외쳤다.

"불에 태우기 전에 저 검둥이에게 설교나 시키자. 지껄여봐라! 지껄여봐!"

로렌스 존스는 장작더미에 서서, 그의 목에 밧줄을 감은 채 자신의 인생과 자신의 대의에 대해 이야기했다. 그는 1907년에 아이오와 대학을 졸업했다. 그의 훌륭한 성격, 우수한 학업성적, 음악적 재능으로 학생들 뿐만 아니라 교수들에게서도 인기가 좋았다. 졸업을 하면서 호텔업자가 그에게 좋은 제안을 했지만 이를 거절하고, 그에게 음악 교육을 시켜 주겠다는 부유한 사람의 제안도 거절했다. 왜일까? 그는 사명감으로 불타고 있었기 때문이다.

부커 T. 워싱턴의 삶을 다룬 이야기를 읽고 그는 자신의 인생을 가난하고, 못 배운 자신과 같은 흑인들에게 헌신하기로 결심했다. 그래서 그는 남부에서도 가장 열악한 미시시피 잭슨에서 남쪽으로 25마일 떨어진 곳으로 갔다. 자신의 시계를 1.65달러에 저당 잡히고 그는 나무 그루터기를 책상삼아 숲에 학교를 세웠다.

로렌스 존스는 화난 백인들에게 자신이 교육 받지 못한 아이들을 교육해서 이 아이들이 훌륭한 농부, 기계공, 요리사, 주부가 되기까지의 고생을 이야기했다. 그는 자신이 파이니우즈 컨트리 스쿨을 세우는 데 도움을 준 백인들에 대해 이야기했다. 그들은 그에게 땅, 목재, 돼지, 소, 그리고 돈을 주었다.

로렌스 존스는 나중에 자신을 질질 끌고 가서 목을 매달고 불태워 죽이려 하던 사람들을 증오하지 않느냐는 질문을 받았다. 그는 자신이 대의를 이루기 위해 너무 바쁘고 자신보다 큰 대의에 몰두해 있어서 증오할 여유가 없다고 대답했다.

"저는 싸울 시간이 없습니다. 후회할 시간도 없습니다. 어떤 누구도 그 사람을 미워할 만큼 저를 비참하게 만들 수 없습니다."

로렌스 존스가 자신을 위해서가 아닌 대의를 위한 진실 되고 감동적인 연설을 하자 백인 폭도들은 누그러지기 시작했다. 마침내 사람들 틈에 있던 늙은 남부 퇴역군인 한 사람이 말했다.

"나는 이 사람이 진실을 말한다고 생각하네. 나는 그가 언급한 백인들을 알아. 그는 좋은 일을 하고 있어. 우리가 실수를 했네. 우리는 그를 매달 것이 아니라 그를 도와야 하네."

그 퇴역 군인은 그의 모자를 군중들에게 돌려 돈을 모금했다. 파이니 우즈 컨트리 스쿨의 설립자를 목매달기 위해 거기에 모였던 바로 그 사람들이 52.5달러라는 돈을 모아 그에게 기증했다.

19세기 전 에픽테토스는 "뿌린 대로 거둔다", "운명은 언제나 우리가 한 나쁜 짓에 대한 대가를 치르게 만든다", "결국 모든 사람은 자신의 잘못에 대한 벌을 받을 것이다. 이것을 기억하는 사람은 다른 사람에게 화를 내지 않을 것이고, 분노하지 않을 것이고, 악의를 품지 않고, 다른 사람 탓을 하지 않고, 다른 사람을 증오하지 않을 것이다." 라는 말을 했다.

미국 역사상 링컨처럼 다른 사람에게 욕을 먹고, 배신당한 사람은 없을 것이다. 하지만 헌든의 유명한 전기에 따르면 링컨은 "자신의 호불호로 사람을 판단하지 않았다. 자신을 헐뜯거나 냉대했던 사람이라도 그 자리에 적합하면 링컨은 자신의 친구에게 하듯이 즉시 그 사람을 임명했다. 내 생각에 링컨은 자신의 적이라는 이유로 또는 자신을 싫어한다는 이유로 해임한 적은 없다."

링컨은 자신이 고위직에 임명한 맥클레런, 시워드, 스탠튼, 체이스 같은 사람들에게 비난을 받았다. 하지만 허든에 따르면 링컨은 "어느 누구도 어떤 일을 했다고 칭송을 받고, 어떤 일을 하거나 하지 않았다고 비난을 받을 수는 없다. 왜냐하면 사람은 상황, 교육, 습관, 유전의 영향을 받아 그렇게 행동하는 것이지 그 사람 자체가 문제인 것은 아니기 때문이다."

아마 링컨이 맞을 것이다. 우리가 적과 같은 신체적, 정신적, 감정적 특징이 있고 우리의 삶이 적의 인생과 비슷하다면 우리는 적과 똑같이 행동할 것이다. 수우 인디언처럼 관대한 마음을 가지고 다음의 기도문을 외워보자.

"오! 위대한 신이여! 내가 2주 동안 다른 사람의 입장이 되어보기 전에는 그 사람을 판단하거나 비판하지 않도록 해주십시오."

적을 증오하는 대신 적을 불쌍히 여기고 우리가 그들처럼 되지 않은 것에 감사하자. 적들에게 저주와 복수를 퍼붓는 대신 그들을 이해하고, 도움을 주고, 용서하고, 그들을 위해 기도하자.

나는 저녁마다 성경 구절을 따라 읽고 무릎을 꿇고 가정기도문을 외우는 가정에서 자랐다. 나는 아직도 아버지가 쓸쓸한 미주리 농가에서 예수의 말씀을 읽어주시던 소리를 기억한다. 예수의 말씀은 인간이 예수의 사상을 소중히 생각하는 한 영원할 것이다.

"적을 사랑하라. 너희를 저주하는 사람들을 축복하고, 너희를 미워하는 사람들에게 잘해주어라. 너희를 모욕하고 핍박하는 사람들을 위해 기도해라."

아버지는 그리스도의 말씀을 실천하려고 애쓰셨다. 그 말씀은 세상의 왕들이 그토록 찾았으나 찾지 못했던 내적 평화를 아버지에게 주었다.

> **규칙 2**
>
> 적에게 보복하려 하지 말라. 원수를 해치기보다 오히려 자신을 다치게 할 뿐이다.

아이젠하워 장군이 했듯이 우리를 싫어하는 사람들 생각으로 1분도 낭비하지 말자.

3 대가를 바라지 말고 선행을 배풀어라

나는 최근에 텍사스에서 온 사업가를 만났는데 그는 화가 잔뜩 나 있었다. 11개월 전의 일로 아직도 화가 나 있었다. 크리스마스 보너스로 직원 한 명당 거의 3백 달러를 주었는데 아무도 그에게 감사인사를 하지 않은 것이 그 이유였다.

"이럴 줄 알았으면 직원들에게 한 푼도 주지 않을걸 그랬어!"

공자는 이렇게 말했다. "분노한 사람은 언제나 독으로 가득차 있다."

그 사람은 독으로 너무 차 있어서 나는 솔직히 그가 불쌍했다. 그는 나이가 거의 60이 다 되었다. 요즘 생명보험사들은 기대수명을 80세에서 우리 나이를 뺀 3분의 2보다 조금 더 살 것이라고 계산한다. 그 계산법에 따르면 이 사람은 운이 좋으면 살 날이 14년에서 15년 남았을 것이다. 그런데도 그는 이미 지나버린 일에 화내면서 여생의 일 년을 낭비했다. 참 불쌍한 사람이다.

그는 화를 내거나 자기연민에 빠져 지내는 대신 자신이 왜 감사인사를 받지 못했는지 자문해 봤어야 했다. 아마 그는 직원에게 월급은 짜게 주고 일은 많이 시켰을 것이다. 아마 직원들은 크리스마스 보너스를 선물이 아니라 자신들이 일한 대가라고 생각했을 지도 모른다. 아마 그는 너무 비판적이고 가까이가기 힘든 사람이라 직원들이 그에게 감사 인사를 할 엄두를 못 냈을지 모른다. 아마 직원들은 이익금을 어차피 세금으로 내느니 직원들에게 보너스로 주었다고 생각했을지 모른다.

하지만 직원들이 이기적이고 예의가 없는 사람들일지도 모른다. 확실한 내막은 잘 모르지만 사무엘 존슨 박사의 말은 확실히 안다.

"감사는 교양의 결실이다. 교양이 없는 사람들에게서 감사를 찾을 수 없다."

이것이 내가 말하고자 하는 요지이다. 이 사람은 인간 본성을 잘 모르고 감사를 기대하는 실수를 저질렀다.

당신이 사람 목숨을 구했다면 그가 감사할 것이라고 생각하는가? 당신은 그렇게 생각할 지도 모르겠다. 형사사건 전문 변호사로 있다가 판사가 된 사무엘 라이보비츠는 사형을 당할 뻔한 78명의 목숨을 구했다. 그 중에 몇 사람이나 그에게 감사인사를 하러 들렀을까? 그 중에 몇 사람이나 그에게 크리스마스카드를 보냈을까? 한 사람도 없었다.

예수는 어느 날 오후 열 사람의 나병환자를 고쳐주었다. 그 중 몇이나 그에게 감사했을까? 단 한사람이었다. 누가복음(17장 11절 이하)을 찾아보라. 예수가 제자들을 돌아보며 "다른 아홉은 어디 있느냐?" 물었다. 하지만 그들은 이미 가버리고 없었다. 감사인사 한마디 없이 사라져버린 것이다. 왜 우리들은 작은 친절을 베풀고 예수가 받은 것 이상으로 감사인사를 받을 것이라고 기대할까?

특히 금전적인 문제일 때는 더욱 기대하기 어렵다. 찰스 슈왑이 예전에 은행돈으로 주식시장에 투기를 한 은행원을 도와주었다. 슈왑이 돈을 갚아주어 그 은행원은 감옥행을 면할 수 있었다. 그 은행원이 감사했을까? 처음 얼마동안은 그랬다. 그런데 그는 갑자기 돌변하여 슈왑을 욕하고 비난했다. 자신을 감옥에 가지 않게 구해준 바로 그 사람을!

당신이 친척에게 백만 달러를 주면 친척이 고마워할 것이라 생각하는가? 앤드류 카네기가 그렇게 했다. 앤드류 카네기가 다시 살아서 백만 달러를 준 그 친척이 자신을 욕한다는 것을 알면 깜짝 놀랄 것이다. 그 친척은 카네기가 자선사업에는 3억 달러나 기부했으면서 자신에게는 겨우 백만 달러밖에 주지 않았다고 카네기를 욕했다.

세상이 이렇다. 인간 본성은 언제나 그래왔다. 당신이 살아있는 동안 인간 본성은 아마 변하지 않을 것이다. 그러니 그대로 받아들이는 것이 어떤가? 로마제국의 통치자 중에 가장 현명하다고 하는 마르쿠스 아우렐리우스처럼 인간 본성을 직시하는 것이 어떤가? 그는 그의 일기에 이렇게 썼다.

"나는 오늘 지나치게 말이 많고, 이기적이고, 감사할 줄 모르는 사람들을 만날 것이다. 하지만 이런 사람들이 없는 세상은 상상할 수가 없기 때문에 나는 조금도 놀라거나 기분 나빠하지 않을 것이다."

말이 된다, 그렇지 않은가? 당신과 내가 감사할 줄 모르는 사람들에 대해 불평하면서 돌아다닌다면, 누구 잘못인가? 인간의 본성이 문제인가? 아니면 인간 본성을 모르는 우리가 문제인가? 감사를 기대하지 말자. 그러면 가끔, 아주 가끔 감사인사를 받으면 기분 좋게 놀랄 것이고, 감사인사를 받지 못해도 기분 나쁘지 않을 것이다.

감사함을 잊는 것은 인간 본성이다. 그러니 우리가 감사를 바라면, 우리 마음만 속상할 것이다.

나는 뉴욕에 사는 어떤 여자를 아는데, 그녀는 외롭다고 항상 불평을 한다. 그녀의 친척 중에 어느 누구도 그녀의 옆에 가려하지를 않는다. 이상할 것이 없다. 당신이 그녀를 찾아가면 그녀는 자신이 조카에게 해준 것을 구구절절이 늘어놓을 것이다. 조카가 어렸을 때 홍역이며 귀앓이, 백일해에 걸렸을 때 자신이 얼마나 열심히 간호했는지, 조카들을 몇 년 동안 키워주었고, 그 애들 중 한명은 경영대학원까지 보내줬고, 다른 조카 한명은 결혼할 때까지 데리고 있었다는 이야기를 늘어놓는다.

조카들이 그녀를 찾아올까? 가끔 마지못해 의무감으로 찾아오지만 끔찍이도 싫어했다. 조카들은 몇 시간이나 꼼짝 않고 앉아서 고모의 잔소리를 들을 것을 알고 있었다. 조카들은 끝이 없는 불평과 자신의 처지를 한탄하는 고모의 이야기를 들을 것이다. 야단을 치고 호통을 쳐도 조카들이 찾아오지 않으면 비장의 무기를 사용한다. 심장발작을 일으키는 것이다.

이 심장발작은 진짜일까? 그렇다. 의사들은 그녀가 신경질에서 오는 심계항진에 걸렸다는 진단을 내렸다. 그녀의 병은 감정적인 것이어서 치료법도 달리 없다.

그녀가 진정으로 원하는 것은 사랑과 관심이다. 하지만 그녀는 그것을 감사라고 부른다. 그녀가 감사 또는 사랑을 강요하기 때문에 원하는 것을 결코 얻지 못할 것이다.

세상에는 그녀와 같은 사람들이 많다. 그들은 외로움에 시달리고,

사랑받기를 원한다. 하지만 그들이 사랑을 받을 수 있는 유일한 방법은 대가를 바라지 않고 사랑을 주면 된다.

내 말이 비현실적으로 들리는가? 그렇지 않다. 이것은 상식이다. 이것이 우리가 그토록 바라는 행복을 찾는 좋은 방법이다. 나의 부모님은 남을 돕는 즐거움에 평생을 베풀고 사셨다. 우리는 가난했고 항상 빚에 쪼들렸다. 가난했지만 우리 부모님은 어떻게든 돈을 모아 해마다 고아원에 돈을 보내셨다. 해마다 아이오와에 있는 카운실 블러프스 고아원에 돈을 보내셨지만 절대 그곳을 찾지는 않으셨다. 편지 말고는 어느 누구도 부모님께 감사의 선물이나 인사를 하지 않았지만 부모님은 대가없이 아이들을 돕는다는 기쁨에 충분한 보답을 받았다.

나는 독립한 후 크리스마스마다 부모님께 수표를 보내드리며 두 분만을 위해 좋은 것을 사라고 간청 드리지만 그렇게 하시지 않으신다. 크리스마스 몇 일전에 집에 가면, 아버지는 마을에 과부가 있는데 애들은 많고 음식과 연료를 살 돈이 없어 석탄과 식료품을 사주었다고 말씀하셨다. 부모님은 보답은 바라지 않고 그저 베푸는 기쁨을 누리신다.

나는 아버지가 아리스토텔레스가 제시했던 이상적인 인간상에 거의 부합한다고 생각한다.

"이상적인 사람은 다른 사람을 도와줄 때 기쁨을 느낀다. 또한 다른 사람이 자신을 돕는 것을 부끄럽게 여긴다. 친절을 베푸는 것은 우월함의 상징이나 친절을 받는 것은 열등함의 상징이기 때문이다."

내가 이 장에서 말하고자 하는 두 번째 요지는 이것이다. 행복을 원한다면 대가를 바라지 말고 베풀어라.

오랜 세월동안 부모들은 자식들이 감사할 줄 모른다며 속상해한다.

심지어 셰익스피어의 희곡 〈리어왕〉에서 리어왕은 이렇게 외친다.

"감사할 줄 모르는 자식은 독사의 이빨보다 아프구나!"

하지만 왜 자식들이 감사해야 하는가? 감사하지 않는 것은 잡초처럼 자연스러운 것이다. 감사는 장미와도 같다. 비료를 주고 물을 주고 아껴주고 보호해야 하는 것이다.

우리의 자녀가 감사할 줄 모른다면, 그것은 누구의 잘못일까? 아마 우리의 잘못일 것이다. 우리가 자녀들에게 감사를 표현하도록 가르치지 않으면서 어떻게 자녀가 우리에게 감사하기를 기대할 수 있겠는가?

아는 사람 중에 시카고에 사는 사람이 있는데 의붓아들의 배은망덕에 불평할 만했다. 그는 박스 공장에서 일하며 주급 40달러를 받는 것도 드물었다. 그는 과부와 결혼했는데, 그녀는 그에게 돈을 빌리게 해서 그녀의 장성한 아들 둘을 대학에 보냈다. 그의 주급 40달러에서 식비, 임대료, 연료비, 의복비 뿐 아니라 대출받은 돈도 갚아야 했다. 그는 아무 불평 없이 막노동꾼처럼 4년이나 일했다.

그가 감사인사를 받았을까? 아니다. 그의 아내는 이 모든 것을 당연하게 생각하고 의붓아들들도 마찬가지였다. 그들은 자신이 의붓아버지에게 아무것도 빚지지 않았다고 생각했다.

누구 탓일까? 의붓아들들의 잘못일까? 그렇다. 하지만 잘못은 어머니에게 더 있다. 그녀는 아들들에게 빚지고 있다는 생각을 하게 하는 것은 수치라고 생각했다. 그녀는 아들들이 빚더미위에서 인생을 시작하게 하고 싶지 않았다. 그래서 그녀는 아들들에게 "너희를 대학에까지 보내주시니 아버지가 얼마나 좋은 분이냐!" 라고 말하는 것은 꿈도 꾸지 않았다. 대신에 그녀는 이런 태도를 취했다. "아버지라면 적어도 그렇게 해야지."

그녀는 자신이 아들들을 아낀다고 생각했겠지만 사실 그녀는 아들들이 '세상이 자신들의 생계를 책임져줘야 한다.'는 위험한 생각을 가지고 사회생활을 시작하게 만들었던 것이다. 그런 위험한 생각을 가지고 아들들 중에 한명은 사장에게서 돈을 빌리려다가 결국 감옥에 가게 되었다.

우리 아이들은 우리가 만드는 대로 성장한다는 사실을 명심해야 한다. 미네아폴리스에 사는 내 이모 비올라 알렉산더는 시어머니와 외할머니를 집으로 모셔 돌보았다. 아직도 눈을 감으면 두 분이 이모가 사시던 농장 화롯불 앞에 앉아계시던 모습이 떠오른다. 이 두 분이 이모에게 골칫거리였을까? 가끔 그랬을 지도 모른다. 하지만 이모가 그 분들을 대하는 모습에서는 절대로 눈치 챌 수가 없을 것이다. 이모는 두 분을 사랑했다. 그래서 어른들의 요구는 다 받아주고 편안하게 해드렸다. 게다가 이모는 자식이 여섯이나 있었다. 하지만 이모는 자신이 특별한 일을 한다고 생각하지 않으셨다. 그녀에게 이것은 자연스러운 일이고 당연한 일이었다.

지금 비올라 이모는 어디에 계실까? 이모는 홀로되신지 20년이 넘었지만, 일가를 이루고 있는 다섯 명의 자녀들이 서로 이모를 모시겠다고 성화다. 이모의 자녀들은 이모를 너무나 좋아한다. 단지 감사에서 그럴까? 전혀. 그것은 사랑, 온전한 사랑이기에 그렇다. 이모의 자녀들은 따뜻한 사랑과 친절함 속에서 자랐다. 이제 입장이 바뀌었으니 자녀들이 사랑을 돌려주는 것이다.

감사하는 자녀를 키우고 싶으면 우리가 먼저 감사해야 한다는 것을 명심하자. 옛말에 '어린아이는 귀가 밝다.'고 했다. 우리가 하는 말을 조심해서 하자. 다음에 아이들 앞에서 누군가의 친절을 흠잡는 일은 피하자. "수 언니가 크리스마스에 보낸 행주 좀 봐. 직접 만든 거네. 단돈 1센트도 안 쓰려고 한다니까!" 이런 말은 우리에게 아무렇지 않을지 모르지만 아이들이 듣고 있다. 그러니 이런 식으로 이야기해보자. "수 언니가 크리스마스 선물로 행주를 보냈네. 시간이 많이 걸렸겠다. 참 고맙지? 감사편지를 쓰자." 이러면 우리 자녀들은 무의식적으로 감사의 습관을 익히게 된다.

규칙 3

A. 감사인사를 기대하지 말자. 예수는 하루에 열 명의 나병환자를 고쳤는데도 그 중에 단 한명만이 감사했다는 사실을 기억하자. 우리가 예수보다 더 감사인사를 기대해야 할 이유가 있는가?

B. 행복을 찾는 유일한 길은 감사를 기대해서가 아니라 베푸는 데서 오는 즐거움 때문에 베푸는 것이다.

C. 감사하는 마음은 교육에 의한 것임을 기억하자. 자녀를 감사하는 사람으로 키우려면, 우리가 감사하는 법을 가르쳐야 한다.

4 10억을 주면 지금 갖고 있는 것을 포기하겠는가?

해럴드 애버트와 나는 오랫동안 알고 지내왔다. 그는 미주리에 살고 있는데, 예전에 내 강연의 매니저였다. 어느 날 캔사스 시티에서 만나 미주리의 내 농장까지 갔다. 운전하면서 그에게 어떻게 걱정을 하지 않는 지 물어 보았는데 그는 내가 절대 잊지 못할 감동적인 이야기를 해 주었다.

"저는 예전에는 걱정을 많이 했습니다. 하지만 1934년의 어느 봄날 웹 시에 있는 웨스트 도허티 거리를 걷다가 어떤 광경을 보게 되었습니다. 단 10초 사이에 일어난 일인데 그 10초 동안 저는 제가 10년 동안 살아오면서 배운 것보다 더 많은 것을 배웠습니다. 2년 동안 웹시에서 식료품점을 경영했습니다. 그런데 저축해둔 돈을 날렸을 뿐만 아니라 7년 동안 갚아야 할 빚을 지게 되었습니다. 지난 토요일에 식료품점 문을 닫고 캔사스시티에 일자리를 찾으러 은행에 돈을 빌리러 가는 길이었습니다. 얻어맞은 것처럼 기운이 없고 모든 의욕을 상실했습니다. 그때 갑자기 맞은편에서 다리가 없는 사람이 오고 있는 것이 눈에 띄었습니다. 그는 롤러스케이트 바퀴를 단 초라한 나무 판때기에 앉아있었습니다. 그는 양손의 나무막대로 땅을 밀어 앞으로 나아가고 있었습니다. 내가 그 사람을 본 건 그 사람이 길을 건너 인도와 보도 사이에 있는 얕은 턱을 넘기 위해 몸을 들려고 애쓰는 순간이었습니다. 그가 자신의 나무판을 기울이는 순간 우리 눈이 마주쳤습니다. 그는 환한 미소로 제게 인사했습니다. '안녕하세요. 날씨가 참 좋지요?' 그를 보면서 제가 얼마나 복 받았는지를 깨달았습니다. 저는 두 다리가 있어 걸을 수 있었습니다. 제가 자기연민에 빠져 허우적거린 것이 부끄럽게 느껴졌습니다. 다리가 없이도 저렇게 행복하고, 쾌활하고, 자신만만할 수 있으면 두 다리가 있는 나도 당연히 그래야 한다고 생각했습니다. 나도 모르게 가슴이 펴지더군요. 원래 은행에서 백 달러만 대출받으려 했지만 이제 2백 달러 대출 받을 용기가 생겼습니다. 원래 캔사스에 가서 일자리를 얻어보려 한다고 얘기할 생각이었지만 이제는 당당하게 일자리를 구해서 캔사스에 간다고 말할 수 있었습니다. 대출을 받았고, 일자리를 구했습니다.

이제 욕실 거울에 이런 말을 붙여놓고 면도하면서 매일 읽습니다.

'나는 울적했다네 신발이 없어서
거리에서 발이 없는 사람을 만날 때까지.' "

나는 에디 리켄베커에게 21일 동안 동료들과 뗏목을 타고 태평양을 표류했을 때 배운 최대의 교훈이 무엇이냐고 물어본 적이 있다.

"태평양에서 배운 가장 큰 교훈은 목마르면 마실 수 있는 물이 있고 배고프면 먹을 수 있는 음식이 있는 한 세상 어떤 일에도 불평하면 안 된다는 것이 었습니다."

타임지에 과달카날에서 부상당한 어느 하사관의 기사가 실렸다. 폭탄 파편에 목을 다친 이 하사관은 일곱 번이나 수혈 받았다고 한다. 그는 종이에 글을 써서 의사에게 "제가 살 수 있을까요?"라고 물었다. 의사는 그렇다고 답했다. 그는 또 다시 종이에 써서 의사에게 물었다. "제가 말할 수 있을까요?" 다시 의사는 그렇다고 답했다. 그러자 그는 다시 글을 썼다. "그럼 걱정할 이유가 없잖아?"

지금 당장 하는 일을 멈추고 자문해보라. "그럼 걱정할 이유가 없잖아?" 당신의 걱정이 상대적으로 중요하지 않은 사소한 것임을 알 수 있을 것이다.

우리 삶에서 90퍼센트는 문제가 없고 10퍼센트 정도는 문제가 있다. 우리가 행복해지고 싶으면 문제가 없는 90퍼센트에 집중하고 문제가 있는 10퍼센트는 무시하면 된다. 걱정하고 속상하면서 위궤양이 걸리고 싶으면 문제가 있는 10퍼센트에 집중하고 문제가 없는 90퍼센트는 무시하면 된다.

영국 크롬웰파의 교회에는 **"생각하고 또 감사하라"**라고 새긴 현판이 걸려있는데 이 말을 우리 마음에도 새겨야 한다. 감사해야 할 모든 것에 대해 생각하고, 우리가 받은 은혜에 하나님께 감사해라.

걸리버 여행기의 작가 조나단 스위프트는 영국 문학 역사상 최고의 염세주의자였다. 그는 자신이 세상에 태어난 것에 비관하여 생일날에 상복을 입고 단식을 했다. 하지만 절망 속에서도 이 위대한 염세주의자는 건강을 주는 유쾌함과 행복을 찬미했다.

"최고의 의사는 식이요법 의사, 사색 의사, 명랑의사이다."

우리는 알리바바의 재산 못지않게 우리가 가지고 있는 엄청난 부에 집중함으로서 "명랑의사"의 서비스를 공짜로 누릴 수 있다. 당신은 천억을 준다면 두 눈을 팔겠는가? 두 다리를 무엇과 바꿀 것인가? 손과 귀는? 자식들은? 가족은? 전 재산을 계산해보라. 그러면 당신은 록펠러, 포드, 모건의 재산을 합친 억만금을 준다고 해도 당신이 가진 것과 바꿀 수 없음을 알 게 될 것이다.

그런데 우리는 이 재산을 제대로 평가하고 있을까? 그렇지 않다. 쇼펜하우어가 말한 것처럼 "우리는 우리가 가진 것은 생각하지 않고 우리에게 없는 것을 항상 생각한다." 그렇다. "우리가 가진 것은 생각하지 않고 우리에게 없는 것을 항상 생각하는" 것이야 말로 최대의 비극이다.

뉴저지에 사는 존 팔머 씨는 이것이 원인이 되어 "보통 사람에서 불만투성이 노인네"가 되었고 가정이 거의 파탄 났다.

"군 제대 직후 개인사업을 시작했습니다. 낮이고 밤이고 열심히 일했습니다. 처음에는 일이 잘 풀렸지요. 그러다가 문제가 생겼습니다. 부품과 자재를 구할 수 없었습니다. 사업을 접어야 하나 두려웠습니다. 걱정을 너무 많이 해서 불평을 많이 하게 되었습니다. 그 당시에는 몰랐지만 우울해졌고 성질이 고약해져서 가정이 거의 파탄 날 지경에 이르렀습니다. 그러던 어느 날 제가 고용하고 있던 상이군인이 제게 말하더군요.

'조니, 부끄러운 줄 알아. 세상 고민을 전부 떠맡고 있는 듯이 구는데. 가게 문을 잠깐 닫으면 그게 뭐 큰일이야? 모든 게 정상으로 돌아오면 그때 다시 시작할 수 있잖아. 당신은 감사할 것이 많은 사람이야.

그런데도 불평만 하고 있어. 내가 당신 입장이라면 정말 좋겠네. 나를 봐. 나는 팔이 하나밖에 없고, 얼굴 반쪽은 날아가 버렸어. 그런데도 나는 불평하지 않아. 그렇게 불평만하면 사업도 망하고, 건강도 잃고, 가정도 친구도 잃게 될 거야!'

그의 말이 제가 얼마나 많은 것을 가지고 있는지 깨닫게 만들었습니다. 그때 제 자신을 바꾸고 예전의 나를 되찾겠다고 결심했습니다.

내 친구 루실 블레이크도 없는 것을 걱정하는 대신 가지고 있는 것에 만족하는 법을 배우기 전까지 비극의 구렁텅이에서 아슬아슬한 삶을 살았다.

나는 루시를 콜럼비아 대학교에서 단편소설 작법을 배우면서 알게 되었다. 9년 전에 그녀는 충격적인 사건을 겪었다. 당시 그녀는 애리조나 투산에 살고 있었다.

"나는 정신없이 바쁘게 살고 있었습니다. 애리조나 대학교에서 오르간을 배우고, 시내에서는 대중연설을 가르치고, 데저트 윌로우 목장에서는 음악 감상교실을 지도하고 있었습니다. 하루 종일 사교모임, 댄스파티, 승마 등을 하느라 바빴습니다. 어느 날 아침 쓰러지고 말았습니다. 심장이 문제였지요. 의사는 '일 년 동안 입원해서 휴식을 취해야 한다.'는 처방을 내렸습니다. 내가 언제 다시 예전처럼 건강해질 지 말해주지 않았습니다.

침대에서 일 년이라니요! 어쩌면 죽을지도 모른다는 생각에 두려웠습니다. 왜 이런 일이 내게 일어났을까? 내가 무슨 잘못을 해서 이런 일이 내게 일어나나? 나는 울었습니다. 비참하고 억울했습니다. 하지만 의사가 말한 대로 입원을 해야 했습니다. 이웃인 예술가 루돌프 씨가 내게 이런 말을 하더군요.

'침대에 일 년 누워있는 것이 비극처럼 느껴질지 모르지만 그렇지 않을 지도 몰라. 차분하게 생각할 시간이 생겼으니 자신에 대해 생각해 볼 수도 있잖아. 그동안 살아왔던 것보다 앞으로의 몇 달 동안에 더 많이 정신적으로 성숙할 거야.'

나는 더 침착해졌고, 새로운 가치를 찾기 위해 노력했습니다. 영감을 주는 책들을 읽었습니다. 어느 날 라디오 평론가가 '인간은 의식 안에 있는 것만 표현할 수 있다' 는 말을 들었습니다. 이런 말은 전에도 여러 번 들었지만 이번에는 새롭게 들리더군요. 내가 평생 간직하고 싶은 생각만 하기로 결심했습니다. 기쁨, 행복, 건강에 관한 생각들을 하기 시작했습니다. 매일 아침 눈을 뜨자마자 감사해야 할 것을 생각했습니다. 고통이 없음에 감사했고, 사랑스러운 예쁜 딸에 감사했습니다. 시력, 청력이 좋은 것에 감사하고 라디오에서 흘러나오는 아름다운 음악에 감사했습니다. 책을 읽을 수 있는 시간, 맛있는 음식, 좋은 친구들에 감사했습니다. 제가 너무 기분이 좋고, 방문해주는 친구들이 너무 많아서 주치의는 정해진 시간에 한 사람씩 차례로 병실을 방문하도록 지시를 내렸습니다.

그때부터 9년이 흐른 지금 저는 충만한, 활동적인 삶을 살고 있습니다. 제가 병상에서 보낸 그 일 년에 가슴깊이 감사합니다. 그 시간은 애리조나에서 보낸 가장 행복하고 가장 가치 있는 시간이었습니다. 그때 생긴 습관으로 아직도 매일 아침이면 감사해야 할 일들을 머릿속으로 생각합니다. 가장 소중한 습관이지요. 죽음에 맞닥뜨릴 때까지 제대로 사는 법을 몰랐다는 것이 부끄럽습니다."

루실 블레이크, 당신은 모르고 있겠지만 당신이 배운 그 교훈이 바로 사무엘 존슨 박사가 이백년 전에 깨달은 바로 그 교훈이야.

"모든 일의 가장 긍정적인 것을 보는 습관은 일 년에 천 파운드씩 버는 것 보다 가치 있다."

이 말을 한 사람은 낙천주의자가 아니라 20년 동안 불안, 가난, 배고 픔을 경험하고 마침내 당대 최고의 작가이자 좌담가로 우뚝 선 사람이 라는 사실을 기억해라.

로건 피어설 스미스는 짧은 몇 마디 말로 인생의 진리를 압축해서 표 현했다.

"인생에서 목표로 삼아야 할 것이 두 가지 있다. 하나는 원하는 것 을 얻는 것이고, 그 다음은 그것을 즐기는 것이다. 가장 현명한 사람만 이 즐길 수 있다."

설거지를 짜릿한 경험으로 만드는 방법을 알고 싶은가? 알고 싶다면 보길드 달의 영감을 주는 책 〈나는 보고 싶었다〉를 읽어라. 이 책은 50 년 동안 사실상 맹인으로 산 여성이 지은 책이다.

"나는 한쪽 눈 밖에 없었는데, 그 눈도 상처로 뒤덮여 눈의 왼쪽 틈 사이로 보이는 게 다였다. 책을 얼굴 가까이 들어서 한 쪽 눈을 가능한 한 왼쪽으로 몰아야지 그 틈으로 책을 볼 수 있었다."

그러나 그녀는 동정받기를 거부하고, 남들과 "다르다"라고 평가받 기를 거부했다. 어렸을 때 그녀는 다른 아이들과 돌차기 놀이를 하고 싶었지만 땅에 그려놓은 표시를 볼 수가 없었다. 그래서 다른 아이들이 모두 집에 간 후에 땅에 엎드려 눈을 땅에 가까이 대고 땅에 그려놓은 표식을 찾았다. 그녀는 땅에 그려놓은 모든 표식을 암기해서 곧 돌차기 놀이의 전문가가 되었다. 책을 읽을 때 커다란 활자로 된 책을 어찌나 가까이 대고 읽었는지 속눈썹이 책장에 닿을 정도 였다. 그녀는 미네소타 대학의 문학사 학위와 콜럼비아 대학의 문학 석사 학위 두 개의 학위를 취득했다.

그녀는 미네소타 주 트윈밸리에 있는 작은 마을에서 교편을 잡았고 후에 사우스다코타 아우구스타나 대학의 언론학 및 문학 교수가 되었다. 그녀는 그곳에서 13년 동안 강의하면서 여성 클럽을 대상으로 강연하거나 라디오에서 대담을 진행했다.

"내 마음속에는 완전히 시력을 잃을지 모른다는 두려움이 항상 도사리고 있었습니다. 이 두려움을 극복하기 위해서 쾌활하고 밝은 태도로 인생을 살았습니다."

그러던 중 그녀가 52세가 되던 1943년에 기적이 일어났다. 유명한 메이요 클리닉에서 수술을 하게 된 것이다. 이제 그녀는 예전보다 40배 더 잘 보게 되었다.

새롭고 신나는 세상이 그녀 앞에 펼쳐졌다. 부엌에서 설거지를 하는 것도 그녀에게는 짜릿한 경험이었다.

"나는 설거지통의 거품과 놀기 시작합니다. 물에 손을 담그고 작은 비누거품을 집어서 빛에 비춰봅니다. 그 작은 비누거품 속에 화려한 빛깔의 작은 무지개가 담겨있습니다."

부엌 창문 밖을 보면 내리는 눈 사이로 검은색과 회색 날개를 파닥거리며 날아가는 참새들이 보인다.

비누거품과 참새를 보며 환희에 사로잡힌 그녀는 다음과 같은 말로 책을 마무리 짓는다.

"나는 이렇게 속삭입니다. 하나님, 하늘에 계신 우리 아버지시여, 감사합니다. 정말 감사합니다."

설거지를 할 수 있고, 비누거품 속에서 무지개를 볼 수 있고, 눈 속을 나는 참새를 볼 수 있다는 이유로 신에게 감사하는 것을 생각해봐라.

우리들은 부끄러운 줄 알아야 한다. 우리는 그 동안 아름다운 세상에서 살아왔는데 눈이 멀어 그 아름다움을 보지 못하고, 너무 행복에 겨워 그 아름다움을 즐기지 못했다.

규칙 4

문제를 헤아리지 말고 축복을 헤아려봐라.

5 자신을 알고 자신의 모습을 지켜라

이 지구상에 당신과 똑같은 사람은 아무도 없다는 사실을 명심해라.

노스캐롤라이나에서 에디스 올레드 여사가 나에게 편지를 보내왔다. 여사는 내게 다음과 같이 말하고 있다.

"어렸을 때 나는 아주 예민하고 수줍음이 많았습니다. 과체중이었고 얼굴에 살이 많아 실제보다 더 뚱뚱해 보였죠. 내 어머니는 예쁜 옷을 입는 것은 미련한 짓이라고 여기는 옛날 사고방식을 가지신 분이셔서 항상 제게 이렇게 말씀하셨죠. '큰 옷은 입혀도 작은 옷은 못 입는다.' 그래서 항상 제게 큰 옷을 입히셨고 파티를 가본 적도 없고 재미있게 놀아본 적도 없어요. 학교에 가면 아이들과 어울려 밖에서 놀아본 적이 없어요. 체육 수업도 못했답니다. 병적으로 수줍음이 많았어요. 나는 다른 아이들과 다르다고 생각했고, 아무도 나를 좋아하지 않을 거라 생각했어요.

성인이 되어 몇 살 연상인 사람과 결혼했지만 나는 달라지지 않았어요. 시댁 식구들은 모두 침착하고 자신감이 가득한 사람들이었어요. 시댁식구들을 닮으려고 최선을 다했지만 그렇게 되지는 않더군요. 시댁

식구들이 나를 바깥으로 끌어내려고 하면 할수록 나는 더욱 더 내 안의 껍질로 파고 들어갔습니다.

신경과민이 되어 화를 잘 내고 친구들도 피하게 되었어요. 상태가 너무 심각해져서 초인종 울리는 소리까지 두려울 정도가 되었습니다. 완전히 패배자가 되었습니다. 나도 그것을 잘 알고 있었어요. 남편이 제 본 모습을 알게 될까봐 두려웠습니다. 그래서 다른 사람들 앞에 있을 때마다 밝은 척 하려 노력했고, 일부러 과장되게 행동했습니다. 그런 후에는 며칠 비참한 기분에 빠져 있곤 했죠. 마침내 너무 불행해서 더 이상 살고 싶지도 않아졌어요. 자살을 생각하기 시작했습니다."

무슨 일이 이 불행한 여인의 삶을 바꿔놓았을까? 우연히 들은 한 마디 말이 그녀를 바꿔놓았다!

"우연히 들은 말이 내 인생을 바꿔놓았어요. 제 시어머니가 하루는 내게 자식들을 어떻게 키우셨는지 말씀하셨어요. '나는 항상 아이들에게 자기 모습대로 살라고 가르쳤어.' '자기 모습대로 사는 것' 바로 이것이었어요. 내게 맞지 않는 틀에 나를 억지로 끼워 맞추려고 했던 것이 내게 불행을 가져다주었다는 것을 깨닫게 되었죠.

하룻밤 사이에 나는 바뀌었습니다! 나는 내 모습 있는 그대로 살기 시작했어요. 내 성격을 찬찬히 공부하려고 노력했습니다. 내가 누구인지 알려고 노력했어요. 내 장점을 파악했습니다. 색깔과 다양한 옷 스타일을 배워서 내게 가장 잘 어울리는 나만의 스타일을 찾았습니다. 모임에도 참석했습니다. 처음에는 작은 모임이었는데 거기에서 어떤 프로그램에 저를 넣는 바람에 깜짝 놀랐지요. 하지만 말할 때마다 자신감을 얻기 시작했습니다. 오랜 세월이 걸렸지만 지금은 예전에는 꿈꾸지도 못할 정도로 행복합니다. 자식들을 키우면서 아이들에게도 내가 그렇게나 고통스러운 경험을 하고나서야 알게 된 교훈을 가르쳤습니다. **무슨 일이 있어도 자신의 모습대로 살아라!"**

자신의 모습대로 살고자 하는 문제는 "역사만큼이나 오래되었고 인간의 삶만큼 보편적이다."라고 제임스 고든 길버트 박사는 말한다. 자신의 모습 있는 그대로 살지 않으려는 것은 노이로제와 정신병, 콤플렉스의 숨겨진 원인이 된다. 유아 교육에 관해 13권의 책과 수많은 신문과 잡지에 기고한 안젤로 패트리는 이렇게 말한다.

"정신적, 육체적으로 자기 이외의 다른 어떤 인간이 되고자 하는 사람만큼 비참한 사람은 없다."

자기 자신이 아닌 어떤 다른 사람이 되고자 하는 이런 욕구는 할리우드에서 두드러진다. 할리우드에서 가장 유명한 감독인 샘 우드는 신인배우들이 자기 본연의 모습을 갖도록 설득하는 것이 골치가 아프다고 말한다. 신인배우들은 모두 저마다 라나 터너를 닮은 2류, 또는 클라크 케이블을 닮은 3류가 되려고 한다. 그런 신인배우들에게 샘 우드는 이렇게 말한다.

"대중들은 이미 라나 터너, 클라크 게이블의 매력을 맛봤어. 질려한다고. 대중들은 색다른 것을 바라고 있어."

샘 우드는 〈굿바이 미스터 칩스〉나 〈누구를 위하여 종은 울리나〉와 같은 작품을 연출하기 전에 오랫동안 부동산 업계에 종사하면서 세일즈맨의 요령을 잘 알고 있었다. 그는 사업에서 적용되는 원칙이나 영화업계에서 적용되는 원칙이 같다고 주장한다. 남의 흉내를 내어서는 결코 성공하지 못한다.

"그 동안의 경험에 비추어 자신이 아닌 어떤 다른 사람이 되고 싶어 하는 사람들을 가능하면 빨리 떨어뜨리는 것이 가장 안전한 길이다."

나는 최근에 소코니 새큐엄 석유회사의 인사담당자인 폴 보인튼에게 구직자가 저지르는 최고의 잘못이 무엇인지 물었다. 그가 면접을 본 구직자만 6만 명이 넘고, 〈취업하는 6가지 방법〉이라는 책도 썼으니 질문에 대한 답을 가장 잘 알 것이라고 생각했다.

"구직자가 저지르는 가장 큰 잘못은 자신이 아닌 어떤 다른 사람인 척하는 것입니다. 겸손하고 솔직하게 질문에 답하기보다 면접관의 구미에 맞는 답을 내놓습니다."

하지만 이 방법은 통하지 않는다. 아무도 가짜를 원하지 않기 때문이다. 위조지폐를 원하는 사람은 아무도 없다.

어떤 전차 차장의 딸은 쓰라린 경험을 통해 이 교훈을 배웠다. 그녀는 가수가 되고 싶었다. 하지만 그녀의 얼굴은 가수의 얼굴이 아니었다. 그녀는 입이 크고 심한 뻐드렁니였다. 그녀가 뉴저지 나이트클럽에서 대중 앞에 섰을 때, 그녀는 윗입술을 최대한 내려 뻐드렁니를 가리려고 노력했다. 그녀는 매혹적으로 보이려고 애썼다. 그 결과는 어땠을까? 그녀는 조롱거리가 되었다. 실패가 눈앞에 보였다.

하지만 그 나이트클럽에 있던 어떤 사람이 그녀가 노래 부르는 것을 듣고 재능이 있다고 생각했다. 그 남자가 직설적으로 말했다.

"당신이 노래 부르는 것을 보고 있었는데 당신이 숨기고 싶은 게 무엇인지 알았어요. 당신의 뻐드렁니가 마음에 걸리지요?"

여자는 당황했지만 그는 개의치 않고 말을 이어나갔다.

"그래서 그게 뭐 어떻습니까? 뻐드렁니라고 해서 문제될 것이 있습니까? 숨기려고 하지 말아요. 입을 크게 벌려요. 당신이 자신감 있는 모습을 보이면 대중들은 당신을 사랑할 겁니다. 게다가 당신이 그토록 숨기려고 하는 그 뻐드렁니가 당신을 부자로 만들어 줄 거요."

카스 데일리는 그의 충고를 받아들여 자신의 튀어나온 이를 잊어버렸다. 그때부터 그녀는 자신의 노래를 듣는 청중만을 생각했다. 그녀는 입을 크게 벌려 열정적이고 즐겁게 노래를 불러서 영화와 라디오의 대스타가 되었다. 이제는 그녀를 흉내 내는 코미디언들까지 생겼다!

유명한 윌리엄 제임스가 보통 사람은 자신의 잠재되어 있는 능력의 10%도 쓰지 못한다는 말을 했을 때 이는 자신의 참모습을 발견하지 못한 사람들을 두고 한 말이었다.

"우리 안에 내재되어 있는 가능성에 비한다면 우리는 절반 정도만 깨어있다. 우리는 우리가 가진 극히 일부의 신체적 정신적 능력만을 사용하고 있을 뿐이다. 좀더 포괄적으로 이야기해 본다면 인간은 자신의 잠재력에 한참 못 미치는 삶을 살고 있는 것이다. 인간은 다양한 종류의 능력이 있지만 이것을 사용하지 못한다."

우리는 많은 능력이 있다. 그러니 우리가 다른 사람과 같지 않다고 걱정하는데 일초도 낭비하지 말자. 당신은 이 세상의 유일무이한 존재이다. 태초부터 당신과 똑같은 사람은 없고 앞으로도 없을 것이다. 유전학에 따르면 아버지에게서 받은 24개의 염색체와 어머니에게서 받은 24개의 염색체로 우리가 현재의 모습을 갖추게 된 것이다. 이 48개 염색체로 우리의 유전적 특질이 결정된다. 암란 샤인펠트는 이렇게 말하고 있다.

"각각의 염색체에는 수십 개에서 수백 개의 유전자가 들어있는데 어떤 경우에는 하나의 유전자가 개인의 인생을 완전히 바꿀 수 있다."

정말로 우리는 놀라운 존재이다.

우리의 부모가 만나서 결혼한 후에도 당신이 태어날 가능성은 300조 분의 1이다. 달리 말해 나에게 3백조나 되는 형제자매가 있는데, 그들도 나와 완전히 달랐을 것이다. 이것이 추측해서 한 말일까? 아니다. 이 말은 과학적으로 증명된 사실이다. 더 알고 싶으면 암란 샤인펠트의 〈인간과 유전〉이라는 책을 구해서 읽어봐라.

나는 당신 자신이 되라는 것에 대해 확신을 가지고 이야기할 수 있다. 왜냐하면 내가 그 점을 절실하게 느끼고 있기 때문이다. 한때 이것 때문에 쓰라린 경험을 한 적이 있다.

미주리 촌구석에서 뉴욕에 와서 나는 미국 공연예술 아카데미에 등록했다. 나는 배우가 되고 싶었다. 내 생각에 배우가 될 수 있는 멋진 생각이 있었다. 성공할 수 있는 빠르고 간단한 방법이 내 머릿속에 있었다. 이렇게 간단한데 왜 이렇게 많은 사람들이 모르고 있는지 이해할 수가 없었다. 내 생각은 이랬다. 존 드류, 월터 햄턴, 오티스 스키너같이 그 당시 유명한 배우들이 어떻게 성공했는지 연구해서 그들이 가진 최고의 장점들만을 모아서 나만의 빛나고 위풍당당한 모습으로 만들어내고자 했던 것이다. 얼마나 어리석은가! 얼마나 무모했는지!

나만의 개성을 가져야 한다는 생각이 미주리 촌놈의 뇌리에 박힐 때까지 그 오랜 세월을 다른 사람들을 모방하느라 낭비했다.

이 뼈아픈 경험이 내 평생의 교훈을 가르쳐 주어야 마땅했지만 실제는 그렇지 않았다. 나는 너무 멍청했다. 같은 교훈을 다시 배워야 했다.

몇 년 후에 대중 연설에 관한 한 최고의 책을 쓰겠다고 마음먹고 책 집필을 시작했다. 예전에 연기를 배울 때와 마찬가지로 책 집필에서도 똑같이 어리석은 생각을 하고 말았다. 나는 다른 작가들의 생각을 빌려와서 내 책에 전부 집어넣으려고 했다. 대중 연설에 대한 책을 죄다 구해서 다른 사람들의 생각을 내 원고에 담으려고 일 년 동안 노력했다. 하지만 내가 바보짓을 하고 있구나 하는 생각이 들기 시작했다. 다른 사람들의 생각을 뒤죽박죽 집어넣는 것은 재미도 없고, 모조품에 불과해서 어떤 사람도 내 책을 읽지 않을 것이다. 그래서 일 년간 작업한 책을 쓰레기통에 넣고 다시 처음부터 시작했다.

"실수도 하고 한계도 있지만 너는 데일 카네기가 되어야 해. 너는 다른 누구도 될 수 없어."

그래서 다른 사람들의 의견을 짜깁기하는 것을 멈추고 소매를 걷어붙이고 애초에 내가 했어야 하는 일을 시작했다. 내가 직접 경험한 것, 내가 대중 앞에서 연설하고, 대중연설법을 강의하면서 내가 직접 관찰하고 경험한 것을 기반으로 대중 연설에 관한 책을 썼다. 나는 옥스퍼드 대학의 영문학 교수 월터 롤리 경이 배운 교훈을 배웠다. "나는 셰익스피어가 쓸 만한 책은 쓸 수 없지만 나다운 책은 쓸 수 있다."

당신 자신의 모습을 잃지 마라. 어빙 벌린이 조지 거슈윈에게 한 현명한 충고대로 세상을 살아라. 벌린이 거슈윈을 처음 만났을 때, 벌린은 성공한 작곡가였고 거슈윈은 주급 30달러를 받고 고군분투하는 젊은 작곡가였다. 벌린은 거슈윈의 재능에 감탄하여 현재 받고 있는 월급보다 세배나 많은 돈을 주고 조수자리를 제안했다. 그러면서 벌린은 이렇게 조언했다.

"하지만 내 제안을 받아들이지 말게. 자네가 내 조수로 일하면 자네는 2류 벌린이 될 수밖에 없어. 자네 고유의 색깔을 발전시킨다면 언젠가 자네는 일류 거슈윈이 될거야."

거슈윈은 그의 조언을 받아들여 당대 미국에서 제일 중요한 작곡가로 이름을 올렸다.

찰리 채플린, 윌 로저스, 메리 마가렛 맥브라이드, 진 오틀리, 이외에도 수많은 사람들은 내가 이 장에서 끊임없이 강조하는 교훈을 배웠다. 그들도 모두 나처럼 쓰라린 경험을 통해 지금의 위치에 이른 것이다.

찰리 채플린이 처음 영화에 출연했을 때 감독들은 당시 유명한 독일의 코미디언을 흉내 내라고 강요했다. 찰리 채플린은 자신의 색깔을 가질 때까지 인기를 얻지 못했다. 밥 호프도 비슷한 경험이 있다. 만담으로 자신의 색깔을 드러낼 때까지 그는 힘겨운 시절을 보냈다. 윌 로저스는 쇼에서 말 한마디 없이 줄만 돌리기를 몇 년간 했다. 유머에 재능이 있음을 발견하고 줄을 돌리면서 말을 시작하고 나서야 인기를 얻게 되었다.

메리 마가렛 맥브라이드가 처음 방송에 나왔을 때 그녀는 아일랜드 코미디언 흉내를 내려다가 실패했다. 미주리 출신의 평범한 시골처녀인 자신의 본 모습을 찾자 뉴욕 라디오의 인기 스타가 되었다.

진 오틀리가 자신의 텍사스 억양을 숨기고 도시 사람처럼 옷을 차려입고 자신이 뉴욕 출신이라고 말하고 다닐 때 사람들은 그의 뒤에서 비웃었다. 하지만 그가 밴조를 튕기며 카우보이 노래를 부르기 시작하자 라디오와 영화에서 가장 유명한 카우보이로 성공했다.

당신은 세상에 없는 유일한 존재이다. 그 사실에 기뻐해라. 자연이 당신에게 준 선물을 최대한 활용해라. 최종적으로 보면 모든 예술은 자전적이다. 당신은 당신만의 것을 노래할 수 있고, 당신만의 것을 그릴 수 있다. 당신의 경험, 환경, 유전자가 당신이라는 존재를 만든다. 좋든 나쁘든 당신은 당신 자신의 작은 정원을 가꾸어야 한다. 좋든 나쁘든 인생이라는 오케스트라에서 당신만의 작은 악기를 연주해야 한다.

에머슨은 〈자기 신뢰〉에서 이렇게 말한다.

"공부를 하다보면 이런 확신에 도달하는 때가 있다. 질투는 무지이며 모방은 자살이다. 좋건 싫건 이 사실을 받아들여야 하며 우주는 광활하고 온갖 좋은 것이 많지만 자신에게 주어진 경작지에 들인 노고가 없이는 옥수수 한 톨도 얻지 못한다. 자신 안에 내재되어 있는 힘은 세상에서 유일무이한 것이다. 자신이 무엇을 할 수 있는 지는 자신만이 알 수 있으며 해보지 않고는 자신도 알 수 없다."

더글라스 말록은 시에서 이렇게 말하고 있다.

언덕 꼭대기에 있는 소나무가 될 수 없다면
골짜기의 관목이 되어라.
다만 시냇가에서 가장 아름다운 나무가 되어라.
나무가 될 수 없다면 덤불이 되어라.

덤불이 될 수 없다면 풀이 되어라.
풀이 되어 길가를 아름답게 만들어라.
강꼬치가 될 수 없으면 차라리 호수에서 가장 활발하게 움직이는 농어가 되어라!

우리 모두가 다 선장이 될 수 없다. 선원이 되는 사람도 있어야 한다.

모두에게 각자 할 일이 있다.

큰일도 있고 작은 일도 있지만

우리가 해야 하는 일은 우리 주변에 있다.

큰 길이 안 된다면 오솔길이 되어라.

태양이 될 수 없다면 별이라도 되어라.

이기고 지는 것은 크기로 되지 않는 법

당신이 어디에 있던 최고가 되어라.

규칙 5

다른 사람을 모방하지 말아라. 자신의 참 모습을 발견해서 자신의 모습대로 살아라.

6 레몬을 받으면 레모네이드를 만들어라

이 책을 쓰면서 시카고 대학에 들러 로버트 메이너드 허친스 총장에게 어떻게 걱정을 피하느냐고 물어본 적이 있다. 그는 다음과 같이 대답했다.

"나는 시어스 로벅 사의 대표였던 줄리어스 로젠월드가 해준 말대로 살려고 노력합니다. '레몬을 받으면 레모네이드를 만들어라.'"

위대한 교육자는 이렇게 하는데 바보들은 정반대의 행동을 한다. 가령 인생이 레몬을 주면 그는 레몬을 던져버리며 이렇게 말한다. "나는 실패했어. 이건 운명이야. 나는 기회가 없어." 그런 다음 그는 세상을 등지고 자기 연민에 빠진다. 하지만 현명한 사람이 레몬을 받으면 그는 이렇게 말한다. "이 불행에서 나는 무엇을 배울 수 있지? 어떻게 하면 지금의 상황을 개선할 수 있을까? 어떻게 하면 이 레몬을 레모네이드로 바꿀까?"

위대한 심리학자 알프레드 아들러는 평생을 사람들과 사람들의 잠재력을 연구하면서 인간이 가진 **능력** 가운데 가장 **놀라운 것은** "마이너스를 플러스로 바꾸는 능력"이라고 주장했다.

정확히 이 말대로 한 여성의 재미있으면서도 교훈적인 이야기를 해주겠다. 뉴욕에 사는 셀마 톰슨은 다음과 같은 이야기를 내게 해주었다.

"제1차 세계대전 당시 남편은 모하비 사막 근처의 신병 훈련소에 배치 받았습니다. 남편 옆에 있으려고 저도 그곳으로 이사했습니다. 그곳은 정말 끔찍한 곳이었습니다. 그곳이 너무 싫었지요. 제 인생에서 그때만큼 비참했던 적은 없습니다. 남편이 모하비 사막으로 기동 훈련을 가면 저 혼자 오두막에 덩그러니 남겨졌습니다. 더위는 참을 수가 없었어요. 선인장 그늘에서도 온도는 50도 이상이었어요. 말할 수 있는 사람은 멕시코인들과 인디언이었는데 그들은 영어를 할 수 없었어요. 바람은 끊임없이 불어 내가 먹는 음식, 내가 숨 쉬는 공기 모두 모래투성이였습니다.

완전히 비참해지고 슬픈 생각이 들어 부모님께 편지를 썼어요. 나는 부모님께 다 포기하고 집으로 돌아가겠다고 했어요. 여기에서 단 일분도 견딜 수 없다고 말했습니다. 여기에 있으니 차라리 감옥에 가겠다고 했어요. 제 아버지는 단 두 줄의 답장을 보내셨어요. 제 인생을 완전히 바꾸어 놓은 이 두 줄은 항상 제 마음속에 남아 있답니다.

두 사람이 감옥 창살 밖을 보았네.
한 사람은 진흙탕을 보고, 다른 한 사람을 별을 보았네.

이 두 줄을 반복해서 읽었습니다. 제 자신이 너무 부끄러워졌습니다. 현재 상황에서 무엇이든 좋은 점을 찾아내려고 했습니다. 별을 찾으려고 했어요.

원주민들과 친구가 되었습니다. 그들의 반응이 저를 놀라게 했습니다. 제가 그들의 뜨개질과 그릇에 관심을 보이자 그들은 관광객들에게 조차 팔기를 거절했던 자신들이 아끼는 작품들을 제게 선물로 주었습니다. 선인장과 유카, 죠슈아 나무들의 환상적인 형태를 자세히 살펴보았습니다. 프레리도그라는 다람쥐에 대해서도 알게 되었고, 사막의 일몰도 지켜보았습니다. 수백만 년 전에 바다였던 사막의 모래밭에 남겨진 조개껍데기를 찾아 돌아다녔습니다.

무엇이 제게 이토록 놀라운 변화를 가져온 것일까요? 모하비 사막은 하나도 변하지 않았습니다. 인디언들도 그대로였고요. 하지만 제가 변했습니다. 마음가짐을 바꾸었습니다. 그렇게 하니까 비참했던 경험이 인생 최고의 모험으로 바뀌었습니다. 제가 발견한 새로운 세상에 흥분이 되었습니다. 너무 즐거워서 그 경험을 〈빛나는 성벽〉이라는 소설에 담았습니다. 제가 스스로 만든 감옥을 통해 별을 찾았습니다.

셀마 톰슨은 예수가 태어나기 5백 년 전에 그리스인들이 가르쳤던 오랜 진리를 발견한 것이다. "가장 좋은 것은 가장 어려운 것이다."

해리 에머슨 포스딕은 20세기에 와서 이 말을 다시 했다.

"행복은 즐거움이 아니라 승리이다."

그렇다. 승리는 레몬을 레모네이드로 바꾸는 성취감에서 온다.

나는 언젠가 독이 있는 레몬을 레모네이드로 바꾼 농부를 찾아 플로리다에 간 적이 있다. 그가 처음 농장을 샀을 때, 그는 크게 낙담했다고 한다. 땅이 너무 척박해서 과일은 커녕 돼지를 기를 수도 없었다고 한다. 아무것도 자라지 않고 그 땅에는 작은 관목과 방울뱀만 있었다. 이

때 그에게 좋은 생각이 떠올랐다. 골칫거리가 중요한 자산이 되었다. 그는 방울뱀을 최대한 이용하기로 했다. 놀랍게도 그는 방울뱀 통조림을 만들기 시작했다. 내가 몇 년 전에 그를 방문했을 때, 일 년에 이만 명 이상의 관광객이 방울뱀 농장을 구경 왔다. 그의 사업은 번창하고 있었다. 나는 그가 기르는 방울뱀에서 나온 독이 독사 해독제를 만들기 위해 연구소로 보내지고, 방울뱀 가죽이 여성용 신발과 핸드백용으로 고가에 팔리는 것을 보았다. 방울뱀 통조림이 전 세계 고객에게 팔려나가는 것을 보았다. 나는 그림엽서를 하나 사서 "플로리다 방울뱀마을"이라고 이름 붙여진 그 마을의 우체국에 가서 엽서를 부쳤다. 원래는 다른 이름이었는데 독이 든 레몬을 달콤한 레모네이드로 바꾼 그 사람을 기념하기 위해 마을이름을 바꾼 것이었다.

미국 전역을 다니면서 "마이너스를 플러스로 바꾸는 힘"을 가진 사람들을 만나는 행운을 가질 수 있었다.

기차 사고로 다리를 잃은 〈신에 맞선 12일〉의 저자 윌리엄 보리소는 이렇게 말했다.

"인생에서 가장 중요한 것은 이익을 이용하는 것이 아니다. 어떤 바보라도 그것은 할 수 있다. 진짜 중요한 것은 손해에서 이익을 창출하는 것이다. 이것은 지혜가 필요하다. 이 능력이 현명한 사람과 바보를 구분 짓는다."

하지만 나는 두 다리를 잃고 그의 마이너스를 플러스로 바꾼 사람을 알고 있다. 그의 이름은 벤 포트슨이다. 나는 그를 애틀랜타의 호텔 엘리베이터에서 만났다. 엘리베이터를 타자 밝은 얼굴로 휠체어에 앉아 있는 청년이 보였다. 엘리베이터가 그가 내릴 층에 멈추자 그는 밝은 목소리로 잠깐 옆으로 비켜줄 수 있겠냐고 물었다. "불편을 드려 죄송합니다." 이렇게 말하는 그의 얼굴에는 사람을 기분 좋게 해주는 미소가 가득했다.

엘리베이터에서 내려 방으로 가면서 그 쾌활한 휠체어를 탄 청년의 얼굴이 뇌리에서 떠나지 않았다. 그를 수소문해 찾아가 그의 이야기를 들려달라고 부탁했다.

"그 일이 일어난 것은 1929년이었습니다. 정원 콩밭에 말뚝을 치려고 호두나무를 베러갔어요. 나무를 베어 자동차에 싣고 집으로 돌아가고 있었습니다. 급커브를 도는데 갑자기 나무통 하나가 굴러 떨어져서 방향 조종 장치에 끼었습니다. 차가 제방을 들이받으면서 저는 나무에 부딪쳤습니다. 척추를 다쳐서 다리가 마비되고 말았지요. 그 사고가 일어났을 때 제 나이 24살이었습니다. 그 이후로 한걸음도 못 걸었어요."

24살 한창 나이에 평생 휠체어 신세를 져야한다니! 나는 그에게 어떻게 그 상황에 의연하게 대처할 수 있었는지 물었다.

"처음에는 그렇지 않았습니다."

그는 처음에는 화를 내고 반항하고 운명을 저주했다고 말했다. 하지만 세월이 흐르면서 자신이 운명에 반항할수록 자신이 더욱 괴로워진다는 사실을 깨달았다.

"사람들이 저를 배려해주고 친절을 베풀고 잇다는 사실을 깨닫게 되었습니다. 그래서 저도 사람들을 배려하고 친절을 베풀려 하고 있습니다."

나는 그에게 세월이 흘렀지만 아직도 사고가 끔찍한 불행이라고 느끼는지 물었다.

"아니오. 이제는 그 일이 오히려 잘된 것 같아요."

사고의 충격과 분노에서 벗어나자 그는 다른 세상을 살기 시작했다. 그는 책을 읽기 시작했고 문학에 대한 애정을 갖게 되었다. 지난 14년간 그는 적어도 1400권의 책을 읽었다. 책들은 그에게 세상을 바라보는 새로운 눈을 갖게 해주고 그의 삶을 예전보다 더 풍요롭게 만들어주었다. 그는 좋은 음악을 듣기 시작했다. 전에는 지겨웠을 위대한 교향곡에 심취한다. 하지만 가장 큰 변화는 그에게 생각할 시간이 생긴 것이었다.

"제 인생에서 처음으로 세상을 바라보고 참된 가치를 알아보게 되었습니다. 예전에 제가 그토록 바라던 것들이 가치가 없다는 것을 깨닫기 시작했습니다."

독서를 시작하고 나서 그는 정치학에 관심이 생겼다. 공공문제를 연구하고 휠체어에서 연설도 했다! 그는 많은 사람들을 알게 되었고, 많은 사람들이 그를 알게 되었다. 그는 여전히 휠체어를 타고 있지만 조지아 주의 주무장관이 되었다!

나는 지난 35년간 뉴욕에서 성인 대상 교육프로그램을 운영해오면서 많은 사람들이 대학공부를 하지 않은 것을 후회하고 있다는 것을 알게 되었다. 사람들은 대학 학위가 없는 것을 큰 약점으로 생각하는 것 같다. 하지만 나는 그렇게 생각하지 않는다. 대학을 나오지 않고도 성공한 수많은 사람들을 알고 있기 때문이다. 나는 종종 수강생들에게 내 지인 중에 초등학교도 나오지 않은 사람의 이야기를 들려주곤 한다. 그는 정말 가난한 가정에서 자랐다. 그의 아버지가 죽었을 때, 아버지의 친구들이 돈을 모아 아버지의 관을 사줄 정도였다. 아버지가 죽고 난 후 그의 어머니는 우산공장에서 하루에 열 시간씩 일하고 저녁이면 일 감을 집으로 가져와서 매일 밤 11시까지 일했다.

어려운 환경에서 자라면서 소년은 교회에서 상연하는 아마추어 연극에 출연했다. 연기를 하면서 쾌감을 느껴 그는 대중 연설을 해야겠다고 마음먹었다. 이 같은 결심이 그를 정치로 이끌었다. 그가 서른 살이 되었을 때 그는 뉴욕 주 입법의원으로 선출되었다. 하지만 유감스럽게도 그는 이 직책을 수행하기에는 준비가 되어있지 않았다. 그는 내게 그 당시 일이 어떻게 돌아가는지 하나도 몰랐다고 솔직하게 고백했다. 그는 자신이 투표해야 하는 길고 복잡한 법안을 연구했다. 그런데 이 법안들은 마치 인디언 말로 써놓은 것처럼 이해할 수가 없었다. 숲에 발을 들여놓은 적도 없는데 삼림위원회의 멤버가 되었을 때 걱정되고 당황했다. 은행 계좌도 없는데 주 금융위원회 위원이 되어 걱정되고 당황스러웠다. 어머니에게 실패를 고백하는 것이 부끄러워 위원회에서 사임하지 않았지만 그는 크게 낙심했다고 말했다. 절망 속에서 그는 하루에 16시간씩 공부하기로 결심했다. 그의 무지라는 레몬을 지식이라는 레모네이드로 바꾼 것이다. 그렇게 공부를 하고 나자 그는 지역 정치인에서 전국적 인물로 부각되기 시작했다. 크게 두각을 나타내어 뉴욕타임즈는 그를 "뉴욕에서 가장 사랑받는 시민"이라고 불렀다.

내가 이야기하는 사람은 바로 앨 스미스이다.

앨 스미스는 독학으로 정치 연구를 시작하여 뉴욕 주 정부에서 최고의 권위자가 되었다. 그는 뉴욕 주지사를 네 차례 연임했는데 이는 어느 누구도 이루지 못한 업적이었다. 1928년에 그는 민주당 대통령 후보가 되었다. 초등학교 밖에 다니지 못한 그에게 콜럼비아와 하버드를 포함해서 6개 유명 대학들이 명예 학위를 수여했다.

그의 마이너스를 플러스로 바꾸기 위해 하루 16시간씩 열심히 공부하지 않았다면 이런 일들이 결코 일어나지 않았을 것이다.

초인에 관한 니체의 법칙은 "역경을 견딜 뿐 아니라 역경을 사랑할 것"이다.

성공한 사람들의 인생을 연구하면 할수록 놀랄 정도로 많은 사람들이 핸디캡을 가지고 시작했기 때문에 성공했다는 확신을 하게 되었다. 그 핸디캡이 그들을 더 열심히 노력하게 만들고 그들에게 성공을 가져다주었다. 윌리엄 제임스가 말한 대로 **"뜻밖에도 우리의 약점이 우리를 돕는다."**

맞는 말이다. 밀턴은 눈이 멀었기 때문에 더 좋은 시를 쓸 수 있었고 베토벤은 귀머거리여서 더 훌륭한 음악을 작곡했는지도 모른다.

헬렌 켈러의 빛나는 성공은 그녀가 보지도 못하고, 듣지도 못했기 때문에 가능했다.

만일 차이코프스키가 자신의 불행한 결혼에 좌절하고 거의 자살할 지경에 이르지 않았다면, 그의 인생이 비극적이지 않았다면 그는 불멸의 교향곡 〈비창〉을 작곡할 수 없었을지도 모른다.

만일 도스토예프스키와 톨스토이가 고통스러운 삶을 살지 않았다면 불멸의 소설을 쓰지 못했을지 모른다.

지구상의 생명체에 대한 과학적인 개념에 일대 혁명을 몰고 온 사람이 다음과 같이 썼다.

"내가 심각한 병에 걸린 환자가 아니었다면, 그처럼 많은 일들을 성취할 수 없었을지 모른다."

이 말은 그의 약점이 뜻밖에도 자신을 도와주었다는 찰스 다윈의 고백이다.

다윈이 영국에서 태어난 날 다른 아기가 켄터키 숲의 통나무집에서 태어났다. 그 역시 그의 약점에 도움을 받았다. 그의 이름은 링컨, 에이브러햄 링컨이다. 그가 상류층 가정에서 성장해서 하버드 법대를 졸업하고 행복한 결혼생활을 했다면, 게티즈버그에서 했던 불멸의 연설이나 재선된 후 취임사에서 말한 어떤 대통령도 말한 적이 없는 아름답고 고귀한 구절을 말할 수 없었을지 모른다.

해리 에머슨 포스딕은 그의 저서 〈모든 것을 꿰뚫어 보는 힘〉에서 다음과 같이 말한다.

"스칸디나비아에는 우리 삶의 슬로건으로 삼을 말이 있다. '북풍이 바이킹을 만들었다.' 안락하고 즐거운 삶, 어려움이 없는 삶, 편안한 삶이 사람들을 행복하게 만들어준다는 생각은 대체 어디서 나온 것일까? 반대로 자기 연민에 빠진 인간은 푹신한 침대에 누워서도 자신을 불쌍하게 생각한다. 역사를 통해 보면 행복은 상황의 좋고 나쁨에 상관없이 자신의 책임을 감당한 사람들에게 찾아온다. 다시 한 번 말하지만 북풍이 바이킹을 만든다."

우리가 너무 낙담해서 우리의 레몬을 레모네이드로 바꿀 희망조차도 없다고 느낄 때 우리가 계속해서 노력을 멈추지 않아야 할 두 가지 이유가 있다. 노력하면 얻는 것이 있으면 있었지 잃는 것은 절대 없다.

첫 번째 이유: 우리는 성공할지도 모른다.

두 번째 이유: 우리가 성공하지 않더라고 우리의 마이너스를 플러스

로 바꾸려고 하는 시도 자체가 우리를 뒤가 아니라 앞을 보게 만든다. 부정적인 생각이 긍정적인 생각으로 바뀔 것이다. 창조적인 에너지가 생겨서 우리는 바빠질 것이고 이미 지난 일을 슬퍼할 시간이 없게 될 것이다.

유명한 바이올리니스트 올레 불이 파리에서 공연을 하고 있을 때 그의 바이올린의 줄 하나가 갑자기 끊어졌다. 하지만 올레 불은 세 개의 줄만으로도 연주를 무사히 끝냈다. 헤리 에머슨 포스딕은 이렇게 말한다.

"이것이 인생이다. 줄 하나가 끊어지면 세 개의 줄로 연주를 마쳐야 하는 것이 인생이다."

이것은 단순히 인생이 아니다. 이것은 인생 그 이상이다. 이것은 찬란히 빛나는 인생이다!

만일 내가 할 수만 있다면 윌리엄 보리스가 한 말을 동판에 새겨 이 나라의 모든 학교에 걸어두고 싶다.

"인생에서 가장 중요한 것은 이익을 이용하는 것이 아니다. 어떤 바보라도 그것은 할 수 있다. 진짜 중요한 것은 손해에서 이익을 창출하는 것이다. 이것은 지혜가 필요하다. 이 능력이 현명한 사람과 바보를 구분 짓는다."

규칙 6

운명이 레몬을 주면, 그 레몬을 레모네이드로 바꾸려고 노력해라.

7 우울증을 2주 만에 치료하는 법

    내가 이 책을 쓰기 시작했을 때 나는 "나는 이렇게 근심을 이겨냈다"라는 제목으로 가장 유익하고 감동적인 실화를 보내준 사람에게 2백 달러의 상금을 주겠다고 발표했다.

    이 응모의 심사위원은 동부 항공사의 사장인 에디 리켄베커, 링컨 메모리얼 대학 총장 스튜어트 W. 맥클레런 박사, 라디오 뉴스해설자 H. V. 캘턴본 세 사람이었다. 그러나 우리가 받은 두 편의 이야기가 너무나 훌륭해서 우승자를 결정할 수 없어 상금을 둘로 나누어 주었다. 그 중의 한편인 미주리 주 버튼 씨의 이야기를 소개한다.

    "저는 9살때 어머니를 잃고 12살 때 아버지를 잃었습니다. 아버지는 사고로 돌아가셨지만 어머니는 19년 전 어느 날 그냥 집을 나가셨습니다. 그 이후로 어머니를 보지 못했습니다. 어머니가 데리고 간 두 여동생도 다시 볼 수 없었습니다. 어머니는 집을 나간 지 7년 만에 처음으로 편지를 보냈습니다. 아버지는 어머니가 집을 나가고 3년 후에 사고로 돌아가셨습니다. 아버지와 동업자가 미주리 작은 마을에 카페를 샀는데 아버지가 출장을 간 사이 동업자가 그 카페를 팔아 그 돈을 가지고 도망을 가버렸습니다. 친구 한 분이 아버지에게 빨리 집으로 돌아오라는 전보를 보냈습니다. 집으로 급히 돌아오던 중 캔사스 주 살리나스에서 자동차 사고를 당해 돌아가시고 말았습니다. 제게는 고모 두 분이 계셨는데 두 분 모두 가난하고 아프셨습니다. 고모님은 어린 우리들 중 셋을 거두어주셨습니다. 저와 남동생을 원하는 사람은 아무도 없었습니다. 우리는 고아 취급을 당할까 두려웠습니다. 그리고 우리의 두려움이 곧 현실이 되었습니다. 저는 마을의 가난한 가족들과 잠시 함께 살았습니다. 하지만 경기가 어려워 그 가정의 가장이 직업을 잃어서 우리를 더 이상 데리고 있을 수 없었습니다. 그때 로프틴 씨 부부가 저를 데려와 마을에서 11마일 떨어진 농장에서 그들과 함께 살았습니다. 로프틴 씨는 70세 노인인데 대상포진으로 앓아누웠습니다. 그분은 제가 거짓말을 하지 않고, 물건을 훔치지 않고, 시키는 대로만 하면 그 농장에 머물러도 좋다고 말씀하셨습니다. 그 세 가지 규칙이 제게는 성경 말씀이 되었습니다. 저는 그 규칙을 철저하게 지키며 살았습니다. 학교에 다니게 되었는데 학교에 간 첫 주에 저는 아기처럼 엉엉 울었습니다. 다른 아이들이 코가 크다는 둥, 벙어리라는 둥, 고아라고 놀려댔습니다. 저는 너무나 속상해서 저를 놀린 아이들과 싸우고 싶었지만 저를 돌봐주시던 로프틴 씨가 이렇게 말씀하셨습니다.

'물러서지 않고 싸우는 것보다 물러서는 사람이 더 큰 사람임을 항상 명심해라.'

저는 싸우지 않으려 했지만 어느 날 한 녀석이 닭똥을 학교 마당에서 가져와 제 얼굴에 던졌을 때 참을 수가 없었습니다. 저는 그 녀석을 흠씬 패 주었습니다. 그러자 친구가 두어 명 생겼습니다. 친구들은 그녀석이 맞을 짓을 했다고 제 편을 들어주었습니다.

저는 로프틴 부인이 사준 모자가 너무 마음에 들었습니다. 어느 날 나이 많은 여학생이 모자를 벗기더니 그 안에 물을 넣어 모자를 망가뜨렸습니다. 그 여학생은 '너 같은 돌 머리는 물에 좀 적셔야 돼. 아무것도 든 것 없어 가벼운 머리가 튕겨나가지 않게 하려면.' 이라고 말하면서 제 모자에 물을 부었습니다.

학교에서는 절대 울지 않았지만 집에 돌아가서 큰소리로 울었습니다. 어느 날 로프틴 부인이 제게 충고를 해 주었는데 그 말을 듣고 모든 걱정이 사라지고 적도 친구로 만들 수 있었습니다. 그녀는 이렇게 말했습니다.

'랄프야, 네가 그 애들에게 관심을 가지고 그 아이들을 위해 할 수 있는 일을 찾아보렴. 그 아이들은 너를 괴롭히고 너를 고아라고 놀리지 않을 거야.'

저는 부인의 충고를 받아들였습니다. 열심히 공부했고 곧 반에서 일등이 되었습니다. 친구들을 돕는데 앞장 섰기 때문에 어느 누구도 시샘하는 사람 없었습니다.

저는 친구들의 작문숙제를 도와주었습니다. 어떤 아이들의 발표문을 통째로 써주기도 했습니다. 어떤 아이는 저에게 도움 받는 것을 식구들에게 말하기 부끄러워서 쥐를 잡으러 간다고 거짓말을 하고 농장에 찾아와서 제 도움을 받아가며 공부를 했습니다. 어떤 친구에게는 독후감을 써주고 몇 일 밤 수학을 가르쳐주기도 했습니다.

마을에 죽음이 찾아왔습니다. 나이든 농부 두 사람이 죽고, 어떤 집은 남편이 부인을 버리고 도망갔습니다. 저는 근처 네 가정의 유일한 남자였습니다. 저는 세 명의 과부들을 2년간 도와주었습니다. 학교에 오가는 길에 그분들 집에 들러서 장작을 패주고, 소젖을 짜고, 가축들에게 여물과 물을 주었습니다. 사람들이 이제 제 흉을 보는 대신 칭찬을 해주기 시작했습니다. 모든 사람이 저를 친구로 생각했습니다. 제가 해군 복무를 마치고 집으로 돌아오자 이웃들은 반갑게 맞이해주었습니다. 제가 집에 온 첫날 2백 명 이상의 농부들이 저를 보러 집에 찾아왔습니다. 80마일이나 운전을 해서 온 사람도 있었습니다. 그들은 진심으로 저를 걱정하고 있었습니다. 다른 사람을 돕느라 바쁘고 행복해서 저는 걱정이 거의 없었습니다. 13년 동안 한번도 '고아 녀석' 이라는 말을 들어본 적이 없습니다."

C. R. 버튼 씨 만세! 그는 친구 사귀는 법을 아는 사람이다. 그는 걱정을 극복하고 인생을 즐길 줄도 안다.

워싱턴 주 시애틀에 사는 프랭크 루프 박사도 마찬가지였다. 그는 23년간 관절염으로 병상에 누워 지냈다. 〈시애틀 스타〉지의 스튜어트 휘트하우스는 내게 편지를 보내왔다.

"루프 박사님을 여러 번 인터뷰했지만 그분처럼 이타적이고 인생을 활기차게 사는 사람을 만나본 적이 없습니다."

오랫동안 병상에 누워있으면서 어떻게 인생을 즐기며 살 수 있을까? 두 가지 추측을 할 수 있다. 불평과 불만으로 그렇게 할 수 있었을까? 물론 아니다. 혹시 자기 연민에 빠지거나 모든 사람이 자기만 봐주고 자신의 비위를 맞춰주기를 강요해서 그랬을까? 아니다. 모두 틀렸다. 그는 영국 황태자와 같은 태도로 "나는 봉사한다" 라는 말을 좌우명으로 삼았기 때문에 인생을 즐길 수 있었다. 그는 자신처럼 침대에 누워

지내야 하는 환자들의 이름과 주소를 수집해서 자신과 그 환자들을 격려할 수 있는 행복하고 기분 좋은 편지를 썼다. 사실 그는 편지 쓰는 환자 모임을 조직해서 서로에게 격려의 글을 쓰도록 했다. 마침내 그는 전국적인 모임을 조직했다.

병상에 있으면서도 매년 평균 140통의 편지를 썼으며, 병상에 누워 있는 환자들에게 라디오나 책을 전달해서 그들에게 기쁨을 주었다.

루프 박사와 다른 많은 사람들의 중요한 차이점은 무엇일까? 바로 이것이다. 루프 박사는 내면에 뜨거운 목표의식과 사명감을 가진 사람이었다. 그는 자신이 훨씬 숭고하고 중요한 목적의 수단으로 자신이 사용되는 것에 큰 기쁨을 느꼈다. 그는 쇼가 이야기하듯 "세상이 나를 기쁘게 만들기 위해 노력하지 않는다고 불평하면서 고통과 슬픔으로 가득한 자기중심적인 사람"과는 정반대의 모습이었다.

위대한 심리학자 알프레드 아들러가 쓴 놀라운 보고서의 내용을 살펴보자. 그는 자신의 우울증 환자들에게 다음과 같이 말하곤 했다.

"당신이 이 처방대로 따르기만 하면 우울증이 2주안에 치료될 것입니다. 매일 어떻게 하면 남을 기쁘게 해줄 지 생각해보십시오."

말만으로는 믿기 어려울 것 같아 아들러 박사의 명저 〈당신에게 인생의 의미는 무엇인가〉의 일부를 인용해보겠다.

우울증은 다른 사람들에 대한 만성적인 분노와 비난이다. 환자는 관심과 동정 지지를 받고 싶지만 바로 자신의 잘못으로 인해 낙심하게 된다. 우울증 환자의 최초의 기억은 다음과 같다.

"내가 소파에 눕고 싶었는데 형이 누워있어서 큰소리로 울기 시작했어요. 내가 너무 크게 울자 형이 자리를 비켜줘야 했습니다."

우울증 환자들은 복수의 수단으로 자살을 택하는 경향이 있다. 따라서 의사가 주의해야 할 것은 그들에게 자살의 원인을 제공하지 않는 것이다. 나 자신도 긴장을 풀어주기 위해 "하고 **싶지 않은 것은 절대로 하지 말라.**"는 말을 한다. 너무 소극적인 태도로 보이겠지만, 이것이 모든 문제의 근본이라고 생각한다. 우울증 환자가 자신이 원하는 일을 할 수 있으면 누구를 원망하겠는가? 복수할 일이 있겠는가?

극장에 가고 싶으면 가라. 놀러가고 싶으면 가라. 가는 도중에 가기 싫어지면 가지마라.

이것은 누구에게나 해당하는 가장 좋은 방법이다. 이것은 우월감을 가지고자 노력하는 환자에게 큰 만족감을 준다. 그는 자신이 신처럼 느껴져서 자신이 좋아하는 일은 무엇이든 할 수 있다. 하지만 이것은 환자의 생활태도에 쉽게 들어맞지 않는다. 환자는 다른 사람들을 비난하고 지배하고 싶은데, 그의 의견에 동조해주면 다른 사람을 지배할 수 있는 방법이 없다. 이 규칙은 커다란 위안이 되어서 아직까지 환자 중에 자살한 사람은 없다.

대개 환자들은 이렇게 답한다. "그런데 하고 싶은 일이 하나도 없어요." 나는 워낙 자주 이 질문을 듣기 때문에 이 질문에 답을 준비해 두었다. "그러면 하기 싫은 일을 하지마세요."

그런데 가끔 이런 대답을 하는 사람이 있다. "저는 하루 종일 침대에 누워있고 싶어요." 내가 그러라고 하면 그는 더 이상 그렇게 하고 싶은 마음이 생기지 않을 것이다. 내가 못하게 하면 그는 나와 한바탕 전쟁을 치를 것이다. 그래서 나는 언제나 동의한다.

이것이 첫 번째 규칙이다. 다른 규칙은 환자들의 생활태도를 좀더 직접적으로 공격한다. 나는 환자들에게 이렇게 말한다. "당신은 내 처방대로 하면 2주안에 나을 수 있습니다. 매일 다른 사람을 어떻게 기쁘게 해줄 지 생각해보십시오." 이 말이 그들에게 어떤 의미인가를 생각해보라. 그들은 "어떻게 하면 다른 사람을 걱정하게 만들까?" 라는 생각에 골몰해 있는 사람들이다. 대답이 상당히 재미있다. 어떤 사람은 이렇게 말한다. "저에게는 아주 쉬운일이예요. 제 평생 그렇게 하고 있거든요." 그들은 한 번도 그렇게 해본 적이 없다. 나는 한 번 더 잘 생각해보라고 말한다. 하지만 그들은 생각하지 않는다.

나는 그들에게 이렇게 말한다. "밤에 잠이 안 오면 어떻게 하면 다른 사람을 기쁘게 해줄 수 있을지 생각해보세요. 그러면 당신의 건강에 큰 도움이 될 것입니다." 다음날 환자를 만나면 질문을 한다. "제가 조언한대로 생각해 보셨나요?" 그러면 그들은 이렇게 대답한다. "어젯밤에 침대에 눕자마자 잠이 들었어요." 물론 이것은 우월감을 보이지 않는 상태에서 조심스럽고 친근한 태도로 이루어져야 한다.

어떤 사람들은 이렇게 대답한다. "저는 그렇게는 절대 못합니다. 걱정이 돼서요." 나는 그들에게 이렇게 말한다. "계속 걱정하세요. 하지만 동시에 가끔 다른 일도 생각해보세요." 나는 계속해서 환자들이 타인에게 관심을 돌리기를 바란다. 많은 환자들은 이렇게 말한다. "제가 왜 다른 사람들을 기쁘게 해주어야 하지요? 다른 사람들은 나를 기쁘게 해주지도 않는데요." "당신은 당신 자신의 건강을 생각해야 합니다. 다른 사람들이 나중에 고통을 겪을 것입니다." "선생님이 제안한 것을 생각해보았는데요." 라는 말을 하는 환자는 극히 드물다. 나는 환자가 주변에 더 많은 관심을 갖도록 하는데 모든 노력을 기울인다. 나는 환자가 가진 질병의 진짜 원인이 다른 사람과 협력이 부족하기 때문이라고 생각한다.

환자도 이것을 알았으면 좋겠다. 환자가 다른 사람들과 동등하고 협력적인 관계를 만드는 순간 그는 치료된다. 종교가 사람들에게 부여하는 가장 중요한 과제는 "이웃을 사랑하라"이다. 삶에서 가장 큰 어려움을 겪고 다른 사람에게 큰 상처를 주는 사람들은 다른 사람에 관심이 없는 사람이다. 인간에게 줄 수 있는 최고의 찬사는 '좋은 직장 동료', '좋은 친구' '사랑과 결혼의 진정한 동반자'라는 말이다.

아들러 박사는 우리에게 매일 선행을 요구한다. 그러면 무엇이 선행인가? 예언자 마호메트는 이렇게 말했다. "선행은 다른 사람의 얼굴에 기쁨의 미소를 짓게 하는 것이다."

왜 매일 매일의 선행이 선행을 베푸는 사람에게 놀라운 효과를 주는 것일까? 다른 사람들을 기쁘게 하려면 우리 자신에 대해 생각하는 것을 멈추게 되기 때문이다. 이는 곧 걱정과 두려움, 우울증을 낳는 행동을 멈춘다.

뉴욕에서 문 비서학교를 운영하고 있는 윌리엄 T. 문 여사는 자신의 우울감을 떨치기 위해 어떻게 하면 다른 사람을 기쁘게 해줄까 하고 생각하면서 2주씩이나 보낼 필요가 없었다. 그녀는 알프레드 아들러보다 한수 아니 열세 수 높았다. 그녀는 어떻게 하면 12명의 고아들을 기쁘게 해줄까 하고 생각하면서 우울함이 2주가 아니라 하루만에 없어졌다.

"5년 전 12월 저는 슬픔과 자기연민에 빠져있었습니다. 결혼한 지 몇 년 되지 않아 남편을 잃었습니다. 크리스마스가 다가올수록 제 슬픔은 더욱 커졌습니다. 평생 크리스마스를 혼자 보내본 적이 없었거든요.

크리스마스가 오는 것이 두려웠습니다. 친구들이 초대했지만 가고 싶지 않았어요. 파티의 흥을 깰 것 같았어요. 어떤 초대에도 응하지 않았습니다. 크리스마스 이브가 오자 더욱 더 자기 연민에 빠져버렸어요. 우리 모두가 그렇듯이 제게도 감사할 일이 많았습니다. 크리스마스 전날 오후 3시에 사무실을 나와서 정처 없이 5번가를 걷기 시작했습니다. 이렇게 걷다보면 혹시 내 자기 연민과 우울증을 떨쳐 버릴 수 있지 않을까하는 생각을 하면서 걸었습니다. 5번가는 흥겹고 행복한 사람들로 가득 찼습니다. 사람들의 모습을 보니 행복했던 시절의 기억이 떠올랐습니다. 외롭고 텅빈 아파트로 돌아갈 생각을 하니 참을 수가 없었습니다. 마음이 혼란스러워 어찌해야 좋을지 몰랐습니다. 흐르는 눈물을 막을 수가 없었습니다. 정처 없이 한 시간쯤 걸으니 버스 터미널 앞에 와 있었습니다. 예전에 남편과 목적지를 정하지 않고 아무 버스나 탔던 기억이 났습니다. 그래서 정류장에 제일 먼저 보이는 버스에 탔습니다. 허드슨 강을 건넌 후 얼마쯤 지나서 버스 기사가 '아가씨, 종점입니다.' 하는 소리를 들었습니다.

저는 버스에서 내렸습니다. 마을의 이름도 알 수 없었습니다. 조용하고 평화로운 작은 마을이었습니다. 집으로 가는 다음 버스를 기다리면서 주택가를 걷기 시작했습니다. 교회를 지날 때 '고요한 밤'의 아름다운 선율이 들렸습니다. 저는 교회 안으로 들어갔습니다. 교회에는 오르간 연주자뿐이었습니다. 조용히 예배당 한쪽 구석에 앉았습니다. 예쁘게 장식된 크리스마스 트리에서 나오는 불빛이 달빛에 춤추는 별의 향연처럼 보였습니다. 아침부터 한 끼도 먹지 않아 배도 고프고, 길게 늘어지는 음악의 선율에 저도 모르게 잠에 빠져들었습니다.

일어났을 때 제가 어디에 있는 지도 모르겠더군요. 겁이 덜컥 났습니다. 제 앞에는 크리스마스 트리를 보기 위해 들어온 두 명의 아이들이 있었습니다. 한 어린 소녀가 저를 손짓하더니 이렇게 말했습니다. '산타클로스 할아버지가 보낸 사람 아닐까?' 제가 잠에서 깨자 이 아이들도 겁을 먹었습니다. 저는 그 아이들에게 해치지 않으니까 놀라지 말라고 말했습니다. 그 아이들은 낡은 옷을 입고 있었습니다. 저는 아이들에게 부모님이 어디 계신지 물었습니다. 아이들은 '우리는 부모님이 없어요.' 라고 말했습니다. 그 아이들은 저보다도 훨씬 불쌍한 고아들이었습니다. 그들을 보니 제 슬픔과 자기연민이 한없이 부끄럽게 느껴졌습니다. 아이들에게 크리스마스 트리를 보여주고 아이들을 근처 상점으로 데려가 간식을 사주고 사탕과 선물 몇 개를 사주었습니다. 마치 마법처럼 제 외로움이 사라졌습니다.

이 두 명의 고아들이 제게 진정한 행복을 주었습니다. 이 아이들은 오랫동안 자신 안에 빠져서 주변을 돌아보지 못했던 저를 구해주었습니다. 그들과 이야기하면서 제가 얼마나 행운아였는지 깨닫게 되었습니다. 어렸을 때 부모님의 사랑으로 크리스마스를 행복하게 보낼 수 있었던 것을 하나님께 감사드렸습니다. 제가 아이들에게 해준 것 보다 훨씬 더 많은 것을 이 두 아이들에게서 받았습니다.

이 경험은 내가 행복해지기 위해서 다른 사람을 행복하게 만들 필요가 있다는 사실을 깨달았습니다. 또 행복은 전염된다는 사실도 깨달았습니다. 즉 주는 것은 받는 것입니다. 다른 사람을 도와주고 사랑을 주면, 나를 괴롭히는 걱정과 슬픔, 자기연민이 사라지고 새 사람처럼 느껴집니다. 그리고 실제로 그 때뿐만 아니라 그 후로도 새 사람이 되었습니다."

자신 안에 빠져 고생하다가 다시 건강과 행복을 되찾은 사람들의 이야기는 이 책을 가득 채울 정도로 많다. 미국 해군에서 가장 유명한 여성 중 한명인 마가렛 테일러 예이츠의 예를 들어보자.

예이츠 여사는 소설가이다. 하지만 일본군이 진주만에 있던 미군 기지를 습격하던 운명 같은 아침에 그녀에게 일어난 일이 그녀가 쓴 어떤 미스터리 소설들보다 흥미롭다. 예이츠 부인은 심장에 문제가 있어 일 년 이상 침대에 누워 있었다. 그녀는 하루 24시간 중에 22시간을 침대에 누워있었다. 일광욕을 하기 위해 정원으로 나오는 것이 가장 긴 여행이었다. 그때도 간호사의 도움을 받아야 했다. 그 당시에 그녀는 평생을 환자로 지내야 한다고 생각했다.

"만일 일본군이 진주만을 공격해서 내 삶을 흩뜨려 놓지 않았다면 나는 지금처럼 새로운 삶을 살 수 없었을 거예요. 그 일이 일어나자 모든 것이 혼란이었어요. 폭탄 하나가 우리 집 근처에 떨어졌고, 그 충격으로 나는 침대에서 떨어졌어요. 군 트럭이 육해군 가족들을 공립학교로 대피시키려고 히컴 비행장, 스코필드 병영, 카네오헤 비행장으로 직행했어요. 적십자는 피난민을 수용할 수 있는 여분의 방을 가진 사람들에게 전화를 급하게 걸었습니다.

적십자 직원들은 제 침대 옆에 전화가 있는 것을 알았기 때문에 정보 교환 기관의 역할을 해달라고 제게 부탁했어요. 그래서 나는 군인 가족들이 어디에 있는지 조사하기 시작했습니다. 그리고 군인들은 가족들의 행방을 알고 싶으면 제게 전화하라는 적십자의 지시를 받았습니다.

저는 곧 제 남편 로버트 랄레이 예이츠 함장이 무사하다는 소식을 들었습니다. 저는 남편이 전사했을까 걱정하는 부인들을 안심시키는 한편, 남편이 전사한 아내들을 위로하려고 했습니다. 진주만 공격으로 2,117명의 해군 장병이 전사하고 960명이 행방불명되었습니다.

처음에 저는 침대에 누워 전화를 받으려고 했습니다. 그러다가 침대에 일어나 앉아서 전화를 받았고 마침내 너무 바쁘고 흥분한 나머지 아픈 몸이라는 것도 잊고 침대에서 나와 책상 앞에 앉아 있었습니다. 나보다 상황이 훨씬 안 좋은 다른 사람들을 돕느라 제 자신은 완전히 잊어버렸던 것입니다. 매일 밤 잠자는 8시간을 빼고는 눕지 않았습니다. 일본군이 진주만을 공격하지 않았다면 나는 평생 반 폐인으로 생을 마쳤을지 모릅니다. 침대에 누워있는 것이 편하고 누군가가 시중을 들어주었기 때문에 무의식적으로 재활하려는 의지를 잃어버리고 있었던 것입니다.

진주만 공습은 미국 역사의 가장 큰 비극 중에 하나지만 개인적으로 내게 일어난 일중에 가장 좋은 일 중에 하나였습니다. 급박한 위기상황이 내가 꿈꾸지도 못한 힘을 나에게 주었습니다. 나로 향한 관심을 다른 사람에게 향하게 만들었습니다. 다른 사람을 위한 관심은 살아가는데 필수적이고 중요한 요소입니다. 나는 더 이상 나에 대해 생각하고 걱정할 시간이 없습니다."

정신과 의사에게 도움을 청하려 달려가는 사람들 중에 3분의 1이라도 마가렛 예이츠 여사가 했던 것처럼 다른 사람을 돕는데 관심을 기울인다면 병이 깨끗이 나을 것이다. 이것이 내 생각이냐고? 아니다 이것은 칼 융이 한 말이다.

"내 환자 중에 3분의 1은 임상적으로 신경증은 아니다. 그들은 인생의 공허감과 무감각함 때문에 고통 받고 있다."

다르게 표현하면, 그들은 엄지손가락을 들어 다른 사람의 차에 얻어 타고 싶어 하지만 차들은 그 신호를 무시하고 지나쳐 버린다. 그래서 그들은 사소하고, 무의미한, 쓸모없는 자신의 삶에 대해 정신과 의사에게 한탄한다. 배가 떠나 버린 부두에서 자신 외의 다른 사람들을 탓하면서 세상을 향해 자기중심적인 욕구를 들어달라고 소리치고 있다.

지금쯤 당신은 이렇게 생각하고 있을지 모른다.

"이런 이야기에는 아무 관심이 없어. 크리스마스 이브에 고아들을 만나면 나라도 관심을 갖겠다. 진주만에 있다면 나도 마가렛 테일러 예이츠가 한 것처럼 하겠지. 하지만 내 상황은 그런 것과는 다르다고. 나는 평범한 삶을 살고 있어. 하루에 8시간씩 지겨운 일을 하고, 극적인 일이라고는 일어나지 않아. 어떻게 하면 남을 돕는데 흥미를 가지게 될까? 그럴 이유가 어디 있지?

맞는 질문이다. 그 질문에 답해주겠다. 당신의 존재가 아무리 단조롭다 해도 당신은 분명히 매일 사람들을 만난다. 그 사람들에게 어떻게 대하는가? 그냥 쳐다보기만 하는가, 아니면 그들로부터 어떤 반응을 이끌어내려 하는가? 매년 당신의 집에 우편물을 배달하러 수백 마일을 걸어 다니는 집배원에게 어떻게 대하는가? 그가 어디에 사는지, 그의 가족사진을 보여 달라고 한 적이 있는가? 다리가 피곤한지 아니면 지겨운지 물어본 적이 있는가?

식료품 가게 점원, 신문 배달원, 구두 수선공에게는 어떻게 대하는가? 이런 사람들도 인간이다. 그들 역시 수많은 문제가 있고, 꿈과 야망이 있는 사람들이다. 그들 또한 자신의 이야기를 다른 누구와 공유할 수 있는 기회를 엿보고 있다. 당신은 그들에게 기회를 준 적이 있는가? 그들 또는 그들의 삶에 진지한 관심을 보인 적이 있는가? 내가 말하는 것이 바로 이것이다. 세상을 좀더 나은 곳으로 만들기 위해 플로렌스 나이팅게일 또는 사회 개혁가가 되라고 하는 것이 아니다. 당장 내일 아침 당신이 만나는 사람들부터 시작하면 되는 것이다!

그게 당신에게 무슨 도움을 주냐고? 훨씬 큰 행복을 가져다줄 것이다! 자신에 대한 더 큰 만족감과 자부심을 가져다준다! 아리스토텔레스는 이런 자세를 "계몽된 이기주의"라고 불렀다. 조로아스터교는 "타인에게 선행을 하는 것은 의무가 아니라 즐거움이다. 선행을 베풀면 건강도 좋아지고 행복해진다."고 말했다. 벤자민 프랭클린은 이를 간단히 요약하여 "남에게 선행을 베풀 때 인간은 스스로에게 최선을 다하는 것이다."라고 했다.

뉴욕의 상담센터의 관장 헨리 C. 링크는 그의 저서에서 다음과 같이 말하고 있다.

"현대 심리학의 가장 큰 발견은 자아실현과 행복을 위해서 자기희생의 필요성을 과학적으로 증명한 것이다."

다른 사람들을 생각하면 당신 자신의 일을 걱정하지 않게 해줄 뿐 아니라 친구도 많이 사귈 수 있고 커다란 즐거움을 맛볼 수 있다. 어떻게 그것이 가능할까? 언젠가 예일대학교의 윌리엄 라이언 펠프스 교수에게 어떤 방법을 사용하는 지 물었더니 그는 이렇게 말했다.

"나는 호텔이나 이발소, 상점 등 어디를 가든지 만나는 모든 사람들에게 기분 좋은 말을 합니다. 그들을 기계의 부속품이 아니라 개개인으로 대하는 말을 하려고 노력합니다. 상점의 여직원에게는 눈이 참 예쁘다는 칭찬을 하거나 머리가 예쁘다는 칭찬을 합니다. 이발사에게는 하루 종일 서 있어서 다리가 피곤하지 않느냐고 묻습니다. 어떻게 이발사가 되었는지, 이 일을 시작한 지 얼마나 되었는지, 얼마나 많은 사람들의 머리를 깎았는지 등을 물어봅니다. 누구든지 자신에게 관심이 있으면 기분이 좋아지는 법입니다. 나는 자주 기차역에서 내 짐을 들어주는 짐꾼들과 악수를 합니다. 이렇게 악수를 하면 짐꾼들은 기분이 좋아져서 하루 종일 신나게 일할 수 있을 것입니다.

몹시 무더운 어느 날 뉴 헤이븐 철도의 식당 칸으로 점심을 먹으러 갔습니다. 복잡한 차안은 용광로 같았고 서비스는 늦었습니다. 마침내 종업원이 메뉴를 갖다 주러 왔을 때 나는 이렇게 말했습니다.

'주방에서 일하는 요리사들은 오늘 같이 더운 날 고생이 대단하겠네요.'

종업원이 하도 격한 어조로 이야기해서 처음에는 화가 난 것처럼 생각했지만 그는 이렇게 외쳤습니다. '정말이지 여기 오는 사람들은 음식에 대해 불평만 합니다. 서비스가 늦는다는 둥 덥다는 둥 가격이 왜 이리 비싸냐는 둥 불평만 하죠. 19년 동안 사람들이 불평하는 소리만 들었는데 선생님이 뜨거운 주방에서 일하는 요리사들을 걱정해주신 처음이자 유일한 분이십니다. 선생님 같은 손님이 더 많았으면 좋겠습니다.'

그 종업원은 내가 그 흑인 요리사들을 철도회사의 한 부품이 아니라 한 인간으로 생각하는 것에 크게 놀란 듯이 보였습니다. 사람들이 원하는 것은 인간존재로서 관심입니다.

예쁜 개와 산책을 하는 사람을 만나면 항상 개가 예쁘다고 칭찬해줍니다. 지나가면서 슬쩍 보면, 그 사람이 개를 쓰다듬어 주면서 칭찬해주는 것을 보게 됩니다. 내가 그의 개를 보고 예쁘다고 하니까 자신도 개가 예쁘다는 것을 다시 한 번 지각하게 되는 것이지요.

영국에 있을 때 목동을 만난 적이 있는데 양치기개의 놀라운 지력에 감탄한 적이 있었습니다. 양치기에게 어떻게 양치기개를 훈련시키는지 물어 보았습니다. 제가 걸어가면서 어깨너머로 슬쩍 보니 양치기개가 앞발을 양치기의 어깨에 올리고 서자 양치기가 개를 쓰다듬어 주고 있었습니다. 양치기와 양치기개에 대한 작은 관심이 양치기를 행복하게 해주었고, 양치기개가 행복한 것을 보니 저도 행복해졌습니다."

짐꾼들과 악수하고 뜨거운 주방의 요리사에게 동정을 표시하고 지나가는 사람에게 개가 예쁘다고 칭찬하는 사람이 있다. 이 사람이 기분이 안 좋고, 걱정이 많아서 정신과 의사의 도움이 필요할 것 같은가? 절대 필요하지 않을 것이다. 중국 속담에 이런 말이 있다.

"장미를 건네는 손에는 언제나 장미향이 난다."

이 말을 예일대 교수 빌리 펠프스에게 할 필요는 없다. 그는 이 법칙을 알았고 그것대로 살았다.

만일 당신이 남자라면 이 단락은 넘어가라. 이 내용은 당신에게 흥미롭지 않을 것이다. 걱정이 많고 불행한 소녀가 어떻게 여러 남자의 구애를 받게 되었는 지를 말하는 단락이기 때문이다.

그 소녀가 이제는 할머니가 되었다. 몇 년 전에 그녀가 사는 마을에서 강의가 있어서 그들 부부의 집에서 하룻밤 묵은 적이 있다. 다음날 아침 그녀는 나를 기차역까지 바래다주었다. 우리는 친구를 사귀는 것에 대해 이야기를 하게 되었는데 그녀가 이렇게 말했다.

"카네기씨, 이제껏 누구에게도 한 적이 없는 이야기를 해줄게요. 남편에게도 이 이야기는 하지 않았어요. 나는 필라델피아 사교계에서 유명한 집안에서 태어났지만, 어릴 때부터 우리 집이 가난해서 항상 슬펐어요. 다른 소녀들이 누리는 것을 누릴 형편이 못 되었습니다. 고급 옷을 입어본 적이 한 번도 없어요. 그 옷도 항상 작아서 몸에 잘 맞지 않고 유행에도 뒤졌습니다. 너무 부끄럽고 창피해서 울면서 잠이 든 적도 많아요. 그런 와중에 떠오른 생각이 디너파티 파트너에게 그들의 경험, 생각, 미래에 대한 계획을 물어봐야겠다는 것이었어요. 이런 질문을 하려던 목적은 그들이 하는 대답에 관심이 있어서가 아니라 상대가 내 초라한 옷을 눈치 채지 않게 하려는 의도였습니다. 그런데 이상한 일이 일어났어요. 남자들이 하는 말을 듣고 상대에 대해 더 잘 알게 되면서 상대의 말에 진심으로 관심을 가지게 되었답니다. 제가 이야기에 빠져서 제 옷에 대해서는 까맣게 잊어버리곤 했지요. 하지만 놀라운 일이 제게 일어났어요. 상대가 하는 말을 경청하고 맞장구를 쳐주니까 사교 모임에서 가장 인기 있는 여자가 되었고 세 명이나 제게 프러포즈를 했답니다."

이 장을 읽은 사람들은 이렇게 말할지도 모르겠다.

"다른 사람에게 관심을 가지라는 이야기는 말도 안 되는 소리야! 종교가 있는 사람에게나 통하는 말이지! 나에게 이런 얘기는 안 통해! 내 돈은 전부 내 지갑 속에 넣고 절대 내놓지 말아야지. 전부 가질 거야. 바보 얼간이들은 꺼지라고!"

이것이 당신의 생각이라면 인정해주겠다. 하지만 당신의 생각이 옳은 것이라면, 예수, 공자, 부처, 플라톤, 아리스토텔레스, 소크라테스, 성 프란체스코 등 유사 이래로 가장 위대한 철학자와 스승들은 모두 틀린 것이 된다. 하지만 종교 지도자들의 가르침을 믿지 않을 수도 있으니 무신론자들의 가르침을 보자. 우선 당대 최고 학자중의 한 사람인 캠브리지 대학의 A. E. 하우스만 교수의 말을 들어보자. 1936년에 그는 "시의 제목과 내용"이라는 주제로 캠브리지 대학에서 강연을 했다.

"인류 역사상 가장 위대한 진리와 심오한 도덕적 발견은 예수의 말씀입니다. '자기목숨을 구하려는 사람은 잃을 것이며 나를 위하여 자신의 목숨을 잃는 사람은 자신의 목숨을 구할 것이다.'"

성직자들이 이런 이야기를 하는 것은 평생 들어왔다. 그러나 하우스만 교수는 무신론자에 염세주의자였으며 자살을 생각했었던 사람이었다. 그러나 그도 자신만을 생각하는 사람은 인생을 제대로 사는 것이 아니라고 생각했다. 그런 사람은 비참해질 것이다. 하지만 자신을 잊고 다른 사람을 위해 봉사하는 사람은 인생의 기쁨을 발견할 것이다.

하우스만 박사가 한 말에 아무런 감동을 받지 않았다면 20세기 미국에서 가장 유명한 무신론자인 시어도어 드라이저의 충고로 눈을 돌려보자. 드라이저는 모든 종교가 동화라고 비웃었고 인생을 "인생은 이야기와도 같은 것, 백치가 읊어대는 소음과 분노로 가득한 이야기요, 결국엔 무의미한 말싸움이라."라는 셰익스피어의 말을 인용하여 표현하였다. 그러나 드라이저는 예수가 가르친 위대한 가르침, 즉 "다른 사람을 섬기라"는 원칙은 지지했다.

"만일 인간이 인생에서 기쁨을 얻고자 한다면, 자신의 삶 뿐만 아니라 다른 사람의 삶도 좀더 나아지도록 방법을 강구해야 한다. 자신의 행복은 다른 사람에게서 나오는 것이며 다른 사람의 행복은 그에게서 나오는 것이기 때문이다."

드라이저가 주장한대로 "다른 사람의 삶이 나아지도록" 할 거면 서둘러야 한다. 시간은 기다리지 않는다. "나는 이 길을 한 번만 지날 수 있다. 그러므로 내가 행하는 어떤 선행이나 내가 보여주는 어떤 친절함이든 지금 당장 하자. 주저하거나 게을리 해서는 안 된다. 이 길을 다시 지나지 않기 때문이다."

규칙 7

다른 사람에 관심을 가지면 당신 자신은 잊는다. 다른 사람이 얼굴에 미소를 띌 수 있게 매일 선행을 베풀어라.

당신에게 평화와 행복을 가져다줄 7가지 마음가짐

규칙 1. 우리의 마음을 평화, 용기, 건강과 희망의 생각으로 가득 채우자. 인생은 우리가 생각하는 대로 만들어진다.

규칙 2. 적에게 복수하려 하지마라. 적의 마음을 다치는 것보다 우리 자신이 더 많이 상처를 입게 된다. 아이젠하워 장군이 한 대로 하자. 단 일분도 우리가 싫어하는 사람 생각을 하지말자.

규칙 3. A. 은혜를 모른다고 화를 내지 말고 아예 기대를 하지말자. 예수가 하루에 나병환자 열 명을 치료해주었는데 단 한명만이 예수께 감사했다는 사실을 기억하자. 우리가 예수보다 더 감사를 받아야 할 이유가 어디에 있는가?

B. 행복으로 향하는 유일한 길은 감사를 기대하지 않고 베푸는데서 오는 즐거움임을 명심하자.

C. 감사하는 마음은 길러지는 것임을 명심하자. 자녀가 감사하는 마음을 갖도록 하고 싶으면 그렇게 키워야 한다.

규칙 4. 문제를 세지 말고 감사할 것을 세어라.

규칙 5. 다른 사람을 따라하지 말자. 우리자신의 참모습을 발견하여 참모습대로 살아가자. "부러움은 무지이며 모방은 자살행위이다."

규칙 6. 운명이 우리에게 레몬을 주면 레모네이드를 만들기 위해 노력하자.

규칙 7. 다른 사람을 행복하게 만들려고 노력해서 우리 자신의 불행을 잊자. "당신이 남에게 잘하면, 당신자신에게 가장 좋은 일을 하고 있는 것이다."

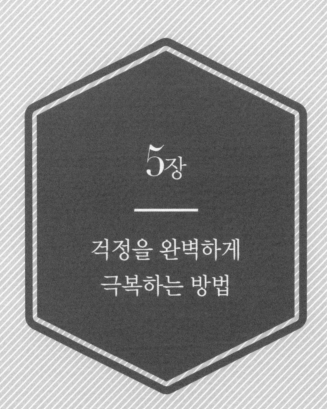

5장

—

걱정을 완벽하게
극복하는 방법

1 내 부모님이 걱정을 극복하신 방법

내가 예전에 말한 대로 나는 미주리 농장에서 태어나서 자랐다. 그 당시의 대부분의 농부들처럼 내 부모님도 고생을 많이 하셨다. 내 어머니는 시골 학교 선생님이셨고 내 아버지는 한 달에 12달러를 벌면서 농장에서 힘들게 일하셨다. 어머니가 내 옷을 만들어주셨을 뿐 아니라 세탁비누도 직접 만드셨다.

일 년에 한번 돼지를 팔 때를 빼고는 우리 집에는 돈이 거의 없었다. 우리의 버터와 달걀을 식료품 가게에 주고 밀가루, 설탕, 커피로 바꾸었다.

내가 12살이었을 때 용돈이 1년에 50센트도 안되었다. 언젠가 독립 기념일 행사에 갔을 때 아버지가 원하는 대로 쓰라고 10센트를 주셨던 일을 나는 아직도 기억하고 있다. 그때는 내가 세상에서 제일 부자처럼 느껴졌다.

나는 교실이 하나뿐인 시골학교에 가기 위해 1마일을 걸어 다녔다. 눈이 많이 쌓이고 기온이 영하 28도 가까이 되었을 때도 걸어 다녔다. 14살이 될 때까지 고무신이나 덧신을 신어본 적이 없었다. 길고 추운

겨울날 발은 항상 젖어서 발이 시려웠다. 어렸을 때 겨울에도 발이 젖지 않고 따뜻한 사람이 있다는 것은 꿈도 꾸지 못했다.

부모님은 하루에 16시간씩 일하셨지만 우리는 항상 빚에 허덕였다. 내가 아주 어렸을 때 큰 홍수로 옥수수 밭과 건초 밭이 침수가 되어 전부 망가진 것이 아직도 뇌리에 박혀있다. 7년 중에 6년 동안 홍수가 농작물을 휩쓸어갔다. 매년 돼지가 콜레라에 걸려서 돼지들을 불태웠다. 아직도 눈을 감으면 그때 맡았던 돼지 타는 냄새가 나는 것 같다.

어느 한해는 홍수가 없었다. 옥수수도 풍작이었다. 우리는 가축을 사다가 옥수수를 먹여 살찌웠다. 하지만 그해도 홍수가 나서 옥수수가 침수되었던 해와 별반 다르지가 않았다. 시카고 시장에 가축가격이 폭락해서 그해 우리는 고작 30달러를 벌었을 뿐이었다. 일 년 내내 고생했는데 고작 30달러라니!

우리가 무슨 일을 해도 우리는 손해를 보았다. 아버지가 사온 어린 노새들을 아직도 기억한다. 우리는 그 노새들을 3년 동안 키워서 테네시 주에 있는 멤피스로 보냈다. 하지만 3년 전에 우리가 노새를 살 때 쓴 돈보다 더 작은 돈을 받았다.

10년을 힘들게 일했지만 돈이 생기기는커녕 빚만 늘어갔다. 급기야 농장을 저당 잡히고 대출을 받았다. 아무리 열심히 일해도 이자 갚기도 힘들었다. 농장을 저당잡고 대출을 해준 은행은 아버지를 모욕하고 무시하고 농장을 빼앗아 가겠다고 위협했다. 아버지 나이가 47세였다. 30년이 넘게 힘들게 일했지만 아버지에게 돌아오는 것은 빚과 모욕뿐이었다. 아버지는 더 이상 현실을 받아들이실 수 없었다. 아버지는 늘 걱정을 했고 급기야 건강을 잃으셨다. 들판에서 하루 종일 힘들게 일해도 식욕이 없었다. 식욕을 돋게 하는 약을 드셔야 했다. 살이 많이 빠져서 의사는 아버지가 반년도 못 가 돌아가실 거라고 말했다. 아버지는 걱정이 많아 더 이상 살고 싶은 생각이 없었다. 아버지가 말에게 건초를 주거나 소젖을 싸러 헛간에 가서 조금이라도 늦으시면 어머니는 아버지가 혹시 목을 매 죽지나 않았는지 걱정이 되어 부리나케 헛간으로 달려가곤 했다고 나중에 내게 말씀해주셨다. 어느 날 아버지가 메리빌에 있는 은행에 갔는데 은행에서 목장을 처분하겠다고 으름장을 놓았다. 은행에서 돌아오시는 길에 아버지는 강물에 뛰어들어 모든 것을 끝내야 하나 한참 고민하셨다.

몇 년이 지난 후에 아버지는 그때 강으로 뛰어내리지 않은 유일한 이유는 어머니 때문이었다고 말씀하셨다. 어머니는 우리가 하나님을 사랑하고 하나님의 말씀을 잘 지키면 모든 것이 잘 될 것이라고 굳게 믿으셨다. 어머니가 옳았다. 결국에는 모든 것이 잘 되었다. 아버지는 42년 동안 행복하게 사시다가 1941년 89세를 일기로 돌아가셨다.

이렇게 힘들고 가슴 아픈 시절에도 어머니는 절대 걱정하지 않으셨다. 어머니는 기도를 통해 모든 문제를 하나님께 맡겼다. 매일 잠자리에 들기 전 어머니는 성경 구절을 우리에게 읽어주셨다. 그때 어머니나 아버지가 읽어주시던 성경구절 가운데에 위안을 주는 말이 있었다.

"내 아버지 집에는 거할 곳이 많도다. 내가 너희를 위하여 거처를 마련하리니. 나 있는 곳에 너희도 있게 하리라."

이 구절을 읽고 나서 우리는 의자 앞에 무릎을 꿇고 하나님의 사랑과 보호를 구하는 기도를 드렸다.

하버드대의 철학교수였던 윌리엄 제임스는 이렇게 말했다.

"걱정에 대한 최고의 치료법은 종교적인 믿음이다."

이 사실을 알기 위해 당신이 하버드까지 갈 필요는 없다. 미주리 농장의 내 어머니도 그 사실을 알고 계셨다. 홍수도, 빚도 재난도 어머니의 행복하고 승리에 찬 영혼을 억누를 수 없었다. 어머니가 일하실 때 부르던 노래가 아직도 들리는 것 같다.

평화, 평화, 놀라운 평화
하늘에 계신 아버지에게서 흘러나오네.
한없는 사랑의 파도가
영원토록 내 영혼에 흘러넘치길 기도하네.

어머니는 내가 종교적인 일에 헌신하시기를 바라셨다. 그래서 나는 해외 선교사가 되는 것을 진지하게 고민했다. 그러다가 대학에 진학했고 점차 내게 변화가 생겼다. 나는 생물학, 과학, 철학, 비교종교학 등을 공부했다. 성경이 어떻게 쓰여 졌는지에 관한 책도 읽었다. 나는 성경에 나온 얘기들에 많은 의문을 갖기 시작했다. 그리고 당시 시골 교회 목사들이 가르치던 편협한 주장에 대해 의문을 가지기 시작했다. 나는 혼란스러웠다. 월트 휘트만처럼 "내 안에서 알 수 없는 의문이 불쑥 불쑥 생기는 것을 느꼈다."

나는 무엇을 믿어야 할 지 몰랐다. 인생 목표가 없었다. 나는 더 이상 기도를 하지 않았다. 나는 불가지론자가 되었다. 그러면서 인생은 계획할 수 없고 목적도 없는 것이라고 믿었다. 나는 인간도 2억 년 전 지구에 존재하던 공룡과 마찬가지로 아무런 신성한 목적이 없다고 믿었다. 언젠가는 인간도 공룡과 마찬가지로 멸망할 것이라고 믿었다. 내가 알고 있는 과학적 지식에 따르면 태양이 서서히 냉각되어 가고 있고 그 온도가 10퍼센트만 떨어져도 지구상에 생명체가 존재할 수 없었다. 나는 사랑의 하나님이 자신의 형상을 따라서 인간을 만드셨다는 생각을 비웃었다. 수억에 수억을 더한 많은 수의 태양들이 검고, 차갑고, 생명체가 없는 우주 속에서 떠돌고 있다고 믿었다. 어쩌면 창조란 것 자체가 없었는지도 모른다. 마치 시간과 공간이 항상 존재해왔던 것처럼 그 태양들도 영원히 존재해왔는지도 모른다.

이와 같은 모든 질문의 답을 알고 있느냐고 묻는다면 나는 '아니요'라고 대답할 것이다. 어떤 인간도 우주의 신비를 설명할 수 없다. 우리는 신비로 둘러싸여 있다. 당신의 신체 활동도 심오한 미스터리다. 당신 집에 들어오는 전기도, 벽 사이 틈에서 자라는 꽃도, 창밖의 풀도 신비하다.

GM연구소를 이끌던 천재 찰스 F. 케터링은 풀이 왜 초록색인지 알아내기 위해 개인적으로 안티오크 대학교에 매년 3만 달러씩 기부하고 있다. 그는 풀이 어떻게 햇빛과 물, 이산화탄소를 포도당으로 변화시키는지 알 수만 있으면 문명에 혁신을 가져올 수 있을 것이라고 단언한다.

당신이 타고 다니는 자동차 엔진의 작동도 심오한 신비이다. GM연구소는 수년 동안 수백만 달러를 들여 실린더의 작은 스파크가 어떻게 자동차를 움직이게 하는 연소 작용을 일으키는 지 연구해왔지만 아직 해답을 찾지 못하고 있다.

우리가 우리 몸이나 전기 혹은 가스 엔진의 신비를 이해하지 못한다고 해서 우리가 그것들을 이용하지 못하는 것은 아니다. 기도와 종교의 신비를 이해하지 못한다는 사실 때문에 종교가 가져오는 더 풍요롭고 행복한 삶을 즐기지 못한다는 법은 없다. 나는 결국 "사람은 인생을 이해하기 위해 태어난 것이 아니라 인생을 살기 위해 태어난 것이다."라는 산타나야의 지혜를 깨달았다.

나는 종교로 다시 돌아왔다. 아니 다시 종교로 되돌아왔다는 말은 정확하지 않을 듯싶다. 나는 종교의 새로운 의미로 한 걸음 전진했다. 나는 기독교 내부의 종파를 가르는 차이에 조금의 관심도 없다. 오로지 종교가 내게 해주는 것에만 관심이 있다. 이것은 내가 전기나 좋은 음식, 물이 내게 해주는 일에 관심을 갖는 것과 마찬가지다.

이것들로 인해 내 삶은 더 풍요롭고 충실하고 행복해진다. 하지만 종교는 이것들보다 더 큰 역할을 한다. 종교는 내게 정신적인 가치를 부여해준다. 윌리엄 제임스의 말처럼 종교는 내게 "더 크고, 더 풍요롭고, 더 만족스러운 인생에 대한 새로운 열정"을 준다. 종교는 내게 믿음, 희망, 용기를 준다. 종교는 긴장, 걱정, 두려움을 없애준다. 종교는 삶의 목적과 방향을 제시해준다. 종교는 내 행복을 증대시키고 건강을 주고 "어지러운 인생의 사막 한가운데서 평화의 오아시스"를 준다.

프랜시스 베이컨이 350년 전에 한 말이 맞다.

"얄팍한 철학지식은 생각을 무신론으로 기울인다. 하지만 심오한 철학지식은 인간의 마음을 다시 종교로 되돌린다."

사람들이 과학과 종교 간의 갈등에 대해 토론하던 시절이 떠오른다. 하지만 그걸로 끝이었다. 최첨단 과학인 심리학은 예수의 가르침을 가르친다. 왜일까? 심리학자들이 기도와 강한 종교적 신념이 인간 질병 절반 이상의 원인이 되는 근심, 걱정, 긴장과 두려움을 없애준다는 것을 깨달았기 때문이다. 심리학계의 리더인 A. A. 브릴 박사는 이렇게 말했다. "종교적인 사람은 신경질환에 걸리지 않는다."

종교가 진실 되지 않으면 인생은 무의미하다. 비극적인 광대놀음일 뿐이다.

헨리 포드가 죽기 몇 년 전 그를 인터뷰한 적이 있다. 나는 세계 최대의 사업체를 설립하고 경영한 그의 얼굴에서 고뇌의 흔적을 볼 것으로 생각하고 있었다. 78세의 나이에도 불구하고 차분하고 건강하고 평화로워 보여 많이 놀랐다. 지금까지 걱정을 많이 했었는지를 묻자 그는 다음과 같이 대답했다.

"아니오. 나는 하나님이 모든 일을 주관하신다고 믿어요. 하나님이 나와 계시는 한 모든 일이 결국에는 잘 될 것이라고 믿어요. 걱정할 것이 뭐가 있습니까?"

오늘날 정신과 의사들도 모두 현대판 복음 전도사가 되고 있다. 다만 그들은 내세의 지옥 불을 피하려면 종교생활을 하라고 하지는 않고 현세의 지옥 불인 위궤양, 협심증, 신경쇠약, 정신이상을 피하려면 종교생활을 하라고 권한다. 심리학자나 정신과 의사들의 의견과 실례를 보고 싶다면 헨리 C. 링크 박사의 〈종교로의 회기〉라는 책을 읽어보라.

그렇다. 기독교는 영감을 주며 몸을 건강하게 해주는 활동이다. 예수는 이렇게 말했다. "내가 너희에게 온 것은 너희로 하여금 생명을 얻게 하되 더욱 풍성히 얻게 하려함이라." 예수는 당시 종교의 형식적인 의식이나 무의미한 형식을 비난하고 공격했다. 그는 반역자였다. 그는 세상을 뒤엎을 새로운 종류의 종교를 설파했다. 이로 인해 결국 그는 십자가에 못 박혀 죽었다. 그는 **종교가 인간을 위해 존재해야지 인간**

이 종교를 위해 존재해서는 안 된다고 설파했다. 안식일은 인간을 위해 만들어진 것이지 안식일을 위해 인간이 만들어 진 것이 아니라고 주장했다. 그는 죄보다는 두려움에 대해 더 많이 언급했다. 잘못된 종류의 두려움이 죄이다. 두려움은 건강에 대한 죄이며 예수가 주장하는 풍요롭고 행복하고 담대한 삶에 대한 죄이다. 에머슨은 자신을 "즐거움의 학문을 가르치는 교수"라고 불렀다. 예수 또한 "즐거움의 학문"을 가르친 선생이었다. 그는 자신의 제자들에게 "기뻐하고 즐거워하라"고 명령했다.

예수는 종교에서 중요한 것은 하나님을 온 마음을 다해 사랑하고, 이웃을 내 몸과 같이 사랑하는 것 이 두 가지라고 주장했다. 이렇게 하는 사람은 누구든지 종교적인 사람이다. 오클라호마에 사는 내 장인 헨리 프라이스가 이런 사람이다. 그는 황금률에 따라 인생을 살려고 노력했다. 그는 비열하고 이기적이고 정직하지 않은 행동을 할 줄 모르는 분이셨다. 하지만 그는 교회에 나간 일도 없고 자신을 불가지론자로 여겼다. 어떤 사람이 기독교 신자인가? 존 베일리가 이 질문에 답해 줄 것이다. 그는 에든버러 대학에서 신학을 가르친 가장 유명한 교수일 것이다. 그는 이렇게 말했다.

"기독교인이 된다는 것은 어떤 관념을 지적으로 받아들이거나 어떤 규칙을 지킨다고 해서 되는 것이 아니다. 어떤 특정한 정신을 가지고 어떤 특정한 삶을 살아야 하는 것이다."

만약 기독교인이 이렇게 되는 것이면 헨리 프라이스는 진정한 기독교 신자의 한 사람이다.

현대 심리학의 아버지 윌리엄 제임스는 친구인 토마스 데이비슨 교수에게 이렇게 편지를 보냈다. "나이가 들수록 하나님 없이 살아가는 게 점점 더 힘들어진다."

앞에서 우수작을 고르기가 어려워 상금을 둘로 나눴다는 이야기를 했다. 1등 상을 탄 두 개의 이야기 중 두 번째 이야기를 소개하고자 한다. 한 여성이 "하나님 없이 살아가기가 어렵다"는 것을 잊을 수 없이 힘든 경험을 통해 깨닫게 되는 이야기이다.

부인을 그녀의 실명이 아닌 메리 커시맨이라는 가명으로 부르겠다. 그녀의 자녀와 손자가 이 이야기를 읽고 당황할 수 있기에 가명으로 해달라는 요청에 동의했다. 하지만 그녀는 분명히 실존 인물이다. 몇 달 전에 그녀는 내 책상 옆에 놓인 안락의자에 앉아 그녀의 이야기를 들려주었다.

"대공황 시절 내 남편의 주급은 18달러였습니다. 그나마 몸이 약해 결근도 잦았습니다. 그런 때는 급여를 받지 않아 그 적은 돈도 받지 못할 때가 많았습니다. 끊임없이 사건이 일어났습니다. 성홍열에 이하선염, 감기도 계속 걸렸습니다. 우리는 우리 손으로 지은 작은 집도 잃게 되었습니다. 식료품점에 50달러의 빚을 지게 되었는데 먹여 살릴 아이가 다섯이나 되었습니다. 이웃 사람들의 빨래와 다림질을 해주고 돈을 받았고, 구세군 가게에서 낡은 옷을 사서 손질해서 아이들에게 입혔습니다. 걱정으로 몸까지 아팠습니다. 하루는 우리가 50달러를 빚지고 있는 식료품점 주인이 11살 난 아들이 연필을 몇 자루를 훔쳤다고 하더군요. 식료품점 주인이 얘기를 하는데 아들은 옆에서 울고만 있었습니다. 그 아이는 정직하고 예민한 아이인데 다른 사람들 앞에서 창피를 당하고 있었습니다. 그 사건은 나에게 치명적이었습니다. 우리가 그동안 겪은 불행들이 주마등처럼 떠오르고 미래에 대한 희망이 보이지 않았습니다. 그때 걱정으로 잠깐 제정신이 아니었나봅니다.

세탁기를 끄고 이제 다섯 살 밖에 안 된 딸을 데리고 침실로 들어왔습니다. 창문과 벽에 난 틈을 종이와 천으로 틀어막았습니다. 딸은 나를 보며 '엄마, 뭐해?' 나는 이렇게 대답했습니다. '여기로 찬바람이 들어오네.' 그리고 나서 침실에 있는 가스난로를 틀었습니다. 불은 붙이지 않고요. 딸을 옆에 눕히고 누웠는데 딸이 이렇게 말합니다. '엄마, 이상해. 우리 조금 전에 일어났잖아!' 하지만 나는 이렇게 말했죠. '별일 아니야. 잠깐 낮잠이나 자자.' 그리고 나는 가스가 히터에서 나오는 소리를 들으며 눈을 감았습니다. 그때의 가스냄새는 절대 잊지 못할 것입니다.

갑자기 음악소리가 들리는 것 같았습니다. 그래서 귀를 기울이고 들어보았습니다. 라디오 끄는 것을 잊은 모양입니다. 하지만 이제 그런 것은 아무 상관이 없었습니다. 하지만 음악은 계속 흘러나왔습니다. 누군가가 찬송가를 부르고 있었습니다.

죄짐맡은 우리 구주 어찌 좋은 친군지
걱정 근심 무거운 짐 우리 주께 맡기세
주께 고함 없는 고로 복을 얻지 못하네
사람들이 어찌하여 아뢸 줄을 모를까

이 찬송을 듣는데 내가 끔찍한 실수를 저질렀다는 생각이 들었습니다. 혼자 이 어려운 고난을 이기려 했습니다. 내 모든 것을 주님께 기도로 고하지 않았습니다. 나는 벌떡 일어나 가스를 끄고 문과 창문을 열었습니다.

하루 종일 울면서 기도했습니다. 도움을 바라는 기도는 하지 않고 대신 하나님이 제게 주신 축복, 건강하고 착한 다섯 아이를 주신 축복에 대해 감사드렸습니다. 하나님께 이제 다시는 배은망덕한 행동을 하지 않겠다고 맹세했습니다. 그리고 지금까지 그 맹세를 지켰습니다.

집을 잃고 한 달에 5달러를 내는 작은 시골학교로 이사했지만 나는 그마저도 하나님께 감사드렸습니다. 적어도 비를 피하고 따뜻하게 지낼 수 있는 지붕이라도 있다는 사실에 하나님께 감사드렸습니다. 상황이 더 나빠지지 않는 것에 하나님께 감사드렸습니다. 하나님이 제 기도를 들으셨다고 믿었습니다. 왜냐하면 곧 상황이 나아졌기 때문입니다. 물론 하룻밤 만에 좋아진 것은 아니지만 경기가 좋아지면서 우리는 약간의 돈을 벌기 시작했습니다. 나는 커다란 골프장의 휴대품 보관소에서 일하게 되었고 부업으로 스타킹을 팔았습니다. 대학졸업에 필요한 돈을 벌기위해 아들 중 한명은 농장에 취직해 13마리 젖소의 젖을 짰습니다. 지금 아이들은 모두 장성해서 결혼했습니다. 제게는 3명의 예쁜 손자도 있습니다. 가스를 틀었던 그 끔찍한 날을 생각할 때마다 나를 제때 깨어나게 해주신 하나님 감사드립니다. 만약 그때 죽었다면 얼마나 많은 기쁨을 놓쳤을까! 얼마나 많은 행복한 날들을 영원히 잃어버렸을까! 자살하고 싶다는 사람을 볼 때마다 '죽어서는 안 돼! 죽지마!' 라고 외치고 싶습니다. 암울한 순간은 잠깐입니다. 그 시기만 잘 보내면 밝은 미래가 펼쳐집니다."

미국에서는 평균적으로 35분마다 한명씩 자살을 하고, 평균적으로

120초에 한명씩 정신병에 걸리고 있다. 자살과 정신이상의 대부분은 종교와 기도에서 마음의 평화와 위안을 찾으면 예방할 수 있다.

가장 뛰어난 심리학자 가운데 한 사람인 칼 융 박사는 그의 책 〈영혼을 찾는 현대인〉 264쪽에서 이렇게 말하고 있다.

"지난 30년 동안 지구상의 모든 문명국가 사람들이 내게 상담을 받았다. 수백 명의 환자들을 치료했다. 인생의 후반부 그러니까 35세 이상의 모든 환자들 가운데 종교에서 문제의 답을 찾아야 하는 사람들이 대부분이었다. 그들이 아픈 이유는 이 시대의 종교가 주는 것을 잃었기 때문이며 종교적 인생관을 회복하지 못한 사람들은 치유되지 않았다."

이 말이 너무 중요하기 때문에 다시 한 번 굵은 활자로 강조하겠다. 칼 융박사는 이렇게 말했다.

"지난 30년 동안 지구상의 모든 문명국가 사람들이 내게 상담을 받았다. 수백 명의 환자들을 치료했다. 인생의 후반부 그러니까 35세 이상의 모든 환자들 가운데 종교에서 문제의 답을 찾아야 하는 사람들이 대부분이었다. 그들이 아픈 이유는 이 시대의 종교가 주는 것을 잃었기 때문이며 종교적 인생관을 회복하지 못한 사람들은 치유되지 않았다."

윌리엄 제임스도 비슷한 말을 했다. **"믿음은 인간이 살아가는 힘이며 믿음이 없으면 인간은 무너진다."**

부처 이래 인도 역사상 가장 위대한 지도자인 마하트마 간디도 기도의 힘을 받지 못했다면 쓰러지고 말았을 것이다. 내가 어떻게 아느냐고? 간디 자신이 그렇게 말했기 때문이다. "기도가 없었다면 나는 벌써 오래전에 미치고 말았을 것이다."

수천 명의 사람들이 이와 비슷한 증언을 할 수 있을 것이다. 나의 아버지도 어머니의 기도와 믿음이 없었다면 투신자살했을 것이다. 아마 지금 정신병원에서 비명을 지르고 있는 고통 받는 영혼들도 혼자 삶과 싸우려 하지 않고 더 높은 힘의 도움을 바라기만 했다면 구원 받았을 것이다.

우리가 고통 받고 우리 능력의 한계에 다다르면 우리들은 신을 찾는다. "참호에 있으면 누구나 신을 찾는다."라는 말도 있다. 하지만 우리는 왜 절망적인 상황이 될 때까지 기다리는가? 왜 매일 우리의 힘을 새롭게 하지 않는가? 왜 일요일까지 기다리는가? 나는 평일 오후에 텅 빈 교회에 들르곤 한다. 내가 너무 바빠서 단 몇 분도 차분히 영적인 것에 대해(나 자신에 대해) 생각할 시간이 조금도 없다고 생각되면 나는 스스로에게 이렇게 말한다. "잠깐만, 데일 카네기. 왜 이렇게 바빠, 이 사람아? 잠깐 멈추고 생각을 정리해 보자고."

그런 때면 나는 열려있는 아무 교회나 들어간다. 나는 개신교 신자이지만 평일 오후에 자주 5번가에 있는 성패트릭 성당에 들어가 나는 30년 후면 죽지만 교회가 가르치는 위대한 영적인 진리는 영원하다는 생각을 하며 기도를 한다. 이렇게 기도를 하면 예민했던 신경들이 차분해지고, 몸이 편안해지면서 내 관점도 명료해지고 일의 가치를 재정립하는데 큰 도움이 된다. 당신도 이렇게 해보면 어떨까?

지난 6년 동안 이 책을 쓰면서 사람들이 공포와 걱정을 기도로 극복했던 구체적인 경우와 사례들을 많이 모았다. 내 서류 캐비닛에 꽂혀있는 파일에는 이런 사례들로 넘쳐난다. 그 전형적인 예로 낙담하고 의기

소침했던 책 판매원 존 R. 앤서니의 이야기를 해보자. 지금 앤서니씨는 텍사스 주 휴스턴에서 변호사로 일하고 있다. 다음은 그의 이야기이다.

"22년 전 저는 변호사사무실을 닫고 법률서 전문 출판사에서 일하게 되었습니다. 제가 주로 하는 일은 변호사에게 필수적인 법률 책을 법조인들에게 파는 것이었습니다. 저는 그 일에 철저히 훈련되어 있었습니다. 판매에 필요한 화술이 있었고, 어떤 부정적인 반응에도 설득력 있게 답을 할 수 있었습니다. 고객을 방문하기 전에 변호사로서의 고객의 지위, 고객이 하는 일의 성격, 고객의 정치성향과 취미까지 완벽하게 파악했습니다. 고객과 상담을 하면서 이런 정보들을 적절하게 잘 활용했습니다. 그런데 어딘가 문제가 있었습니다. 주문을 받을 수가 없었습니다!

저는 점점 낙담했습니다. 시간이 흐를수록 노력을 배로 많이 했지만 비용을 상쇄할 만한 판매를 할 수 없었습니다. 두려움이 점차 제 안에 자랐습니다. 고객을 방문하는 것이 두려울 정도가 되었습니다. 고객의 사무실을 방문하기 전에 너무 두려워져서 사무실 복도를 몇 번 왔다 갔다 하거나 밖에 나가서 사무실 주변을 서성거리기도 했습니다. 그렇게 소중한 시간을 한참이나 허비하면서 순전히 의지력으로 사무실문이라도 박살낼 정도의 용기가 생기면 떨리는 손으로 살며시 손잡이를 돌렸습니다. 고객이 자리에 없기를 바라면서 말이죠.

판매 책임자는 제가 주문을 좀더 받지 못하면 월급을 줄 수 없다고 엄포를 놓았습니다. 집에 있는 아내는 자신과 세 아이들의 식료품 살 돈이 필요하다고 간청했습니다. 걱정이 저를 사로잡았습니다. 날이 갈

수록 더 절망적이 되었습니다.

무엇을 할지 알 수 없었습니다. 앞서 말한 대로 고향의 변호사 사무실을 이미 닫았기 때문에 기존의 고객들도 모두 끊겨버렸습니다. 이제 저는 무일푼이었습니다. 숙박료를 낼 돈도 없었습니다. 고향으로 돌아갈 돈도 없었고 설사 고향의 돌아갈 돈이 있다고 해도 패배자가 되어 고향으로 돌아갈 용기도 없었습니다.

마침내 불행한 하루를 마치고 터벅터벅 힘없이 호텔방으로 걸어갔습니다. '오늘이 마지막이야.' 저는 이렇게 생각했습니다. 완전히 상심하고 절망적이었습니다. 어느 쪽으로 향해야 할 지 알 수 없었습니다. 죽든지 살든지 아무래도 좋았습니다. 처음으로 세상에 태어난 것이 원망스러웠습니다. 그날 저녁거리로 따뜻한 우유 한잔이 전부였지만 그마저도 마실 수가 없었습니다. 저는 그날 밤 왜 절망에 빠진 사람들이 호텔 창문을 열고 뛰어내리는 지 이해할 수 있었습니다. 제게 용기가 있었으면 저도 그렇게 했을 것입니다. 저의 삶의 목적이 무엇인지 곰곰이 생각하기 시작했습니다. 알 수가 없었습니다.

의지할 사람이 없었기 때문에 하나님께 의지했습니다. 기도하기 시작했습니다. 하나님께 제게 빛을 주시고 어두운 절망의 황야를 헤쳐 나갈 수 있는 지혜를 달라고 간절하게 기도했습니다. 하나님께 고향의 아내와 자식들을 먹일 수 있도록 돈을 벌게 해달라고 간절하게 기도했습니다. 기도를 마치고 눈을 떴는데 그 외로운 호텔방 서랍에 놓여있는 성경책을 보았습니다. 성경책을 펴고 외롭고 걱정 많고 패배한 사람들에게 영감을 주었을 그 아름다운 불멸의 약속을 읽었습니다. 예수님이 그의 제자들에게 어떻게 걱정을 막을 수 있는가를 가르치신 말씀을 읽었습니다.

목숨을 부지하려고 무엇을 먹을까, 무엇을 마실까 걱정하지 말고, 몸을 감싸려 무엇을 입을까 걱정하지 마라. 목숨이 음식보다 소중하지 않느냐? 공중의 새를 보아라. 씨를 뿌리지도 않고, 거두지도 않고, 곳간에 모으지도 않으나, 너의 하나님은 그것들을 먹이신다. 너희는 새보다 귀하지 아니하냐? 그러므로 너희는 먼저 그의 나라와 그의 의를 구하라. 그리하면 이 모든 것을 너희에게 더하여 주시리라.

기도를 하고 말씀을 읽는 동안 기적이 일어났습니다. 긴장이 사라졌습니다. 걱정, 두려움이 마음을 따뜻하게 해 주는 용기와 희망, 승리의 믿음으로 변화되었습니다.

호텔 방값을 치를 돈도 없었지만 저는 행복했습니다. 몇 년 만에 처음으로 걱정 없이 푹 잤습니다.

다음날 아침 고객 사무실의 문이 열릴 때까지 기다릴 수 없었습니다. 비가 오고 추운 날씨였지만 당당한 걸음걸이로 첫 번째 고객의 사무실에 도착했습니다. 힘차게 문을 열고 고개를 들고 활기차게 정중한 태도로 얼굴에 웃음을 띠고 이렇게 말했습니다.

'안녕하세요. 스미스씨! 저는 법률 서적회사의 존 앤서니입니다!'

'아, 그러세요.' 고객 역시 의자에서 일어나 손을 내밀며 웃으며 제게 말했습니다.

'만나서 반갑습니다. 이리 앉으시지요.'

몇 주 동안 판 것보다 더 많은 책을 그 날 하루에 팔았습니다. 그날 저녁 개선장군처럼 의기양양하게 호텔로 돌아갔습니다! 새로운 사람이 된 것처럼 느껴졌습니다. 새롭고 의기양양한 마음을 갖게 되었으니 실제로 새로운 사람이었습니다. 그날 저녁식사는 우유가 아니었습니다. 제대로 차린 스테이크를 먹었습니다. 그날부터 제 판매실적은 정상을 향해 치솟았습니다.

22년 전 텍사스 마아릴로의 작은 호텔에서 저는 다시 태어났습니다. 그 다음날 외적인 상황은 예전과 마찬가지였지만 마음속에는 엄청난 변화가 일어났습니다. 하나님과의 관계를 깨닫게 되었습니다. 일개 인간일 때는 쉽게 패배하지만 하나님의 힘이 내면에 있는 살아있는 인간일 때는 결코 패배하지 않습니다. 제 인생에서 그 일이 일어났으니 확실히 압니다.

'구하라 그러면 너희에게 주실 것이요, 찾으라 그러면 찾을 것이요, 문을 두드리라 그러면 너희에게 열릴 것이다.'"

일리노이에 사는 L. G. 베어드 부인은 엄청난 비극에 직면했을 때 무릎을 꿇고 "오 하나님, 당신 뜻대로 하옵소서!" 이렇게 기도해서 평화와 안정을 찾을 수 있었다고 말했다.

"어느 날 저녁 전화벨이 울렸습니다. 전화벨이 14번 울리고 나서야 전화를 받았습니다. 병원에서 걸려온 전화가 틀림없었습니다. 저는 겁에 질려 있었습니다. 제 막내아들이 죽어가고 있었습니다. 아들은 뇌막염에 걸려 페니실린을 처방했지만 체온이 오르락내리락하고 있었습니다. 의사들은 이 질병이 뇌를 타고 올라가 뇌종양으로 발전해 죽지 않을까 걱정했습니다. 제 예상대로 서둘러 오라는 병원에서 걸려온 전화였습니다.

대기실에서 기다리고 있던 저희 부부가 어떤 심정이었을지 짐작하시리라 생각합니다. 다른 사람들 모두 아기를 안고 있는데 우리는 다시 아기를 품에 안을 수 있을 지 걱정하며 앉아있었습니다. 마침내 진료실에 들어갔는데 의사의 표정을 보고 가슴이 철렁 내려앉았습니다. 의사의 말은 더 큰 공포였습니다. 우리 아기가 살아날 확률이 4분의 1에 불과하다는 말이었습니다. 혹시 아는 의사가 있으면 상담해보는 것이 좋겠다고 말했습니다.

집에 가는 길에 남편은 이성을 잃고 주먹으로 자동차 핸들을 치면서 이렇게 말했습니다. '베츠, 나는 절대 우리 아기를 포기할 수 없어.' 남자가 우는 것을 본 적이 있나요? 그것은 유쾌한 경험이 아닙니다. 우리는 차를 세우고 교회에 가서 우리 아기를 데려가는 게 신의 뜻이라면 그 뜻에 따르겠다는 기도를 하기로 결정했습니다. 저는 교회 의자에 주저앉아 눈물을 흘리며 이렇게 말했습니다. '내 뜻대로 하지 마시고 당신 뜻대로 하소서.'

제가 이 말을 하자마자 마음이 편해졌습니다. 오랫동안 느껴보지 못했던 평화가 제게 찾아왔습니다. 집에 오는 길에 계속 이 말을 되풀이했습니다. '내 뜻대로 하지 마시고 당신 뜻대로 하소서.' 그날 밤 몇 주 만에 처음으로 푹 잤습니다. 며칠 후에 의사가 전화해서 아기가 고비를 넘겼다고 말해주었습니다. 이제 네 살 된 우리 아기를 튼튼하고 건강하게 해주신 하나님께 감사드립니다."

남자들은 종교를 여자들이나 아이들, 성직자를 위한 것으로 여긴다. 남자들은 자신이 혼자 잘 싸울 수 있는 '사나이'라고 으스댄다.

남자들이 '사나이 중에 사나이'가 매일 기도를 한다는 것을 알게 되면 얼마나 놀랄까? '사나이 중에 사나이' 잭 뎀시는 자기 전에 항상 기도를 한다고 말했다. 밥을 먹을 때도 항상 하나님께 감사기도를 하고 밥을 먹고, 시합을 앞두고 훈련을 할 때에도 매일 기도를 하고, 시합 중에도 종이 울리기 전에 항상 기도한다고 말했다. "기도는 내가 용기와 자신감을 갖고 싸울 수 있는 힘을 준다."고 그는 말한다.

'사나이 중에 사나이' 코니 맥은 기도를 하지 않고는 잘 수 없다고 말했다.

'사나이 중에 사나이' 에디 리켄베커는 자신은 기도로 구원받았다고 말했다. 그는 매일 기도한다.

제너럴 모터스와 US스틸의 전직 간부이자 국무장관을 역임한 '사나이 중에 사나이' 에드워드 R. 스테티니우스는 매일 아침저녁으로 지혜를 달라고 기도한다고 내게 말했다.

한 시대를 풍미한 가장 위대한 금융가 '사나이 중에 사나이' J. P. 모건은 토요일 오후에 월스트리트에 있는 트리니티 교회에 혼자 가서 무릎을 꿇고 기도를 드렸다.

'사나이 중에 사나이' 아이젠하워가 영미 연합군의 최고사령관직을 맡기 위해 영국으로 갈 때 가져간 유일한 책은 성경이었다.

'사나이 중에 사나이' 마크 클라크 장군은 전쟁 중에 매일 성경을 읽고 무릎 꿇고 기도했다고 말했다. 장제스 총통이 그랬고, 몽고메리 장군이 그랬다. 트라팔가 전의 넬슨 경도 그랬다. 워싱턴 장군과 로버트 리 장군, 스톤월 잭슨 장군을 비롯해 수많은 전쟁영웅들이 그랬다.

이 '사나이 중에 사나이'들은 윌리엄 제임스의 말에 담긴 진리를 알고 있었다.

"우리와 하나님 사이에는 상호 관계가 있다. 우리 자신을 하나님께 맡기면 우리의 운명이 완성된다."

많은 '사나이 중에 사나이'들이 이 진리를 깨닫고 있다. 미국에 교인 수는 현재 7천 2백만 명에 달하고 있다. 이것은 유례없이 많은 숫자이다. 전에 말했듯이 과학자들도 종교에 귀의하고 있다. 〈인간, 아직 알려지지 않은 존재〉를 쓰고, 과학자에게 주어지는 최고의 영예인 노벨상을 수상한 알렉시스 캐럴 박사가 그 예이다. 캐럴 박사는 〈리더스 다이제스트〉 지와의 인터뷰에서 이렇게 말했다.

"기도는 인간이 낼 수 있는 가장 강력한 형태의 에너지이다. 그것은 지구중력만큼이나 실제적인 힘이다. 의사로서 나는 모든 치료가 실패하고 나서 순전히 기도의 힘으로 질병과 우울에서 일어난 사람들을 많이 보았다…… 기도는 라듐처럼 빛을 내며 스스로 에너지를 발생시키는 에너지원이다… 기도를 통해 인간은 자신을 모든 에너지의 근원이 되는 무한한 힘으로 향하게 함으로서 자신의 유한한 에너지를 증대시킨다. 우리가 기도할 때 우리 자신을 우주를 움직이게 하는 강력한 원동력에 연결시킨다. 우리는 이 힘의 일부가 우리가 가장 취약한 부분에 할당되기를 기도한다. 심지어 기도를 하면서 인간의 부족함은 채워지고 우리는 힘을 얻고 치유되어 일어날 수 있게 된다…… 하나님께 간절히 기도하면 우리의 몸과 영혼이 건강하게 변화된다. 비록 짧게 기도하더라도 기도를 하면 반드시 좋은 결과가 일어난다."

버드 제독은 "우리 자신을 우주를 움직이는 강력한 원동력에 연결시킨다."는 말이 무슨 뜻인지 알고 있었다. 그렇게 할 수 있는 그의 능력이 인생 최대의 시련을 견딜 수 있게 해주었다. 그는 그의 책에서 이 이야기를 하고 있다.

1943년 남극의 오지인 로스 배리어의 빙설 밑에 묻힌 채 오두막 안에서 다섯 달을 보낸 적이 있다. 그는 남위 78도 아래 유일한 생명체였다. 오두막 위에는 맹렬한 눈 폭풍이 끊임없이 휘몰아쳤다. 기온은 영하 63도까지 내려갔다. 그는 끝없는 밤의 장막에 휩싸였다. 어느 순간 그는 자신이 난로에서 나오는 일산화탄소에 천천히 중독되고 있다는 사실을 알았다. 그가 무엇을 할 수 있겠는가? 도움을 줄 수 있는 곳은 123마일이나 떨어져있었고 설사 그에게 온다고 해도 족히 서너 달은 걸릴 것이었다. 난로와 환기장치를 수리했지만 여전히 연기가 새어나왔다. 가끔씩 정신을 잃고 쓰러지기도 했다. 그는 바닥에 완전히 의식을 잃고 누워있었다. 그는 먹을 수도 잠을 잘 수도 없었다. 너무 힘이 없어서 침대를 벗어날 수 없었다. 아침에 눈을 뜰 수 있을까 걱정이 된 적도 많았다. 그는 자신이 오두막 안에서 죽고 시신은 눈보라 속에 파묻힐 거라 확신했다.

무엇이 그의 목숨을 구했을까? 어느 날 깊은 절망에 빠져서 그는 일기를 꺼내 자신의 인생철학을 쓰려하고 있었다. **"우주에서 인류는 혼자가 아니다."** 그는 이렇게 썼다. 그는 머리위의 별과 행성의 규칙적인 움직임에 대해 생각했다. 영원히 빛나는 태양이 언젠가 남극 구석구석을 비추리라는 생각을 했다. 그래서 그는 일기에 이렇게 적었다. "나는 혼자가 아니다."

지구 끝의 얼음 구덩이에 혼자 있지만 혼자가 아니라는 이 깨달음이 리처드 버드를 살렸다.

"나는 그 생각이 나를 견디게 했음을 안다. 살면서 자신 안에 잠재되어있는 능력을 다 쓰기는 커녕 근처에라도 가는 사람은 거의 없다. 우리 안에는 결코 사용한 적이 없는 능력의 샘이 있다."

리처드 버드는 하나님께 의지함으로서 이런 능력의 샘을 사용하는 법을 알게 되었다.

글렌 A. 아놀드는 일리노이 주 옥수수 밭에서 버드 제독이 남극의 빙설에서 배운 교훈과 같은 교훈을 깨달았다. 일리노이에서 보험 중개인으로 일하고 있는 아놀드 씨는 자신이 걱정을 극복한 방법에 대해 이렇게 말했다.

"8년 전 이제 마지막이야 라고 생각하며 현관문을 열었습니다. 그리고 차에 타고 강 쪽으로 운전했습니다. 나는 실패자였습니다. 한 달 전에 제가 이루어 놓은 모든 것이 무너졌습니다. 전기 설비회사가 망했고, 어머니는 임종을 앞두고 있었습니다. 아내는 두 번째 아이를 임신 중이었습니다. 의료비 청구서가 산더미처럼 쌓여갔습니다. 사업을 시작하면서 차며 가구며 할 것 없이 저당 잡힐 수 있는 것은 모두 저당 잡혔습니다. 심지어 보험 약관 대출까지 받았습니다. 이제 모든 것이 날아갔습니다. 더 이상 견딜 수 없었습니다. 차를 타고 강을 향해 달렸습니다. 모든 것을 끝내고 싶었습니다.

시내에서 몇 마일 떨어진 곳에 차를 멈추고 차에서 내려 땅바닥에 주저앉아 아이처럼 울었습니다. 그리고 나서 정신을 차리고 생각을 하기 시작했습니다. 걱정에 사로잡혀 우왕좌왕하는 대신 건설적으로 생각하려고 노력했습니다. 상황이 얼마나 안 좋은가? 더 나빠질 수 있는가? 정말 희망이 없는가? 상황을 개선하기 위해 내가 할 수 있는 일은 무엇인가?

그때 모든 문제를 하나님께 맡기기로 결심했습니다. 기도를 시작했습니다. 정말 열심히 간절하게 기도했습니다. 내 생명이 기도에 달려있는 양 간절히 기도했습니다. 그리고 실제로 내 생명이 기도에 달려있었습니다. 그런데 이상한 일이 일어났습니다. 제 모든 문제를 하나님께 맡기자 몇 달 동안 느끼지 못했던 마음의 평화가 밀려왔습니다. 거기에 30분을 앉아 울면서 기도했을 겁니다. 그러고 나서 집으로 돌아와 아이처럼 평화롭게 잠들었습니다.

다음날 아침에 일어났을 때 전과 다른 자신감이 생겼습니다. 모든 것을 하나님께 맡겼으니 더 이상 두려울 것이 없었습니다. 그날 아침 자신 있게 고개를 꼿꼿이 들고 백화점에 가서 전기 기구 판매원 자리를 구하고 있다고 당당하게 이야기했습니다. 예상대로 일자리를 구할 수 있었습니다. 전쟁으로 전기기구 산업 전체가 망하기 전까지 좋은 실적을 냈습니다. 그러고 나서 보험 판매를 시작했습니다. 그게 바로 5년 전일입니다. 이제 모든 빚을 다 갚았습니다. 귀여운 아이도 세 명이나 있고, 집도 있고 차도 있고 생명보험에 2만 5천 달러나 들어놓았습니다.

지금 돌이켜 보면 모든 것을 잃고 낙담하여 강으로 차를 몰았던 일이 얼마나 다행인지 모릅니다. 그런 비극으로 인해 하나님께 의지하게 되었으니까요. 전에는 꿈꾸지도 못하던 평화와 안정을 누리고 있습니다."

왜 종교는 우리들에게 평화와 안정, 불굴의 정신력을 주는 것일까? 윌리엄 제임스는 이렇게 말했다.

"잔물결 치는 표면에 큰 파도가 치더라도 심연은 결코 흔들리지 않는다. 이와 마찬가지로 더 크고 영원한 진리를 믿는 사람에게 시시각각

변하는 운명의 부침은 큰 의미가 없다. 신앙이 깊은 사람은 흔들리지 않고 냉정함을 잃지 않으며 운명이 요구하는 의무에 차분하게 대비한다."

우리가 걱정하고 근심할 때 하나님께 의지해보면 어떨까? 임마누엘 칸트가 말했듯이 "우리가 믿음이 필요하기 때문에 하나님에 대한 믿음을 받아들이는 게 어떨까?" 우리 자신을 "우주를 움직이는 강력한 원동력"에 연결 시켜보는 것이 어떤가?

당신이 성격상 아니면 교육으로 인해 종교적인 사람이 아니더라도, 당신이 철저한 회의론자이더라도, 기도는 당신의 생각 이상으로 당신을 도울 수 있다. 기도는 실용적인 것이기 때문이다. 실용적이라 함은 무슨 뜻인가? 하나님을 믿건 안 믿건 간에 모든 사람들이 공유하는 3가지 아주 기본적인 심리적 욕구를 충족시켜주기 때문에 기도는 실용적이다.

1. 기도는 우리를 괴롭게 하는 것이 무엇인지 정확히 말로 표현할 수 있게 도와준다. 4장에서 문제가 애매모호한 상태로 남아있는 한 해결이 불가능하다는 것을 보았다. 기도는 우리의 문제를 종이에 적어 내려가는 것과 아주 비슷하다. 누군가에게 문제해결을 도와달라고 부탁하고자 한다면 설사 그 대상이 하나님일지라도 말로 표현하지 않으면 안 된다.

2. 기도는 우리에게 짐을 나 혼자 지는 것이 아니라 짐을 누군가와 나누어진다는 느낌을 가지게 한다. 무거운 짐을, 우리를 가장 많이 괴롭히는 문제를 전적으로 혼자 감당할 정도로 강한 사람은 없다. 때때로 우리 걱정이 너무 사적인 것이어서 가족이나 친구에게도 털어놓을 수 없는 것이 많다. 그럴 때는 기도만이 도움이 된다. 어떤 정신과 의사들은 우리가 긴장이 되고 고민에 시달릴 때 누군가에게 우리 문제를 털어

놓는 것만으로도 치료 효과가 있다고 한다. 우리가 다른 사람에게 말할 수 없을 때 하나님께 항상 말할 수 있다.

3. 기도는 실천을 가능하게 해준다. 기도는 실천으로 가는 첫 단계이다. 무엇인가를 이루게 해달라고 매일 기도하는 사람은 실제로 이루어낸다. 기도만으로 성취를 위해 노력한다는 말이다. 세계적으로 유명한 과학자 알렉시스 캐럴 박사는 이렇게 말한다. "기도는 인간이 발생시킬 수 있는 가장 강력한 에너지이다." 그러니 기도를 한번 해보는 것이 어떤가? 하나님이라 부르건, 알라라고 부르건, 성령이라고 부르던 자연의 신비한 힘이 우리를 도와주는 한 뭐라고 불러야하는지 싸울 필요는 없다.

지금 당장 이 책을 덮고, 문을 잠그고, 무릎 꿇고 앉아 마음의 짐을 덜어놓자. 믿음을 잃었다면 신에게 믿음을 달라고 기도해라. 7백 년 전에 성 프란체스코가 쓴 아름다운 기도문을 반복해서 읽어보아라.

주님,
저를 당신의 도구로 써주소서.
미움이 있는 곳에 사랑을,
다툼이 있는 곳에 용서를,
분열이 있는 곳에 일치를,
의혹이 있는 곳에 신앙을,
그릇됨이 있는 곳에 진리를,
절망이 있는 곳에 희망을,

어두움에 빛을,

슬픔이 있는 곳에 기쁨을

가져오는 자 되게 하소서.

위로받기 보다는 위로하고,

이해받기보다는 이해하며,

사랑받기보다는 사랑하게 하여 주소서.

우리는 줌으로써 받고,

용서함으로써 용서받으며,

자기를 버리고 죽음으로써 영생을 얻기 때문입니다.

6장

다른 사람의 비판을
걱정하지 않는 방법

1 죽은 개는 아무도 걷어차지 않는다

1929년 미국 교육계에 센세이션을 불러일으킨 사건이 일어났다. 전국에서 학식 있는 사람은 모두 그 사건을 보기 위해 시카고로 몰려들었다. 로버트 허친스라는 청년이 웨이터, 벌목 노동자, 가정교사, 빨랫줄 판매원으로 일하면서 공부해 예일대를 졸업했다. 예일대를 졸업하고 8년이 지나 그 청년은 미국에서 가장 유명한 대학교 중의 하나인 시카고대의 총장으로 취임했다. 그의 나이 고작 30세였다. 믿을 수 없는 일이었다. 나이든 교육자들은 고개를 내저었다. 이 '천재 청년'에 대한 비판이 산사태처럼 쏟아졌다. 너무 젊다느니, 경험이 없다느니, 교육관이 비뚤어져 있다느니 이러쿵저러쿵 말이 많았다. 심지어 신문마저 공격에 가담했다.

그가 취임하던 날 한 친구가 메이나드 허친스의 아버지에게 이렇게 말했다. "오늘 조간신문에 아드님을 비판하는 사설을 읽고 깜짝 놀랐습니다."

"그래? 좀 심했나보군. 하지만 아무도 죽은 개는 차지 않는다는 사실을 명심하게." 라고 허친스의 아버지가 대답했다.

그렇다. 중요한 사람일수록 그 사람을 걷어차는 사람들은 더 큰 만족을 얻는다. 나중에 에드워드 8세가 된 영국의 윈저 공은 황태자 시절에 이 사실을 직접 체험했다. 그는 그 당시 데본셔의 다트머스 대학교에 다니고 있었다. 미국으로 치면 아나폴리스의 해군사관학교에 해당하는 대학이다. 황태자가 14살 쯤 되었을 때 해군 장교 한 사람이 그가 울고 있는 것을 보고 무슨 일이냐고 물었다. 그는 처음에는 말하지 않으려 했지만 사실을 털어놓고 말았다. 해군사관생도들이 자신을 발로 찬다는 것이었다. 사관학교 학장은 생도들을 소환해서 황태자가 고자질을 한 것이 아니라고 설명하고 왜 황태자를 거칠게 다루는지를 물었다.

좀처럼 사실을 이야기하지 않으려던 생도들은 마침내 나중에 자신들이 해군 장교나 함장이 되면 예전에 왕을 걷어찬 적도 있었다는 말을 하고 싶어서 그랬다고 실토했다.

만일 여러분이 걷어차이고 비판을 받는다면 그 사람은 이렇게 해서 자신이 잘난 것 같은 느낌을 받기 때문에 그렇게 한다는 것을 기억해라. 당신이 무엇인가를 이루었고 관심의 대상이 된다는 것을 의미한다. 많은 사람들은 자신보다 성공하고 똑똑한 사람들을 비난하는데서 쾌감을 얻는다. 내가 이 장을 쓰고 있는 사이에도 어떤 여성에게서 구세군의 창립자 윌리엄 부스 장군을 비난하는 편지를 받았다. 나는 방송에서 부스 장군을 칭찬한 적이 있는데, 이 여성은 부스 장군이 가난한 사람을 돕기 위해 모금한 돈에서 8백만 달러를 횡령했다는 편지를 내게 보낸 것이다. 물론 공금횡령은 말도 안 되는 소리였다. 하지만 이 여성이 기대한 것은 진실이 아니었다. 이 부인은 자신보다 훨씬 높은 위치에 있는 사람을 끌어내리는 데서 오는 비열한 정신적 만족을 구하고 있었을 뿐이다. 나는 그녀의 비열한 편지를 쓰레기통에 버리고 그런 여성과 결혼하지 않게 해주셔서 감사하다는 기도를 드렸다. 그녀의 편지는 부스 장군에 대해서는 어떤 것도 말하고 있지 않지만 자신이 어떤 사람이라는 것은 내게 충분히 알려주었다. 쇼펜하우어는 이런 말을 했다.

"저속한 사람들은 위대한 사람들의 잘못이나 결점에서 커다란 즐거움을 느낀다."

사람들은 예일대 총장이라고 하면 저속하다고 생각하지 않을 것이다. 하지만 전 예일대 총장 티모시 드와이트는 분명 미국 대통령에 출마한 사람을 비판하면서 큰 즐거움을 느꼈다. 예일대 총장은 만약 이 사람이 대통령에 당선되면 "우리는 우리의 아내와 딸들이 합법적인 매춘제도의 희생양이 되어 명예가 더럽혀지고 타락하여 하나님과 사회로부터 미움 받는 존재가 될 것이다."라고 경고했다.

거의 히틀러를 비난하는 것처럼 들리지 않는가? 하지만 그게 아니라 토머스 제퍼슨을 비난한 말이었다. 어떤 토머스 제퍼슨일까? 독립선언문을 쓴 민주주의의 수호자 토머스 제퍼슨은 아니겠지? 그렇다. 바로 그 토머스 제퍼슨이다.

미국인 중에 "위선자", "사기꾼", "살인자와 다름없는 사람"이라는 비난을 받을 사람이 누구라고 생각하는가? 신문 풍자만화에 단두대에서 참수를 기다리는 그의 모습이 실렸다. 그가 단두대로 가는 동안 사람들이 그를 야유하고 조롱하고 있었다. 그가 누구였을까? 조지 워싱턴이다.

하지만 앞에 말한 것들은 오래전 일이다. 아마 인간 본성은 그때 이후로 조금 나아졌을 지 모른다. 1909년 4월 6일 개썰매로 북극에 도달해 세상을 놀라게 한 탐험가 피어리 제독의 예를 살펴보자. 그 목표를 위해 오랫동안 용감한 사람들이 고생하고 굶주리고 죽기까지 했다. 피어리 자신도 추위와 굶주림으로 거의 죽을 뻔했다. 발가락에 동상이 심해 잘라내야 했다. 감당하지 못할 재난에 미치는 것이 아닌가 하고 걱정하기도 했다. 워싱턴에 있던 그의 해군 상관들은 피어리가 인기를 얻자 분개했다. 그래서 그들은 피어리가 과학탐사를 한다는 명목으로 돈을 모금해서는 "북극에서 빈둥거리고 있다."며 그를 모함했다. 그들은 아마 실제로 그렇다고 믿었을 것이다. 믿고 싶은 것을 믿지 않는 것은 불가능하기 때문이다. 피어리를 모함하고 제지하려는 그들의 결의가 굳건해서 매킨리 대통령이 직접 명령을 내리고 나서야 피어리는 북극 탐험을 계속 할 수 있었다.

만약 피어리가 워싱턴의 해군 본부에서 행정 사무를 보고 있었다면 그렇게 비난을 받았을까? 아니다. 만약 그랬다면 그는 질투를 불러일으킬 만큼 중요한 인물이 되지 못했을 것이다.

그랜트 장군은 피어리 제독보다 더한 경우를 겪었다. 1862년에 그랜트 장군은 북군에게 최초의 승리를 안겨주었다. 오후 한나절 동안에만 얻은 승리였지만 이 승리가 하룻밤에 그랜트 장군을 국가적인 영웅으로 만들었다. 이 승리는 멀리 유럽에서까지 큰 반향을 일으켰고 메인 주에서 미시시피의 강둑까지 승리를 축하하는 교회 종이 울리고 축포가 터졌다. 하지만 대승리를 거둔지 6주도 지나지 않아 체포되어 군통수권을 박탈당하고 말았다. 그는 모멸감과 절망감에 눈물을 떨어뜨렸다.

왜 그랜트 장군은 승리의 절정을 누리고 있을 때 체포되었을까? 그 이유는 오만한 상관들의 질투 때문이었다.

규칙 1

부당한 비판은 칭찬의 변형된 형태라는 것을 기억해라. 누구도
죽은 개는 차지 않는다는 것을 기억해라.

2 이렇게 하면 비판을 받아도
상처받지 않는다

나는 언젠가 '송곳눈', '지옥의 악마' 라는 별명을 가진 스메들리 버틀러 소장과 인터뷰를 한 적이 있다. 그를 기억하는가? 미국 해병대 지휘관 중에 가장 허세가 심하기는 했지만 가장 화려했던 장군.

그는 내게 그가 젊었을 때 인기를 얻고 싶어 했고 모든 사람에게 좋은 인상을 남기고 싶어 했다고 말했다. 그 당시에는 아주 작은 비판도 그를 아프게 했지만 30년 동안 해병대 생활을 하면서 그의 낯가죽이 두꺼워졌다.

"나는 자주 욕설을 듣고 모욕을 당했네. 똥개니 독사니 스컹크니 하는 욕도 들었어. 상급자들이 내게 욕을 했지. 영어에 있는 온갖 욕을 다 들었어. 신경쓰이냐구? 요즘은 누가 내 욕을 해도 돌아보지도 않아."

아마 왕년의 '송곳눈' 버틀러 소장은 비판에 너무 무감각해졌는지 모르겠다. 하지만 한 가지는 확실하다. 우리들 대부분은 우리에게 쏟아지는 사소한 조롱이나 공격을 너무 심각하게 받아들인다. 몇 년 전에 〈뉴욕 선〉지의 기자가 내 성인 교육 강좌 공개수업에 참가한 후 나와 내가 하는 일을 웃음거리로 만들었다. 내가 화를 냈느냐고? 나는 그것을 개인적 모욕이라고 생각해서 〈선〉지의 중역이었던 길 하지스에게 전화를 걸어 조롱하는 기사가 아니라 사실을 실어달라고 강하게 요구했다.

지금 생각해보면 그 당시 내 방법이 부끄럽다. 이제 생각해보니 그 신문을 산 사람 가운데 절반은 그 기사를 읽지 않았을 것이다. 그 기사를 읽은 절반의 사람들도 그 기사를 단순한 여담으로 생각했을 것이다. 그 글을 읽고 고소해했던 사람들도 몇 주 지나지 않아 그 기사를 잊어버렸을 것이다.

사람들은 당신이나 나에 대해 생각하지 않고 우리에 대한 이야기는 신경 쓰지 않는다. 아침식사 전에 아침식사를 먹고, 그리고 그 후로도 계속해서 자정을 10분 넘은 시각에도 사람들은 자기 자신에 대해서만 생각한다. 사람들은 당신이나 내가 죽었다는 뉴스를 생각하는 것보다 자신의 경미한 두통에 대해 더 많이 걱정할 것이다.

심지어 당신이나 내가 사기를 당하거나, 조롱을 받거나, 배신을 당하거나, 등에 칼을 맞거나 우리의 절친한 친구들에게 배신을 당해도 자기 연민에 빠지지 말자. 대신에 이 일이 바로 예수에게 일어난 것이라고 기억하도록 하자. 예수의 12제자 중 한명은 오늘날로 치면 19달러의 돈을 받고 배신자가 되었다. 12제자 중 또 다른 한명은 그가 어려움에 빠지자 공개적으로 그를 부인하고 예수를 알지도 못한다고 세 번이나 공언했다. 이것이 예수에게 일어난 일이다.

사람들이 나를 비난하지 못하게 할 수는 없지만 나는 더 중요한 것을 할 수 있다는 것을 오래전에 깨달았다. 그런 부당한 비난이 나를 흔들리게 하느냐는 내가 결정할 수 있다.

좀더 구체적으로 이야기해보자. 나는 모든 비판을 무시하라고 주장하는 것이 아니다. 결코 그런 말이 아니다. 내 말은 부당한 비판을 무시하라는 것이다. 나는 예전에 엘레노어 루즈벨트 여사에게 그녀가 어떻게 부당한 비판에 대처하는지 물어본 적이 있다. 여사는 백악관에 살았던 어떤 영부인보다도 더 열렬한 친구와 더 맹렬한 적을 가졌을 것이다.

여사는 어렸을 때 병적으로 소심해서 다른 사람들이 뭐라고 할지 항상 겁을 냈었다고 말했다. 그녀는 어느 날 비판이 두려워 루즈벨트의 누나에게 조언을 청했다. "바이 고모, 나는 이런 저런 일을 하고 싶어요. 하지만 비판을 받을까 두렵습니다."

루즈벨트의 누나는 그녀의 눈을 보며 이렇게 말했다.

"마음속에서 네가 옳다는 판단이 들면 다른 사람들이 이야기하는 것에 절대 신경 쓰지 마."

엘레노어 루즈벨트는 이 조언이 그녀가 백악관의 여주인이 되었을 때 마음의 지주가 되었다고 말했다. 비판을 피할 수 있는 유일한 방법은 도자기 인형이 선반에 있는 것만큼 가만히 있으면 된다. "무엇을 해도 비판을 받을 것입니다. 어쨌든 비판을 받을 것이니까 마음이 옳다고 느끼는 대로 하세요." 그것이 그녀의 충고였다.

매튜 C. 브러쉬가 월 스트리트에 잇는 아메리칸 인터내셔널 코퍼레이션의 사장으로 있을 때 그가 비판에 예민하게 반응하는지 물었다.

"젊은 시절에는 비판에 예민하게 반응했어요. 회사의 모든 직원들이 내가 완벽하다고 생각하기를 바랐어요. 직원들이 그렇게 생각하지 않으면 걱정이 되었지요. 처음에는 나와 의견이 다른 사람의 비위를 맞추려고 노력했습니다. 하지만 내가 그렇게 하니까 다른 직원들을 화나게 만들었습니다. 화난 사람을 달래려 하면 다른 직원들이 또 동요했지요. 마침내 내가 비판을 피하려고 반감을 무마하고 수습하려고 하면 할수록 적이 늘어난다는 사실을 깨달았습니다. 마침내 스스로 이렇게 말했지요. '남의 윗사람 노릇을 하는 한 비난을 받을 거야.' 이 생각이 나를 도와주었습니다. 그때부터 내가 할 수 있는 한 최선을 다하고 쏟아지는 비판에 괴로워하지 않고 낡은 우산이라고 받쳐 들고 비판이 잦아들기를 기다리기로 했어요."

딤즈 테일러는 이보다 한걸음 더 나아갔다. 비판이 쏟아져도 웃어넘겼다. 그가 뉴욕 필하모닉 심포니 오케스트라의 공연 중 쉬는 시간에 해설을 하고 있었는데 한 여자가 그에게 당신은 "거짓말쟁이, 배신자, 독사, 멍청이"라고 쓴 쪽지를 보냈다. 테일러 씨는 자신의 책 〈인간과 음악〉에서 이렇게 말한다.

"그 여성은 내 이야기를 좋아하지 않았나보다."

다음 주 방송에서 테일러는 이 편지를 라디오 방송에서 읽었다. 그리고 며칠 후에 똑같은 여자에게서 또 편지를 받았다. "여전히 내가 거짓말쟁이, 배신자, 독사, 멍청이라는 변하지 않는 의견을 표현하더군요." 비판을 이렇게 받아들이는 사람을 존경하지 않을 수 없다. 그의 침착함과 흔들리지 않는 정신과 유머감각에 경의를 표한다.

찰스 슈왑은 프린스턴 학생회에게 연설을 하면서 그의 제철 공장에서 일하던 늙은 독일인에게서 가장 중요한 교훈을 배웠다고 고백했다. 그 독일인은 전쟁 중에 다른 노동자들과 전쟁에 대해 열띤 토론을 벌였다. 다른 노동자들이 그를 강물에 던져버렸다. "그가 내 사무실로 왔을 때 그는 온몸이 진흙탕 물에 젖어 있었습니다. 그를 강물에 던진 사람들에게 뭐라고 말했냐고 물었는데 그는 이렇게 대답했습니다. '나는 그냥 웃고 말았지요.'"

슈왑씨는 늙은 독일인의 말 "그냥 웃지요."를 그의 인생관으로 삼았다.

그 인생관은 당신이 부당한 비판을 받을 때 특히 도움이 된다. 당신에게 말대꾸 하는 사람에게는 한마디 할 수 있지만 그냥 웃는 사람에게 무슨 말을 할 수 있겠는가?

링컨이 그에게 쏟아지는 비판에 일일이 대응하는 것이 바보 같은 짓임을 몰랐다면 남북전쟁의 스트레스로 쓰러지고 말았을 것이다. 그가 자신을 비판하는 사람들을 어떻게 대했는지에 대한 기록은 문학의 고전이 되었다. 맥아더 장군은 전쟁동안 사령부의 책상에 이 구절을 붙여 놓았다. 윈스턴 처칠 경도 그의 서재 벽에 이 구절을 액자로 만들어 걸어놓았다.

"내가 받는 모든 공격에 답변을 하지 않더라도 읽어보려고만 해도 지금의 일을 그만두고 다른 모든 일을 찾는 것이 낫다. 내가 아는 한 최선을 다하고 있다. 마지막까지 최선을 다할 것이다. 결과가 좋으면 내게 뭐라고 하든 상관없다. 결과가 나쁘면 열 명의 천사가 내가 옳다고 해도 도움이 되지 않는다."

규칙 2

최선을 다해라. 그러고 나서 낡은 우산이라도 하나 펴서 비판의 비가 목덜미로 흐르지 못하게 해라.

---

3 내가 저지른 바보 같은 일들

내 서류함에는 "FTD"라는 색인이 붙은 폴더가 있다. "내가 저지른 바보 같은 일들 Fool Things I Have Done"의 약자이다. 그 폴더에 내가 저질렀던 바보 같은 일들을 적어놓았다. 대부분 비서에게 기록하게 하지만, 어떤 것은 너무 개인적이고, 너무 어리석어서 비서들에게 말하기조차 부끄러운 것이 있다. 그런 것은 내가 직접 적어놓는다.

나는 아직도 내가 15년 전에 "FTD" 폴더에 넣어놓은 나에 대한 비판을 기억하고 있다. 내가 내 자신에게 솔직했다면 지금쯤 "FTD" 메모들로 서류함은 넘치고 있을 것이다. 지금으로부터 3천 년 전 사울 왕이 했던 말 "나는 어리석었다. 참으로 많은 잘못을 저질렀다."라는 말이 딱 내말이다.

"FTD" 폴더를 꺼내 읽을 때마다 내가 평생 안고가야 할 가장 어려운 문제 데일 카네기를 어떻게 관리할 것인가 하는 문제에 큰 도움이 된다.

나는 어려움을 겪을 때 다른 사람 탓을 하곤 했다. 하지만 나이가 들고 현명해 질수록 내게 닥친 거의 모든 불행은 내 탓임을 깨달았다. 많은 사람들이 이 사실을 깨달았다.

나폴레옹은 세인트 헬레나 섬에서 이렇게 말했다.

"내 몰락은 누구도 아닌 내 잘못이다. 나야 말로 내 최대의 적이었으며 내 비참한 운명의 원인이다."

내가 아는 사람 중에 자기 긍정과 자기 관리에 관해서 예술의 경지에 이른 사람 이야기를 하겠다. 그의 이름은 H. P. 하웰이다. 1944년 7월 31일 뉴욕에 있는 엠베서더 호텔 약국에서 그가 갑작스러운 죽음을 맞이했다는 소식에 월 스트리트는 깜짝 놀랐다. 그는 미국 금융계의 리더로 상업신탁은행 이사회 회장일 뿐 아니라 몇몇 대형 기관장이었기 때문이다. 정규교육은 많이 받지 못하고 시골 가게 점원으로 사회생활을 시작했지만 나중에는 US 스틸의 재무담당이 되었고 계속 지위와 세력을 키워나갔다.

"오랫동안 그날 있었던 약속을 기록해두었습니다. 우리 식구들은 나를 위해 토요일 밤에는 아무 계획도 잡지 않았습니다. 토요일 저녁은 자기 점검과 반성도 하고 칭찬도 하는 나만의 시간을 가졌습니다. 저녁 식사 후에 혼자 조용히 수첩을 펴고 모든 인터뷰, 토론, 모임에 대해 생각해봅니다. 자문하지요. '그때 내가 무슨 실수를 했지?' '뭘 잘했지? 어떻게 했으면 더 잘할 수 있었을까?' '그 경험에서 무엇을 배울 수 있지?' 이렇게 한 주를 살펴보면 기분이 안 좋을 때도 있었습니다. 가끔은 엄청난 실수에 놀란 적도 있었습니다. 물론 해가 갈수록 실수들은 많이 줄었지요. 해를 거듭할수록 자기 분석이 내게 큰 도움이 되었습니다."

아마 H. P. 하웰은 벤자민 프랭클린의 아이디어를 빌렸을 것이다.

벤자민 프랭클린은 토요일 밤까지 기다리지 않고 매일 밤 자기반성을 했다. 그는 자신이 13가지 심각한 잘못을 저지른 것을 발견했다. 그 중 세 가지 잘못은 시간낭비, 사소한 일에 흥분한 것, 다른 사람과 논쟁한 것이다. 현명한 프랭클린은 이 결점을 극복하지 못하면 앞으로 나갈 수 없음을 깨달았다. 그래서 그는 자신의 결점 중 하나와 일주일 동안 매일 싸웠다. 그리고 그 싸움에서 누가 이겼는지 매일 기록했다. 그 다음 주에 그는 다른 단점 하나를 선택하고 글러브를 끼고 공이 울리면 링 가운데로 나와 나쁜 습관과 싸웠다. 프랭클린은 자신의 단점과의 싸움을 2년 넘게 계속했다.

그가 미국인이 가장 사랑하고 미국에서 가장 영향력 있는 사람이 된 것은 놀라운 일이 아니다.

앨버트 허버드는 이렇게 말했다 : "**모든 사람은 하루에 적어도 5분 동안은 바보가 된다. 지혜란 그 한계를 넘지 않는 것이다.**"

소인배는 사소한 비판에도 분노하지만 대인배는 자신을 욕하고 비난하고 "서로 먼저 가겠다고 길을 다투는" 사람에게 배우려고 애쓴다. 이것을 월트 휘트먼은 이렇게 표현했다 : "당신은 당신을 존경하고, 당신에게 공손하게 대하고 당신을 위해 길을 비켜주는 사람에게서만 교훈을 배웠는가? 당신을 거부하고, 비난하고, 당신과 서로 먼저 가겠다고 길을 다투는 사람에게서 배운 적이 없는가?"

적이 우리 또는 우리의 일을 비난하기 전에 우리가 먼저 하자. 우리의 적이 한마디라도 하기 전에 우리가 우리의 약점을 먼저 찾아내서 고치자. 찰스 다윈은 이렇게 했다. 사실 그는 15년 동안 자기 비판을 하면서 살았다. 다윈은 자신의 불멸의 저서 〈종의 기원〉 탈고를 끝냈을 때 창조에 대한 혁명적인 개념이 교육계와 종교계에 엄청난 충격을 줄 것이라 예상했다. 그래서 그는 자신의 비판자가 되어 무려 15년 동안을 자신의 자료를 점검하고 자신의 추론을 검증하고 자신의 결론을 비판하면서 보냈다.

누군가가 당신을 "바보"라고 욕한다면 당신은 어떻게 하겠는가? 화를 낼 것인가? 분노할 것인가? 링컨은 이렇게 했다. 링컨 내각의 국방장관 에드워드 스탠튼이 한번은 링컨을 "바보"라고 불렀다. 스탠튼은 링컨이 자신의 일에 개입을 해서 화가 났다. 한 이기적인 정치인의 청을 들어주어, 링컨은 어떤 부대를 옮겨 배치하라는 명령을 허가했다. 스탠튼은 링컨의 명령을 따르기를 거부했을 뿐 아니라 그런 명령을 재가한 링컨은 바보천치라고 욕했다. 무슨 일이 일어났을까? 링컨이 스탠튼이 한 말을 들었을 때 조용히 이런 말을 했다.

"스탠튼이 내가 바보라고 말했으면 내가 바보인거지. 스탠튼이 하는 말은 거의 항상 맞아. 내가 직접 가서 스탠튼과 이야기해봐야겠어."

링컨은 스탠튼을 보러갔다. 스탠튼은 그 명령이 잘못되었다고 확신했고 링컨은 그 명령을 철회했다. 링컨은 그 비판이 진실 되고, 지식에 기반을 둔 것이고, 자신에게 도움을 주기 위한 비판이라면 겸허히 받아들였다.

우리도 그런 종류의 비판은 받아들여야 한다. 우리는 네 번 중에 세 번 이상 옳을 수 없기 때문이다. 적어도 시어도어 루즈벨트는 그가 대통령으로 재임하던 시절 잘해야 네 번 중에 세 번 이상 옳을 수 없다고 말했다. 심오한 과학자 아인슈타인도 자신의 결론의 99퍼센트는 잘못

되었다고 고백했다.

라 로슈포푸코는 이렇게 말했다.

"적의 생각이 우리 자신의 생각보다 더 진실에 가깝다."

나는 그의 말이 어느 정도 진실이라고 생각한다. 하지만 누군가가 나를 비판하기 시작하면, 상대방이 무슨 말을 하려는지 제대로 알지도 못하고 나도 모르게 자동적으로 방어에 들어간다. 이럴 때마다 나는 내 자신이 혐오스럽다. 비판이나 칭찬이 정당한 것에 상관없이 우리는 모두 비판에 분개하고 칭찬에 기뻐하는 경향이 있다. 우리는 논리의 동물이 아니다. 우리는 감정의 동물이다. 우리의 논리는 캄캄하며 폭풍이 몰아치는 감정의 바다에서 흔들리는 작은 돛단배와 같다.

누군가가 우리를 흉보는 소리를 들으면 우리 자신을 방어하려고 노력하지 말자. 모든 바보는 다 자신을 방어한다. 겸손하고 훌륭하게 대처해보자. 우리를 비판하는 사람을 어리둥절하게 만들어보자. "나를 비판하는 사람이 나의 다른 잘못들을 알았으면, 그는 지금보다 더 심하게 나를 욕할 거야."라고 말하면서 박수를 받아보자.

앞 장에서 나는 우리가 부당하게 비난을 받으면 어떻게 해야 하는지 이야기했다. 하지만 당신이 부당하게 비판을 받아서 화가 나기 시작하면 다른 방법을 써보자. 잠깐 멈추고 말해보자.

"잠깐만! 나는 완벽과는 거리가 먼 사람이야. 아인슈타인이 자신이 99퍼센트 틀리다고 했으면 나는 아마 적어도 80퍼센트는 틀리겠지. 어쩌면 이런 비난을 받을 만 할지도 몰라. 만약 그렇다면 그 비판에 감사하고 뭔가 얻으려고 노력해보자."

펩소던트 회사 대표 찰스 럭맨은 밥 호프를 방송에 내보내느라 일 년에 수백만 달러를 쓴다. 하지만 그는 그 프로그램을 칭찬하는 편지는 보지도 않고 비판하는 편지만 골라서 본다. 그 비판에서 뭔가를 배울 수 있다는 것을 알고 있다.

포드사는 회사의 관리와 운영에 문제를 찾아내기 위한 조치로 최근 종업원들에게 설문조사를 실시하고 회사에 대한 비판을 해달라고 적극적으로 요청했다.

내 지인 중에 서슴없이 비판을 요청하던 전직 비누 세일즈맨이 있다. 그가 처음 콜게이트사의 비누를 판매하기 시작했을 때 주문량이 작았다. 그는 일자리를 잃지 않을 까 걱정이 되었다. 비누나 가격에는 문제가 없는 것을 알았기 때문에 문제는 자신이라고 생각했다. 판매에 실패했을 때 그는 무엇이 문제인지 거래처 주변을 서성대며 생각했다. 내가 너무 애매모호하게 말했나? 내가 열정이 부족했나? 가끔 그는 거래처에 가서 이렇게 말했다.

"비누를 팔러 다시 온 것이 아닙니다. 당신의 조언과 비판을 받고 싶어 왔습니다. 제발 제가 몇 분전에 비누를 팔러 왔을 때 무슨 잘못을 했는지 알려주십시오. 저보다 훨씬 경험도 많으시고 성공하셨으니 잘 아시리라 생각됩니다. 제게 비판의 말을 해주십시오. 가차 없이 솔직하게 해주십시오."

이런 자세로 그는 많은 친구를 사귈 수 있었고 소중한 충고를 얻었다.

그가 나중에 어떻게 되었는지 궁금한가? 그는 세계에서 가장 큰 비누 제조회사인 콜게이트사의 사장이 되었다. 그의 이름은 E. H. 리틀이다.

H. P. 하웰이나 벤자민 프랭클린, E. H. 리틀이 했던 대로 할 수 있

는 사람은 대단한 사람이다. 아무도 보지 않을 때 거울 속을 들여다보고 자신이 이런 종류의 인물에 속하는지 자문해보라.

규칙 3

> 우리가 했던 어리석은 행동들을 기록하고 우리 자신을 비판하자. 우리가 완벽할 수는 없으니 E. H. 리틀이 했던 대로 해보자. 다른 사람에게 편향되지 않은, 도움이 되는, 건설적인 비판을 요청하자.

다른 사람의 비판을 걱정하지 않는 방법

규칙 1. 부당한 비판은 칭찬의 변형된 형태라는 것을 기억해라. 누구도 죽은 개는 차지 않는다는 것을 기억해라.

규칙 2. 최선을 다해라. 그러고 나서 낡은 우산이라도 하나 펴서 비판의 비가 목덜미로 흐르지 못하게 해라.

규칙 3. 우리가 했던 어리석은 행동들을 기록하고 우리 자신을 비판하자. 우리가 완벽할 수는 없으니 E. H. 리틀이 했던 대로 해보자. 다른 사람에게 편향되지 않은, 도움이 되는, 건설적인 비판을 요청하자.

7장

———

걱정과 피로를 막고
늘 활기차게 사는
6가지 방법

1 하루를 한 시간씩 더 늘리는 방법

고민에 대한 책을 쓰면서 왜 피로 예방법에 대해 쓰고 있을까? 답은 간단하다. 피로가 종종 걱정을 불러오기 때문이다. 모든 의사들이 피로가 신체 저항력을 떨어뜨려 감기나 다른 수백 가지 질병에 노출되게 한다고 말할 것이다. 정신과 의사는 피로가 공포와 걱정이라는 감정에 저항력을 떨어뜨린다고 말할 것이다. 그러니 피로를 예방하는 것이 걱정을 예방하는 방법이 될 수 있다.

내가 "걱정을 예방하는 방법이 될 수 있다."라고 말했다면 완곡하게 표현한 것이다. 에드먼드 제이콥슨 박사는 더 강하게 말한다. 제이콥슨 박사는 긴장완화에 관해 〈적극적 휴식〉, 〈당신은 쉬어야 한다〉의 책 두 권을 썼다. 시카고 임상생리학 연구소 소장으로 오랫동안 휴식이 의학적 치료의 방법으로 사용될 수 있는지에 대한 연구를 진행해왔다. 그는 긴장되거나 감정적인 상태가 "완벽하게 이완된 상태에서는 존재하지 않는다"라고 주장했다. 이완되어 있을 때에 걱정을 계속할 수가 없다.

피로와 걱정을 예방하기 위한 첫 번째 규칙 : 자주 쉬어라. 피곤하

기 전에 쉬어라.

이것이 왜 중요한가? 피곤은 엄청난 속도로 쌓이기 때문이다. 미군은 계속된 실험을 통해 군 훈련으로 오랜 세월 단련된 젊은 남자일지라도 군장을 내려놓고 매 시간 10분씩 쉬면 더 잘 행군하고 더 오래 버틸 수 있다는 것을 알아냈다. 그래서 육군은 이런 방침을 시행하고 있다. 당신의 심장은 미군처럼 똑똑하다. 당신의 심장은 매일 혈액을 온몸에 순환시키기 위해 활동한다. 이것은 유조차 하나를 가득 채우는 양이다. 심장이 하루에 소모하는 에너지는 석탄 20톤을 3피트 높이로 퍼올리는 에너지와 같다. 심장은 이렇게 엄청난 일을 50년, 70년 아니 어쩌면 90년 동안 한다. 심장이 어떻게 견딜 수 있을까? 하버드 의대의 월터 B. 캐넌 교수는 이렇게 설명한다.

"대부분의 사람들은 심장이 하루 종일 일한다고 생각한다. 사실 심장이 한번 수축할 때마다 일정한 휴지기가 있다. 1분에 70번 박동을 한다고 하면 심장은 24시간 중에 단지 9시간만 일을 하는 셈이다. 전체적으로 보면 심장은 하루에 15시간 쉬는 셈이다."

제2차 세계 대전 중에 윈스턴 처칠은 60대 후반에서 70대 초반의 나이였지만 몇 년 동안 하루에 16시간씩 일하며 전쟁을 지휘했다. 놀라운 기록이다. 그의 비결이 무엇일까? 그는 매일 아침 11시까지 침대에서 보고서를 읽고, 명령을 내리고, 전화통화를 하고 중요한 회의를 주최했다. 점심 식사 후에 다시 침대로 가서 한 시간 동안 낮잠을 잤다. 저녁에 다시 침대로 가서 8시 저녁식사시간까지 2시간 동안 잤다. 그는 피로에서 회복한 것이 아니라 피로를 예방했다. 자주 쉬었기 때문에 그는 맑은 정신으로 자정이 넘어서까지 일을 계속할 수 있었던 것이다.

존 록펠러에게는 두 가지 놀라운 기록이 있다. 그는 그 당시 누구보다 더 많은 부를 축적했으며 또한 98세까지 장수했다. 그가 어떻게 그렇게 할 수 있었을까? 주된 이유는 그의 집안이 장수집안이기도 했지만 다른 이유는 그가 점심에 30분 동안 낮잠을 자는 습관이 있었기 때문이다. 사무실 소파에 누워 잠을 자곤 했는데 그가 이렇게 쉴 때에는 미국 대통령이 전화를 걸어도 그를 깨울 수 없었다.

다니엘 W. 조슬린은 그의 명저 〈왜 피곤한가?〉에서 이렇게 말한다.

"휴식은 아무것도 하지 않는 것이 아니다. 휴식은 치유의 과정이다."

짧은 휴식은 회복시키는 힘이 크므로 5분간의 짧은 낮잠도 피로를 예방하는데 큰 도움이 된다. 왕년의 유명 야구선수 코니 맥은 경기 전에 낮잠을 안자면 다섯 번째 이닝 무렵에는 완전히 지치지만 5분이라도 자면 피곤함을 느끼지 않고 더블헤더를 치를 수 있다고 말했다.

엘레노어 루즈벨트에게 12년 동안 영부인으로 있으면서 살인적인 스케줄을 어떻게 소화할 수 있는지 물었을 때 그녀는 사람들을 만나거나 연설을 하기 전에 의자나 소파에 앉아서 눈을 감고 20분 동안 휴식을 취한다고 말했다.

메디슨 스퀘어 가든 대기실에서 로데오 경기에서 최고 인기 선수인 진 오트리를 인터뷰한 적이 있었다. 대기실에 군용침대가 있는 것을 보았다. 진 오트리는 "저 침대에 누워서 경기 중간에 한 시간정도 낮잠을 잡니다. 할리우드에서 영화 촬영을 할 때는 큰 안락의자에서 하루에 2~30분 눈을 붙입니다. 그렇게 하면 기운이 납니다."

에디슨은 자신의 놀랄만한 에너지와 지구력은 자고 싶을 때마다 자는 습관 덕분이라고 말했다.

헨리 포드의 80세 생일 직전에 인터뷰 한 적이 있었다. 그의 모습이 생기있어 보여 비결을 물었더니 그는 이렇게 대답했다.

"나는 앉을 수 있으면 서있지 않고 누울 수 있으면 절대 앉아있지 않습니다."

현대 교육의 아버지 호레이스 만도 나이가 들면서 이렇게 했다. 안티옥 대학의 총장시절 그는 소파에 비스듬히 누워 학생들과 면담했다.

나는 어떤 할리우드 영화감독에게도 같은 방법을 시도해보라고 권했다. 그는 그 방법이 기적 같은 효과가 있었다고 내게 말해주었다. 할리우드 최고 감독 중에 한 명인 잭 처특의 이야기이다. 그가 몇 년 전에 나를 찾아왔을 때 그는 MGM영화사의 단편 영화 파트를 맡고 있었다. 피곤하고 지쳐서 강장제, 비타민, 약 할 것 없이 모든 방법을 시도해보았다. 하지만 어떤 것도 크게 도움이 되지 않았다. 나는 그에게 매일 휴가를 갈 것을 권했다. 하지만 어떻게? 그의 사무실에서 보조 작가들과 회의를 할 때 몸을 쭉 펴고 누워 휴식을 하면 그게 휴가였다.

2년 전에 내가 그를 다시 만났을 때 그는 이렇게 말했다.

"제 주치의가 기적이 일어났다고 말해요. 예전에는 단편 영화 제작 회의를 하면서 의자에 긴장한 상태로 앉아 있었어요. 이제 회의 중에는 사무실 소파에 몸을 쭉 펴고 누워서 회의를 합니다. 20년 동안 요즘처럼 기분이 좋은 적이 없습니다. 전보다 하루 2시간씩 더 일하지만 피곤함을 느낄 수 없어요."

이 방법을 당신에게 적용해보면 어떨까? 당신이 속기사면 에디슨이나 샘 골드윈이 한 것처럼 사무실에서 낮잠을 잘 수는 없을 것이다. 당신이 회계사라면 상사와 재무에 관한 이야기를 하면서 소파에 몸을 뻗고 누울 수는 없을 것이다. 하지만 당신이 소도시에 살고 집에 점심식사를 하러 갈 수 있으면, 점심 식사 후에 10분 동안의 짧은 낮잠은 잘수 있을 것이다. 조지 마셜 장군이 그 방법을 사용했다. 전시에 미군을 지휘하면서 조금의 틈도 없어서 그는 오후에 휴식을 취해야 했다. 당신이 나이 50이 넘었고, 너무 바빠서 그렇게 할 수 없다면, 지금 당장 당신이 가입할 수 있는 모든 생명보험에 가입하는 것이 좋을 것이다. 요즘엔 죽음이 갑자기 찾아온다. 당신의 아내는 당신의 보험금을 받아 젊은 녀석과 재혼을 생각할지도 모른다.

오후에 낮잠을 잘 수 없다면 저녁 식사 전에 적어도 한 시간 동안 누워있어도 된다. 이것이 칵테일보다 훨씬 싸다. 그리고 장기적인 관점에서 보면 5,467배 더 효과적이다. 당신이 5시, 6시 아니면 7시쯤에 한시간 쯤 더 자면 당신의 활동시간을 한 시간 더 늘릴 수 있다. 왜냐하면 저녁식사 전 한 시간의 낮잠과 밤에 6시간씩 자는 수면시간을 합한 7시간은 연속적으로 자는 8시간의 수면보다 더 낫기 때문이다.

육체노동자는 휴식을 많이 할수록 일을 더 많이 할 수 있다. 프레드릭 테일러가 베들레헴 철강회사의 과학 경영 엔지니어로 일하면서 이사실을 증명했다. 그는 한 명의 노동자가 대략 하루에 12.5톤의 강철을 화물차에 운반하면 정오쯤 되면 지쳐버린다는 사실을 발견했다. 그는 모든 피로의 요소를 과학적으로 분석해 이 노동자들이 하루에 한 명당 12.5톤이 아니라 47톤의 강철을 운반할 수 있다고 주장했다. 지금까지 그들이 하던 작업의 4배의 일을 해도 지치지 않는다는 것을 계산해냈다. 하지만 그 사실을 증명해야 했다.

테일러는 슈미트 씨를 선택해서 스톱워치에 따라 일을 하도록 했다. 슈미트씨 옆에 한사람이 시계를 들고 따라다니면서 이렇게 말했다. "자 강철을 들고 걸으세요… 이제 앉아서 쉬세요… 이제 걸으세요… 이제 쉬세요."

무슨 일이 일어났을까? 다른 사람들은 12.5톤밖에 운반하지 못한 반면 슈미트 씨는 47톤의 강철을 하루에 운반했다. 프레드릭 테일러가 베들레헴 제철회사에서 일한 3년 동안 그가 이런 속도로 일하지 않은 날은 하루도 없었다. 슈미트 씨는 지치기 전에 쉬었기 때문에 그렇게 할 수 있었다. 그는 한 시간에 26분을 일하고 34분은 쉬었다. 일하는 시간보다 쉬는 시간이 많았다. 하지만 다른 사람보다 4배나 일을 더 많이 했다. 이 사실을 믿을 수 없으면 프레드릭 윈슬로 테일러의 책 〈과학적 관리론〉 41~62페이지를 읽어보라.

다시 한 번 말한다. 자주 쉬어라. 심장이 하는 대로 해라. 피곤해지기 전에 쉬어라. 그러면 당신의 하루가 한 시간씩 늘어날 것이다.

2 피로의 원인과 대처법

여기 놀랍고 중요한 사실이 있다. 인간은 정신노동만으로는 절대 피곤해질 수 없다. 이상한 소리처럼 들리지만 몇 년 전에 과학자들이 인간의 두뇌가 피로의 과학적 정의인 "작업량의 감소"에 이르지 않고 얼마나 오래 일할 수 있는지 실험해 보았다. 놀랍게도 과학자들은 두뇌를 통과하는 혈액이 피로의 증상을 보이지 않는다는 것을 발견했다. 만약 육체노동자의 혈관에서 혈액을 채취하면 그 혈액이 독성 피로물질로 가득 차 있는 것을 발견할 것이다. 하지만 알버트 아인슈타인의 뇌에서 혈액을 채취하면 저녁 시간이어도 피로 독성물질이 보이지 않을 것이다.

뇌만 보면 뇌는 8시간 아니면 12시간동안 활동한 후에도 처음처럼 원활한 활동을 한다. 뇌는 전혀 피로를 느끼지 않는다. 그렇다면 무엇이 당신을 피곤하게 하는가?

정신과 의사는 피로는 우리의 정신적, 감정적 태도에 기인한다고 주장한다. 영국에서 가장 저명한 정신과 의사 J. A. 하드필드는 그의 저서 〈힘의 심리학〉에서 다음과 같이 설명하고 있다.

"우리를 괴롭히는 피로의 대부분은 정신적인 것에서 온다. 단순히 육체적인 원인에서 오는 피로는 매우 드물다."

미국의 가장 유명한 정신과 의사 A. A. 브릴 박사는 한걸음 더 나아가 "건강한 신체를 가진 사무직 근로자가 피로를 느끼는 이유는 100퍼센트 심리학적인 요인 즉 감정적인 요인 때문이다." 라고 주장한다.

어떤 종류의 감정적 요인이 사무직 노동자를 지치게 하는가? 기쁨? 만족? 아니다! 절대 아니다! 지루함, 분노, 인정받지 못하는 느낌, 무력감, 서두름, 걱정, 근심—이런 감정적인 요소들이 사무직 근로자를 피곤하게 하고 감기에 잘 걸리게 하고, 일의 능률을 떨어뜨리고, 두통을 겪게 한다. 그렇다. 우리의 감정이 우리 몸에 긴장을 유발하기 때문에 우리는 피곤해진다.

메트로폴리탄 생명보험사가 발간한 피로에 대한 책자에서 이 점을 지적하고 있다.

"고된 노동에서 생기는 피로는 잠을 충분히 자거나 쉬면 회복된다. 고민, 긴장, 감정적 동요가 피로를 유발하는 3대 요인이다. 육체적 또는 정신적 활동이 원인인 것처럼 보여도 이 3대 요인들이 실제 원인이다. 긴장을 풀어라! 중요한 일을 위해 에너지를 비축해라."

당신이 어디에 있던지 당장 멈추고 당신을 자세히 살펴보아라. 이 문단을 읽으면서 인상을 찌푸리고 있는가? 미간에 주름이 느껴지는가? 의자에 편하게 앉아 있는가? 어깨를 구부정하게 하고 앉아있지는 않은가? 얼굴 근육이 경직되어 있는가? 당신의 몸이 오래된 봉제인형처럼 이완되어 있지 않다면 당신은 지금 이 순간 신경과 근육이 긴장을 하고 있는 것이다. 당신은 긴장되어 있고 피로한 상태이다!

우리는 정신노동을 하면서 왜 불필요한 긴장을 하고 있을까? 조슬린은 이렇게 말했다. "내가 느끼는 가장 큰 장애물은 대부분의 사람이 노력하고 있다는 느낌이 들어야 제대로 일하는 것이고 그렇지 않으면 제대로 일하지 않고 있다고 생각하는 것이다."

그래서 우리는 집중을 할 때 인상을 찌푸리고 어깨를 구부린다. 우리는 우리의 근육에 우리가 노력하는 모습을 보이라고 요구한다. 그렇게 한다고 해서 우리 뇌의 활동에는 아무런 영향을 주지 않는데도 말이다.

놀랍고 비극적인 진실을 이야기해주겠다. 돈이라면 1달러도 낭비하지 않는 사람들이 에너지는 주정뱅이 선원처럼 마구 낭비한다.

신경성 피로에 대한 답은 무엇일까? 휴식! 휴식! 바로 휴식이다! 일을 하면서 휴식하는 방법을 배워라!

쉽다고? 그렇지 않다. 평생 해온 습관을 바꿔야 할지 모른다. 하지만 노력할 만한 가치가 있다. 습관을 바꾸면 당신의 삶이 달라진다! 윌리엄 제임스는 그의 책 〈휴식의 복음〉이라는 수필에서 이렇게 말하고 있다.

"미국인들의 과도한 긴장, 변덕, 숨 가쁨, 강렬함 등은 나쁜 습관일 뿐 그 이상도 그 이하도 아니다."

긴장도 습관이고 이완도 습관이다. 나쁜 습관은 없애면 되고 좋은 습관은 만들면 된다.

어떻게 이완할 것인가? 마음부터 할까, 아니면 신경부터 할까? 둘다 시작할 수 없다. 항상 먼저 근육부터 풀어주어야 한다!

한번 해보자. 우선 눈부터 시작하자. 이 책을 읽다가 페이지의 마지막에 이르면 뒤로 기대고 눈을 감아라. 조용히 눈을 향해 이렇게 말해라.

"쉬어라, 쉬어. 긴장하지마라. 찡그리지 마라. 그냥 쉬어라." 이 말을 일분동안 천천히 반복해라.

몇 초 후에 눈의 근육들이 당신의 말대로 되는 것을 느끼지 못했는가? 어떤 손이 긴장을 거두어 가는 것을 못 느꼈는가? 믿기 어렵겠지만 이 일분 동안에 이완의 기술에 대한 모든 비밀을 체험했다. 같은 방식으로 턱, 얼굴 근육, 목, 어깨, 온몸을 이완시켜주어라. 하지만 가장 중요한 기관은 눈이다. 시카고 대학교의 에드먼드 제이콥슨 박사는 눈의 근육을 완전히 이완할 수 있으면 당신의 모든 고민을 잊을 수 있을 것이라고까지 말했다. 눈이 긴장을 푸는데 있어서 이토록 중요한 이유는 눈이 몸이 소비하는 신경 에너지의 4분의 1을 소비하기 때문이다. 시력에 문제가 없는 사람들이 "눈의 피로"로 고생하는 것도 바로 이것 때문이다. 대부분의 사람들이 눈을 혹사시키고 있다.

유명한 소설가 비치 바움은 어렸을 때 어떤 노인을 만났는데 그가 그녀 인생에서 가장 중요한 교훈을 가르쳐 주었다고 말한다. 그녀는 넘어져서 무릎이 까지고 손목을 다쳤다. 노인이 그녀를 일으켜주었다. 그는 예전에 서커스 광대였다. 그가 그녀의 옷을 털어주면서 이렇게 말했다.

"네가 다치는 이유는 네가 긴장을 푸는 방법을 몰라서 그렇단다. 낡아서 헐렁거리는 양말처럼 네 몸이 부드러워야 해. 이리 와라. 어떻게 하는지 보여줄게."

그 노인은 비키 바움과 다른 아이들에게 넘어지는 법, 공중제비를 넘는 법을 가르쳐 주었다. 그는 강조했다.

"네 몸을 헐렁거리는 양말이라고 생각해. 그러면 긴장을 풀 수 있을 거야!"

당신은 언제 어디에서든 긴장을 풀 수 있다. 다만 휴식을 취하기 위해 노력하지는 말아라. 휴식은 긴장과 노력을 없애는 것에서 시작된다. 편안함과 휴식을 생각해라. 눈, 얼굴 근육을 풀면서 이렇게 말해라.

"쉬어라…… 쉬어라…… 편히 쉬어라."

얼굴 근육에서 에너지가 흘러 몸의 중심으로 흐르는 것을 느껴라. 당신이 아기처럼 긴장이 없다고 생각해라.

위대한 소프라노 가수인 갈리쿠르치가 이 방법을 사용했다. 갈리쿠르치는 공연 전에 모든 근육을 풀고 거의 입이 벌어지도록 아래턱의 힘을 빼고 의자에 앉아서 쉰다. 무척 좋은 방법이다. 이렇게 해서 무대에 오르기 전 그녀는 긴장을 풀 수 있었다. 긴장이 풀리니 피로하지도 않았다.

긴장을 푸는데 도움을 줄 다섯 가지 방법을 알려주겠다.

1. 이 방면에 최고의 책 중의 하나인 데이비드 헤럴드 핑크 박사가 쓴 〈긴장으로부터의 해방〉이라는 책을 읽어보아라. 또한 다니엘 W. 조슬린이 쓴 〈왜 피곤한가?〉도 반드시 읽어보아라.

2. 수시로 쉬어라. 낡은 양말처럼 몸을 부드럽게 만들어라. 일할 때 몸을 항상 이완시켜야 함을 상기시키기 위해 낡은 밤색 양말을 책상위에 올려놓는다. 양말이 없으면 고양이가 그 역할을 대신할 수 있다. 양지에서 졸고 있는 고양이를 안아본 적이 있는가? 안으면 물에 젖은 신문처럼 사지가 축 늘어진다. 인도의 요가 수련자들은 이완의 기술을 마스터하기 위해 고양이를 관찰

한다고 한다. 나는 피곤하고, 신경쇠약에 걸리고, 불면증, 걱정, 위궤양으로 고생하는 고양이를 본적이 없다. 고양이처럼 이완하는 법을 배우면 당신도 이런 괴로움에서 벗어날 수 있을 것이다.

3. 가능하면 편안한 자세로 일해라. 몸의 긴장이 어깨 통증과 신경 피로를 불러온다.

4. 하루에 4~5번 자신을 점검해봐라. "실제보다 일을 어렵게 만들고 있지 않은가?" 이렇게 하면 이완의 습관을 기르는데 도움을 줄 것이다. 데이비드 헤럴드 핑크 박사가 말한 것처럼 심리학을 잘 아는 사람들 둘 중에 하나는 이 습관을 가지고 있다.

5. 하루일과가 끝났을 때 자신에게 물어보아라. "얼마나 피곤한가? 피곤하면, 정신 노동 때문이 아니라 그 일을 하는 방식 때문에 피곤한 것이다."

다니엘 W. 조슬린은 이렇게 말한다. "나는 하루 일과가 끝나면 내가 피곤한 정도로 업무 성과를 측정하지 않고 피곤하지 않은 정도로 업무 성과를 측정한다. 피곤하거나 짜증이 나면, 질적으로나 양적으로 비효율적인 날이었다고 확신하게 된다." 미국의 모든 사업가가 이 교훈을 배운다면, 극도의 긴장으로 인한 질병이 급감할 것이고, 피로나 고민으로 요양소나 정신병원을 찾는 사람의 수도 줄어들 것이다.

3 가정주부가 피로에서 벗어나 젊음을 유지하는 방법

　지난 가을의 어느 날 내 비서가 세상에서 가장 특이한 의학 강좌에 참석하러 보스턴에 갔다. 그 모임은 일주일에 한번 보스턴 의료원에서 열리고 환자들은 모임에 참가하기 전에 정기적이고 철저한 검진을 받는다. 그러나 사실 이 강좌는 심리치료 강좌이다. 응용 심리학 강좌라고 불리기는 하지만, 강좌의 목적은 걱정으로 질병에 걸린 사람들을 치료하는 것이다. (전에는 1기 멤버의 제안대로 생각 조절 강좌라고 불렀다.) 주된 환자는 감정적으로 이상이 있는 가정주부들이다.

　어떻게 이 강좌가 개설되게 되었을까? 1920년 윌리엄 오슬러 경의 제자였던 조셉 H. 프랫 박사는 보스턴 의료원을 찾는 외래환자들 중 대다수가 육체적으로는 아무런 문제가 없음을 발견했다. 하지만 그들은 신체가 겪을 수 있는 모든 증상을 보이고 있었다. 어떤 여자의 손은 관절염으로 너무 굽어서 손을 쓸 수가 없었다. 다른 환자는 위암의 증세인 극심한 고통을 겪고 있었다. 다른 사람들은 요통, 두통, 만성피로 또는 막연한 통증으로 고생하고 있었다. 이런 통증을 느끼고 있지만 검진을 해보면 이 여자들의 몸에는 아무런 이상이 없었다. 예전 의사들은 이것이 모두 상상에 의한 질병, 마음에서 비롯된 질병이라 치부해왔다.

하지만 프랫 박사는 이 환자들에게 집에 가서 잊어버리라고 말하는 게 전혀 도움이 되지 않는다는 것을 깨달았다. 이 여성들 대부분은 아프고 싶지 않았다. 고통을 잊는 것이 그렇게 쉬운 일이면 그들은 당연히 그렇게 했을 것이다. 그러면 어떻게 해야 하는가?

그는 의학적 효과를 의심하는 사람들의 반대를 무릅쓰고 이 강좌를 개설했다. 이 강좌를 통해 많은 기적이 일어났다! 이 강좌가 시작된 이후 18년 동안 많은 환자들이 치료되었다. 어떤 환자들은 교회에 출석하듯이 종교적으로 이 강좌에 참여해 온 사람도 있다. 내 비서가 그 강좌에 9년 동안 한 번도 빠지지 않고 참석한 여성과 이야기를 했다. 그녀가 처음 의료원에 왔을 때 신장과 심장에 병이 있었다. 그녀는 걱정이 많고 긴장을 해서 시력을 잃은 적도 있다고 한다. 하지만 지금 그녀는 자신감이 생겼고 활발하고 완벽한 건강을 자랑한다. 그녀는 40세 정도로밖에 보이지 않았지만 그녀 무릎에는 손자가 자고 있었다. 그녀는 이렇게 말했다. "예전에는 가족 문제로 얼마나 걱정이 많은지 죽고 싶을 지경이었습니다. 하지만 이 의료원에 와서 걱정이 얼마나 쓸데없는 것인지 알게 되었습니다. 걱정을 멈추게 되었죠. 제 인생은 평온하다고 자신 있게 말할 수 있습니다."

그 강좌의 의학 고문인 로즈 힐퍼딩 박사는 이렇게 말한다.

"걱정을 줄이는 최고의 치료는 문제를 믿을 만한 사람에게 털어놓는 것입니다. 우리는 이것을 카타르시스라고 부르지요. 환자가 이 강좌에 오면, 그들은 자신들의 문제가 마음속에서 사라질 때까지 털어놓습니다. 걱정을 아무에게도 이야기하지 않고 혼자 품고 있으면 정신적인 긴장을 야기합니다. 우리는 모두 우리의 문제를 다른 사람과 나누어야 합니다. 세상에 나의 이야기를 들어주고 이해해 줄 수 있는 사람이 있다고 느껴야 합니다."

내 비서는 자신의 걱정을 이야기한 후에 큰 위안을 얻은 한 여성을 목격했다. 그녀가 처음 이야기를 시작했을 때는 감아놓은 용수철 같이 긴장해 있었다. 하지만 점차 이야기를 계속할수록 진정되기 시작했다. 인터뷰의 끝에 그녀는 웃고 있었다. 문제가 해결된 것일까? 아니다. 문제는 그리 간단한 것이 아니었다. 누군가에게 털어놓고, 조언을 얻고, 동정을 얻자 변화가 일어났다. 실제로 변화를 일으킨 것은 말 안에 숨겨져 있던 엄청난 치유의 힘이었다.

심리분석은 어느 정도 이런 말의 치유력을 토대로 하고 있다. 프로이드 시대 이후 정신분석학자들은 환자가 그냥 말을 하는 것만으로도 내적 불안을 해소할 수 있다는 것을 알고 있었다. 왜 그럴까? 아마 말하는 것만으로도 우리는 문제에 대해 어느 정도 파악할 수 있고, 더 잘 이해할 수 있기 때문이다. 아무도 완벽한 해답을 가지고 있지 않지만 다른 사람에게 "털어 놓는 것", "마음속에서 꺼내 놓는 것" 만으로도 즉각적인 위안이 된다.

그러니 다음에 감정적인 문제가 생기면, 털어놓고 말할 사람을 찾아보는 것이 어떤가? 눈에 보이는 아무나 잡고 징징대고 불평을 해서 귀찮은 존재가 되라는 말이 아니다. 우리가 믿을 수 있는 사람을 정해서 약속을 만들자. 친척일 수도 있고, 의사, 변호사, 목사님 또는 신부님일 수도 있다. 정하고 나서 그 사람에게 이렇게 말하자.

"저는 당신의 도움이 필요합니다. 제게 문제가 있습니다. 제가 말하는 동안 제 말을 들어주십시오. 제게 조언을 해주십시오. 제가 보지 못하는 시각으로 문제를 보실 수 있을 것입니다. 조언을 못해주셔도 제가 말씀 드리는 동안 그저 앉아서 들어주시기만 해도 제게는 큰 도움이 될 것입니다."

그러나 고민을 털어놓을 사람이 없으면 생명의 전화를 이용하는 것도 좋은 방법이다. 이곳은 보스턴 의료원과는 아무 관련이 없다. 생명의 전화는 세계에서 가장 특이한 조직 중에 하나이다. 이 단체는 원래는 자살을 방지하기 위해 만들어졌다. 하지만 시간이 가면서 불행하고 감정적으로 도움이 필요한 사람들에게 상담을 제공하는 것으로 영역을 넓혔다. 생명의 전화에서 상담을 해오고 있는 로나 보넬 양과 이야기 한 적이 있었다. 그녀는 이 책의 독자들이 편지를 보내면 기쁘게 답장을 해주겠다고 내게 말했다. 당신이 뉴욕 5번가 505번지 생명의 전화로 편지를 쓰면 당신의 편지와 당신의 고민에 대해서 비밀이 유지될 것이다. 사실 할 수만 있으면 개인적으로 만날 수 있는 사람에게 고민을 말하는 것이 가장 좋겠지만 그럴 수 없으면 생명의 전화로 편지를 쓰는 것도 좋은 방법이 되겠다.

고민을 이야기하는 것은 보스턴 의료원의 강좌에서 사용하는 주된 방법 중에 하나이다. 보스턴 의료원이 추천하는 가정주부들이 가정에서 사용할 수 있는 다른 방법들을 소개하겠다.

1. 노트나 스크랩북을 준비해라. 당신의 기분을 좋게 하거나 당신에게 와 닿는 시, 기도문, 인용문을 공책에 적어라. 비가 오는 오후 기분이 우울해지면 이 공책에서 우울함을 벗어나게 하는

처방을 찾을 수 있을 것이다. 의료원에 많은 환자들이 몇 년 동안 이 공책을 작성해오고 있다. 그들은 이 노트를 "마음에 맞는 예방주사"라고 부른다.

2. 다른 사람의 단점에 대해 너무 오래 생각하지 마라. 확실히 당신 남편에게는 단점이 있다! 그가 성인군자라면 그는 당신과 절대 결혼하지 않았을 것이다. 그 강좌의 한 여성은 자신이 점점 잔소리하고 사나운 얼굴의 아내가 되어가고 있다고 느끼고 있었는데 이런 질문을 받고 그런 행동을 멈추게 되었다. "당신의 남편이 죽으면 어떻게 하시겠습니까?" 그녀는 그 생각에 충격을 받아 곧바로 자리에 앉아 남편의 장점을 적어내려가기 시작했다. 그녀는 꽤 많은 장점을 찾을 수 있었다. 만일 당신도 주먹이나 휘두르는 폭군과 결혼했다는 느낌이 들면 이렇게 해 보는 게 어떨까? 남편의 장점을 읽고 나면 지금의 남편이 최고의 남자라는 생각이 들것이다.

3. 이웃에 관심을 가져라! 같은 동네 사람들에게 우호적이고도 건강한 관심을 가져라. 자신이 너무 배타적이라 친구가 하나도 없다고 생각하던 여자는 그녀가 만나게 될 사람에 대한 이야기를 지어보라는 주문을 받았다. 그녀는 전차에서 그녀가 만나는 사람들에 대한 배경과 생활을 지어내기 시작했다. 그들의 삶이 어떠한지 상상하려 노력했다. 그녀는 고통에서 치유되어 어디에서나 사람들에게 말을 걸게 되었고 행복하고 매력적인 여성으로 변했다.

4. 자기 전에 내일의 계획을 세워라. 그 강좌는 많은 주부들이 끝

이 없는 집안일에 언제나 바쁘고 정신이 없다는 것을 알아냈다. 일이 끝나는 법이 없었다. 그들은 언제나 시간에 쫓겼다. 쫓기고 있다는 생각과, 걱정을 없애기 위해 그 강좌에서는 주부들에게 매일 밤 다음날 계획을 세우라는 제안을 했다. 무슨 일이 일어났을까? 더 많은 일을 하는데도 피곤하지가 않았다. 자신감과 성취감을 느끼게 되었다. 시간이 남아 휴식을 취하고 예쁘게 치장할 시간도 생겼다. (모든 여성은 하루 중에 시간을 내서 치장해야 한다고 생각한다. 내 생각에 자신이 예쁘다고 생각하는 사람은 신경과민에 걸리지 않는다.)

5. 마지막으로 긴장과 피로를 피해라. 휴식해라! 휴식! 긴장과 피로만큼 당신을 늙어보이게 하는 것은 없다. 피로만큼 당신의 아름다움과 상큼함을 망치는 것은 없다. 내 비서는 보스턴 사고 조절 강좌에 한 시간 동안 참가했다. 그 강좌에서 폴 E. 존슨 박사는 우리가 이전 장에서 이미 다룬 휴식의 원칙을 설명했다. 이렇게 이완하는 과정을 하면서 내 비서는 의자에 앉은 채 깜빡 졸았다! 육체적인 이완을 이렇게 강조하는 이유가 무엇일까? 다른 의사들과 마찬가지로 이 강좌를 진행하는 사람들은 사람들에게서 걱정이라는 괴물을 몰아내기 위해서는 이완해야 한다는 것을 알고 있기 때문이다.

그렇다. 가정주부인 당신은 쉬어야 한다! 당신에게는 아주 좋은 점이 있는데 바로 원할 때는 언제나 누울 수 있다는 것이다. 이상하게 들리겠지만 딱딱한 바닥이 스프링이 있는 침대보다는 쉬기에 더 좋다. 딱딱한 바닥은 척추에 좋다.

당신이 집에서 할 수 있는 운동 몇 가지를 소개하겠다. 이 운동들을 일주일 동안 해보고 당신의 얼굴과 기분에 어떤 변화가 생기는지 살펴봐라.

a. 피곤하다고 느껴지면 언제든지 바닥에 똑바로 누워라. 할 수 있는 한 몸을 쭉 펴라. 구르고 싶으면 굴러라. 이렇게 하루 두 번 해라.

b. 눈을 감아라. 존슨 교수가 추천한대로 이런 말을 하면 좋다. "태양은 머리위에 비치고 있다. 하늘은 파랗고 반짝거린다. 자연은 고요하게 세상을 지배하고 있다. 나는 자연의 아이로 우주와 조화를 이루고 있다." 아니면 기도를 해도 좋다.

c. 음식이 오븐에 있거나 시간이 없어서 누울 수 없다면 의자에 앉아서도 거의 같은 효과를 거둘 수 있다. 딱딱하고 똑바로 앉을 수 있는 의자가 좋다. 의자에 이집트 동상처럼 똑바로 앉아라. 손바닥을 아래로 해서 손을 편안히 허벅지에 내려놓아라.

d. 이제 천천히 발가락에 힘을 준 다음에 힘을 빼라. 다리에 힘을 준 다음에 힘을 빼라. 이렇게 전신의 근육에 힘을 주었다가 빼라. 목까지 하고 나서 머리를 축구공처럼 세게 돌려라. 당신의 근육을 향해 "쉬어라. 쉬어라." 라는 말을 계속 해라.

e. 천천히 숨을 쉬어 신경을 가라앉혀라. 몸 깊숙한 곳에서부터 숨을 쉬어라. 인도의 요가수행자들의 말이 맞다. 규칙적인 호흡이 신경을 안정시키는 최고의 방법 중에 하나이다.

f. 얼굴의 주름과 인상에 집중해서 주름과 인상을 펴라. 미간과 입가

의 주름을 펴라. 이렇게 하루에 두 번씩 하면 마사지를 받으러 피부 관리실에 가지 않아도 된다. 아마 이 주름들은 완전히 없어질 것이다!

4 피로와 걱정을 예방하는 4가지 좋은 작업 습관

좋은 작업습관 1. 지금 하는 일과 관계없는 서류를 모두 치워라.

시카고 노스웨스턴 철도 사장 롤랜드 윌리엄스는 이렇게 말한다.

"책상위에 잡다한 서류로 가득한 사람은 지금 당장 필요한 서류만 남기고 책상을 깨끗이 치우면 업무를 더욱 쉽고 정확하게 처리한다는 것을 알게 될 것이다. 이것이야 말로 효율성을 높이는 첫 번째 방법이다."

워싱턴 D. C. 에 있는 국회도서관에 가면 천정에 시인 포프가 쓴 구절을 볼 수 있다.

"질서는 하늘의 제 1법칙이다."

질서는 사업에서도 제 1의 법칙이 되어야 한다. 하지만 실상은 어떤가? 보통 사업가의 책상은 몇 주째 들여다보지 않은 서류들로 어지럽혀 있다. 사실 뉴올리언스 신문 발행인은 비서에게 책상정리를 시켰더니 자신이 2년 동안 잃어버린 줄 알고 있던 타자기를 찾았다는 이야기를 한 적이 있다.

처리되지 않은 우편물과 보고서, 메모로 어지러운 책상을 보는 것만으로도 혼란스럽고 긴장되고 걱정이 된다. "해야 할 일은 많은데 처리할 시간이 없다."는 생각을 계속하게 되어서 긴장되고 피로를 느낄 뿐아니라 고혈압과 심장질환, 위궤양 등의 원인이 되기도 한다.

펜실베니아 의대 존 스토크 교수는 미국의학협회에서 발표한 논문에서 "환자의 심리상태에서 무엇을 살펴보아야 하는가"라는 제목으로 11개의 상황을 나열했다. 그 중 제 1항목은 다음과 같다.

"의무감 : 끝없이 펼쳐져 있는 해야 할 일들."

하지만 책상을 정리하는 것, 결정을 내리는 것 같은 기본적인 절차가 고혈압과 의무감을 피하는데 도움이 될까? 유명한 정신과 의사 윌리엄 새들러 박사는 이런 단순한 방법으로 신경 쇠약에서 벗어난 환자에 대해 말한다. 그 사람은 시카고 대기업의 중역이었다. 그가 새들러 박사의 진료실에 왔을 때 그는 긴장되고 걱정이 많았다. 이대로 가면 사태가 악화될 것을 알고 있었지만 일을 그만둘 수는 없었다. 그는 도움이 필요했다. 새들러 박사는 다음과 같이 말했다.

"환자가 자신의 이야기를 하는 동안 제 전화벨이 울렸습니다. 병원 호출이었습니다. 문제 해결을 뒤로 미루는 대신 곧바로 결정을 내리고 그 자리에서 일처리를 했습니다. 전화를 끊자마자 곧바로 전화벨이 울리더군요. 또 긴급한 문제여서 시간을 내서 토의를 마쳤습니다. 세 번째 방해를 한 것은 위독한 환자에 대한 제 조언을 듣기위해 진료실을 찾은 동료였습니다. 그 동료와 이야기를 마치고 환자에게 기다리게 해서 미안하다고 했습니다. 하지만 그는 기분이 좋아보였습니다. 그의 표정은 올 때와는 완전히 달라보였습니다."

"사과하지 마십시오, 의사선생님!" 환자는 새들러 박사에게 말했다. "지난 10분 동안 제 문제가 무엇인지 파악했습니다. 사무실에 돌아가서 제 근무 습관을 고쳐야겠습니다. 가기 전에 박사님 책상을 좀 봐도 될까요?"

새들러 박사는 책상 서랍을 열어 보여주었다. 문구류 몇 개를 제외하고 서랍은 비어있었다.

"처리하지 않은 서류는 어디에 두십니까?"

"전부 처리했습니다!"

"회신하지 않은 편지는 어디에 보관하시나요?"

"전부 회신했습니다! 편지를 내려놓기 전에 회신을 끝냅니다. 그 자리에서 비서에게 구술해 답장을 보냅니다."

6주 후, 그 임원이 새들러 박사를 자신의 사무실에 초대했다. 그는 확 달라져 있었고 그의 책상도 달라져 있었다. 그는 책상 서랍을 열고 책상 안에 처리하지 않은 업무가 하나도 없음을 보여주었다.

"6주전에 저는 2개의 사무실에 3개의 책상이 있었습니다. 일은 산더미처럼 쌓여있었습니다. 일이 언제 끝날지 장담할 수 없었습니다. 선생님과 상담을 하고 돌아와서 보고서와 오래된 서류들을 깨끗이 정리했습니다. 이제 저는 책상을 하나만 쓰고, 일이 생기면 바로 처리하기 때문에 미해결 업무는 더 이상 없습니다. 가장 놀라운 것은 건강이 완전히 회복되었습니다."

미국 대법원장을 지낸 찰스 에반스 휴즈 판사는 이렇게 말했다.

"사람들은 과로로 죽지 않는다. 사람들은 에너지의 분산과 걱정으로 죽는다."

그렇다. 에너지의 분산과 일이 절대 끝날 것 같지 않기 때문에 생기는 걱정이 그 원인이다.

좋은 작업 습관 2. 일의 경중에 따라 일처리를 해라.

전국 체인을 가지고 있는 시티즈서비스컴퍼니의 설립자 헨리 도허티는 급여를 아무리 많이 줘도 찾을 수 없는 두 가지 능력이 있다고 말했다.

그 귀중한 능력의 첫 번째는 사고력이고, 두 번째는 일의 경중에 따라 일처리를 하는 능력이다.

무일푼으로 출발하여 12년 후에 펩소던트 회사의 대표가 된 청년 찰스 럭맨은 연봉은 십만 달러에 자산은 백만 달러이다. 그는 헨리 도허티가 거의 찾을 수 없다고 말한 두 가지 능력 덕분에 자신이 성공했다고 말한다.

"제가 기억할 수 있는 아주 오래전부터 새벽 5시에 일어났습니다. 그 시간이 다른 어떤 때보다 집중이 잘 되기 때문입니다. 일어나서 그날 계획을 세우고 일의 경중에 따라 계획을 세웁니다."

미국에서 가장 성공한 보험 세일즈맨 중 하나인 프랭클린 베트거는 하루 계획을 세우는데 새벽 5시까지 기다리지 않는다. 그는 전날 밤에 다음날 보험을 얼마나 팔지 목표를 세운다. 그날 실패하면 판매하지 못한 양이 다음날에 추가된다.

나는 오랜 경험을 통해 일의 경중에 따라 일을 하기가 쉽지 않다는 것을 안다. 하지만 중요한 일을 가장 먼저 한다는 계획이 무작정 일을 하는 것보다 좋은 결과를 가져온다는 것은 알고 있다.

조지 버나드 쇼에게 중요한 일을 가장 먼저 한다는 엄격한 규칙이 없었다면 그는 아마 작가로서 실패하고 평범한 은행원으로 남아있었을 것이다. 그의 계획은 매일 5장의 글을 쓰는 것이었다. 그 계획은 9년 동안의 가슴 아픈 무명기간 동안에도 계속 5장씩 글을 쓰게 만들었다. 그 9년 동안 그는 고작 30달러밖에 못 벌었다. 하루에 1페니씩 번 셈이다. 그의 책 속 인물 로빈슨 크루소도 매일 계획을 세웠다.

좋은 작업 습관 3. 문제가 생겼을 때 결정을 내리는데 필요한 사실을 알고 있다면 그 자리에서 해결하라. 결정을 뒤로 미루지 마라.

내 강좌 수강생이던 하웰 씨는 U. S 철강회사 이사회의 멤버였다. 이사회가 열리면 아주 오래 시간을 끌었다. 안건은 많았지만 결정되는 것은 몇 건에 불과했다. 그 결과 이사회에 참석한 사람들은 검토해야 할 보고서를 한 보따리씩 집에 들고 가야 했다.

마침내 하웰 씨는 한 번에 한 가지 의제만 처리하자고 이사회를 설득했다. 그렇게 하자 뒤로 미루는 것도 없어졌다. 추가 자료가 필요한 의제도 있었고, 해야 하거나 하지 말아야 하는 안건도 있었다. 하지만 한 번에 한건씩 처리하니 다음으로 미뤄지는 안건은 없어졌다. 결과는 놀라웠다. 모든 안건이 처리되었다. 일정표가 깨끗해졌다. 이사회 위원들은 더 이상 서류를 들고 집으로 가지 않아도 되었다. 미결 안건 때문에 걱정할 일이 없어졌다.

U. S. 철강회사의 이사진에게만 좋은 규칙이 아니라 우리들에게도

좋은 규칙이다.

좋은 작업 습관 4. 조직하고, 위임하고, 관리하는 법을 배워라.

많은 사업가들이 책임을 다른 사람에게 위임할 줄 모르고 모든 일을 자기 혼자 처리하다 요절한다. 그렇게 하면 잡무와 혼란에 억눌리고 걱정, 근심, 긴장감에 사로잡힌다. 책임을 위임하는 것은 물론 힘든 일이다. 나에게도 그 일은 아주 어렵다. 나 또한 책임을 부적격자에게 위임해서 큰 곤란을 겪었던 적이 있다. 하지만 권한을 위임하는 것이 어렵지만 관리자들은 고민, 긴장, 피로를 피하기 위해서 권한을 위임해야 한다.

큰 사업체를 가진 사람이 조직하고, 관리하는 법을 몰라 50대나 60대 초반에 심장질환으로 죽는 경우가 많다. 구체적인 예가 필요한가? 그러면 신문 부고란을 보라.

5 피곤 · 걱정 · 분노의 원인 권태를 없애는 방법

피곤함의 주된 원인은 권태이다. 속기사인 앨리스의 예를 들어보자. 앨리스는 어느 날 밤 완전히 지쳐서 퇴근했다. 그녀는 너무 피곤했고 두통에 요통까지 있었다. 지쳐서 저녁도 먹지 않고 자고 싶었다. 어머니가 간청해서 그녀는 저녁식사자리에 앉았다. 전화가 울렸다. 춤추러 가자는 남자친구의 전화였다! 그녀의 눈이 반짝거렸다. 기분이 갑자기 좋아졌다. 그녀는 위층으로 뛰어 올라가 푸른 색깔의 드레스를 입고 새벽 3시까지 춤을 추었다. 집에 돌아왔을 때 하나도 피곤하지 않았다. 사실 너무 기분이 좋아서 잠을 이룰 수 없었다.

앨리스가 퇴근했을 때 그녀가 정말로 피곤했을까? 물론이다. 그녀는 일이 지겹고 삶이 따분해서 지쳐있었다. 세상에는 앨리스와 같은 사람이 너무 많다. 어쩌면 당신도 그 중의 한 사람일지 모른다.

사람이 피곤한 것은 육체적 고단함보다도 감정적인 상태가 더 큰 원인이 된다. 몇 년 전에 조셉 바맥 박사는 그의 책 〈심리 기록〉에서 지루함이 어떻게 피로를 유발하는지를 보여주는 실험을 소개했다. 바맥 박사는 학생들을 재미가 없는 실험에 참여하게 했다. 결과는 어땠을까?

학생들은 피곤을 느끼고 졸렸으며 두통과 눈 통증을 호소했다. 어떤 학생들은 위경련이 일어났다. 이 모든 게 "상상"이었을까? 아니다. 학생들에게 신진대사 테스트를 실시한 결과 지루함을 느낄 때는 혈압과 산소소비량이 줄고, 일에 흥미와 즐거움을 느끼면 신진대사의 속도가 증가했다.

우리가 재미있어 하는 일을 할 때는 지치지 않는다. 나는 최근에 캐나다 로키 산맥에 있는 루이즈 호수 근처로 휴가를 다녀왔다. 코랄 크리크를 따라 내 머리보다 높은 관목을 헤치고, 통나무에 걸려 넘어지고 때로는 베어놓은 목재에 넘어지기도 하면서 8시간동안 송어 낚시를 했지만 전혀 피곤하지 않았다. 왜일까? 재미있고 송어를 6마리나 잡았다는 성취감에 마음이 들떴기 때문이다. 하지만 낚시가 지겨웠다면 내가 어떻게 느꼈을 것이라 생각하는가? 해발 7천 피트도 넘는 고지대에서 격렬한 활동을 했으니 완전히 지쳐버렸을 것이다.

산악등반과 같은 활동에서 고된 육체적 활동보다는 지루함이 사람을 더 힘들게 한다. 미니아폴리스 은행가 킹맨은 이 사실을 완벽하게 증명할 수 있는 이야기를 해주었다. 1943년 7월 캐나다 정부는 캐나다 산악인 클럽에 왕실 근위대 소속 군인들의 산악 등반에 필요한 가이드를 보내달라고 요청했다. 캥맨 씨도 가이드의 한 사람으로 뽑혔다. 그는 나이대가 42세에서 59세에 이르는 가이드들이 어떻게 젊은 군인들을 이끌고 빙하와 설원을 횡단하고 40피트에 이르는 깎아지른 절벽을 로프와 작은 발 디딤대만을 이용해 올랐는지 말해주었다. 그들은 마이클 봉과 바이스프레지던트 봉, 그리고 다른 이름 없는 봉우리들을 올랐다. 15시간동안 등반을 하고 나자 바로 얼마 전 6주간의 힘든 훈련을 끝내고 온 이 군인들은 완전히 지쳐 탈진하고 말았다.

군인들은 훈련에서 단련하지 않은 근육들을 사용해서 지친 것이었을까? 유격훈련을 통과한 사람이면 코웃음을 칠 것이다! 그들이 지친 것은 등반이 너무 지루해서 였다. 얼마나 피곤하면 어떤 대원은 저녁도 먹지 않고 잠이 들었다. 하지만 군인들보다 나이가 2배에서 3배가 많은 가이드들도 지쳤을까? 지치기는 했지만 탈진할 정도는 아니었다. 가이드들은 저녁을 먹고 몇 시간이나 자지 않고 그날의 경험을 이야기했다. 그들이 지치지 않은 것은 재미있었기 때문이다.

콜럼비아 대학의 에드워드 손다이크 박사가 피로에 대한 실험을 진행할 때 그는 청년들에게 끊임없이 흥밋거리를 제공하여 거의 1주일 동안이나 재우지 않았다. 그 후에 박사는 이렇게 발표했다.

"작업 능력 감소를 가져오는 원인은 지루함이다."

당신이 정신노동자라면 당신이 하는 일이 당신을 피곤하게 하는 경우는 거의 없다. 당신이 하지 않은 일 때문에 피곤해진다. 지난 주 계속해서 업무가 중단되었던 때를 생각해봐라. 편지에 회신도 못하고 약속은 취소되고 여기저기서 문제가 터진다. 그날은 모든 일이 꼬였다. 아무 일도 완벽하게 끝내지 못하고 당신은 지쳐서 퇴근했다.

다음날은 모든 일이 순조롭게 진행되었다. 어제보다 40배정도 업무 효율이 높았다. 일이 많았는데도 산뜻한 기분으로 퇴근할 수 있었다. 당신이나 나나 그런 경험이 있을 것이다.

여기서 교훈은 무엇인가? 바로 이것이다. 피로는 일이 힘들어서가 아니라 걱정, 절망, 분노 때문에 생긴다.

이 장을 쓰면서, 제롬 컨의 재미있는 뮤지컬 코미디 〈쇼 보트〉를 보러 갔다. 코튼 블라섬 호의 선장 앤디는 철학적인 독백을 한다.

"자신이 좋아하는 일을 하는 사람이 행복한 사람이지."

이런 사람들은 정말 운이 좋다. 보다 더 힘 있게 행복하게 일하면서 걱정은 적게 하고 힘도 들지 않는다. 좋아하는 일을 할 때에는 활력이 넘친다. 잔소리하는 아내와 함께 열 블록을 걷는 게 사랑하는 연인과 일 마일을 걷는 것보다 더 지치는 일일지 모른다.

그렇다면 어떻게 해야 하는가? 오클라호마 털사에 있는 석유회사에서 일하는 속기사의 실례를 들어보자. 그녀는 매월 몇 일 동안 석유 리스용 양식에 숫자와 통계표를 적어 넣는 정말 지루한 일을 해야 했다. 이 일이 너무 지루해서 이 일을 좀더 재미있게 만들 수 있는 있는 방법을 고안했다. 그녀는 매일 자신과 시합을 했다. 매일 아침에 작성한 양식의 개수를 새서 오후에 그 기록을 깨려고 노력했다. 매일 그날에 완성한 양식의 개수를 새서 다음날에는 더 많이 작성하려고 노력했다. 그녀는 그녀가 속한 부서의 어떤 속기사 보다 많은 양식을 작성할 수 있게 되었다. 그녀에게 어떤 이익이 있을까? 칭찬? 아니다. 감사 인사? 아니다. 승진? 아니다. 월급 인상? 아니다. 하지만 그렇게 하니 지루함에서 오는 피로를 예방할 수 있었고 정신적인 자극을 주었다. 지루한 일을 재미있게 만들려고 최선을 다했기 때문에 그녀는 에너지가 넘치고, 열정이 넘치고, 여가시간에 더 즐겁게 지낼 수 있었다.

이 이야기는 실화이다. 이 이야기의 속기사가 바로 내 아내이기 때문이다.

자신의 일이 재미있는 것처럼 행동해서 좋은 일이 생긴 다른 속기사의 이야기를 해보겠다. 그녀는 억지로 일을 했었지만 이제는 아니다.

그녀의 이름은 밸리 골든이고 일리노이에 산다. 그녀의 편지를 옮긴다.

"제 사무실에는 4명의 속기사가 있습니다. 가끔씩 일이 갑자기 몰릴 때가 있는데 하루는 부팀장이 제가 편지를 다시 타이핑해야 한다고 주장하기에 제가 반박을 했습니다. 그 편지는 다시 칠 필요가 없이 수정만 하면 된다고 그에게 지적하려고 했지만 제가 다시 작성하지 않으면 다른 사람에게 그 일을 시키겠다고 하는 것입니다. 저는 화가 났습니다. 하지만 그 편지를 다시 작성하면서 제가 하고 있는 일을 하고 싶어서 안달하는 사람들이 밖에 널렸다는 생각이 들었습니다. 또한 그 일을 해서 제가 월급을 받는다는 생각이 들자 기분이 좀 나아졌습니다. 실제로 그 일을 싫어하지만 그 일이 즐거운 것처럼 마음먹기로 했습니다. 그렇게 하자 중요한 발견을 했습니다. 일이 즐거운 것처럼 하면 일이 어느 정도는 즐거워진다는 사실이었습니다. 일을 즐기면 작업속도도 빨라진다는 것을 발견했습니다. 이제는 야근할 필요가 거의 없습니다. 이런 제 태도가 직원들에게 일을 잘하는 사람이라는 인상을 주었습니다. 부장님 한분이 비서가 필요하셨는데 제게 비서를 하겠냐고 물으셨습니다. 물론 잔업에 불만 없겠냐고 물으시더군요. 마음가짐의 변화가 중요하다는 것을 발견하게 된 계기였습니다. 기적 같은 일이 제게 일어났습니다."

골든 양이 사용한 방법은 한스 바이힌겔 교수가 주장한 '마치 ~와 같이'의 철학이다.

당신이 마치 직업을 좋아하는 것처럼 행동하면 실제로 흥미가 생긴다. 그와 동시에 피로와 긴장, 걱정도 줄어들 것이다.

몇 년 전에 할랜 하워드는 자신의 삶을 완전히 변화시키는 결정을 내렸다. 재미없는 지루한 일을 신나는 일로 만들기로 결심한 것이다. 고 등학교에서 다른 아이들이 농구를 하거나 여자아이들과 노닥거리는 동 안 접시를 닦고, 식탁을 닦고, 식당에서 아이스크림을 담아주는 것이 그의 일이었다. 할랜 하워드는 그 일이 너무 싫었지만 해야 하는 일이 었기에 아이스크림은 어떻게 만들어지고, 어떤 성분인지, 어떤 맛은 다 른 맛보다 더 맛있는지 등 아이스크림에 대해 공부하기로 했다. 그는 아이스크림과 관련된 화학을 공부했고 고교 화학수업에서 두각을 나 타내었다. 그러면서 식품 화학에 관심을 갖게 되어서 매사추세츠 공대 에 입학해 음식 공학을 전공했다. 뉴욕 코코아 거래소가 주최한 코코아 와 초콜릿 활용에 대한 논문 공모에서 입상했다.

졸업 후 취업을 포기한 그는 고향집 지하실에 실험실을 마련했다. 얼 마 지나지 않아 우유의 박테리아 수를 표시해야 한다는 새로운 법률이 생겼다. 할랜 하워드는 곧 14개 회사의 우유의 박테리아를 확인하는 일 을 맡아 조수도 두 명 고용했다.

앞으로 25년 후 그는 어떻게 될까? 식품 화학에 종사하는 사람들은 그때쯤이면 은퇴하거나 죽을 것이다. 그리고 그들의 자리가 창의와 열 정으로 빛나는 젊은이들로 채워질 것이다. 하지만 할랜 하워드는 그 분 야의 리더 중의 한명이 되어 있을 것이다. 반면에 그가 매점에서 아이 스크림을 팔았던 동창생들은 실직상태에 정부를 욕하면서 자기들에게 는 기회가 없었다고 욕할 것이다. 할랜 하워드도 재미없는 일을 재미있 게 만들겠다는 결심을 하지 않았다면 아마 기회를 얻지 못했을 것이다.

공장에서 볼트를 만드는 일을 지겨워하던 청년이 있었다. 그의 이름 은 샘이다. 샘은 그만두고 싶었지만 다른 일을 못 찾을까 두려웠다. 어차피 지루한 일을 할 바엔 재미있게 하기로 했다. 그래서 그는 그의 옆에서 작업하는 동료와 시합을 했다. 한 사람이 기계로 거친 면을 다듬으면 다른 사람이 적당한 지름이 되도록 볼트를 가공해야 했다. 그들은 가끔 기계를 바꿔가며 누가 더 많은 볼트를 만드는지 경쟁했다. 샘의 속도와 정확성에 감탄한 작업반장은 그에게 더 좋은 일을 맡겼다. 이것이 그의 승진의 시작이었다. 30년 후 샘 사무엘 보클레인은 볼드윈 기관차 제조공장의 대표가 되었다. 재미없는 일을 재미있게 만들려는 결심을 하지 않았다면 그는 평생 기계공으로 남아 있었을 것이다.

유명한 라디오 뉴스 해설자 칼텐본은 어떻게 지겨운 일을 재미있게 만들었는지 내게 말해주었다. 22살이었을 때 그는 가축 수송선을 타고 가축들에게 사료와 물을 주며 대서양을 건넜다. 영국에서 자전거 여행을 하고 파리에 도착했을 때 그는 무일푼에 배도 고팠다. 카메라를 5달러에 저당 잡히고 그는 파리판 뉴욕 헤럴드에 광고를 낸 입체 환등기를 팔게 되었다. 40세가 넘은 사람이라면 구식 입체경을 기억할 것이다. 입체 환등기를 보면 마법 같은 일이 일어났다. 두 개의 렌즈가 두 장의 사진을 입체감 있는 3차원의 사진으로 만들어냈다. 거리감과 놀라운 원근감을 볼 수 있다.

칼텐본은 파리의 이집 저집을 다니며 이 기계를 팔기 시작했다. 불어를 하나도 몰랐지만 그는 첫해에 커미션으로 5천 달러를 벌었다. 그는 그해 프랑스에서 가장 돈을 많이 번 세일즈맨이 되었다. 칼텐본은 이 경험이 하버드대에서의 1년보다 더 자신의 내적 능력을 개발하게 한 경험이었다고 말했다. 그는 프랑스 가정주부들에게 의회 회의록도 팔수 있는 자신감이 들었다고 말했다.

이 경험으로 프랑스인의 생활방식을 이해할 수 있게 되었고 후에 유럽의 시사문제를 해설하는 데 큰 도움이 되었다.

프랑스어를 못하는 그가 어떻게 뛰어난 세일즈맨이 될 수 있었을까? 그는 직원을 고용해 판매 문구를 완벽한 프랑스어로 작성하게 한 후 그 문구를 암기했다. 벨을 누르고 가정주부가 문을 열면 칼텐본은 형편없이 웃긴 억양으로 암기한 판매 문구를 말했다. 그가 입체 환등기를 보여주면서 주부가 주문을 하면 그는 어깨를 으쓱하며 이렇게 말한다. "아메리칸…… 아메리칸…… " 그런 다음 모자를 벗고 모자 안에 붙여둔 불어 판매 문구를 보여준다. 주부가 웃으면 그도 따라 웃는다. 그런 다음 그녀에게 더 많은 화면을 보여준다.

칼텐본은 이 일이 결코 쉽지 않았다고 고백했다. 하지만 재미있게 일하려고 노력했기 때문에 일을 지속할 수 있었다. 매일 아침 출근하기 전에 그는 거울을 보며 자신을 격려했다.

"칼텐본, 밥을 먹고 싶으면 이 일을 해야 해. 기왕 할 바에 재미있게 하는 게 어때? 매일 초인종을 누를 때마다 네가 스포트라이트를 받고 있는 배우라고 생각하고 너를 쳐다보는 관객이 있다고 생각해봐. 네가 하는 일은 무대 위에서 만큼이나 재미있는 일이야. 그러니 열정적으로 해보자."

칼텐본은 이렇게 매일매일 격려의 말이 두렵고 싫은 일을 많은 돈을 벌어주는 일로 만들어주었다고 말했다.

내가 그에게 성공하고 싶은 미국의 청년들에게 해줄 조언이 없냐고 묻자, 그는 이렇게 말했다.

"잠이 덜 깬 몸을 깨우기 위해 신체적 운동의 중요성은 많이 말하지만 매일 아침 정신적, 심리적 운동이 더 많이 필요합니다. 당신에게 매일 격려를 해주십시오."

자신에게 격려의 말을 하는 것이 바보 같고, 피상적이고 유치한가? 아니다. 이것이야말로 심리학의 정수다. "우리의 삶은 우리가 생각하는 대로 만들어진다." 마르쿠스 아우렐리우스가 18세기 전 〈명상록〉에 쓴 이 말은 오늘날에도 진리다. "우리의 삶은 우리가 생각하는 대로 만들어진다."

하루 종일 자신에게 말함으로써 자신을 용기와 행복, 힘과 평화에 대한 생각으로 이끌 수 있다. 감사한 것들을 자신에게 말하면 마음이 날아갈 듯 가벼워서 노래를 부르고 싶어진다.

올바른 생각을 하면 어떤 일이든 싫증이 덜 난다. 당신의 상사는 당신이 일에 더 흥미를 가져 회사에 더 많은 돈을 벌어다 주기를 원한다. 하지만 상사가 원하는 것은 잊자. 당신이 하는 일을 좋아하면 당신에게 어떤 이익이 있는지만 생각하자. 당신의 일을 좋아하면 행복의 양이 두 배로 늘어난다는 것만 생각하자. 당신은 깨어있는 시간의 절반을 직장에서 보내는데 당신의 일에서 행복을 못 찾으면 어느 곳에서도 행복을 찾을 수 없을 것이다. 하는 일이 즐거워지면 걱정이 사라지고 결국 승진도 하고 월급도 오를 것이다. 설사 그렇게 되지 않더라도 피로가 줄어들고 여가시간을 즐길 수 있게 된다.

6 불면증에서 벗어나는 방법

잠이 안와서 걱정인가? 그렇다면 세계적으로 유명한 법률가 사무엘 운터마이어가 평생 숙면을 취해본 적이 없다는 이야기에 관심이 생길 것이다.

샘 운터마이어가 대학에 진학했을 때 그는 천식과 불면증으로 고생했다. 치료를 받아도 좋아지지가 않아 차선책으로 깨어있는 시간을 최대한 이용하기로 결심했다. 신경쇠약 직전까지 뒤척이면서 잠이 오지 않는 것을 걱정하는 것 대신에 일어나서 공부를 했다. 그 결과 그는 장학생이 되었고 뉴욕 대학의 천재가 되었다.

변호사가 된 후에도 그의 불면증은 계속 되었지만 운터마이어는 걱정하지 않았다. "자연이 나를 돌봐준다." 그는 수면시간은 적었지만 건강했고 뉴욕 변호사 협회의 어떤 젊은 변호사보다 더 열심히 일할 수 있었다. 그는 다른 사람이 잠자는 동안에도 일을 했기 때문에 더 많이 일했다.

22살에 그는 일 년에 7만 5천 달러를 벌어들이고 있었다. 다른 젊은 변호사들이 그의 비결을 배우려고 법정으로 몰려들었다. 1931년 그는 역사상 단일 사건 수임료로 최고액인 백만 달러를 받았다.

그의 불면증은 이때도 여전해서 밤 늦도록 책을 읽고 새벽 5시에 일어나 편지를 썼다. 대부분의 사람이 일을 막 시작하려는 시간에 그의 일은 거의 절반 이상 끝냈다. 그는 평생 단잠은 자지 못했지만 81세까지 살았다. 만약 불면증 때문에 조바심내고 걱정했다면 건강을 해쳤을 것이다.

우리는 인생의 3분의 1을 잠자면서 보낸다. 하지만 아무도 잠의 의미는 모른다. 우리는 잠이 습관이고 휴식이라는 것은 안다. 하지만 개개인이 잠을 얼마나 자야 하는지, 잠을 반드시 자야 하는지에 대해서도 잘 모른다.

제 1차 세계 대전 중에 헝가리 병사 폴 컨은 뇌의 전두엽에 관통상을 입었다. 부상에서 완쾌되었지만 잠을 잘 수가 없었다. 의사가 어떤 방법을 사용해도(의사들은 모든 종류의 안정제, 진정제 심지어 최면까지 시도했다.) 폴 컨은 잠을 자거나 졸리지 않았다.

의사들은 그가 오래 살지 못할 거라고 말했지만 그는 의사들의 예상을 보기 좋게 뒤집었다. 취업을 하고 최상의 건강상태로 오랫동안 살았다. 그는 누워서 눈을 감고 휴식을 취했지만 결코 잠을 자지는 않았다. 그의 경우는 잠에 대한 우리의 믿음을 뒤집는 의학적 수수께끼였다.

어떤 사람들은 다른 사람들보다 더 많은 잠이 필요하다. 토스카니니는 밤에 5시간만 자면 됐지만 캘빈 쿨리지는 10시간 이상은 자야 했다. 쿨리지는 24시간 동안 11시간 잠을 잤다. 토스카니니가 인생의 5분의 1을 잠으로 보낸 반면 쿨리지는 인생의 절반을 잠으로 보낸 셈이다.

불면증에 대한 걱정이 불면증보다 더 나쁘다. 내 수강생 중에 한명인 아이라 샌드너는 불면증으로 자살할 뻔했다.

"저는 정말 제가 미쳐가고 있다고 생각했습니다. 문제는 처음에는 제가 잠을 푹 잘 잤다는 것입니다. 알람시계가 울려도 일어나지 않아서 아침에 자주 지각했습니다. 상사가 경고할 정도였습니다. 만약 계속 늦잠을 자면 해고 되었을 것입니다

제 친구들에게 고민을 말했더니 친구들 중 하나가 자기 전에 알람시계에 집중해보라고 제안했습니다. 그것이 불면증의 시작이었습니다. 알람시계의 째깍거리는 소리에 집착하게 되었습니다. 이 소리에 집중하니 잠이 안와서 밤새 내내 뒤척거렸습니다! 아침이 오면 몸이 안 좋았습니다. 피곤과 걱정으로 몸이 아팠습니다. 이것이 8주 동안 계속되었습니다. 제가 겪은 고생은 말로 표현할 수가 없습니다. 미쳐가고 있다는 생각이 들었습니다. 어떤 때는 잠이 안 와서 마루를 몇 시간이고 서성일 때도 있었습니다. 창문에서 뛰어내려 죽고 싶었습니다!

마침내 주치의를 찾아갔습니다. 주치의 선생님은 이렇게 말씀하시더군요. '아이라. 나는 당신을 도와줄 수 없어요. 아무도 당신을 도울 수 없어요. 당신이 자초한 일이니까. 밤에 잠이 안와도 모든 것을 그냥 잊어보세요. 이렇게 말해보세요. '잠 안자면 어때. 아침까지 깨어있어도 괜찮아.' 눈을 감고 이렇게 말해 봐요. '내가 누워서 걱정하지만 않으면 그게 바로 휴식이야.'

저는 그렇게 했습니다. 2주가 지나자 잠을 잘 수가 있었습니다. 한 달도 안 되어 하루에 8시간씩 잤고 제 신경도 정상으로 돌아왔습니다."

아이라 샌더를 힘들게 한 것은 불면증이 아니라 불면증에 대한 걱정이었다.

시카고 대학의 나다니엘 클라이트만 박사는 현존하는 어떤 학자보다 잠에 대해 많은 연구를 했다. 그는 세계적 수면 전문가이다. 그는 불면증으로 죽은 사람을 본적이 없다고 주장한다. 물론 불면증으로 걱정을 해서 이 걱정이 면역력을 약하게 할 수는 있다.

클라이트만 박사는 불면증에 대해 걱정하는 사람들은 자신이 생각하는 것보다 잠을 더 많이 잔다고 말한다. "어젯밤에 한숨도 못 잤어."라고 말하는 사람은 아마 모르는 사이에 몇 시간 동안 잠을 잤을 것이다. 19세기 가장 심오한 사상가의 한 사람인 허버트 스펜서는 평생 결혼하지 않고 하숙집에 살면서 그의 불면증에 대한 이야기를 지겹게 했다. 그는 밖의 소음이 들리지 않도록 귀에 "귀마개"를 끼고 신경을 진정시키려 했다. 가끔 잠을 자려고 아편을 사용하기도 했다. 어느 날 밤 그와 옥스퍼드대 세이스 교수가 한 호텔방에 묵게 되었다. 다음 날 아침 스펜서는 한숨도 못 잤다고 했지만 사실 한숨도 못잔 것은 세이스 교수였다. 그는 스펜서의 코고는 소리에 밤새 잠을 못 잤다.

숙면의 첫 번째 조건은 안정감이다. 아침까지 우리보다 더 큰 어떤 힘이 우리를 보살펴준다고 느낄 필요가 있다. 토머스 히슬롭 박사는 영국 의학 협회에서 가진 강연에서 이렇게 말했다.

"나의 오랜 경험에 의하면 단잠을 자게 해주는 최고의 방법은 기도입니다. 의사의 입장에서 말씀드리는 것입니다. 기도를 하면 마음이 안정되고 신경이 진정됩니다."

"하나님께 맡기고 고민을 버리자."

자네트 맥도날드는 그녀가 우울하고 걱정이 되고 잠을 못자면 시편 23장의 구절 "주는 나의 목자시니 내게 부족함이 없으리로다. 그가 나를 푸른 풀밭에 누이시며 쉴만한 물가로 인도하시는 도다." 라고 되뇌는 것만으로도 안정감을 느낀다고 말한다.

당신이 종교가 없으면 물리적인 방법을 이용해 이완하는 법을 배워야 한다. 데이비드 헤럴드 핑크 박사는 그의 저서 〈긴장에서 해방〉에서 긴장을 완화하는 최고의 방법은 자신의 몸에 말을 거는 것이라고 말한다. 핑크 박사에 따르면 말은 모든 종류의 최면의 가장 중요한 요소이다. 계속 잠을 못 자면 그것은 당신이 계속 불면증에 걸리는 말을 하기 때문이다. 불면에서 벗어나려면 최면에서 벗어나야 한다. 몸의 근육들에게 이렇게 말하면 된다. "풀어라. 힘을 빼고 긴장을 풀어라." 우리는 근육이 긴장하면 마음과 신경이 이완될 수 없다는 것을 안다. 잠을 자고 싶으면 근육부터 풀어주어라. 핑크 박사가 추천하고 또 실제로도 효과가 있는 방법은 베개를 무릎 밑에 두고 다리의 긴장을 풀고 팔 밑에도 베개를 두어 팔의 긴장을 푸는 것이다. 턱, 눈, 팔, 다리에 긴장이 풀리는 말을 하면 나도 모르는 사이에 잠이 들것이다. 내가 시도해봐서 안다. 당신이 잠을 잘 못자면 핑크 박사의 책 〈긴장에서 해방〉을 읽어보아라.

불면증을 치료하는 최고의 방법은 정원 손질, 수영, 테니스, 골프, 스키 또는 단순한 육체적 노동 등으로 몸을 피곤하게 만드는 것이다. 이것이 시어도어 드라이저가 한 방법이다. 그가 무명작가 시절 그도 불면증 때문에 걱정이 많았다. 그래서 뉴욕 중앙철도의 근로자로 일을 했다. 힘든 일을 하고나면 너무 지쳐서 먹지도 못하고 잠들어 버렸다.

우리가 피곤할 때 걸으면서도 잘 때가 있다. 내가 13살이었을 때 내 아버지는 돼지들을 화물차에 싣고 미주리 세인트 조로 갔다. 무료 기차표가 두 장이 나와서 아버지는 나를 데리고 가셨다. 인구 4천명 이상의 도시에는 가본 적이 없었던 나는 인구 6만의 세인트 조에 도착하자 흥분으로 들떴다. 6층짜리 고층빌딩도 보고, 전차도 보았다. 아직도 눈을 감으면 전차의 모습이 생생하다. 재미있는 하루를 보내고 아버지와 나는 미주리 레이븐우드로 돌아오는 기차를 탔다. 새벽 2시에 도착한 우리는 농장까지 4마일을 걸었다. 이 이야기의 핵심은 바로 이 부분이다. 나는 너무 피곤해서 졸았는데 꿈을 꾸면서도 계속 걷고 있었다. 졸면서 말을 타기도 했다.

극도로 피곤하면 천둥이 와도 아니 심지어 전쟁의 위험 속에서도 잠이 온다. 유명한 신경과 의사 포스터 케네디는 1918년 영국 제 5군단이 후퇴할 때 병사들이 너무 지쳐서 길바닥에 드러누워 혼수상태처럼 잠을 자는 모습을 본적이 있다고 내게 말해주었다. 병사들은 손가락으로 눈꺼풀을 들어도 깨지 않았다. 그들의 동공은 안구 위쪽을 향해 돌아가 있었다.

"그 이후로 잠이 안 오면 눈동자를 눈 위쪽으로 돌립니다. 몇 초 지나지 않아 하품이 나기 시작하고 졸리기 시작합니다. 그것은 내가 통제할 수 없는 반사행동입니다."

아직까지 잠자기를 거부하는 방식으로 자살을 한 사람은 아무도 없다. 의지력이 아무리 강해도 잠을 이길 수는 없다. 먹지 않고는 버틸 수 있지만 잠을 자지 않고는 버틸 수 없다.

자살에 대한 얘기를 하다 보니 헨리 링크 박사가 〈인간의 재발견〉이라는 책에서 말한 것이 기억난다. 링크 박사는 걱정이 많고 우울한 사람들을 많이 인터뷰한다. "두려움과 걱정을 극복하는 법" 이란 장에는 자살을 원하는 환자 이야기가 나온다. 링크 박사는 논쟁을 해봤자 상황이 악화될 것이라는 것을 알았기에 환자에게 이렇게 말했다. "자살이 하고 싶으면, 영웅적인 방법으로 해보세요. 죽을 때까지 뛰어보는 것은 어떻습니까?"

그 환자는 한 번이 아니라 여러 번 그 방법을 시도해보았다. 뛸 때마다 기분이 좋았다. 세 번째 밤 링크 박사가 의도한 일이 일어났다. 그는 너무 피곤해져서 죽은 듯이 잠을 잤다. 나중에 그는 동호회에 가입해서 시합에 나가게 되었다. 곧 그는 영원히 살고 싶다고 생각할 정도로 상태가 좋아졌다.

불면증으로 걱정하고 싶지 않다면

1. 잠을 잘 수가 없으면 사무엘 운터마이어가 했던 대로 일어나서 졸릴 때까지 일을 하거나 책을 읽어라.

2. 잠 못 자서 죽은 사람은 없다는 사실을 기억해라. 수면부족보다 불면증에 대한 걱정이 더 나쁘다.

3. 기도를 하거나 시편 23편을 반복해서 읽어라.

4. 몸을 이완시켜라. 〈긴장에서 해방〉이라는 책을 읽어라.

5. 운동해라. 몸이 힘들면 자게 되어있다.

걱정과 피로를 막고 늘 활기차게 사는 6가지 방법

규칙 1. 피곤하기 전에 쉬어라.

규칙 2. 일을 하면서 이완하는 법을 배워라.

규칙 3. 가정주부라면 집에서 피로를 풀어 건강과 미모를 유지해라.

규칙 4. 네 가지 좋은 작업습관을 가져라.

      a. 업무와 관계있는 서류를 빼고 책상을 치워라.

      b. 일의 경중에 따라 일을 해라.

      c. 문제가 생기면 그 자리에서 바로 처리해라.

      d. 조직하고, 위임하고, 관리하는 법을 배워라.

규칙 5. 걱정하고 피곤하지 않으려면 일에 열정을 불어넣어라.

규칙 6. 수면부족으로 죽은 사람은 아무도 없다. 불면증보다는 불면증을 걱정하는 것이 더 나쁘다.

8장

——

행복하고 성공하는
일을 찾는 방법

1 인생에서 중요한 결정 두 가지 중 하나

(이 장은 아직 하고 싶은 일을 찾지 못한 젊은이들을 위한 글이다. 이 장의 내용은 평생 당신의 삶에 커다란 영향을 미칠 것이다.)

당신이 18세 이하라면, 인생에서 가장 중요한 두 가지 결정을 해야 할 것이다. 그 결정은 당신의 인생, 행복, 수입, 건강에 큰 영향을 끼칠 것이다.

이 두 가지 결정이 무엇인가?

첫째, 어떻게 돈을 벌 것인가? 농부, 우체부, 화학자, 삼림 감시원, 속기사, 수의사, 대학교수, 햄버거 가게 주인…… 무엇이 될 것인가?

둘째, 당신의 배우자로 어떤 사람을 선택할 것인가?

이 두 가지 결정은 도박 같다. 해리 에머슨 포스딕은 그의 책 〈모든 것을 꿰뚫어 보는 힘〉에서 이렇게 말했다.

"모든 젊은이들이 직업을 선택하는 것은 도박과 같다. 이 선택에 인생을 걸어야 한다."

직업을 선택할 때 어떻게 하면 위험성을 줄일 수 있을까? 가능하면 즐길 수 있는 일을 선택해라. 타이어 제조사인 굿리치사의 데이비드 굿

리치 회장에게 사업에서 성공하기 위한 첫 번째 조건을 물었더니 그는 이렇게 답했다.

"즐겁게 일을 하십시오. 당신이 하는 일을 즐기면 오래 일할 수 있고 전혀 일처럼 느껴지지 않을 것입니다. 노는 것처럼 느껴지지요."

에디슨이 그 좋은 예이다. 정규 교육도 받지 못했지만 미국 산업을 바꿔놓은 에디슨은 그의 연구실에서 먹고 자며 하루에 18시간씩 일했다. 하지만 이것은 그에게 고생이 아니었다. "나는 평생 하루도 일 해 본 적이 없습니다. 모든 것이 재미있었으니까요."

그가 성공한 것이 당연하다.

언젠가 찰스 슈왑도 이와 비슷한 말을 했다.

"어떤 일이든 사람이 무한한 열정을 가지면 성공할 수 있다."

하지만 하고 싶은 일이 무엇인지도 모르는데 어떻게 일에 대한 열정을 가질 수 있겠는가. 듀폰에서 수천 명의 직원을 채용했으며 현재 아메리칸 홈프러덕트 컴패니에서 노무관리 부책임자로 일하고 있는 에드나 커는 이렇게 말했다.

"최고의 비극은 많은 젊은이들이 자신이 정말로 무엇을 하고 싶은지를 모른다는 것입니다. 일을 해서 월급만 받고 어떤 것도 얻지 못하는 인생만큼 불행한 인생도 없습니다."

심지어 대학 졸업자들도 제게 와서 이렇게 말합니다.

"저는 다트머스에서 학사 학위를 받았습니다. (또는 코넬에서 석사 학위를 받았습니다.) 귀사에서 제가 할 수 있는 일이 있을까요?" 그들은 자신이 무슨 일을 할 수 있는 지도 모르고 자신이 하고 싶은 일이 무엇인지도 모른다. 그러니 장밋빛 꿈을 가지고 인생을 시작한 젊은이들이 40세에 완전히 절망해서 신경쇠약에 걸리는 것도 놀라운 일이 아니다. 사실 올바른 직업을 찾는 것은 당신의 건강에도 중요하다. 존스 홉킨스의 레이먼드 펄 박사는 한 보험회사와 공동으로 장수 요소를 찾아내기 위한 연구를 진행했다. 그는 "적성에 맞는 직업"을 목록의 높은 순위에 올려놓았다. 그는 토머스 칼라일과 마찬가지로 이렇게 말했을 것이다.

"자신의 일을 찾아낸 사람은 축복받은 사람이다. 더 이상의 축복을 바라지 마라."

나는 최근에 소코니 베튜엄 오일 컴퍼니의 인사 책임자인 폴 보인튼과 저녁식사를 했다. 지난 20년간 그는 7만 5천명이 넘는 구직자들을 인터뷰했다. 그는 〈취업을 위한 6가지 방법〉이라는 책을 썼다. 나는 그에게 "젊은 사람들이 구직과정에서 하는 가장 큰 실수는 무엇입니까?"라는 질문을 했다.

"젊은 사람들은 자신이 무엇을 원하는지를 모릅니다. 자신의 미래의 행복과 평화가 그 직업에 달렸는데 몇 년이면 헤질 양복을 사는 데 더 많은 생각을 하니 경악할 일입니다."

당신은 어떻게 할 수 있을까? 직업 상담사의 도움을 받을 수도 있을 것이다. 당신이 상담하는 상담사의 능력과 성격에 따라 득이 될 수도 해가 될 수도 있을 것이다. 이 직종은 완벽하지는 않지만 전망은 좋다. 직업 상담사를 어떻게 활용할 수 있을까? 당신은 직업 훈련이나 직업에 대한 조언을 얻을 수 있을 것이다. 미국의 대도시와 중소도시에도 이런 서비스가 있다. 당신이 퇴역 군인이라면 보훈처에서 일자리를 알선해줄 것이다. 당신이 퇴역 군인이 아니라면 도서관이나 지역 교육센터에 문의해서 직업 교육을 받을 수 있을 것이다. 많은 고등학교와 대학에도 직업 안내 센터가 있다. 당신이 시골에 산다면 주립 직업 안내 서비스 담당자에게 편지를 써 보아라. 공공기관 말고도 YMCA, YWCA나 구세군 같은 민간단체의 서비스를 이용할 수도 있을 것이다.

그런 단체들은 방향 제시만 해줄 뿐이지 결정은 당신이 해야 한다. 그들은 종종 실수를 하기도 한다. 어떤 직업 상담사는 단지 어휘력이 좋다는 이유로 작가가 될 것을 권했다. 말도 안 되는 일이다! 글을 잘 쓰는 것은 자신의 생각과 감정을 독자에게 잘 전달하는 것이다. 어휘력이 좋을 필요가 없다. 좋은 작가가 되려면 생각, 경험이 풍부해야 한다. 단어를 많이 아는 수강생에게 작가가 되는 것이 어떻겠느냐고 조언한 그 직업상담사는 한 가지는 성공했다. 행복한 속기사를 절망에 빠진 소설가 지망생으로 만들었다.

내가 말하고자 하는 바는 직업 상담사들도 실수를 한다는 것이다. 여러 명의 직업 상담사의 상담을 받고 그들의 의견을 종합해서 결론을 내리는 것이 필요하다.

걱정을 주제로 한 책에 이런 내용이 있는 것이 이상하다고 생각할지 모르겠다. 하지만 이상할 것이 없다. 많은 걱정, 후회, 좌절들이 자기가 싫어하는 일에서 생긴다. 당신의 아버지나 이웃, 직장상사에게 물어보아라. 존 스튜어트 밀 같은 위대한 지성도 "잘못된 직업선택은 사회의 중대한 손실" 이라고 주장했다. 세상에서 가장 불행한 사람들은 자기의 일을 싫어하는 사람들이다.

군대에서 문제를 일으키는 사람이 누구인지 아는가? 바로 배치를 잘못 받은 사람이다. 나는 전투 사상자를 말하는 것이 아니다. 유명한 심리학자 윌리엄 메닝거는 세계대전 당시 육군 신경정신 부서의 총 책임자였다.

"우리는 육군에서 선발과 배치의 중요성을 배웠습니다. 배치 받은 업무의 중요성을 확신하는 것이 필수적입니다. 흥미가 없거나, 자신의 재능을 제대로 인정받지 못한다고 느끼거나 부서배치를 잘못 받았다고 느끼면 실제 부상은 아니더라도 마음에 병이 생깁니다."

실생활에서도 자신의 일을 싫어하면 문제가 발생한다. 필 존슨의 예를 들어보자. 필 존슨의 아버지는 세탁소를 운영하고 있었고 아들도 가업을 잇기를 바랐다. 하지만 필은 세탁소 일을 싫어해서 빈둥대고 주어진 일만하고 그 이상의 일은 하지 않았다. 며칠씩 결근할 때도 있었다. 그의 아버지는 야망 없고 게으른 아들 때문에 직원들 볼 면목이 없었다.

어느 날 필 존슨은 그의 아버지에게 기계공장에 기계공이 되고 싶다고 말했다. 노동자가 되겠다고? 아버지는 충격을 받았다. 하지만 필은 자신의 뜻대로 했다. 그는 작업복을 입고 일했다. 세탁소에서 보다 더 힘든 일도 해냈다. 그는 오랜 시간 일했지만 더 즐겁게 일했다. 그는 엔지니어링에 관심이 있어 엔진을 배웠다. 1944년 필 존슨이 죽었을 때, 그는 보잉사의 사장이었으며 전쟁을 이기는 데 큰 도움이 된 공중요새를 제작하고 있었다. 만약 그가 세탁소에 처박혀 있었다면 그와 세탁소는 어떻게 되었을까? 내 생각에 그는 세탁소 사업에 실패했을 것이다.

가족 간의 다툼이 일어나겠지만 나는 젊은이들에게 이렇게 말하고 싶다. 당신의 가족이 원한다고 해서 억지로 가업을 잇지 마라. 원하지 않으면 그 직업을 선택하지 마라. 하지만 부모님의 조언은 잘 생각해보아라. 부모님은 당신보다 2배는 오래 사셨으니 오랜 세월동안 많은 경험들로 지혜로우시다. 하지만 최종적으로 결정을 하는 것은 당신이어야 한다. 직업에서 행복하거나 불행한 사람은 당신 자신이니 말이다.

이제 직업 선택에 있어 몇 가지 제안을 하고자 한다. 그 중 몇 개는 경고이다.

1. 직업 상담사를 선택할 때 다음의 다섯 가지 요소를 살펴보아라.

다음은 미국의 저명한 직업상담전문가인 컬럼비아 대학의 해리 덱스터 키슨 교수의 제안이다.

a. 직업 적성을 찾아주는 마법의 시스템이 있다고 자랑하는 사람에게는 가지 마라. 골상학자, 점성술사, 손글씨 감정가, 성격분석가 등이 그런 사람들이다. 그들의 '시스템'은 효과가 없다.

b. 어떤 직업이 당신에게 잘 맞는지 알려주는 검사를 해주겠다는 사람에게 가지 마라. 이런 사람들은 직업 상담가들이 중요시하는 신체적, 사회적, 경제적 조건들을 무시한다.

c. 직업에 대한 적절한 자료를 가지고 상담과정에서 이를 적극 활용하는 직업 상담사를 찾아라.

d. 철저한 직업 상담을 위해서 적어도 한번 이상의 상담이 필요하다.

e. 절대 우편으로 직업 상담을 받지 마라.

2. 사람이 차고 넘치는 직종을 피해라.

미국에서는 2만개 이상의 직업이 있다. 젊은 사람들이 이렇게나 많은 직업이 있다는 사실을 알까? 어느 학교의 경우 남학생의 3분의 2가,

여학생 5분의 4가 2만개의 직종 가운데서 5개의 직업을 선택했다. 사정이 이러니 몇 개의 직종에만 사람이 몰리는 것이 당연하다. 사무직 근로자들이 고용 안정성에 대한 걱정으로 불안과 걱정에 시달리는 것이 놀라운 일이 아니다. 특히 법률, 언론, 라디오, 영화 같은 인기 직종은 조심해야한다.

3. 돈을 벌 가능성이 10분의 1에 불과한 직업은 피해라.

보험 판매를 예로 들어보자. 매년 수천 명의 사람들이 앞으로 어떤 일이 일어날지도 모르고 주저 없이 보험 판매일을 시작한다! 프랭크 베트거는 필라델피아에서 부동산 신탁빌딩을 운영하고 있는데, 그는 20년 동안 미국에서 가장 뛰어난 보험 판매왕 중의 한 명이었다. 그는 보험 판매를 시작한 90퍼센트의 사람은 심한 마음고생과 절망으로 일 년 안에 이 일을 포기한다고 주장한다. 남아있는 10퍼센트의 사람들 가운데 오직 한 사람만이 90퍼센트의 보험을 판매하고 나머지 사람들이 남은 10퍼센트의 보험을 팔려고 애를 쓴다. 다른 식으로 말하면 당신이 생명 보험 판매를 시작하면 당신이 1년 안에 실패해서 그 일을 그만둘 확률은 90퍼센트이다. 그리고 보험을 팔아서 일 년에 만 달러를 벌 확률은 1퍼센트이다. 당신이 보험업계에서 살아남아도 간신히 입에 풀칠할 정도의 수입 이상을 벌 확률은 10퍼센트에 불과하다.

4. 직업을 결정하기 전에 몇 주, 필요하다면 몇 달에 걸쳐서라도 그 직업에 대해 알아낼 수 있는 모든 것을 알아내라!

어떻게? 이미 그 직종에서 10년, 20년 아니면 40년을 종사한 사람들을 찾아가서 이야기를 들어보아라.

그들의 이야기는 당신의 미래에 큰 영향을 미칠 것이다. 내가 20대 초반이었을 때 두 명의 선배에게 조언을 구했다. 지금 되돌아보니 그 두 번의 만남이 내 직업의 전환점이 되었다. 사실 내가 선배들을 만나지 않았더라면 내 인생이 어떻게 되었을지 상상할 수도 없다.

직업 조언을 얻으려면 어떻게 해야 할까? 예를 들어 당신이 건축가가 되기 위해 공부를 하고 있다고 가정해보자. 결정을 하기 전에 당신이 사는 도시와 인접 도시의 건축가를 만나기 위해 몇 주를 보내야 한다. 전화번호부에서 그들의 이름과 주소를 알아낼 수 있다. 그들의 사무실에 전화를 걸어라. 약속을 잡고 싶으면 다음과 같은 편지를 써라.

"부탁 하나만 들어주시겠습니까? 저는 귀하의 조언이 필요합니다. 저는 18세이고 건축을 공부하려고 생각하고 있습니다. 결정을 내리기 전에 귀하의 조언을 듣고 싶습니다.

너무 바쁘셔서 사무실에서 뵐 수 없으면 댁에서라도 30분만이라도 시간을 허락해주신다면 감사드리겠습니다.

제가 묻고 싶은 질문은 다음과 같습니다.

a. 인생을 다시 살 수 있다면, 그때도 건축가가 되고 싶으십니까?

b. 저를 보시고 나서, 제가 건축가로서 성공할 자질이 있는 지 평가해주십시오.

c. 건축 분야 인력이 과포화 상태입니까?

d. 4년 동안 건축을 공부하면 구직이 어려울까요? 처음에 어떤 종류

의 직종을 선택하는 것이 좋습니까?

e. 제 능력이 보통수준이라면 처음 5년 동안 연봉은 얼마나 될까요?

f. 건축가의 장점과 단점이 무엇입니까?

g. 제가 귀하의 아들이라면, 제게 건축가가 되라고 조언하시겠습니까?"

당신이 소심해서 거물을 혼자 만나기가 주저된다면 당신을 도와줄 두 가지 방법이 있다.

첫째, 당신 또래의 친구와 함께 가라. 둘이 가면 자신감이 붙을 것이다. 함께 갈 또래가 없다면 당신의 아버지와 함께 가라.

둘째, 그의 조언을 구하는 것 자체가 이 사람을 칭찬하는 것이 된다. 그는 당신의 제안에 어깨가 으쓱해질 것이다. 어른들은 젊은이들에게 조언하는 것을 좋아한다는 것을 기억해라. 건축가는 아마 그 면담을 좋아할 것이다.

약속 잡을 편지 쓰기가 주저된다면 약속을 잡지 말고 그 사람의 사무실에 방문하여 조언을 부탁해라.

다섯 명의 건축가를 방문했는데 그들이 모두 너무 바빠서 당신을 만날 시간이 없다면 다섯 명의 다른 건축가를 더 방문해라. 그들 중에 몇 명은 당신을 만나줄 것이고 당신에게 소중한 충고를 해줄 것이다.

당신이 인생에서 가장 중요한 결정 중에 하나를 하고 있다는 사실을 명심해라. 행동하기 전에 충분히 사실을 수집해라. 준비하지 않으면 평생을 후회하며 보낼지 모른다.

5. 당신이 한 가지 직업에만 적성이 있다는 잘못된 믿음을 버려라.

보통 사람들이 여러 직업에서 성공할 수 있고 또 보통 사람들이 여러 직업에서 실패할 수 있다. 나의 예를 들어보면 내가 다음의 직업을 공부하고 준비했다면 약간의 성공을 거두지 않았을까 하는 생각이 든다. 내가 말하는 직업은 농사, 과일 재배, 영농 과학, 의학, 판매, 광고, 신문 편집, 교직 그리고 임업이다. 반면에 경리, 회계, 엔지니어링, 호텔 또는 공장 운영, 건축, 무역과 같은 직업을 가졌다면 나는 불행한 실패자가 되었을 것이다.

9장

———

돈 걱정을 줄이는 법

1 모든 걱정의 70퍼센트는 돈 문제다

모든 사람의 재정적 어려움을 해결하는 방법을 알면 지금 이 책을 쓰고 있지 않을 것이다. 아마 백악관 대통령 옆에 앉아 있을 것이다. 하지만 나는 재정 분야 전문가들의 말을 인용해서 현실적인 제안을 해 주고 더 많은 정보를 얻으려면 어디에서 책과 팸플릿을 얻을 수 있는 지 알려줄 수 있다.

〈레이디즈 홈 저널〉의 조사에 따르면 우리 걱정의 70퍼센트는 돈에 대한 것이다. 갤럽 여론조사의 창립자 조지 갤럽의 조사에 따르면 사람들은 자신의 수입이 10퍼센트만 더 오르면 재정적인 걱정은 하지 않을 것이라고 믿고 있다고 말한다. 어떤 경우에는 그 말이 맞고 어떤 경우에는 그 말이 틀린다. 내가 이 책을 쓰면서 예산 전문가 엘지 스태플턴 씨를 만났는데, 그녀는 뉴욕 워너메이커 백화점과 짐벨스 백화점의 고객들에게 재무 상담을 해오고 있다. 또한 돈에 대한 걱정으로 애가 타는 사람들을 위해 개인 상담을 몇 년째 해오고 있다. 그녀가 도와준 사람들은 1년에 천 달러도 못 버는 짐꾼에서 1년에 10만 달러 이상을 버는 경영자에 이르기까지 다양하다. 그녀는 내게 이런 말을 해주었다.

"돈을 많이 번다고 대부분의 사람들이 하는 고민은 해결되지 않습니다. 사실 수입의 증가는 소비의 증가로 이어지고 다시 이것이 두통거리가 되는 경우가 많습니다. 대부분의 사람이 고민하는 이유는 돈이 없어서가 아니라 돈 쓰는 방법을 모르기 때문입니다."

당신은 이 마지막 문장에서 코웃음을 쳤을 것이다. 하지만 스테플턴 씨가 이 말이 모든 사람에게 해당되지 않는다고 말한 것을 기억해라.

많은 독자들은 이렇게 말할 것이다.

"이 카네기란 작자에게 내가 받는 월급으로 살아보라고 해. 한번 살아보면 생각이 달라질걸."

나도 재정적인 어려움이 있었다. 미주리의 옥수수 밭과 건초 창고에서 하루에 10시간씩 힘들게 일했다. 그때 내가 바랐던 유일한 것은 이 힘든 일을 그만 두는 것이었다. 고된 노동의 대가로 내가 받은 돈은 시간당 1달러도 아니고 50센트도 아니고 10센트도 아니었다. 나는 시간당 5센트를 받았다.

나는 욕실이나 수돗물이 없는 집에서 20년 동안 사는 것이 어떤 것인지 잘 안다. 온도가 영하 20도 이하로 내려가는 침실에서 자는 것이 어떤 것인지 잘 안다. 5센트의 차비를 아끼기 위해 몇 마일씩 걷는 것이 어떤 것인지, 구멍 뚫린 신발을 신고 엉덩이에 구멍 난 바지를 입는 것이 어떤 기분인지 잘 안다. 음식점에서 가장 싼 음식을 시켜 먹고, 바지 다릴 돈이 없어 매트리스 밑에 바지를 깔고 자는 것이 어떤 것인지 잘 안다.

하지만 그렇게 어려운 시절에도 한푼 두푼씩 저축했다. 이런 경험의 결과 나는 우리가 빚과 재정적 걱정에서 벗어나려면 어떻게 해야 하는

지 깨달았다. 우리는 기업체가 하는 방법을 사용해야 한다. 우리는 소비계획을 세우고 그 계획에 따라 소비해야 한다. 하지만 우리 대부분은 그렇게 하지 않는다. 이 책의 출판회사 사장인 내 친한 친구 레온 심킨은 많은 사람들이 돈에 관해서 무지하다고 지적한다. 그는 자신이 아는 경리사원 이야기를 해주었다. 그는 자기가 일하는 회사의 재정 사항은 꿰뚫고 있으면서도 자신의 주머니 사정에는 어둡다. 그 사람이 금요일 오후에 월급을 받는다고 치자. 그는 길거리를 가다가 취향에 맞는 코트를 발견하면 월급봉투에서 곧 사라지게 될 집세, 전기세, 기타 다른 고정비용은 생각하지 않고 사버린다. 지금 수중에 돈이 있다는 것 자체가 중요하다. 하지만 이 사람은 자신이 일하는 회사가 이렇게 내키는 대로 사업을 하면 파산할 것이라는 것을 알고 있다.

우리가 생각해야 할 것이 바로 이점이다. 돈에 관한 한 당신은 사업을 하는 것이다.

그렇다면 돈을 관리하는 원칙에는 어떤 것이 있을까? 어떻게 예산을 짜고 계획을 세워야 할까? 7가지 방법을 소개하겠다.

규칙 1

가계부를 써라.

50년 전 아놀드 베넷이 소설가 생활을 시작하면서 그는 가난했다. 그래서 그는 돈을 쓸 때 마다 기록했다. 돈이 어디로 세나 궁금했을까? 아니다. 그는 돈을 정확히 어디에 쓰는 지 잘 알았다. 하지만 기록한다는 자체가 좋았다. 그는 세계적으로 유명해지고 개인 소유의 요트를 가질 정도로 부자가 되었지만 지금도 계속 가계부를 쓰고 있다.

존 록펠러도 기록했다. 그는 자신이 저녁에 기도하고 잠자리에 들 때 자신의 재정 상태를 정확히 파악하고 있었다.

우리도 가계부를 기록해야 한다. 재정 전문가들은 적어도 한 달 동안, 가능하면 3달 동안 가계부를 작성하라고 조언한다. 이렇게 하면 돈이 들고 나는 것을 정확히 기록할 수 있고 그래야 예산을 세울 수 있다.

돈의 흐름을 잘 알고 있다고? 그렇다면 당신은 천 명 중 한명에 해당한다. 스테플턴 씨는 사람들이 상담 중에 그녀에게 숫자들을 이야기하고 그녀가 그 숫자들을 종이에 적어서 보여주면 깜짝 놀란다고 한다. "제 돈이 이렇게 없어지고 있었나요?" 그들은 믿을 수 없어한다. 당신도 그럴 것이다.

규칙 2

당신에게 맞는 예산안을 마련하라.

스테플턴 씨는 한 마을에 비슷한 집에 살고 자녀수도 같고, 수입이 같더라도 두 가정의 예산 형태는 아주 다를 수 있다고 말한다. 사람들이 다르기 때문이다. 예산은 개인에 맞춰 짜야한다.

예산이 삶에서 모든 즐거움을 없애는 것이 아니다. 예산은 물질적인 안정감을 주기위한 것이고 이는 정신적인 안정감을 주고 걱정을 없애준다. "예산에 맞춰 사는 사람은 다른 사람보다 행복합니다."라고 스테플턴 씨는 말한다.

하지만 어떻게 예산을 짤 것인가. 첫째, 내가 말한 대로 모든 비용을 쭉 적어보아라. 그런 다음 조언을 구해라. 워싱턴 D. C.의 미 농무부에 요청해서 예산에 대한 안내책자를 요청할 수 있다. 밀워키, 클리블랜드. 미니아폴리스와 다른 대도시의 대형 은행에서 당신의 재정 문제에 대한 무료상담을 제공해주고 예산 짜는 것을 도와주는 카운슬러의 도움을 받을 수 있다.

인구 2만 명 이상의 도시에서는 가족 복지 단체들이 재정문제에 대한 무료 상담을 해주고 수입에 맞는 예산을 짤 수 있도록 도와줄 것이다. 이 가족복지 단체들은 직종별 전화번호부에서 사회기관 항목에서 찾을 수 있다. 시장 사무실, 적십자 혹은 지역 기금에 전화를 걸면 당신이 사는 곳에 가족 복지 기관을 알려줄 것이다.

스테플톤 씨에게 다음과 같은 질문을 했다.

"소도시 또는 농장에 사는데 예산 짤 때 도움을 얻고 싶으면 어떻게 해야 합니까?"

"사는 지역에서 가장 큰 신문사에 편지를 써서 예산을 짜는데 도움을 얻을 수 있는 기관을 문의해보거나 아니면 하루 종일 걸리더라도 그 기관을 찾아가서 도움을 받으면 됩니다."

규칙 3

현명하게 돈 쓰는 법을 배워라.

이 말은 돈으로 최대의 가치를 얻는 법을 배우라는 뜻이다. 대기업은 최선의 구매를 위해 구매 담당자나 구매 대행인이 있다. 자산 관리인으로 당신도 그렇게 해야 하지 않겠는가? 당신을 위한 조언 몇 가지

를 해주겠다.

1. 워싱턴 D. C.에 있는 문서관리국에 문의해서 구매자와 소비자를 위한 조언으로 가득한 정부 보고서를 보내달라고 요청하라.

2. 1년에 50센트만 내면 농무부가 발간하는 "소비자 가이드"를 한 달에 한번 우편으로 받을 수 있다.

3. 돈을 잘 쓰는 법을 배우는데 1년에 6달러만 지불하면 된다. 컨슈머 리포트에서 발간하는 잡지를 구독해라. 이 잡지는 모든 구매 리포트의 백과사전이다. 각 권은 50센트이고 12월에 발간되는 구매 가이드 종합판은 1달러 75센트이다.

규칙 4

소득이 는다고 고민도 늘리지 마라.

스테플턴 씨는 예산 상담이 가장 힘든 고객은 연 소득 5천 달러 이상의 고소득 가정이라고 말했다. 이유를 묻자 그녀는 다음과 같이 말했다.

"연소득 5천 달러는 대부분의 미국 가정이 바라는 목표입니다. 몇 년 동안 합리적이고 이성적으로 잘 살다가 연소득이 5천 달러에 이르면 목표를 이루었다고 생각하고 소비를 확장하기 시작합니다. 아파트 임대료보다 싸다면서 교외에 집을 마련합니다. 차를 사고, 가구를 사고, 새 옷을 삽니다. 그렇게 하다보면 가계부가 적자로 돌아서기 시작합니다. 소득이 증가한 것에 비해 너무 많은 지출을 했기 때문에 예전보다 덜 행복합니다."

이것은 자연스러운 현상이다. 우리는 모두 풍요로운 인생을 바란다.

하지만 예산에 맞춰 타이트하게 사는 것과 독촉장과 문을 두드리는 추심원이 집에 오는 것 중 어떤 것이 더 행복할까?

대출 받을 경우를 대비하여 신용을 쌓아라.

예기치 않은 일이 발생해서 대출을 받아야 할 때 생명보험증권과 미국 재무부 채권은 현금과도 같다. 하지만 보험을 담보로 대출받을 때 저축성 보험인지 확인해라. 보장성 보험은 일정기간동안 위험에 대비하기 위한 것일 뿐이므로 적립금이 없다. 보장성 보험은 대출 받을 때는 소용이 없다. 그러므로 다음의 규칙을 지켜라. 질문해라! 보험에 가입하기 전에 돈이 필요할 때 환급금을 받을 수 있는 지 확인해라.

대출을 받을 수 있는 보험이 없고, 채권이 없어도 집, 차, 다른 종류의 담보물이 있다고 가정해보자. 어디에서 대출을 받을 것인가? 반드시 은행에서 대출을 받아라. 은행은 누구에게나 동등하게 대출을 해준다. 재정적으로 어려운 상황이라면 은행에 가서 재정문제를 상담하고 계획을 세우고 채무에서 벗어나라. 다시 한 번 강조하는데 담보가 있다면 은행으로 가라!

하지만 담보도 없고, 재산도 없고 당신의 월급밖에 담보물이 없다면 어떻게 할 것인가? 자신을 소중히 생각하는 사람이라면 다음의 말을 명심해서 들어라. 정식 허가를 받은 업체가 아니라면 대부업체는 절대로 이용하지 마라. 소액자금법이 아직 통과되지 않은 일부 서부와 남부에는 허가 받지 않은 고리대금업자들이 활개를 치고 있다. 이 법이 통과된 32개 주의 허가받은 대부업체는 그래도 믿을 만하다. 대부분의 업체는 윤리적이고, 정직하다. 이 대부업체들은 질병 또는 응급상황으로 급전이 필요한 사람들에게 돈을 빌려주고 있다. 위험성이 크고 자금 조달비용도 더 크기 때문에 이자율은 은행보다 높다. 하지만 대부업체에 대한 규제가 없는 지역에 살고 있다면 대부업체에서 대출을 받기 전에 은행에 가서 대부업체 추천을 받아라.

이렇게 하지 않으면 당신은 고리대금업자의 횡포를 당하게 될 것이다. 특히 소액자금법이 통과 되지 않은 지역인 캔사스, 몬태나, 노스다코타, 사우스다코타, 사우스캐롤라이나나 소액자금법이 전면적으로 시행되지 않은 지역인 앨라배마, 아칸소, 조지아, 미시시피, 노스캐롤라이나, 테네시, 텍사스, 와이오밍에서는 주의해서 대출을 받아야 한다. 불법 사채업자들은 은행보다 40에서 50퍼센트 높은 240퍼센트의 이자를 받는다. 그들은 사람들에게서 매년 1억 달러 이상을 빼앗아간다. 그들이 당신이 빚을 못 갚게 하고 당신을 괴롭힐 방법이 15가지나 된다.

규칙 6

질병, 화재, 응급 상황에 대비해라.

보험은 상대적으로 적은 금액으로 모든 종류의 사고, 재난, 응급상황을 대비할 수 있는 방법이다. 욕실에서 미끄러지는 것이나 풍진에 걸리는 것까지 모두 보험으로 대비하라는 것이 아니라 돈이 많이 드는 주요 재난에 대비하라고 조언하는 것이다. 보험으로 대비하는 것이 훨씬 저렴하다.

예를 들어 작년에 병원에 10일간 입원했던 여성을 알고 있는데, 퇴원할 때 그녀는 달랑 8달러만 지불했다! 보험에 가입했기 때문에 돈을 적게 낸 것이다.

사망보험금이 부인에게 일시불로 지급되지 않도록 해라.

당신의 사망 후에 보험금이 가족에게 일시불로 지급되지 않도록 해라.

"갑자기 돈이 생긴 미망인"에게 어떤 일이 일어날까? 생명보험 협회 여성 지부장인 매리언 에벌리 씨는 사망으로 인한 보험금을 일시불로 받는 것보다는 연금형태로 지급하는 것이 좋다고 말한다. 어떤 미망인은 보험금 2만 달러를 일시불로 받고 아들의 사업자금으로 그 돈을 빌려 주었다. 사업은 실패하고 그녀는 가난하게 살고 있다. 또 다른 미망인은 1년에 땅값이 두 배가 된다는 부동산업자의 꾐에 넘어가 공터를 사는데 돈을 다 써버렸다. 3년 후 땅을 팔 때 산 가격의 10분의 1밖에 받지 못했다. 보험금으로 1억 5천 달러를 받은 지 1년도 안되어 복지기금을 받아야했던 미망인도 있다. 이와 비슷한 사례는 수도 없이 많다.

"부인에게 주어진 보험금 2만 5천 달러는 7년도 안되어 없어진다."고 〈뉴욕 포스트〉 경제면 편집자인 실비아 포터가 〈레이디즈 홈 저널〉에서 말했다.

몇 년 전 〈새터데이 이브닝 포스트〉에 이런 사설이 실렸다.

"사회생활을 해본 적도 없고 조언해 줄 은행가도 없는 보통 미망인들이 그녀에게 접근하는 교활한 사기꾼들의 속임수에 넘어가 보험금을 위험한 주식에 투자한다는 사실은 널리 알려져 있다. 변호사나 은행가라면 미망인이나 자녀가 사기꾼들의 속임수에 넘어가 한 남자가 평생 모은 돈을 날린 사례를 수도 없이 많이 들 수 있을 것이다."

부인과 자녀를 보호하고 싶으면 J. P. 모건에게 배워라. 그는 유언으로 16명의 상속인에게 유산을 남겼다. 그중에 12명은 여성이었다. 이 여성들에게 현금을 남겼을까? 아니다. 그는 여성들에게 평생 매달 일정액의 돈을 받을 수 있는 신탁기금을 남겼다.

규칙 8

자녀들에게 돈을 책임감 있게 사용하는 습관을 길러주어라.

〈유어 라이프〉라는 잡지에서 읽은 글이 너무 인상적이었다. 스텔라 웨스턴 터틀이 쓴 글로 자녀에게 경제관념을 어떻게 지도하는 지 자세히 알려주었다. 그녀는 은행에서 수표책을 받아서 9살 난 딸에게 주었다. 딸은 주마다 용돈을 받았다. 딸은 그 돈을 엄마에게 맡겼다. 돈이 필요할 때마다 수표를 발행해서 잔액을 확인하게 했다. 딸은 재미있게 돈을 관리하는 책임감을 배우기 시작했다.

훌륭한 방법이다! 학령기의 자녀가 있다면 돈을 잘 쓰는 법을 가르쳐라. 추천하는 책이 있는데 〈돈 관리법〉이라는 책으로 전미교육협회에서 발간했다. 그 책에는 머리 자르는 것에서부터 콜라까지 실생활에 유용한 내용이 많다. 이 책에는 대학 졸업 때까지 필요한 예산을 준비하는 법도 다루고 있다. 내게 고등학교에 다니는 아들이 있는데 아들이 이 책을 읽고 내가 가족 예산을 짜는 것을 도와주었으면 좋겠다.

규칙 9

가정주부도 부엌에서 용돈을 벌 수 있다.

생활비를 아껴 써도 적자라면 짜증내고 걱정하고 불평을 하거나 부업으로 약간의 돈을 버는 것 가운데 한 가지를 할 수 있다. 뉴욕에 사는 넬리 스피어 부인은 방 세 개 아파트에 혼자 살았다. 남편은 죽고, 자녀 두 명도 출가했다. 어느 날 아이스크림을 사던 그녀는 맛이 없어 보이는 파이를 보게 되었다. 가게 주인에게 집에서 만든 진짜 파이를 가져올 테니 사지 않겠냐고 물었다. 그는 일단 두 개를 주문했다.

"나는 요리를 잘하지만 조지아에 살 때 하인이 있어서 평생 파이를 12개 이상 구운 적이 없었어요. 파이 주문을 받고 나서 이웃집 여자에게 애플파이 만드는 법을 배웠어요. 그 가게에서 내 파이를 먹은 손님들이 아주 좋아했어요. 그래서 다음날 파이 주문을 5개 받았어요. 그러더니 점차 다른 가게에서도 파이 주문을 했습니다. 2년이 안되어 나는 한 해 파이 5천개를 구웠습니다. 모든 일을 우리 집 작은 부엌에서 했습니다. 일 년에 천 달러를 벌었습니다. 파이 재료 빼고는 다른 비용도 필요 없었습니다."

스피어 부인의 수제 파이의 인기가 너무 좋아서 그녀는 가게를 열고 직원 두 명을 고용해서 파이, 케이크, 빵과 롤을 구웠다. 전쟁 기간 동안 사람들은 그녀의 수제 음식을 사기 위해 한 시간씩 줄을 서서 기다리곤 했다.

"내 인생에서 이렇게 행복했던 적이 없었어요. 하루에 가게에서 12~14시간씩 일해도 일처럼 느껴지지 않으니 피곤하지 않아요. 삶의 활력소입니다. 너무 바빠서 외롭거나 걱정을 할 틈이 없어요. 내 일은 어머니와 남편을 잃고 나서 허무했던 내 삶을 가득 채워주었습니다."

인구 만 명이나 그 이상의 도시에서 다른 여성들도 비슷한 방법으로 돈을 벌수 있겠느냐고 물었더니 그녀는 "그럼요. 물론 할 수 있지요!" 라고 대답했다.

올라 스나이더 부인도 같은 이야기를 할 것이다. 그녀는 일리노이의 인구 3만 명의 도시 메이우드에 산다. 그녀도 부엌에서 사업을 시작했다. 남편이 아파서 그녀가 돈을 벌어야 했다. 경험도 없고, 기술도 없고, 자본도 없는 평범한 가정주부인데 어떻게 해야 하나? 그녀는 계란과 설탕을 가지고 부엌에서 사탕을 만들었다. 학교 근처에서 하나에 1페니씩 받고 사탕을 팔았다. 그녀는 아이들에게 말했다. "내일은 돈 더 많이 가져와라. 아줌마가 집에서 만든 사탕을 가지고 매일 여기에 있을 거야." 첫 주에 그녀는 4달러 15센트를 벌었다. 그녀는 자신과 아이들 모두를 행복하게 하고 있었다. 걱정할 시간이 없었다.

그녀는 시카고에서 집에서 만든 사탕을 팔기로 마음먹었다. 그녀는 길거리에서 땅콩을 파는 상인에게 조심스레 다가갔다. 그의 고객은 사탕이 아니라 땅콩을 사러온 사람들이었다. 그 상인은 사탕을 맛보더니 좋아해서 그녀의 사탕을 팔기 시작했다. 첫날에 2달러 15센트의 이익이 생겼다. 그로부터 4년 후 그녀는 시카고에 자신의 첫 가게를 열었다. 작은 가게지만 그녀는 밤에는 사탕을 만들고 낮에는 사탕을 팔았다. 부엌에서 사탕을 만들던 이 주부는 이제 17개의 가게가 있고, 그중

15개는 시카고의 번화가 루프에 있다.

　뉴욕의 스피어 부인과 일리노이의 올라 스나이더 부인은 돈 걱정 하는 대신 긍정적인 일을 선택했다. 부엌에서 임대료, 광고비, 직원 월급도 없이 아주 소규모의 사업을 시작했다. 이런 조건이라면 사업이 망할 우려는 없을 것이다.

　주위를 둘러봐라. 돈을 벌 수 있는 방법이 많다. 당신이 요리를 잘하면 요리교실을 열어서 돈을 벌 수도 있다. 수강생은 집집마다 찾아다니면서 모으면 된다.

　여가 시간을 활용해서 돈을 버는 방법에 대한 책은 시중에 많이 있다. 기회는 많이 있다. 하지만 자신이 판매에 천부적인 재능이 없다면 방문 판매는 하지 말라.

규칙 10

절대 도박하지 마라.

　경마를 하거나 슬롯머신에 돈을 넣어서 돈을 벌겠다는 사람들을 볼 때마다 놀란다. 내가 하는 성인 강좌의 수강생 중에 출판업자가 있는데 경마에 대해 아무리 잘 알아도 돈을 벌수가 없다고 말해주었다. 하지만 바보 같은 사람들이 한해에 60억 달러라는 돈을 경마에 쏟아 붓고 있다. 이는 1910년 미국 국가 채무 총액의 6배에 해당한다. 이 출판업자는 정말 싫어하는 사람이 있어서 망쳐놓고 싶으면 경마를 하게 하면 된다고 말했다. 경마정보지에 따라 경마를 하는 사람은 어떻게 되냐고 물었다. "그런 식으로 경마하면 돈을 다 잃죠."

도박을 하기로 했으면 똑똑해야 한다. 확률이 어떻게 되는지 알아보자. 브리지와 포커 게임의 전문가이고 뛰어난 수학자이자 통계학자, 보험계리인인 오스왈드 자코비가 쓴 〈확률 계산하기〉라는 책을 읽어보라. 그 책에는 경마, 룰렛, 크랩스, 슬롯머신, 드로 포커, 스터드 포커, 브리지, 주식을 할 때의 확률이 나와 있다. 이 책은 도박으로 돈을 버는 법을 보여주려 한 것이 아니다. 저자는 도박에서 돈을 딸 확률이 얼마나 되는지 보여줄 뿐이다. 이 책을 살펴보면 힘들게 번 돈을 경마나 카드 또는 슬롯머신에 쏟아 붓는 불쌍한 노름꾼이 불쌍하게 느껴질 것이다.

규칙 11

재정 상태를 개선하지 못해도 바꿀 수 없는 현실에 그만 화내자.

재정 상태를 개선할 수 없어도 우리의 마음가짐을 바꿀 수는 있다. 누구나 재정고민이 있다는 것을 기억하자. 우리는 존스 씨네 만큼 못살아서 안달하고 존스 씨네는 리츠 씨네 만큼 못살아서 안달하고 리츠 씨는 밴더빌츠 씨만큼 못살아서 안달한다.

미국 역사상 유명한 사람들 중에도 재정적으로 어려움을 겪은 사람들이 있다. 링컨과 워싱턴은 대통령 취임식에 참가하기 위해 돈을 빌려야 했다.

모든 것을 다 못 갖는다고 우리의 인생을 걱정과 분노로 망치지 말자. 우리 자신에게 관대해지자. 철학적으로 살자. 에픽테토스는 철학을 이렇게 정의했다.

"행복이 외적인 것에 의지하지 않도록 하는 것이 철학이다."

세네카는 "부족하다고 느끼면 세상을 다 가져도 불행하다."

세상을 다 가져도 하루에 세끼 밖에 못 먹고 침대 하나에 누워 잔다는 사실을 기억해라. 막노동꾼도 그렇게 산다. 그 막노동꾼이 록펠러보다 더 맛있게 먹고 더 편안히 잘 것이다.

재정 고민을 줄이기 위해 다음의 11가지 규칙을 따르자.

1. 가계부를 써라.

2. 당신에게 맞는 예산안을 마련하라.

3. 현명하게 돈 쓰는 법을 배워라.

4. 소득이 는다고 고민도 늘리지 마라.

5. 대출 받을 경우를 대비하여 신용을 쌓아라.

6. 질병, 화재, 응급 상황에 대비해라.

7. 사망보험금이 부인에게 일시불로 지급되지 않도록 해라.

8. 자녀들에게 돈을 책임감 있게 사용하는 습관을 길러주어라.

9. 가정주부도 부엌에서 용돈을 벌 수 있다.

10. 절대 도박하지 마라.

11. 재정 상태를 개선하지 못해도 바꿀 수 없는 현실에 그만 화내자.

Public Speaking and Influencing Men in Business

3부 성공대화론

1장

용기와 자신감
기르기

용기와 자신감 기르기

나는 1912년부터 대중연설 강의를 해왔는데, 그 강의를 수강한 사람이 1만 8천명이 넘는다. 수강생들에게 강좌를 듣는 이유와 강좌를 통해 얻고 싶은 것이 무엇인지를 적게 하는데 표현 방식은 달라도 수강생들이 원하는 것은 놀라울 정도로 같았다. "연단에 서서 말을 해야 할 때마다 너무 부끄럽고, 두려워서 머릿속이 멍해져서 말하고자 했던 것을 기억할 수 가 없습니다. 자신감을 얻고 싶고, 순발력 있게 대답하고 싶습니다." 수천 명의 사람들이 이렇게 고백했다. 좀더 구체적인 예를 들어보자. 몇 년 전에 겐트라는 사람이 필라델피아에서 열린 대중연설 강의를 들었다. 강의가 시작되고 얼마 지나지 않아 그는 나를 점심식사에 초대했다. 그는 중년의 활동적인 사업가였다. 사업체의 사장이고 교회와 지역사회에서 주도적으로 활동하고 있었다. 점심식사를 하며 그는 내게 몸을 기울이더니 이렇게 말했다.

"연설 요청을 받은 적이 많은 데 한 번도 연설을 하지 못했습니다. 사람들 앞에서 말을 하려고 하면 얼어버려서 지금까지 연설을 사양해왔습니다. 하지만 지금은 대학 이사회장을 맡게 되어서 회의를 진행해야 하는데……. 지금 제 나이에 연설을 배우는 게 가능할까요?"

"당연히 하실 수 있습니다. 몇 가지 원칙과 지시사항만 잘 따르시고 연습만 하시면 충분히 하실 수 있습니다."

그는 내 말을 믿고 싶었지만, 그에게 내 말이 너무 장밋빛이고 낙관적으로 들리는 듯 했다.

"제게 용기를 주시려고 하시는 말씀 같습니다."

그가 교육과정을 끝낸 후 우리는 한동안 서로 연락을 하지 못했다. 1921년에 우리는 다시 만나 점심식사를 함께 했다. 우리는 예전과 같은 자리에 앉았다. 예전 대화를 떠올리며 내가 그 당시 너무 낙관적이었는지 그에게 물었다. 그는 주머니에서 붉은 표지의 작은 수첩을 꺼내서 강연 스케줄을 보여주며 뿌듯해했다.

겐트 씨와의 점심식사가 있기 얼마 전에 워싱턴에서 군비제한을 위한 국제회의가 열렸다. 로이드 조지가 그 회의에 참가한다는 소식이 알려지자 필라델피아 침례교회에서 연설을 해달라는 요청을 했다. 겐트 씨는 자신이 청중에게 영국의 총리를 소개하는 사람으로 뽑혔다고 내게 말해주었다.

이 사람이 바로 3년 전에 자신이 사람들 앞에서 말을 할 수 있겠느냐고 진지하게 물어왔던 바로 그 사람이었다.

이 사람만 특별한 능력이 있어서 이렇게 빠른 발전을 보인 것 같은가? 전혀 그렇지 않다. 비슷한 사례가 수백 건이다. 몇 년 전에 브루클린에 사는 의사가(편의상 커티스 박사라고 부르겠다.) 플로리다에 있는 자이언츠 훈련장 근처에서 겨울을 보냈다. 그는 야구 광팬으로 선수들이 훈련하는 것을 자주 보러갔다. 그는 곧 선수들과 친해져서 선수들을 위해 열린 만찬에 초대받았다.

후식이 나온 뒤 갑자기 사회자가 이렇게 말했다.

"저명한 내과의를 모시고 야구 선수의 건강에 대한 말씀을 들어보겠습니다."

그가 말할 준비가 되어있었을까? 당연하다. 그는 의학을 공부했고 30년 이상 진료를 해왔다. 자리에 앉아서라면 옆 사람에게 그 주제에 대해 밤새 이야기 할 수 있었을 것이다. 하지만 자리에서 일어나서 청중 앞에서 똑같은 이야기를 하는 것은 전혀 다른 문제였다. 그의 심장은 빠르게 뛰었다. 그는 사람들 앞에서 연설을 해본 적이 없었다. 머릿속이 하얘지더니 아무 말도 할 수 없었다.

그는 어떻게 해야 할까? 이제 청중들은 박수를 치고 있다. 모든 사람들이 그를 보고 있었다. 그는 머리를 세차게 흔들었지만 사람들은 더 환호하고 연설하라고 재촉했다. "연설! 연설!"하고 외치는 소리는 점점 커졌다.

최악이었다. 그는 한 마디도 못할 것을 알고 있었다. 그래서 그는 일어나서 한 마디 말도 없이 그 방을 빠져나갔다. 너무나 치욕스러운 순간이었다.

그가 브루클린으로 돌아와서 대중연설 강좌에 등록한 것은 당연한 일이었다. 얼굴을 붉히며 한 마디도 못하는 상황을 다시는 맞고 싶지 않았다.

그는 강사에게 기쁨을 주는 학생이었다. 그는 연설하기를 원했고 그 바람이 너무나 간절했다. 그는 수업 준비를 철저히 하고 단 한 번도 수업에 빠진 적이 없었다.

성실한 학생에게 일어나는 변화가 당연히 그에게도 일어났다. 그는 놀랄 만큼 빠른 속도로 발전을 거듭했다. 강좌를 몇 번 듣고 나자 긴장은 사라지고 자신감을 갖기 시작했다. 두 달이 지나자 그는 그룹에서 가장 뛰어난 연설가가 되었다. 그는 강연 요청을 받기 시작했다.

커티스의 강연을 듣고 뉴욕시 공화당 지부에서 공화당 선거연설을 해달라는 부탁을 했다. 커티스가 바로 일 년 전 청중에 대한 공포로 만찬장에서 도망쳐버린 사람이라는 것을 알면 얼마나 놀라겠는가!

사람들 앞에서 침착하고 명확하게 이야기하는 것은 보통사람들이 생각하는 것의 10분의 1만큼도 어렵지 않다. 그것은 신이 특별한 소수에게만 주는 특별한 능력이 아니다. 그것은 골프를 치는 것과 같다. 의지만 충분하면 누구나 잠재력을 개발할 수 있다.

청중 앞에 서면 그냥 앉아있을 때처럼 생각하지 못 할 이유가 있는가? 물론 그럴 이유가 전혀 없다. 사실 사람들 앞에 서면 더 잘 생각할 수 있어야 한다. 청중이 있다는 자체가 더 자극이 되어야 한다. 수많은 위대한 연설가들이 청중이 영감을 주고, 두뇌회전을 더 빠르게 해준다는 말을 할 것이다. 청중 앞에 서면 생각이 헨리 워드 비처의 말대로 담배연기처럼 스쳐지나간다. 그저 손을 뻗어 따끈한 연기를 잡아채기만 하면 된다. 연습을 꾸준히 하면 당신도 이렇게 할 수 있을 것이다.

연습을 하면 청중에 대한 두려움이 사라지고 자신감과 용기를 가질 수 있다.

당신이 특별히 어려운 케이스라고 생각하지 마라. 최고의 연설가들도 처음에는 두려움에 시달렸다.

역전의 용사 윌리엄 제닝스 브라이언도 처음에는 무릎이 후들거렸다고 털어놓았다.

마크 트웨인도 처음에 강연하려고 일어섰을 때 입은 솜으로 틀어막은 듯하고 맥박은 정신없이 뛰었다고 고백했다.

그랜트 장군은 빅스버그를 점령하며 전쟁을 승리로 이끌었지만 대중 앞에서 연설을 하려고 섰을 때 다리가 후들거렸다고 고백했다.

프랑스가 배출한 당대 최고의 선동가 장 조레스는 하원에서 1년 동안 입을 꾹 다물고 있은 후에야 첫 연설을 할 수 있는 용기를 낼 수 있었다고 한다.

"처음 연설을 하려 했을 때 말 그대로 혀가 입천장에 달라붙어 처음에는 말 한마디 할 수 없었습니다." 라고 로이드 조지는 고백했다.

남북전쟁 당시 북군과 노예해방을 지지했던 영국인 존 브라이트가 처음 대중연설을 한 것은 지역 주민들 앞에서였다. 그는 연설을 망칠까 봐 자신이 불안해하는 징조가 보일 때마다 박수를 쳐서 응원해 달라고 동료에게 부탁했다.

아일랜드의 위대한 지도자 찰스 스튜어트 파넬은 연설 초보 시절에 너무 긴장해서 손바닥에 피가 맺힐 정도로 주먹을 꼭 쥐었다고 한다.

디즈레일리는 처음 하원의원들 앞에 섰을 때 차라리 기병대의 선발대가 되는 것이 낫겠다는 생각을 했다고 고백했다. 그의 개막연설은 끔찍한 실패였다.

사실 영국에서 말 잘하기로 소문난 사람은 첫 연설에서는 형편없는 실패를 맛보았다. 하원에서 젊은 의원이 첫 연설을 성공적으로 하면 이를 불길한 징조로 볼 정도이니 안심해라.

나는 내 수강생들이 처음에 어느 정도 긴장된 모습을 보이면 항상 기분이 좋다.

20명 정도 되는 비즈니스 회의를 한다고 해도 사람들 앞에서 이야기하는 것은 어느 정도의 긴장과 흥분이 따른다. 발표자는 언제든지 튀어나갈 수 있는 경주마처럼 긴장해야 한다. 키케로가 2천 년 전에 말한 것처럼 모든 대중연설의 진정한 매력은 긴장감이다.

연설가들은 라디오를 통해 이야기할 때도 이런 감정을 경험한다. 이런 상태를 '마이크 공포증'이라고 한다. 찰리 채플린은 방송을 할 때 해야 할 말을 종이에 적어놓았다. 그는 누구보다도 대중 앞에 많이 섰다. 하지만 마이크 앞에 서기만 하면 2월에 대서양을 건널 때 느끼는 두려움을 느꼈다.

유명한 영화배우이자 감독인 제임스 커크우드도 비슷한 경험을 겪었다. 그는 무대에서는 스타였지만 라디오 연설을 하고 방송실을 나설 때면 이마에서 연신 땀을 닦아냈다. "브로드웨이에서 개막 공연을 하는 것이 더 쉽습니다."

아무리 훌륭한 연설자라도 연설을 하기 전에는 누구나 두려움을 느끼지만 일단 연설을 시작하면 두려움은 사라진다.

링컨조차도 초기에는 힘들어했다. 그의 법률사무소 동료 헌든은 다음과 같이 말했다.

"처음에는 무척 서툴렀습니다. 자신감도 없고 예민해서 힘들어했습니다. 그 당시에 그를 찾아가 위로를 많이 해주었습니다. 초창기에 링컨은 목소리가 가늘었고 듣기에 거북했습니다. 그의 검고 누르스름하며 주름진 얼굴, 어정쩡한 태도 등 모든 것이 그에게 불리해 보였지만 그것도 잠시였습니다. 곧 그는 냉정을 되찾고 특유의 따뜻함과 진실함으로 감동적인 연설을 시작할 수 있었습니다."

당신도 이와 비슷한 경험을 할 것이다. 이 훈련에서 효과를 거두기 위해서 다음의 네 가지는 필수적이다.

첫째, 강하고 끈질긴 욕망으로 시작하라.

이것은 당신이 생각하는 것보다 훨씬 중요하다. 의지가 약하면 당신의 성취도 흐리고 약하다. 하지만 당신이 고양이를 쫓는 불독처럼 집요하게 물고 늘어진다면 세상의 어떤 것도 당신을 막을 수 없다.

열정을 불러 일으켜라. 설득력 있게 말하는 능력이 사업에서 어떤 결과를 가져올 지 생각해라. 그 능력은 당신의 수입에 영향을 미칠 수 있고 아니 반드시 영향을 미칠 것이다. 당신의 사회적 지위가 달라지고, 친구가 달라지고 리더십이 생길 것이다.

"설득력 있게 말하는 것만큼 빨리 성공하고 확실한 명성을 얻게 하는 방법은 없다."라고 촌시 데퓨는 말했다.

필립 아머는 수백만 달러를 벌고 나서 이렇게 말했다. "나는 자본가가 되는 것보다 훌륭한 연사가 되는 것을 택하겠다."

이것은 제대로 교육 받은 사람이라면 누구나 바라는 능력이다. 사후에 발견된 앤드류 카네기의 문서 중에서 그가 33세에 작성한 인생계획표가 있다. 당시 그는 향후 2년 동안 사업체를 잘 일구어 매년 5만 달러의 수입을 얻고 35세에 은퇴할 계획을 세웠다. 은퇴 후 옥스퍼드에 가서 대중 연설 공부를 할 계획이었다.

이 새로운 능력에서 얻게 되는 만족감과 즐거움에 대해 생각해라. 나는 이 지구의 적지 않은 부분을 여행하며 다양한 경험을 했다. 하지만 청중 앞에 서서 사람들이 당신의 생각을 따라오게 만드는 것만큼 내적인 만족감을 주는 것은 아직 찾지 못했다. 그것은 당신에게 힘을 느끼게 해줄 것이다. 자부심을 느끼게 해주고 당신을 동료보다 돋보이게 해줄 것이다. 연설에는 결코 잊을 수 없는 짜릿함이 있다. 어떤 연사는 이렇게 고백했다.

"연설이 시작하기 2분전에는 차라리 매를 맞고 싶은 심정인데 연설을 끝내기 2분전에는 연설을 멈추느니 차라리 총을 맞고 싶은 심정이된다."

마음이 약해지면서 낙오하는 사람이 있다. 이 과정이 당신에게 어떤 의미를 지니는지 끊임없이 상기해라. 당신이 이 과정을 듣고 있음을 친구들에게 말해라. 이 책에 나온 내용을 읽고 연설을 준비할 시간을 떼어 놓아라. 즉 전진은 쉽게, 후퇴는 최대한 어렵도록 만들어라.

줄리어스 시저가 갈리아 지방에서 해협을 건너 지금의 영국에 도착했을 때 무엇을 했을까? 그는 자신의 군대를 도버 해협에 세웠다. 파도를 내려다보던 그의 군대는 자신이 타고 온 배가 불타는 것을 지켜보았다. 적지에서 후퇴할 수 있는 마지막 수단이 사라지는 것을 보며 군대가 할 수 있는 것은 오직 전진밖에 없었다.

둘째, 말하고자 하는 내용을 철저히 알고 있어야 한다.

말하고자 하는 내용을 확실하게 모르고 청중 앞에 서면 불안하다. 이것은 마치 맹인이 맹인을 안내하는 것과 같다.

루스벨트는 자서전에서 이렇게 말했다.

"나는 1881년 가을 국회의원으로 선출되었는데 가장 연소자였다. 젊고 경험이 없는 사람들 누구나 그렇듯이 나도 사람들 앞에서 말하는 것이 어려웠다. 그때 어느 시골 노인의 충고에서 큰 도움을 받았다.

'말하고자 하는 것을 확실히 알 때까지는 말하지 말라. 확실히 알게 되면 그때 말하고 앉아라.' "

그 사람은 루스벨트에게 긴장을 극복하는 방법도 알려주었으면 좋았을 것이다.

"청중 앞에서 칠판에 필기를 하거나 지도를 펼쳐놓고 한 부분을 가리키거나 탁자를 옮기거나 창문을 열거나 책 또는 보고서의 위치를 옮기는 등의 제스처를 개발하면 어색함을 떨쳐버리고 편안하게 말할 수 있을 것이다."

이런 방법이 있다고 제안한 것이지 항상 이런 행동들을 할 수는 없을 것이다. 내 제안대로 할 수 있으면 처음 몇 번은 그렇게 해라. 아기는 걷기 시작하면 더 이상 의자에 매달리지 않는다.

셋째, 자신감 있게 행동해라.

미국의 유명한 심리학자 윌리엄 제임스 교수는 다음과 같은 글을 썼다.

"행동이 감정을 따라오는 것 같지만 사실 행동과 감정은 함께 움직인다. 의지의 직접적인 통제 하에 있는 행동을 조절하면 감정을 조절할 수 있다. 유쾌함이 사라졌을 때 다시 기분이 좋아지려면 기분 좋은 것처럼 행동하고 말하는 것이 최고의 방법이다. 그렇게 행동했는 데도 기분이 좋아지지 않으면 달리 다른 수가 없다. 두려울수록 용기 있게 행동해라. 그렇게 행동하다보면 두려움이란 감정은 사라질 것이다."

제임스 교수의 충고를 적용해봐라. 청중 앞에 서면 자신감 있게 행동해라. 물론 준비가 되어있지 않다면 당신이 무슨 수를 써도 크게 도움이 되지 않을 것이다. 하지만 충분히 준비했다면 크게 숨을 들이마시고 자신감 있게 걸어 나가라. 대중 앞에 서도 30초간은 깊게 숨을 쉬어라. 충분한 산소공급은 당신의 기분도 좋게 해주고 용기도 복돋워 줄 것이다. 위대한 테너 장 드 레스케는 '깔고 앉을 수 있을 정도로' 깊게 숨을 쉬면 긴장이 사라진다고 말하곤 했다.

중앙아프리카의 풀라니 족의 청년은 결혼하고 싶으면 채찍질을 당하는 의식을 거쳐야 한다. 부족의 여인들이 북소리에 맞춰 박수치면서 노래한다. 허리까지 아무것도 걸치지 않은 청년이 앞으로 걸어 나온다. 갑자기 채찍을 든 남자가 나타나 청년에게 채찍질을 해댄다. 채찍 자국이 나고 살이 벗겨지고 피가 흐른다. 그 상처는 평생 남아있다. 부족의 원로가 청년의 발치에 앉아 이 과정을 지켜본다. 이 과정을 성공적으로 완수하려면 청년은 아픔을 견뎌야 할 뿐 아니라 노래도 불러야 한다.

어느 시대나 어느 지역에서나 인간은 용기를 찬양해왔다. 속에서는 심장이 얼마나 빨리 뛰고 있는지 모르나 용감하게 앞으로 걸어 나와 용감하게 청중 앞에 서라.

당당하게 서서 청중의 눈을 정면으로 들여다보아라. 청중들이 당신에게 빚이라도 지고 있는 것처럼 당당하게 이야기를 시작해라. 청중들이 당신에게 대출 기한을 연장해달라고 사정하기 위해 모인 것이라고 상상해라. 그렇게 생각하면 당신의 마음에 큰 위안이 될 것이다.

초조하게 외투의 단추를 만지작거리거나 손을 어디에 두어야 할지 몰라 허둥대지 마라. 너무 초조해서 어쩔 수 없이 몸을 움직여야 한다면 손을 등 뒤에 대고 아무도 볼 수 없도록 손가락을 비틀거나 발가락을 꼼지락거려라.

일반적으로 연사가 가구 뒤에 숨는 것은 좋은 것이 아니다. 하지만 처음 몇 번은 탁자나 의자 뒤에 서서 단단히 붙잡고 있거나 손바닥에 동전을 꼭 쥐고 있으면 어느 정도 용기가 생길수도 있다.

루스벨트는 어떻게 대담함과 자신감을 개발할 수 있었을까? 천성적으로 모험적이고 도전적일까? 전혀 그렇지 않다. 그는 자서전에서 이렇게 고백하고 있다. "나는 어렸을 때 몸이 약하고 수줍음이 많았다. 커서도 자신감이 없었다. 고통스럽게 열심히 훈련해서 내 몸 뿐만 아니라 정신도 단련해야 했다."

다행히 그는 우리에게 변화를 이끌어낸 과정을 이야기해주었다.

"어렸을 때 메리엇이 쓴 책을 읽었는데 나에게 큰 감동을 주었다. 영국의 작은 군함의 선장이 주인공에게 어떻게 용감해질 수 있는지 설명한다. 싸움이 일어나면 처음에는 겁을 먹는다. 하지만 겁을 먹지 않은 것처럼 행동하다보면 어느새 실제로 용감하게 된다.

내가 따른 원리는 바로 그것이었다. 처음에 나는 모든 것이 다 무서웠다. 하지만 무섭지 않은 것처럼 행동하자 점차 두려움이 사라졌다. 대부분의 사람들도 의지만 있다면 나와 같은 경험을 할 수 있을 것이다."

당신도 원하기만 하면 이 교육과정에서 그와 똑같은 경험을 할 수 있다. 마셜 포슈는 이렇게 말했다. "전쟁에서 최고의 방어는 공격이다." 당신의 두려움에 공격적인 태도를 취해라. 당당하게 두려움에 맞서서 두려움을 정복해라.

당신이 웨스턴 유니언의 배달부라고 생각하고 당신은 그저 메시지를 전달한다고 생각해라. 사람들은 배달하는 사람에게는 신경을 쓰지 않는다. 사람들이 원하는 것은 메시지이다. 전달하고자 하는 메시지에 집중해라. 마음을 담아라. 진심으로 메시지에 확신을 가져라. 그렇게 하면 당신은 곧 당신 자신을 지배하고 현실을 지배할 수 있게 될 것이다.

넷째, 연습해라! 연습해라! 연습해라!

지금 하려는 이야기가 제일 중요하다. 지금까지 읽은 것을 전부 잊어버려도 이것만은 기억해라. 연설을 할 때 자신감을 키우는 절대 실패하지 않는 방법은 실제로 말을 많이 해보는 것이다. 모든 문제의 핵심은 연습이다. 연습이야말로 필수요소이다.

루스벨트는 다음과 같이 경고한다. "모든 초심자는 사냥 초보자가 사냥감을 처음 봤을 때 느끼는 흥분을 느끼기 마련이다. 이 흥분은 소심함과는 구별된다. 대중 앞에서 처음 서거나, 처음 사냥감을 보거나, 처음 전쟁에 참가하는 사람에게 이런 흥분이 생긴다.

이런 사람에게 필요한 것은 용기가 아니라 마음을 안정시키고 침착하게 생각하는 능력이다. 이런 능력은 실제로 연습을 많이 해야지 얻어진다. 반복된 연습으로 마음을 진정시킬 수 있다. 재능이 있는 사람이면 연습을 하면 할수록 더 강해질 것이다. 그러니 포기하지 말고 꾸준히 연습해라. 수업을 충분히 준비하지 못했다는 이유로 수업을 빠질 생각은 하지 마라. 일단 참가해라.

대중에 대한 공포를 없애고 싶은가? 왜 그런 공포가 생기는지 살펴보자.

〈정신의 형성〉에서 로빈슨 교수는 이렇게 말한다. "두려움은 무지와 불확실성에서 생긴다." 이 말을 다른 말로 하면 두려움은 자신감의 부족에서 생긴다. 자신이 실제로 어떤 능력을 가지고 있는지 몰라서 두려움이 생긴다. 자신이 어떤 능력이 있는지 모르는 것은 경험부족 때문이다. 경험이 많이 쌓이면 두려움은 저절로 사라질 것이다.

한 가지 분명한 사실은 수영을 배우려면 물에 뛰어들어야 한다는 것이다. 당신은 이 책을 오랫동안 읽었다. 이제 책은 치우고 실천을 해보자. 잘 아는 주제를 하나 정해서 3분 연설문을 작성해라. 혼자서 여러 번 연습하고 수강생들 앞이나 원래 연설하고자 했던 사람들 앞에서 있는 힘을 다해 연설해라.

요약

1. 수천 명의 수강생들은 이 수업을 통해 사람들 앞에서 자신감 있게 말하는 능력을 키우기를 바란다.

2. 그런 능력을 키우는 것은 어려운 일이 아니다. 그런 능력은 선택 받은 소수만이 가지는 것이 아니다. 연설을 잘 하는 것은 골프를 치는 것과 같다. 누구라도 하고자 하는 의지만 있으면 충분히 개발할 수 있다.

3. 경험이 많은 연사들은 일대일로 대화할 때보다 많은 사람들 앞에서 더 잘 생각하고 더 잘 말할 수 있다. 청중이 그들에게 자극이 되고 영감을 준다. 이 과정을 잘 이수하면 당신도 그런 경험을 할

수 있을 것이다.

4. 당신이 유별나다고 생각하지 말라. 처음에 청중 앞에서 두려움에 떨었지만 나중에 유명한 연사가 된 사람들이 많다. 브라이언, 장 조레스, 로이드 조지, 찰스 스튜어트 파넬, 존 브라이트, 디즈레일리, 셰리든 등 많은 사람들이 그랬다.

5. 아무리 자주 연설을 해도 연설을 시작할 때는 긴장이 된다. 하지만 일단 연설을 시작하면 긴장감은 완전히 사라질 것이다.

6. 이 수업에서 최대의 효과를 내려면 다음의 네 가지를 실천해라.

  a. 강하고 끈질긴 욕구를 가지고 이 수업을 시작해라. 이 수업이 당신에게 가져다줄 이점을 열거해봐라. 열정을 불살라라. 이 수업이 재정적으로, 사회적으로, 리더십 개발 차원에서 당신에게 어떤 영향을 미칠지 잘 생각해봐라.

  b. 준비하라. 당신이 할 말을 잘 알지 못하면 자신감을 가질 수 없다.

  c. 자신감 있게 행동하라. 윌리엄 제임스 교수는 이렇게 충고한다. "용감하다고 느끼고 싶으면 당신이 용감한 사람인 것처럼 행동해라. 그렇게 하면 용기가 생겨서 두려움은 곧 사라질 것이다." 루스벨트는 이 방법을 사용해서 두려움을 극복했다고 고백했다. 청중에 대한 공포도 이런 식으로 없앨 수 있다.

  d. 연습해라. 이것이 가장 중요하다. 두려움은 자신감이 부족해서 생긴다. 자신감의 부족은 경험이 부족해서 생긴다. 성공적인 경험이 쌓이면 두려움은 저절로 없어질 것이다.

2장

준비를 통해
자신감 얻기

나는 1912년부터 매년 6천 건의 연설을 듣고 비평해왔다. 이를 통해 내가 느낀 것은 다음과 같다. 연설을 잘 하려면 분명한 메시지, 청중들에게 강한 인상을 줄 내용이 필요하다. 청중과 진심으로 교감하고 싶어 하는 마음이 느껴지는 연설을 들으면 나도 모르게 빨려 들어가는 느낌을 경험해 본 적이 없는가? 청중에게 이런 느낌을 준다면 연설의 반은 성공한 것이다.

연사가 이런 마음을 가지고 있으면 연설은 저절로 이루어진다. 잘 준비된 연설은 이미 10분의 9는 전달된 것이다.

1장에서 말한 것처럼 사람들이 이 과정을 듣는 가장 큰 이유는 자신감을 얻기 위해서이다. 그런데 많은 사람들이 저지르는 결정적인 실수는 준비를 소홀히 한다는 것이다. 젖은 화약이나 총알 없는 빈총을 가지고 전장에 나가면서 어떻게 두려움이라는 적을 물리칠 수 있겠는가? 이런 상황에서 청중 앞에서 긴장되는 것은 당연한 일이다. 링컨은 이렇게 말했다. "나는 아무리 나이가 들어도 완벽하게 준비하지 않은 상황에서는 침착하게 연설할 수 없을 것 같다."

자신감을 가지고 싶다면 충분히 준비를 해야 한다. 사도 요한은 이렇게 말했다. "완전한 사랑은 두려움을 물리친다." 완벽한 준비는 두려움을 물리친다. 웹스터는 준비가 덜 된 채 청중 앞에 서는 것은 옷을 안 입고 청중 앞에 서는 것과 같다고 말했다.

내 수업에 등록했으면 연설을 좀더 꼼꼼하게 준비해야 한다. 어떤 사람들은 준비를 어떻게 하는지 잘 모른다. 다른 사람들은 시간이 부족하다고 투덜댄다. 이번 장에서는 이런 문제를 좀더 명확하게 다뤄보겠다.

연설을 준비하는 방법

어떻게 준비하면 될까? 책을 읽어야 하나? 독서가 한 방법이기는 하지만 최고의 방법은 아니다. 독서가 도움이 될지도 모르지만 책에서 얻은 지식을 곧바로 연설에 쓰면 어딘가 부족하다. 청중은 무엇이 부족한지 잘 모르지만 당신의 연설에 공감할 수는 없을 것이다.

얼마 전에 뉴욕시의 은행 간부를 위한 연설 강의를 진행한 적이 있었다. 은행 간부들은 굉장히 바빠서 준비를 충분히 하지 못했다. 그들은 평생 자신만의 확고한 생각으로 살아온 사람들이어서 자신만의 시각으로 세상을 바라보았다. 그들은 숲은 보지 못하고 자잘한 관목들만 볼 수 있었다.

금요일 저녁 5시에서 7시에 모임이 있었다. 어느 금요일 오후 시내 은행에서 근무하는 한 임원이 (편의상 그를 잭슨 씨라고 부르겠다.) 시계가 4시 30분을 가리키는 것을 보고 사무실에서 나와 오늘은 뭘 얘기해야 하나 하고 생각하면서 신문가판대에서 포브스 지를 샀다. 강연이 있는 연방 은행으로 가는 지하철을 타고 가면서 "성공을 위해 10년 밖에 남지 않았다."라는 글을 읽었다. 그 기사에 흥미가 있어서가 아니라 수업에서 뭔가는 이야기해야 했기에 읽었다.

한 시간 후에 그는 일어서서 자신이 읽은 기사에 대해 자신감 있게 이야기하려 했다.

결과는 어땠을까?

그는 자신이 말하려는 것을 정확히 이해하지 않았고 그저 말하려고 노력할 뿐이었다. 그의 말에는 메시지가 없었다. 자신도 감동받지 않았는데 어떻게 청중을 감동시킬 수 있겠는가? 그는 계속 포브스지의 기사만 전달할 뿐이었다. 잭슨씨의 이야기에는 자신은 없고 포브스지만 있을 뿐이었다.

그래서 나는 그에게 이렇게 이야기했다.

"잭슨 씨, 우리는 그 기사를 쓴 기자에게는 관심이 없습니다. 그 기자는 여기에 없어요. 우리는 그를 볼 수 없습니다. 우리가 관심이 있는 것은 당신과 당신의 생각이에요. 당신이 개인적으로 어떻게 생각하는지를 말해주십시오. 다른 사람이 한 말을 옮기지 말구요. 이야기에 잭슨 씨를 더 담아보세요. 다음 주에 같은 주제로 한 번 더 이야기 해보는 게 어떨까요? 같은 기사를 한 번 더 읽어보시고 그 기사의 내용에 동의하는지 자문해보십시오. 동의한다면 당신 자신의 경험을 입혀서 이야기를 구체적으로 해보세요. 동의하지 않는다면 그 이유를 우리에게 말해주세요. 읽은 기사는 연설을 시작하기 위한 재료로만 사용하십시오."

잭슨 씨는 내 제안에 동의하고 그 기사를 다시 읽어서 자신은 필자의 의견에 동의하지 않는다는 결론을 내렸다. 그 후로 그는 지하철에 앉아 급하게 연설을 준비하려 애쓰지 않았다. 연설은 그의 머릿속에서 구성되어 전개되고 발전되었다. 의식하지 않는 순간에 저절로 머릿속에서 연설문이 구성되었다. 신문에서 어떤 기사를 읽으면 생각이 머릿속에 떠올랐다. 친구와 한 가지 주제에 대해 토론할 때도 예상치 않게 또 다른 생각이 떠올랐다. 틈 날 때마다 생각하면서 생각의 깊이는 깊어졌다.

다음 시간에 잭슨 씨는 그 주제에 대한 자신의 생각을 완벽하게 발표했다. 그는 필자의 생각에 동의하지 않았기 때문에 더 나은 발표를 할 수 있었다.

같은 사람이 2주일 사이에 어떻게 이렇게 달라질 수 있는가? 제대로 된 준비가 이렇게 엄청난 차이를 만들어냈다!

그럼 어떻게 준비해야 하고, 어떻게 준비하지 말아야 하는지 실례를 들어보겠다. 워싱턴 D.C.에서 열린 수업에 한 신사가 참석했다. 편의상 그를 플린 씨라고 부르겠다. 플린 씨는 미국 수도를 찬양하는 발표를 했다. 그는 〈이브닝 스타〉지에서 관련 사실을 급조했다. 그의 발표는 재미없고, 연결이 잘 안 되고, 이해하기가 힘이 들었다. 그 주제에 대해 충분히 생각하지 않은 결과였다. 발표는 재미가 없고 전혀 도움이 되지 않았다.

실패할 수 없는 연설

2주 후 플린 씨는 억울한 일을 당했다. 도둑이 주차장에서 그의 캐딜락을 훔쳐간 것이다. 그는 경찰서에 달려가서 현상금을 걸었지만 아무 소용이 없었다. 경찰은 차를 찾는 것이 불가능하다고 말했다. 하지만 바로 일주일 전에 경찰은 그에게 주차시간 15분을 초과했다며 딱지를 끊을 시간은 있었다. 모범적인 시민을 괴롭히느라 정작 범죄자를 잡을 시간은 없다는 이 경찰에 그는 화가 났다. 이제 그에게는 말할 거리가 생겼다. 〈이브닝 스타〉에서 읽은 것이 아니라 그가 실제로 경험한 것이었다. 워싱턴을 찬양하는 발표를 할 때 그는 힘겹게 한 문장 한 문장을 이어나갔지만 이제 그는 연단에 서서 경찰에 대한 성토를 늘어놓았다. 이런 식의 연설은 누구나 할 수 있다. 경험에서 우러난 연설은 실패하지 않는다.

무엇이 진정한 준비인가

연설을 준비하는 것이 좋은 문장을 써놓고 단순히 암기만 하면 되는 것일까? 아니다. 그렇다면 당신에게 와 닿지 않는 생각들을 모아놓으면 될까? 전혀 그렇지 않다. 연설을 준비한다는 것은 당신의 생각과 신념을 모아놓는 것을 의미한다. 누구나 매일 생각을 한다. 심지어 꿈을 꾸기도 한다. 당신이라는 존재는 감정과 경험으로 완성된다. 이런 것들이 당신의 마음에 무의식으로 존재한다. 준비는 잠재되어있는 생각들을 끄집어내고, 당신에게 가장 와 닿는 생각들을 선택해서 당신만의 고유한 문양으로 만들어내는 것을 의미한다. 그렇게 어려운 작업이 아니다. 그저 잠시 집중해서 생각할 시간이 필요할 뿐이다.

드와이트 무디 목사는 어떻게 설교를 준비했을까?

"주제를 선정하면, 나는 커다란 봉투에 주제를 써놓습니다. 나는 그런 봉투가 많아요. 글을 읽다가 설교하려는 주제에 맞는 글을 보면 그 글을 해당되는 봉투에 집어 넣습니다. 나는 항상 공책을 들고 다녀요.

설교를 듣다가 주제에 해당하는 말이 나오면 적어두고 다시 해당 봉투에 집어넣습니다. 아마 1년 이상 모아 둘 거예요. 새로운 설교를 준비할 때 그동안 모아둔 것들을 활용합니다. 봉투에 있는 소재와 내가 그동안 공부한 것을 모으면 소재는 충분해집니다. 설교를 할 때마다 뺄것은 빼고, 더할 건 더해서 설교를 완성합니다. 내 설교가 지루해지지 않는 비결이 바로 여기에 있습니다."

예일대 브라운 학장의 현명한 충고

몇 년 전에 예일대 신학대는 설립 100주년 기념행사를 가졌다. 그 행사에서 찰스 레이놀드 브라운 학장은 설교의 기술에 대한 몇 가지 강좌를 열었다. 그 강좌의 내용은 같은 제목으로 맥밀란 출판사가 책으로 출간했다. 브라운 학장은 30년 이상 매주 설교 준비를 했을 뿐 아니라 설교법을 지도했다. 연설에 대한 그의 충고는 시편 91편을 설교해야 하는 성직자에게 뿐 아니라 노동조합에서 연설을 준비하는 신발 제조업자에게도 큰 도움이 될 것이다. 브라운 학장의 허락을 받아 그 내용을 여기에 싣는다.

당신의 주제에 대해 깊이 생각하십시오. 작은 생각일지라도 골몰하다보면 확대되어 멋진 생각으로 발전할 것입니다.

주제에 대해 오래 생각할수록 좋습니다. 일요일 설교준비를 토요일 오후까지 미루지 마십시오. 설교자가 어떤 생각을 한 달 아니면 6개월 동안 어쩌면 일 년 동안 계속한다면 새로운 생각들이 꼬리를 물고 이어질 것입니다. 길을 걸으며 생각할 수도 있고, 달리는 기차에서 눈이 너무 피곤해 책을 읽을 수 없을 때도 생각할 수 있습니다.

한밤중에도 생각할 수 있습니다. 설교자가 습관적으로 설교 주제를 잠자리까지 가지고 가는 것은 좋은 일이 아니지만, 나는 한밤중에도 생각이 불현듯 나면 잊어버릴까 두려워 얼른 일어나 생각들을 적어 놓습니다.

당신이 실제로 설교 준비를 위해 자료를 모으고 있다면 주제에 관련되어 떠오르는 모든 생각들을 적어 놓으십시오.

모든 생각들을 글로 적어 놓으십시오. 알아볼 수만 있다면 몇 단어라도 좋습니다. 그런 후에 적어 놓은 것에 대해 계속 생각을 확장해 나가십시오. 이렇게 하면 당신의 생각은 독창적이게 될 것입니다. 당신 스스로 생각한 아이디어들을 적어놓으십시오. 이것들은 루비와 다이아몬드 금보다 더 소중합니다. 종이에 적는 것이 가장 좋고 상황이 여의치 않으면 오래된 편지의 뒷면, 편지봉투의 귀퉁이, 휴지 아니면 손에 닿는 어디든 적어 놓으십시오. 이것은 단순히 경제적 문제가 아닙니다. 작은 종잇조각들이 생각을 정리하고 배열하는 데 더 효과적입니다.

떠오르는 생각은 모조리 적어 놓는 습관을 기르십시오. 서두를 필요는 없습니다. 이런 방법을 쓰면 당신의 생각의 폭은 엄청나게 확대될 것입니다.

듣는 사람들에게 가장 큰 교훈을 줄 수 있는 설교는 당신 자신에게서 나온 내용이라는 것을 기억하십시오. 이는 당신의 뼈 중의 뼈이고, 살 중에 살이고, 당신의 지적 노동의 산물이며, 창조적인 에너지의 산물입니다.

여기저기서 떼어오고 합친 설교는 진부하며 재탕한 느낌이 납니다. 살아 움직이는 설교, 하나님을 찬양하는 설교, 듣는 사람의 마음속에 들어가 그들의 마음을 독수리처럼 날아오르게 하고, 무거운 의무에도 지치지 않게 하는 설교는 설교자의 내면에서 우러난 설교입니다.

링컨은 어떻게 연설을 준비했는가?

링컨은 어떻게 연설을 준비했을까? 다행히 우리는 사실을 알고 있다. 이 책을 읽다보면 브라운 학장의 70년 전 링컨이 사용한 방법 몇 가지를 추천하고 있다는 것을 알게 될 것이다. 링컨의 가장 유명한 연설 중의 하나는 다음의 연설이다.

"서로 갈라져 싸우는 집안은 무너집니다. 나는 반은 노예로, 반은 주인으로 나뉜 이 정부가 계속 될 수 없다고 믿습니다."

그는 일을 할 때도, 식사를 할 때도, 길을 걸을 때도, 헛간에서 소젖을 짤 때도, 끊임없이 재잘대는 아들을 옆에 데리고 장을 보러 갈 때도 연설에 대해 생각했다. 링컨은 아들이 옆에 있다는 것을 잊은 듯 생각에만 몰두해서 성큼성큼 걸어갔다.

생각에 몰두해서 생각을 정리하면서 봉투, 종이 쪼가리에 떠오르는 생각들을 적어 놓았다. 이 메모들을 모자에 넣고 다니다가 시간이 나면 자리에 앉아 메모를 재배열하고 다듬었다.

1858년 합동 토론회에서 더글러스 상원의원은 어디에서나 같은 연설을 되풀이했다. 하지만 링컨은 쉬지 않고 연구하고 생각해서 어제와는 다른 새로운 연설을 매일매일 만들었다. 그의 머릿속에는 같은 주제가 계속해서 확대되고 있었던 것이다.

그가 백악관으로 들어가기 직전에 그는 법전과 연설문 세 개만 가지고 스프링필드의 허름한 가게 뒷방으로 들어갔다. 그는 거기에서 어떤 방해도 받지 않고 취임 연설문을 작성했다.

게티즈버그 연설문은 어떻게 준비했을까? 불행히도 여기에 대해서는 잘못된 사실이 알려져 있다. 실제 이야기는 정말 놀랍다.

게티즈버그 묘지위원회는 봉헌식을 하기로 결정하고 에드워드 에버 렛에게 연설을 부탁했다. 에버렛은 보스턴 교회의 목사, 하버드대학 총 장, 매사추세츠 주지사, 상원의원, 영국 대사, 국무장관을 역임하고 미 국에서 가장 연설을 잘하는 사람으로 알려져 있었다. 봉헌식은 1863년 10월 23일에 열릴 예정이었다. 에버렛은 날짜가 너무 촉박해서 충분히 준비할 수가 없다고 알려왔다. 그래서 봉헌식은 11월 19일로 연기되었 다. 연설을 준비하는 마지막 3일 동안 그는 게티즈버그로 가서 전장을 살펴보며 전투를 생생히 느끼려고 애썼다.

초대장이 의회의 의원들과, 대통령과 각료들에게 발송되었다. 대부 분은 참석을 거부했다. 링컨이 참석하겠다고 했을 때 위원회는 깜짝 놀 랐다. 링컨에게도 연설 요청을 해야 하나? 그들은 그럴 생각이 없었다. 그가 연설을 준비할 시간이 없으니 반대해야 한다는 의견이 제기되었 다. 게다가 설사 링컨이 연설을 준비할 시간이 있다고 해도 그가 연설 을 할 능력이 있을까? 사실 노예제에 대한 토론이나 쿠퍼 유니언에서 한 연설도 아주 훌륭했다. 하지만 그가 봉헌 기념사를 한 적은 없었다. 봉헌 연설은 장중하고 준엄해야 했다. 링컨에게 연설을 요청해야 하 나? 그들은 고민을 거듭했다.

마침내 행사 보름 전 그들은 링컨에게 짧은 인사말 정도를 부탁하며 초청장을 보냈다.

링컨은 즉시 연설 준비를 시작했다. 그는 에드워드 에버렛에게 요청 하여 그의 연설문 사본을 받았다. 그리고 이틀 후 스튜디오에서 사진을 찍는 중간 중간 에버렛의 원고를 읽었다. 그는 자신의 연설에 대해 며칠간 생각했다. 백악관과 전시 사무실을 오가면서도 생각을 하고, 전시 사무실에서 밤늦게 오는 전보를 기다리며 연설 생각을 했다. 그는 연설 초고를 종이에 적어서 모자에 넣고 다녔다. 계속해서 연설에 대해 생각하고 수정해 나갔다. 연설을 하기 전 그는 노아 브룩스에게 다음과 같은 말을 했다. "연설문을 완벽하게 쓰지 못했어. 완성하려면 아직 멀었어. 연설문을 쓰기는 했는데 만족하려면 몇 번 더 손을 봐야할 것 같아."

그는 봉헌식 전날 게티즈버그에 도착했다. 그 작은 마을은 인파로 넘쳤다. 인구 천삼백 명의 도시에 만 오천 명의 사람들이 도착했다. 길은 꽉 막혀서 지나다닐 수 없었고, 사람들은 더러운 거리에 익숙해졌다. 밴드들이 음악을 연주하고 있었고, 사람들은 노래를 불렀다. 사람들은 링컨의 숙소에 모여들었다. 그들은 링컨을 소리쳐 부르며 연설을 요청했다. 링컨은 군중들에게 내일까지는 연설할 생각이 없음을 분명하게 말했다. 그때까지도 링컨은 그의 연설문을 계속해서 손보고 있었던 것이다. 심지어 그는 옆집에 묵고 있던 시워드 국무장관을 찾아가서 연설문을 읽고 그의 의견을 물었다. 다음날 아침 식사 후에도 여전히 링컨은 연설문을 수정하고 있었다. "행렬이 시작되자 대통령은 말위에서 꼿꼿이 앉아 군대를 바라보았지만 행렬이 지나가면 몸을 앞으로 숙이고 머리를 수그렸다. 그는 생각에 깊이 잠긴 듯이 보였다." 대통령 바로 뒤에서 수행하던 카 대령은 이렇게 회고했다.

우리는 그 순간에도 링컨이 10문장 밖에 안 되는 짧은 연설에 대해 생각하고 있었다고 추측할 뿐이다.

링컨이 크게 관심을 가지지 않은 연설은 의심할 여지가 없는 실패작이었다. 하지만 그가 노예제도와 연방에 대해 연설할 때 그의 연설은 놀라운 힘을 가지고 있었다. 왜일까? 링컨이 그 문제에 대해 끊임없이 생각하고 있었기 때문이다. 일리노이의 여관에서 그와 함께 방을 썼던 동료에 따르면 아침에 잠자리에서 일어났더니 링컨이 침대에 앉아 벽을 뚫어져라 보고 있었다고 한다. 링컨이 그에게 한 말은 바로 "반은 노예로, 반은 자유인으로 나뉜 정부는 영원히 지속될 수 없다." 였다.

예수는 어떻게 설교를 준비했을까? 혼자 황야에 나가 40일 밤낮을 단식하며 싶은 생각에 빠졌다. 마태복음에는 "그때부터 예수는 설교를 시작했다." 라고 적혀있다. 그 얼마 후에 예수는 가장 유명한 연설 중 하나인 산상수훈을 말했다.

당신은 이렇게 항변할지도 모른다. "아주 흥미로운 이야기입니다. 하지만 나는 불멸의 연설가가 되고 싶은 생각은 없습니다. 그저 모임에서 몇 마디 멋지게 하고 싶을 뿐입니다."

맞다. 당신이 무엇을 원하는 지 잘 알고 있다. 이 과정은 당신과 같은 사업가들이 말을 잘 할 수 있도록 도와주기 위해 개설되었다. 하지만 아무리 사소한 것이라 하더라도 유명한 연사가 사용한 방법에서 도움을 받을 수 있고 실제 써먹을 수도 있을 것이다.

연설을 어떻게 준비할 것인가?

어떤 주제로 연설해야 할까? 당신이 관심분야면 무엇이든지 괜찮다. 가능하면 당신만의 주제를 골라라.

짧은 발표문에 너무나 많은 내용을 담는 실수를 범하지 마라.

연설 주제는 일주일 전에 결정해서 충분한 시간을 가지고 주제에 대해 생각해라. 7일 동안 주제에 대해 생각해라. 잠자리에 들면서, 아침에 일어나서 면도를 하면서, 샤워를 하면서, 운전을 하면서, 엘리베이터를 기다리며, 식사를 하며, 약속 시간을 기다리면서 주제에 대해 생각해라. 친구와 주제에 대해 토론해라.

그 주제에 대해 가능한 모든 질문을 해봐라. 예를 들어 이혼에 대해 발표하기로 했다면 이혼의 원인이 무엇인지, 이혼의 경제적인, 사회적인 효과는 무엇인지 생각해 보아라. 이혼을 어떻게 하면 막을 수 있을까? 이혼 법을 만들면 될까? 이혼을 불가능하게 만들어야 할까? 이혼을 더 어렵게 만들어야 하나? 이혼을 더 쉽게 만들어야 하나?

왜 이 수업을 수강하는지 말할 기회가 주어졌다고 가정해보자. 이 경우 이런 질문을 던져야 한다. 내 문제는 무엇인가? 이 수업에서 무엇을 얻기를 바라는가? 대중 앞에서 연설을 해본 적이 있는가? 있다면, 언제? 어디에서? 무슨 일이 일어났는가? 이 수업이 사업가에게 효과적일까? 지인 중에 자신감 있는 말솜씨로 성공한 사람이 있는가? 자신감이 없어서 성공을 거두지 못한 지인이 있는가? 가능하면 상세하게 대답해 보려고 노력해라.

사람들 앞에 서서 2~3분 명확하게 이야기 할 수 있다면 첫 고비는 넘긴 셈이다. 이 수업을 왜 듣는지와 같은 주제는 아주 쉽다. 당신 자신의 경험을 말하는 것이기에 내용을 잊어버릴 염려는 없을 것이다.

당신의 직업에 대해 이야기하기로 했다고 가정해보자. 그런 발표는 어떻게 준비해야 할까? 그 주제에 대해 할 말이 많을 것이다. 당신이 해야 할 일은 이야기 거리를 취사선택해서 올바르게 배열하는 일이다. 3분 안에 모든 것을 말하려고 하지 마라. 절대로 3분 안에 모든 것을 말할 수 없다. 그렇게 되면 너무 피상적이고 단편적인 이야기에 그칠 것이다. 한 가지 핵심을 잡아서 이야기를 확대해 나가라. 예를 들어 당신이 이 직업을 선택한 이유에 대해서만 말하는 것이 어떤가? 우연의 결과인가 아니면 선택의 결과인가? 초반에 힘들었던 점을 이야기하고, 당신의 바램, 당신이 성취한 일 등을 말하라. 직접 겪은 경험을 이야기해라. 그것은 아주 좋은 이야기 거리가 된다.

아니면 당신 사업의 다른 측면을 살펴보자. 어떤 문제가 있는가? 당신이 하고 있는 일을 하고 싶어 하는 청년에게 어떤 조언을 해줄 수 있겠는가?

아니면 당신이 만난 사람 중에 정직한 사람과 그렇지 않은 사람들의 이야기를 해봐라. 일하면서 힘든 점을 이야기해라. 사업을 하면서 인간 본성에 대해 깨달은 바가 있는가? 사업의 기술적인 측면에 대해서만 이야기 한다면 다른 사람들은 흥미를 잃기 십상이다. 하지만 다른 사람 사는 이야기는 흥미 있는 이야기 거리가 된다.

다른 어떤 것보다도 당신의 이야기를 추상적인 설교로 만들지 마라. 그렇게 되면 이야기가 지겨워 진다. 구체적인 예시를 적절히 섞어서 이야기를 해라. 직접 겪은 경험을 이야기 속에 집어넣어라. 그렇게 하면 기억하기도 쉽고, 말하기도 훨씬 쉬워진다.

아주 흥미로운 연설을 소개하고자 한다.

"요즘 대기업 중 많은 기업이 한때 일인 기업이었다. 하지만 대부분의 기업은 크게 성장했다. 사업이 대규모로 이뤄지기 때문에 아무리 유능한 총수라도 자신을 도와줄 유능한 파트너가 필요하다.

울워스는 예전에 자신의 기업은 오랫동안 일인 기업이었다고 말한 적이 있다. 그러다 그는 건강을 잃게 되었다. 병원에 누워있으면서 그는 자신의 사업이 확장되려면 책임을 분산해야 한다는 생각을 했다.

베들레헴 스틸은 오랫동안 일인 기업의 형태를 유지하고 있었다. 찰스 슈왑이 기업의 전부였다. 점차 유진 그레이스가 힘을 키워 나갔고 그보다 더 유능한 철강맨으로 성장했다. 베들레헴 스틸은 더 이상 슈왑의 것이 아니다.

이스트만 코닥도 초기에는 일인 기업이었지만 이스트만은 효율적인 조직을 만들었다. 시카고의 대형 통조림 공장들도 이와 비슷한 단계를 밟았다. 하지만 스탠더드 오일은 어느 정도 성장한 뒤부터 한 번도 일인 기업인 적이 없었다.

모건은 자신도 유능했지만 능력 있는 파트너를 골라 책임을 분담했다.

기업가들 중에는 아직도 일인 기업을 유지하고 싶어 하는 사람이 있지만 현대 기업은 엄청난 규모 때문에 책임이 분산될 수밖에 없다.

사람들이 자신의 사업에 대해 이야기 할 때 자기가 흥미 있는 분야만 이야기하는 실수를 저지를 때가 있다. 자신이 아니라 청중의 관심을 끌만한 이야기를 해야 하지 않을까? 화재 보험을 팔려면 화재 예방하는 법에 대해 이야기해야 하지 않을까? 은행가라면 투자에 대한 조언을 해주어야 하지 않을까?

준비하면서 청중을 연구해라. 청중이 듣고 싶은 이야기가 무엇인지 생각해라. 그러면 반은 이긴 것이다.

발표를 준비할 때 시간이 허락한다면 독서를 해서 다른 사람들의 의견은 무엇인지 살펴보아라. 하지만 그 전에 당신만의 확고한 생각이 세워져야 한다. 이것이 아주 중요하다. 그런 다음 도서관에 가서 사서에게 당신의 관심분야에 대해 말해라. 당신이 어떤 주제에 대해 발표를 준비하고 있다고 말하고 도움을 구해라. 자료 조사에 익숙하지가 않다면 사서가 준비해주는 자료에 놀랄 것이다. 사서는 당신의 주제에 정확히 부합하는 한권의 책을 찾아줄 수도 있고, 주제에 대한 찬반 양측의 주장에 대한 보고서를 가져다 줄 수도 있다. 백과사전 또는 다양한 종류의 참고 서적을 가져다 줄 수 있을 것이다. 이 자료들이 당신의 무기가 된다. 이 자료를 잘 활용해라.

자료준비의 중요성

루터 루서 버뱅크는 죽기 전에 이렇게 말했다. "나는 지금까지 식물 표본 수백만 개를 만들고 아주 뛰어난 한두 개를 빼고는 나머지는 모두 버렸다." 연설도 이렇게 준비해야 한다. 백 개의 생각을 모아놓고 필요 없는 90개는 버려라.

실제로 사용할 것 보다 더 많은 자료를 모아라. 그렇게 하면 충분히 준비했다는 자신감이 생기고 주제에 대해 확실히 알고 있다는 느낌을 받을 것이다. 이것이 준비의 기본적이고 중요한 요소이다. 하지만 연설하는 사람들은 이 점을 간과하기 일쑤다.

아서 던은 다음과 같이 말했다.

"나는 수많은 세일즈맨을 훈련해왔습니다. 그들의 가장 큰 약점은 자신이 파는 물건에 대해 잘 모른다는 것입니다.

많은 세일즈맨들이 내 사무실에 와서 제품에 대한 몇 가지 설명만 듣고는 곧바로 나가서 물건을 팔려고 합니다. 이 가운데 많은 사람들은 일주일도 못 버티고, 48시간도 못 버티는 사람도 많습니다. 특히 식품 판매를 위해 판매원들을 교육시킬 때 특히 노력을 많이 기울입니다. 나는 판매원에게 미국 농무부에서 발표하는 식품 영양표를 공부하게 했습니다. 그 표는 수분, 단백질, 탄수화물, 지방 등의 함유량을 보여줍니다. 그들이 팔 상품을 구성하는 성분을 공부하게 했고 시험도 보게 했습니다. 다른 동료에게 상품을 선전하게 시키기도 했습니다. 나는 가장 잘 하는 사람에게 상도 주었습니다.

자신이 팔 상품을 공부하는 시간도 아까워하는 조급한 세일즈맨들을 자주 봤습니다. 그들은 이렇게 말합니다. '식품점 주인에게 다 말해 줄 시간이 없습니다. 주인들은 너무나 바빠요. 내가 단백질이 어쩌니 해도 그는 듣지도 않을 것입니다. 설사 내 이야기를 듣는다고 해도 내가 무슨 이야기를 하는지 하나도 이해하지 못할 것입니다.' 그에 대한 나의 대답은 이랬습니다. '당신이 이렇게 공부하는 것은 당신의 고객을 위해서가 아니라 당신 자신을 위한 것입니다. 당신이 팔아야할 상품의 모든 것을 다 꿰고 있으면 자신감이 생길 것입니다.'"

스탠더드 석유회사에 대한 책을 펴낸 유명한 역사학자 아이다 타벨이 파리에 있을 때 "맥클루어즈 매거진"의 설립자인 맥클루어 씨가 애틀랜틱 케이블에 대한 짧은 기사를 써줄 것을 부탁했다. 그녀는 런던으로 가 애틀랜틱 케이블의 책임자를 만나 충분한 자료를 수집했다. 하지만 그녀는 거기서 멈추지 않았다. 그녀는 더 많은 자료가 필요해서 대영박물관에 전시되어 있는 모든 종류의 케이블에 대해 연구했다. 케이블의 역사에 대한 책을 읽었고, 공장에 찾아가 케이블의 제조과정을 살펴보기도 했다.

그녀가 자신이 쓸 자료보다 열배나 많은 자료를 수집한 이유가 무엇일까? 그녀는 이렇게 광범위하고 철저하게 조사를 하면 이것이 자신에게 큰 힘이 된다는 사실을 알고 있었다. 그녀는 문자화하지 않은 지식들이 실제로 쓸 기사에 큰 힘을 실어준다는 것을 알고 있었다.

에드윈 제임스 커텔은 대략 3천만 명의 사람들에게 연설했다. 그는 집에 돌아가는 길에 말하지 않은 것들 때문에 무릎을 치며 후회를 하지 않은 연설은 실패라고 생각한다. 왜일까? 충분한 자료를 숙지하고 있을 경우에 연설이 잘 된다는 것을 오랜 경험에서 알기 때문이다.

당신은 이렇게 반문할 것이다. "뭐라고? 이 작자가 내가 이 모든 것을 할 시간이 있다고 생각하나보지? 사업도 해야 하고, 아내와 두 명의 아이들이 있고, 돌봐야할 강아지도 두 마리나 되는걸 알고나 있을까? 나는 박물관에 뛰어가서 케이블을 살펴보고 대낮에 책을 보고 침대에 멍하니 앉아 연설문을 중얼거릴 시간이 없거든."

앞으로 주어질 주제는 당신이 이미 생각해본 문제들이 될 것이다. 어떤 때는 즉석에서 할 수 있는 쉬운 주제를 제시할 것이다. 이렇게 하면 청중 앞에 서서도 침착하게 말을 이어나가는 데 큰 도움이 될 것이다.

이 수업을 듣는 사람 중에 몇몇은 연설 준비 과정을 배우는 데 흥미가 없을지 모른다. 그들은 청중 앞에서 차분하게 말하고, 사업상 벌어지는 토론에 당당하게 참가하기를 원한다. 이런 사람들은 수업에 가끔 와서 다른 사람들이 발표하는 것을 듣고 배우기를 원한다. 하지만 이 장에서 제시하는 방법들을 따라 해봐라. 이렇게 하면 연설을 효과적으로 준비할 수 있게 될 것이다.

당신이 발표 준비를 할 여유시간이 생길 때까지 미룬다면, 그런 시간은 절대 오지 않을 것이다. 그러니 일주일에 어떤 날 저녁 시간에 이 작업에만 매진해보는 것은 어떨까? 이것만이 가장 효과적인 방법이 될 것이다.

요약

1. 잘 준비된 연설은 10분의 9는 전달된 것과 다름없다.

2. 준비란 무엇인가? 상투적인 문장을 종이에 적는 것인가? 구절만 잘 외우면 될까? 전혀 그렇지 않다. 진정한 연설준비는 생각을 모으고 정리하고, 자신의 생각을 한 방향으로 끌고 가는 것이다. 뉴욕에 사는 잭슨 씨가 잡지에 실린 글에서 기자의 생각을 단순히 반복해서 말했을 때 그는 실패했지만 그 글을 소재삼아 자신만의 생각을 제시했을 때 그는 성공했다.

3. 자리에 앉아 30분 만에 연설문을 작성하려고 하지 마라 . 연설은 스테이크 처럼 뚝딱 만들어 지는 것이 아니다. 미리 주제를 정하고, 언제 어디서나 계속 그 주제에 대해 생각해라. 친구와 그 주제에 대해 토론하고 주제에 대한 가능한 모든 질문을 던져보아라. 떠오르는 생각을 종이에 적고 더 많은 것을 찾기 위해 노력해라. 목욕을 하거나, 운전을 할 때, 저녁식사를 기다릴 때 생각이 불현듯 머리를 스쳐지나갈 것이다. 이것이 바로 링컨의 방법이다. 또한 대부분의 성공한 연사는 이런 방법을 사용했다.

4. 생각을 정리한 후에 도서관에 가서 주제에 대한 책을 읽어라. 사

서에게 도움을 청해라. 사서는 연설에 도움을 줄 책을 찾아줄 것이다.

5. 실제로 사용하는 것보다 더 많은 자료를 모아라. 루서 버뱅크의 방식대로 해라. 그는 하나 또는 두 개의 우수한 표본을 얻기 위해 백만 개의 표본을 만들었다. 100가지 생각을 모으고 90개는 버려라.

6. 능력을 개발하는 방법은 실제로 연설에 쓸 내용보다 더 많은 것을 아는 것이다. 연설을 준비할 때 아서 던이 세일즈맨을 교육시킨 방법이나 아이다 타벨이 애틀랜틱 케이블에 대해 기사를 쓸 때 사용한 방법을 따라라.

3장

유명한 연사는
연설을 어떻게 준비했나?

예전에 뉴욕 로터리 클럽 오찬모임에 참석한 적이 있었다. 그날 초청 연설자는 정부 고위 관료여서 참석자 모두들 그의 연설을 기대하고 있었다.

그는 자신의 연설주제에 대해 많이 알고 있었지만 연설을 어떻게 해야 할지 제대로 계획하지 않았다. 말할 소재를 고르지도 않았고, 내용을 논리정연하게 배열하지도 않았다. 그럼에도 불구하고 무작정 연설을 시작했다. 자신이 무슨 말을 하는지 제대로 알지도 모르는 채 이야기를 이어나갔다.

한마디로 그의 머릿속은 뒤죽박죽이었고 듣는 사람들의 머릿속도 마찬가지였다. 그는 이 이야기를 하다가 갑자기 저 이야기로 옮겨갔다. 나는 이렇게 혼란스러운 연사를 한 번도 본 적이 없었다.

그는 즉석연설을 하려고 했지만 어쩔 수 없었는지 주머니에서 메모를 주섬주섬 꺼내면서 사실은 비서가 자신을 대신해 자료를 준비했다고 고백했다. 그 메모 역시 정돈되어 있지 않았다. 그는 메모를 신경질적으로 뒤적이며 이 페이지를 봤다가 저 페이지를 보며 어떻게든 이 혼란 속에서 빠져나오려 애썼다. 하지만 불가능한 일이었다. 그는 사과하며 떨리는 손으로 물 한 모금을 마시고, 또 몇 마디 주절대고 한말을 또다시 하고 다시 메모를 들여다보았다. 시간이 흐를수록 상황은 더 악화되었다. 당황했는지 이마에서는 땀이 삐질 삐질 흘렀고, 이마의 땀을 닦는 그의 손수건이 흔들렸다. 이 촌극을 보면서 청중들의 마음도 불편했다. 미련하게 우직하기만 한 그 연사는 계속 메모를 뒤적이고, 사과를 하고, 물을 들이키며 연설을 이어나갔다. 그가 연설을 끝내고 자리에 앉았을 때 청중들은 안도했다. 그는 내가 여태껏 보아온 연사들 중에 최악이었다. 그는 무슨 말을 해야 하는 지 잘 모르는 채 연설을 시작했고, 자신이 무슨 말을 했는지 알지도 못한 채 연설을 끝냈다.

이 이야기의 교훈은 바로 허버트 스펜서가 한 말이다. "생각이 정리되어 있지 않으면 생각이 많을수록 생각이 더 혼란스러워진다."

정신이 제대로 박힌 사람이라면 설계도도 없이 집을 지으려 하지 않을 것이다. 대충의 틀도 짜지 않고 연설을 하는 사람은 대체 어떤 사람일까?

연설은 목적이 있는 항해이므로 미리 항해지도를 짜야한다. 어디인지 모르는 곳에서 출발하는 사람은 대개 어디인지 모르는 곳으로 가기 마련이다.

나는 대중연설을 배우는 사람들에게 나폴레옹의 말을 알려주고 싶다. "전쟁의 기술은 과학이다. 치밀하게 계산하고 생각하지 않은 것은 어떤 것도 성공하지 못한다."

이 말은 전쟁뿐만 아니라 연설에도 적용된다. 하지만 연사가 이 사실을 알고 있을까? 알고 있다고 해도 항상 이대로 행동할까? 그렇지 않다. 많은 사람들은 연설에서의 계획이나 구성을 하찮게 생각한다.

가장 효과적인 구성이란 무엇인가? 주제에 대해 철저하게 공부하지 않으면 대답할 수 없을 것이다. 그것은 연사에게는 영원한 숙제이다. 완벽한 규칙은 없지만 무엇이 제대로 된 구성인지 간단히 살펴보자.

완벽한 연설은 어떻게 구성되는가?

다음 연설은 잘 구성되었고, 사실을 명확하고 생생하고 흥미 있게 잘 전달하고 있다.

친애하는 의장님, 그리고 동료 여러분

144년 전 이 위대한 미합중국은 제가 사는 도시 필라델피아에서 탄생했습니다. 역사적인 도시에 미국 정신이 있고, 그 위대한 정신이 필라델피아를 미국에서 가장 큰 산업 중심지로, 세계에서 가장 크고 아름다운 도시로 만들었습니다.

필라델피아에는 2백만에 가까운 사람들이 살고, 밀워키와 보스턴, 파리와 베를린을 합친 크기의 광활한 땅이 있습니다. 130평방 마일에 달하는 땅 중에 거의 8천 에이커는 사람들이 즐길 수 있는 아름다운 공원, 광장, 거리입니다.

여러분, 필라델피아는 넓고, 깨끗하고 아름다운 도시일 뿐 아니라 세계의 공장으로 잘 알려져 있습니다. 9,200개의 산업시설에서 40만 명의 사람들이 일하며 10분마다 10만 달러의 상품을 생산해내고 있습니다. 미국 내에서 양모와 가죽제품, 직물, 펠트 모자, 연장, 배터리, 철강제품과 다른 많은 품목의 생산에서 필라델피아를 앞서는 도시는 없습니다. 우리는 두 시간에 한 대꼴로 기관차를 만들고, 미국 국민 절반 이상이 필라델피아가 만든 전차를 이용합니다. 1분마다 천개의 시가를 생산하고, 필라델피아의 115개 양말 공장에서는 모든 국민 1인당 두 켤레의 양말을 생산했습니다. 영국과 아일랜드의 생산량을 합친 것보다 더 많은 카펫을 생산하고 있습니다. 사실 우리의 상공업 규모는 어마어마해서 제품 판매액은 미국국채를 살 수 있는 금액입니다.

우리가 미국의 의료, 예술, 교육 중심이라는 것이 자랑스럽지만 필라델피아에 전 세계 어느 도시보다 많은 주택수가 있다는 것에 더 큰 자부심을 느낍니다. 필라델피아에는 39만 7천 채의 단독주택이 있는데 이 주택을 죽 늘어놓는다면 그 길이가 필라델피아에서 덴버에 이르기까지 1,881마일에 달할 것입니다.

하지만 제가 여러분께 관심을 가져주십사 하는 것은 이 주택 수만 채에 필라델피아의 노동자들이 거주하고 있다는 것입니다. 사람이 자기가 살 집이 있으면 사회주의 혁명 같은 논쟁은 없을 것입니다.

필라델피아는 유럽의 혼란이 자리 잡을 수 있는 땅이 아닙니다. 왜냐하면 우리 도시는 진정한 미국 정신에 의해 만들어졌으며 우리 선조들의 유산이기 때문입니다. 필라델피아는 미국의 어머니이며 자유의 상징입니다. 필라델피아는 최초로 미국 국기가 만들어 진 곳이고, 미국 의회가 열린 도시이며 독립선언서가 작성된 도시입니다. 그러므로 우리는 돈을 쫓을 것이 아니라 자유민주주의를 수호해야 하는 신성한 의무가 있습니다.

이 연설을 분석해보자. 연설의 구성을 살펴보고, 각각의 구성이 어떤 영향을 미치고 있는지 살펴보자. 우선, 이 연설에는 시작과 끝이 있다. 이것은 정말 보기 드문 장점이다. 이 연설은 구체적인 곳에서 시작되어 날개를 펼치고 확장되어 간다. 헤매지 않고 시간을 낭비하지 않는다.

참신하고 독창적이다. 연사는 자신이 살고 있는 도시가 미국의 탄생지임을 말하는 것으로 연설을 시작한다.

그는 필라델피아가 세계에서 가장 크고 아름다운 도시 중의 하나라고 말한다. 하지만 이 진술은 진부하다. 이렇게만 말하면 어느 누구도 크게 관심을 갖지 않을 것이다. 연사는 이 사실을 알고 필라델피아에는 밀워키와 보스턴, 파리와 베를린을 합친 크기의 광활한 땅이 있다고 말해서 청중들이 도시의 규모를 가늠할 수 있게 도와준다. 이것은 구체적이고, 흥미로우며 놀랍다. 통계수치를 나열하는 것보다 이 아이디어가 훨씬 효과적이다.

다음에 그는 필라델피아가 세계의 공장으로 알려져 있다고 말한다. 과장되어있다고 생각하지 않는가? 선동연설같다. 여기서 다음 내용으로 넘어갔다면 아무도 믿으려 하지 않았을 것이다. 하지만 그는 그렇게 하지 않았다. 그는 필라델피아가 선도하는 상품들을 열거한다.

"필라델피아는 두 시간에 한 대꼴로 기관차를 만들고, 미국 국민 절반 이상이 필라델피아가 만든 전차를 탑니다." 라는 말을 했는데 이 말을 듣고 우리는 "그 사실은 몰랐네. 어제 내가 탔던 전차도 필라델피아에서 만든 것일 수 있겠는데. 내일은 우리 시가 어디서 전차를 샀는지 찾아봐야겠어." 라고 생각할 수도 있다.

"1분마다 천개의 시가를, 필라델피아의 115개 양말 공장에서 우리나라 전 국민 모두가 신을 수 있는 두 컬레의 양말을 만들어 내고 있습니

다."

이 대목에서 우리는 강한 인상을 받는다. '어쩌면 내가 제일 좋아하는 시가가 필라델피아에서 만든 것일 수 있겠는데……. 내가 신은 양말도…….'

다음에 연사가 무슨 말을 하는가? 그는 한 주제에 대해 이야기를 끝난 후에는 다시 그 주제로 돌아가지 않는다. 이 점에 대해 연사에 감사한다. 청중을 가장 혼란스럽게 만드는 것은 이 이야기를 하다가 다른 이야기로 샜다가 다시 이야기로 돌아오는 중구난방 강연이다. 많은 연사들이 이런 실수를 저지른다. 1, 2, 3, 4, 5 순서대로 자신의 요점을 이야기하는 것 대신에 미식축구 주장처럼 27, 34, 19, 2 이렇게 말을 한다. 아니 그보다 더 안 좋다. 27, 34, 19, 2, 34, 19 이런 식으로 말을 한다.

하지만 이 연사는 계획대로 앞으로 이야기를 이어나간다. 빙빙 돌려 말하지도 않고, 되돌아가지도 않고, 왼쪽이나 오른쪽으로 벗어나지도 않는다.

하지만 뒤에서 가장 약한 부분을 보인다. '필라델피아가 미국에서 가장 큰 의료, 예술, 교육 중심지 가운데 하나' 라고 단언하고 다른 주제로 넘어간다. 이렇게 하면 안 된다. 인간의 정신은 기계처럼 작동하는 것이 아니다. 이 구절은 너무 빨리 지나가서 모호하고, 청중이 듣기에도 연사가 이 문장을 그다지 중요하게 생각하고 있지 않다는 느낌을 준다. 그는 어떻게 해야 했을까? 필라델피아가 세계의 공장이라는 사실을 전달할 때 썼던 것과 같은 방법을 사용해야 했다. 하지만 시간의 제한이 있었다. 그는 주어진 시간이 5분밖에 되지 않는다는 것을 알고 있어서 이 문장을 길게 부연 설명한다면 다른 문장이 짧아지리라는 것을 알고 있었다.

"필라델피아에 전 세계 어느 도시보다 많은 주택수가 있다." 이 말을 더 설득력 있게 하기 위해 그는 어떤 방법을 썼을까? 첫째, 그는 39만 7천이라는 구체적인 숫자를 제시한다. 둘째, 그는 숫자를 시각화한다. "필라델피아에는 39만 7천 채의 단독주택이 있는데 이 주택을 죽 늘어놓는다면 그 길이가 필라델피아에서 덴버에 이르기까지 1,881마일에 달할 것입니다."

청중들은 그가 이 문장을 끝내기도 전에 그가 제시한 정확한 숫자는 잊어버릴 것이다. 하지만 이미지는 잊지 못한다.

지루한 사실 나열은 이제 그만하자. 연설을 잘하고 못하고는 사실만 나열해서 되는 것이 아니다. 연사는 서서히 고조되며 절정에 이르러 관객을 감동시키고 싶어 했다. 그래서 감정에 호소한다. 집을 소유하는 것이 도시의 정신에 어떤 의미가 있는지를 말한다. 그는 사회주의를 비판하고 필라델피아가 자유의 발상지라고 찬양한다. 자유! 마법의 단어, 수백만 명의 사람들이 목숨을 바쳐 지키고자 했던 것! 이 구절은 그 자체가 훌륭하다. 하지만 그것을 청중의 마음에 깊숙이 자리하고 있는 역사적 사건과 결부해서 강조한 것은 그보다 천배는 좋다.

연설의 구성에 대한 이야기는 이것으로 충분하다. 구성만 좋고 연사가 아무 감흥 없이 읽기만 했다면 이 연설은 실패한 연설이 되었을 것이다. 하지만 연사는 마음속에서 우러나오는 감정과 열정을 담아 연설했다.

콘웰 박사가 연설을 준비한 방법

이미 이야기한 것처럼 어떻게 하면 구성을 잘하는 지에 대한 완벽한 규칙은 없다. 모든 연설 아니 대다수의 연설에 맞는 구성은 없다. 하지만 몇 몇 경우에 쓸 수 있는 연설의 구성을 제시하고자 한다. 〈다이아몬드의 땅〉의 저자 러셀 콘웰은 다음과 같은 순서로 연설을 구성했다.

1. 사실을 제시해라.
2. 사실에서 주장을 발전시켜라.
3. 행동에 호소하라.

이 강좌의 많은 수강생들은 이 계획이 연설계획을 세우는데 큰 도움이 되는 것을 발견할 수 있을 것이다. 이것을 이렇게 표현해 보자.

1. 잘못된 것을 제시하라.
2. 잘못을 어떻게 고칠지 제시해라.
3. 협조를 구해라.

이를 다른 식으로 표현하면 다음과 같다.
1. 개선이 필요한 상황이 있다.
2. 이 문제에 대해 우리는 이렇게 저렇게 대응해야 한다.
3. 이러하기 때문에 당신은 도와야 한다.

이 강좌의 15장에 "행동을 이끌어내는 법" 이라는 제목이 붙어 있는

데. 여기에는 또 다른 연설 구성이 있다. 요약하면 다음과 같다.

1. 관심을 이끌어라.

2. 믿음을 주어라.

3. 사실을 나열하라.

4. 사람들이 행동하도록 동기부여를 해라.

관심이 있으면 지금 15장을 펴서 자세히 살펴봐라.

베버리지 상원의원이 연설을 구성하는 법

베버리지 상원의원은 〈대중연설법〉이라는 아주 실용적인 책을 썼다.

"연사는 주제에 전문가가 되어야 한다." 이는 모든 사실을 수집하고, 정리하고, 공부하고, 내용을 소화하고 있어야 함을 의미한다. 그리고 사실들이 확인되지 않은 주장이 아니라 확실한 것임을 확인해야 한다. 어떤 것도 있는 그대로 받아들이면 안 된다.

모든 사실을 확인해라. 조사가 힘들 것이다. 하지만 그게 어떻단 말인가? 청중들에게 정보를 제공하고, 교육하고, 조언을 하려고 나선 것이 아닌가? 당신은 당신 자신을 권위자라고 말하고 있지 않은가?

사실들을 수집하고 정리한 후에, 해법에 대해 생각해라. 그렇게 하면 당신의 연설은 독창적이게 될 것이다. 그 연설 안에 당신이 녹아있다. 가능하면 명확하고 논리적으로 생각을 적어라.

다른 말로 하면, 사실의 양면을 제시하고, 사실들에서 명확하고 구체적으로 결론을 제시해라.

우드로 윌슨의 연설 구성법

우드로 윌슨에게 연설 비결을 물었더니 이렇게 대답했다.

"내가 말하고 싶은 소재를 나열하고 이들 간의 관계를 배열합니다. 연설을 구성하는 것이지요. 그러고 나서 빨리 기록합니다. 나는 속기하는 습관이 있는데 시간을 아주 많이 절약해줍니다. 그런 다음 속기한 내용을 타자기로 치면서 문장을 수정하고 내용도 추가합니다."

루스벨트는 자신만의 방법으로 연설을 준비했다. 그는 사실을 조사한 후에 검토해보고 평가해서 결론을 도출했다.

그런 다음 종이에 받아 적도록 했는데 인쇄된 연설문을 보면서 수정한 뒤에 다시 한 번 구술했다. 그는 이렇게 말했다.

"꼼꼼하게 계획해서 미리 사전 작업하지 않고 뭔가를 이뤄낸 적이 없다."

어떤 때는 비평가들을 불러서 연설문을 직접 읽어주기도 했다. 그가 비평가들에게 원한 것은 연설 내용 수정이 아니라 연설 방식이었다. 그는 여러 번 연설문을 수정했고, 신문에 실린 연설문은 이런 과정을 통한 것이었다. 그는 연설문을 외우지는 않았고 즉흥적으로 연설을 했다. 그래서 그가 한 연설은 신문에 실린 깔끔한 연설문과는 차이가 있었다. 하지만 구술을 하고 수정을 하는 것은 완벽한 준비과정이었다. 이렇게 함으로서 그는 말할 내용에 친숙해질 수 있었다.

올리버 로지 경은 연설문을 빨리 구술하는 것, 실제 청중 앞에서처럼 연설문을 낭독하는 것이 훌륭한 준비가 된다고 말했다.

이 과정에 참가한 수강생들은 녹음기에 연설을 녹음해서 듣는 과정이 큰 도움이 되었다고 말한다. 도움이 되지만 환상이 깨지고 벌을 받는 과정이기도 하다. 하지만 이 과정은 아주 훌륭한 훈련이 되므로 적극 추천한다.

하고자 하는 말을 써보면 생각을 하게 된다. 이 방법은 당신의 생각을 명료하게 해준다. 내용이 기억이 잘되고, 말을 더 잘 할 수 있게 해줄 것이다.

벤자민 프랭클린의 옛 이야기 활용법

벤자민 프랭클린은 자서전에서 자신이 어휘력을 어떻게 증진시키고, 생각 정리하는 방법을 어떻게 배웠는지 이야기하고 있다. 그의 자서전은 고전이지만 다른 고전과는 달리 읽기 쉽고 재미있다. 사업가라면 누구나 이 책을 재미있게 읽을 수 있고 많은 것을 배울 것이다. 그 책의 일부를 소개하면 다음과 같다.

"나는 〈스펙테이터〉라는 잡지를 보게 되었다. 그 잡지를 계속해서 읽으며 큰 즐거움을 얻었다. 그 글이 뛰어나서 모방해보고 싶었다. 이런 생각으로 종이에 각 문장의 핵심단어만 적어놓고 책을 보지 않고 문장을 완성시키려고 하였다. 그렇게 한 다음 내가 쓴 것을 원래 지문과 비교해보고 수정했다. 하지만 내가 시 짓는 법을 배웠다면 훨씬 많은 단어를 알았을 것이다.

그래서 가끔씩 동화를 골라 시로 바꾸는 연습을 한다. 원래의 내용을 잊을 때쯤 그 시를 다시 산문으로 만들었다. 어떤 때는 메모를 아무렇게나 섞어놓고 가장 좋은 순서가 되도록 맞춰놓는다. 원래의 글과 내 작업을 비교함으로써 잘못을 찾고 고쳤다. 하지만 원래보다 더 좋은 글을 썼다고 느낄 때도 있었다. 그럴 때는 나도 언젠가 훌륭한 문학가가 되지 않을까 하는 희망이 생기곤 했다."

메모를 이용한 연설준비

앞에서 나는 틈틈이 메모를 하라는 조언을 했다. 다양한 생각과 사
례들을 종이에 적고 연관이 있는 것들끼리 모아라. 쓸데없는 내용은 버
리고 핵심만 추려라. 제대로 작업을 한 사람이면 건질 수 있는 내용이
얼마 되지 않을 것이다.

연설문이 만들어질 때까지 이 과정을 멈추지 마라. 연설문이 만들어
진 후에도 수정해야 한다는 생각이 들 것이다.

좋은 연사는 연설을 마치면 다음과 같은 네 종류의 연설이 있음을 발
견한다. 하나는 자신이 준비한 연설이고, 다른 하나는 실제 말한 연설
이고 또 다른 하나는 신문에 개제된 그 연설이고, 마지막은 집에 가는
길에 이런 식으로 연설할 걸하고 후회하는 연설이다.

연설할 때 메모를 사용해야 할까요?

링컨은 즉흥연설에 뛰어났지만 대통령이 된 후에는 한 번도 즉흥 연
설을 한 적이 없다. 심지어 각료들에게 하는 비공식적인 연설도 그랬
다. 하지만 일리노이에서 있을 때는 메모를 사용하지 않았다. "메모는
청중을 피곤하게 하고, 집중하지 못하게 한다."고 그는 말했다.

링컨의 말에 반박할 사람이 있는가? 메모가 연설의 흥미를 떨어뜨리
지 않는가? 메모는 청중과 연사 사이의 교감을 방해하지 않는가? 메모
는 작위적인 느낌이 들지 않는가? 청중이 메모를 보는 연사를 자신감
이 없다고 생각하지 않겠는가?

다시 한 번 말하지만 준비과정에서는 세밀하게 메모를 해라. 혼자 연설 연습을 할 때는 메모가 보고 싶을지 모른다. 청중 앞에서도 주머니에 메모가 있으면 마음이 편해질지 모른다. 하지만 그것은 비상 도구여야 한다. 아주 위험한 상황에서면 사용해야 한다.

메모를 사용하고 싶다면, 아주 간략하게 만들어서 단상위에 있는 책들 사이에 숨겨놓아라. 꼭 필요할 때 잠깐 보고 청중들에게 이 약점을 들키지 마라.

메모를 활용하는 것이 효과적일 때가 있다. 연설 초보자들 중에는 너무 긴장해서 준비한 연설이 기억나지 않는 사람들도 있다. 그 결과는? 그들은 자신이 공들여 준비한 연설을 잊어버리고 엉뚱한 데서 헤맨다. 이런 사람들은 연설이 익숙해질 때까지 간단한 메모를 손에 들고 있는 것이 좋지 않을까? 아기가 걸음마를 배울 때는 뭔가를 붙잡고 일어난다. 하지만 이 과정은 길지 않다.

연설문을 있는 그대로 외우지 마라.

연설문을 글자그대로 읽거나 외우려고 하지 마라. 시간 낭비일 뿐이다. 이렇게 경고했는데도 이 방법을 시도하는 사람이 있다. 그럴 경우 청중 앞에 서면 무슨 생각을 할까? 자신들이 작성한 정확한 어구를 기억하려고 할 것이다. 그럴 때 연사는 경직되고 차가운 인상을 준다. 제발 그런 쓸데없는 일에 시간과 정력을 낭비하지 마라.

중요한 사업 미팅이 있을 때 할 말을 암기하고 있는가? 물론 그렇지는 않을 것이다. 당신은 할 말을 정리할 것이다. 메모를 할 수도 있고 자료를 찾아볼 수 도 있을 것이다. 이런 생각을 할 것이다. '이러저러하게 의견 제시를 해야겠다. 이런 이유로 이런 일을 해야 한다고 말해야겠어…….' 이유를 정리하고 구체적인 사례를 덧붙인다. 연설을 준비할 때도 이처럼 상식적인 방법으로 해야 한다.

그랜트 장군

리 장군이 항복 조건을 서면으로 통보해 달라고 요청했을 때 북군의 수장인 그랜트 장군은 피커장군에게 도움을 요청했다. 이때의 심정을 그랜트 장군은 자신의 자서전에서 다음과 같이 말하고 있다.

"펜을 들어 항복조건을 적을 때 무슨 말을 쓸지 몰랐다. 내가 잘 아는 것은 내 생각이었으므로 그 생각들을 명확하게 표현하고 싶었다."

그랜트 장군은 자신만의 생각이 있었다. 장군은 명확하게 할 말이 있었다. 보통 사람도 마찬가지다. 의심이 된다면, 길거리의 청소부를 때려보라. 쓰러졌던 그가 일어나면서 무슨 말을 해야 할지 당황하는 일은 없을 것이다.

2천 년 전에 호라티우스는 이렇게 적었다.

"무슨 말을 할지 궁리하지 말고
오직 사실에 입각한 생각만을 해라.
말은 찾지 않아도 넘칠 것이다."

생각을 정리한 후에는 연설을 처음부터 끝까지 실제처럼 연습해보아라. 길을 걷거나, 차를 기다리거나 엘리베이터를 기다릴 때 조용히 마음속으로 연설을 해보아라. 방에 혼자 있으면 큰소리로 몸짓을 섞어가며 열정을 담아 연설해보아라. 캔터베리의 캐논 녹스 리틀은 설교자가 같은 설교를 적어도 6번 이상은 해야 설교에 메시지가 담긴다고 말했다. 그 정도도 연습하지 않고 당신의 연설에 진정한 메시지가 담길 것이라고 생각하는가? 연습할 때에는 실제 관중이 바로 앞에 있다고 상상해라. 상상을 정말 실감나게 한다면 실제 청중 앞에 서면 그 상황이 자연스럽게 느껴질 것이다. 많은 범죄자들이 교수대에 서면서 그토록 담담할 수 있는 것이 바로 그런 이유 때문이다. 그들은 머릿속에서 그런 상황을 수천 번이나 했기 때문에 두려움이 없어진 것이다. 실제로 처형당할 때 그들은 마치 예전에 겪은 일처럼 담담하게 받아들인다.

왜 농부들은 링컨이 게으르다고 생각했을까?

로이드 조지는 고향 마을의 토론 모임 멤버였을 때 시골길을 따라 걸으면서 나무를 상대로 제스처를 섞어가며 연설 연습을 하곤 했다.

젊은 시절 링컨은 브레켄리지와 같은 유명한 연사의 연설을 듣기 위해 3~40마일이나 되는 길을 걸어 다녔다. 연설을 듣고 오면서 훌륭한 연설가가 되어야겠다는 다짐을 했다. 들판에서 일꾼들을 모아놓고는 나무 둥궐에 올라 연설을 하거나 이야기를 해주었다. 고용주들은 화가 나서 게으른 키케로 같은 놈이 농담과 연설로 다른 일꾼들을 망쳐놓는다고 소리를 질러댔다.

애스퀴스는 옥스퍼드의 토론모임에 적극적으로 참여하였다. 나중에 자신이 직접 토론 클럽을 만들기도 했다. 헨리 워드 비처나 에드먼드 버크도 그랬다. 일라이휴 루트는 뉴욕의 YMCA에서 열리는 문학 모임에서 연설을 연습했다.

유명한 연사들은 모두 열심히 연습했다. 이 수업에서 가장 빨리 실력이 향상되는 사람은 바로 가장 열심히 연습하는 사람일 것이다.

연습할 시간이 없다면 조셉 쵸트가 했던 방법대로 해봐라. 그는 아침에 출근할 때 조간신문을 사서 신문에 머리를 파묻었다. 쓸 데없는 기사를 읽는 대신 자신의 연설 계획을 세웠다.

천시 데퓨는 철도회사 사장으로, 상원의원으로 바쁘게 살았다. 그렇게 바빴는데도 매일 밤 연설문 작성을 했다. 그는 다음과 같이 말했다.

"연설 준비는 내 일을 방해하지 않았습니다. 나는 언제나 저녁 늦게 퇴근해서 집에 온 후에 연설문을 준비했습니다."

우리 모두는 적어도 하루에 세 시간은 여유시간이 있다. 다윈은 건강이 안 좋아서 하루에 딱 세 시간 정도밖에 연구하지 않았다. 하루 중에 세시간을 충실히 사용해서 그는 명성을 얻을 수 있었다.

루스벨트가 대통령이었을 때 오전 내내 인터뷰를 계속해야 했었다. 하지만 그 와중에도 책을 옆에 끼고 시간이 날 때마다 몇 자라도 읽었다.

당신이 너무 바빠서 시간이 없으면 아놀드 베넷의 〈하루 24시간으로 사는 법〉을 읽어라. 백장 정도를 찢어 주머니에 넣고 시간이 날 때마다 읽어라. 나는 이런 식으로 이 책을 이틀 만에 다 읽었다. 그 책은 시간을 아끼는 법과 하루를 효율적으로 사는 법을 알려준다.

가능하면 수업을 듣는 사람들과 일주일에 한번 정도 만나서 연설을 연습해라. 그렇게 할 시간이 없으면 집에서 가족과 함께 연설을 게임처럼 해봐라.

더글러스 페어뱅크스와 찰리 채플린의 여가생활

더글러스 페어뱅크스와 찰리 채플린이 충분한 여가를 즐길 정도의 돈을 벌었다는 것은 익히 알려진 사실이다. 하지만 그런 명성과 부에도 불구하고 그들이 발견한 가장 즐거운 오락거리는 바로 즉흥 연설이다.

몇 년 전 더글러스 페어뱅크스는 한 잡지와의 인터뷰에서 다음과 같이 이야기했다.

"어느 날 저녁식사에서 내가 찰리 채플린을 소개하는 것처럼 말했다. 그는 일어나서 인사말을 해야 했다. 그 사건으로 인해 우리는 지금까지 2년 동안 거의 매일 저녁 그 게임을 하고 있다. 메리 픽포드와 나 그리고 채플린 세 사람이 종이에 한 가지씩 주제를 적는다. 그 종이를 모아서 한 사람씩 종이를 뽑는다. 어떤 종이를 뽑던 우리는 일어나서 각자 일분동안 그 주제에 대해 말을 해야 한다. 한번 적었던 단어는 다시 적지 않는다. 바로 이것이 이 게임을 매일 새롭게 만들었다. 우리는 모든 종류의 단어를 다 사용했다. 언젠가 한번은 '신앙'과 '전등갓'이라는 두 개의 단어가 제시되었던 적이 있다. 나는 전등갓을 골랐는데 그때가 제일 힘들었다. 쉽다는 생각이 들면 한번 해봐라. '전등갓에는 두 가지 용도가 있다. 전등갓은 빛을 부드럽게 해주고, 다른 하나는 장식 효과가 있다.' 여기서 말문이 막힐 것이다. 나는 가까스로 연설을 끝냈다. 우리는 그 게임을 시작한 이후로 사물에 대한 감수성이 더 커졌다. 수도 없이 많은 다양한 주제들에 대해 더 많이 알게 되었다. 하지만 그것보다도 어떤 주제에 대해서든 짧은 시간 안에 알기 쉽게 제시하는 법을 배우고 있다. 우리는 지금도 계속 그 게임을 하고 있기 때문에 여전히 배우고 있다. 지난 2년 동안 게임에 싫증난 적이 없었고, 그 게임으로 많이 성장했다."

요약

1. "전쟁의 기술은 과학이다. 치밀하게 계산하고 생각하지 않은 것
   은 어떤 것도 성공하지 못한다." 나폴레옹의 말은 전쟁뿐만 아니
   라 연설에도 적용된다. 연설은 항해이다. 미리 지도를 작성해야 한
   다. 어딘지 모르는 곳에서 연설을 시작한 사람은 어딘지 모르는 곳
   에서 연설을 끝낸다.

2. 모든 연설에 적용되는 완벽한 규칙은 없다.

3. 연사는 한 가지 내용을 철저하게 다루고 그 다음에 다시 언급하지
   말아야 한다. 예를 들어 보여준 필라델피아를 주제로 한 연설을
   참고해라. 연설에서 우왕좌왕하면 안 된다.

4. 콘웰 박사는 연설문을 쓸 때 다음과 같은 구성을 썼다.

   a. 사실을 제시해라.

   b. 사실에서 주장을 발전시켜라.

   c. 행동에 호소하라.

5. 다음과 같은 구성도 도움이 될 것이다.

   a. 잘못을 제시하라.

   b. 어떻게 잘못을 고칠시 제시하라.

   c. 협조를 구하라.

6. 훌륭한 연설 구성 예시(15장에 자세한 내용이 있다.)

a. 관심을 이끌어라.

b. 믿음을 주어라.

c. 사실을 나열하라.

d. 사람들이 행동하도록 동기부여를 해라.

7. 앨버트 베버리지 상원의원은 다음과 같이 조언했다. "모든 사실을 수집 하고, 정리하고, 공부하고, 내용을 소화해야 한다. 그 사실로 도출되는 결론에 대해 철저히 검토해라."

8. 연설을 하기 전에 링컨은 수학적으로 사고하여 결론을 내렸다. 마흔 살에 의원이 된 후에 링컨은 유클리드의 기하학을 공부했다.

9. 루스벨트는 연설을 준비할 때 모든 사실을 찾아서 평가한 후에 연설을 매우 **빠르게** 구술하여 타자기로 인쇄한 후 다시 한 번 수정하고, 다시 마지막으로 한 번 더 구술했다.

10. 가능하면 연설을 녹음해서 들어보아라.

11. 메모는 청중이 당신의 연설에 집중하지 못하게 한다. 메모를 피해라. 무엇보다도 메모를 보고 읽지 마라.

12. 연설에 대한 구상을 한 후에 길을 걸으며 조용히 연습해라. 혼자 있을 때에는 제스처를 서가며 열정적으로 연습해라. 청중이 앞에 있다고 생각하면서 연설해라. 이 연습을 많이 할수록 실제로 청중 앞에 서면 침착해진다.

4장

기억력 향상

저명한 심리학자 칼 시쇼어 교수는 다음과 같이 말한다. "보통 사람들은 자신의 기억력을 10퍼센트도 사용하지 않는다. 사람들은 90퍼센트의 기억력을 낭비한다."

당신은 이런 사람에 속하는가? 이 장에서 설명하는 기억의 법칙은 연설뿐만 아니라 실생활에서 기억을 잘 할 수 있게 도와줄 것이다.

기억의 법칙은 인상, 반복, 연상으로 아주 단순하다.

기억을 잘하기 위해서 우선 사물에 대해 깊고 생생한 인상을 가져야 한다. 사람들은 루스벨트의 기억력에 놀랐다. 그는 훈련을 통해 가장 열악한 상황에서도 집중하는 능력을 키웠다. 1912년 시카고에서 열린 불 무스 집회에서 그는 콩그레스 호텔에 본부를 차렸다. 거리에는 군중들로 가득했고 그들은 "우리는 테디를 원해!" 라고 연호했다. 군중들은 함성을 지르고, 밴드는 음악을 연주했다. 오고가는 정치인들, 계속된 회의에도 불구하고 루스벨트는 흔들의자에 앉아 그리스의 역사가 헤로도토스의 책을 읽는 것에 집중했다. 브라질의 정글여행을 할 때도 캠핑장에 도착하자마자 커다란 나무 밑에 자리를 잡고 캠핑용 의자에 앉아 기번의 〈로마제국 쇠망사〉를 읽기 시작했다. 책에 너무 집중한 나머지 그는 캠핑장의 소음도 들리지 않았고 빗소리도 느끼지 않았다.

멍한 정신으로 며칠을 보내는 것보다 5분 동안 집중하는 것이 훨씬 낫다. 헨리 워드 비처는 이렇게 말한다. "한 시간 집중하는 것이 몇 년 동안 멍하게 있는 것보다 낫다." 베들레헴 철강회사의 사장으로 일 년에 수백만 달러를 버는 유진 그레이스는 다음과 같이 말한다. "내가 배운 것 중에 가장 중요한 것은 지금 하는 일에 집중하는 것이다. 나는 매일 어떤 상황에서라도 그렇게 훈련한다."

이것이 기억력의 비결이다.

아무도 벚나무를 볼 수 없었다.

토마스 에디슨은 직원 27명이 6개월 동안 매일 전구 공장에서 본사로 갈 때 어떤 길 하나를 이용한다는 사실을 알게 되었다. 길가에는 벚나무가 서있었지만 어느 누구도 벚나무가 있다는 것을 알아차리지 못했다.

에디슨은 이렇게 말한다. "보통 사람의 두뇌는 눈이 보는 것의 천분의 일도 알아차리지 못한다. 우리의 관찰력은 정말 형편없다."

어떤 사람을 당신 친구 두세 명에게 소개시켜보자. 2분후 친구가 그 사람의 이름을 기억하지 못할 가능성이 많다. 왜일까? 우선 집중하지 않기 때문이다. 기억력이 형편없다고 말할지 모른다. 하지만 그게 아니라 관찰력이 안 좋을 뿐이다. 그는 안개 속에서 찍은 사진이 흐릿하게 나왔다고 카메라를 탓하지 않을 것이다. 그러면서 흐릿한 정신 상태에서 인상을 깊이 간직하기를 기대한다. 당연히 그런 일은 일어나지 않는다.

〈뉴욕 월드〉를 창간한 퓰리처 씨는 생전에 편집실에 근무하는 모든 직원들의 책상에 다음과 같은 단어를 붙여놓게 했다.

정 확

정 확

정 확

우리가 원하는 것은 바로 이것이다. 상대의 이름을 정확히 들어라. 이름을 다시 말해달라고 요청해라. 다시 말해달라고 해라. 철자가 어떻게 되는지 물어라. 상대는 당신의 관심에 기분 좋을 것이고 당신은 상대의 이름에 집중했기 때문에 상대의 이름을 기억할 수 있을 것이다.

왜 링컨은 큰소리로 소리내어 읽었는가?

링컨은 어렸을 때 마루는 나무로 되어있고, 창문에 유리대신 교과서에 있는 기름종이를 붙인 시골학교에 다녔다. 교과서는 한 권밖에 없어서 선생님이 크게 읽어주었다. 학생들은 한 목소리로 선생님을 따라 읽었다. 교실은 항상 시끄러웠고 이웃들은 이 학교를 "시끄러운 학교"라고 불렀다.

학교에 다니면서 링컨에게는 외우고 싶은 것이 있으면 큰소리로 읽는 평생 습관이 하나 생겼다. 매일 스프링필드의 사무실에 도착하자마자 그는 소파에 길게 누워 신문을 소리 내어 읽었다. 그의 동료는 이렇게 말한다. "참을 수 없을 정도로 거슬려서 한번은 왜 그렇게 신문을 읽느냐고 물었습니다. 그의 설명은 이랬습니다. '소리 내서 읽으면 두 가지 감각이 동시에 작동해. 눈으로 보면서 들을 수 있지. 그렇게 하면 쉽게 기억할 수 있어.'"

링컨의 기억력은 매우 뛰어났다. 그는 이렇게 말했다. "내 머리는 철판 같아서 새기기는 어렵지만 일단 새기면 절대 지워지지 않는다."

그가 기억하기 위해 사용하는 방법은 두 가지 감각을 동시에 사용하는 것이었다. 당신도 링컨처럼 해봐라.

이상적인 방법은 보고 듣는 것 뿐 아니라 만지고, 냄새 맡고 맛보는 것이다.

하지만 무엇보다도 봐야 한다. 인간은 시각적인 동물이다. 눈으로 본 것은 상대적으로 기억에 오래 남는다. 어떤 사람의 이름은 기억나지 않아도 얼굴은 기억나는 경우가 있다. 눈에서 뇌로 가는 신경은 귀에서 뇌로 가는 신경보다 20배는 넓다. 중국에는 이런 속담이 있다.

"백문이 불여일견.(百聞而不如一見)"

이름, 전화번호, 연설문의 개요 등 기억하고 싶은 것이 있으면 적어서 눈으로 봐라.

어떻게 마크 트웨인은 메모 없이 연설했을까?

시각을 이용한 기억법을 발견한 후 마크 트웨인은 오랫동안 자신의 연설을 방해하던 메모를 버릴 수 있었다. 하퍼 잡지에 실린 그의 인터뷰를 싣는다.

"날짜는 숫자로 되어 있어 기억하기가 힘들다. 숫자는 형태가 단조롭고 시각적 이미지를 형성하기가 힘이 들기 때문이다. 숫자는 그림을 만들어내지 않으므로 눈에 잘 들어오지 않는다. 그림을 이용하면 날짜를 잘 기억할 수 있다. 그림을 이용하면, 특히 당신이 직접 구성한 그림을 이용하면 기억이 잘 된다. 나는 이 사실을 경험에서 깨달았다. 30년 전 나는 매일 기억에 대한 강의를 했다. 헷갈리지 않기 위해 메모를 해야 했다. 메모는 문장의 첫 몇 단어였다. 예를 들면 다음과 같다.

그 지역의 날씨는-

당시의 풍습은-

하지만 캘리포니아에서는 아무도-

이런 식으로 11개였다. 이것들은 내가 빼먹는 내용 없이 강의를 할 수 있게 도와주었다. 하지만 종이에 적어놓으면 막상 강의할 때 똑같이 보였다. 내용을 외우고는 있었지만 순서를 확실하게 기억할 수는 없었다. 그래서 메모지를 옆에 두고 수시로 보면서 강의해야 했다. 한번은 메모를 잃어버렸는데 그때의 공포는 엄청났다. 그래서 다음날 저녁 그런 사태가 발생하지 기 위해 조치를 취했다. 문장 열 개의 첫 글자를 손톱에 적어 강의를 했다. 하지만 그 방법은 영구적인 해결책이 될 수 없었다. 처음에는 손가락을 잘 따라갔지만 곧 순서를 놓치고 방금 어떤 손가락을 보았는지 혼동되었다. 침을 묻혀 말한 글자를 지우면 좋을 텐데 그렇게 하면 사람들이 강의에 집중할 수 없을 것이다. 청중들은 내가 강의보다는 내 손톱에 더 관심을 가지고 있는 것처럼 생각했다. 어떤 사람은 내 손에 무슨 문제가 있냐고 묻기까지 했다.

그림을 이용해야겠다는 생각이 난 것은 바로 그때였다. 2분 만에 그림 여섯 개를 그렸고, 그림은 기억에 도움이 되었다. 이 일이 25년 전 일이다. 하지만 나는 지금도 강의 내용에 대한 그림을 기억할 수 있다.

나는 최근에 기억력에 대한 강연을 했다. 그림을 이용해서 강의 내용을 기억했다. 사람들은 소리 지르고 밴드는 음악을 연주하는 와중에도 책을 읽고 있는 루스벨트의 모습, 벚나무를 보고 있는 에디슨의 모습, 큰 소리로 신문을 읽는 링컨의 모습, 청중 앞에서 침으로 손톱의 잉크를 지우고 있는 마크 트웨인의 모습을 머릿속에 그렸다.

그림의 순서는 어떻게 기억했을까? 번호를 붙였을까? 아니다. 나는 숫자들을 그림으로 바꾸어 각각의 그림과 결합시켰다. 예를 들어 숫자 1(one)은 달리다(run)와 발음이 비슷하다 그래서 1을 상징하는 것으로 경주마를 연상했다. 방안에서 경주마에 걸터앉아 책을 읽고 있는 루스벨트를 연상했다. 2(two)는 동물원(zoo)을 골랐다. 에디슨이 보고 있는 벚나무가 동물원 곰 우리에 있다고 상상했다. 3(three)은 발음이 비슷한 나무(tree)로 정해서 링컨이 나무위에 누워 큰 소리로 신문을 읽는 모습을 그렸다. 4(four)도 발음이 비슷한 문(door)을 이용해서 마크 트웨인이 문에 기대어 연설을 하면서 손가락에 잉크를 침으로 지우는 모습을 연상했다.

이 글을 읽으면서 이 방법이 좀 우습다고 생각하는 사람이 있을 것이다. 사실 그렇다. 이 방법이 효과가 있는 것은 바로 그 이유 때문이다. 특이한 것, 웃기는 것은 기억이 쉽다. 숫자만으로 순서를 외우려고 했으면 금방 잊어버렸을 것이다. 시각화하면 기억하기 쉽다.

나는 이런 방식으로 숫자 1에서 20까지 그림으로 바꿔놓았다. 30분

정도만 그림들을 외우면 무작위로 불러도 그림과 숫자를 정확히 기억할 수 있을 것이다. 여기 그림 숫자들을 제시할 테니 한번 시험 삼아 해봐라.

1(one) - run(달린다) 경주마를 시각화한다.

2(two) - zoo(동물원) 동물원에 있는 곰 우리를 그린다.

3(three) - tree(나무) 나무위에 올라가 있다.

4(four) - door(문) 아니면 four와 발음이 비슷한 동물

5(five) - bee hive(벌집) 벌집을 그린다.

6(six) - sick (아프다) 적십자 간호사를 그린다.

7(seven) - heaven(하늘) 천사들이 금으로 덮여있는 길에서 하프를 연주한다.

8(eight) - gate(문) 문을 그린다.

9(nine) - wine(와인) 탁자위에 병이 쓰러져 있고, 와인이 흘러넘친다. 움직임을 넣으면 기억이 오래 남는다.

10(ten) - den(소굴) 깊은 숲 동굴 안에 야생동물의 은신처

11(eleven) - football eleven(축구11명) 11명의 축구팀이 경기장을 종횡무진 달리고 있다.

12(twelve) - shelve(선반) 물건을 선반에 얹으려 하고 있다.

13(thirteen) - hurting(부상) 상처에서 피가 솟구친다.

14(fourteen) - courting(구애) 연인들이 사랑을 속삭인다.

15(fifteen) - lifting(들어올리기) 힘센 사람이 어떤 것을 머리위로 들어올린다.

16(sixteen) – licking(주먹다짐) 주먹다짐.

17(seventeen) – leavening(발효) 주부가 밀가루 반죽을 하는데 17
번째 항목에 해당하는 물건을 반죽 속에 넣는다.

18(eighteen) – waiting(기다림) 한 여자가 숲속 갈림길에서 누군가를
기다리고 있다.

19(nineteen) – pining(한탄) 한 여자가 울고 있다. 눈물이 19번째
물건위에 떨어진다.

20(twenty) – horn of plenty(풍요의 뿔) 꽃, 열매, 곡식이 넘치는
풍요의 뿔

몇 분동안 이 그림 숫자들을 외워라. 할 수 있으면 당신이 직접 그림
을 만들어내라. 당신의 기억력에 모두들 놀랄 것이다.

신약성경처럼 긴 책을 암기하는 법

카이로의 아자르 대학은 세계에서 가장 큰 대학 중 하나이다. 이슬
람계 대학이고 2만 천명의 학생이 다니고 있다. 입학시험은 코란을 암
송하는 것이다. 코란의 길이는 신약과 비슷하고 암송하는 데만도 3일
이 걸린다.

중국학생들도 중국의 고전을 암기해야 한다.

아랍과 중국의 학생들 대다수는 보통의 암기력을 가지고 있는데 어
떻게 이렇게 긴 내용을 암기할까?

바로 반복을 통해서 가능하다. 충분히 긴 시간동안 되풀이 하면 당
신도 엄청난 양의 내용을 암기할 수 있다. 암기하고 싶은 내용을 자주

사용해라. 대화할 때마다 새로 알게 된 단어를 사용해라. 대중연설에서 하고 싶은 말을 평상시 대화에서 자주 사용해라. 한번 써본 지식은 기억에 오래 남는다.

어떻게 반복을 해야 할 것인가?

그렇다고 아무것이나 무턱대고 기계적으로 암기하는 것은 좋은 방법이 아니다. 어빙하우스 교수는 학생들에게 "deyux", "qoli"와 같은 무의미한 단어를 외우게 했다. 그는 학생들에게 3일에 걸쳐 38회 암기하게 하면 한번에 68번 반복해서 암기할 때와 같은 수의 단어를 암기한다는 사실을 발견했다. 다른 심리학 테스트도 비슷한 결과를 보여준다.

이것은 기억력에 대한 중요한 발견이다. 계속해서 반복 암기하는 사람은 적당한 간격을 두고 반복 암기하는 사람보다 두 배의 시간과 에너지를 소비한다.

이 원리는 다음과 같이 설명할 수 있다.

첫째, 반복하는 동안 우리의 무의식은 연관성을 이끌어내기 위해 바쁘게 움직인다. 제임스 교수의 지적대로 "우리는 겨울에 수영을 배우고, 여름에 스케이트를 배운다."

둘째, 간격을 두고 암기하면 머리가 덜 피곤해진다. 27개 언어를 자유롭게 구사하는 아라비안나이트의 역자 리처드 버튼 경은 이렇게 말했다. "어떤 언어든지 한번에 15분 이상을 공부한 적이 없다. 15분이 지나면 집중력이 떨어진다."

망각이 어떤 식으로 이뤄지는 지에 대해 설명하겠다. 심리학적인 실험에 따르면 학습 후 8시간 사이에 잊어버리는 것이 그 후 30일 동안 잊어버리는 것 보다 더 많다. 회의하기 직전 또는 연설 직전에 준비한 자료를 다시 살펴보고 기억한 내용을 점검해라.

링컨은 이러한 습관의 가치를 알고 있었다. 게티즈버그에서 열린 봉헌식에서 에드워드 에버렛 다음에 연설할 예정이었다. 에버렛의 연설이 끝날 때가 되자 링컨은 초조해졌다. 그는 안경을 고쳐 쓰고 주머니에서 원고를 꺼내 읽으면서 조용히 기억을 되살렸다.

윌리엄 제임스 교수가 말하는 기억의 비결

기억의 두 가지 법칙에 대해서는 충분히 설명했다. 세 번째 법칙인 연관은 아주 중요한 요소이다. 제임스 교수는 다음과 같이 말했다.

"우리의 정신은 기본적으로 연상하는 기계이다. 내가 가만히 있다가 갑자기 '기억해! 생각해내!' 라고 말하면 기억이 갑자기 날까? 그렇지 않다. 기억은 텅 빈 공간을 쳐다보며 이렇게 말할 것이다. '도대체 뭘 기억하라는 거야?' 기억하려면 단서가 필요하다. 하지만 만약 내가 당신의 생일을 기억해라, 아침에 먹은 것을 기억해라 또는 특정한 멜로디를 기억하라라고 한다면 기억이 곧바로 날 것이다.

어떻게 이런 일이 가능할까? 기억이 나는 사물과 단서는 밀접한 관계가 있다. '생일' 은 특정한 날짜와 연관된다. '오늘 아침 식사' 는 커피와 베이컨 달걀로 즉시 연결된다. '멜로디' 는 계이름과 연관된다. 연결고리가 있는 어떤 것이 계기가 되어 기억이 난다.

기억력은 연상이 얼마나 잘 되어 있는가에 따라 훈련이 가능하다. 좋은 기억력의 비결은 기억하고자 하는 내용을 얼마나 잘 연결시키는 지에 달려있다. 잘 연결시키는 것은 그 대상에 대해 생각을 많이 해야지 가능한 일이다. 두 사람이 똑같은 경험을 해도 효율적으로 연관시키는 사람이 기억을 더 잘 할 것이다.

사실들을 연관시키는 법

사실들을 잘 연결시키는 것은 매우 좋다. 하지만 어떻게 해야 할까? 사실의 의미를 파악하고, 잘 생각하는 게 그 비결이다. 당신이 새로운 사실을 접했을 때 다음과 같은 질문을 한다면 사물들을 조직적으로 연결시키는데 도움이 될 것이다.

1. 왜 이렇게 되었는가?
2. 어떻게 이렇게 되었는가?
3. 언제 이렇게 되었는가?
4. 어디서 이렇게 되었는가?
5. 누가 그렇다고 말했는가?

예를 들어 기억해야 할 것이 처음 만난 사람의 이름이고, 흔한 이름이라면, 우리는 그의 이름을 같은 이름을 가진 직장 동료와 묶어서 생각할 수 있을 것이다. 반면에 흔한 이름이 아니면 "흔한 이름이 아니네요."라고 말할 수 있다. 우리가 그렇게 이야기하면 상대는 자신의 이름에 대한 이야기를 자연스럽게 꺼낼 것이다. 이 장을 쓰는 사이 나는 소터 부인을 만났다. 나는 그녀에게 이름 철자가 어떻게 되는 지를 묻고 이름이 특이하다는 말을 했다. 그러자 그녀는 이렇게 대답했다. "그렇죠? 아주 특이한 이름이에요. 제 이름은 그리스어로 '구세주'라는 뜻이랍니다." 그러면서 남편 식구들이 그리스 아테네 출신이고 그리스에서 고위 관료를 지냈다는 이야기를 했다.

상대의 얼굴을 자세히 관찰해라. 그의 눈동자, 머리카락, 전체적인 모습을 자세히 살펴라. 그리고 그가 입은 옷에 주목해라. 그가 말하는 방식을 주의 깊게 들어라. 그의 외모와 성격에 대해 확실히 기억해라. 다음번에 이런 선명한 인상을 떠올리면 그의 이름을 기억하는 데 도움이 될 것이다.

어떤 사람을 여러번 만났는데 그가 하는 일은 기억이 나는데 이름이 기억이 나지 않을 때가 있지 않았는가? 이유는 사람들이 하는 일은 구체적이고 명확하기 때문이다. 이름은 의미가 없어서 가파른 지붕에서 후다닥 떨어지는 눈 같지만 직업은 기억에 달라붙어 떨어지지 않는다. 사람의 이름을 기억하려면 이름과 그가 하는 일을 연관시켜 기억해야 한다.

최근 필라델피아의 연설 강의에 참가하기 위해 20명의 사람들이 모였다. 모두는 자리에서 일어나 자신의 이름과 하는 일을 간단히 소개했다. 소개 후에는 이름과 직업을 연결할 수 있는 단어를 만들어냈다. 모든 사람들은 다른 사람들의 이름을 쉽게 외울 수 있었다. 이름과 직업을 연결시켜서 이름은 의미를 갖게 된 것이다.

다음은 그때 참석한 사람들의 이름을 알파벳순으로 적은 것이다. 그리고 옆은 이름과 사업을 엮어 놓은 어구들이다.

• Albrecht(모래 채굴업) - makes all bright.(모래는 모든 것을

밝게 만든다)

- Ansley(부동산 중개업) - To sell real estate, advertise in Ansley's magazine. (부동산을 팔려면 Ansley 잡지에 광고해라.)

- Bayless(아스팔트 사업) - Use asphalt and pay less.(아스팔트를 사용하고 돈은 조금 내고)

- Biddle(모직업) - Biddle piddles about the wool business.(비들 씨는 모직 사업하며 빈둥빈둥)

- Boericke(광산업) - Boericke bores quickly for mines. (보어릭은 땅굴파기 선수)

- Devery(인쇄업) - Every man need Devery's printing. (모두 데브리의 인쇄가 필요해.)

- Doolittle(자동차 매매업) - Little and you won't succeed in selling cars. (노력하지 않으면 자동차를 못 팔 것이다.)

- Fischer(석탄사업) - Fishes for coal orders. (그는 석탄 주문을 받으려고 노력중이다.)

- Goldey(목재업) - is gold in lumber business.(목재업에 전망이 좋다.)

- Hancock(새터데이 이브닝 포스트) - Hancock to a subscription blank for the Saturday evening post. (새터데이 이브닝 포스트 구독 신청란에 핸콕이라고 이름 적어라.)

연도를 외우는 방법

연도는 당신이 잘 알고 있는 중요한 일들과 연결시키면 잘 외워진다. 수에즈 운하가 개통된 해가 1869년이라고 외울 때 남북전쟁이 끝나고 4년 후라고 외우면 쉽다. 호주에 유럽 사람이 처음 정착한 해가 1788년이라고 외우려고 한다면, 그 해가 미국이 독립을 선언한 후 12년 뒤라고 외우면 잊어버리지 않을 것이다. 전화번호를 외울 때도 이 원칙을 기억하면 좋다. 만약 당신의 전화번호가 1492나 1861, 1865, 1914, 1918이라면 사람들이 쉽게 기억할 것이다. 이렇게 좋은 번호인데도 사람들한테 그냥 전화번호가 1492라고 말하면 사람들은 금방 잊어버린다. 하지만 당신이 "제 전화번호는 콜럼버스가 미국을 발견한 해인 1492번이니까 잊지 마세요."라고 하면 사람들은 쉽게 기억할 것이다.

다음의 연도를 외우는 가장 좋은 방법은 무엇일까?

1564 - 셰익스피어 탄생

1607 - 영국 이주민들 제임스 타운에 정착

1819 - 빅토리아 여왕 탄생

1807 - 로버트 리 장군 탄생

1789 - 바스티유 감옥 붕괴

당신이 북부 연방에 가입한 주를 지겹게 반복해서 외우려고 하면 힘들 것이다. 하지만 그것을 하나의 이야기로 엮어서 외우면 쉽게 외울 수 있다. 집중해서 읽고 당신이 13개주를 순서대로 기억하고 있는지 확인해봐라.

어느 토요일 오후, 델라웨어(Delaware)에서 온 젊은 아가씨는 펜실베니아(Pennsylvania)를 지나는 기차표를 샀다. 그녀의 가방에 뉴저지(New Jersey) 산 스웨터가 들어 있었다. 그녀는 친구 조지아(Georgia)를 만나러 코네티컷(Conneticut)으로 갔다. 다음날 아침에 두 사람은 메리(Maryland)네 땅에 있는 성당 미사(Massachusetts)에 참석했다. 그들은 집으로 가는 남행(South Carolina) 열차를 타고 막 뜯은 새 햄(New Hampshire)을 먹었다. 요리사 버지니아(Virginia)는 뉴욕(New York)에서 온 흑인이었다. 저녁을 먹고 그들은 북부행(North Carolina) 기차를 타고 아일랜드(Rhode Island)로 갔다.

연설의 요점을 기억하는 법

우리가 어떤 것을 생각해내는 두 가지 방법이 있다. 하나는 외부자극을 통해서이고 다른 하나는 이미 머릿속에 있는 것과의 연상을 통해서이다. 첫째, 당신은 메모와 같은 외부자극의 도움을 받아 기억할 수 있다. 하지만 메모를 보는 연사를 좋아할 청중이 어디 있겠는가? 둘째, 당신은 이미 알고 있는 것과의 연상을 통해 내용을 기억할 수 있다. 이 경우 내용이 논리적인 순서에 따라 배열되어 있어야 한다.

쉬워 보이지만 청중 앞에 서면 머릿속이 하얘지는 연설 초보자에게는 힘들 것이다. 하지만 연설을 기억할 수 있는 쉽고 빠른 방법이 있다. 예를 들어 아무런 연관성이 없는 단어인 '소, 시가, 나폴레옹, 집, 종교'라는 단어에 대해 토론한다고 치자. 이 단어들을 말은 안 되더라도 외우기 쉽게 바꿀 수 있는지 살펴보자. "소는 시가를 피우며 나폴레옹을 유혹하고, 집안은 종교적 열기로 가득찼다."

이제 앞에서 말한 문장은 가리고 다음의 질문에 답해라. 세 번째로 말한 항목은? 다섯 번째는? 네 번째는? 두 번째는? 첫 번째는?

이런 방법이 효과적인가? 그렇다!

어떤 아이디어라도 이런 식으로 연관 지을 수 있다. 이렇게 만들어 진 문장이 우스꽝스러울수록 기억하기가 쉽다.

내용이 기억이 안 나면 어떻게 해야 할까?

충분히 준비했는데도 연설 중간에 내용이 생각이 안나면 정말 끔찍 할 것이다. 여기서 주저앉기에는 자존심이 허락하지 않는다. 10초나 15 초만 주어져도 다음에 할 말이 생각날 것만 같다. 하지만 청중이 앞에 있을 때 15초라 하더라도 이는 큰 실수다. 그럴 때 어떻게 해야 할까? 어떤 상원의원은 내용을 잊어버려 청중들에게 자신의 목소리가 잘 들 리는지 질문을 했다. 당연히 끝에 앉은 사람도 그의 목소리가 잘 들렸 다. 그가 궁금한 것은 뒤에 사람이 잘 들리는 지가 아니었다. 그는 이렇 게 함으로써 시간을 벌고 있었던 것이다. 그는 잠시 동안 생각을 가다 듬고 연설을 진행했다.

가장 좋은 방법은 바로 앞에 말했던 단어를 새로 할 말의 출발점으 로 삼는 것이다. 어떤 연사가 사업에서의 성공이라는 주제로 연설을 한 다고 가정해보자. 그는 다음과 같은 말을 하고 갑자기 뒤에 할 말이 기 억이 나지 않는다.

"보통의 직원들이 성공하지 못하는 것은 자신의 일에 관심이 없고 주도적으로 나서지 않기 때문입니다."

주도성으로 끝났으니까 이 단어로 다음 문장을 시작해라. 형편없는 연설이라도 중간에 끊기는 것보다 낫다.

"주도성은 독창성을 의미합니다. 즉 지시를 받을 때까지 기다리는 것이 아니라 스스로 알아서 하는 것입니다."

이 연설은 역사에 남을 연설이 되지는 않을 것이다. 하지만 고통스러운 침묵보다는 훨씬 낫다. 마지막 문장이 무엇이었지? "지시를 받을 때가지 기다리는 것"이다. 그 문장으로 새로운 문장을 시작해보자.

"독창적으로 생각하지 못하는 직원에게 끊임없이 지시하는 것은 상상할 수 없을 정도로 피곤합니다."

자, 어쨌든 문장은 완성했다. 다시 한 번 상상에 대해 이야기할 차례이다.

상상력이야말로 정말 필요한 것입니다. 솔로몬은 "비전이 없는 백성은 망한다."라고 말했습니다.

이렇게 연설을 이어가는 동안 연사는 필사적으로 원래 하려고 했던 말을 생각해내야 한다. 이런 방식의 연설은 방향을 잃고 엉뚱하게 끝나는 경우도 있다. 하지만 아무것도 기억할 수 없는 당황한 연설자에게 이 방법만큼 좋은 방법이 없다.

모든 방면의 기억력을 향상시킬 수 없다.

나는 이 장에서 기억을 잘 할 수 있는 방법에 대해 설명했다. 하지만 기억력은 얼마나 잘 연관되어 있느냐의 문제이므로 기억력 자체가 눈에 띄게 좋아질 수는 없다.

매일 셰익스피어의 작품 한 구절 씩 외우면 문학 표현에 대한 기억력은 엄청나게 향상될 것이다. 하지만 셰익스피어의 작품을 외운다고 해서 이것이 다른 분야 지식을 암기하는 데 도움을 줄 수는 없을 것이다.

이 장에서 말한 원칙을 사용하면 효율적으로 외울 수 있다. 하지만 연관되지 않은 사실을 암기하는 것은 불가능하다.

요약

1. 칼 시쇼어 교수는 다음과 같이 말한다. "보통 사람들은 자신의 기억력을 10퍼센트도 사용하지 않는다. 사람들은 90퍼센트의 기억력을 낭비한다."
2. 기억의 법칙 – 인상, 반복, 연상
3. 기억하고 싶은 것을 머리에 각인시켜라.
   a. 집중. 이것이 루스벨트 기억력의 비결이다.
   b. 주의 깊게 관찰해라.
   c. 가능한 모든 감각을 동원하라. 링컨은 시각적, 청각적 감각을 사용하여 기억했다.
   d. 다른 무엇보다도 시각적 인상이 중요하다. 시각적 인상은 오래

남는다. 마크 트웨인은 그림을 활용해서 연설내용을 기억했다.

4. 반복하면 외워진다. 이슬람교 학생들은 긴 코란을 외우기 위해 끊임없이 반복한다.

   a. 억지로 머릿속에 집어넣으려 하지 마라. 한번이나 두 번 반복하고 잠깐 멈춘 후 다시 반복해라. 간격을 두고 반복하면 기억에 효과적이다.

   b. 사실을 암기하고 8시간 직후에 가장 많이 잊어버린다. 연설하기 직전 연설문을 살펴보자.

5. 연상을 기억에 응용해라. 경험한 것을 활용해라.

6. 어떤 사실을 기존에 알고 있는 지식과 연상하려면 모든 각도에서 점검해라. 새로운 사실에 다음과 같은 질문을 던져라. 왜 이렇게 되었는가? 어떻게 이렇게 되었는가? 언제 이렇게 되었는가? 어디서 이렇게 되었는가? 누가 그렇다고 말했는가?

7. 처음 만난 사람의 이름을 기억하고 싶다면 철자가 어떻게 되는지 물어보고 이름에 대한 질문을 해라. 그의 외모를 자세히 살펴보고 이름과 얼굴을 연결시켜 외워라.

8. 날짜를 기억할 때는 이미 알고 있는 유명한 날짜와 연관시켜 기억해라.

9. 연설의 요지를 기억하려면 요지들을 논리적으로 배열해라.

10. 준비를 많이 했는데도 갑자기 기억이 안나면 바로 앞에 한 마지막 단어를 새로운 문장의 시작으로 삼아라. 이렇게 말을 이어가다보면 잊어버린 연설 내용이 기억날 것이다.

5장

청중을
깨어있게 하는 법

예전에 셔먼 로저스와 함께 같은 모임에서 연설을 한 적이 있다. 내가 먼저 연설을 하고 적당한 핑계를 대고 즉시 그 자리를 떠났을 것이다. 로저스가 따분한 연설이나 하겠지 하고 예상하고 있었다. 하지만 그의 연설은 어떤 누구의 연설보다 뛰어났다.

셔먼 로저스는 누구인가? 그는 숲에서 인생의 대부분을 보낸 진짜 벌목공이다. 그는 대중 연설의 법칙에 대한 책들은 읽은 적이 없었다. 그의 연설은 매끄럽지 않았지만 날카로웠다. 세련되지는 않았지만 열정적이었다. 문법에 어긋났지만 연설 자체에 영향을 주지는 못했다. 연설을 망치는 것은 그러한 사소한 것이 아니다. 그의 연설은 그가 직접 경험한 내용이었다. 그의 연설은 살아 움직였다.

그의 성공의 비결은 무엇인가? 성공의 비결을 에머슨은 다음과 같이 말했다.

"역사에 기록된 성공은 열정의 승리다."

광고를 하거나 물건을 팔 때 필수요소는 바로 열정이다. 매년 3천만 달러의 껌을 파는 리글리의 사무실에는 에머슨의 말이 걸려있다.

"열정 없이 이뤄진 일은 아무것도 없다."

나도 예전에는 대중연설에서 기법이 중요하다고 생각했었다. 하지만 세월이 흐르면서 연설의 내용을 더 중시하게 되었다. 브라이언은 이렇게 말했다.

"자신이 하고 있는 말을 잘 아는 사람은 설득력이 있다. 그 말에는 진심이 담겨 있다. 연설자가 아무리 똑똑해도 진실하지 않으면 청중을 감동시킬 수 없다. 거의 이 천 년 전 로마제국의 어느 시인은 자신의 생각을 이렇게 표현했다. '다른 사람의 눈에서 눈물이 흐르게 하려면 자신이 먼저 슬퍼해야한다.'"

마틴 푸터는 이렇게 말했다. "나는 화가 나서 피가 부글부글 끓어야 글이 잘 써지고, 기도가 잘되고 연설이 잘된다."

그의 말대로 화를 내라는 것이 아니다. 하지만 어느 정도는 감정에 진실해야 한다.

말도 칭찬해주면 영향을 받는다. 유명한 조련사 레이니는 말의 심장 박동수를 10이상 올리는 욕설을 알고 있다고 말했다. 청중도 말처럼 예민하다.

연설할 때 청중의 태도를 결정하는 것은 연사이다. 연사가 열의가 없으면 청중도 열의가 없다. 연사가 머뭇거리면 청중도 그렇다. 하지만 연사가 진정으로 연설하면 청중들도 연사의 영향을 받는다.

마틴 리틀턴은 이렇게 말한다.

"사람들이 이성에 의해 움직인다고 하지만 사실 감정에 의해 움직인다. 확신을 가진 연사는 실패하는 법이 없다. 사람들에게 진정으로 하고 싶은 말이 있다는 확신만 있으면 그의 연설은 불꽃처럼 타오른다.

자신의 확신을 어떤 방식으로 표현하는 지는 중요하지 않고 얼마나 진실하게 자신의 마음을 표현하는 지가 중요하다."

진지함과 열정만 있으면 연사의 영향력은 커진다. 그에게 5백 개의 단점이 있어도 실패하지 않는다. 루빈스타인조차 연주가 틀릴 때가 많았다. 하지만 아무도 신경 쓰지 않았다. 왜냐하면 예전에는 석양을 보고도 어떤 감흥도 느끼지 못했던 사람들이 그로 인해 음악을 느낄 수 있었기 때문이다.

페리클레스는 연설을 시작하기 전 신에게 기도했다. 그는 마음을 담아 연설했고 이 연설은 청중을 감동시켰다.

윌라 캐더는 다음과 같이 말한다.

"모든 예술가들의 비밀은 열정이다. 이것은 누구나 아는 비밀이지만 아무도 훔쳐갈 수 없다."

연사는 누구나 예술가가 되어야 한다. 영혼을 연설에 담아라. 청중은 당신의 조그마한 실수도 눈치 채지 못할 것이다. 링컨은 듣기 싫을 정도의 높은 톤으로 연설을 했다. 데모스테네스는 말을 더듬었다. 후커의 목소리는 너무 작았다. 커런은 말더듬이었고 셰릴은 목에서 쇳소리가 났다. 피트의 목소리는 깨끗하지도 않고 듣기 좋지도 않았다.

하지만 이 사람들에게는 단점을 이기는 진실함과 열정이 있었다.

진정으로 말하고 싶은 것을 가져라.

브랜더 매튜 교수는 뉴욕 타임스에 다음과 같은 재미있는 글을 기고했다.

"좋은 연설의 핵심은 연사가 진심으로 전하고자 하는 메시지이다."

나는 몇 년 전 콜럼비아 대학에서 커디스 메달 수상자 선정을 위한 위원으로 일할 때 이 사실을 깨달았다. 6명의 대학생이 후보였는데 그들은 기교만 뛰어날 뿐이었다. 단 한명의 예외는 줄루 족의 왕자였다. 그의 주제는 '현대 문명에 기여한 아프리카'였다. 그의 모든 말에는 진심이 담겨 있었다. 그의 연설은 살아있었으며 확신과 열정에 가득 찼다. 그는 자신의 국민과 대륙을 대표해서 말했다. 기교로만 보면 다른 경쟁자보다 뛰어나지 않았지만 우리는 그에게 메달을 수여했다. 그의 열정적인 호소와 비교하면 다른 연설들은 껍데기뿐이었다.

많은 연사가 실패하는 것이 바로 이것이다. 그들의 표현은 확신이 없다. 화약이 없는 총처럼 그들의 말에는 청중을 움직이는 힘이 없다.

당신은 이렇게 말할지 모른다. "좋습니다. 하지만 당신이 그렇게 높이 평가하는 진정성과 열정은 어떻게 얻을 수 있지요?" 한 가지는 확실하다. 분별력이 있는 청중은 연사가 자신의 진심을 담아 말하는지 금방 알 수 있다. 틀을 깨고 나와 마음을 담아라. 사실을 확인하고 사실 이면의 것을 알아내려 노력해라. 집중해서 파고들어라. 사실에 대해 깊이 생각함으로써 진정한 의미를 찾아내라. 모든 것은 철저한 준비에 달려있다. 마음으로 준비하는 것은 머리로 준비하는 것만큼 중요하다.

예전에 미국 은행협회 뉴욕 지부에 속한 사람들에게 절약 캠페인 연설 강의를 한 적이 있다. 교육생 중에 열의가 부족한 사람이 한 명 있었다. 그는 단지 연설이 하고 싶었을 뿐 절약에 대해 큰 관심이 없었다. 나는 그 사람에게 주제에 대해 깊이 생각해보라고 말했다. 나는 그에게 뉴욕 주민 85%는 사망 시에 아무것도 남기지 않았고 3.3%의 사람만이 1만 달러 이상의 유산을 남긴다는 말을 했다. 그 사람의 연설로 인해 사람들이 노후에는 편안하게 살 수 있게, 사후에는 부인과 자녀들이 보호받을 수 있게 준비할 수 있다는 사실을 주지시켰다. 그에게 커다란 사회봉사를 하는 것이라고 말해주었다.

그의 마음이 열정으로 불탔다. 그는 자신의 연설이 얼마나 큰 파급효과를 가질지 생각하게 되자 열의가 생겼고, 자신이 맡은 사명이 신성하다고 까지 느끼게 되었다. 그가 하는 말에는 확신이 담겨 있었다. 사실 그의 연설은 많은 주목을 끌어서 미국 최대 은행이 그를 스카우트했다.

승리의 비밀

한 청년이 볼테르에게 이렇게 외쳤다. "나는 살아야 합니다." 그러자 볼테르는 이렇게 대답했다. "나는 그 필요성을 잘 모르겠네."

당신이 하는 말을 세상은 대부분 이렇게 받아들일 것이다. 하지만 성공하고 싶다면 그 필요성을 느껴야 한다.

드와이트 무디는 은총에 대한 설교를 준비하다가 진리를 구하고자 하는 마음에 서재를 박차고 나가 처음 만난 사람을 붙잡고 갑자기 이런 질문을 했다. "당신은 은총이 무엇인지 아십니까?" 이렇게 열정으로 가득한 사람이 청중들을 감동시키는 연설을 하는 것은 당연한 일이다.

얼마 전 내가 파리에서 연설 강의를 했을 때 일이다. 어떤 사람이 며칠씩이나 감동이 없는 연설을 계속했다. 그는 학생이었는데 아는 것은 많았지만 열의가 없었다. 그가 하는 말은 중요한 말처럼 들리지 않았다. 당연히 청중들은 그의 말에 귀 기울이지 않았다. 나는 몇 번이나 그의 연설을 중단시키고 그의 연설에 강렬함이 있어야 한다고 강조했다.

하지만 차가워진 라디에이터에서 뜨거운 김을 내게 하는 것처럼 김빠지는 일이었다. 나는 그의 연설 준비과정에 문제가 있었음을 지적했다. 나는 그에게 사실을 전달하는 것도 중요하지만 그의 열정이 연설에 담겨있어야 한다고 끊임없이 강조했다.

다음 주에 그는 무엇인가 확신에 차 보였다. 그의 연설은 진심에서 우러난 박수를 받았다. 이것이 준비의 기본 요건이다. 2장에서 배웠듯이 연설의 준비는 어구를 암기하는 것이 아니다. 책이나 신문기사에서 남의 생각을 퍼 나르는 것도 아니다. 준비는 당신 마음 깊은 곳에 숨겨져 있는 열정을 끄집어내는 것이다. 의심하지 말고 당신 자신의 마음속을 들여다보아라. 결코 꿈꾸지 못할 많은 것들이 마음속에 있다. 제임스 교수는 보통 사람은 자신의 잠재력의 10퍼센트도 사용하지 못한다고 말했다.

연설에서 중요한 것은 미사여구가 아니라 그 뒤에 있는 영혼, 확신이다. 버크와 피트 같은 유명한 연설가들은 셰리던이 워렌 헤이스팅스를 공격하는 연설이 영국에서 최고로 설득력 있는 연설이라 단언했다. 하지만 셰리던은 자신의 연설이 차가운 활자에 가두기에는 너무나 심오한 것이라는 생각에 출판을 거절했다. 오늘날 그의 연설문은 남아 있지 않다. 그 연설문을 우리가 읽는다고 해도 실망스러울 것이다. 박제한 독수리처럼 빈껍데기만이 남아 있을 것이다.

당신의 연설에서 가장 중요한 것은 당신의 말을 하는 것이다. 에머슨의 명구를 들어보라.

"당신이 아닌 말은 할 수 없다."

재판을 승리로 이끈 링컨의 연설

어느 날 독립전쟁에서 남편을 잃은 노부인이 불편한 다리를 끌고 링컨의 사무실로 들어왔다. 그 노부인은 자신의 연금 대리인이 연금을 받아주면서 수수료로 2백 달러나 받아갔다고 말했다. 링컨은 이에 분노하여 즉시 소송을 걸었다.

그는 이 사건을 어떻게 준비했을까? 그는 워싱턴의 전기와 혁명 전쟁사를 읽으며 열정적으로 준비했다. 변론을 할 때 그는 애국자들이 자유를 위해 싸운 실례를 들었다. 그는 그들이 겪은 고난과 포지 계곡에서 먹을 것도 없이 맨발로 견뎌야 했던 고통을 묘사했다. 그리고 분노에 차서 미망인에게 연금의 절반이나 가져간 악당을 향해 돌아섰다. 그는 다음과 같은 말로 결론을 맺었다.

"시간은 흘러갑니다. 독립전쟁의 영웅들은 죽어서 저 세상에 부대를 만들었습니다. 용사는 죽었지만 다리를 절고 앞을 못 보는 그의 미망인이 배심원 여러분과 제게 억울함을 풀어달라고 왔습니다. 그분도 한때는 아름다운 여인이었습니다. 그녀의 발걸음은 통통 튀고 얼굴은 아름답고 그녀의 목소리는 옥구슬 같았습니다. 하지만 그녀는 가난하고 의지할 곳이 없습니다. 그녀가 독립 정쟁의 영웅들이 쟁취한 특권을 누리는 우리들에게 도움을 호소하고 있습니다. 제가 묻고 싶은 것은 단 하나입니다. 여러분, 그녀의 친구가 되어 줄 수 있습니까?"

그가 말을 마치자 배심원 중에는 눈물을 훔치는 사람도 있었다. 배심원단은 그 노부인이 요구한 금액 전부를 배상하라는 평결을 내렸다. 링컨은 그녀의 호텔 숙박비와 고향으로 돌아가는 차비도 부담하고 소송비용도 받지 않았다.

며칠 뒤 링컨의 동료가 사무실에서 링컨의 변론 메모를 읽고 웃음을 터뜨렸다.

"계약 없음. 비상식적인 수수료. 피고가 원고에게 돈 지급하지 않음. 혁명전쟁. 포지 계곡의 비참함 말할 것. 원고의 남편. 입대하는 군인. 끝."

진실 되게 행동하라.

1장에서 제임스 교수가 한 말을 소개했었다. "행동과 감정은 동시에 일어난다. 의지의 통제를 받는 행동을 조절하면 감정을 간접적으로 조절할 수 있다."

그러므로 열정을 갖기 위해서는 그렇게 행동해야 한다. 탁자에 몸을 기대지 말고 몸을 똑바로 세우고 가만히 서 있어라. 몸을 앞뒤로 흔들거나 위아래로 까딱거리지 마라. 사람들에게 당신이 긴장했다거나 자신감이 없다는 표시를 하지 마라. 몸의 움직임을 통제해라. 그렇게 되면 안정감과 힘이 있다는 것을 간접적으로 전달할 수 있다. 경주를 즐기는 사람처럼 똑바로 서라. 폐를 산소로 가득 채워라. 청중을 똑바로 봐라. 선생님이 학생을 보듯이 자신감을 가지고 청중들을 봐라. 청중은 당신의 가르침을 받기 위해 모인 학생들이다. 자신 있게 힘차게 말해라.

그리고 단호한 제스처를 취해라. 동작이 아름다운지 우아한지 신경쓰지 말고, 힘차고 자연스럽게 보이는 데만 신경 써라. 그러면 기적 같은 일이 일어난다. 라디오 연설을 할 때에도 제스처를 취해라. 제스처는 청자에게 들리지 않겠지만 제스처의 결과는 청자에게 전달된다. 그

동작이 당신에게 활력을 부여할 것이다.

무기력한 연사의 연설을 중단시키고 좀더 단호한 제스처를 취하라고 말한 적이 많다. 그렇게 억지로 취한 제스처는 연사를 자극해서 결국에는 자발적으로 제스처를 취하게 된다. 얼굴도 밝아지고 전반적인 태도는 더 진지해진다.

진지한 행동은 진실된 느낌을 준다. 셰익스피어가 충고한 대로 어떤 미덕이 부족하면 있는 것처럼 행동해라.

무엇보다도 입을 크게 벌려서 말해라. 위커샴 법무장관은 내게 이런 말을 한 적이 있다. "보통 사람들이 연설을 하면 30피트만 떨어져도 목소리가 들리지 않습니다."

과장된 말 같은가? 나는 최근에 명문대의 총장 옆에서 연설을 들은 적이 있다. 나는 4번째 줄에서 연설을 들었는데도 잘 들리지가 않았다.

경험이 많은 연사들도 이런 실수를 하는데 초보자에게 무엇을 바라겠는가? 초보자들이 청중에게 들리도록 목소리를 높이는 일이 쉽지 않다. 청중이 알아들을 정도로 악을 쓰면 사람들이 자신의 모습에 웃음을 터뜨릴 것이라고 생각을 한다.

대화하듯이 말하지만 목소리는 크게 해라.

청중이 졸 때 가장 먼저 해야 할 일

한 시골목사가 헨리 워드 비처에게 신도들이 졸면 어떻게 해야 하느냐 묻자 그는 뾰족한 막대기를 들고 목사를 졸지 못하게 하면 된다고 말했다.

놀라운 방법이다. 초보자에게 이 방법이 큰 도움이 될 것이다.

배우들은 무대에 서기 전에 자신을 각성시키는 것이 얼마나 중요한지 알고 있다. 후디니는 무대 뒤에서 뜀뛰기를 하고, 허공에다 주먹을 휘두른다. 맨스필드는 스텝들의 숨소리가 너무 크다며 아무 구실이나 잡아 벌컥 화를 낸다. 나는 무대 뒤에서 등장신호를 기다리며 가슴을 세차게 치는 배우들도 본 적이 있다. 나는 학생들에게 연설 직전에 대기실로 가서 맥박이 치솟고, 얼굴과 눈이 생기 있을 때까지 자신의 몸을 때리라고 시키기도 했다. 연설준비과정으로 알파벳을 목청껏 외치게 하기도 했다.

연설 직전에는 가능하면 충분히 쉬어라. 가장 좋은 방법은 편하게 입고 몇 시간 침대에 누워 휴식을 취하는 것이다. 그리고 나서 가능하면 찬물로 샤워를 하며 온몸을 세게 문질러라. 훨씬 좋은 방법은 수영을 하는 것이다.

찰스 프로먼은 배우를 기용할 때 그들의 에너지를 본다고 말했다. 제대로 된 연기 또는 연설을 하려면 에너지가 많이 필요하다. 1차 세계대전 당시 더들리 필드 경은 뉴욕의 센츄리 극장에 모인 청중들에게 열정적인 연설을 했다. 연설을 한 지 한 시간 반이 지나 그는 탈진해서 쓰러졌고 의식을 잃은 채 무대에서 실려 내려왔다.

시드니 스미스는 다니엘 웹스터를 바지를 입은 증기기관이라 묘사했다.

비처는 다음과 같이 주장했다. "훌륭한 연사들은 대단한 생명력이 있는 사람들이다. 그들은 자신이 하고 싶은 말을 할 수 있는 폭발력이 있는 사람들이다. 그들은 투석기와 같아서 사람들이 그들 앞에서 쓰러진다.

'족제비 어구' 와 양파

당신의 말에 힘을 실어 넣어라. 단호하게 말하되 너무 단호하면 안 된다. 무식한 사람들이 단정적으로 말한다. 약한 사람들은 애매모호하게 말한다. '그런 것 같다.' '아마' '내 생각에는' 이라는 사족을 붙인다.

연설 초보자들이 저지르는 가장 일반적인 실수는 소심한 표현으로 연설을 망치는 것이다. 뉴욕의 사업가가 커네티컷을 돌아본 이야기를 들은 적이 있다.

"길 왼편에는 양파 같은 것을 심은 밭이 있었습니다." 양파면 양파고 아니면 아니다. 양파를 알아보는데 많은 지식이 필요한 것도 아니다.

이런 표현들을 루스벨트는 '족제비 어구' 라 했다. 족제비는 알의 내용물만 빨아먹고 껍데기만 남기기 때문이다.

소극적이고 빈껍데기 어구로는 확신을 얻을 수 없다. 사무실에 이런 표어가 있다고 상상해보자. "여러분이 사는 기계는 언더우드일 것 같습니다." "프루덴셜은 지브롤터의 힘을 갖고 있는 것 같습니다." "결국 우리 밀가루를 쓰실 것이라 생각됩니다. 지금 써보시면 어떨까요?"

1896년에 브라이언이 처음 대통령 선거에 나섰을 때 나는 왜 그가 그렇게 자신은 대통령이 되고 맥킨리는 떨어질 것이라 단언했는지 궁금했다. 이유는 간단했다. 브라이언은 자신이 강하게 이야기하면 군중들이 결국에는 자신의 말을 믿을 것이라고 생각했던 것이다.

세계적으로 위대한 지도자들은 항상 단호했다. 부처는 죽음을 앞에 두고 애원하거나 따지지 않았다. 그저 권위를 가지고 말할 뿐이었다. "내가 말한 대로 걸으라."

코란에는 다음과 같은 구절이 있다. "이 책에 조금의 의심도 갖지 말라. 이것은 명령이다."

빌립보 감옥의 간수가 바울에게 "어떻게 하면 구원을 얻습니까?"라고 말하자 답은 논쟁이나 애매한 대답이 아니었다. 답은 단호했다. "주 예수를 믿으라, 그리하면 구원을 얻으리라."

하지만 앞서 말한 것처럼 너무 단정적이어서는 안 된다. 때와 장소, 주제, 청중에 따라 단정적이면 도움이 되기보다 방해가 되는 경우도 있다. 일반적으로 청중의 지식이 높으면 단정적인 주장은 효과가 없다. 그들은 사실에 대해 들은 다음 그들 스스로 결론을 이끌어 낸다.

청중을 사랑하라.

몇 년 전 나는 영국에서 연사들을 몇명 고용했다. 그들 중 세 명은 해고 했고, 한명은 3천마일이나 떨어진 미국으로 돌아가야 했다. 청중들에게 관심을 갖지 않는 것이 그들의 문제였다. 그들의 관심사는 오로지 자기 자신과 월급 봉투였다. 그들은 청중들에게 냉정했고 청중들 또한 그들에게 냉정했다.

청중들은 연사의 말이 머리에서 나오는지 가슴에서 나오는지 알아차리는 도사들이다. 강아지도 그 정도는 알 수 있다.

나는 링컨에 대해 깊이 연구했다. 그는 의심할 여지없이 미국인들이 가장 사랑하는 사람이고 명연설가 중 한명이다. 천재성이 있기도 했지만 링컨이 청중을 사로잡은 비결은 정직함과 선량함이다. 그의 부인은 이렇게 말했다. "그의 긴 팔처럼 그의 마음도 넓다."

슈만 하잉크는 이렇게 말했다. "내 성공의 비결은 청중에 절대적으로 헌신하는 것입니다. 나는 청중을 사랑합니다. 그들은 모두 내 친구입니다. 그들 앞에 서면 나는 깊은 유대감을 느낍니다." 이것이 그녀가 세계적으로 성공한 프리마돈나가 된 비결이다.

연설에서 가장 중요한 것은 영혼의 문제이다. 임종을 앞둔 다니엘 웹스터의 머리맡에 있었던 책은 다름 아닌 성경이다.

예수는 사람들을 사랑했기에 사람들은 금방 감동받았다. 훌륭한 연설을 하고 싶으면 당장 신약성경을 읽어라.

요약

청중을 깨어있게 만드는 법

1. 연설을 할 때 청중의 태도를 결정하는 것은 연사이다. 연사가 열의가 없으면 청중도 열의가 없을 것이다. 연사가 열정적이면 청중도 열정적이다. 열정은 연설에 있어서 가장 중요한 요소 중에 하나이다.

2. 마틴 리틀턴은 이렇게 말한다. "확신을 가지고 연설하는 사람은 실패하지 않는다. 진정으로 전달하고 싶은 메시지가 있다면 연설은 불꽃처럼 타오를 것이다."

3. 확신과 열정이 엄청나게 중요하지만 이것을 가지고 있는 사람은

없다.

4. 브랜더 매튜교수는 이렇게 말한다. "좋은 연설은 연사가 말하려고 하는 핵심이 있는 것이다."

5. 사실에 대해 생각하고, 사실의 중요성을 마음 깊이 새겨라. 다른 사람을 설득하기 전에 먼저 열정이 있는지 확인해라.

6. 머리와 가슴 사이에 의사소통이 잘 이루어지게 해라. 사람들은 사실뿐만이 아니라 사실을 전하는 당신의 태도도 본다.

7. 연설에서 중요한 것은 말이 아니라 연사의 정신이다.

8. 진정성이 있게 하기 위해서는 열정적으로 느끼고 열정적으로 행동해라. 똑바로 서서 청중을 똑바로 쳐다보아라.

9. 무엇보다도 입을 크게 벌려서 당신의 목소리가 잘 들릴 수 있도록 해라. 많은 연사들은 30피트만 떨어져도 목소리가 들리지 않는다.

10. 시골 목사가 헨리 워드 비처에게 신도들이 졸지 않게 하는 법을 묻자 그는 이렇게 대답했다. "뾰족한 막대기를 든 사람을 옆에 두고 목사가 졸지 않게 찔러주면 됩니다."

11. "~인 것 같습니다." "제 생각에는"과 같은 "족제비 어구"로 연설의 질을 떨어뜨리지 마라.

12. 청중을 사랑해라.

6장

성공적인 연설의
필수요소

이 글을 쓰고 있는 1월 5일은 어니스트 섀클턴 경의 추도일이다. 그는 "퀘스트"호를 타고 남극을 탐험하던 중 죽었다. "퀘스트"호에 오를 때 가장 먼저 눈길을 끄는 것은 동판에 새겨진 글이다.

꿈을 꾸더라도 꿈의 노예가 되지 않는다면

생각을 할 때 생각 자체가 목적이 되지 않는다면

성공과 실패를 함께 즐길 수 있다면

두 가지 거짓을 똑같이 대할 수 있다면

마음과 근육은 이미 오래전에 힘을 잃었지만

마음과 근육의 힘을 짜내서 쓸 수 있다면

아무것도 남아 있지 않지만 '견뎌보자'라고 말할 수 있는

의지라도 남아 있다면

정하게 지나는 일분을 60초씩 뛰는 달리기로 채울 수 있다면

온 세상과 만물이 너의 것이고

무엇보다도 너는 진정한 남자가 될 것이다, 나의 아들아

섀클턴은 이 시를 "퀘스트호의 정신"이라고 불렀다. 남극으로 출정하는 사람이든 대중연설에서 자신감을 얻고 싶은 사람이건 이 정신은 꼭 필요하다.

하지만 대중 연설을 공부하는 초보자들은 이런 정신이 없다. 몇 년 전에 교육 사업을 시작했을 때 나는 야간 학교에 등록한 많은 수의 학생들이 목표를 이루지 못하고 중도에 포기하는 것을 보고 크게 놀랐다. 인간 본성을 보여주는 슬픈 예였다.

이번 장은 이 수업의 여섯 번째 과정이다. 이 글을 읽고 있는 사람들 중에도 청중에 대한 공포를 극복하지 못하고 자신감을 얻지 못했다는 이유로 벌써 실망한 사람이 있을 것이다. "인내심이 없어서 참 안됐다. 서서히 아물지 않는 상처가 어디 있을까?"

지속적인 노력의 필요성

프랑스어, 골프, 연설 같은 새로운 것을 배우기 시작할 때 실력은 일정한 속도로 좋아지지 않는다. 실력은 점진적으로 늘지 않는다. 어느 순간 갑자기 좋아졌다가 정체기를 겪는다. 심지어는 예전보다 더 나빠지기도 한다. 이런 정체기는 심리학 용어로 '학습곡선의 고원'이라고 불린다. 대중연설을 배울 때도 그렇다. 아무리 열심히 해도 실력이 좋아지지 않는다. 의지가 약한 사람은 금방 포기한다. 끈기 있는 사람들은 버틴다. 그러다가 이유도 모른 체 하룻밤 사이에 엄청나게 발전한다. 비행기가 날아오르듯 정체된 고원을 날아오른다. 갑자기 요령을 알게 된다. 갑자기 연설이 자연스러워지고, 자신감을 갖게 된다.

청중 앞에 서면 처음 몇 분간은 두려움과 긴장을 느낄 것이다. 존 브라이트는 죽을 때까지 그랬다. 글래드스톤도 그랬고, 윌버포스 주교도 그랬다. 수없이 많이 대중 앞에 섰던 음악가들도 그랬다. 파데리프스키는 피아노 앞에 앉기 직전에 불안하게 옷깃을 만지작거렸다. 노르디카는 심장이 빨리 뛰는 것을 느꼈다. 하지만 이런 공포는 금방 사라졌다.

그들의 경험이 당신의 경험이 될 것이다. 계속 꾸준히 밀고 나간다면 연설 시작할 때 느끼는 공포를 뺀 모든 두려움이 완전히 없어질 것이다. 일단 연설을 시작하면 공포는 사라지고 연설을 즐기게 될 것이다.

끊임없이 계속해라

법을 공부하고자 하는 젊은이가 링컨에게 조언을 구하는 편지를 썼다. 링컨은 다음과 같이 답장을 보냈다. "법률가가 되고 싶은 당신의 결심이 확고하다면 이미 절반은 된 것입니다. 성공하겠다는 결심이 다른 어떤 것보다 중요하다는 것을 명심하십시오."

링컨은 자신이 경험했기 때문에 이 사실을 잘 알았다. 그가 받은 정규교육은 일 년에 불과했다. 그러면 책은? 링컨은 집에서 50마일 이내의 책은 모두 빌려 읽었다고 말했다. 그의 오두막집에는 밤새 장작을 때웠는데 장작불 옆에서 책을 읽기도 했다. 장작더미에는 틈이 있어서 책을 그 틈에 끼워두었다. 날이 밝으면 눈을 비비며 일어나 다시 책을 읽었다.

그는 연설을 듣기 위해서 집에서 2~30마일 떨어진 곳까지 걸었다. 그는 집으로 돌아오는 길, 들판, 숲, 식료품 가게에 모인 사람들 앞에서든 어디서나 연설을 연습했다. 그는 또한 문학 및 토론모임에도 참석하여 시사 주제에 대해 말하는 훈련을 했다.

열등감이 그를 항상 괴롭혔다. 여자 앞에만 서면 그는 부끄러워서 어쩔 줄을 몰랐다. 아내가 된 메리 토드와 연애를 할 때에도 얼굴을 붉힌 채 아무 말도 없이 그녀의 말을 듣기만 했다. 하지만 훈련과 독학을 통해 유명한 연설가 더글러스 상원의원과 토론을 할 정도로 말을 잘 하게 되었다. 게티즈버그에서, 자신의 두 번째 취임연설에서 최고의 연설을 한 사람이 바로 링컨이다.

백악관 대통령 집무실에는 링컨의 초상화가 있다. 루스벨트는 이렇게 말했다. "복잡해서 해결하기 어려운 일이나 이해관계가 복잡한 문제가 있으면 나는 항상 링컨을 바라보고 링컨이라면 이 상황에서 어떻게 했을 지 생각해보려고 합니다. 이상하게 들릴지 모르지만 이렇게 하면 문제를 해결하는 게 훨씬 쉬워졌습니다."

루스벨트의 방법을 써보는 것이 어떤가? 연설가가 되는 것을 포기하고 싶어지면 링컨 얼굴이 그려져 있는 5달러 지폐를 꺼내서 링컨이라면 이 상황에서 어떻게 할 지 자문해봐라. 당신은 링컨이 어떻게 할 지 알고 있다. 상원의원선거에서 더글러스에게 패한 후에 그는 "한 번 졌다고 포기하지는 말자. 백번 졌다고 포기하지 말자."고 말하며 지지자들을 격려했다.

보상은 확실하게 주어진다.
당신이 매일아침 식사를 할 때마다 이 책을 펴서 윌리엄 제임스가 한 말을 외울 수 있으면 정말 좋겠다.

"하루 매 시간을 충실하게 공부하기만 하면 결과에 대해서 신경

쓰지 않아도 된다. 어느 날 아침 친구들보다 훨씬 많이 알고 있는 당신을 발견할 것이다."

이 과정을 충실히 따라오기만 하면, 제대로 연습만 하면 당신은 어느 날 아침 훌륭한 연사가 되어있다는 사실을 발견할 것이다.

물론 예외는 있다. 지성과 인격이 떨어지는 사람이 다니엘 웹스터가 될 수는 없다. 하지만 대부분의 경우 앞에서 한 말이 맞다. 실례를 들어 보겠다.

뉴저지 주지사였던 스톡스가 대중 연설 강좌 수료를 기념하는 연회에 참석했다. 그는 그날 저녁 수강생들이 하는 연설을 듣고 상원이나 하원에서 들었던 연설과 버금간다고 말했다. 그날 연설을 했던 사람들은 몇 달 전만 해도 대중 앞에서면 머리가 하얘졌던 사람들이었다. 그 연회에 참석한 사람들은 키케로처럼 웅변가의 자질이 있는 사람이 아니라 평범한 사업가였다. 하지만 어느 날 아침에 깨어보니 출중한 연설가가 되어있는 자신들의 모습을 발견하게 되었다.

당신이 훌륭한 연사가 되는 것은 타고난 재능과 훌륭한 연사가 되고자 하는 열망 이 두 가지에 달렸다. 제임스 교수는 이렇게 말했다.

"당신의 열정이 당신을 구할 것이다. 원하기만 하면 그렇게 될 것이다. 부자가 되고 싶으면 부자가 될 것이다. 학식 있는 사람이 되고 싶으면 그렇게 될 것이다. 착한 사람이 되고 싶으면 착한 사람이 될 것이다. 그러기 위해서는 진정으로 원하면 된다."

나는 수천 명의 사람들이 대중 앞에서 연설할 수 있는 자신감을 갖기 위해 노력하는 모습을 지켜보았다. 본인의 능력이 뛰어나 성공한 사람들은 소수에 불과했다. 대부분의 사람은 당신 주변에서 흔히 볼 수 있는 평범한 사람들이었다. 하지만 그들은 계속 노력했다. 똑똑한 사람들은 쉽게 낙심하거나 돈벌이에 너무 몰두해서 진전이 없었다. 하지만 끈기가 있고 목적이 뚜렷한 사람들이 가장 뛰어난 성취를 보였다.

직장에서도 이런 일이 비일비재하지 않은가? 록펠러는 예전에 사업에서 성공의 제일 요소는 인내심이라고 말했다. 연설교육과정에서 필요한 요소도 바로 인내심이다.

포슈 장군은 인류역사상 최강의 군대를 상대로 승리했다. 그는 자신에게 장점이 있다면 결코 절망하지 않는 것이라고 말했다.

1914년 프랑스가 마른으로 후퇴하자 조프르 사령관은 장군들에게 후퇴를 멈추고 돌진하라는 명령을 내렸다. 마른 전투가 이틀째 격렬하게 벌어지고 있을 때 포슈 장군이 조프르 장군에게 전문을 보냈다. "중앙 무너짐. 우현 후퇴. 절호의 상황. 공격하겠음."

그 공격이 파리를 구했다. 최악의 상황이 절호의 상황이다. 공격하라!

믿음

몇 년 전에 나는 알프스 산맥의 와일드 카이저 봉우리 등반에 나섰다. 여행 안내서에는 산세가 험하니까 가이드를 반드시 동반해야 한다고 적혀있었다. 친구와 나는 전문산악인이 아니었다. 다른 친구가 우리가 산에 오를 수 있겠냐고 묻자 우리는 오를 수 있다고 대답했다.

그가 물었다. "왜 그렇게 생각하는데?"

"가이드 없이 오른 사람들이 있으니까. 전혀 불가능한 일은 아니라고 생각해. 나는 무슨 일이든 실패할 것이라고 생각하며 시작하지 않아."

에베레스트 산을 오르든 대중연설을 하던 모든 일에는 이런 정신자세가 필요하다.

대중 앞에서 침착하게 연설을 하고 있는 모습을 상상해보아라.

이렇게 하는 것은 쉽다. 성공할 것이라고 믿어라. 굳게 믿으면 성공하기 위해 필요한 일을 하게 된다.

대중 연설을 수강해서 얻을 수 있는 가장 소중한 것은 자신에 대한 자신감과 자신에 대한 믿음이다.

이기고자 하는 의지

엘버트 허버드의 조언을 소개하고자 한다. 보통 사람이 이 지혜를 실천한다면 더 행복해지고, 더 성공할 것이다.

"집을 나설 때에는 턱을 당기고 고개를 들고 숨을 크게 들이마셔라. 햇살을 즐겨라. 친구와 웃는 얼굴로 인사하고 악수에 진심을 담아라. 오해받을까 두려워말고 적을 생각하는데 일분도 낭비하지 마라. 하고 싶은 일을 정하면 헤매지 않고 목표를 향해 나아갈 수 있을 것이다. 하고 싶은 일에 대해 원대한 포부를 품어라. 세월이 흐를수록 산호가 조류에서 영양분을 흡수하듯 당신도 꿈을 위한 모든 기회를 무의식중에 포착하고 있음을 깨닫게 될 것이다. 당신이 되고자 하는 유능한 사람의 이미지를 마음속에 그려보라. 당신의 생각이 당신을 그 인물처럼 변하게 만들 것이다. 생각의 힘은 대단하다. 바른 생각을 해라. 진정한 기도는 언젠가 응답을 받는다. 우리는 우리가 마음먹은 대로 변한다. 턱은 당기고 고개는 들어라. 우리는 번데기 안에 든 신이다."

나폴레옹, 웰링턴, 리, 그랜트, 포쉬 같은 위대한 지도자들은 이기고자 하는 의지와, 자신감이 전쟁을 승리로 이끈다는 사실을 잘 알고 있었다.

포쉬 장군은 이렇게 말했다.

"패배한 병사가 승리한 병사보다 먼저 후퇴하는 것은 사기가 꺾였기 때문이다."

다른 말로 하면 후퇴하는 병사들은 육체적으로 져서 후퇴하는 것이 아니라 정신적으로 졌기 때문에 후퇴하는 것이다. 그런 군대는 희망이 없다. 이런 사람도 희망이 없다.

미 해군의 군목인 프레이저 목사는 1차 세계대전 당시 군목에 지원한 사람들을 면담했다. 그에게 해군 군목의 자질이 무엇이냐고 물었더니 그는 다음과 같은 4G로 대답했다. 은총(Grace), 적극성(Gumption), 끈기(Grit), 용기(Guts).

이것들은 대중연설에 성공하기 위해서도 필수적으로 필요하다. 이것들을 당신의 모토로 삼아라. 로버트 서비스가 지은 시를 당신의 군가로 삼아라.

숲에서 길을 잃고 어린아이처럼 두려울 때
죽음이 코앞에 다가왔을 때
종기라도 난 듯 괴로울 때
방아쇠를 당겨 죽는 것이 쉽다.
하지만 남자의 기백은 말한다. "온 힘을 다해 싸워라"
굶주리고 비통할 때 끝장내는 것은 쉽다.

아침이 올 때까지 싸우는 것이 어렵다.

사는 데 지쳤구나!

너는 젊고 용감하다.

고생한 것은 알지만 불평하지 마라.

기운내서 싸워라.

승리하는 길은 노력하는 것일 뿐

절대 움츠려 들지마라.

용기를 내라. 그만두는 것은 쉽다.

어려운 것은 당당하게 견디는 것

맞아 쓰러질 때 비명을 지르고 죽는 것은 쉽다.

꽁무니를 빼고 납작 엎드리는 것도 쉽다.

희망이 보이지 않더라도 계속 싸워라.

찢어지고 상처입어도 한 번 더 해보자.

죽는 것은 쉽다.

계속 살아가는 것이 어렵지.

요약

1. 프랑스어, 골프, 연설 같은 새로운 것을 배우기 시작할 때 실력은
   일정한 속도로 좋아지지 않는다. 실력은 점진적으로 늘지 않는다.
   어느 순간 갑자기 좋아졌다가 정체기를 겪는다. 심지어는 예전보
   다 더 나빠지기도 한다. 이런 정체기는 심리학 용어로 '학습곡선

의 고원'이라고 불린다. 아무리 열심히 해도 실력이 좋아지지 않는다. 의지가 약한 사람은 이런 현상을 이해하지 못하고 금방 포기한다. 잘 버티고 계속 연습을 하다 보면 이유도 모른 체 하룻밤 사이에 엄청나게 발전한다. 비행기가 날아오르듯 정체된 고원을 날아오른다. 갑자기 요령을 알게 된다. 갑자기 연설이 자연스러워지고, 자신감을 갖게 된다.

2. 연설을 시작하기 직전에 긴장되는 것은 계속 될 것이다. 브라이트나, 글래드 스톤, 윌버포스 주교는 죽을 때까지도 연설 시작 전에 긴장을 경험했다. 하지만 계속 노력하면 불안을 극복할 수 있고, 연설 초반에만 그렇지 불안도 곧 사라질 것이다.

3. 제임스 교수는 성실하기만 하면 교육의 결과에 대해 걱정할 필요가 없다고 지적했다. 어느 날 아침 친구들보다 훨씬 많이 알고 있는 당신을 발견할 것이다. 하버드의 유명한 교수가 밝힌 이 심리학 법칙은 연설을 배우고자 노력하는 당신에게도 적용된다. 이 점에 대해서는 의심의 여지가 없다. 이 교육과정에서 성공한 사람들은 일반적으로 비상한 재능의 소유자가 아니다. 그저 끈기 있게 훈련을 지속한 사람들 일뿐이다.

4. 대중연설에서 성공하는 생각을 해라. 그러면 성공에 필요한 일을 할 것이다.

5. 낙담이 되면 루스벨트가 링컨의 사진을 보면서 링컨이 같은 상황에서 어떻게 했을 지 자문했던 그 방법을 사용해봐라.

6. 1차 세계대전 당시 해군의 유명한 군복은 군목으로 성공하기 위한 필수 자질을 4G로 요약했다. 그것이 무엇인가?

7장

좋은 연설의
비결

1차 세계대전 직후 나는 런던에서 로스 스미스 경과 키스 스미스 경 형제를 만났다. 그들은 최초로 비행기를 타고 런던에서 호주까지 비행하여 호주 정부로부터 5만 달러의 상금을 받았을 뿐 아니라 영국 왕실로부터 기사작위도 받았다.

유명한 풍경 사진작가인 캡틴 헐러가 비행 일부에 동행하며 영화를 찍었다. 나는 그들의 강연 준비를 도왔다. 한 사람은 밤에, 한 사람은 오후에 네 달 동안 하루에 두 번씩 필하모닉 홀에서 강연을 했다.

두 사람은 똑같은 경험을 하고, 거의 똑같은 내용의 강연을 했다. 하지만 어떤 이유에서인지 두 사람의 강연은 전혀 똑같지 않았다. 연설에는 단어 말고도 다른 중요한 무엇인가가 있다. 그것이 연설의 독특한 맛이다. "중요한 것은 무엇을 말하느냐가 아니라 어떻게 말하느냐 하는 것이다."

예전에 나는 악보를 보면서 파데레프스키의 연주를 감상하던 젊은 아가씨 옆에 앉은 적이 있었다. 그녀는 이해할 수 없었다. 그녀의 손가락도 똑같은 음을 연주하는데 그녀의 연주가 평범한 반면 그의 연주는 영감이 넘쳤다. 관객을 전율케 하는 아름다움 그 자체였다. 평범함과 천재성의 차이는 연주한 멜로디의 차이가 아니라 연주하는 방식, 감정, 기교, 연주에 불어넣은 예술가의 영혼이었다.

러시아의 위대한 화가 브룰로프가 어린 학생의 작품을 수정해준 적이 있었다. 그 학생은 수정된 그림을 놀래서 쳐다보았다. "선생님은 아주 조금만 손봐주었는데, 완전히 다른 그림이 되었어요." 브룰로프는 이렇게 대답했다. "예술은 바로 그 아주 조금에서 시작된단다."

말도 같은 원리가 적용된다. 영국 의회에는 모든 것은 말하는 내용이 아니라 말하는 방식에 달려있다는 오래된 격언이 있다. 이는 영국이 로마제국의 식민지이던 시절에 퀸틸리아누스가 한 말이다.

좋은 연설은 사소한 것도 중요한 의미를 지닌 것처럼 들리게 한다. 대학 연설 경연대회에서 좋은 내용을 가진 연사가 항상 수상하는 것이 아니라는 것을 종종 보게 된다. 수상은 자신의 연설이 훌륭하게 들리도록 말하는 연사가 하게 된다.

몰리 경은 이런 말을 한 적이 있다. "연설에서는 누가 말하느냐, 어떻게 말하느냐, 무엇을 말하느냐가 가장 중요한데 그 중에 마지막인 무엇을 말하느냐가 가장 덜 중요하다."

에드먼드 버크의 연설문은 논리, 논법, 작문에 이르기까지 아주 우수해서 오늘날 많은 대학에서 웅변의 모델로 연구되고 있다. 하지만 연사로서 버크는 악명 높은 실패자였다. 그는 자신의 명문들을 흥미 있고 힘있게 만드는 능력은 없었다. 그래서 그는 하원에서 '만찬을 알리는 종'이라 불렸다. 그가 일어나 말하려고 하면 사람들은 기침을 하거나 무리지어 우르르 나갔다.

총알을 누군가에게 있는 힘껏 던져도 옷에 자국 하나 남지 않는다. 하지만 양초에 화약을 넣고 방아쇠를 당기면 송판을 뚫고 나갈 것이다. 내용 보다는 전달에 힘써야 한다.

연설이란 무엇인가?

백화점에서 당신이 구입한 물건을 전달하는 것은 무엇을 의미하는가? 운전기사가 당신 집 뒷마당에 그냥 물건을 두고 가는 것인가? 심부름하는 소년은 전보를 받아야 할 사람에게 직접 전보를 전달한다. 하지만 모든 연사가 그렇게 할까?

예를 들어보자. 내가 알프스 산맥에 있는 여름 리조트인 뮈렌에 머물렀을 때 런던의 한 회사가 운영하는 호텔에 머물고 있었다. 그 회사는 영국에서 두 명의 연사를 매주 보내 투숙객을 위한 강연을 개최했다. 그 중에 유명한 소설가가 있었다. 그녀의 주제는 "소설의 미래"였다. 그녀는 주제를 자신이 직접 선정하지 않았다고 인정했다. 그녀는 주제에 대해 딱히 할 말이 없었다. 급히 작성한 메모를 가지고 연단에 서서 청중을 단 한 번도 쳐다보지 않고 때때로 청중 머리 너머나 쪽지 아니면 바닥만 쳐다볼 뿐이었다.

이런 것은 연설이라고 할 수가 없다. 그것은 독백이다. 의사소통의 느낌이야 말로 좋은 연설의 필수 조건이다. 청중은 연설의 내용이 연사의 마음에서 청중의 마음으로 전달되고 있다는 사실을 느껴야 한다. 사실 그때의 강연은 살아있는 사람에게 한 것이라기보다 허허벌판에서 한 것처럼 들렸다.

이야기를 전달하는 문제는 간단하면서도 매우 복잡한 과정이다.

잘 전달하려면?

구닥다리 웅변술은 우습기까지 하다. 서점이나 도서관에 가면 웅변에 대한 책은 많지만 사업가들에게는 쓸모없는 경우가 대부분이다. 미국은 다른 방면에서는 끊임없이 발전하고 있지만 아직도 학생들은 웹스터와 잉거솔의 수사적인 웅변을 외운다. 남북 전쟁 이후 새로운 연설 사조가 생겨나고 있다. 예전에 유행했던 미사여구를 남발하는 연설은 이제 더 이상 청중에게 인기가 없다.

요즘 청중은 청중에게 직접 얘기해주는 것 같은 친밀한 연설을 원한다.

하지만 옆에서 이야기하는 것만큼 작게 말하면 안 된다. 그렇게 하면 아무도 연설을 들을 수 없을 것이다. 자연스럽게 보이려면 더 많은 힘이 든다. 동상이 실물 사이즈로 보이려면 실물보다 훨씬 커야 하는 것과 같은 원리이다.

마크 트웨인이 네바다 광산에서 강연을 끝내려 할 때 한 늙은 광부가 그에게 다가와 물었다. "평소에도 지금처럼 말씀하십니까?"

청중이 원하는 것은 바로 이것이다. 자연스럽게 말하되 목소리는 조금 크게.

상공회의소에서 연설할 때도 존 헨리 스미스에게 말하듯이 말해라. 결국 상공회의소 모임도 여러 명의 존 헨리 스미스가 모인 것이 아니겠는가? 한 명에게 성공하는 연설이면 여러 명이 있을 때에도 성공적이지 않겠는가?

앞서 나는 어떤 소설가의 연설을 예로 들었다. 그 소설가가 강연했던 바로 그 장소에서 올리버 로지 경의 강연을 듣게 되었다. 그의 주제는 원자와 세계였다. 그는 반세기 이상 그 주제에 대해 실험해 왔다. 그가 말하고자 하는 것은 그의 인생의 중요한 한 부분이었다. 그는 자신이 강연하고 있다는 사실을 잊은 채 강연에 열중했다. 그는 오로지 청중에게 원자에 대해 정확하고 흥미 있게 이야기하는 것에만 관심이 있었다. 그는 자신이 보고 느낀 것을 청중에게 전달하기 위해 애쓰고 있었다.

그 결과는 어땠을까? 그 강연은 훌륭했다. 매력과 힘이 있는 강연은 깊은 인상을 주었다. 그는 비상한 능력을 가진 연사지만 자신은 그렇게 생각하지 않을 것이다. 그의 강연을 들은 사람 가운데 그가 전문 강사라고 생각하는 사람은 거의 없을 것이다.

당신이 연설을 했는데 청중들이 당신이 대중 연설 교육기관에서 훈련을 받았다고 생각한다면 그것은 당신의 선생에게 누를 끼치는 일이다. 당신의 선생은 당신이 자연스럽게 연설을 해서 청중들이 당신이 훈련받은 연사라는 것을 눈치 채지 못하기를 바랄 것이다. 좋은 유리는 유리 자체로 관심을 끌지 않는다. 유리는 그저 빛을 받아들일 뿐이다. 좋은 연사도 그렇다. 연설이 자연스러워서 청중이 연사의 말하는 방식에는 관심을 기울이지 않고 연설에만 집중한다.

헨리포드의 충고

포드 자동차는 똑같다. 하지만 같은 사람은 없다. 새 생명은 태양 아래 새롭다. 그와 똑같은 것은 이전에도 이후에도 다시 없을 것이다. 젊은 사람은 자신에 대해 그런 생각을 가져야 한다. 다른 사람과 차별된 점을 찾아내 자신의 가치를 높이기 위한 노력을 끊임없이 기울여야 한다. 사회와 학교는 당신을 획일적으로 만들려 할 지 모른다. 하지만 당신만의 색깔을 잃지 마라. 당신의 존재이유는 바로 그것이다.

세상의 어떤 누구도 당신과 같은 사람은 없다. 모두가 눈 두 개, 코 하나, 입 하나를 가지고 있지만 당신과 똑같이 생긴 사람은 없다. 당신과 똑같은 사고방식을 가진 사람도 없다. 누구도 당신이 연설할 때와 같은 말이나 몸짓을 하지 않는다. 개성은 연사로서 중요한 재산이다. 그것을 소중히 여기고 발전시켜 나가라.

올리버 로지 경의 연설 방식은 그의 대머리나 턱수염처럼 그가 가진 개성이다. 그가 로이드 조지를 흉내 내려고 했다면 그는 실패했을 것이다.

1858년 일리노이의 대 초원에서 스티븐 더글러스와 링컨 사이에 미국 역사상 가장 유명한 토론이 펼쳐졌다. 링컨은 키가 크고 어딘가 어색했고, 더글러스는 키가 작고 세련됐다. 두 사람은 체격만큼이나 성격과 사고방식이 달랐다.

더글러스는 교양이 있었고 링컨은 신발도 신지 않고 손님을 맞으러 나가는 촌놈이었다. 더글러스의 제스처는 세련됐지만 링컨의 제스처는 촌스러웠다. 더글러스는 진지하기만 했던 반면 링컨은 이야기꾼이었다. 더글러스는 비유를 거의 사용하지 않았지만 링컨은 끊임없이 비유와 예시를 사용했다. 더글러스는 권위적이었지만 링컨은 겸손하고 너그러웠다. 더글러스는 순발력이 있었지만 링컨의 두뇌회전은 훨씬 느렸다. 더글러스는 강하게 몰아쳤지만 링컨은 좀더 조용하고 신중했다.

이렇게 달랐지만 두 사람 다 용기 있고 자제력이 있었다. 서로가 상대를 따라하려고 했으면 반드시 실패했을 것이다. 하지만 두 사람 모두 자신의 개성을 발휘하여 설득력 있는 주장을 펼쳤다.

이렇게 방향을 제시하는 것은 쉽다. 하지만 지시대로 따르는 것이 쉬울까? 그렇지 않다. 포슈 장군은 전쟁의 기술에 대해 이렇게 말했다. "계획은 간단해도 실천은 어렵다."

청중 앞에서 자연스러우려면 많은 연습이 필요하다. 당신이 어린 아이라면 연단에 나가서 청중 앞에서 뭔가를 말하는 것은 어렵지 않다. 하지만 나이가 들어 연단에 오르면 어떻게 될까? 어렸을 때의 자연스러움을 간직할 수 있을까? 대다수는 뻣뻣해져서 거북이가 껍질로 들어가듯 몸이 움츠러들 것이다.

연설을 가르칠 때 주로 하는 것은 없던 특징을 새로 만들어 주는 것이 아니라 장애물을 없애 주는 것이다. 누군가 주먹으로 때리려 할 때 반사적으로 몸을 움직이는 것처럼 자연스럽게 말을 할 수 있게 돕는 것이다.

나는 연설을 가르치면서 수도 없이 많이 수강생들에게 제발 사람답게 말하라고 간청했다. 자연스러움을 가르치는 것은 결코 쉽지 않다.

자연스러움을 습득하는 지름길은 없다. 연습밖에 없다. 연습하면서 어색한 듯이 느껴지면 잠시 멈추고 자문해라. "잠깐만! 뭐가 문제야? 정신 차려. 사람처럼 말하라고." 그런 다음 청중 중에 가장 어수룩해 보이는 사람을 골라 그에게 말을 해라. 다른 사람은 하나도 없고 그 사람만 있다고 상상하고 연설해라. 그가 당신에게 질문을 하고 당신이 그에 대한 답을 한다고 상상해라. 그가 일어서서 당신에게 말하면, 그리고 당신이 대답을 한다면 당신의 연설은 좀 더 직접적이고 자연스럽게 될 것이다.

당신이 실제로 질문을 던지고 그에 대한 답을 하는 식으로 연설을 진행해도 좋다. 예를 들어 연설 도중에 이렇게 말해도 된다. "그런데 여러분은 무슨 근거로 제가 이런 주장을 하는 지 궁금해 하실지 모르겠습니다. 저는 충분한 근거가 있습니다. 그것은 바로……." 가상의 질문을 하고 그 질문에 답을 해라. 이런 식으로 연설을 진행하면 연설을 자연스럽게 진행할 수 있다. 지루함도 없고 실제로 대화하는 것 같은 연설을 할 수 있을 것이다.

솔직하고 열정적인 태도도 도움이 될 것이다. 사람은 감정의 영향을 받게 되면 진정한 자아가 드러난다. 빗장이 열린다. 행동도 말도 자연스러워진다.

결국 전달의 문제도 이미 강조한 것처럼 똑같은 결론에 이른다. 즉 연설에 당신의 마음을 담아라.

예일대 신학대 브라운 학장은 강의에서 이렇게 말했다.

"제 친구 하나가 저에게 해주었던 말을 절대 잊지 못할 것입니다. 맥도날드 목사의 설교입니다. 신약선경 히브리서 11장을 읽고 나서 '믿음의 사람들 이야기는 이미 들어 보셨을 것입니다. 믿음이 무엇인지에 대해서는 이야기하지 않겠습니다. 그 점은 저보다 훨씬 더 잘 얘기할 수 있는 신학 교수님들도 계십니다. 저는 당신이 믿을 수 있도록 돕기 위해 이 자리에 섰습니다.' 그리고는 청중의 마음에 와 닿는 신앙고백을 이어나갔습니다. 그의 말에는 그의 마음이 담겨 있었기에 그의 말은 이해하기 쉬웠습니다."

"그의 말에 그의 마음이 담겨있다." 이것이 비결이다. 하지만 이런 충고는 모호하고 애매해서 와 닿지 않을 것이다. 사람들이 원하는 것은 명확한 규칙이다. 나도 알려줄 수 있었으면 좋겠다. 혹시라도 공식이 있어서 내가 공식을 알려주면 연설은 부자연스럽고, 알맹이가 없다.

연설을 할 때 해야 하는 것들

자연스러운 연설을 위해 필요한 몇 가지 요소에 대해 이야기하고자 한다. 억지로 내가 말하는 요소대로 하려고 하면 나무처럼 뻣뻣하고 기계적인 연설을 할 것이다.

자연스러운 연설을 위해서는 연습밖에는 없다. 그 연습 방법에 대해 설명하겠다.

첫째, 중요한 단어에 강세를 주고 중요하지 않은 단어는 약하게 말해라.

둘째, 높낮이에 변화를 줘라.

대화를 할 때 음조는 자연스레 올라갔다 내려간다. 왜 일까? 이유는 아무도 모르지만 아무도 신경 쓰지 않는다. 자연스럽게 음조가 올라갔다 내려가면 듣기 좋다. 배울 필요가 없다. 우리는 어릴 때부터 이렇게 말해왔다. 하지만 연단에 서면 나도 모르게 목소리가 지루해질 것이다. 당신이 단조롭게 말하고 있다는 것이 느껴지면 잠깐 멈추고 스스로에게 이렇게 말해라. "목각 인형처럼 이야기 하고 있네. 자연스럽게 말하자."

도움이 될까? 아마 약간은 도움이 될 것이다. 잠깐 멈추는 것만도 효과가 있을 것이다. 연습을 통해 당신 나름의 해결책을 개발해라.

중요한 대목에서 갑자기 목소리를 높이거나 낮추는 것은 당신이 선택한 문구를 돋보이게 할 수 있을 것이다.

셋째, 말의 속도에 변화를 주어라.

어린아이가 말하거나 우리가 평상시에 말할 때 우리는 계속해서 말의 속도를 변화시킨다. 그것이 자연스럽다. 그렇게 하면 강조하고자 하는 요점이 자연스럽게 부각이 되는 효과가 있다.

월터 스티븐슨은 그의 저서에서 링컨의 방식을 이렇게 설명한다.

"링컨은 몇 단어를 빨리 말하고 강조하고자 하는 어구에서 속도를 늦춘다. 그리고 나머지는 빨리 말한다. 강조하고자 하는 한 두 개의 단어를 말하는 속도와 중요하지 않은 단어 여섯 개를 말하는 속도가 같았다."

넷째, 강조하고자 하는 생각 앞과 뒤에서 잠시 멈추어라.

링컨은 연설 도중에 자주 말을 멈췄다. 청중에게 강조하고 싶은 의견을 말할 때면 몸을 앞으로 숙이고 잠시 청중의 눈을 응시한 채 아무 말도 하지 않는다. 이런 갑작스런 침묵은 갑작스런 소음과 같은 효과를 가진다. 청중의 관심을 끈다. 더글러스와 벌였던 논쟁이 끝날 무렵 그의 패배가 점쳐지고 있었다. 그는 낙담하여 침울한 모습을 보이기도 했다. 연설이 끝날 때쯤 되어 그는 갑자기 말을 멈추고 서 있었다. 그리고는 눈물이 그렁그렁한 눈으로 청중들을 바라보았다. 가망 없는 싸움에 지친 것처럼 팔짱을 끼고 단조로움 음성으로 이렇게 말했다. '여러분, 상원의원으로 더글러스 판사나 저 둘 중 누가 선출되더라도 별 차이가 없을 것입니다. 하지만 우리가 오늘 여러분에게 한 말은 개인의 이익이나 개인의 정치적 운명 이상의 것입니다. 여러분……' 그는 여기에서 말을 멈추었고 청중들은 그의 말에 귀 기울였다. '더글러스 판사와 제가 죽어 무덤에 묻히더라도 오늘의 쟁점은 영원히 남아 있을 것입니다.'

링컨의 전기 작가 중 한명은 이렇게 말했다. "이 간단한 말이 사람들을 감동시켰다."

링컨은 강조하고자 하는 문장 뒤에도 말을 멈추었다. 올리버 로지 경은 연설의 중요한 부분의 앞과 뒤에 자주 쉬었다. 너무도 자연스러워 보여서 아무도 알아채지 못할 것이다.

침묵은 금이지만 연설에서 사용되는 침묵보다 더 빛나는 금은 없다. 하지만 초보 연사는 이를 무시한다.

이 장에서 제시한 원칙을 따른다 해도 수백 가지 잘못을 저지를 수 있다. 일상대화처럼 이야기 한다고 하는데 목소리가 듣기 싫거나 문법적 실수가 많거나, 어색하거나, 공격적이거나 상대의 기분을 상하게 하는 등 많은 실수가 있을 것이다. 일상대화 방식을 잘 이용해서 연단에서도 활용해라.

요약

1. 말에는 단어의 의미 이상의 것이 있다. 중요한 것은 무엇을 말하느냐보다 어떻게 말하느냐다.
2. 청중을 무시하고 머리나 바닥을 내려다보는 연사가 많다. 그들은

독백을 하는 것처럼 보인다. 그런 종류의 태도는 결국 연설도 망친다.

3. 좋은 연설이란 대화체에서 목소리만 키운 것이다.

4. 모든 사람은 강연할 수 있는 능력이 있다. 시험 삼아 알고 있는 사람 중 가장 어수룩한 사람을 때려라. 그가 일어나면 뭔가 말을 할 것이다. 연설할 때 바로 이처럼 자연스럽게 해야 한다. 그러기 위해서는 연습을 많이 해야 한다. 다른 사람을 모방하지 마라. 당신만의 독특한 개성을 불어넣어라.

5. 청중이 당신에게 질문한 것에 답한다는 상상을 하며 연설하면 연설이 좀 더 자연스러워질 것이다.

6. 연설에 당신의 마음을 담아라.

7. 활발하게 대화를 할 때 무의식적으로 보이는 네 가지 특징이 있다. 당신은 청중 앞에서 이렇게 하는가? 대부분은 그렇게 하지 않는다.

   a. 중요한 단어는 강조하고 나머지는 빨리 발음하는가?

   b. 어린아이가 이야기할 때처럼 목소리가 저음에서 고음으로 고음에서 저음으로 오르내리는가?

   c. 말하는 속도에 변화를 주는가?

   d. 중요한 생각의 앞과 뒤에서 말을 멈추는가?

8장

연설 전에
준비해야 할 것

카네기 기술재단에서 성공한 사업가 백 명의 지능 검사를 한 적이 있었다. 그 결과 사업의 성공은 지능보다는 성격에 달려있다는 결과가 나왔다.

성격은 대중연설에 있어서 아주 중요한 요소이다. 앨버트 허버드는 이렇게 단언했다. "연설에서 말이 아니라 태도가 더 중요하다." 성격은 사람의 생김새, 성향, 기질, 마음가짐과 체력, 경험 등 그의 인생 전반을 포함하는 것이기 때문에 아인슈타인의 상대성 원리만큼이나 복잡하고 이해하기 어렵다.

성격은 이미 태어나기 전에 결정되어 있다. 환경이 어느 정도 연관이 되어 있기는 하지만 성격을 고치는 것은 아주 어렵다. 하지만 신경을 쓰면 성격도 어느 정도는 매력적으로 바꿀 수 있다.

매력적인 모습을 보이고 싶다면 연설하기 전에 충분한 휴식을 취해라. 피곤한 사람은 매력이 없다. 미리 준비해라. 급하게 준비하면 피로가 누적되어 두뇌가 마비되어 버릴 것이다.

4시 모임에서 중요한 발언을 해야 한다면 점심 식사 후에 곧바로 사무실에 가지 말고 집에 가서 잠깐이라도 낮잠을 자라.

제럴딘 패러는 사귄지 얼마 안 되는 친구들도 남편에게 맡기고 일찍 잠을 자러 가곤했다. 그녀는 자신의 예술을 위해서 필요한 것이 무엇인지 잘 알았다. 마담 노르디카는 프리마돈나가 된다는 것은 사교생활, 친구들, 맛있는 식사를 포기해야 한다는 것을 의미한다고 말했다.

중요한 연설을 해야 할 때는 수도승처럼 조금만 먹어라. 과식을 하면 머리에 가야 할 피가 위장에서 스테이크와 감자와 씨름을 한다.

어떤 연사가 다른 연사보다 더 끌리는 이유

힘을 빼는 일은 절대 하지 마라. 에너지는 사람을 끄는 힘이다. 내가 연사나 강사를 뽑을 때 염두에 두는 가장 중요한 항목은 활력과 생기와 열정이다. 사람들은 에너지로 가득한 연사 주위에 몰린다.

하이드 파크의 야외연설에서 그 예를 쉽게 볼 수 있다. 대리석 아치는 모든 연사가 모이는 장소이다. 일요일 오후가 되면 가톨릭신자나 마르크스의 이론을 외치는 사회주의자, 이슬람교도 중 자신이 끌리는 사람의 연설을 골라들을 수 있다. 어떤 연사에게는 수백 명의 사람들이 모이는가 하면 다른 연사의 주위에는 사람이 없다. 왜일까? 주제가 달라서일까? 아니다. 그 답은 연사를 보면 쉽게 찾을 수 있다. 생기 있고 힘이 있는 연사는 사람들의 주의를 끈다.

옷차림의 중요성

심리학자이자 대학총장이 옷이 어떤 영향을 미치는 지 조사했다. 옷을 말끔하게 차려입으면 자신감이 커지고 스스로에 대한 믿음도 커진다. 성공한 사람처럼 옷을 입으면 성공을 꿈꾸기가 쉬워지고 성공하기도 쉬워진다.

옷을 잘 입는 것이 청중에게 어떤 효과를 줄까? 나는 연사가 헐렁한 바지에 볼품없는 외투를 입고 만년필과 연필이 가슴주머니에 꽂혀 있고 신문이나 파이프가 옷깃 옆으로 불룩 솟은 것을 볼 경우가 많았다. 그 사람이 자신의 옷차림에 관심이 없는 만큼 청중도 그에게 관심이 없었다.

그랜트가 후회하는 한 가지

남북전쟁 당시 리 장군은 애퍼매턱스 청사에서 항복할 때 잘 차려입고 옆에는 값나가는 칼을 찼다. 그랜트 장군은 외투도, 칼도 없이 이등병의 셔츠와 바지를 입고 있었다. "나는 흠잡을 데 없이 차려입은 리 장군과 아주 많이 대비되었을 것이다." 역사적인 순간에 제대로 차려입지 않은 것을 그랜트는 두고두고 후회했을 것이다.

워싱턴의 농림부 실험농장에는 수백 개의 양봉대가 있다. 꿀벌 통에는 큰 확대경이 있어서 버튼만 누르면 전등이 내부를 환히 비춘다. 강연자도 마찬가지다. 그는 확대경 아래 스포트 라이트를 받으며 모든 눈이 그를 향하고 있다. 아주 사소한 것도 아주 크게 보일 것이다.

연설을 시작하기 전부터 칭찬을 받거나 욕을 먹는다.

몇 년 전에 나는 잡지에 뉴욕의 은행가 이야기를 연재한 적이 있었다. 은행가 친구에게 그가 성공한 이유를 알려달라고 물었다. 그 친구는 은행가의 성공은 환한 미소 덕분이라고 말했다. 처음에는 과장이라고 생각했지만 그 말이 맞았다. 그 은행가보다 탁월한 능력을 가진 사람들이 많았겠지만 그는 다른 사람에게는 없는 유쾌한 성격을 지니고 있었다. 그의 따뜻하고 환한 미소는 사람들의 호감을 이끌어냈다. 우리는 모두 그런 사람이 성공하기를 원하고 그런 사람을 도와주고 싶어 한다.

'웃지 않는 사람은 가게를 열면 안 된다.' 라는 중국 속담이 있다. 청중 앞에서도 이런 미소는 환영받는다. 예전에 브루클린 상공회의소에서 연설과정을 들었던 한 학생이 생각난다. 그는 언제나 그 자리에 선 것이 기쁘다는 분위기를 풍기며 청중 앞에 섰다. 그는 우리를 만나서 기쁜 것처럼 미소를 지었다. 그가 미소 지으면 청중들의 마음이 훈훈해지고 그를 환영했다.

하지만 이 과정의 몇몇 수강생들은 하기 싫은데 억지고 나왔다는 듯이 청중 앞에 섰다. 이런 느낌을 가졌다. 감정은 전염된다.

오버스트리트 교수는 다음과 같이 말한다. "우리가 청중 앞에 관심을 가지면 청중도 우리에게 관심을 갖는다. 우리가 청중을 꾸짖으면 청중도 우리를 꾸짖을 것이다. 우리가 우물쭈물하면 청중은 우리에 대한 신뢰가 없어질 것이다. 우리가 연설을 시작하기도 전에 우리는 욕을 먹거나 칭찬을 듣는다. 우리는 어떤 일이 있어도 청중으로부터 따뜻한 반응을 이끌어내야 한다."

청중을 한자리로 모아라.

나는 오후 시간에 몇 안 되는 사람들이 흩어져 있는 넓은 홀에서도 강연해보았고, 밤 시간에 사람들로 꽉 찬 작은 홀에서도 강연해보았다.

저녁시간의 청중은 오후 같으면 가벼운 미소를 지었을 이야기에도 크게 박수치며 호응해준다. 왜 그럴까?

오후에 오는 사람들은 여자들과 아이들인데 이들은 저녁시간의 청중만큼 반응을 이끌어내기가 힘이 든다. 청중이 흩어져 있으면 감동을 잘 받지 않는다. 청중들 사이의 빈 의자만큼 사기를 꺾는 것은 없다.

헨리 워드 비처는 예일대 강연에서 이렇게 말했다.

"사람들은 얼마 안 되는 청중보다 많은 청중에게 강의하는 것이 훨씬 힘이 나지 않느냐 말한다. 나는 아니라고 답한다. 나는 사람들이 **빽빽하게** 모여 앉는다면 열두 명에게도 천명에게 하듯이 설교할 수 있다. 하지만 천명의 사람들이라도 서로 떨어져 앉는다면 빈 방에서 설교하는 것과 마찬가지다. 청중을 모여 앉게 하면 절반의 노력으로도 청중을 감동시킬 것이다."

수많은 청중 속에서 사람은 자신을 잊는 경향이 있다. 그는 무리 속에 하나가 되면 훨씬 더 쉽게 동요하게 된다. 아무 것도 아닌 이야기에도 웃음을 터뜨리고 환호한다.

사람들을 집단적으로 행동하게 하는 것이 개별적으로 행동하게 하는 것보다 훨씬 쉽다. 전투에서 사람들은 가장 위험하고 무모한 행동, 즉 함께 모여 있고 싶어 한다. 1차 세계대전 당시 독일군 병사들은 팔짱을 낀 채 전투에 임했다고 한다.

위대한 대중운동이나 개혁은 군중심리의 도움을 받아 이뤄졌다. 이 주제에 대한 흥미로운 책이 에버렛 딘 마틴의 〈군중의 행동〉이다.

소수의 사람들에게 연설할 때는 작은 방을 골라야 한다. 고요하고 넓은 방에 사람들이 흩어져 있는 것보다 좁을 방을 골라 통로까지 사람을 가득 메우는 편이 낫다.

청중이 흩어져 있으면, 앞으로 앉아 달라고 요청해라. 청중이 많지 않고 연단에 서야 할 필요가 없다면 연단에 서지 말고 청중 가까이에 서라. 틀을 깨고 친근하게 접촉해라.

창문을 부순 폰드 장군

공기를 신선하게 해라. 대중연설에서 산소는 아주 중요하다. 키케로의 웅변도, 브로드웨이의 쇼도 방안의 공기가 탁하면 관객을 깨어있게 할 수 없을 것이다. 나는 연설을 시작하기 전에 창문을 열어놓고 약 2분 동안 청중에게 일어서서 휴식을 취하게 한다.

제임스 폰드 장군은 유명한 연설가 헨리 워드 비처의 매니저로 일했다. 폰드 장군은 비처가 연설하는 곳은 어디든지 방문해서 청중들이 오기 전에 조명과 좌석, 온도, 환기를 미리 점검했다. 만일 그곳이 덥고 공기가 답답한데 창문을 열 수가 없으면 그는 책을 집어 던져 유리창을 산산 조각냈다. 그는 하나님의 은총 다음으로 가장 중요한 것은 산소라고 믿었다.

빛이 있으라 ― 당신의 얼굴 위에

보온병처럼 어두운 방에서 열광적인 반응을 불러일으키는 것은 어렵다. 데이비드 벨라스코가 부대 연출에 대해 쓴 글을 읽으면 조명의 중요성이 얼마나 큰 지 알 수 있을 것이다.

조명이 당신의 얼굴을 환히 비치게 해라. 사람들은 당신을 보고 싶어 한다. 얼굴을 살짝 스쳐가는 미묘한 변화도 자기표현의 일부이다. 작은 표정이 많은 말보다 더 효과적일 수 있다. 조명 아래에 서면 그늘이 질 수 있으니 연설을 시작하기 전에 조명이 당신을 가장 돋보이게 해 주는 지점을 찾아라.

연단에 잡동사니는 피해라.

탁자 뒤에 숨지 마라. 사람들은 연사의 전신을 보고 싶어 한다. 연사의 모습을 보기 위해 통로 쪽으로 몸을 기울이기도 할 것이다.

연사를 위해 탁자에 주전자와 잔을 놓아줄 때도 있다. 하지만 목이 마를 때 약간의 소금이나 레몬이 나이아가라 폭포수보다 더 효과적일 것이다.

연사에게는 주전자도 필요 없고 물도 필요 없다. 연단에는 불필요한 장식도 필요 없다.

브로드웨이의 자동차 매장은 아름답고 깔끔하다. 파리의 향수와 보석을 파는 매장들은 예술적이고 호화롭게 꾸며져 있다. 왜일까? 그렇게 해야 장사가 잘 되기 때문이다. 사람들은 그렇게 꾸며진 매장을 더 좋아한다.

강연자는 주변 환경을 잘 만들어야 한다. 이상적인 배치는 가구가 하나도 없는 것이다. 짙푸른 벨벳커튼 외에는 사람들의 시선을 끌만한 것을 두지 마라.

하지만 보통의 경우 연설자의 뒤에는 무엇이 있는가? 지도와 표지판과 탁자 어떤 때는 지저분한 의자가 쌓여있다. 그 결과는 어떨까? 지저분하고, 정돈되지 않은 느낌을 준다. 그러니 잡동사니들은 모두 치워버려라.

헨리 워드 비처는 "연설에서 가장 중요한 것은 연사이다." 라고 말했다.

연단에는 게스트를 앉히지 말라

캐나다 온타리오의 런던에서 캐나다 총리의 연설을 들은 적이 있다. 긴 장대를 든 관리인이 환기를 위해 이 창문에서 저 창문으로 다녔다. 무슨 일이 일어났을까? 청중들은 연사는 무시하고 관리인을 뚫어지게 쳐다보았다.

움직이는 물체를 보고자 하는 유혹에 결코 저항 할 수 없을 것이다. 연사가 이런 사실을 잘 기억하고 있으면 좋을 것이다.

첫째, 손가락을 돌리는 것, 옷을 만지작거리는 것, 긴장을 드러내는 사소한 행동을 하지 않으면 청중을 집중 시킬 수 있다. 뉴욕에서 잘 알려진 연사가 손가락으로 연단의 커버를 만지작거리는 통에 청중들이 삼십 분 동안 그의 손가락만 쳐다보았던 것을 기억한다.

둘째, 연사는 자리 배치에 신경 써서 청중들이 나중에 들어오는 사람들을 쳐다보느라 시선을 뺏기지 않도록 해야 한다.

셋째, 연단 위에 어떤 게스트도 두지 않아야 한다. 몇 년 전에 레이먼드 로빈스가 브루클린에서 강연을 한 적이 있었다. 나는 다른 몇 사람과 게스트로서 연단에 앉으라는 제의를 받았다. 나는 그 제안을 거절했다. 게스트가 움직일 때마다 청중은 그 게스트를 쳐다보았다. 나는 로빈스 씨에게 이 사실을 알려주었고 나머지 강연기간 동안 그는 게스트 없이 혼자 연단에 섰다.

데이비드 벨라스코는 관객의 주의를 흩트린다는 이유로 빨간 꽃도 못 쓰게 했다. 연사가 말하는 동안 왜 계속 움직이는 사람들을 뒤에 두는가?

착석의 예술

연설을 시작하기 전에 청중과 마주 앉아 있는 것 보다 시간에 맞춰 신선한 등장을 하는 것이 더 좋지 않을까?

앉아 있어야 할 상황이라면 어떻게 앉는 것이 효과적인지 살펴보자. 당신은 의자를 찾아 두리번거리는 연사를 본 적이 있을 것이다. 의자를 찾으면 털썩 주저앉는다.

제대로 앉을 줄 아는 사람은 다리 뒤쪽을 의자에 붙이고 몸을 곧게 세운 채 천천히 의자에 앉는다.

태도

앞에서 옷자락을 만지지 말라는 말을 했다. 그런 행동은 나약해보이고 자제력이 없다는 인상을 준다. 그러니 가만히 서서 당신의 몸을 통제해라. 그렇게 하면 통제력과 침착함이 있다는 인상을 줄 것이다.

청중 앞에 선 다음에는 급하게 말하려 하지 말고 깊게 숨을 들이마시고 자연스럽게 청중을 봐라. 주변이 시끄럽다면 조용해질 때까지 가만히 있어라.

가슴을 활짝 펴라. 평소에도 그렇게 해라. 그러면 무의식적으로 가습을 활짝 펼 수 있을 것이다.

루터 걸릭은 자신의 저서 〈능률적인 생활〉에서 다음과 같이 말한다.

"목을 세워 옷깃에 갖다 대라. 천천히, 가능한 한 크게 숨을 들이마셔라. 목을 세워 옷깃에 붙여라. 이 자세는 양 어깨 사이 등이 쭉 펴지게 한다."

그러면 손은 어떻게 해야 하나? 두 팔은 자연스럽게 몸에 붙여라. 그런데 긴장이 되서 뒷짐을 지거나 두 손을 주머니에 넣어야 편안해지면 어떻게 해야 할까? 많은 연사들은 연설 도중 틈틈이 주머니에 손을 넣었다.

머리는 할 말로 꽉 차 있고 열정이 용솟음친다면 이런 부차적인 것은 상관없다. 결국 연설을 할 때 중요한 것은 심리학적인 측면이지 손과 발의 위치가 아니기 때문이다.

제스처라는 이름으로 교육되는 터무니없는 것들

내가 받은 첫 대중 연설 강의에서 강사였던 대학 학장은 주로 제스처에 대해 가르쳤다. 그런데 그 수업은 아무 소용이 없었고 오히려 악영향을 끼쳤다. 손바닥이 위로 향하게 팔을 힘없이 옆으로 늘어뜨린 채 반쯤 주먹을 쥐고 엄지로 다리를 만지라고 배웠다. 우아한 곡선을 그리며 팔을 들어 올리는 법과 손목을 써서 멋스럽게 돌린 다음 검지를 시작으로 중지를 지나 새끼손가락까지 펴는 훈련을 집중적으로 했다. 모든 동작은 가식적이었다.

내 개성을 불어넣으려는 시도도, 자연스럽게 감정이 우러나오게 하는 시도도 없었다. 그 모든 동작들은 기계적이었다.

그런 구닥다리 수업이 지금도 계속되고 있다는 것은 믿기 어렵다. 몇 년 전에 대학교수가 제스처에 대한 책을 냈다. 이 대목에서는 이 제스처를, 저 대목에서는 저 제스처를, 한 손으로 할 때와 두 손으로 할 때, 손을 높이 들 때, 중간으로 들 때, 낮게 들 때, 손가락을 내밀 때 등 사람을 꼭두각시로 만드는 책이었다. 나는 20명이나 되는 사람이 그런 책에서 본 대로 똑같이 우스운 행동을 하는 것을 실제로 목격한 적이 있다. 이런 행동은 가식적이고, 시간을 낭비하는 일이고 기계적이다. 그 덕에 대중연설이라는 강의 자체를 많은 사람들이 색안경을 끼고 본다. 매사추세츠의 한 대학교 총장은 자신의 학교에는 대중 연설 강의가 실용적이지 않기 때문에 대중 연설 강의가 없다고 했다.

제스처에 대한 책 중 90%는 쓰레기다. 제스처는 당신의 마음속에서 우러나와야 한다. 제스처는 미리 계산된 것이 아니라 순간적으로 나오는 것이다. 1그램의 자발성이 1톤의 규칙보다 낫다.

제스처는 키스와 복통, 웃음과 뱃멀미처럼 내면의 상태가 밖으로 표현된 것이다. 제스처는 개인의 독특한 특징을 가져야 한다. 모든 사람이 다르듯이 제스처 또한 달라야 한다.

어떤 사람도 똑같은 방식으로 제스처를 취하도록 훈련받으면 안 된다. 앞장에서 연사로서 링컨과 더글러스의 차이점을 다루었다. 키가 크고 어딘가 어수룩한 링컨이 말도 빠르고 세련된 더글러스와 똑같은 제스처를 한다고 상상해봐라. 웃길 것이다.

링컨의 전기 작가이자 동료였던 헌든은 이렇게 말했다.

"링컨은 머리만큼 손을 많이 움직이지 않았다. 머리는 강조하고자 하는 논점이 있으면 가끔 활기차게 움직였다. 그는 연사들이 하듯이 손을 많이 움직이지 않았다. 그는 결코 무대 효과를 위해 행동하지 않았다. 연설을 할 때 그는 좀더 자연스러워 보였다. 위엄이 있어 보이기까지 했다. 그는 형식을 경멸했다. 길고 가는 손가락으로 자신의 말을 강조하기도 했다. 기쁜 감정을 보이기 위해 양손을 50도 정도로 들어 올리곤 했다. 노예제도 같이 그가 혐오하는 것을 이야기할 때는 주먹을 불끈 쥔 채 두 팔을 뻗어 휘저으며 저주를 퍼부었다. 이것은 링컨이 가장 효과적으로 사용한 제스처 중의 하나로 자신이 싫어하는 대상을 밟아 뭉개겠다는 의지를 나타냈다. 그는 항상 발끝을 나란히 한 채 섰다. 무엇인가를 만지거나 어딘가에 기대는 일도 없었다. 가끔 자세를 바꿀 뿐이었다. 연단 위에서 왔다 갔다 하거나 고함을 지른 적도 없었다. 왼쪽 팔은 편안하게 옷깃을 잡고 오른손은 언제든지 제스처를 취할 수 있도록 놓아두었다."

고든즈는 이 자세로 서 있는 링컨의 동상을 제작했다.

루스벨트는 좀더 활발하고 열정적이었다. 그의 얼굴은 감정이 풍부했고, 몸이 하나의 표현 도구였다. 브라이언은 손을 펴서 내밀었다. 글래드스톤은 자주 탁자를 치거나 주먹으로 다른 손 손바닥을 치거나 한 발로 바닥을 굴렸다. 고즈베리 경은 그의 오른 손을 들어 올렸다가 세게 내렸다. 중요한 것은 제스처에 연사의 신념이 들어있어야 한다는 것이다.

자발성과 생명력은 제스처의 핵심이다. 버크의 제스처는 딱딱하고 어색했다. 피트는 광대처럼 팔을 휘둘렀다. 헨리 어빙 경은 다리를 절어서 그런지 괴상한 제스처를 취했다. 매콜리 경의 제스처도 보기 흉했다. 캠브리지 대학의 고(故) 커즌 경은 이렇게 말했다. "유명한 대중연설가들은 자신만의 독특한 제스처를 가지고 있다. 잘생긴 외모와 우아한 태도도 연설에 도움이 되겠지만 큰 비중은 차지하지 않는다."

몇 년 전에 유명한 집시 스미스의 설교를 들었다. 나는 많은 사람들을 예수 그리스도에 인도한 그의 달변에 감동했다. 그는 많은 제스처를 사용했지만 그가 숨쉬는 공기처럼 의도하지 않고 아주 자연스러워 보였다. 이런 것이 이상적인 모습이다.

친애하는 독자여러분, 앞에서 말한 원칙들을 충분히 연습하고 잘 적응해보면 당신도 당신만의 제스처를 만들 수 있다. 제즈처는 연사의 기질, 열정, 성격, 주제와 관객, 상황에 따라서 달라지기 때문에 제스처를 어떻게 하면 된다는 세부적인 규칙은 주지 않으려고 한다.

도움이 될 만한 충고

몇 가지 도움이 될 만한 충고를 하고자 한다. 하나의 제스처를 지겹게 반복하지 마라. 팔꿈치에서 시작하는 짧고 갑작스러운 동작은 하지 마라. 연단에서는 어깨부터 움직이는 것이 더 멋있어 보인다. 제스처를 너무 빨리 끝내지 마라. 청중을 설득시키기 위해 검지를 사용하기로 했다면 그 문장이 끝날 때까지 그 제스처를 유지해라. 제스처를 유지하지 않으면 강조하고자 하는 점을 왜곡하여 정말로 중요한 요점은 상대적으로 사소한 것으로 보이게 만들게 된다.

청중 앞에서 연설을 할 때, 자연스러운 제스처만을 사용해라. 하지만 연설수업을 함께 듣는 수강생 앞에서라면 일부러 제스처를 사용해봐라. 실제로 해야지 실제 상황에서도 제스처를 쓸 수 있다.

책은 덮어버려라. 제스처를 책에서 배울 수 없다. 말하면서 마음에서 우러나오는 제스처는 어떤 책보다 더 믿음이 간다.

제스처에 대해 앞에서 말한 모든 것을 잊는다고 해도 이것 하나만은 기억해라. 자신이 해야 할 말에 열중해 있으면 그는 자기 자신을 잊고 자연스럽게 연설에 빠져서 제스처도 자연스럽게 나오게 될 것이다. 내가 한 말이 의심스러우면 지나가는 사람을 때려 눕혀봐라. 그가 일어나서 당신에게 하는 말은 결점 하나 없는 훌륭한 연설이 될 것이다.

> ### 요약

1. 카네기 기술재단이 실시한 실험에 따르면 사업의 성공은 지식보다도 성격에 달려있다. 이 말은 연설에도 적용된다. 하지만 성격은 종잡을 수 없는 것이어서 계발할 수 있는 지침을 만드는 것이 불가능하다. 하지만 이 장에서 제시한 몇 가지 지침은 연사가 최고의 모습을 보일 수 있도록 도와줄 것이다.

2. 피곤할 때 연설하지 마라. 쉬면서 에너지를 충전해라.

3. 연설하기 전에는 배불리 먹지말라.

4. 기운 빠지는 일은 하지 마라. 사람들은 에너지로 가득한 연사에게 모여든다.

5. 깔끔하고 매력적으로 옷을 입어라. 잘 차려입었다는 생각은 자존감을 높이고 자신감을 높여준다. 연사의 옷차림이 깔끔하지 않다면 청중도 연사를 존경하지 않게 된다.

6. 웃어라. 청중 앞에 나설 때는 연설을 하게 되어 기쁘다는 태도로 나가라. 오버스트리트 교수는 이렇게 말한다. "호감은 호감을 낳는다. 연사가 청중에게 관심을 가지면 청중도 연사에게 관심을 가질 것이다. 연사는 연설을 시작하기 전에 이미 욕을 먹거나 칭찬을 받는다. 그러므로 청중으로부터 따뜻한 반응을 이끌어 낼 수 있도록 노력해야 한다."

7. 청중을 한곳으로 모아라. 흩어져 있는 사람들을 감동시키기는 어렵다. 혼자 듣거나 띄엄띄엄 앉으면 의심을 품고 반대했을 내용도 다른 사람과 함께 모여 있으면 쉽게 웃고 찬성할 것이다.

8. 소수의 사람에게 연설할 때에는 작은 방을 선택해라. 연단에 서지 말고 내려와서 청중과 같은 높이로 내려와서 친밀하게 대화하듯 연설해라.

9. 환기시켜라.

10. 조명을 밝게 해라. 얼굴의 모든 표정이 보이도록 조명을 얼굴에 정면으로 비치도록 해라.

11. 가구 뒤에 서지 마라. 탁자와 의자를 한곳으로 치워라. 연단을 어지럽히는 표지판과 잡동사니들을 치워버려라.

12. 연단에 게스트가 있다면, 그들은 반드시 움직일 것이고 그들이 청중의 시선을 끌 것이다. 청중은 움직이는 대상에 눈이 가게 마련이다.

13. 의자에 털썩 주저앉지 마라. 상체는 곧게 하고 다리는 의자에 붙이면서 천천히 앉아라.

14. 가만히 서있어라. 불안한 행동을 하지 마라.

15. 양팔을 옆으로 편하게 늘어뜨려라. 하지만 뒷짐을 지거나, 주머니에 손을 넣어야 편하다면 그것도 크게 문제 되지는 않을 것이다. 머리와 가슴이 할 말로 꽉 차 있으면 이런 것은 부차적인 것으로 문제 될 것이 없다.

16. 제스처를 책으로 배우려고 하지 마라. 제스처는 연구하거나 특정한 규칙을 따른다고 해서 나오는 것이 아니다.

17. 제스처를 취할 때 한 가지 동작을 반복하지 말고 팔꿈치에서부터 갑작스럽게 움직이지 마라. 동작의 클라이맥스가 연설의 클라이맥스와 일치할 때까지 동작을 고수해라.

9장

연설을 어떻게
시작할 것인가?

나는 노스웨스턴 대학 총장을 지낸 린 해럴드 허프 박사에게 연사로서의 오랜 경험을 통해 무엇이 가장 중요하다고 생각하는 지 물었다. 잠시 생각하더니 그는 이렇게 대답했다. "처음부터 청중의 관심을 끌 수 있어야 합니다." 그는 연설의 시작과 끝에 할 말을 미리 계획해 두었다. 존 브라이트, 글래드스톤, 웹스터, 링컨도 그렇게 했다. 상식과 경험이 많은 모든 연사들은 다 그렇게 한다.

하지만 초보자도 그렇게 하는가? 계획은 시간과 생각, 의지력이 필요하다. 에디슨은 조슈아 레이놀즈 경의 말을 공장 벽에 붙여놓았다.

"인간은 생각이라는 고된 노동을 피하기 위해 온갖 노력을 기울인다."

초보자는 영감을 기대하지만 결과는 이렇다.

"그는 함정과 덫으로 가득한 길을 헤매게 된다."

초라한 주급사원에서 영국에서 가장 영향력 있는 신문사주가 된 노스클리프 경은 파스칼의 글귀가 자신의 성공에 큰 역할을 했다고 말했다.

"예측하는 것은 지배하는 것이다."

이 말은 연설을 계획할 때 책상에 붙여둘 좋은 글귀이다. 정신이 맑을 때 연설의 시작을 어떻게 할지, 연설을 어떻게 끝맺을 지 미리 계획해 두어라.

아리스토텔레스 시대 이후로 책들은 연설을 서론, 본론, 결론의 세 부분으로 구분했다. 최근까지도 연설의 시작은 마차를 타고 유랑하듯 여유 있게 했다. 그 당시 연사는 뉴스 전달자인 동시에 연예인이었다. 백 년 전의 연사는 오늘날의 신문, 라디오, 전화, 극장이었다.

하지만 상황은 많이 달라졌다. 지금은 더 이상 과거가 아니다. 자동차, 비행기, 라디오의 등장으로 세상은 빠르게 변하고 있다. 연사도 이런 속도에 맞춰야 한다. 서론은 광고처럼 짧아야 한다. 보통 청중들은 이렇다. "할 말이 있다고요? 좋아요. 빨리 해봐요. 장광설은 늘어놓지 말고! 사실을 빠르고 정확하게 말해 봐요."

우드로 윌슨이 잠수함 전투 최후통첩에 관해 의회에서 연설했을 때도 다음과 같이 빠르고 정확하게 말해서 이목을 집중시켰다.

"우리나라의 외교관계에 문제가 발생했는데 이를 솔직하게 알리는 것이 제 의무라고 생각합니다."

찰스 슈왑이 연설했을 때 그는 두 번째 문장부터 논점을 언급했다.

다음은 내셔널 캐쉬 레지스터사의 영업담당이 직원들에게 한 연설이다. 세 문장뿐이지만 이해하기 쉽고 박력이 넘친다.

"우리 공장이 계속 돌아가는 것은 주문을 받아오는 여러분 덕분입니다. 지난 여름 공장 굴뚝에서 나온 연기는 들판을 검게 물들이기에는 충분하지 않은 양이었습니다. 이제 침체기는 끝났고 성수기가 시작되었으니 더 많은 연기가 피어오르게 해달라고 여러분께 호소하는 바입니다."

하지만 경험이 없는 연사들은 이렇게 간결하고 멋있게 연설을 시작하는가? 사실 그렇지 않다. 미숙한 연사들은 다음의 두 가지 방법 중 하나로 시작하는데 두 가지 방법 다 나쁘다. 두 가지 문제점을 살펴보자.

유머로 시작하지 마라.

초보자는 자신이 재미있어야 한다고 느낀다. 천성적으로는 백과사전처럼 근엄한 사람이라도 연단에 서면 자신이 마크 트웨인이라도 된 것처럼 웃긴 이야기로 연설을 시작하려고 한다. 갑자기 재담꾼으로 변한 철물점 상인의 이야기는 재미없을 것이다.

만약 연예인이 그런 실수를 저지르면 돈을 내고 들어온 관객들은 야유하며 당장 쫓아버리라고 소리칠 것이다. 하지만 대부분의 청중은 아주 사려 깊어서 억지로 웃어줄 것이고 마음 깊은 곳에서는 이 불쌍한 연사를 불쌍하게 여길 것이다. 독자 여러분도 이런 경험이 있지 않은가?

청중을 웃게 하는 것이 가장 어렵다. 유머는 천성적으로 타고난다. 노력한다고 할 수 있는 일이 아니다.

이야기 자체가 재미있는 것은 흔하지 않다. 전달 방식이 중요하다. 마크 트웨인을 유명하게 만든 이야기를 100명이 한다고 해도 99명은 실패할 것이다.

당신이 운 좋게도 웃기는 재능을 타고 났다면 수단과 방법을 가리지 말고 그 재능을 개발해라. 하지만 당신에게 그런 재능이 없다면 시도도 하지 마라.

데퓨, 링컨, 잡 헤지스의 연설문을 연구하면 서두에 특별한 이야기가 없는 것에 놀랄 것이다. 재미있는 이야기는 주된 내용과 연관되고 핵심을 설명하는데 도움을 주는 내용이어야 한다. 유머는 케이크에 씌우는 설탕이나 빵 사이에 초콜릿과 같은 역할을 해야지 케이크 자체가 되어서는 안 된다. 미국 최고의 유머 강연자인 스트릭랜드 질리언은 강연 첫 3분 동안에는 절대 웃긴 이야기를 하지 않는 것을 철칙으로 삼고 있다.

그러면 서두는 진지해야 하는가? 전혀 그렇지 않다. 가능하다면 지역 또는 행사와 관련된 사항을 언급하거나 다른 연사의 말을 인용하는 수준에서 사람들의 유머감각을 건드려라.

자신을 유머의 소재로 사용하는 것이 가장 쉬울 것이다. 에스키모인들은 다리가 부러진 사람을 보고서도 웃고 중국인들은 2층에서 떨어져 죽은 개를 보고도 웃는다. 바람에 날리는 모자를 쫓아가는 사람이나 바나나 껍질에 미끄러지는 사람을 보고 우리는 웃지 않는가?

사과로 연설을 시작하지 마라.

초보자가 저지르기 쉬운 두 번째 실수는 사과로 연설을 시작하는 것이다. "저는 말을 잘 못합니다…… 충분히 준비가 되어 있지 않은데…… 무슨 말을 해야 할지 모르겠네요……"

준비가 되어 있지 않으면 연사가 대놓고 말하지 않아도 알아차리는 사람이 있을 것이고, 눈치 채지 못하는 사람도 있을 것이다. 준비가 되어 있지 않다는 사실을 말할 필요는 없다. 왜 청중을 모독하는가? 청중은 그런 식의 사과는 원하지 않는다. 청중은 뭔가를 얻기 위해서 그 장소에 와 있는 것이다. 그 사실을 명심해라.

청중 앞에 서는 순간 당신은 그들의 주의를 끌게 된다. 처음 5초 동안 청중의 주의를 끌기는 쉽지만 다음 5분 동안 청중의 관심을 끄는 것은 어렵다. 한번 관심을 잃게 되면 그것을 되찾기는 두 배로 힘들다. 처음을 흥미로운 내용으로 시작해라.

호기심을 자극해라.

다음은 하월 힐리가 필라델피아의 펜 애슬레틱 클럽에서 한 연설의 서두부분이다. 좋은가? 당신의 흥미를 끄는가?

"82년 전 런던에서 작은 책이 출판되었습니다. 많은 사람들은 그 책을 '세상에서 가장 위대한 작은 책'이라고 불렀습니다. 책이 처음 출간되었을 때, 길거리에서 마주친 친구들은 '그 책 읽었니?'라고 물었고 그 대답은 '그럼, 읽었지.'였습니다.

출판 당일 책은 천여부가 팔렸습니다. 2주 만에 책은 1만 5천부가 팔렸습니다. 그 이후 책은 하늘 아래 존재하는 모든 언어로 번역되었습니다. 몇 년 전에 J. P. 모건이 엄청난 액수의 돈을 지불하고 초고를 구입했습니다. 초고는 모건이 자신의 도서관이라고 불리는 뉴욕의 미술관에서 귀중한 보물들과 함께 있습니다. 이 책은 무엇일까요? 디킨스의 〈크리스마스 선물〉입니다."

훌륭한 서두라고 생각하는가? 당신의 관심을 불러일으키는가? 왜일까? 당신의 호기심을 자극하기 때문 아닐까?

호기심! 호기심을 이길 사람은 없다.

나는 숲속의 새들이 호기심으로 나를 보면서 한 시간 동안 내 주위를 맴도는 것을 본 적이 있다. 내가 아는 사냥꾼은 영양을 유인하려 침대보를 걸치고 주변을 맴돈다. 인간을 포함한 모든 동물은 호기심이 있다.

청중의 호기심을 자극하는 말로 연설을 시작해라.

나는 토머스 로렌스 경의 아라비아 모험에 관한 강연을 이런 식으로 시작했다. "로이드 조지는 로렌스 대령이 이 시대의 가장 낭만적이고 영화 같은 인물 중 한명이라고 말했습니다."

이렇게 시작하면 두 가지 이점이 있다. 첫 번째로 저명인사의 말을 인용하는 것은 청중의 관심을 끈다. 두 번째로 이런 서두는 호기심을 불러일으킨다. "왜 낭만적이지?" "왜 영화 같다고 했을까?" "그 사람은 들어본 적이 없는데……. 그가 어떤 사람이지?"

로웰 토머스는 로렌스 경에 대한 강의를 이렇게 시작했다.

"저는 예전에 예루살렘의 길거리를 걷다가 동양의 왕이나 입을 법한 화려한 옷을 걸친 한 남자를 만났습니다. 그의 옆에는 선지자 모하메드의 후손만이 찰 수 있는 황금색 칼이 걸려있었습니다. 하지만 이 사람의 외모는 아랍인이 아니었습니다. 아랍인의 눈은 검정이나 갈색인데 그의 눈은 파랬습니다."

궁금하지 않은가? 이야기를 더 듣고 싶을 것이다. 그가 누구지? 왜 아랍사람처럼 하고 다닐까? 나중에 어떻게 되었을까?
다음과 같은 질문으로 이야기를 시작하는 학생이 있다.

"현재에도 전 세계 17개국에 노예제도가 존재한다는 사실을 아십니까?"

이 학생은 청중의 호기심을 자극할 뿐 아니라 청중을 놀라게 했다. "요즘에도 노예가 있다고? 17개국에나? 믿을 수 없어. 어떤 나라들이지?"
결과부터 제시하고 청중들이 원인이 궁금하도록 만드는 방법도 있다. 한 학생은 놀라운 사실을 제시하며 이야기를 시작했다.

"최근 주 의회 의원 한 분이 학교 반경 2마일 이내에서 올챙이가 개구리로 성장하는 것을 막는 법을 상정했다고 합니다."

웃음이 나온다. 이 학생이 농담을 하는 것인가? 말도 안 돼? 정말일까? 학생은 계속 말을 이어나갔다.
"갱단과 함께"라는 제목이 붙은 〈새터데이 이브닝 포스트〉 지의 기사는 이렇게 시작했다.

"갱단들은 정말 조직화 되고 있는가? 대체로 그렇다. 어떻게 만들까?"

이 문장으로 기자는 주제를 말하고 당신에게 정보를 제공하고 갱단이 어떻게 조직화되는지에 대한 당신의 호기심을 불러일으킨다. 대중연설을 원하는 사람은 기자들이 독자의 시선을 끌기 위해 사용하는 방법을 연구해야 한다. 인쇄된 연설문을 공부하는 것보다 기자들의 노하우를 공부하면 훨씬 많은 것을 배울 수 있다.

인간적인 이야기로 시작해라.

헤럴드 벨 라이트는 인터뷰에서 자신이 소설로 일 년에 10만 달러가 넘는 돈을 벌었다고 인정했다. 부스 타킹턴과 로버트 체임버스도 비슷한 돈을 벌었다. 더블데이 페이지 앤드 컴패니는 17년 동안 대형 인쇄기로 진 스트래턴 포터의 소설만 끝없이 찍었다. 그녀의 책은 1700만 부가 넘게 팔렸고 그녀는 3백만 달러가 넘는 돈을 벌었다. 사람들은 정말 소설을 좋아하는 것 같다.

우리는 특히 직접 경험한 이야기를 듣는 것을 좋아한다. 러셀 콘웰은 '다이아몬드의 땅' 이라는 강연을 6천 번이 넘게 해서 수백만 달러를 벌었다.

이렇게 인기가 좋은 강연의 시작은 어떻게 할까? 그의 강연의 도입부분을 소개하고자 한다.

"1870년에 우리는 티그리스 강으로 갔습니다. 우리는 바그다드에서 가이드를 고용해 페르세폴리스, 니네베와 바빌론을 돌아보았습니다……."

이렇게 그는 이야기로 강연을 시작한다. 이것이 청중의 관심을 끄는 방법이다. 이런 시작은 실패하지 않는다. 청중은 다음 이야기가 궁금해서 집중해서 듣게 된다.

이 책의 3장도 이야기로 서두를 시작했다. 다음은 〈새터데이 이브닝 포스트〉에 실린 두 개의 기사에서 뽑아낸 서두부분이다.

1. "리볼버가 정적을 깨뜨리고 날카로운 소리를 냈다."
2. "7월 첫 주 엄청난 파장을 몰고 올 사건이 덴버의 콘트뷰 호텔에서 일어났다. 그 사건은 지배인 괴벨의 호기심을 자극해서 호텔의 소유주인 스티브 패러데이가 며칠 뒤 호텔을 방문했을 때 그 이야기를 했다."

이 두 글은 무엇인가가 시작되었음을 알리며 독자의 호기심을 자극한다. 독자들은 글을 더 읽어서 무슨 일이 벌어지고 있는지 알고 싶어진다.

초보자도 이런 방법을 활용해서 청중의 호기심을 자극하면 성공적으로 연설을 시작할 수 있다.

구체적인 실례로 시작해라.

청중이 추상적인 개념을 이해하는 것은 어렵다. 실제적인 예를 제시하면 이해하기가 훨씬 쉽다. 나도 시도해봤지만 그렇게 하는 것은 쉽지 않다. 먼저 실례로 시작해서 청중의 호기심을 불러일으키고 일반적인 진술을 이야기해라. 더 자세히 알고 싶다면 이 책 5장이나 7장을 봐라.

볼거리를 사용해라.

사람들의 관심을 끄는 가장 쉬운 방법은 볼 수 있도록 무엇인가를 들어 올리는 일일 것이다. 미개인과 아기들 심지어 쇼윈도의 원숭이와 길거리의 개도 이런 자극에는 눈을 돌릴 것이다. 이는 가장 품위 있는 청중들에게도 효과적인 방법이다. 필라델피아의 엘리스 씨는 손가락으로 동전을 쥐고 어깨위로 높이 들어 올리며 강연을 시작했다. 당연히 모든 사람들이 그를 쳐다보았다. 그는 사람들에게 물었다. "혹시 길에서 이런 동전 주우신 분 있으십니까? 그 분에게는 어떤 부동산 개발회사에서 필지를 그냥 드린다고 합니다……."

질문을 해라.

엘리스 씨가 연설을 시작하는 방법 중에 또 다른 특이한 점이 있다. 질문으로 시작해서 청중들이 연사와 함께 생각하도록 만든다. 앞에서 말한 깽단에 대한 기사는 질문으로 시작했다. "깽단들은 조직화 되고 있는가? 어떻게?" 질문을 던지고 해답을 제시하는 방법은 청중의 마음의 문을 열고 들어갈 수 있는 가장 쉬운 방법 중에 하나이다. 다른 방법이 잘 안되면 이 방법을 꼭 써봐라.

유명인사가 한 말로 서두를 시작해라.

사람들은 유명인사의 말에 귀 기울이는 경향이 있다. 연설을 시작할 때 유명인사의 말을 인용하는 것은 효과적이다. 기업의 성공을 다룬 연설을 다음과 같이 시작하는 것은 어떨까?

> " '세상은 단 한 가지에 대해서만 돈과 명예라는 큰 상을 수여한다.' 라고 앨버트 허버드는 말했습니다. 그 한 가지는 바로 솔선수범하는 태도입니다. 무엇이 솔선수범하는 태도인지 제가 말씀드리도록 하겠습니다. 그것은 바로 누가 시키지 않아도 알아서 하는 것입니다."

서두로서의 이 말은 몇 가지 장점이 있다. 첫 문장은 청중의 호기심을 불러일으켜 청중으로 하여금 더 알고 싶은 생각이 들게 한다. 연사가 "앨버트 허버드"라는 말에서 기술적으로 잠깐 멈춘다면 긴장감은 더욱 고조될 것이다. "세상이 뭐에 상을 준다는 거야?" 청중들은 궁금해한다. 빨리 대답해줘. 당신 말에 동의하지 않을지 모르지만, 당신 생각이나 들어보자고⋯⋯. 두 번째 문장은 곧바로 핵심으로 청중을 불러들인다. 이어지는 질문형태의 세 번째 문장은 청중도 생각을 하도록 만든다. 청중은 이런 방식을 좋아한다. 네 번째 문장은 솔선수범에 대해 정의를 내린다. 이렇게 서두를 시작하면 연설의 구성에 관해서라면 무디스는 아마 최고 등급인 Aaa를 줄 것이다.

연설의 주제와 청중의 관심을 연결시켜라.

청중과 직접 연관되는 이야기로 강연을 시작해라. 청중들은 틀림없이 집중할 것이다. 자신과 관련 있는 이야기는 누구든 집중하기 마련이다.

이 방법은 상식이지만 실제로는 잘 사용되지 않는다. 최근 정기적인 건강검진의 필요성에 대한 강연을 들은 적이 있다. 연사가 어떻게 강연을 시작했을까? 그는 생명연장협회의 역사와 조직을 설명하며 강연을 시작했다. 청중들은 어떤 회사가 어디에서 설립되었는지는 눈곱만큼도 관심이 없다. 청중들의 관심사는 자기 자신이다.

이런 기본적인 사실도 모르는가? 다음과 같이 시작하면 어떨까?

"생명보험 계산표에 당신의 기대 수명이 얼마나 되는지 아십니까? 통계에 따르면 당신의 기대 수명은 80에서 현재 나이를 뺀 수의 3분의 2라고 합니다. 당신이 35세라면 80에서 35를 뺀 45의 3분의 2인 30년을 더 살 수 있다는 말입니다. 만족하십니까? 아니죠. 우리 모두는 오래 살고 싶어 합니다. 적당히 조심하면 오래살 수 있을 겁니다. 하지만 오래살고 싶으면 제일 먼저 철저한 건강 검진을 받아야 합니다."

이렇게 시작해서 정기적인 건강검진의 필요성을 설명하면 청중은 이런 서비스를 제공하는 회사에도 관심을 가지게 될 것이다. 하지만 처음부터 그런 회사에 대해 주저리주저리 늘어놓는 다면 결과는 끔찍할 것이다.

다른 예를 들어보자. 나는 어떤 수강생이 숲을 보존해야 하는 필요성에 대한 연설을 이렇게 시작하는 것을 들었다. "우리 미국인들은 우리의 천연자원에 대해 자부심을 느껴야 합니다." 이렇게 시작하며 그는 우리가 우리의 나무들을 죄의식 없이 낭비하고 있음을 지적했다. 연설의 시작은 좋지 않았다. 너무 일반적이고 막연했다. 청중 중에는 인쇄업자가 있었다. 숲의 파괴는 그의 사업에 영향을 미칠 것이다. 은행가도 있었다. 숲의 파괴는 우리 모두의 번영에도 영향을 미칠 것이기에 그에게도 영향을 미칠 것이다. 이렇게 시작했으면 어땠을까?

"제가 말하고자 하는 주제는 여러분 모두의 사업에 영향을 미칩니다. 사실 우리가 먹는 식품과 임대료에도 영향을 미칠 것입니다. 더 나아가 우리 삶의 질에도 영향을 줄 것입니다."

숲을 보존하는 일의 중요성을 너무 과장하고 있나? 아니다. 나는 그저 "그림을 크게 그리고 사람들이 집중할 수 있도록 사물을 배치해라." 라는 앨버트 허버드의 조언을 따르고 있는 것이다.

충격적인 사실의 효과

자신의 이름을 딴 잡지를 창간한 매클루어는 "좋은 잡지는 충격적인 사실을 싣고 있다." 라고 말했다.

충격적인 사실은 우리의 주목을 끈다. 여기 몇 가지 예를 소개하겠다. 볼티모어 출신의 발렌타인은 '라디오의 경이로움' 이라는 연설을 이렇게 시작했다.

"뉴욕의 유리창을 걸어가는 파리의 소리가 라디오를 통해 중앙아프리카에서는 나이아가라 폭포 소리처럼 들린다는 사실을 알고 있습니까?"

뉴욕의 패리 존스 사장은 '범죄 상황' 이라는 그의 연설을 이렇게 시작했다.

"미국의 대법원장 윌리엄 하워드 테프트는 '우리의 형법은 문명의 수치이다.' 라고 공언했습니다."

이런 시작은 충격적인 사실을 제시하면서 동시에 법률 권위자의 말을 인용했다는 점에서 아주 좋다.

필라델피아의 낙천가 클럽 회장 폴 기번스는 '범죄'에 관한 연설을 다음과 같이 시작했다.

"미국인들은 세계 최악의 범죄자들입니다. 충격적으로 들리겠지만 사실입니다. 오하이오 주 클리블랜드의 살인 사건은 런던의 6배입니다. 인구로 따지면 절도는 영국의 170배나 됩니다. 클리블랜드에서 매년 강도를 당하거나 강도의 공격을 받는 사람의 수는 잉글랜드, 스코트랜드와 웨일즈를 합한 것보다 많습니다. 세인트루이스에서 살해당하는 사람의 수는 영국과 웨일즈를 합한 것보다 많습니다. 뉴욕시의 살인 사건은 프랑스, 독일, 이탈리아보다 많습니다. 슬픈 사실은 이런 범죄자들이 처벌받지 않는다는 사실입니다. 당신이 살인을 저질러도 처형될 가능성은 100분의 1도 안됩니다. 사람을 총으로 죽여도 교수형 당할 확률이 암으로 죽을 확률보다 낮습니다."

이런 시작은 아주 성공적이었다. 기번스의 말에는 힘이 있었고 진정성이 있었다. 하지만 비슷한 예를 들어가며 연설을 한 다른 학생은 지루했다. 이유는 말에서 힘이 느껴지지 않았기 때문이었다.

평범한 시작의 중요성

다음의 소개하는 서두는 어떤가? 메리 리치먼드는 아동 결혼을 금지하는 법이 제정되기 전에 뉴욕 여성 유권자 연례 모임에서 이런 연설을 했다.

"어제, 기차가 이곳에서 멀지 않은 곳을 지나갈 때, 몇 년 전 그곳에서 있었던 결혼식이 떠올랐습니다. 이 주에서 이루어지는 많은 결혼들도 그 결혼처럼 성급하게 치러져서 비극적인 결말을 맺었기 때문에 저는 그 사건을 여러분께 자세하게 소개하고자 합니다.

15살 여고생이 이제 막 성년이 된 대학교 3학년 남학생을 만난 것은 12월 12일 이었습니다. 그리고 3일 후에 그들은 그 소녀가 결혼에 부모 허락을 받지 않아도 되는 18살이라고 거짓 선서를 하고 결혼 허가서를 받았습니다. 결혼 허가서를 들고 그들은 바로 신부님을 찾았습니다. 하지만 신부님은 그들의 결혼을 인정하지 않았습니다. 신부님을 통해서 소녀의 부모도 결혼 사실을 알게 되었습니다. 하지만 어머니가 딸을 찾기도 전에 판사는 결혼을 인정했습니다. 신랑은 신부를 호텔로 데려가서 이틀 밤낮을 함께 보냈습니다. 그 뒤에 남편은 아내를 떠나 다시는 그녀를 찾지 않았습니다."

개인적으로 나는 이 서두가 아주 마음에 든다. 첫 문장이 아주 훌륭하다. 청중은 더 자세한 이야기를 듣고 싶어진다. 청중은 앞으로 이어질 이야기를 기대하며 집중한다. 딱딱하지도 않고 아주 자연스럽고 인간적으로 들린다. 옆 사람에게 재미있는 이야기를 들려주는 듯이 들린다. 청중은 이런 이야기를 좋아한다. 청중은 너무 공들인 것, 계획된 의도가 보이는 이야기는 싫어한다.

요약

1. 연설의 시작이 어렵다. 연설의 시작은 운에 맡길 것이 아니라 미리 주도면밀하게 계획해야 한다.

2. 연설의 시작은 한두 문장 정도로 짧아야 한다. 최소한의 말만으로 주제로 곧바로 들어가라.

3. 초보자들은 농담이나 사과로 연설의 시작을 하려는 경향이 있다. 두 방법 모두 나쁘다. 농담을 능수능란하게 할 수 있는 초보자는 없다. 그런 시도는 청중을 즐겁게 하기보다는 청중을 당황하게 만든다. 결코 사과하지 마라. 사과는 청중을 모욕하는 것이고 청중을 지루하게 만든다. 바로 본론으로 들어가서 신속하게 말하고 자리에 앉아라.

4. 연사는 다음의 방법으로 청중의 주의를 끌 수 있을 것이다.

   a. 호기심 자극

   b. 인간미 넘치는 이야기

   c. 실례를 사용

   d. 볼거리 이용하기

   e. 질문하기

   f. 인상적인 인용으로 시작하기

   g. 청중과 관련 있는 주제로 시작하기

   h. 충격적인 사실 제시하기

5. 시작을 너무 딱딱하게 하지 마라. 자연스러우면서도 논리적으로 전개되어야 한다. 얼마 전에 일어났던 일을 예로 들면 좋다.

10장

청중을 단번에
휘어잡기

몇 년 전 콜로라도 철강회사는 노사분규로 골머리를 앓고 있었다. 유혈사태까지 발생했다. 서로에 대한 증오로 가득 찼다. 록펠러라는 이름은 증오의 대상이었다. 하지만 존 록펠러 2세는 직원들과 대화해서 설득하고 싶어 했다. 연설의 처음부터 그는 직원들의 적의를 없애야 한다는 것을 알았다. 그는 처음부터 진심을 담아 연설했다. 연설가들은 그의 연설에서 많은 것을 배울 수 있을 것이다.

"오늘은 제 기억 속에 남을 것입니다. 저는 처음으로 이 위대한 기업의 종업원 대표 여러분과 임원들과 함께하는 행운을 갖게 되었습니다. 이 자리에 오게 되어 영광이고 이 모임을 평생 기억할 것입니다. 이 모임이 2주전에 열렸다면 저는 여러분을 몰랐을 것입니다. 지난주에 남부 석탄 지대의 모든 작업장을 둘러보고, 대표 여러분들과 이야기를 나누고, 집도 방문하여 가족들을 만났습니다. 우리는 이 자리에 친구로 나왔습니다. 서로의 공통 관심사에 대해 이야기 할 수 있는 기회를 가지게 되어서 기쁩니다. 이 만남은 회사와 노조대표와의 모임이고 저는 어느 쪽에도 속하지 않기 때문에 제가 이 자리에 올 수 있는 것은 다 여러분 덕분입니다. 하지만 저는 주주들과 이사들을 대표한다는 점에서 여러분들과 밀접하게 연관이 되어있습니다."

재치 있는 연설이다. 서로에 대한 증오로 가득한 분위기에서 행한 연설이지만 성공적이었다. 임금인상을 위해 투쟁해온 사람들은 록펠러가 모든 상황을 설명하자 할 말을 잃었다.

꿀 한 방울과 쌍권총을 든 남자들

" '꿀 한 방울이 쓸개즙 한통보다 파리를 더 잘 잡는다.' 라는 속담이 있는데 이는 사람에게도 그대로 적용된다. 사람의 마음을 얻고 싶다면 당신이 먼저 그의 진실된 친구임을 확신시켜라. 바로 거기에 사람의 마음을 사로잡는 꿀 한 방울이 있다. 사람의 마음을 얻기만 하면 상대를 설득시키는 데 큰 어려움이 없을 것이다."

이것이 링컨의 계획이었다. 1858년 미국 상원의원 선거기간 동안 그는 남부 일리노이의 위험지역에서 연설하게 되었다. 그곳 사람들은 거칠었고 공공장소에서도 칼과 권총을 차고 다녔다. 그들이 싸움과 위스키를 좋아하는 것만큼 노예제도 폐지론자에 대한 증오심도 컸다. 켄터키와 미주리의 노예 소유주들도 미시시피 강과 오하이오 강을 건너왔다. 소요사태가 일어날 것이 뻔했다. 과격론자들은 링컨이 입이라도 열면 온몸에 총알구멍을 내놓겠다며 엄포를 늘어놓았다.

링컨은 이런 위협을 들었고, 얼마나 큰 위험이 도사리고 있는지 잘 알았다. 링컨은 이렇게 공언했다. "하지만 그들이 내게 말할 기회를 주면 그들을 진정시켜 보겠다." 그래서 연설을 시작하기 전에 링컨은 주

모자들에게 자신을 소개하고 정중하게 그들과 악수했다. 그는 가장 재기 넘치는 서두로 연설을 시작했다.

"친애하는 남부 일리노이 시민 여러분, 켄터키, 미주리 시민 여러분, 저는 오늘 이 자리에 저를 달가워하지 않는 분들이 많이 계시다는 말을 들었습니다. 저는 그분들이 왜 그래야 하는 잘 모르겠습니다. 저는 여러분처럼 보통 사람입니다. 그런데 왜 제가 여러분들처럼 제 마음을 설명하면 안 되는 것입니까? 여러분 저는 이 지역의 불법침입자가 아닙니다. 저는 여러분처럼 켄터키에서 태어나 일리노이에서 자라고 열심히 일해서 제 앞길을 개척했습니다. 저는 켄터키 주민들을 잘 알고, 남부 일리노이 주민들도 잘 알고 있습니다. 미주리 주민들도 잘 안다고 생각합니다. 저도 여러분과 같은 사람이고 여러분들을 잘 압니다. 당연히 여러분도 저를 잘 아시겠지요. 저는 여러분께 해를 끼칠 사람이 아닙니다. 그런데 왜 저를 다치게 하려고 합니까? 어리석은 짓일랑 말고 우리 친구가 됩시다. 저는 세계에서 가장 평화적인 사람 중 하나이고, 어느 누구에게 해를 가하거나 어느 누구의 권리를 침해하고 싶은 생각은 추호도 없습니다. 제가 여러분께 바라는 단 한 가지는 제 말을 어떤 편견 없이 들어달라는 것입니다. 용감하고 의협심 강한 일리노이, 켄터키, 미주리 시민들은 그렇게 해주시리라는 것을 믿습니다. 친구처럼 허심탄회하게 의견을 나눠보십시다."

이렇게 말하는 그의 얼굴에는 선한 심성이 그대로 묻어나고 그의 목소리는 진실했다. 이 재기 넘치는 서두는 몰려오는 폭풍을 잠재우고 그의 적들을 잠잠하게 했다. 사실 많은 적들이 그의 친구가 되었다. 그들은 그의 연설에 환호했고, 나중에 링컨의 가장 열렬한 지지자가 되었다.

"재미있네. 하지만 나랑 무슨 상관이지? 나는 록펠러가 아니야. 나는 나를 죽이려고 안달하는 굶주린 파업 근로자 앞에서 연설할 일도 없을 거라고. 난 링컨이 아니야. 위스키를 마시며 증오심에 불타는 폭도들과 이야기 할 일도 없을 거라고."

맞는 말이지만 당신은 매일 의견이 다른 사람들을 상대로 말을 하면서 지내지 않는가? 집에서든 직장에서든 시장에서든 계속 사람들을 설득해야 하지 않는가? 당신의 방법을 개선시킬 여지는 있는가? 어떻게 시작할 것인가? 링컨처럼? 아니면 록펠러의 방법을 사용할 것인가? 그렇다면 당신은 비상한 능력의 소유자다. 대부분의 사람은 상대의 입장은 생각하지 않고, 의견의 합일점을 찾으려는 시도도 하지 않은 채 자신의 의견만을 주장한다.

나는 뜨거운 감자인 금주법에 대한 많은 연설을 들었다. 모든 연사들은 도자기 가게에 뛰어든 황소처럼 호전적으로 말문을 열었다. 그들은 단호하게 자신의 의견을 주장했다. 연사들은 자신들의 의견은 바꾸지 않고 의견이 다른 사람들이 자신들의 생각을 받아들일 것을 기대했다. 결과는? 어느 누구도 그들의 주장에 동의하지 않았다. 그들의 공격적인 태도에 연사와 의견을 달리하는 사람들은 그의 의견에 반론을 제기하며 연사를 경멸했다.

처음부터 청중들을 몰아붙이면 청중들은 뒤로 물러서며 거부한다.

나와 생각이 다른 사람들을 설득하는 것은 어렵다. 뉴욕시에서 열린 강연에서 오버스트리트 교수는 다음과 같이 이를 지적하고 있다.

"부정적인 반응은 가장 극복하기 어려운 과제이다. 사람이 '아니요' 라는 말을 하면 자존심 때문에라도 절대 의견을 굽히려 들지 않는다. 나중에 자신의 판단이 잘못되었다고 느낄 수 있지만 자존심 때문에 번복하기가 어렵다. 일단 말을 하고 나면 사람은 그 말을 계속 주장하는 경향이 있다. 그래서 사람이 처음부터 긍정적인 방향으로 이끄는 것이 중요하다. 노련한 연사는 처음부터 긍정적인 답변을 유도한다. 그렇게 해서 청중들의 심리상태를 긍정적인 방향으로 이끈다. 그것은 당구공의 움직임과 같다. 일단 공을 한 방향으로 친 후에 그 방향을 바꾸려면 힘이 필요하고 반대방향으로 보내려면 더 많은 힘이 필요하다.

심리적인 패턴은 아주 분명하다. 사람이 '아니요' 라고 말하면 말하는 것 이상으로 그의 온 몸이 부정적인 상태로 바뀌 게 된다. 전 신경 근육체계에 경계경보가 울리는 것이다. 반대로 사람이 '예' 라고 말하면 그의 몸은 열린 태도를 취한다. 그러므로 처음에 긍정의 반응을 이끌면 청중의 관심을 이끄는 것이 쉬워진다.

'예' 라는 대답을 이끄는 것은 아주 간단하지만 무시되어왔다. 처음부터 적대적인 태도를 보이면 자신이 중요한 사람처럼 보인다는 생각은 버려라. 급진주의자들이 보수적인 동료들과 만나면 그들을 화나게 만든다. 그렇게 해서 좋을 것이 뭐가 있는가? 그렇게 해서 무엇인가를 얻어내기를 바란다면 그 사람이 바보이다.

상대에게 '아니요' 라는 반응을 이끌어내고 나중에 그 반응을 긍정의 답변으로 돌리려면 엄청난 인내가 요구된다.

어떻게 긍정의 대답을 이끌어 낼 수 있을까? 아주 간단하다. 링컨은 후에 이렇게 고백했다. "내가 긍정의 답변을 이끄는 방법은 우선 공통분모를 찾아내는 것이다." 링컨은 노예제도라는 아주 민감한 사안을 토론할 때에도 공통분모를 찾아냈다. 〈미러〉지는 링컨의 연설을 다음과 같이 평가했다. "처음 30분 동안 그의 적들은 그가 하는 모든 말에 동의했다. 그때부터 그는 그의 적들을 자신의 의견으로 조금씩 몰아갔고 마침내는 그들을 모두 자신의 의견에 동조하게 만들었다."

상원의원 롯지의 방법

세계대전 종전 직후 상원의원 롯지와 하버드 대학교 로웰 총장은 보스턴 청중 앞에서 국제연맹 문제에 대해 토론하기로 했다. 롯지 상원의원은 대다수 청중이 자신의 의견에 반감을 가지고 있다고 느꼈지만 그들을 설득해야 했다. 어떻게 했을까? 이 상원의원은 사람의 심리를 잘 꿰뚫고 있었기에 아주 세부적인 계획을 세웠다. 그의 의견에 동조하지 않는 사람들조차 연설 초반에 그에게 '아니요'라는 대답을 할 수 없게 만들었다. '나의 동료 미국인들'이라는 말로 애국심에 호소하는 것도 유념해서 살펴봐라. 어떻게 그가 쌍방의 합의점을 이끌어 내는지 잘 살펴보아라.

그가 반대편을 어떻게 추켜세우는지, 그들이 방법론에서만 다를 뿐 대의는 같다는 사실을 어떻게 강조하는지 잘 봐라. 그는 더 나아가 자신이 어떤 종류의 국제연맹을 지지한다는 말을 했다. 반대편과 그가 다른 점은 그가 좀더 이상적이고 효과적인 연맹을 만들어야 한다고 느끼는 점뿐이었다.

"존경하는 각하, 신사 숙녀 여러분, 나의 동포 미국 국민 여러분!

제가 이 자리에 설 수 있도록 해주신 로웰 총장님께 감사 말씀 드립니다. 그 분과 저는 오랜 지인이며 같은 공화당원입니다. 로웰 총장님은 우리나라 최고 대학의 총장이시고 저명한 정치학자 이십니다. 그분과 저는 지금 우리 앞에 있는 문제와 관련된 구체적인 방법에는 이견이 있을지 모르지만 세계 평화와 미국의 복지라는 대의 앞에서는 뜻을 같이 하고 있습니다.

허락하신다면 제 입장에 대해 한마디 하려고 합니다. 제 입장을 간단하게 말씀드리려고 했지만 제 의도를 곡해하려는 분들이 있는 듯 합니다. 제가 국제연맹에 반대하는 것처럼 알려져 있지만 저는 반대하지 않습니다. 저는 이런 국제연맹을 간절히 바랍니다. 저는 자유 국가들이 프랑스가 소위 협회라고 부르는 체제 속에서 세계의 평화를 보장하고 군축을 실현하기 위해 할 수 있는 모든 일을 할 수 있게 되기를 간절히 바랍니다."

아무리 연사와 다른 생각을 가지고 있었던 사람이라도 이런 시작에는 마음이 풀리지 않을까? 이런 말을 들으면 사람들이 연사가 공정한 마음을 가지고 있다고 생각하지 않을까? 롯지 상원의원이 국제연맹을 지지하는 사람들에게 처음부터 그들이 잘못된 생각을 가지고 있다고 주장했다면 결과는 어땠을까? 결과는 보나마나 실패로 끝났을 것이다. 제임스 하비 로빈슨 교수의 저서 〈마음의 형성〉에서 뽑은 다음의 글은 이런 공격이 얼마나 덧없는 것인지 심리학적인 이유를 들어가며 설명하고 있다.

"우리가 별다른 저항 없이 우리의 마음을 바꿀 때가 있다. 하지만 우리가 틀렸다는 말을 들으면 우리는 발끈하여 마음의 문을 닫아버린다. 우리가 어떤 믿음을 형성하는 것은 믿을 수 없이 엉성하지만 누군가가 믿음을 깨려하면 강하게 저항한다. 우리에게 소중한 것은 믿음 자체가 아니라 우리의 자존심인 것이다. 인간에게 가장 중요한 것은 자기 자신이다. 나의 저녁식사, 나의 개, 나의 집 또는 나의 믿음, 나의 조국, 나의 신 등 모든 것에 내가 연관되면 특별한 의미를 지니게 된다. 누가 내 시계가 틀렸다거나, 내 차가 형편없다거나 하는 비난 뿐 아니라 화성의 운하, '에픽테투스'의 발음, 살리신의 의학적 가치 등 내가 가지고 있는 생각이 틀렸다는 지적에 대해서도 기분나빠한다. 인간은 자신이 사실이라고 믿고 있는 것을 계속 믿고 싶어 하고, 이런 신념에 누군가 의혹의 눈길을 던지면 반발심이 생겨 더 매달린다."

최고의 논쟁은 설명이다.

청중과 논쟁을 하면 청중이 더욱 적개심을 가져서 청중의 마음을 돌리는 일은 불가능하다는 것은 분명한 사실이 아닐까? "지금부터 이러이러한 사실을 증명하겠습니다." 라고 말하며 연설을 시작하는 것이 현명한 것일까? 청중들은 이런 태도를 도전으로 받아들이며 속으로 조용히 "어떻게 하나 두고 보자." 라고 말하지 않을까?

연사와 청중의 공통분모를 강조한 후에 모두가 해답을 듣고 싶어 하는 적절한 질문을 던지는 것이 훨씬 효과적이지 않을까? 그런 후에 그 해답을 찾는 과정에 청중을 참여시켜라. 청중들에게 연관된 사실을 명확하게 제시하여 연사의 결론이 자신들이 내린 결론이라고 생각하게 만드는 것이 현명하다. "최고의 논쟁은 설명하는 것처럼 보인다."

어떤 논쟁이든지 견해차가 아무리 크다고 하더라도 합치되는 점은 반드시 있다. 예를 들어 공산당 지도자가 미국 은행가 협회에서 연설한다고 해도 공통분모를 찾아서 의견을 교환할 수 있을 것이다. 그것이 어떻게 가능한 지 다음을 살펴보자.

"빈곤은 언제나 사회의 큰 골칫거리였습니다. 미국인들은 언제 어디에서나 가난한 사람의 고통을 덜어주는 것이 자신들의 의무라고 생각해왔습니다. 미국은 관대한 나라입니다. 역사상 어떤 민족도 가난한 사람을 돕기 위해 그토록 아낌없이 재산을 내놓은 적이 없었습니다. 이제 우리의 관대함으로 산업화 시대의 우리를 돌아보고 동시에 가난을 막을 방법은 없는 지 함께 모색해봅시다."

누가 이 말에 반대하겠는가? 모든 것에는 다 때가 있다. 연설의 초반에는 강하게 밀어붙이는 것보다는 재치가 더욱 필요하다.

패트릭 헨리는 연설을 어떻게 시작했을까?

미국에서 학교를 다녔다면 패트릭 헨리가 1775년 버지니아 집회에서 한 유명한 연설을 잘 알고 있을 것이다. "내게 자유가 아니면 죽음을 달라." 하지만 이렇게 감동적이고 폭풍과도 같은 연설의 시작은 상대적으로 조용하고 재치에 넘치는 연설이었음을 아는 사람은 거의 없다. 미국의 식민지들은 영국과 관계를 끊고 전쟁에 나서야 하는가? 이 문제는 그 당시 큰 논쟁거리였다. 하지만 패트릭 헨리는 그에 반대하는 사람들의 애국심을 칭찬하는 말로 연설을 시작했다. 두 번째 단락에서

어떻게 그가 청중을 자신의 생각하는 방향으로 이끌고 어떻게 결론을
내는지 잘 살펴봐라.

"존경하는 의장님. 방금 이곳에서 연설을 마치신 분들의 애국심과 뛰어난
능력에 경의를 표하지만 사람이 제각각이듯이 같은 문제를 대할 때 시각도
아주 다양합니다. 그분들과 다른 의견을 가진 제가 제 생각을 자유롭게 표
현한다고 해서 노여워 마시기 바랍니다. 우리 앞에 놓인 문제는 아주 중요
합니다. 저는 이 문제를 자유이냐 속박이냐의 문제로 생각하고 있습니다.
그리고 토론의 자유도 이 문제와 더불어 아주 중요합니다. 토론을 통해 우
리는 진리에 이르고 신과 우리 조국에 대해 지고 있는 책임을 완수 할 수 있
습니다. 공격받을까 두려워 제 생각을 표현하지 않으면 이는 조국에 대한 반
역이고 하나님께 죄를 짓는 일일 것입니다.

존경하는 의장님, 인간이 희망이라는 환상에 빠지는 것은 자연스러운 일
입니다. 고통스러운 진실에 눈을 감고 사이렌의 노래에 취하고 싶은 것은
인간의 본성입니다. 이것이 자유를 위한 투쟁을 하고 있는 현명한 사람들이
할 일이겠습니까? 눈은 있지만 보지 못하고 귀가 있지만 듣지 못하는 사람
들 사이에 우리가 있어야 합니까? 저는 어떤 고통이 따르더라도 사실을 알
고 싶습니다."

셰익스피어가 쓴 최고의 연설

셰익스피어 쓴 최고의 연설중의 하나는 마크 안토니가 쥴리어스 시
저의 시체 앞에서 한 추도사이다.

시저가 독재자가 되자 당연히 그의 정적들은 그를 파멸시키고 싶어

했다. 결국 그들 중 23명은 브루투스와 카시우스의 지휘 아래 힘을 합쳐 시저의 몸에 칼을 꽂았다. 마크 안토니는 시저의 국무장관이었다. 그는 잘 생겼고, 글도 잘 썼으며 연설도 잘했다. 시저가 안토니를 자신의 오른팔로 점찍은 것도 놀랄 일이 아니다. 시저가 사라진 지금 그의 정적들은 안토니를 어떻게 해야 할까? 그를 물러나게 할까? 아니면 죽여야 하나? 이미 피는 충분히 흘렸고, 명분도 섰으니 안토니를 그들의 편으로 끌어들여 그의 영향력과 언변을 이용해 자신들의 방패막이로 활용하는 게 어떨까? 그 편이 안전하고 논리적인 생각이어서 그들은 그 계획을 실행에 옮겼다. 그들은 그를 만났고 한때 천하를 지배했던 시저의 시체에 애도사를 허락했다.

안토니는 로마의 연단에 올랐다. 그의 앞에 살해당한 시저가 누워있었다. 폭도들은 안토니 주변에 모여들었다. 이들은 브루투스와 카시우스와 다른 암살자들에 우호적인 무리였다. 안토니의 목적은 대중들을 동요시켜 시저를 쓰러뜨린 자들을 죽이게 하는 것이었다. 그가 손을 들자 주변이 조용해졌고 그는 말을 시작했다. 그가 얼마나 지능적으로 브루투스 무리를 치켜세우며 말을 시작하는지 주목해라.

"브루투스는 훌륭한 사람입니다. 그의 동료들도 모두 훌륭한 분들입니다."

그가 논쟁을 하고 있지 않다는 것을 주목해라. 점차 안토니는 시저에 대한 몇 가지 사실들을 하나씩 제시한다. 시저가 포로들의 몸값으로 어떻게 국고를 채웠는지, 그가 어떻게 가난한 자들과 함께 울었는지, 그가 왕관을 거절하고 유언을 통해 자기 재산을 사회에 환원했는지 등 시저의 알려지지 않은 사실들을 말한다. 그는 사실을 열거하고 군중에게 질문을 던지며 군중들이 결론을 이끌어내게 만든다.

"저는 여러분들도 알고 있는 사실을 말할 뿐입니다."

그는 놀라운 말솜씨로 군중의 마음을 움직이고, 군중의 동정심에 호소하고 그들의 분노를 불러일으켰다. 안토니의 연설 전문을 소개한다. 모든 연설문을 다 찾아도 이보다 더 좋은 자료는 없을 것이다. 셰익스피어의 어휘는 어떤 다른 작가보다 더 방대하다. 그는 언어의 마술사다. 〈맥베스〉, 〈햄릿〉, 〈줄리어스 시저〉를 공부하는 사람은 부지불식간에 자신의 어휘력을 더욱 넓힐 수 있을 것이다.

안토니 : 친구들, 로마인들, 제 말을 들어주십시오.

저는 시저를 찬양하러 온 것이 아니라 묻어주러 왔습니다.

사람이 행한 악행은 그가 죽은 후에도 남지만

선한 행실은 시신과 함께 땅에 묻힙니다.

시저도 마찬가지입니다. 브루투스는 시저가 야망이 있었다고 말합니다.

그것이 사실이라면 큰 잘못이겠지요.

시저는 그 죗값을 치렀습니다.

저는 브루투스와 훌륭하신 그의 동료들의 허락을 빌어

시저의 장례식에 추도사를 하고자 나왔습니다.

그는 나의 친구였습니다.

하지만 브루투스는 그가 야심이 있었다고 합니다.

그리고 브루투스는 훌륭한 사람입니다.

시저는 많은 포로를 로마로 데려왔고

그들의 몸값으로 국고를 채웠습니다.

이것이 시저의 야심이었습니까?

불쌍한 자들이 울부짖을 때 시저도 함께 울었습니다.

야심은 좀더 냉정한 사람이 가져야 하는 것입니다.

하지만 브루투스는 그가 야심이 있었다고 말합니다.

브루투스는 훌륭한 분입니다.

루퍼컬 축제 때 모두 보셨을 것입니다.

제가 시저에게 세 번이나 왕관을 바치는 것을.

그리고 그가 세 번이나 거절했습니다. 이것이 야심입니까?

하지만 브루투스는 그가 야심이 있었다고 말합니다.

브루투스는 훌륭한 분입니다.

저는 브루투스의 말을 반박하려는 것이 아닙니다.

그저 제가 아는 것을 말하려고 이 자리에 섰습니다.

여러분 모두 한때 이유가 있어 그분을 사랑했습니다.

그를 애도하는데 주저할 이유가 뭐가 있습니까?

오 판단력이여, 그대는 잔인한 짐승들과 달아났구나.

인간은 이성을 잃었구나! 죄송합니다. 저를 이해해주십시오.

내 심장은 시저와 함께 관에 있습니다.

제가 평정을 찾을 때까지 좀 쉬어야 겠습니다.

시민 1 : 그의 말이 맞는 것 같아.

시민 2 : 사건을 잘 살펴보면, 시저가 억울하지.

시민 3 : 그렇지 않아요?

　　　　　시저 대신에 더 악독한 것들이 그 자리를 차지할까 무섭네.

시민 4 : 저 사람 말 들었지? 시저는 왕관을 안 받으려했대.

야심이 없었다고.

시민 1 : 그게 사실이면, 누군가는 대가를 치르겠지.

시민 4 : 잠깐만, 안토니가 연설을 시작했어.

안토니 : 하지만 어제만 하더라도 시저의 말은 세상을 호령했습니다. 지

금 시저는 저기 누워있습니다.

그리고 아무도 그에게 경의를 표하지 않습니다.

여러분, 내가 만약 여러분의 마음을 선동하여

반란이 일어난다면

브루투스와 카시우스를 욕되게 하는 것입니다.

여러분도 아시다시피 그 둘은 훌륭한 사람들입니다.

그분들을 곤란하게 하느니

차라리 죽은 시저와 저 자신과 여러분을

욕되게 하는 것이 낫습니다.

여기 시저의 인장이 찍힌 문서가 있습니다.

시저의 유서로 그의 옷장에 있더군요.

평민들만 유서를 듣게 합시다.

미안합니다. 제가 읽겠다는 뜻은 아닙니다.

제가 유서를 읽으면 평민들은 시저에게 가서 시저의 상처에 키스하고

그의 피에 그들의 손수건을 적시며

시저를 기억하기 위해 그의 머리카락 한 올만 달라고 애원할 것이고

죽을 때 유언장에 남겨 이 위대한 유산을

자손대대로 남기려 할 것입니다.

시민 4 : 유서의 내용을 듣고 싶습니다. 읽어주십시오.

시민들 : 유언을 읽어 주시오! 우리는 시저의 유언을 듣고 싶습니다.

안토니 ; 참으십시오. 유언장을 읽으면 안 됩니다.

시저가 여러분들을 얼마나 사랑했는지 모르는 편이 좋습니다.

여러분은 목석이 아니라 따듯한 피가 흐르는 인간입니다.

인간이기에 시저의 유언을 들으면

가슴속이 불타오를 것입니다.

여러분이 그의 상속인임을 모르는 편이 낫습니다.

만약 그 사실을 알면 어떤 일이 벌어질지!

시민 4 : 읽으시오. 우리는 들어야겠소.

안토니 : 좀 참아주십시오. 잠깐만 기다려주시겠습니까?

여러분께 유언장 이야기를 한 제가 경솔했습니다.

저 훌륭한 분들께 누가 될까 두렵습니다.

시저를 칼로 찌른 분들께 말입니다. 저는 두렵습니다.

시민 4 : 저들은 살인자들이오.

시민들 : 유언장! 유언장!

시민 2 : 그들은 악당들, 살인자들이오. 유언장을 읽으시오!

안토니 : 기어코 유언장을 읽어야겠습니까?

　　　그렇다면 시저 주변으로 모이십시오.

내가 내려가도 되겠습니까?

시민들 : 내려오시오.

시민 2 : 내려오시오.

시민 3 : 괜찮아요.

시민 4 : 원을 만들어요.

시민 1 : 관에서 물러나요. 시체에서 물러나요.

시민 2 : 안토니에게 자리를 만들어 줍시다!

안토니 : 밀지마시고 물러서세요.

시민들 : 물러서요. 공간을 만듭시다!

안토니 : 눈물 흘릴 준비를 하십시오.

여러분은 이 망토를 잘 알 것입니다.

저는 시체가 처음 그 망토를 걸쳤을 때가 기억이 납니다.

여름날 저녁 텐트 안에서였죠.

그날 그분은 너비족을 정벌했습니다.

이곳이 카시우스의 검이 뚫고 지나간 자리입니다.

카스카가 남긴 이 상처를 보십시오.

그분이 그토록 총애하던 브루투스가 남긴 자국입니다.

신이시여! 판단해주소서. 시저가 얼마나 그를 사랑했는지!

이것이야 말로 가장 잔인한 상처입니다.

시저는 그토록 아끼던 브루투스가 자신을 지르는 것을 보고

배은망덕에 가슴이 무너져버렸습니다.

망토로 얼굴을 가린 채

폼페이의 조상 밑에

붉은 피를 떨어뜨리며 위대한 시저는 쓰러졌습니다.

여러분! 우리 모두가 쓰러진 것입니다.

반역자들은 우리 위에 군림하고 있습니다.

이제 여러분도 우는 군요. 그것은 거룩한 눈물입니다.

시저의 옷에 난 상처를 보았을 뿐인데 이렇게 눈물을 흘리는군요.

여기 그 분이 계십니다. 반역자들에게 난자당한 모습으로.

시민 1 : 비참한 광경이구나!

시민 2 : 시저여!

시민 3 : 비통한 날이로다!

시민 4 : 배신자들, 악당 같으니!

시민 1 : 처참하도다

시민 2 : 우리가 복수해야 한다.

시민들 : 복수! 복수! 태워라! 불 질러! 반역자는 한 놈도 살려두지 말아라!

안토니 : 잠깐만요! 진정하십시오.

시민1 : 거기 조용히 하시오! 안토니의 말을 들읍시다.

시민 2 : 안토니의 말을 따릅시다. 우리는 그와 함께 죽겠소.

안토니 : 여러분, 내말에 흥분하여 이러시면 안 됩니다.

이런 짓을 한 분들은 훌륭하신 분들입니다.

내가 모르는 개인적인 원한이 있었을지 모르지요.

그들은 현명한 분들입니다.

이유가 있었겠지요.

저는 여러분의 마음을 빼앗기 위해 온 것이 아닙니다.

저는 브루투스 같은 연설가도 아닙니다.

여러분이 아시다시피 친구를 사랑하는 평범한 사람일 분입니다.

저들도 잘 알기에 제가 여러분께 연설하도록 허락해 준 것입니다.

저는 말재주도 없습니다.

그저 솔직하게 여러분께 말씀드릴 뿐입니다.

그저 불쌍한 시저의 상처를 여러분께 보여드릴 뿐입니다.

제가 브루투스이고 브루투스가 저라면

저는 여러분의 정신을 흔들어

로마 전체가 봉기하게 만들 것입니다.

시민들 : 우리가 반란을 일으킵시다.

시민 1 : 브루투스의 집을 불태웁시다.

시민 3 : 갑시다. 반역자들을 찾아냅시다.

안토니: 잠깐만 제 말을 들어보십시오.

시민들 : 조용! 안토니의 말을 듣읍시다.

안토니 : 여러분, 이유도 없이 왜 이런 일들을 하려합니까?

왜 시저가 여러분의 사랑을 받아야 합니까?

여러분이 잘 모르니 제가 말씀드리지요.

제가 말씀드린 유언장에 대해서는 잊고 있군요.

시민들 : 유언장! 유서의 내용을 듣읍시다.

안토니 : 여기 시저의 봉인이 찍힌 유언장이 있습니다.

시저는 모든 로마시민들에게 75 드라크마씩 유산을 남겼습니다.

시민 2 : 우리가 그의 복수를 합시다!

시민 3 : 오! 시저!

안토니 : 제 말을 끝까지 들으십시오.

시민들 : 조용!

안토니 : 게다가 시저는 여러분에게 그의 모든 농장과 티베르 강 안쪽에

　　　　있는 그의 정원과 과수원을 남겼습니다.

　　　　여러분과 여러분의 후손들에게 이것들을 남겼습니다.

　　　　자유롭게 거닐며 즐길 수 있는 공동의 휴식공간으로 말입니다.

　　　　시저는 이런 사람이었습니다! 언제 그런 사람을 또 만날 수 있겠

　　　　습니까?

시민 1 : 결코 없을 것이오. 결코! 자 갑시다!

시저의 시신을 거룩한 장소에서 화장하고

타다 남은 장작으로 반역자들의 집을 불태웁시다.

시신을 옮깁시다.

시민 2 : 가서 불을 가져오시오!

시민 3 : 의자를 부숴라

시민 4 : 창문이건 되는대로 다 뜯어내라.

(시민들 시신과 함께 퇴장)

안토니 : 이제 되었다. 재앙이여 이제 네 차례다.

　　　　어서 일어나 너의 길을 가라.

요약

1. 공통분모를 찾아라. 처음부터 청중들이 당신의 말에 동의하게끔 만들어라.

2. 처음부터 사람들이 '아니요' 라는 말을 하지 않도록 주의해라. 사람이 일단 '아니요' 라는 말을 하면 자존심 때문에라도 그 말을 계속 고집하게 된다. 처음부터 긍정의 답을 얻어 낼수록 청중을 설득하기가 쉬워진다.

3. 증명하겠다는 말로 시작하지 마라. 그 말은 반발만 불러일으킨다. 청중은 "얼마나 잘하나 보자" 라는 식으로 반응할 것이다. 적절한 질문을 하고 청중들이 해답을 찾는 과정에 동참하게 해라. "최선의 논쟁은 설명하는 것처럼 보인다."

4. 셰익스피어가 쓴 가장 유명한 연설은 안토니의 추도사이다. 로마 시민들은 반역자들에게 우호적이었다. 그런데 어떻게 안토니가 교묘하게 그들을 분노하게 만드는지 살펴보아라. 그가 논쟁하지 않았다는 사실에 주목하라. 그는 사실을 제시하고 청중이 스스로 의견을 제시하게 만들었을 뿐이다.

11장

어떻게 마무리
지을 것인가?

당신이 연사로서 미숙함이나 노련함, 재능이 어느 부분에서 보이는 지 알고 싶은가? 바로 시작과 끝 부분이다. 연극에는 이런 격언이 있다. "배우가 등장하고 퇴장하는 모습만으로도 배우의 수준을 알 수 있다."

시작과 끝! 이 둘은 능숙하기 처리하기 힘든 부분이다. 예를 들어 사교 모임에서 가장 힘든 부분이 우아하게 등장하고 우아하게 퇴장하는 것이 아닌가? 비즈니스 관련 면담에서 인상적인 첫 만남과 성공적인 마무리만큼 어려운 것이 있을까?

연설에서 마무리는 전략적으로 가장 중요한 부분이다. 마지막에 하는 말은 청중의 귀에 남아 연설이 끝나도 맴돈다. 하지만 초보자들은 마무리의 중요성을 잘 모른다.

초보자들이 가장 잘 저지르는 실수가 무엇인가? 몇 가지를 살펴보고 해결책을 찾아보자.

첫째, "이 문제에 대해 제가 할 말은 여기까지입니다. 여기서 마쳐야 겠군요." 이것은 끝이 아니다. 이것은 실수다. 전형적인 아마추어임을 보여주고 있다. 할 말을 다했으면 즉시 말을 멈추고 앉아야지 할 말을 다 한 것 같다고 질질 끄는 것은 뭐 하러 하는가?

할 말을 다 했는데도 멈추지 않는 연사도 있다. 조시 빌링스는 황소를 잡을 때 뿔을 잡지 말고 꼬리를 잡으라고 했다. 연사는 황소에서 떨어지려고 해도 안전한 것으로 가지 못하고 계속 황소와 같은 자리를 맴돌고 있다.

이럴 때 해결책은 무엇일까? 끝도 계획해야 한다.

훌륭한 연사였던 웹스터, 브라이트, 글래드스톤 같은 사람들도 연설문을 작성하여 암기했다고 한다.

초보자가 이들의 방법을 따르면 후회할 일은 없을 것이다. 연설을 마무리 할 때 어떤 말을 해야 할지 정확히 알고 있어야 한다. 연설의 마무리는 여러 번 연습해야 한다.

즉흥 연설은 하는 도중에 내용이 변할 수도 있고 상황에 맞춰 분량을 축소하는 등 예상치 못한 경우가 일어나기 때문에 마무리 말을 명확하게 해놓는 것이 현명하다. 두세 개 정도 마련했다가 상황에 따라서 적절하게 사용하면 되겠다.

어떤 연사들은 도무지 언제 끝내야 할지를 모른다. 중언부언하다가 몇 차례 끝낼 듯 말 듯 하다가 끝을 낸다. 이런 사람들은 물론 더 많은 연습과 준비가 필요하다.

많은 초보자들이 갑자기 연설을 끝내버린다. 그들의 마무리에는 매끄러움이 부족하다. 그들의 말에는 끝이 없다. 갑자기 끝이 난다. 청중은 기분이 깔끔하지 않다. 이것은 마치 친구와 이야기를 하는데 인사도 없이 갑자기 나가는 것과 같은 기분일 것이다.

링컨도 첫 취임식 초고에서 이런 실수를 저질렀다. 증오와 불화가 가득한 시기였다. 링컨은 남부 시민들을 향한 연설을 이렇게 끝내려고 계획했다.

"불만으로 가득한 시민 여러분, 내전이라는 중요한 문제는 제 손이 아니라 여러분의 손에 달려있습니다. 정부는 여러분을 공격하지 않을 것입니다. 여러분이 공격하지 않으면 전쟁은 일어나지 않을 것입니다. 여러분은 정부를 파괴하겠다는 맹세를 하늘에 대고 하지 않았지만 저는 맹세컨대 정부를 보호하겠습니다. 여러분은 정부를 공격하는 것을 중지할 수 있지만 저는 정부를 지키는 일에서 물러설 수 없습니다. 평화냐 전쟁이냐는 제가 아닌 여러분에게 달려있습니다."

링컨은 이 연설문을 슈어드 장관에게 보여주었다. 장관은 즉시 끝부분이 너무 앞부분과 연계성이 없고 호전적이라는 지적을 했다. 슈워드가 직접 연설문을 손봐주었다. 사실 그는 두 개의 원고를 작성했는데 링컨이 둘 중의 하나를 골라 약간 수정해서 연설에 사용했다. 그 결과 그의 첫 취임 연설은 처음의 호전적인 분위기에서 벗어나 부드러움과 시적인 아름다움을 갖춘 연설이 되었다.

"이제 연설을 끝내려니 섭섭합니다. 우리는 적이 아니라 친구입니다. 우리는 적이 되어서는 안 됩니다. 열정이 식었을지 몰라도 우리의 애정의 끈은 끊어져서는 안 됩니다. 전쟁터와 영웅의 무덤에서부터 이 광활한 대지위에 모든 인간으로 이어진 줄에 천사의 손길이 와 닿을 것이며 그때 연방의 대합창이 울려 퍼질 것입니다."

초보자는 어떻게 잘 끝맺음을 할 수 있을까? 규칙으로?

아니다. 그것은 거의 직관적으로 이뤄져야 한다. 명연설가들의 방법을 잘 연구하면 어느 정도 요령을 배울 수 있을 것이다. 그 예로 영국 황태자가 토론토의 엠파이어 클럽에서 한 연설을 소개하고자 한다.

"여러분, 제가 너무 제 이야기만 한 것 같습니다. 하지만 제 신분과 그에 수반되는 책임에 대한 저의 생각을 여러분께 말씀드리고 싶었습니다. 여러분의 믿음을 저버리지 않도록 열심히 노력하겠습니다."

맹인이 이 말을 들어도 연설이 끝났구나 라고 생각할 것이다. 마무리가 아주 깔끔하다.

유명한 해리 에머슨 포스딕 박사는 6차 국제연맹 회의가 개막된 후 제네바 성당에서 연설했다. '칼로 흥한 자 칼로 망한다' 라는 내용이었다. 얼마나 아름답고 박력 있게 끝을 맺는지 살펴보라.

"우리는 예수 그리스도와 전쟁을 화해시킬 수 없습니다. 전쟁은 인류에 해를 끼치는 사회악입니다. 지극히 비기독교적이고, 방법과 결과가 예수님이 주장하는 것과는 정반대입니다. 교회가 우리 사회의 도덕적 문제를 우리의 문제로 보고 아버지 시대에 그랬던 것처럼 우상숭배를 배격하고, 호전적인 국가들의 손짓에 양심을 저버리는 것을 거부하고, 민족주의 위로 하나님의 왕국을 높이 세우고 평화를 외쳐야 할 때가 지금입니다.

오늘 이곳, 사랑 가득한 지붕 아래서 저는 미국인으로서 미국 정부를 대변하여 말할 수 없습니다. 하지만 미국인이자 기독교도로서 여러분이 성공하기를 기원합니다. 우리는 평화로운 세계라는 공통의 목적을 위해 노력하고 있습니다. 이보다 더 가치 있는 목표는 없습니다. 평화 이외의 다른 방법은 인류에게 재앙만을 가져다 줄 것입니다. '칼로 흥한 자는 칼로 망한다' 는 법칙에서 자유로운 인간이나 나라는 없습니다."

다음은 링컨의 두 번째 취임 연설 중의 일부이다.

"우리는 순진하게 전쟁의 고통이 빨리 사라지기를 기도합니다. 하지만 전쟁이 계속되는 것이 신의 뜻이라고 해도 여전히 하나님의 뜻은 정의로우며 옳습니다.

누구에게도 원한을 품지 말고, 모두에게 자비심으로 우리의 문제를 해결해 나갑시다. 나라의 상처를 꿰매고, 전쟁 미망인과 전쟁고아들을 돌봅시다. 영원한 평화를 이루기 위해 우리가 할 수 있는 모든 일을 합시다."

당신은 인간이 할 수 있는 가장 아름다운 연설을 읽었다. 내 의견에 동의하는가?

윌리엄 바튼은 〈링컨의 생애〉에서 이렇게 말한다. "게티즈버그의 연설도 훌륭하지만, 이 연설은 한 단계 위이다. 이는 링컨의 연설 중 최고이고 그의 지적인 능력과 영적인 힘을 보여준다."

칼 슐츠는 이렇게 썼다. "이것은 신성한 시와 같다. 어떤 미국 대통령도 미국 사람들에게 이런 말을 한 적이 없다. 마음 깊은 곳에서 우러나온 말을 하는 대통령이 없었다."

하지만 당신은 대통령이나 총리로서 모든 사람의 뇌리에 박힐 연설을 할 일은 없을 것이다. 당신이 당면한 문제는 기업인 모임에서 담화를 어떻게 잘 끝내는가 하는 정도일 것이다. 유용한 방법을 찾아보자.

핵심을 요약해라.

3분에서 5분 정도 되는 짧은 연설에서도 연사는 너무 많은 내용을 커버하려고 하여 청중들은 막판에 연사가 무슨 말을 했는지 헷갈리게 된다. 하지만 이 사실을 알고 있는 연사는 거의 없다. 그들은 자신이 하는 말은 잘 알고 있으니까 청중들도 그럴 거라고 짐작한다. 전혀 그렇지 않다. 연사는 오랫동안 자신의 연설에 대해 생각하지만 청중들은 그가 하는 말은 처음 들어본다. 이해되는 것도 있겠지만 대부분은 공중에서 사라져 버린다.

아일랜드의 어떤 정치인은 연설에 대해 이런 말을 했다고 한다. "첫째, 청중에게 곧 이야기를 시작할 것이라고 하고 이야기를 해라. 다음에는 당신이 이런 말들을 했다고 다시 한 번 각인시켜주어라."

"청중에게 다시 한 번 각인 시키는 것"은 아주 좋은 방법이다.

여기 좋은 예가 있다. 연사는 시카고 Y. M. C. A에서 빌의 대중 연설 수업을 듣는 학생이었다. 그는 시카고 철도회사 직원이었다.

"간단히 말해, 이 차단장치를 우리 집 뒤뜰에서 시험해 본 경험, 동부와 서부, 북부에서 사용해본 경험, 간단한 작동원리, 경제성 등을 고려해 볼 때 우리 남부 지점에서도 이 장치를 즉시 설치할 것을 건의하는 바입니다."

연설문 전체를 읽지 않아도 그가 어떤 내용의 연설을 했는지 알 수 있다. 이런 식의 요약이 효과적이지 않는가? 그렇다면 즉시 써먹어라.

행동을 촉구하라.

앞에 인용한 끝부분은 행동을 촉구하는 아주 훌륭한 예이다. 연사는 차단 장치가 남부 지점에 설치되기를 바랐다. 연사는 행동을 원했고 성공했다. 이것은 단순한 연습 연설이 아니라 철도회사 이사진 앞에서 한 연설이고 차단 장치를 설치하는 데 성공했다.

진정한 칭찬

"위대한 펜실베이니아 주는 새로운 시대의 도래를 앞당기는 데 앞장 서야 합니다. 강철의 생산지이고 세계 최대 철도회사의 모태이자 미국 에서 농업 생산량이 세 번째로 많은 펜실베니아는 미국의 중심도시입 니다. 지금이 펜실베니아가 미국을 이끌 수 있는 가장 좋은 시점입니 다."

찰스 슈웝은 이런 말로 뉴욕의 펜실베니아 소사이어티 연설을 끝냈 다. 이것은 바람직한 마무리 방법이다. 하지만 더 효과적이기 위해서는 아첨이 아니라 진심이 담긴 칭찬이어야 한다. 이런 종류의 마무리는 청 중을 감동시키지 못하면 가식으로 들려 어떤 누구도 귀 기울여 듣지 않 을 것이다.

유머를 사용한 마무리

조지 코핸은 "작별인사를 할 때는 항상 웃겨라."라는 말을 했다. 그 럴 능력이 되고 웃긴 소재가 있다면 좋은 방법이다. 하지만 어떻게 할 것인가? 각자가 자기만의 방식대로 하는 수밖에 없다.

로이드 조지가 감리교 신자들에게 존 웨슬리의 무덤과 관련한 엄숙한 주제로 이야기하며 청중을 웃게 하리라고는 아무도 상상하지 못했다.

"저는 여러분이 존 웨슬리의 무덤을 보수하기 시작했다는 말을 듣고 기뻤습니다. 그분은 지저분한 것을 싫어하시는 성품이셨습니다. '감리교 신자는 초라하게 보이면 안 된다.' 라는 말도 그분이 하신 것 같네요. 그분 덕분에 신도 여러분 중에 초라한 분이 없네요. (웃음) 그분이 지나갈 때 '하나님의 은총이 함께하시기를, 웨슬리 선생님.' 이라고 말하자. 그는 이렇게 대답했습니다. '아가씨, 아가씨의 얼굴과 치마가 좀더 깔끔하면 축복이 더 내릴 텐데.' 라고 말했습니다. (웃음) 그분의 무덤을 깔끔하게 유지시켜 주십시오. 그분이 지나가시다가 지저분한 것을 보시면 가슴 아파하실 것입니다. 그곳은 성스러운 장소입니다.(환호)"

시구 인용으로 마무리

마무리할 때 시구나, 유머를 사용하면 효과적이다. 연설을 마무리할 때 시 구절을 인용하면 당신의 품격이 훨씬 올라갈 것이다.

로터리 클럽 회원인 해리 로더 경은 에딘버러 집회에 참석한 미국 로터리 클럽 대표단 앞에서 연설을 다음과 같이 마무리했다.

"여러분이 집에 돌아가시면 몇 분은 제게 엽서를 보내주실 겁니다. 안 보내시면 제가 보내지요. 제가 보낸 엽서는 우표가 없을 테니 쉽게 알아보실 수 있을 것입니다. (웃음) 엽서에 다음과 같은 글이 적혀 있을 것입니다.

'계절은 왔다가 가네

　　모든 것은 시드는 법

　　그러나 아침 이슬처럼 생생하게 피어나는 것이 있으니

　　그것은 바로 당신을 향한 나의 사랑.'"

　이 짧은 시는 해리 로더의 성격과 잘 맞았고, 연설의 의도와도 잘 맞았다. 그러나 근엄한 로터리클럽 회원이 근엄한 연설 끝에 이 시를 사용했다면 웃음거리가 될지 모른다. 대중연설을 가르치면 가르칠수록 모든 경우에 적용되는 일반적인 규칙을 찾기가 불가능하다는 것을 점점 더 깨닫게 된다. 사도 바울이 말했듯이 자신의 구원은 자신이 알아서 하는 수밖에 없다.

　최근에 어떤 유명인사의 환송파티에 초대받아 간 적이 있었다. 연사들이 차례대로 일어나 떠나는 친구를 환송하고 성공을 기원했다. 단 한 명만이 시구절을 활용하여 인상적인 마무리를 보여주었다. 그 연사는 감정을 담아 친구를 바라보며 말했다.

　　"자 이제 안녕이네요. 행운을 빕니다.

　　나는 동양인들이 하듯 가슴에 손을 얹고

　　알라 신이 당신과 함께 하기를 빕니다.

　　당신이 어디로 오든, 어디로 가든

　　알라신의 아름다운 종려나무가 자라나기를

　　낮의 수고와 밤의 휴식을 통해

알라의 사랑이 당신과 함께 하기를

나는 동양인들이 하듯 가슴에 손을 얹고

알라 신이 당신과 함께 하기를 빕니다."

브루클린의 L. A. D. 모터스의 부사장 애버트 씨는 회사 직원들에게 충성과 협동이라는 주제로 연설했다. 그는 그의 연설을 키플링의 정글 북에서 따온 시구로 마무리했다.

"자 이것이 정글의 법칙이다.

법칙을 따르는 늑대는 번성할 것이고 이를 따르지 않는 늑대는 죽을 것이다.

나무줄기를 휘감는 덩굴처럼 이 법칙이 정글을 지배한다.

무리의 힘이 곧 늑대의 힘이고 늑대의 힘이 곧 무리의 힘이 된다."

도서관에 가서 사서에게 당신이 준비하는 연설의 주제에 대해 말해 주면 적당한 것을 뽑아 줄 지 모른다.

성서 인용의 힘

성경 구절을 인용할 수 있다면 당신은 운이 좋은 사람이다. 성서 인용은 큰 효과가 있다. 유명 재정 전문가 프랭크 밴더립은 미국에 대한 연합국의 채무에 대한 주제로 연설하면서 이 방법을 썼다.

"만약 우리가 이기심에서 꼭 받아내야 한다고 주장한다면 우리는 현금이 아니라 증오를 받을 것입니다. 우리가 관대하다면 우리는 청구금액을 다 받을 것이고, 우리가 그들에게 베푸는 선은 우리가 주는 어떤 것보다 더 우리에게 이득이 될 것입니다. '누구든지 자기 목숨을 구하려는 자는 목숨을 잃을 것이요. 나와 복음을 위해 목숨을 버리는 자는 목숨을 얻으리라.'"

클라이맥스

점층법은 많이 쓰는 마무리 기법이다. 모든 주제에 적합한 방법이 아니고, 적용하기도 어렵다. 하지만 잘 사용하면 아주 효과적이다. 이 방법은 문장이 점차 정점을 향해 가면서 강해진다.

링컨은 나이아가라 폭포에 대한 강연을 준비하면서 점층법을 사용했다. 각각의 비교가 어떻게 더 강해지는지, 콜럼버스, 예수, 모세, 아담 등의 시기와 비교하면서 어떻게 점층적 효과를 내는지 주목해보아라.

"그것은 아득한 과거를 떠올립니다. 콜럼버스가 처음 신대륙을 발견했을 때, 그리스도가 십자가에서 고통을 당했을 때, 모세가 이스라엘 사람들을 이끌고 홍해를 건넜을 때, 아담이 하나님의 손끝에서 처음 나왔을 때에도 지금처럼 나이아가라 폭포는 이곳에 있었습니다. 인류가 존재하기 이전부터 나이아가라 폭포는 존재했습니다. 오래전에 멸종한 매머드와 마스토돈도 나이아가라를 바라보았습니다. 그 오랜 세월 동안 나이아가라는 결코 멈추지 않고, 말라붙은 적도, 얼어붙은 적도, 잠을 잔적도, 휴식을 취한 적도 없었습니다."

웬델 필립스도 이와 같은 방법을 사용했다. 50년 전에 쓰인 이 연설은 문체가 화려하지만 아주 재미있다.

"저는 그를 나폴레옹이라고 부르겠습니다. 나폴레옹은 맹세를 깨고 피의 바다를 통해 제국을 세웠습니다. 그는 허황된 말을 한 적이 없었습니다. '보복하지 않는다.' 는 그의 좌우명이었습니다. 그는 프랑스에서 자신의 아들에게 마지막으로 이런 말을 남겼습니다. '아들아, 너는 산토도밍고로 돌아갈 것이다. 프랑스가 아버지를 죽였다는 사실은 잊어라.' 저는 그를 크롬웰이라 부를 수 있겠지만 크롬웰은 일개 군인일 뿐이었고 그가 세운 나라는 그와 함께 무덤으로 들어갔습니다. 저는 그를 워싱턴이라 부를 수 있겠지만 그는 노예 소유주였습니다. 나폴레옹은 노예무역을 허용하느니 자신의 왕국을 위태롭게 하는 쪽을 택했습니다.

여러분은 제가 광신도라고 생각할지 모르지만 그것은 편견을 가지고 역사를 읽었기 때문입니다. 지금부터 50년 후 진실이 힘을 가지게 될 때, 역사의 여신은 포시온을 그리스인으로, 브루투스를 로마인으로, 햄든과 라파례트를 각기 영국과 프랑스를 대표하는 인물로, 워싱턴을 초기 문명을 찬란히 꽃피운 인물로, 존 브라운을 한낮의 성숙한 과일로 평가할 것이고 역사의 여신은 태양빛에 펜을 찍은 후 푸른 하늘에 이 위인들 위로 군인이자 정치인 순교자 뚜상 루베르띄르의 이름을 적을 것입니다."

연설은 간단하게 해라.

좋은 시작과 끝을 찾을 때까지 탐색을 계속해라.

빠르게 움직이는 시대 분위기에 맞춰 자신의 말을 짧게 자르지 못하는 연사는 환영받지 못할 것이다.

이 부분에서 타르수스의 사울 같은 성인도 실수를 저질렀다. 그는 청중 중에 유티쿠스라는 이름의 청년이 연설을 듣다가 졸아 창문에서 떨어져 목이 부러질 때까지 설교를 이어나갔다. 아마 그때도 설교를 계속했을 것이다. 예전에 브루클린의 유니버시티 클럽에서 연설을 한 의사가 기억이 난다. 이미 많은 연사들의 연설이 있은 후였고 시각은 벌써 2시였다. 그가 상식이 있는 사람이었으면 짧게 연설을 끝내고 사람들을 집에 보냈을 것이다. 하지만 그는 눈치 없이 생체해부에 반대하는 45분간의 연설을 했다. 연설이 중간도 가기 전에 사람들은 그가 유티쿠스처럼 창문에서 떨어져 어디라도 부러져서 연설이 끝났으면 하고 바랬다.

〈세터데이 이브닝 포스트〉지의 편집자 로리머는 잡지의 기사들이 인기의 정점에서 개재를 중단했다. 왜 중단했을까? 하필이면 왜 그때? 로리머는 이렇게 답한다. "인기의 정점을 지나면 곧 식상해지기 때문이죠."

연설에도 이와 같은 원리가 적용되어야 한다. 청중이 이야기를 더했으면 하는 그 시점에 멈춰라.

예수의 가장 위대한 연설 산상 수훈은 5분정도 된다. 링컨의 게티즈버그 연설은 달랑 10문장에 불과하다. 창세기의 창조부분은 조간신문에서 살인 사건 기사를 읽는 시간보다 짧다. 짧게 해라!

존슨 박사는 아프리카의 미개 부족에 관한 책을 썼다. 그는 49년 동안 마을에서 그들과 함께 살며 그 부족을 관찰했다. 부족 회의에서 연사가 말을 너무 길게 하면 청중들은 연설을 중단시킨다.

다른 부족은 연사가 한 발로 서 있을 수 있는 시간만큼만 연설을 하도록 허용한다. 들고 있는 발의 발가락이 땅에 닿는 순간 그는 말을 멈춰야 한다.

　이들보다 더 교양 있는 보통의 백인 청중들도 아프리카 부족들만큼
이나 긴 연설은 싫어한다.

　요약

---

1. 연설의 끝은 전략적으로 아주 중요하다. 마지막에 들은 말이 가장
   오래 기억에 남는다.

2. "이 문제에 대해 할 말은 대략 끝난 듯합니다. 이쯤에서 마무리
   지어야 겠습니다."라고 말하며 끝내지 마라. 할 말을 다했으면 주
   저 없이 끝내라.

3. 마무리 부분을 꼼꼼하게 계획해라. 마지막에 할 말은 정확하게 알
   고 있어야 한다.

4. 7가지 마무리 방법

   a. 간단하게 요약해라.

   b. 행동을 촉구해라.

   c. 청중에게 진심어린 찬사를 보내라.

   d. 웃게 해라.

   e. 시구를 인용해라.

   f. 성경구절을 이용해라.

   g. 점층법을 활용한다.

5. 청중이 끝냈으면 하기 전에 끝내라.

12장

의미를 명확하게
하려면

제 1차 세계대전 중에 유명한 영국의 주교가 롱 아일랜드의 업톤 캠프에서 병사들에게 연설했다. 그들은 전선으로 가는 길이었는데 자신들이 왜 그곳으로 차출되었는지 아는 사람은 거의 없었다. 그 주교는 "국제 친선", "세르비아의 권리" 운운하며 연설했다. 흑인병사들의 절반은 세르비아가 무엇인지 제대로 알지도 못했다. 무장을 한 헌병들이 지키고 있었기 때문에 주교의 말을 이해하지도 못하면서 병사들은 억지로 연설을 듣고 있어야 했다. 주교의 연설은 실패했다. 그는 청중을 몰랐고, 연설의 목적과 어떻게 하면 성공적으로 목적을 달성해야 하는지 몰랐다.

연설의 목적은 무엇인가? 연설의 목적은 다음과 같다.

 1. 명확히 이해시킨다.

 2. 감동을 준다.

 3. 행동하게 만든다.

 4. 즐거움을 준다.

구체적인 본보기들을 들어보자.

기계에 대해 관심이 많았던 링컨은 좌초된 배를 들어 올리는 장비를 개발하여 특허를 받았다. 그는 법률 사무소 근처의 철공소에서 일하며 그 장비의 모델을 만들었다. 그 장치는 쓸모는 없었지만 링컨은 열정적으로 작업했다. 친구들이 그 장비를 보러 왔을 때 그는 자랑스럽게 설명했다. 이때 그의 연설의 목적은 분명히 이해시키는 것이다.

게티즈버그에서 행한 불멸의 연설, 취임식 연설, 헨리 클레이를 위한 추도사의 목적은 감동을 주기 위함이다.

배심원들에게 말할 때는 유리한 판결을 얻기 위해 연설했고 정치 연설에서는 표를 얻으려 했다. 여기서 그의 연설의 목적은 행동을 이끌어내는 것이다.

그가 대통령에 당선되기 2년 전, 링컨은 발명에 대한 강연을 준비했다. 그 연설의 목적은 즐거움을 주기 위한 것이다. 하지만 성공하지 못했다. 대중 연설가로서의 그의 경력은 사실 실망스러운 수준이었다. 어떤 마을에서는 그의 말을 들으러 온 사람이 한명도 없었다.

하지만 다른 연설에서 그는 성공했다. 왜일까? 이 경우에 그는 연설의 목적을 정확하게 알았고, 목적 달성을 위해서 어떻게 해야 하는지 알고 있었다. 수많은 연사들이 이것을 몰라서 실패하는 경우가 많다.

예전에 미국의 한 국회의원이 야유 속에 연단을 쫓겨나는 것을 본 적이 있다. 그는 청중에게 미국이 어떻게 전쟁준비를 하고 있는 지 설명했다. 청중들은 설명을 원하지 않았다. 전시여서 예민해 있던 청중들은 즐거움을 원했다. 처음 얼마동안은 인내심을 가지고 들었지만 인내심은 곧 사라졌다. 누군가가 야유를 보내기 시작했다. 곧 천명의 사람들이 소리치고 휘파람을 불어댔다. 둔해서 상황 파악을 못했던 연사는 계속 연설을 이어갔다. 화가 난 청중들의 야유와 함성은 너무나 커서 바로 옆에 있는 사람도 연사의 말을 들을 수 없었다. 결국 그는 굴욕 속에 퇴장했다.

연설을 준비하기 전에 연설의 목적을 정해라. 기술적으로, 과학적으로 목적 달성을 위해 준비해라.

13장은 감동적이고 설득력 있게 연설하는 법을, 14장은 재미있게 연설하는 법, 15장은 과학적인 행동 촉구 방법에 대해 설명할 것이다.

비교를 활용해 이해를 도와라.

명확성을 과소평가하지 마라. 나는 최근에 어떤 아일랜드 시인의 시 낭독 회에 참석했다. 낭독회의 절반이 지나도 그가 하는 말을 이해하는 사람이 10퍼센트도 되지 않았다.

올리버 로지 경과 대중연설의 핵심요소에 대해 이야기를 했을 때, 그는 지식과 준비의 중요성을 강조하고 다음으로는 명확한 의사전달을 강조했다.

보불전쟁이 일어났을 때 폰 몰트케 장군은 장교들에게 이렇게 말했다.

"오해하기 쉬운 명령은 반드시 오해를 부른다는 것을 기억하시오."

나폴레옹도 이와 같은 위험을 알고 있었다. 그가 비서들에게 끊임없이 지적한 것도 "명확하게"였다.

제자들이 예수에게 왜 비유를 들어 설교하는 지 묻자 예수는 이렇게 답했다. "그들은 보아도 보지 못하고, 들어도 듣지 못하고 이해하지 못하기 때문이다."

청중에게 생소한 주제에 대해 이야기할 때 청중들이 이해할 수 있을까?

이해할 수 없을 것이다. 그렇다면 어떻게 해야 하는가? 예수는 사람들이 모르는 것을 설명할 때 사람들에게 친숙한 소개를 써서 비유하는 방법을 사용했다. 천국은 어떤 곳인가? 무지한 농부들이 어떻게 알겠는가? 그래서 예수는 농부들이 이미 알고 있는 친숙한 물건들을 예로 사용해 설명했다.

"천국은 가루 서 말 속에 넣어 부풀게 한 누룩과 같다."

"천국은 좋은 진주를 구하는 상인과 같으니……."

"천국은 바다에 던져놓은 그물과 같다."

명쾌하다. 농부들은 이해할 수 있었다. 청중들 속의 부인들은 매주 누룩을 사용했고, 어부들은 매일 바다에 그물을 드리웠으며, 상인들은 매일 진주를 거래했다.

다윗은 예수의 자비로움을 어떻게 설명했을까?

"여호와는 나의 목자시니, 내게 부족함이 없으리로다. 그는 나를 푸른 풀밭에 누이시며 나를 잔잔한 물가로 인도하시는 도다."

선교사들이 성경을 아프리카의 적도 근처에 사는 부족의 방언으로 번역하고 있었다. 그들은 '너희 죄가 진홍같이 붉을지라도 눈처럼 희어질 것이다'라는 구절에 이르렀다. 어떻게 번역할까? 문자 그대로? 말도 안 된다. 이 부족들에게는 눈이라는 단어도 없다. 그러나 그들은 야자수에 올라 점심식사용으로 열매를 땄다. 그래서 알고 있는 것에 비유하여 설명한다는 원칙에 따라 그 구절을 다음과 같이 바꿨다. "비록 너의 죄가 진홍같이 붉을지라도 야자열매의 속살처럼 하예질 것이다."

미주리 주 워렌스버그의 주립교육대학에서 어떤 강사가 알래스카에 대해 강연하는 것을 들은 적이 있다. 그는 아프리카 선교사와는 달리 청중이 알고 있는 사실과 연계하여 설명하지 못했다. 그는 청중들에게 알래스카의 총면적은 590,804제곱미터이고 인구는 64,356이라고 말했다.

보통사람에게 50만 제곱마일은 어떤 의미일까? 일반사람들은 제곱마일단위로 생각하는 데 익숙하지 않다. 구체적인 그림이 떠오르지 않는다. 50만 제곱마일이라고 하면 메인이나 텍사스 정도의 크기인지 감이 오지 않는다. 이렇게 설명했다면 더 쉽게 다가올 것이다. "알래스카와 주변 섬들의 해안선을 합친 길이는 버몬트, 뉴헴프셔, 메인, 매사추세츠, 로드 아일랜드, 코네티컷, 뉴욕, 뉴저지, 펜실베니아, 델라웨어, 메릴랜드, 웨스트버지니아, 노스캐롤라이나, 사우스캐롤라이나, 조지아, 플로리다, 미시시피와 테네시를 합한 것보다 넓습니다." 이렇게 설명하면 알래스카 지역의 크기가 대략 얼마 정도인지 추측할 수 있을 것이다.

그는 알래스카의 인구가 64,356명이라고 했는데, 이를 5분 아니 1

분 후에도 기억할 수 있는 사람은 10명 중에 한명도 안 된 것이다. 왜일까? "육만 사천 삼백 오십 육" 이라고 빨리 말하면 인상에 남지 않는다. 해변 모래에 쓴 글씨처럼 희미한 자국만을 남긴다. 다음에 오는 내용이 금세 지워버린다. 청중에 익숙한 어떤 것과 연계하여 설명하는 것이 더 낫지 않을까? 예를 들어 세인트 조셉은 청중들이 사는 미주리와 멀지 않았다. 많은 사람들이 세인트 조셉에 가봤기 때문에 알래스카의 인구가 세인트 조셉보다 만 명 적다고 설명하면 정확히 이해할 수 있었을 것이다. 추상적인 숫자를 나열하는 것보다 다음과 같이 "알래스카는 미주리보다 여덟 배 크지만 인구는 바로 이곳 웨렌스버그의 열세 배밖에 되지 않습니다."

다음의 설명 (a)와 (b) 중에 어떤 것이 이해하기 쉬운가?

(a) 지구에서 가장 가까운 별은 35조 마일 떨어져 있다.

(b) 기차가 1분에 1마일의 속도로 달릴 때 지구에서 가장 가까운 별까지 4,800만년이 걸린다. 그 별에서 노랫소리가 지구까지 도달하는데 380만년이 걸리고 지구에서 그 별까지 거미줄로 이으려면 500톤 정도의 거미줄이 필요하다.

(a) 세계에서 가장 큰 교회인 성 베드로 성당은 길이가 232야드에 너비가 364피트다.

(b) 성베드로 성당은 워싱턴의 국회의사당 두 개를 합쳐놓은 크기이다.

올리버 로지 경은 대중에게 원자의 크기와 성질을 설명할 때 이 방법을 사용한다. 그가 유럽 청중에게 물 한 방울에 들어있는 원자의 수가 지중해의 물방울 개수만큼 많다고 설명하는 것을 들은 적이 있다. 그의 청중 중에는 지브롤터 해협에서 수에즈 운하까지 항해해 본 사람들이 많았다. 청중들의 이해가 쉽도록 물 한 방울에는 지구상의 풀잎개수만큼 많은 원자가 있다고 설명했다.

리처드 하딩 데이비스는 뉴욕 청중들에게 소피아 사원이 5번가 극장의 관객석만하다고 설명했다.

여러분도 앞에서 설명한 방법을 사용해라. 거대한 피라미드를 설명할 경우 먼저 그것이 451피트라고 말하고, 청중들이 매일 보는 어떤 건물과 비교하여 그 높이를 부연설명해라. 액체를 설명할 때도 몇 천 갤런이니 몇 만 배럴이니 라고 설명하지 말고 우리가 있는 방의 몇 개를 채울 분량이라고 설명해라. 20피트라고 말하지 말고 이 천정의 반 정도 된다고 설명해라. 거리를 설명할 때도 마일이나 킬로미터의 개념을 말하지 말고 여기서 무슨 역까지 아니면 몇 번가까지 정도의 거리라고 설명하는 편이 훨씬 효과적일 것이다.

전문용어를 피해라.

당신이 변호사, 의사, 엔지니어 같은 전문직이라면 쉬운 용어를 써서 연설해야 한다.

전문직 연사들은 청중들이 자신들이 사용하는 용어를 잘 모른다는 사실을 의식하지 못한다. 그 결과는 어떻겠는가? 전문직 연사들은 자신만 알고 있는 용어로 주절댈 뿐이다. 관련지식이 없는 청중들은 하나도 이해할 수 없다.

이런 연사는 어떻게 해야 하는가? 인디애나 주 상원의원 베버리지의 충고를 잘 새겨들어라.

"청중 중에 가장 어리숙한 사람을 골라 그가 당신의 연설에 흥미를 가지게끔 하는 것이 좋은 연습이 될 수 있다. 사실을 명확하게 설명해야만 이 청중은 쉽게 이해할 수가 있을 것이다. 더 좋은 방법은 부모와 함께 온 어린 아이를 연설대상으로 삼는 것이다."

나는 이 강좌의 수강생이던 의사가 "횡경막 호흡은 장의 연동에 좋고 건강에 도움이 된다."라고 말하는 것을 들었다. 그가 그 부분을 그냥 넘어가려기에 나는 그를 제지하고 청중 중에 방금한 말의 의미를 아는 사람 있으면 손을 들어보라고 요청했다. 아는 사람이 거의 없음에 놀란 의사는 다시 되돌아가 이런 식으로 상세하게 설명했다.

"횡경막은 가슴 아래 있는 얇은 근육으로 폐의 바닥과 복강의 천정부위에 있습니다. 가슴 호흡 중 활동을 하지 않을 때는 뒤집어놓은 세면기처럼 구부러진 활 모양입니다.

배로 호흡할 때 횡경막은 호흡할 때마다 아래로 내려가 거의 평평해지고 배근육이 벨트를 압박하게 됩니다. 이렇게 되면 복강 위쪽에 있는 위, 간, 췌장, 비장, 명치가 자극이 됩니다.

숨을 내쉴 때 위와 내장이 횡경막 쪽으로 밀려 올라가면서 자극을 받게 되지요. 이런 마사지는 배변 작용을 돕습니다.

병은 대부분 내장에서 시작됩니다. 위와 내장이 깊은 횡경막 호흡으로 자극받으면 소화불량, 변비 등의 질환이 해결될 것입니다."

명쾌한 연설을 위한 링컨의 비밀

링컨은 누구나 이해할 수 있게 설명하는 것을 좋아했다. 의회에 보낸 첫 메시지에서 그는 사탕발림이란 용어를 사용했다. 인쇄업자인 링컨의 친구가 그 표현이 일리노이의 대중연설에는 괜찮을지 몰라도 역사에 남을 정부 문서로는 부적절하지 않냐고 하자 그는 이렇게 말했다. "사람들이 사탕발림이란 뜻을 모르면 그 표현을 바꾸겠지만 그냥 쓰겠네."

링컨은 녹스 대학 학장이던 걸리버 박사에게 자신이 어떻게 쉽게 표현하는 것을 고집하게 되었는지 설명해 주었다.

"어렸을 때부터 누군가가 어려운 말을 하면 짜증이 났던 것 같아요. 다른 것에는 화가 나지 않았지만 이런 경우에는 항상 화가 났던 것 같아요. 어렸을 때 아버지와 이웃들 간의 대화를 듣고 그 말뜻의 의미를 생각해내려 고민했습니다. 궁금한 것이 생기면 해결할 때까지 잠이 오지가 않았어요. 이해하고 나서도 그 말을 다른 친구들이 이해할 수 있도록 쉬운 말로 표현할 수 있을 때까지 만족하지 않았죠. 그 습관이 아직도 제게 남아 있습니다."

뉴 살렘 학교의 교장이던 멘토 그레이엄은 이렇게 회고했다. "링컨은 어떤 생각을 표현하는 방법이 세 가지가 있다면 가장 좋은 방법이 무엇인지 몇 시간이고 고민했습니다."

사람들인 명확하게 설명하지 못하는 이유는 잘 이해하고 있지 못하기 때문이다. 그들도 링컨이 그랬던 것처럼 모호함을 해결하려고 노력해야 한다.

시각에 호소해라.

4장에서 설명한 것처럼 눈에서 뇌로 연결되는 신경이 눈에서 귀로 연결되는 신경보다 더 많다. 인간은 귀로 듣는 것보다 눈으로 보는 것에 25배나 더 주의를 기울인다. 동양 속담에 이런 말이 있다. "백번 듣는 것보다 한번 보는 것이 낫다."

명확한 이해를 위해서는 머릿속으로 시각화해보는 과정이 필요하다. 내셔널 캐시 레지스터사의 사장인 존 패터슨도 이 방법을 사용했다. 그는 〈시스템 매거진〉에 직원과 영업사원들에게 말할 때 쓰는 방법을 개제했다.

"자신의 말을 이해시키고 관심을 끌기 위해 말에만 의지해서는 안 된다. 보완 자료가 필요하다. 그림으로 자신의 말을 강조하는 것이 더 좋다. 말보다는 도표가 더 설득력이 있고 도표보다 그림이 더 효과적이다. 이상적인 발표는 그림으로 제시하고 말로 그 그림을 설명하는 것이다. 나는 오래전부터 어떤 말보다도 그림이 효과적이라는 사실을 깨달았다.

약간 괴상한 그림이 아주 효과적이다. 나는 나만의 만화 또는 도표를 체계화했다. 달러 마크가 있는 원은 돈을 의미하고 달러가 많이 표시되어 있는 가방은 많은 돈을 의미한다. 둥근 얼굴을 이용한 그림도 효과적이다. 원을 그리고 눈, 코, 입, 귀를 나타내는 선을 그려 넣어라. 선을 비틀면 여러 표정을 만들 수 있다. 시대에 뒤떨어진 사람은 입 꼬리를 내리고 시대를 앞서

가는 사람은 입 꼬리를 올린다. 그림은 평범하지만 가장 효과적인 만화는 예쁘기만 한 것이 아니라 생각을 잘 표현하는 그림이다.

나란히 있는 큰 돈 가방과 작은 돈 가방은 각각 올바른 방법과 잘못된 방법을 나타낸다. 올바른 방법은 돈을 많이 벌게 해주지만 잘못된 방법은 돈을 잘 못 번다. 말을 하면서 그림을 그리면 사람들이 잡생각을 할 위험이 줄어든다. 사람들은 당신이 무엇을 하고 있나 주의 깊게 쳐다보게 된다. 재미있는 그림은 사람들을 기분 좋게 한다.

예전에 화가를 고용하여 가게를 돌아다니며 문제가 있는 부분을 조용히 스케치하게 했다. 그 스케치를 그림으로 그려 직원들에게 보여주고 무엇이 문제인지 보여주었다. 입체 환등기에 대한 이야기를 듣고 즉시 구입하여 스크린에 그림을 띄웠다. 물론 종이에 그린 그림보다 훨씬 효과적이었다. 지금 우리 회사에는 수많은 영화 필름과 6만개의 슬라이드를 관리하는 큰 부서가 있다."

물론 모든 경우에 그림이 적절하다는 것은 아니지만 그림들을 활용해봐라. 그림은 주의를 끌고 의미를 두배 더 명확하게 해준다.

동전을 이용해 설명한 록펠러

록펠러도 〈시스템 매거진〉의 칼럼을 통해 자신이 어떻게 시각에 호소해 콜로라도 철강회사의 재정 상태를 명확하게 설명했는지 말했다.

"콜로라도 철강회사 직원들은 록펠러 가문이 그동안 엄청난 이익을 챙겼다고 생각하고 있다. 나는 회사 사람들에게 정확한 상황을 설명해주었다.

지난 14년 동안 회사는 우리에게 일반주 배당금을 한 푼도 배당하지 않았다는 사실을 알렸다.

한 모임에서 나는 구체적인 예를 들었다. 나는 탁자 위에 동전 몇 개를 놓았다. 먼저 직원 월급에 해당하는 부분을 없앴다. 그다음 중역 월급에 해당하는 동전을 없앴다. 그렇게 하고 나니 주주들을 위한 동전은 하나도 없었다. 나는 물었다. '여러분, 우리 모두가 이 회사의 동업자들인데 나머지 하나는 아무것도 없는 게 말이 됩니까?

설명 후에 직원 중 한 사람이 월급 인상에 대한 발언을 했다. 나는 그에게 물었다. '동업자 한 사람은 아무것도 못 받는데 당신이 더 많은 월급을 요구하는 게 정당한 일입니까? 그는 그것이 공정하지 않다는 것을 인정했다. 나는 더 이상의 임금 인상 요구를 듣지 못했다."

시각적인 호소는 분명하게 해라. 예를 들어 개라는 단어는 이 동물의 명확한 이미지가 떠오르게 한다. 코커 스파니엘, 스코치 테리어, 세인트 버나드 아니면 포케라니아 종일 수 있다. 내가 불독이라고 말하면 당신의 머릿속에 얼마나 명확한 이미지가 떠오르는가? 그냥 말이라고 하지 말고 검정색 셔트랜드 조랑말이라고 말하는 것이 더 생생하지 않은가? 그냥 닭보다 다리가 부러진 흰색 밴텀 수탉이라고 하면 이미지가 머릿속에 더 분명하게 그려지지 않겠는가?

핵심 내용은 다른 말로 반복 설명해라.

나폴레옹은 반복은 수사학에서 가장 중요한 법칙이라고 주장했다. 그는 자신이 어떤 사실을 잘 알고 있다고 해서 다른 사람도 그러라는 법은 없다는 것을 알고 있었다. 새로운 생각을 이해하는 데는 시간이 걸리고 계속 집중해야만 이해할 수 있다는 사실을 알고 있었다. 즉 나폴레옹은 반복 설명해야 한다는 것을 알고 있었다. 이때 똑같은 말을 반복해서는 안 된다. 같은 말을 반복하면 사람들은 반발할 것이다. 하지만 새로운 언어로 반복설명하면 청중들은 그것을 반복이라고 생각하지 않을 것이다.

예를 들어 설명해보자. 브라이언 씨는 이렇게 말했다.

"자신도 이해하지 못하는 주제를 다른 사람에게 이해시킬 수 없습니다. 충분히 이해해야 다른 사람에게 더욱 명료하게 설명할 수 있습니다."

두 번째 문장은 첫 번째 문장을 되풀이 한 것이지만 듣는 사람은 그것을 눈치 채지 못한다. 단지 의미가 더욱 명확해졌다는 느낌을 받는다.

나는 강의를 진행할 때마다 이 법칙을 지키지 않아 의미가 분명하지 않고 인상적이지 않은 연설을 하는 사람들을 많이 목격했다. 초보자는 이 법칙을 무시하기가 쉽다.

일반적이고 구체적인 예를 들어라.

자신의 주장을 명확하게 표현하는 가장 확실하고 쉬운 방법 중의 하나는 일반적인 예와 구체적인 실례를 드는 것이다. 이 두 가지의 차이가 무엇인가? 하나는 일반적이고 다른 하나는 구체적이다.

"엄청나게 많은 수입을 올리는 전문직 종사자가 있다."라는 말을 예로 들어보자.

이 말은 분명한가? 아니다. 말하는 사람 자신도 청중의 마음에 어떤 이미지가 떠오르는 지 확신할 수 없다. 이 말을 들은 오자크 산간 마을의 의사는 5천 달러 수입을 올리는 소도시 의사를 생각할지 모른다. 성공한 광산 엔지니어는 일 년에 10만 달러를 버는 전문직 종사자를 생각할지 모른다. 이 진술은 너무 애매모호하다. 화자가 말하는 전문직이 어떤 것인지, 굉장히 많은 연봉이라 함은 어느 정도인지 세부적으로 명시해야 한다.

"변호사, 프로 권투선수, 작곡가, 소설가, 극작가, 화가, 배우, 가수들 중에는 미국 대통령보다 많은 돈을 버는 사람들이 있다."

이렇게 하면 더 명확해지지 않았는가? 일반적인 예를 제시했을 뿐 구체적인 예를 들지 않았다. 가수라고 말했지 로사 폴셀, 키르스텐 플라그스타트인지 릴리 폰스인지 구체적으로 들지 않았다.

그래서 이 발언은 아직도 모호하다. 우리는 구체적인 사례를 떠올릴 수 없다. 말하는 사람이 우리를 위해 해주어야 할 일 아닌가? 구체적인 예를 들면 다음 예문처럼 더 분명해지지 않을까?

"유명 변호사 사무엘 운터마이어와 맥스 스튜어같은 사람들은 일 년에 100만 달러의 수입을 번다. 잭 뎀시의 연간 소득은 50만 달러에 이르는 것으로 알려져 있다. 흑인 권투 선수인 조 루이스는 아직 20대인데 50만 달러이상을 벌었다. 어빙 베를린의 음악은 그에게 매년 50만 달러를 가져다준다. 시드니 킹슬리는 희곡에 대한 인세로 일주일에 10만 달러를 벌었다. 웰스는 자서전에서 자신의 작품으로 300만 달러를 벌었다고 고백했다. 디에고 리베라는 그림으로 일 년에 50만 달러 이상을 번다. 캐서린 코넬은 출연료가 일주일에 5천 달러나 되는 영화 출연을 계속 거부했다. 로렌스 티베트와 그레이스 무어는 연 수입이 25만 달러라고 보도되었다."

자 이제 말하는 사람이 전하려는 말이 명확하게 와 닿지 않는가?

명확하고 구체적으로 말해라. 명확하게 말하면 확실한 이해를 도울 뿐 아니라 감동과 흥미를 줄 수 있다.

산양과 겨루려고 하지 마라.

윌리엄 제임스 교수는 교사에게 강연하면서 한 강의에서 한 가지만 강조하라고 했다. 그가 말한 강의는 한 시간짜리 수업이다. 그런데 최근에 3분짜리 연설에서 무려 11가지 사실을 강조하고 싶다며 연설을 시작하는 사람을 본 적이 있다. 한 가지 주제에 16.5초다! 지각이 있는 사람이라면 이토록 무모한 시도는 하지 않을 것이다. 내가 든 예는 좀 극단적인 것이지만 초보자는 이런 실수를 저지르기 쉽다. 관광객에게 하루 만에 파리를 보여주는 가이드 같다. 물론 그렇게 할 수는 있다. 하지만 이런 경우 재미도 없고 배우는 것도 없을 것이다. 많은 연설이 명확한 의미전달에 실패하는 이유는 연사들이 정해진 시간에 많은 내용을 말하는 것에 열중하기 때문이다. 연사는 한 가지 이야기를 하다가 갑자기 다른 이야기로 잽싸게 넘어간다.

연설은 시간관계상 짧아야 한다. 그러므로 상황에 맞게 연설을 조정해라. 노조에 대해 연설한다면 3분이나 6분 안에 노조가 왜 생겼고, 노조가 사용하는 방법이 무엇이고 노조의 업적과 문제점이 무엇이며 분쟁을 해결하는 방법을 설명하려고 애쓰지 마라. 그런 시도를 하면 청중들은 절대로 당신의 말을 이해하지 못할 것이다. 연설은 혼란스럽고 피상적이며 소제목만 나열하는 결과로 끝날 것이다.

노조의 한 가지 문제만 정해서 설명하는 것이 좋지 않을까? 이런 종류의 연설은 명확하고 알아듣기 쉽고 기억하기도 쉽다.

하지만 주제의 몇 가지 측면을 말해야 한다면 마지막에 간략하게 요약하는 것이 좋다.

요약

1. 명확한 의미전달은 아주 중요하지만 어렵다. 예수는 비유를 이용해야 한다고 주장했다. "저들은 보아도 보지 못하고 들어도 듣지 못하고 이해하지 못하기 때문이다."

2. 예수는 모르는 것을 잘 알려진 것에 비유해서 의미를 명확하게 했다. 그는 천국을 바다에 던져놓은 그물, 진주를 구하는 상인에 비유하여 너희도 그리하라고 했다. 알레스카의 크기를 정확히 설명하고 싶으면 제곱 평방미터 크기를 말하지 말고 그 지역이 몇 개의 주를 합친 정도의 크기이고, 인구는 연설하고 있는 지역의 인구와 비교해서 설명하면 이해가 쉽다.

3. 일반 청중을 대상으로 연설할 때 기술 용어 사용을 피해라. 어린

아이도 이해할 수 있을 정도의 쉬운 용어를 사용하여 생각을 표현한 링컨의 방법을 따라라.

4. 말하고 싶은 내용은 정오의 태양처럼 명확하게 머릿속에 담고 있어야 한다.

5. 시각에 호소해라. 그림, 삽화를 이용해라. 개라고 말하지 말고 오른쪽 눈 위에 점이 있는 검정색 폭스테리어라고 설명해라.

6. 똑같은 말을 반복하지 말고 다른 용어를 써서 생각을 강조해라. 문장을 바꾸되 청자가 눈치 채지 않도록 문장에 변화를 주어 되풀이해서 말해라.

7. 일반적인 예를 통해 추상적인 진술을 이해하기 쉽게 만들어라.

8. 너무 많은 내용을 말하려고 하지 마라.

9. 간략하게 요약하며 정리해라.

13장

인상적이고 설득력 있게
연설하려면

노스웨스턴대학교의 월터 딜 스콧 총장은 다음과 같이 중요한 심리학적인 내용을 말했다. "인간은 머릿속에 있는 모든 생각이 반대개념과 충돌하지 않으면 사실로 받아들이는 경향이 있다. 다른 사람에게 어떤 생각을 전달하고자 할 때 반대되는 생각을 안 들게 하면, 상대를 설득하려고 애쓰지 않아도 된다. 내가 '미국산 타이어는 좋은 타이어다.'라고 읽게 하고 반대되는 생각이 들지 않게 하면 당신은 미국산 타이어가 좋은 타이어라고 의심 없이 믿을 것이다."

스콧 박사는 암시에 대해 말하고 있다. 암시는 연사가 활용할 수 있는 가장 강력한 무기이다.

첫 크리스마스에 동방박사들이 베들레헴의 별을 따라가기 3세기 전 아리스토텔레스는 인간은 이성적 동물이라고 가르쳤다. 하지만 순수한 이성적인 행동은 아침식사 앞에서 낭만적인 생각을 하는 것만큼 힘들다. 인간 행동의 대부분은 암시의 결과다.

암시는 증거를 제시하지 않아도 어떤 생각을 받아들이게 한다. 내가 만약 "로열 베이킹파우더는 정말 순수하다."라고 말하고 그것을 증명하지 않으면 나는 암시를 사용하고 있는 것이다. 내가 제품을 분석하고, 유명 요리사들의 증언을 제시하면 나는 내 주장을 증명하려고 하는 것이다. 사람들의 마음을 움직이는 사람은 논쟁보다는 암시에 더 많이 의지한다. 대 광고는 암시에 기초하고 있다.

믿기는 쉽지만 의심하기는 어렵다. 우리가 어떤 것을 의심하고 질문을 제기하려면 경험과 지식과 생각이 필요하다. 아이에게 산타클로스가 굴뚝을 타고 온다거나, 미개인들에게 천둥은 신의 분노라고 말하면 그들이 이 주장에 이의를 제기할 정도의 지식이 쌓일 때까지 그들은 그 사실을 계속 믿을 것이다. 인도의 사람들은 갠지스 강물이 신성하다고 믿고, 뱀은 신이 변신한 모습이며 소를 죽이는 것은 사람을 죽이는 것만큼이나 나쁘다고 믿고 있다. 그들에게 쇠고기를 먹는 것은 식인 행위와도 같다. 그들이 이런 터무니없는 것을 믿는 것은 증명이 되었기 때문이 아니라 암시에 의해 뇌리 속에 깊이 박혔기 때문이다.

우리는 그들을 비웃지만 자세히 들여다보면 우리가 믿는 대부분의 생각들도 암시에 의한 것이 많다. 우리는 애로우 칼라, 로열 베이킹파우더, 하인츠 피클, 골드 메달 밀가루, 아이보리 비누를 그 제품에서는 우수한 상품으로 알고 있다. 왜? 이런 생각을 하는데 합당한 이유가 있는가? 경쟁사의 제품과 비교해본 적이 있는가? 우리는 어떤 증거도 제시되지 않은 것을 믿게 된 것이다. 논리가 아니라 편견이나 선입관에 물든 주장이 우리의 믿음을 형성한 것이다.

인간은 암시의 존재이다. 의심할 여지가 없다. 만약 우리가 요람에서 옮겨져 브라마푸트라 강둑에 사는 힌두 가족의 손에 자랐다면, 우리는 소가 신성한 동물이라는 가르침을 어려서부터 받았을 것이다. 우리

역시 길에서 소를 만나면 키스를 할 것이고, 쇠고기를 먹는 야만인들을 공포의 눈으로 볼 것이고, 원숭이 신, 코끼리 신, 나무와 돌의 신을 경배할 것이다. 우리의 믿음은 이성과 관계가 없다. 우리의 믿음은 전적으로 암시에 의한 것이다.

우리가 얼마나 암시의 영향을 받는지 예를 들어보자. 당신은 커피가 몸에 좋지 않다는 기사를 많이 읽었다. 커피를 그만마시기로 했다고 가정해보자. 당신은 자주 가는 식당에 저녁을 먹으러 간다. 종업원이 눈치 없이 "커피 드시겠어요?"라고 물으면 당신은 잠시 갈등한다. 당신의 자제력이 승리하여 커피대신 소화를 선택할 것이다. 하지만 그녀가 "커피 안 드실거죠?"라고 부정적으로 물으면 "네, 안 마셔요"라고 답하기가 쉬울 것이다. 하지만 종업원이 "커피를 지금 드실 건가요 아니면 나중에 드실 건가요?"라고 물으면 어떻게 될까? 종업원은 당신이 커피를 먹을 거라는 것은 이미 정해놓았고 언제 먹고 싶은지에 당신의 관심이 집중되게 한다. 그래서 언제 커피를 마시느냐 외에 다른 생각이 나지 않게 만들어 커피를 주문하기 쉽게 한다. 그 결과는? 당신은 주문할 생각도 아니었는데 "지금 주세요."라고 말하게 된다. 이런 일과 비슷한 일이 하루에도 여러 번 일어난다. 백화점에서는 "이 물건 가져가실 건가요?"라고 묻도록 직원을 교육시킨다. "보내드릴까요?"라고 물으면 배달 비용이 들기 때문이다.

우리가 알파벳의 한 글자를 생각할 때마다 무의식적으로 발음할 때 사용하는 근육들을 아주 미세하게 움직이게 된다. 생각하는 모든 일을 행동으로 옮기지 않는 유일한 이유는 비용, 불합리함, 위험, 귀찮음 같은 반작용이 충동을 없애버리기 때문이다.

우리의 전략

사람들을 설득하려면 그들의 머릿속에 어떤 생각을 심은 후에 반대되는 생각이 떠오르지 못하게 막아야 한다. 이것을 잘하는 사람은 연설도 잘하고 사업에서도 성공을 거둘 것이다.

심리학의 도움

이와 관련하여 심리학이 도움이 될까? 그렇다. 당신의 목표가 인상적인 연설이라면, 사람들의 감정을 자극하는 것이 더 효과적이다. 감정은 차가운 이성보다 더 효과가 크다. 청중의 감정을 움직이려면 진정성이 느껴져야 한다. 아무리 많은 예를 제시하고, 목소리가 좋고 제스처가 우아해도 진심을 담아 말하지 않으면 이 모든 것은 허공으로 사라질 것이다. 청중을 감동시키고 싶으면 당신이 먼저 감동 받아야 한다. 청중에게 말하는 것은 당신의 눈을 통해 빛나고, 목소리를 통해 전해지고 태도를 통해 나타나는 영혼이다.

당신의 생각을 사람들이 이미 믿고 있는 것과 연결시켜라.

한 무신론자가 윌리엄 페일리에게 신은 없다고 선언하며 자신의 주장을 반증해보라고 했다. 페일리는 조용히 시계를 꺼내더니 시계의 내부장치를 보여주며 말했다. "내가 시계의 바퀴와 스프링들이 저절로 생겨나 조립되고 저절로 움직이기 시작했다고 한다면 당신은 나의 지능을 의심하지 않을까요? 하지만 하늘의 별을 보십시오. 수많은 별들이 궤도를 따라 움직이고 있습니다. 지구와 태양 주변의 행성들은 하루에 백만 마일 이상의 속도로 움직입니다. 서로 충돌도 없고, 혼란도 없습니다. 모든 것이 조용히 움직이고 있습니다. 이 모든 것이 그냥 일어난 것일까요 아니면 누군가가 그렇게 만들었다고 믿는 것이 쉬울까요?"

이 연사는 어떤 방법을 사용한 것일까? 그는 처음에 일반적인 사실을 이야기해서 상대로부터 긍정의 반응을 이끌어 내고 신에 대한 믿음은 시계 제조자의 존재를 믿는 것만큼이나 단순하고 필연적이라는 것을 설득시켰다.

그가 처음부터 무신론자의 의견에 반응했다고 치자. "신이 없다고? 바보 같은 소리 하지 마. 당신은 무슨 말을 하고 있는 지도 모른다고." 무슨 일이 일어났을까? 틀림없이 무익한 설전이 오갔을 것이다. 무신론자는 자신의 의견을 더욱 고수했을 것이다. 로빈슨 교수가 지적한 것처럼 자신의 의견은 곧 자신의 자존심이기 때문이다. 자신의 자존심이 망가지게 생겼는데 어찌 가만히 있을 수 있겠는가?

페일리가 한 것처럼 우리가 말하는 것이 상대가 이미 알고 있는 친숙한 것과 비슷하다는 것을 보여주면 된다. 이렇게 하면 우리의 제안을 받아들이기 쉽고 부정적인 생각이 떠오르지 않게 한다.

페일리는 인간의 심리를 꿰뚫어 본 것이다. 하지만 대부분의 사람은 이런 능력이 없다. 다른 사람의 신념의 성채를 얻으려면 정면공격밖에 없다고 생각한다. 그렇게 되면 도개교가 올려지고, 육중한 성문은 굳게 닫히고, 궁수들이 긴 화살을 뽑을 것이다. 이런 싸움은 무승부로 끝난다.

사도 바울의 현명함
내가 말하는 방법은 새로운 방법이 아니라 오래전에 사도 바울이 사용한 방법이다. 그는 마스 언덕에서 아테네인들에게 한 유명한 연설에서 이 방법을 이미 사용했다. 그는 교육을 받은 사람이었고 기독교로 개종 후에 훌륭한 웅변술로 기독교의 옹호자가 되었다. 어느 날 그는 아테네에 도착했다. 아테네는 페리클레스 시대를 지나 전성기가 지나고 쇠퇴기에 있었다. 성경은 이 시기의 아테네를 이렇게 설명하고 있다.

"모든 아테네인과 이방인들은 새로운 이야기를 하거나 듣는 일로 시간을 보냈다."

라디오도, 전보도, AP통신의 긴급뉴스도 없는 당시의 아테네 사람들은 새로운 소식을 듣기 힘들었을 것이다. 그러던 중 바울이 왔다. 그들은 바울 주변에 모여들었고, 호기심을 느끼며 즐거워했다. 그들은 그를 아레오파고스 언덕으로 데려가서 말했다.

"당신의 새로운 가르침에 대해 말해주겠소? 당신의 말은 새로운 것이라 무엇인지 알고 싶습니다."

즉, 그들은 연설을 요청했고, 바울은 이에 응했다. 돌 같은 받침대에서서 약간 긴장하며 모든 훌륭한 연사들이 그러하듯 손바닥을 비비고 헛기침을 했을지 모른다.

하지만 바울은 아테네인들이 말한 "새로운 것"이라는 말이 좋지 않았다. 이 말은 독약과도 같았다. 그는 이 생각들을 없애버려야 했다. 그는 자신의 믿음을 새로운 것으로 제시하지 않고 사람들이 이미 알고 있는 것과 연결시키기를 원했다. 그렇게 하면 부정적인 생각을 막을 수 있기 때문이었다. 하지만 어떻게 했을까? 그는 잠시 생각한 후 불멸의 연설을 시작했다.

"아테네 시민 여러분, 제 생각에 여러분들은 미신에 빠져 있는 것처럼 보입니다."

어떤 번역본들은 "여러분들은 매우 종교적입니다."라고 표현한다. 하지만 미신이라는 단어를 쓰는 것이 더 정확하다고 생각한다. 그 당시 아테네인들은 여러 신을 숭배했고 그들은 이를 자랑스럽게 생각했다. 바울은 그들에 찬사를 보냈고 이에 그리스인들은 기뻐했다.

"지나가면서 '미지의 신에게' 라는 글이 있는 제단을 보았습니다."

이는 아테네인들이 매우 종교적임을 보여준다. 그들은 많은 신들 중 누구에게 불경을 저지를지 몰라서 두려워했다. 그래서 알 수 없는 신을 위한 제단을 세운 것이다. 바울은 이 특정한 제단을 언급하면서 자신이 빈말을 하는 것이 아님을 보여준다.

"저는 여러분이 알지도 못하고 섬겨온 신을 여러분께 알려드리고자 합니다."

새로운 가르침은 전혀 없다. 바울은 그들이 알지도 못하고 섬겨온 신에 대한 몇 가지 이야기를 할 뿐이다. 바울은 구원과 부활의 가르침을 전했고, 그리스 시인의 시구를 인용했다. 연설시간은 2분도 안됐다. 조롱한 사람도 있었지만 그의 이야기를 더 들어보고 싶어 한 사람도 있었다.

2분 연설의 장점 중에 하나는 바울이 그랬던 것처럼 한 번 더 말해달라는 요청이 있을 수 있다. 필라델피아의 정치인은 연설할 때 중요한 것은 간단하게 끝내는 것이라고 말한 적이 있다.

바울이 사용한 방법은 오늘날 광고나 판매 상담에서 이용된다. 다음의 글은 최근에 내 책상에 배달된 한 구매 편지에서 발췌한 것이다.

"올드 햄프셔 본드의 종이는 가장 싼 종이와 0.5센트도 가격 차이가 안 납니다. 귀하가 고객이나 잠재 고객에게 1년에 10통의 편지를 써도 올드 햄프셔의 종이를 쓰면 교통비에도 미치지 않고, 이는 고객에게 5년에 한번 좋은 시가 한 대를 선물하는 비용보다도 저렴합니다."

1년에 한번 고객의 차비를 내주거나 10년에 두 번 고객에게 시가를 제공하는 것을 누가 싫어하겠는가? 올드 햄프셔 본드 종이를 사용하는 비용이 그 정도 밖에 안 되는데 누가 비싸다는 생각을 하겠는가?

숫자의 효율적 이용

상당히 큰 금액도 장기간에 걸쳐 분할하고 일상의 비용과 비교해서 작아보이게 할 수 있다. 예를 들어 어떤 생명보험사 사장은 영업사원들에게 다음과 같은 방식으로 보험비가 저렴하다는 것을 강조하고 있다.

"30세 미만의 남자는 매일 직접 구두를 닦아서 5센트의 돈을 절약하고 그렇게 절약한 돈으로 사망 시에 가족에게 천 달러의 돈을 남길 수 있습니다. 매일 25센트의 시가를 피우는 34세 남자는 그 돈을 보험에 투자해서 가족의 곁에 더 오래 함께 할 수 있고 더불어 가족에게 3천 달러나 남겨줄 수 있습니다."

반면 적은 금액은 한데 모아서 크게 보이게 할 수 있다. 전화회사의 임원은 자투리 시간을 합하는 방법으로 전화를 빨리 받지 않아서 낭비하는 시간이 얼마나 큰지 설명하고 있다.

"연결되는 전화 100건 중 7건은 수신자가 전화를 받기까지 1분이상이 걸립니다. 이런 식으로 매일 28만분이 낭비됩니다. 6개월 동안 뉴욕에서 이렇게 허비되는 시간을 합하면 콜럼버스가 아메리카를 발견한 날부터 지금까지의 날짜와 같습니다."

숫자를 인상적으로 보이게 하려면

단순한 숫자와 양은 그 자체로만 보면 인상적이지 않다. 숫자와 양은 실례와 함께 제시되어야 한다. 앨더맨 람베스는 런던 자치구 의회에서 근로 조건에 대해 연설할 때 이 방법을 썼다. 그는 연설도중에 갑자기 멈추더니 시계를 꺼내고 1분 20초 동안 아무 말도 하지 않고 청중을 응시했다. 청중은 불안하게 연사를 쳐다보았다. 앨더밴은 다시 연설을 시작하며 이렇게 말했다. "여러분이 방금 조바심을 내며 쳐다본 72초의 시간은 보통의 노동자가 벽돌 한 장 쌓는 데 걸리는 시간입니다."

이 방법이 효과적이었을까? 대단히 효과적이어서 전 세계로 보도되었다.

다음 두 개의 진술 중 어떤 것이 더 효과적일까?

1. 바티칸에는 방이 1만 5천개 있다.
2. 바티칸에는 방이 너무 많아서 40년간 매일 돌아가며 방을 써도 다 못 쓰는 방이 있다.

다음 중 어느 방법이 영국이 세계대전 중 지불한 돈을 인상적으로 표현하고 있는가?

1. 영국은 전쟁 중에 약 70억 파운드, 340억 달러의 돈을 썼다.

2. 4년 반 동안 영국이 전쟁에 쓴 돈이 청교도들이 플리머스 바위에 상륙한 이후 지금까지 일 분당 34달러를 쓴 돈과 같다면 놀라운가? 실제는 그보다 많다. 영국이 쓴 돈은 콜럼버스가 미국 대륙을 발견한 후 지금까지 1분에 34달러씩 쓴 돈과 같다. 놀라운가? 실제는 이보다 더 많다. 영국이 전쟁에 쓴 돈이 노르망디 공 윌리엄이 1066년 영국을 정복했을 때부터 1분당 34달러를 쓴 금액과 같다면 놀라운가? 사실 이보다 더 많다. 영국은 세계대전 동안 예수가 탄생했을 때부터 1분당 34달러를 쓴 비용과 같은 돈을 썼다.

재진술의 역할

바꿔 말하는 것은 우리의 주장에 도전하는 부정적인 생각들이 생길 때 이를 막기 위한 효과적인 방법이다. "정치적 진실은 한번 아니 두 번 심지어 열 번을 반복해도 대중들이 이를 사실로 받아들이지 않는다. 반복해서 말하면 사람들은 무의식중에 그것을 진리와 연관시킨다. 결국 반복해서 이야기한 사실은 머릿속에 박혀 종교적 믿음처럼 의심하지 않게 된다."라고 아일랜드의 유명한 연설가 다니엘 오 코넬이 말했다.

히램 존슨은 7개월 동안 캘리포니아를 오가며 다음과 같이 연설을 끝냈다.

"기억하십시오. 제가 다음 번 캘리포니아의 주지사가 될 것입니다. 제가 주지사가 되면 윌리엄 허린과 남태평양 철도를 몰아낼 것입니다."

존 웨슬리의 어머니도 오 코넬의 말을 알고 있었다. 남편이 그녀에게 자녀들에게 같은 말을 왜 20번씩 반복하느냐고 물었을 때 그녀는 다음과 같이 대답했다. "아이들은 내가 19번을 말할 때까지도 잘 모르니까요."

우드로 윌슨도 오 코넬의 진실을 알았기에 연설에서 이 방법을 사용했다.

"지난 몇 십 년 동안 대학생들은 제대로 교육받지 못했습니다. 우리가 가르쳐도 이를 제대로 받아들이지를 못합니다. 열심히 가르쳐도 배우는 사람이 없습니다."

재진술의 방법이 효과적이지만 초보자가 이를 잘 사용하지 못하면 위험한 도구가 될 수 있다. 표현력이 풍부하지 않으면 지루한 반복에 불과할 뿐이다. 이는 치명적이다. 청중이 당신의 어설픔을 알아채는 즉시 그들은 지겨워서 몸을 비꼬고 시계만 쳐다볼 것이다.

일반적인 예와 구체적인 사례

일반적인 예와 구체적인 예를 제시하면 사람들이 지루해 할 위험이 거의 없다. 연설의 목적인 감동을 주고 확신시키는 것이라면 예를 제시하면 청중들을 집중시키는데 효과적이다. 이런 예를 사용하면 청중들이 부정적인 생각을 하지 않게 된다.

뉴웰 드와이트 힐리스 박사는 한 강연에서 이렇게 말했다. "불복종은 종속이고 복종은 자유다." 그는 이런 말은 예를 들어 설명하지 않으면 이해가 힘들다고 생각해 계속해서 이렇게 덧붙였다. "불이나 물에 복종하지 않으면 죽습니다. 색깔에 복종하면 화가의 능력이 뛰어나게 됩니다. 웅변가가 수사학의 법칙에 따르면 더 큰 힘을 얻습니다. 철의 법칙에 순응하면 발명가는 좋은 도구를 만들 수 있습니다."

이런 예는 도움이 된다. 구체적인 예를 제시하면 청중에게 잘 전달된다. "색채에 순종하여 레오나르도 다빈치는 최후의 만찬을 그렸습니다. 헨리 워드 비처는 수사학의 법칙을 따라 길이 남을 리버풀 연설을 했습니다. 철의 법칙을 따른 맥코믹은 수확기를 만들었습니다."

훨씬 좋지 않은가? 사람들은 연사가 구체적인 이름과 날짜를 말하는 것을 좋아한다. 구체적으로 말하면 연사에게 신뢰감을 준다.

"많은 부자들은 매우 소박한 삶을 산다."라는 말을 한다면 청중에게 와 닿지 않을 것이다. 분명하지도 않고 재미있지도 않다. 신문에서 읽은 부자들의 삶과 반대되기에 이런 주장에 반기를 들고 싶어질 것이다.

청중을 믿게 하려면 구체적인 사례를 제시해야 한다. 내가 본 것을 청중에게 보여줄 수 있다면 청중도 같은 결론에 이를 것이다.

내가 제시하는 구체적인 사례와 증거는 진부한 결론보다 두 배, 세 배 아니 다섯 배는 더 효과적일 것이다.

존 록펠러는 브로드웨이 사무실의 가죽소파에서 매일 낮잠을 잤다.

오그덴 아모르는 9시에 자고 6시에 일어났다.

한때 누구보다 많은 기업을 경영했던 조지 베이커는 칵테일을 마셔본 적이 없었고 죽기 몇 년 전에 담배를 시작했다.

내셔널 캐시 레지스터사의 사장 존 패터슨은 담배도 피지 않고 술도 마시지 않았다.

미국에서 가장 큰 은행장이었던 프랭크 반더립은 하루에 두 끼만 먹는다.

해리만은 점심에 우유와 생강 웨하스만 먹는다.

제이컵 쉬프는 점심으로 우유 한잔만 먹는다.

앤드류 카네기가 가장 좋아한 음식은 오트밀과 크림이었다.

〈새터데이 이브닝 포스트〉와 〈레이디스 홈 저널〉의 소유주 사이러스 포티스는 삶은 콩을 가장 좋아했다.

이 구체적인 예를 어떻게 생각하는가? 부자들이 소박하게 산다는 것을 효과적으로 보여주는가? 이런 사례를 보여줘도 부정적인 생각이 드는가?

축적의 원칙

한두 가지 예를 언급하는 것으로 원하는 효과를 얻으려는 생각은 하지 마라.

필립스 교수는 〈효과적인 말하기〉라는 책에서 이렇게 말하고 있다.

"처음에 받은 감동을 지속시킬 수 있어야 한다. 경험이 그 생각을 머릿속 깊숙이 밀어 넣을 때까지 계속 되어야 한다. 이 과정이 끝나면 시간이 지나도 잊어버리지 않는다. 이것을 가능하게 하는 것은 축적의 법칙이다."

이 축적의 법칙이 부자들이 소박한 삶을 산다는 것을 증명하기 위해 어떻게 이용되었는지 살펴봐라. 이 원칙이 필라델피아가 세계 제일의 일터라는 것을 증명하는 데 어떻게 쓰였는지 봐라. 서스톤 상원의원이 다음 글에서 이 원칙을 어떻게 사용하는 지 살펴봐라.

"자유를 위한 싸움에서 힘이 아닌 다른 방법으로 이겨본 적이 있었는가? 힘에 의하지 않고 부정과 압제의 바리케이드가 무너진 적이 있었는가?

힘은 왕이 마그나카르타에 서명하게 했고, 독립선언서와 노예해방령이 실행될 수 있게 만들었다. 맨손으로 바스티유의 철문을 부수고 수백 년 동안 지속돼 온 왕의 악행에 보복한 것도 힘이었다. 힘은 벙커 힐에 혁명의 깃발을 나부끼게 했고, 포지 계곡의 눈에 피 묻은 발자국을 남겼다. 힘은 실로의 무너진 전선을 지켰으며, 차타누가의 불길에 휩싸인 언덕을 오르게 했고, 룩아웃 하이츠의 구름을 뚫고 돌진하게 했다. 힘은 셔먼장군이 바다로 진군하게 했고, 셰리던이 셰넌도어 계곡으로 말을 달릴 수 있게 해주었으며, 애퍼매턱스에게 그랜트 장군에게 승리를 안겨주었다. 힘은 연방을 지켜주었고, 성조기의 별들을 지켜주고, 흑인 노예를 해방시켰다.

시각적인 비교

몇 년 전에 브루클린 Y. M. C. A에서 강좌를 듣던 학생이 작년에 불에 타서 무너진 집들의 수를 말했다. 그는 더 나아가 불타버린 집들을 한 줄로 늘어놓으면 뉴욕에서 시카고까지 이어질 것이고, 그때 죽은 사람들을 반마일 간격으로 세워놓으면 시카고에서 브루클린까지 이어질 것이라고 말했다.

그가 말한 숫자는 잊어버렸지만 10년이 지난 지금까지 맨해튼 섬에서 일리노이의 쿡 카운티까지 이어지는 불탄 집의 모습이 떠오른다.

왜일까? 귀로 듣는 정보는 기억이 어렵다. 하지만 눈으로 보는 인상은 어떨까? 몇 년 전에 다뉴브 강둑에서 대포알이 박힌 집을 본 적이 있다. 그 대포알은 나폴레옹의 포병대가 울름 전투에서 발사한 것이었다. 시각적인 인상은 대포알과 같다. 시각적인 인상은 뇌리에 쉽게 박힌다. 나폴레옹이 오스트리아군을 몰아낸 것같이 시각적인 인상은 반대되는 생각들을 몰아내버린다.

무신론자의 질문에 윌리엄 페일리 목사의 답변이 힘을 갖는 것도 시각적이기 때문이다. 버크는 영국의 과세를 비난하는 연설을 했을 때 이 방법을 사용했다. "우리는 양이 아니라 늑대의 털을 깎고 있습니다."

권위를 이용해라.

어렸을 때 나는 양들이 지나가는 문에 막대기를 가로로 걸쳐놓는 장난을 치곤했다. 처음 몇 마리의 양이 막대기를 뛰어 넘으면 나는 그 막대기를 치웠다. 막대기가 없는데도 다른 양들이 상상의 막대기를 뛰어 넘는 것이었다. 다른 양들이 막대기를 뛰어 넘는 것은 앞의 양들이 그랬기 때문이다. 양들만 이런 것이 아니다. 우리들도 다른 사람이 하는 것을 따라 하는 경향이 있다. 다른 사람이 믿는 것은 의심 없이 믿고, 유명인사의 말은 의심 없이 받아들인다.

미국 은행협회 뉴욕 지부에 한 수강생도 다음과 같은 유명인의 말을 인용하며 절약에 대한 연설을 시작했다.

"제임스 힐은 이렇게 말했습니다. 당신이 성공할지 알고 싶다면 방법은 쉽습니다. 저축할 수 있느냐? 아니면 당신은 성공할 수 없습니다. 당신의 실패는 당신이 살아있는 것만큼 확실합니다."

제임스 힐의 말을 인용하는 것은 그가 직접 오는 것만큼 효과적이다. 유명인의 영향력도 부정적인 생각을 하지 못하게 한다.

하지만 유명인의 말을 인용할 때 다음 네 가지를 명심해라.

1. 명확해라.

다음 진술 중 어떤 것이 더 인상적인가?

(a) 통계는 시애틀이 미국에서 가장 건강한 도시임을 보여준다.

(b) "연방정부의 공식 사망 통계에 따르면 지난 15년간 시애틀의 연간 사망률은 인구 천 명당 9.78명이었다. 시카고는 14.65명, 뉴욕은 15.83명, 뉴올리언스는 21.02명이었다."

"통계자료는……."이라고 시작하는 것을 조심해라. 무슨 통계인가? 누가 왜 자료를 모았는가? "숫자는 거짓말을 하지 않지만, 거짓말쟁이들이 숫자를 만진다."

"다수의 권위자가 말한다."라는 표현도 애매모호하다. 누가 권위자란 말인가? 이름을 직접 말해라. 연사인 당신이 그 사람들이 누구인지 모르는데 하물며 청중들은 어떻겠는가?

명확하게 말하면 신뢰를 얻는다. 루스벨트도 애매한 것은 용납할 수 없었다. 우드로 윌슨 정부시절 켄터키 주 루이빌에서 행한 연설에서 다음과 같이 말했다.

"윌슨은 선거전에도 연단에서 한 약속을 어겼기 때문에 친구들 사이에서도 조롱거리가 되었습니다. 윌슨의 지지자 중 한 사람은 윌슨의 선거전 공약과 남발된 공약의 진실에 대해 털어놓았습니다. 일관성이 없다는 비난에 대해 이렇게 말했습니다. '우리의 공약은 대선을 위해 만든 것이고 결국 우리는 이겼다.' 이 발언은 62대 국회 3차 회기의 의회기록 4618페이지에 있습니다."

2. 인기 있는 사람의 말을 인용해라.

우리의 호불호는 우리의 신념과 연관되어 있다. 나는 사무엘 운터마이어가 뉴욕의 카네기홀에서 사회주의 논쟁을 벌이는 동안 야유 받는 것을 보았다. 그의 말은 정중했지만 청중들의 대부분이 사회주의자였다. 그들은 그를 경멸했다. 그들은 그가 구구단을 인용해도 그 진실성을 의심했을 것이다.

반면에 앞에서 제임스 힐을 인용한 것은 미국은행협회 지부연설에는 적절했다. 철도 건설업자는 은행단체에서 좋아하는 인물이기 때문이다.

3. 지역 유명인사의 말을 인용해라.

당신이 디트로이트에서 연설을 한다면 디트로이트 사람의 말을 인용해라. 청중들은 그에 대해 더 찾아볼 수 있을 것이다. 청중들은 먼 곳에 알지도 못하는 사람보다 자신이 사는 지역의 사람에 더 깊은 인상을 받을 것이다.

4. 자격 있는 사람의 말을 인용해라.

다음과 같은 사항을 자문해봐라. 이 사람이 이 분야의 권위자인가? 왜 그런가? 그는 편견에 사로잡힌 사람은 아닌가? 사적인 욕심이 있는 가?

어떤 수강생이 브루클린 상공회의소에서 연설을 시작할 때 앤드류 카네기의 말을 자주 인용했다. 왜 그럴까? 청중으로 참석한 기업인들은 철강왕에 대해 존경심을 가지고 있었다.

"나는 어떤 분야에서 성공하기 위한 확실한 길은 그 분야의 전문가가 되는 것이라고 생각합니다. 자신의 능력을 분산시키는 것은 좋은 방법이 아니라고 생각합니다. 경험상 여러 분야에 관심을 보이는 사람이 성공한 것은 거의 본 적이 없습니다. 한 분야를 정해서 고집스럽게 이어간 사람들만 성공합니다."

요약

"머릿속에 들어오는 생각은 반대되는 생각을 하지 않으면 진리로 받아들여진다." 말하는 목적이 사람들에게 감동을 주고 확신을 주는 것이라면 두 가지 방법을 쓸 수 있다. 첫째, 우리의 생각을 표현하고 둘째, 부정적인 생각이 들지 않도록 한다. 다음은 이를 위한 8가지 방법이다.

1. 남을 설득하기 전에 먼저 자신부터 설득해라. 열정적으로 이야기해라.

2. 내가 사람들에게 말하려는 것이 그들이 이미 믿고 있는 것과 얼마나 비슷한 지를 보여주어라. (예: 페일리와 무신론자, 아테네의 사도 바울, 올드 햄프셔 본드 종이)

3. 재진술해라. (예: 히램 존슨, "나는 차기 캘리포니아 주지사가 될 것입니다.")

4. 일반적인 예를 이용해라.

5. 구체적인 예를 제시해라.

6. 축적의 원칙을 사용해라.

7. 시각적인 비교를 사용해라. 귀로 그려지는 인상은 금세 잊혀지지만 시각적인 인상은 대포알처럼 각인된다.

8. 사심 없는 권위자의 말을 인용하라. 루스벨트처럼 인용할 때는 명확하게 해라. 인기 있는 사람의 말을 인용하고 그 지역인사의 말을 인용해라.

14장

청중의 관심을
어떻게 끌 것인가?

당신이 중국 어느 지역 부잣집에 저녁식사 초대를 받아 간다면, 식사 후에 어깨 너머로 닭 뼈와 올리브 씨앗을 던지는 것이 예의이다. 그렇게 하는 것이 집주인에게 식사를 잘했다는 의사를 표시하는 것이 된다. 그가 부자라서 식사 후에 어지럽혀도 치울 하인이 많다는 것을 인정해주고 있다는 것을 보여준다. 주인은 이를 보고 아주 좋아한다.

부잣집에서 남아도는 음식은 신경도 안 쓰겠지만 중국의 일부 지역의 가난한 사람들은 씻을 물도 아껴야 한다. 물을 데우는 비용이 많이 들기 때문에 사람들은 뜨거운 물을 가게에서 사야 한다. 목욕을 하고 나서 물을 가져다가 물을 구입했던 가게에 다시 되판다. 두 번째 고객이 물을 사용하고 난 후에도 그 물은 여전히 가격을 조금 낮춰서 팔린다고 한다.

이런 중국인의 삶이 재미있는가? 그렇다면 왜 그런가? 식사나 목욕 같은 일상적인 일의 새로운 면이 호기심을 자극한다.

다른 예를 들어보자. 당신이 읽고 있는 이 책의 종이는 아주 흔하게 볼 수 있는 것이다. 이런 종이를 많이 봤을 것이다. 하지만 내가 이 종이에 대해 특별한 사실을 말해주면 흥미로울 것이다. 이 종이는 고체처럼 보이지만 자세히 보면 거미줄에 가깝다. 물리학자는 종이가 원자로 구성되어 있다는 것을 안다. 원자는 얼마나 작은가? 우리는 12장에서 물 한 방울에는 지중해의 물방울보다 많은 원자가 있다는 사실을 배웠다. 이 종이의 원자는 무엇으로 구성되어 있는가? 원자보다 더 작은 전자와 양자로 구성되어 있다. 전자는 원자의 중앙에 있는 양자를 중심으로 회전하고 있다. 이 전자들은 1초에 대략 만 마일이라는 믿을 수 없는 속도로 움직인다.

2분전만하더라도 이 종이가 움직이지 않는 죽은 물체라고 생각했을 것이다. 하지만 실제로는 엄청난 힘을 지닌 에너지로 구성되어 있다.

이 종이에 흥미가 생겼다면 종이에 대해 새로운 사실을 알았기 때문이다. 완전히 생소한 것도 흥미가 없다. 완전히 친숙한 것도 매력이 없다. 사람들은 친숙한 것에 대한 새로운 사실을 좋아한다. 일리노이 농부가 부르주의 성당이나 모나리자에 흥미를 느끼겠는가? 이런 것들은 너무나 생소하고 농부의 관심사와는 거리가 멀다. 그렇다면 네덜란드의 농부들은 해수면보다 낮은 땅을 경작하고, 도랑을 파서 문으로 만든다는 이야기를 해주면 흥미를 느낄 것이다. 네덜란드의 농부들은 겨울 동안에 집안에 소를 들여놓고, 가끔 소들이 커튼 사이로 눈을 구경한다는 사실을 이야기해주면 놀라서 입을 쩍 벌리고 이야기를 들을 것이다. 일리노이의 농부에게 소와 울타리는 익숙한 소재이다. 그런데 그렇게 익숙한 것들이 새롭게 다가오는 것이다. "레이스 커튼! 소한테!" 그는 소리칠 것이다. 친구들에게 이 이야기를 전해줄 것이다.

다음은 뉴욕시에서 이 강좌에 참가했던 수강생의 연설이다. 읽으면서 관심이 생기는 지 봐라. 만약 그렇다면 왜 그런가?

황산의 영향

"액체를 재는 단위는 파인트, 쿼트, 갤런 또는 배럴이 있다. 우리는 보통 포도주 몇 쿼트, 우유 몇 갤런, 당밀 몇 배럴 하는 식으로 말한다. 새 유정이 발견되면 하루 생산량이 몇 배럴이라고 말한다. 대량으로 제조되고 소비되기 때문에 톤단위로 말하는 액체가 있는 데 바로 황산이다.

황산은 당신의 생활과 밀접한 연관이 있다. 황산이 등유와 가솔린을 정제하는 데 광범위하게 사용되기 때문에 황산이 없으면 자동차는 멈출 것이고 짐 싣는 말이나 마차를 타고 다녀야 할 것아다. 사무실을 밝히고, 저녁식탁을 밝히는 전기불도 황산이 없으면 사용할 수 없다.

아침에 일어나 씻기 위해 물을 틀 때 니켈로 도금된 수도꼭지를 튼다. 이것을 만드는 데도 황산이 필요하다. 에나멜을 입힌 욕조의 마무리에도 황산은 필요하다. 비누는 황산 처리된 기름으로 만들어졌을 것이다. 수건도 황산 처리를 한다. 빗의 솔에도 황산이 필요하고, 셀룰로이드 빗도 황산이 없으면 만들 수 없다. 면도칼도 가열 냉각하여 황산에 담가 만든다.

당신은 속옷을 입고 외투의 단추를 채운다. 표백업자, 염료 제조업자, 염색업자도 황산을 사용한다. 단추 제조업자도 단추를 완성하려면 황산을 사용한다. 피혁업자가 신발을 위한 가죽을 만들 때 황산을 사용하고 구두를 닦을 때도 황산을 사용한다.

당신은 이제 아침식사를 한다. 식탁의 컵과 접시도 완전히 흰색이 아니면 황산의 도움을 받아야 한다. 황산은 금박과 장식용 염료를 만드는 데도 쓰인다. 숟가락과, 나이프 포크 모두 황산처리를 해야 한다.

빵의 원료가 되는 밀이 자라려면 비료를 사용해야 하는데 이 비료도 황산이 필요하다. 메밀 팬케이크에 시럽을 넣는다면 시럽에도 황산이 필요하다.

황산은 당신이 어디를 가나 등장한다. 이토록 인간에게 필수적인 황산의 존재를 사람들이 잘 모른다는 것은 의외이지만 그것이 사실나다."

세상에서 가장 재미있는 것 세 가지

세상에서 가장 재미있는 것이 무엇일까? 섹스, 돈, 종교이다. 섹스를 통해 생명이 잉태되고, 돈이 있어야 생명이 유지되고, 종교로 후생에서도 생명을 이어가기를 바란다.

우리가 관심 있는 것은 섹스, 돈, 종교이다. 우리의 관심은 자아를 중심으로 움직인다.

우리는 페루 사람의 유언장 작성하는 법에는 관심이 없다. 하지만 우리의 유언장 작성에는 관심이 있을 것이다. 힌두교에 관심이 없지만 내세에서 우리에게 행복을 보장해 줄 종교에는 관심을 가질 것이다.

노스클리프 경이 사람들이 무엇에 관심을 갖느냐는 질문을 받았을 때 그는 한 단어로 대답했다. 바로 자기 자신이다. 영국에서 가장 부유한 신문사 사주이니 당연히 답을 알았을 것이다.

당신이 어떤 종류의 사람인지 알고 싶은가? 이것은 참 흥미로운 주제이다. 우리는 당신에 대해 말하고 있다. 진정한 자아를 거울에 비춰서 당신이 누구인지 알 수 있는 방법이 있다. 〈마음의 형성〉이라는 책에서 제임스 하비 로빈슨은 이렇게 답한다.

"우리는 깨어있는 시간 내내 생각하고 있는 것처럼 보인다. 그런데 잠을 자고 있을 때도 계속 생각을 한다. 어떤 문제에 의해 방해받지 않으면 우리는 소위 환상이라고 알려져 있는 것에 빠져있다. 환상은 자발적이고 우리가 좋아하는 생각이다. 환상은 우리의 희망, 두려움, 욕망, 성취, 좌절, 좋아하는 것, 싫어하는 것, 사랑, 증오, 분노에 의해 결정된다. 우리자신보다 더 흥미로운 것이 없다. 통제하지 않으면 모든 생각은 자연스럽게 자아로 향한다.
우리의 환상은 우리의 성격을 형성한다. 환상은 우리 성격을 반영한다. 환상은 자기 과시와 자기 정당화에 영향을 미친다."

사람은 대부분의 시간은 자신에 대해 생각하고 있다는 것을 기억해라. 보통 사람은 이탈리아가 미국에 진 빚보다는 떠난다고 하는 요리사를 더 걱정하고 있다는 것을 기억해라. 남아메리카의 혁명보다는 낡은 자신의 면도기를 더 생각하고 있다. 50만 명의 목숨을 앗아간 아시아의 지진보다는 자신을 괴롭히는 충치를 더 걱정한다. 역사상 유명한 열 사람의 이야기를 듣는 것보다는 자신에게 이익이 되는 이야기를 더 좋아할 것이다.

좋은 대화 상대가 되려면
많은 사람들이 좋은 대화상대가 되지 못하는 이유는 사람들이 자신이 관심 있는 것만 이야기하기 때문이다. 그런 이야기는 다른 사람에게 지루한 이야기일 것이다. 상대의 관심, 사업, 골프 스코어, 후계자에 대해 이야기하도록 이끌어라. 상대가 어머니라면 자녀에 대해 이야기하도록 이끌어라. 그렇게 하고 귀 기울여 이야기를 들어라. 결과적으로 당신은 말을 많이 하지 않고도 훌륭한 대화상대가 될 것이다.

필라델피아의 해롤드 드와이트는 인상적인 연설을 했다. 그는 테이블에 앉아 있는 사람들에 대해 이야기 했다. 그들이 연설한 주제를 언급하고 그들 중 몇 몇의 흉내를 내어 사람들을 웃게 했다. 이런 주제를 가지고 실패할래야 실패할 수 없었을 것이다. 이상적인 연설이었다. 드와이트는 인간의 본성을 어떻게 다루어야 하는 지 잘 알았다.

2백만 독자를 사로잡은 아이디어

몇 년 전 〈아메리칸 매거진〉은 놀라운 성장세를 보였다. 잡지 발행 부수의 갑작스러운 증가는 출판계의 화제가 되었다. 비결은 무엇인가? 비결은 존 시달과 그의 생각에 있었다. 나는 그에게 몇 가지 기사를 써주었는데 어느 날 나에게 이런 이야기를 해주었다.

"사람들은 이기적입니다. 사람들은 자기 자신의 일에만 관심이 있지요. 사람들은 정부가 철도를 소유해야 하는지 관심이 없습니다. 하지만 어떻게 승진하고, 어떻게 연봉을 올리고, 어떻게 건강을 유지해야 하는지에 관심이 있습니다. 내가 이 잡지의 편집자라면 사람들에게 치아관리법, 목욕법, 더위 피하는 법, 취업하는 법, 직원 다루는 법, 집 사는 법, 기억법, 문법 실수 피하는 법 등을 알려줄 것입니다. 사람들은 항상 다른 사람 이야기에 관심이 많지요. 그래서 저는 부자에게 어떻게 부동산에서 백만 달러를 벌었는지 말해달라고 할 것입니다. 금융인이나 사업가들에게 어떻게 성공하게 되었는지 말해달라고 할 것입니다."

그 이후에 시달은 편집장이 되었다. 그 당시 그 잡지는 판매량이 적어 거의 실패에 가까웠다. 시달은 그가 말했던 대로 했다. 결과는? 결과는 아주 놀라웠다. 판매량이 20만, 30만, 40만, 50만으로 증가했다. 사람들이 원하는 것이 바로 이런 것이었다. 한 달 만에 100만부가 팔렸고 마침내 2백만 부가 팔렸다. 여기서 그치지 않고 잡지는 계속 잘 팔렸다. 사람의 이기적인 성향을 간파한 시달의 전략이 성공했다.

콘웰박사가 백만 청중을 사로잡은 비결

세계에서 가장 인기 있는 강연인 "다이아몬드의 땅"의 인기비결이 무엇이었을까?

그 강연은 결코 지루한 강의가 아니었다. 콘웰박사는 강연의 내용을 강연하는 곳에 맞춰 손질했다. 해당 지역과 관련된 내용은 강의를 새롭게 만들었고 강연을 듣는 사람들을 으쓱하게 만들었다.

"나는 강연하려는 장소에 될 수 있으면 일찍 도착해서 우체국장, 이발사, 호텔 관리인, 학교 교장선생님, 교회 목사를 만나본다. 그리고 공장, 가게에 들어가 사람들과 이야기한다. 그리고 이 모든 내용들을 강연에 접목시켜 강의에 지방색을 더한다. 다이아몬드의 땅의 기본 생각은 똑같다. 기본 생각은 모든 사람들은 자신이 처한 환경에서 자신의 능력과 에너지를 가지고 더 성장할 수 있는 가능성이 있다는 것이다."

항상 관심을 끄는 연설 자료

당신이 사물이나 생각에 대해 이야기하면 사람들은 지루해할 것이다. 하지만 당신이 사람들에 대해 이야기를 하면 청중의 관심을 끄는 데 거의 실패하지 않는다. 지금도 뒷마당의 담장 너머로, 찻잔을 사이에 두고, 저녁 식사 테이블에서 수많은 대화가 오갈 것인데 과연 어떤 내용일까? 사람이야기이다. 누가 이런 말을 했고, 누가 저렇게 했고, 나는 그 여자가 그렇게 하는 것을 봤고, 누구는 떼돈을 벌었다더라 하는 등등의 이야기 말이다.

나는 미국과 캐나다의 학생들 앞에서 많이 연설을 했다. 학생들의 관심을 끌기 위해서는 사람들에 대한 이야기를 해야 한다는 것을 알게 되었다. 내가 추상적인 개념을 이야기하자마자 학생들은 집중력을 잃고 의자에서 몸을 베베꼬고, 장난을 치기 바빴다.

아이들이니 당연하다. 하지만 전쟁 중에 군대에서 실시한 지능검사는 미국인의 49퍼센트가 13세의 정신 연령을 가지고 있다는 놀라운 사실을 보여주었다. 그러니 재미있는 사람 이야기를 많이 활용하면 거의 실패하지 않을 것이다. 수백만의 독자를 보유하고 있는 〈아메리칸〉, 〈코스모폴리탄〉, 〈새터데이 이브닝 포스트〉같은 잡지들은 사람 이야기로 가득 차 있다. 예전에 파리에 있는 미국 기업인들에게 성공하는 방법에 대한 강연을 부탁했다. 그들 중의 대부분이 뻔한 덕목을 강조하며 설교조나 강연조로 이야기해서 청중들을 지루하게 했다.

그래서 나는 수업을 멈추고 이런 말을 했다. "우리는 설교를 원하지 않습니다. 재미있지 않으면 사람들은 듣지 않는다는 것을 명심하십시오. 세상에서 제일 재미있는 것은 남 이야기라는 것도 잊지 마십시오. 당신이 알고 있는 두 사람의 이야기를 해주십시오. 어떻게 한 사람은 성공하고 다른 사람은 실패했는지 말해주십시오. 우리는 기쁘게 그 이야기를 듣겠습니다. 그리고 당신에게도 추상적인 연설보다는 훨씬 쉬울 것입니다."

　그 강좌 수강생 중에 청중의 흥미를 자극하는 것을 특히 어려워한 사람이 있었다. 그날 밤 사람 이야기를 하라는 내 제안을 받아들여 대학 동기 이야기를 했다. 그들 중에 한명은 상당히 보수적이어서 셔츠를 사서 어떤 것이 세탁이 잘 되고 오래 입을 수 있는지, 구입비용에 비해 쓸모 있는 옷은 무엇인지 도표를 만들 정도였다. 그는 항상 돈에 쩔쩔맸다. 공과대학을 졸업하고 다른 졸업생들이 하듯이 바닥에서부터 경력을 쌓으려고 하지 않았다. 세 번째 동창회를 할 때까지도 여전히 그는 셔츠 세탁 차트를 만들고 있었고, 대박이 일어나기만을 기다리고 있었지만 그런 일은 일어나지 않았다. 25년이 지난 지금 세상에 불만이 가득하고 여전히 하위직에 머물러 있다.

　그는 성공한 다른 친구의 사례도 언급했다. 그 친구는 사교성이 좋았다. 모두가 그를 좋아했다. 야심가였지만 처음은 제도공으로 시작했다. 하지만 그는 항상 기회를 엿보고 있었다. 그때 버펄로에서는 박람회가 열릴 예정이었다. 그는 그곳에 엔지니어 기술이 필요할 것이라는 것을 알았다. 그래서 그는 필라델피아의 직장을 그만두고 버펄로로 옮겼다. 친화력이 좋은 그는 버펄로에서 상당한 정치적 영향력이 있는 사람과 사귀게 되었다. 두 사람은 동업자가 되어 한 전화회사에서 큰 계약을 따냈다. 결국 이 친구는 거액의 연봉을 받고 전화회사에 스카우트되었다. 현재 그는 수백만 달러의 재산가이자 웨스턴 유니언의 대주주 중의 한 명이다.

　여기에는 연사가 한 말의 대략적인 줄거리만을 옮겼다. 그는 재미있는 인간사를 더해 자신의 연설을 재미있게 만들었다. 보통 3분 스피치도 힘들어했던 그 사람은 계속 이야기를 했다. 이야기를 끝낸 후에는 자신이 혼자 30분 동안이나 말하고 있었다는 사실에 놀라움을 금치 못했다. 연설이 너무 재미있어서 사람들도 그렇게 많은 시간이 흐른지 몰랐다.

보통의 내용도 사람들의 재미있는 이야기가 덧붙여지면 훨씬 호소력 있고 풍부한 이야기가 된다. 연사는 핵심을 이야기하고 거기에 구체적인 실례를 들어 설명해야 한다. 그렇게 하면 청중의 주의를 끄는 데 실패하지 않을 것이다.

가능하면 싸움에 관한 이야기가 좋다. 사람들은 싸움 이야기를 좋아한다. 속담 중에 세상은 사랑하는 사람들을 사랑한다는 말이 있는데 이는 사실이 아니다. 세상은 싸움을 좋아한다. 세상은 두 남자가 한 여자를 두고 싸우는 것을 좋아한다. 소설, 잡지, 영화를 봐라. 모든 장애물이 없어지고 남자 주인공이 여자 주인공을 품에 안을 때 관람객들은 모자와 외투를 집어 들기 시작한다. 그리고 5분 뒤에 청소하는 아줌마들이 빗자루 손잡이에 대해 수다를 떨기 시작한다.

모든 잡지와 소설은 이 공식에 기초하고 있다. 독자를 주인공으로 만들어라. 독자로 하여금 무엇인가를 갈망하게 만들어라. 주인공이 그것을 얻기 위해 싸우고 쟁취하는 것을 보여주어라.

사람이 사업이나 일에서 불리함과 싸워 이기는 것을 보는 것은 항상 감동적이다.

구체적으로 이야기해라.

예전에 철학박사와 젊은 시절에 영국 해군에서 청춘을 보낸 남자가 강의의 수강생인 적이 있었다. 그 세련된 학자는 대학 교수였고, 바다를 주름잡았던 수강생은 이삿짐센터 주인이었다. 이상하게도 그 이삿짐센터 주인의 연설이 철학교수의 연설보다 인기가 있었다. 왜일까? 대학교수는 수려한 영어로 교양 있게 말했지만 그의 말에는 핵심이 빠져있었다. 그의 말은 너무 애매하고 일반적이었다. 반면에 이삿짐센터 주인은 하려는 말로 곧바로 들어갔다. 그의 말은 확실했고 구체적이었다. 여기에 그의 특유의 활발함과 신선한 표현이 더해져 그의 말을 아주 재미있었다.

내가 이 사례를 든 것은 교육수준과는 상관없이 구체적이고 명확한 말은 사람들의 흥미를 끈다는 사실을 보여주기 위해서이다.

이 원칙은 아주 중요하기 때문에 몇 가지 예를 더 보여주어 당신의 머릿속에 각인 시키려 한다. 절대 이 원칙을 잊지 말고 무시하지 않기를 바란다.

"마틴 루터는 어렸을 때부터 고집이 셌다." 라는 표현이 더 흥미를 끄는가? 아니면 마틴 루터는 학창시절 선생님들에게 오전에만 회초리로 열다섯 대를 맞았다라고 하는 것이 더 흥미로운가?

고집 세다는 말은 사람들 주의를 끌기 어렵지만 회초리로 몇 대 맞았다는 말은 궁금해지지 않는가?

예전에 전기문은 일반적인 사항만을 다루었다. 요즘에는 구체적인 사실을 주로 다룬다. 예전 전기 작가는 '존 도는 가난하지만 정직한 부모에게서 태어났다.' 라고 말한다. 하지만 요즘 방법은 '존 도의 아버지는 덧신 살 형편도 못 되어 눈이 올 때는 신발을 굵은 마로 된 자루로 싸맸다. 가난했지만 절대 우유에 물을 타지 않았고 천식이 있는 말을 건강한 말이라고 속여 팔지도 않았다.' 이런 예들이 그의 부모가 가난하지만 정직하다는 것을 보여주지 않는가? 이렇게 예를 제시하는 것이 훨씬 흥미롭지 않은가?

현대 연사들도 이 방법을 사용하면 좋을 것이다.

예를 한 가지 더 들어보자. 당신이 나이아가라에서 낭비되는 에너지가 엄청나다고 말하고 이 동력에서 나오는 이익을 생필품 구입에 사용하자고 말하고 싶다면 이렇게 말하는 것이 어떤가? 다음의 글은 〈데일리 사이언스 뉴스 불레틴〉에 실린 에드윈 슬로손의 글이다.

"이 나라에서 수백만 명의 사람들이 빈곤에 허덕이고 있다. 하지만 여기 나이아가라에서는 시간당 25만개의 빵 덩어리가 버려지고 있다. 60만개의 신선한 달걀이 매 시간마다 절벽에서 떨어져 소용돌이를 내며 오믈렛을 만들고 있다. 베틀에서 만들어내는 천이 버려지고 있다. 그 물이 책이라면 이는 카네기 도서관을 한두 시간 안에 채워버릴 것이다. 아니면 커다란 백화점이 에릭호수에서 떠내려 와 160피트 바위위로 던져져 부서지는 모습을 상상할 수도 있다."

그림을 그리는 언어들

사람들의 관심을 끌지만 중요하게 생각되어지지 않는 방법이 있다. 보통의 연사들은 그것에 대해 모르고 있을 지도 모른다. 마음속에 그림을 그려내는 언어의 힘을 말하고 있는 것이다. 말을 쉽게 하는 사람은 청중들이 이미지를 쉽게 떠오르게 하는 사람이다. 모호하고 상투적인 말을 하는 연사는 청중들을 졸게 만든다.

청중들이 머릿속에 생생한 그림을 그릴 수 있도록 만들어라. 그렇게 하면 연설은 더욱더 재미있어 질 것이다.

앞에서 말한 나이아가라 관련 글을 보자. 얼마나 생생하게 표현하고 있는가. 모든 문장에서 단어들이 살아 움직이고 있다. "25만개의 빵 덩어리, 60만개의 달걀이 만들어내는 거대한 오믈렛, 베틀에서 쉴 새 없이 나오는 천, 쏟아지는 책들, 물위에 떠다니다 산산조각 나는 백화점."

스펜서는 문체에 대한 짧은 에세이에서 생생한 그림을 그려내는 언어의 우수성을 지적한 바 있다.

"한 나라의 관습과 풍습에 따라 형법의 잔인함이 정해진다.' 이런 문장 대신에 이렇게 써야한다. '사람들이 싸움, 투우와 검투사의 싸움을 즐기는 만큼 사람들은 교수형, 화형, 고문 같은 처벌을 받을 것이다."

성경과 셰익스피어의 작품은 생생한 표현으로 넘쳐난다. 예를 들어 불필요한 것을 표현할 때 평범한 작가가 "이미 완벽한 것을 개선하려 한다."라고 표현한다면 셰익스피어는 "정제된 금에 도금을 하고, 백합꽃에 색을 칠하고, 제비꽃에 향수를 뿌리는 것"이라는 불후의 표현을 남겼다.

수세대를 거쳐 내려온 속담이 시각적이라는 사실을 생각해본 적이 있는가? "수중의 새 한 마리가 덤불의 새 두 마리보다 낫다.""비가 오면 억수같이 퍼붓는다.""말을 물가로 끌고 갈 수는 있지만 억지로 물을 마시게 할 수는 없다." 수세기 동안 사용해온 직유적인 표현도 시각적인 이미지를 담고 있다. "여우처럼 교활한" "박힌 못처럼 꼼짝 않는" "팬케이크처럼 납작한" "돌처럼 단단한."

대조의 흥미유발 효과

맥컬리가 찰스 1세를 비난하는 글을 보자. 맥컬리는 그림 같은 표현을 쓰고 있을 뿐 아니라 균형 잡힌 문장을 구사하고 있다. 강렬한 대조는 언제나 사람들의 관심을 끈다.

"우리는 그가 대관식 맹세를 어겼다고 비난하는데 그는 자신이 결혼식 맹세를 지켰다고 말한다! 우리는 그가 무자비한 성직자들에 국민들을 내주었다고 비난하는데, 그는 자기의 어린 아들을 무릎에 앉히고 아들에게 입을 맞추었다고 항변한다! 우리는 그가 지키겠다고 약속한 권리 청원을 위반했다고 비난하는데, 그는 아침 6시에 기도를 하는 습관이 생겼다고 말을 한다. 바로 이런 것들이 그의 반다이크풍 옷과, 잘생긴 얼굴, 뾰족한 수염과 함께 사람들의 인기를 얻는 요소라고 생각한다."

관심은 전염된다.

지금까지 우리는 청중의 관심을 끄는 방법에 대해 이야기했다. 하지만 앞에 언급한 요소들을 따른다 해도 청중은 지겨워할 수 있다. 사람들의 관심을 끌고 이를 유지하는 것은 어려운 일이다. 증기기관을 작동하는 것과 달라서 어떤 규칙도 없다.

관심은 전염된다는 사실을 명심해라. 얼마 전에 볼티모어에서 연사가 청중들에게 지금처럼 체서피크 만에서 행해지는 볼락낚시가 계속

된다면 이 어종은 멸종할 것이라고 경고했다. 그는 진심으로 걱정하고 있었다. 연설을 듣기 전에는 그런 물고기가 있는지도 몰랐다. 하지만 연사가 말을 끝내기도 전에 청중들은 그처럼 걱정하게 되었다. 볼락 낚시를 불법으로 하자는 청원서를 돌렸다면 기꺼이 사인했을 것이다.

예전에 이탈리아 주재 미국대사였던 리처드 워시번 차일드에게 작가로서의 성공 비결을 물었다. 그는 이렇게 대답했다. "나는 삶에 대해 너무 흥미를 느끼기 때문에 가만히 있을 수가 없습니다. 사람들에게 말하지 않고는 참을 수가 없어요." 이런 작가나 연사가 하는 말에 흥미를 느끼지 않을 사람이 있겠는가?

요약

1. 우리는 일상적인 것들의 재미있는 사실에 흥미를 느낀다.
2. 우리의 주된 관심사는 우리 자신이다.
3. 자신의 말보다는 다른 사람의 말을 경청하는 사람이 좋은 대화 상대이다.
4. 다른 사람 이야기는 사람들의 관심을 끈다. 연사는 말하고자 하는 요점에 인간적인 이야기를 함께 해서 이야기하기만 하면 된다.
5. 구체적이면서 명확하게 말해라. "마틴 루터는 어렸을 때부터 고집이 셌다."라고 말하지 말고 마틴 루터는 학창시절 선생님들에게 오전에만 회초리로 열다섯 대를 맞았다라고 구체적으로 이야기해라. 그렇게 하면 일반적인 진술이 더 인상적이면서 재미있게

변한다.

6. 그림을 그릴 수 있는 생생한 표현, 이미지가 눈앞에 떠오르는 표현을 써라.

7. 균형 잡힌 문장과 대조되는 개념을 사용해라.

8. 관심은 전염된다. 단순히 기계적인 규칙을 고수하며 말을 하면 사람들이 관심을 갖지 않는다.

15장

행동을
이끌어 내는 법

원하기만 하면 당신의 재능을 키울 수 있다면 어떤 재능을 선택하겠는가? 남의 마음을 움직여 행동하게 하는 능력을 고르는 것은 어떤가?

우리의 성공에 필수적인 이 재능을 그저 운에 맡기고 넋 놓고 있을 것인가? 이런 재능을 얻을 수 있는 좋은 방법이 있을까?

물론 방법은 있다. 이 방법은 인간 본성에 근거하고 내 자신이 직접 사용해본 방법이기도 하고 수강생들을 교육시킬 때 성공적으로 사용되었던 방법이다.

첫 단계는 사람들의 주목을 받는 것이다. 사람들의 주목을 받지 않으면 사람들은 당신의 말에 귀 기울이지 않을 것이다.

두 번째 단계는 청중의 신뢰를 얻는 것이다. 청중의 신뢰를 얻지 못하면 청중은 당신의 말을 믿지 않을 것이다. 이 부분에서 많은 연사들이 실패한다.

신뢰를 얻기 위한 조건

신뢰를 얻는 최고의 방법은 자격을 갖추는 것이다. 피어폰트 모건은 신뢰를 얻는 가장 중요한 요소가 인격이라고 말했다. 아무리 똑똑하고 재치 있어도 진실한 연사만큼 설득력을 가질 수 없다.

내 수업에 뛰어난 외모를 가진 수강생이 있었는데, 그는 정말 유창하게 말을 잘 했다. 그가 말을 끝내면 사람들은 '똑똑한 친구군.' 하는 정도의 반응을 보였다. 그의 말은 사람들의 마음을 움직이지 못했다. 그와 같은 그룹에 체구가 작은 보험 세일즈맨이 있었다. 이 사람은 가끔 말도 더듬었고, 세련된 어구를 구사하지도 못했다. 하지만 그의 진실함은 그의 눈에서 빛나고 그의 목소리에 가득했다. 청중들은 그의 말에 귀 기울였고 이유를 모르지만 그에게 호감을 느꼈다.

칼라일은 〈영웅과 영웅숭배〉라는 책에서 이렇게 말했다.

"미라보, 나폴레옹, 번즈, 크롬웰 등 훌륭한 사람들은 자신의 일에 진지했다. 소위 성실한 사람이다. 영웅의 첫 번째 자질은 성실성이다. 성실한 척하는 것은 성실함이 아니다. 이는 천박한 허영이고 자만일 뿐이다. 위대한 사람의 성실함은 말로 표현할 수 없는 것이다."

몇 년 전에 우리 시대 가장 뛰어난 연사 중에 한 명이 세상을 떠났다. 젊은 시절 그는 큰 꿈이 있었고, 장래가 촉망되는 젊은이였다. 하지만 어떤 것도 이루지 못하고 죽고 말았다. 그는 순간적인 이익이나 돈을 위해 자신의 아까운 재능을 낭비했다. 결국 불성실하다는 오명을 썼다. 그의 경력에 큰 손상을 입었다.

웹스터가 말했듯이 성실한 척 해봤자 소용이 없다.

인디애나의 유명한 연설가 앨버트 베버리지는 이렇게 말했다.

"사람들에게 가장 큰 영향력을 미치는 것은 바로 종교이다. 그것은 자기 보존법칙만큼이나 본능적이고 본질적이다. 사람들을 감동시키고

자 하는 사람은 사람들 마음속의 종교적인 요소에 호소해야 한다."

링컨은 사람들과 교감하는 능력이 있었다. 누구도 그를 웅변가라 생각하지 않을 것이다. 더글러스 판사와의 논쟁에서도 그는 상대가 지닌 노련함과 우아함, 수려한 말솜씨를 가지고 있지 않았다. 사람들은 더글러스를 작은 거인이라고 불렀지만 링컨은 정직한 에이브라고 불렀다.

더글러스는 매력적인 인물이었고 생동감이 있었지만 원칙보다는 책략을 정의보다는 편의를 추구한 사람이었다. 결국 그것이 그의 파멸의 원인이었다.

하지만 링컨은 어땠는가? 링컨의 말에는 진솔함이 있었다. 그가 말을 할 때 사람들은 그의 정직함과 성실함을 느낄 수 있었다. 법률적 지식이 그를 능가하는 사람들은 많았지만 링컨처럼 배심원의 마음을 움직일 수 있는 사람은 많지 않았다. 그는 자신보다는 정의와 진리를 추구하는 데 더 많은 관심이 있었고 사람들이 그의 이런 마음을 느낄 수 있었다.

경험을 이야기해라.

청중의 신뢰를 얻을 수 있는 두 번째 방법은 자신의 경험을 이야기하는 것이다. 당신의 의견을 말하면 청중은 의문을 품을지 모른다. 책에서 읽었거나 어디에서 들은 말을 전하면 참신한 느낌이 없을 것이다. 하지만 사람들은 당신이 직접 경험한 진실된 이야기를 좋아한다.

제대로 소개받아라.

많은 연사들이 제대로 소개받지 않아서 청중의 관심을 받지 못한다.

소개라는 말은 intro(안으로)와 ducere(이끌다)라는 두 개의 라틴어로 만들어졌다. 즉 소개는 청중을 하고자 하는 연설의 핵심으로 이끌고 들어와 청중들이 이야기를 듣고 싶다는 생각이 들게 만들어야 한다. 소개할 때 연사와 관련된 사실들, 즉 연사가 이 주제를 이야기하기에 적합한 경력의 소유자라는 것을 부각시켜 청중이 이야기를 듣고 싶다는 생각이 들게 해야 한다. 소개할 때 청중의 주목을 받기 위해 소개는 가능하면 짧은 시간 안에 해야 한다.

하지만 현실은 그렇지 못하다. 대부분의 소개는 부실하고 부적절하다.

나는 아주 유명한 연사가 아일랜드의 시인 예이츠를 소개하는 것을 본 적이 있다. 예이츠는 자신의 시를 낭송하기로 되어 있었다. 그는 3년 전에 노벨문학상을 수상했는데, 이는 문학가에는 최고의 상이다. 내 생각에 청중들이 이 상의 의미도, 이 상의 중요성도 모르는 듯했다. 적어도 이 두 가지 사실을 말했어야 했다. 하지만 사회자는 이 사실의 중요성은 철저히 무시하고 신화와 그리스 시에 대해 주저리주저리 말할 뿐이었다.

이 사회자는 세계적인 연사로서 그 자신이 소개받은 경험은 많았지만 남을 소개하는 데는 완전히 문외한이었다. 그 정도의 관록이 있는 사람이 이 정도인데 보통의 사회자는 어떻겠는가?

겸손하게 사회자에게 가서 소개로 참고할 말을 해도 되겠느냐고 물어라. 그는 당신의 제안을 좋아할 것이다. 사회자가 말해주었으면 하는 것들, 당신이 이 주제에 대해 말할 자격이 있다는 것을 보여주는 사실들, 청중들이 알아야 할 사실 등을 말해주어라. 물론 한번만 듣고는 사회자는 당신의 말 중 절반은 잊어버릴 것이다. 그러니 그가 소개하기 전에 확실하게 알 수 있도록 한두 문장으로 간단히 정리한 메모를 전해 주는 것이 좋을 것이다.

푸른 풀과 히코리 나무의 재

어느 가을에 나는 뉴욕 YMCA지부에서 대중 연설 강의를 하고 있었다. 스타 세일즈맨이 어느 날 저녁 자신이 씨앗이나 뿌리 없이 푸른 풀이 자라게 했다는 터무니없는 말을 했다. 그의 말에 따르면 그가 쟁기질한 땅위에 히코리 나무의 재를 뿌렸는데 거기서 놀랍게도 푸른 풀이 자랐다는 것이다.

나는 웃으며 그의 발견이 사실이라면 백만장자가 될 것이라고 말했다. 여태껏 어느 누구도 그런 기적을 일으킨 사람이 없었고, 어느 누구도 생명이 없는 것에서 생명을 만들어낸 적이 없었다고 말했다.

나는 그의 말이 너무 허황되었기 때문에 흥분하지 않고 침착하게 말했다. 모든 수강생들이 그의 말을 믿지 않았지만 그는 확신에 차 있었다. 그는 벌떡 일어나며 자신이 맞다고 주장했다. 그는 자신이 어떤 이론을 설명하는 것이 아니라 개인적 경험을 말하는 것이라고 항변했다. 그는 자신이 무슨 말을 하는 지 정확히 알고 있었고, 추가적인 정보와 증거를 제시했다.

나는 다시 그의 주장이 사실이 아니라고 주장했다. 그러자 그는 5달러 내기를 제안하며 미 농무성에 이 문제를 제기해보자고 말했다.

나는 곧 그가 수강생 몇 명을 자기편으로 끌어들였음을 알게 되었다. 나는 그들에게 왜 그의 주장을 믿게 되었는지 물었다. 그의 진지함이 그들이 그의 말을 믿게 된 유일한 이유였다.

진지함은 청중들에게 엄청난 영향을 미친다.

인간은 감정을 가지고 있고 연사의 감정에 영향을 받는다. 만약 연사가 어떤 것을 진지하게 믿어 이를 진지하게 말한다면 재에서 파란풀이 나왔다고 우겨도 자신의 말을 믿어주는 추종자가 생길 수 있다.

청중의 관심과 신뢰를 얻기만 하면 본격적인 작업이 시작된다. 다음 단계는 사실을 제시하고 여러분의 주장에 대해 사람들을 교육시키는 것이다.

주장의 장점을 부각시켜라.

당신은 대부분의 시간을 여기에 쏟아야 한다. 명확성에 대한 12장, 감동과 확신을 주는 방법인 13장을 여기에 써먹어야 한다.

전장에 비유하면 여기가 최전선이다. 포슈 사령관은 이렇게 말했다.

"전장에서는 연구할 시간이 없다. 이미 알고 있는 것을 적용할 수 있을 뿐이다. 따라서 정확히 알고 빨리 활용하는 능력이 중요하다."

당신이 실제 활용하는 것보다 더 많이 알고 있어야 한다. 〈이상한 나라의 앨리스〉에 나오는 백기사는 여행을 떠나기 전 모든 일어날 수 있는 가능성에 대비했다. 그는 밤에 쥐들이 괴롭힐 것에 대비하여 쥐덫을 가져갔고, 벌떼를 만날 경우를 대비하여 벌통도 준비했다. 백기사가 연설도 그렇게 준비했다면, 그는 성공을 거두었을 것이다. 엄청난 양의 정보로 제기될 수 있는 모든 반대의견을 준비했을 것이다. 말할 내용을 철저하게 알고 있어 실패하지 않았을 것이다.

패터슨은 반대의견에 어떻게 대처했나?

당신이 기업인들에게 연설을 할 때 당신만 그들을 교육하는 것이 아니고 그들도 당신을 교육하게 해야 한다. 청중이 무슨 생각을 하는지 알고 있어야 한다. 그렇지 않으면 연설의 핵심이 빗나가게 된다. 청중이 자신의 의견을 자유롭게 표현할 수 있게 하고 반대의견에 답해라. 그렇게 하면 청중은 너그러운 마음을 갖게 되어 당신의 말을 경청할 것이다. 다음은 내셔널 캐시 레지스터 사의 초대 회장 존 패터슨이 이런 상황에 어떻게 대처했는지 보여준다. 〈시스템 매거진〉에 실린 그의 기사를 소개한다.

"금전 등록기의 가격을 올리게 되었다. 대리점과 영업담당자들은 이에 반대했다. 나는 그들 모두를 데이턴으로 불러 모임을 가졌다. 내 뒤에는 큰 종이와 기록할 사람을 두었다.

나는 사람들에게 가격인상에 반대하는 이유를 물었다. 마치 따발총처럼 반대의견이 쏟아졌다. 의견이 나오는 대로 큰 종이에 적도록 지시했다. 첫날은 반대의견을 모으는 데만 시간을 보냈다. 모임이 끝나고 보니 가격인상 반대의견이 백 개가 넘게 나왔다. 가격인상을 반대하는 모든 이유가 나왔고 청중들의 마음에는 가격인상이 있어서는 안 된다는 쪽으로 결론이 난 듯 보였다. 첫날 모임은 거기서 끝났다.

다음날 아침 나는 반대의견을 지적하며 왜 그들의 의견이 틀린지를 도표를 이용해가며 설명했다. 사람들은 모두 나의 말에 동의했다. 왜 그랬을까? 모든 반대의견이 제시되었고 토론은 그것에 집중되었다. 미결부분은 없었고 현장에서 모든 것이 해결되었다.

하지만 이런 경우에 그저 논쟁을 통해 문제를 해결할 수는 없을 것이라는 생각이 든다. 영업사원들의 회합은 새로운 에너지로 충만한 채 끝나는 게 가장 좋은데 토론을 하다보면 등록기 자체의 문제는 중요성이 간과될 수 있을 것 같았다. 우리는 드라마틱한 클라이맥스가 필요했다. 회의를 끝내기 전에 100명의 사람들이 한명씩 무대를 가로질러가게 했다. 모든 사람은 손에 등록기 부품이 하나씩 그려져서 마지막 사람이 무대를 가로지르면 모든 사람이 모여 완벽한 등록기의 모습을 이루며 끝나게 했다. 영업사원 모두들 환호하며 모임이 끝났다."

욕망과 욕망이 충돌하게 해라.

이 방법의 세 번째 단계는 사람들을 행동하게 하는 동기에 호소하는 것이다.

지금까지 일어났던 모든 일과 과거에 일어났던 일 또는 미래에 일어날 일은 서로 밀접하게 연관되어 일어났다. 이 원칙은 베디아 인들과 페르시아의 인들의 법칙처럼 변하지 않는다. 이런 법칙이 이해된다면 왜 미신이 터무니없이 어리석은지 알 수 있다. 불변의 자연의 법칙이 탁자에 둘러앉은 열세 명의 사람에 의해 아니면 누군가가 거울을 깨뜨린다고 멈추거나 변화되거나 하겠는가? 우리가 하는 모든 의식적이고 의도적인 행동의 원인은 무엇인가? 바로 욕망이 그 원인이다. 이 원칙이 적용되지 않는 유일한 사람은 정신병동에 갇힌 사람들뿐이다. 우리를 행동하게 하는 것은 많지 않다. 우리는 놀라운 정도의 작은 수의 욕망에 의해 지배된다.

누군가가 사람들을 움직이는 욕망을 알아서 이 욕망으로 사람들을 조종하는 방법을 안다면 그 힘은 엄청날 것이다. 현명한 연사는 그렇게 하려고 한다. 하지만 어리석은 연사는 목적 없이 길을 더듬어 갈 뿐이다.

예를 들어 어떤 아버지가 어린 아들이 몰래 담배를 피웠다는 사실을 알게 되었다. 아버지는 화가 나서 아들에게 당장 담배를 끊으라고 하면서 담배를 피우면 건강을 해칠 것이라고 경고한다.

하지만 아들은 건강에는 관심이 없고 그저 담배의 맛과 담배를 몰래 피우면서 느끼는 짜릿함을 더 좋아할 뿐이다. 어떻게 될까? 아버지의 호소는 아들의 귀에 들어올 리가 없다. 왜일까? 부모는 아들을 움직이게 하는 동기를 자극하지 않았기 때문이다. 부모는 아들을 반발하게만 할뿐이었다.

아들은 학교 육상부에 들어가서 100미터 달리기에 출전하고 싶어 한다. 아버지가 자신의 생각만 일방적으로 말하지 않고 아들이 담배를 계속 피우면 운동선수가 되고 싶은 꿈을 이룰 수 없을 거라고 차분하게 설명한다면 더 약한 욕망인 흡연과 더 강한 욕망인 육상선수를 충돌시키는 과정을 통해 현명하게 문제를 해결할 수 있을 것이다. 이와 똑같은 일이 세계에서 가장 큰 스포츠 이벤트인 옥스퍼드 캠브리지 보트 경주에서 일어났다. 경기에 출전하는 선수들은 경주기간 내내 금연한다. 경주에 이기는 것에 비하면 다른 욕구는 부차적일 뿐이다.

오늘날 인류가 직면한 가장 큰 문제 중 하나는 곤충과의 전쟁이다. 몇 년 전에 일본 정부의 주선으로 호수 주변에 벚꽃나무를 심었는데 이때 복숭아순나방도 같이 들어왔다. 이 나방은 급속도로 퍼져 동부 몇 개주의 과일 작황이 심각한 타격을 입었다. 살충제도 효과가 없어 정부는 일본에서 이 나방의 천적을 들여왔다.

사람들의 행동을 이끌어내는 데도 비슷한 방법이 쓰인다. 하나의 동기가 다른 동기와 대립하게 만다. 이 방법은 아주 간단하면서도 합리적이어서 일반적인 방법이라 생각하기 쉽지만 실상은 그렇지 않다.

구체적인 예를 들어보자. 나는 최근에 어떤 도시에서 만찬에 참석한 적이 있었다. 인근 도시의 골프장에서 골프경기를 열려고 했는데 참석자가 얼마 없었다. 그 골프 클럽의 회장의 체면이 말이 아니었다. 그래서 더 많은 사람들이 참여해주십사하고 호소해봤지만 소용이 없었다. 그 회장은 회원들이 참석해주기를 회장인 자신이 원하고 있다는 사실을 강조했다. 그 회장은 사람의 본성을 잘 모르고 있었던 것이다. 회장은 그저 자신의 감정만을 말하는데 급급할 뿐이었다. 사람들이 원하는 것이 무엇인지 전혀 생각하지 않았다.

그는 어떻게 했어야 했을까? 그는 자신의 생각을 다른 사람에게 말하기 전에 자신과 먼저 조용한 대화의 시간을 가지며 이렇게 자문했어야했다. "왜 많은 사람들이 골프 모임에 가려하지 않을까? 시간이 없는 사람도 있을 것이고, 기차요금이나 기타 비용 때문에 안 가려하는 사람도 있을 거야. 이런 문제를 어떻게 극복해야 할까? 골프가 시간 낭비가 아니고 피곤한 상태로 6일 일하는 것보다 맑은 정신으로 5일 일하는 것이 더 효율적이라는 것을 사람들에게 알려줘야겠다. 물론 이 사실은 모두가 다 알고 있겠지. 하지만 한 번 더 말해줘야지. 골프 모임에 참석하는 데 드는 조금의 돈보다 건강과 즐거움이 훨씬 가치가 있는 일이라는 것을 말해줘야지. 사람들의 상상력을 자극해서 사람들이 골프장을 걸으며 얼굴에 와 닿는 서풍, 발밑의 푸른 잔디를 느끼게 하고 돈 때문에 아등바등하는 도시의 사람들이 불쌍하게 여기도록 해야지."

그저 "여러분이 함께 해주셨으면 좋겠습니다." 라고 말하는 것보다 앞의 방법이 더 효과적이지 않을까?

우리의 행동을 결정짓는 욕망들

우리의 행동을 결정하고 우리를 인간답게 행동하게 만드는 기본적인 인간의 욕망은 무엇일까? 이 욕망들을 이해하고 이용하는 것이 우리 성공에 필수적이라면 이 욕망들을 찬찬히 살펴보고 분석해보자.

인간을 움직이게 하는 가장 강한 동기 중에 하나가 무엇이라고 생각하는가? 당신이 맞다. 그것은 바로 이익에 대한 욕망이다. 수백만 명의 사람들을 몇 시간 더 일찍 잠에서 깨우는 것이 바로 이 욕망 때문이다. 잘 알려진 이 욕구의 위력에 대해 말할 필요가 뭐 있겠는가?

돈에 대한 욕구보다 더 강한 것이 자기 보호 욕구이다. 어떤 도시가 그곳이 건강에 좋은 날씨라고 광고하고, 식품회사가 자사제품이 활력과 건강을 준다고 강조하고, 약장수가 자신의 약이 치유해줄 수많은 병을 열거하고, 낙농업자는 우유가 비타민이 풍부하고 생명유지에 꼭 필요한 식품이라 주장하고, 금연협회의 연사가 담배의 3%는 니코틴이고 니코틴 한 방울이면 개를 죽이고 니코틴 8방울이면 말도 죽는다고 말하는 것은 우리 안의 생명 유지 욕구에 호소하고 있는 것이다.

이런 호소를 더욱 강조하고 싶다면 이를 개인의 차원에서 설명해라. 암이 증가하고 있다는 통계를 절대로 인용하지 말고 당신의 말을 듣고 있는 사람들과 관련지어라. "지금 이 방에는 30명의 사람이 있습니다. 당신이 45세까지 산다고 가정할 경우 여러분 중 세 명은 암으로 죽을 것입니다. 그 세 명이 누가될지 궁금합니다."

돈에 대한 욕망만큼이나 강한 것은 인정받고 싶은 욕구이다.

오랜 세월 중국의 수많은 소녀들은 고통 속에 비명을 지르면서도 전족이라는 관습을 따랐다. 이 소녀들이 발을 묶어 자라지 못하게 하는 전족은 순전히 자존심 때문이었다. 바로 이 순간에도 중앙아프리카 어떤 지역의 여성들은 입술에 나무 원반을 끼고 산다. 믿기 힘들겠지만 원반의 크기가 당신이 아침 식사를 담아먹었던 접시만하다. 이 부족의 소녀들은 8살이 되면 입술 바깥쪽을 찢고 그 안에 원반을 넣는다. 세월이 흐를수록 원반은 점점 큰 원반으로 교체된다. 마지막에 이 무시무시한 원반이 들어갈 자리를 만들기 위해 이빨까지 뽑는다. 이 성가신 물건은 발음하는 것도 방해해서 사람들이 그들의 말을 알아들을 수도 없다. 이 여성들이 이 고통을 참아내는 것은 아름답게 보이기 위함이고, 인정받고 자신의 자부심을 만족시키기 위해서이다.

우리는 그 정도까지는 아니더라도 자부심을 최고로 여긴다. 사람들의 자부심에 제대로 호소하면 그 위력은 TNT 폭약에 버금간다.

당신이 이 강좌를 듣는 이유를 생각해봐라. 남에게 더 잘 보이고 싶은가? 말을 잘하는 데서 오는 만족감을 느끼고 싶은가? 사람들 앞에 서는 연설가라는 자부심을 느끼고 싶어서인가?

한 통신판매 잡지의 편집자는 한 강연에서 사람들의 자부심과 이익에 대한 욕망에 호소하는 것만큼 효과적인 방법은 없다고 말했다.

링컨은 사람들의 자부심에 호소하는 영리한 방법으로 소송을 승리로 이끌었다. 재판은 1847년 테이즈웰 지방법원에서 있었다. 스노라는 이름의 두 형제가 케이스 씨에게서 멍에를 멘 두 쌍의 소와 쟁기를 구입했다. 그들이 미성년자였지만 케이스 씨는 200달러짜리 어음을 받았다. 어음만기일이 돌아오자 그에게 돌아온 것은 돈이 아니라 조롱이었다. 그래서 케이스 씨는 링컨을 고용하여 소송을 걸었다. 스노우 형제들은 자신들이 미성년자이고 케이스 씨가 자신들이 미성년자임을 알고도 그들의 어음을 받았다고 주장했다. 링컨은 모든 사실을 인정했다. "맞습니다. 신사숙녀 여러분, 저도 그 사실은 알고 있습니다." 상대의 주장을 인정하는 것으로 보아 링컨이 소송에 이길 뜻이 없는 것처럼 보였다. 하지만 자신의 변론 차례가 오자 그는 배심원에게 이렇게 말했다.

"배심원 여러분, 여러분은 이 소년들이 인격에 치명적인 손상을 입은 채 인생을 시작하게 하고 싶으십니까? 최고의 판사는 이런 글을 남겼습니다. '하나님, 인간의 선한 이름은 영혼의 보석입니다. 내 지갑을 훔치는 사람은 쓰레기를 훔친 것일 뿐 사실 아무것도 아닙니다. 하지만 나에게서 선한 이름을 훔치는 사람은 자신을 풍요롭게 하지 못하면서 나를 더욱 가난하게 만들 것입니다.'"

링컨은 현명하지 않은 변호사의 꼬임이 없었다면 이 소년들은 이런 악행을 저지르지 않았을 것이라 지적했다. 법을 다루는 고귀한 직업이 어떻게 악용될 수 있는지를 보여준 후 링컨은 상대측 변호사를 질책했다. "배심원 여러분, 이 소년들을 세상 앞에 올바로 세우는 것은 여러분 손에 달렸습니다." 그는 배심원의 자부심에 호소했고 배심원들은 그 자리에서 소년들이 빚을 갚아야 한다는 결정을 내렸다.

이 경우 링컨은 배심원의 정의에 대한 사랑에 호소했다. 이는 인간의 본성이다. 거리에서 더 큰 아이에게 괴롭힘 당하는 소년을 보면 우리는 그 소년을 도와준다.

인간은 감정의 동물이며 안락과 즐거움을 추구한다. 우리는 커피를 마시고 실크 양말을 신고 극장에 가고 침대에서 잔다. 논리적으로 생각해서가 아니라 그것이 편안하고 우리에게 기쁨을 주기 때문이다. 당신의 말대로 하면 사람들의 편안함과 기쁨이 증대될 것이라는 것을 보여주면 사람들의 행동을 쉽게 이끌어 낼 수 있을 것이다.

시애틀이 다른 도시보다 사망률이 낮고 시애틀 출생의 아이가 생존율이 가장 높다라고 광고하면 그 도시에 살고 싶지 않겠는가? 이는 애정이라는 가장 강한 동기에 호소하고 있다. 애국심도 애정에 호소하고 있는 것이다.

뉴욕의 유명한 부동산 경매인인 조셉 데이는 감정에 호소하여 일생 일대의 가장 큰 계약을 성사시켰다.

"전문적인 지식이 판매의 전부는 아닙니다. 제 생애 최대의 계약을 성사시켰을 때 저는 전문적인 지식은 전혀 사용하지 않았습니다. 저는 브로드웨이 71번가에 있는 건물을 철강회사에 매각하는 문제를 게리 판사와 협의 중이었습니다. 계약이 성사되었다고 생각하며 판사를 찾아갔는데 그는 아주 차분하지만 단호하게 이렇게 말했습니다.

'데이씨, 그 건물 근처에 훨씬 현대적인 건물이 있는데 우리 목적에 그 건물이 더 부합하는 것 같습니다. 마무리 공사가 더 잘됐어요. 당신도 알다시피 이 건물은 너무 구식입니다. 동료 몇 사람도 다른 건물이 이 건물보다는 낫다는 결론을 내렸어요.'

5백만 달러 계약이 무산될 처지에 놓였습니다. 저는 잠시 대답하지 않았습니다. 게리 판사도 더 이상 말을 하지 않았습니다. 그는 이미 결정을 내린 듯 했습니다. 바닥에 핀이라도 떨어졌다면 폭탄이 떨어지는 소리처럼 들렸을 것입니다. 저는 대답 대신 이렇게 물었습니다.

'게리 판사님, 뉴욕에 오셨을 때 첫 사무실이 어디였습니까?'

'바로 여기였죠. 아니면 저 건너편이었을 겁니다.'

'철강회사가 처음 생긴 곳은 어디였습니까?'

'그야 여기 있는 사무실이죠.' 그는 잠시 생각에 잠겼습니다. '젊은 중역들은 이보다 좀더 세련된 사무실에서 일했었죠. 그분들은 이곳의 낡은 가구들이 맘에 들지 않았어요. 하지만 그 젊은 중역들은 이곳에 남아 있지 않습니다.'

거래는 성사되었습니다. 물론 저는 두 건물의 구조적인 장점을 비교했을 수도 있었을 것입니다. 하지만 저는 감정에 호소했습니다."

종교적인 동기

종교적인 동기도 강한 영향력을 가진다. 종교적이라 함은 특정 종교의 예배나 교의가 관련된 것이 아니라 예수가 가르쳤던 아름답고 영원한 진리를 말하는 것이다. 정의와 용서와 자비, 남을 섬기고 내 이웃을 내 몸과 같이 사랑하는 마음을 가리키는 것이다.

어떤 사람도 자신이 선하고 도량이 넓지 않다는 것을 인정하고 싶어하지 않는다. 그래서 이런 심리에 호소하면 우리는 쉽게 움직인다.

오랫동안 워드는 국제 YMCA위원회의 사무실장으로 일하며 기금모집활동을 했다. YMCA에 기부한다고 해서 재산이 느는 것도 아니고 권력이 강해지는 것도 아니지만 사람들은 자신이 고상하고 정의롭고 자 하는 욕망에서 기부를 한다.

북서부 지역의 한 도시에서 모금운동을 하면서 워드 씨는 교회나 사회사업과는 거리가 먼 사업가에게 접근했다. 이 사업가가 일주일동안 자신의 사업은 접고 기금모금에 참여할까? 말도 안 되는 생각이었다. 하지만 그는 모금 운동의 개회식에 참석하기로 했다. 워드 씨가 그의 고귀한 정신과 이타주의에 호소한 것이 마음을 움직여 그는 일주일 내내 기금모집 캠페인에 열정적으로 참가했다. 일주일이 지나기 전에 악명 높았던 그 사업가는 모금운동의 성공을 기원하기에 이르렀다.

제임스 힐을 찾아가 북서부 지역의 그의 철도노선을 따라 YMCA를 설립하자고 설득한 적이 있었다. 상당한 자금이 필요했다. 힐이 그저 약삭빠른 사업가라고만 생각해서 그들은 YMCA가 근로자들의 삶에 도움이 되고 힐의 재산 가치를 높이는 데도 도움이 될 것이라고 설득했다.

힐은 이렇게 대답했다. "여러분은 내가 YMCA를 설립하고 싶다는 생각이 들지 않게 하는군요."

국경지역의 영토 분쟁은 1900년에 아르헨티나와 칠레를 전쟁 직전까지 내몰았다. 군함이 건조되고 무기가 비축되었으며 세금이 증가하고 이 문제를 전쟁으로 해결하기 위한 준비가 진행되고 있었다. 1900년 부활절에 아르헨티나의 한 주교가 그리스도의 이름으로 간절하게 평화를 호소했다. 안데스 산맥을 넘어 칠레 주교가 이 메시지에 화답했다. 주교들은 온 나라를 돌며 평화를 호소했다. 처음에 이들을 따르는 것은 여성뿐이었지만 점차 온 나라를 움직였다. 국민들의 여론은 양국 정부가 군대를 감축하게 했다. 국경의 요새는 철거되고, 총기들은 녹여 거대한 청동 예수 상으로 만들었다. 오늘날 안데스 산맥 높이 십자가를 든 이 예수상은 국경을 지키고 서있다. 이 조각에는 이런 글귀가 새겨져 있다.

"이 산들이 무너져 먼지가 되어도 칠레와 아르헨티나 국민들은 그리스도의 발아래서 맺은 엄숙한 서약을 잊지 않겠다."

요약

1. 관심을 이끌어내라.
2. 신뢰를 얻어라. 이를 위해서 제대로 소개를 받고, 연사로서의 자격을 갖추고, 직접적인 체험을 통해 얻은 사실을 말해라.
3. 사실을 말하고, 제안의 장점에 대해 청중들에게 설명하고 이의제기에 답변하라.
4. 인간을 움직이는 동기인 이익을 위한 욕망, 자기보호욕구, 자부심, 기쁨, 감정, 애정, 종교적인 이상 같은 동기에 호소해라.

16장

말을 잘하려면

얼마 전 직업도 없고 저축도 없는 영국인이 일자리를 찾아 필라델피아의 거리를 헤매고 있었다. 그는 필라델피아의 유명한 사업가 폴 기번스의 사무실로 찾아가 면담을 요청했다. 그는 이 불청객을 못마땅하게 쳐다보았다. 그의 행색이 마음에 들지 않았다. 옷은 낡고 초라했고, 어려운 처지가 확연히 드러났다. 호기심 반 동정심 반으로 기번스는 면담을 허락했다. 처음에는 몇 분만 들으려고 했지만 몇 분이 한 시간이 되도록 대화가 이어졌다. 결국 기번스는 딜런 리드 앤드 컴패니사의 필라델피아 지사장인 롤랜드 테일러에게 전화를 걸어 점심식사를 주선하기에 이르렀다. 테일러는 점심식사 후 그에게 괜찮은 일자리를 마련해주었다. 어떻게 이 영국인이 이토록 짧은 시간에 일자리를 얻을 수 있었을까?

그 비결은 바로 그의 영어구사력이었다. 그 영국인은 사실 옥스퍼드 대학 출신으로 사업차 미국을 방문했다가 일이 잘못되어 무일푼으로 친구도 하나 없이 길거리를 헤매게 된 것이다. 하지만 그는 언어를 정확하고 아름답게 구사했기에 그의 이야기를 듣는 사람이 그의 초라한 행색을 잊고 이야기에 집중할 수 있었던 것이다.

이 사람의 사례는 흔하지 않지만 우리가 하는 말에 의해 평가된다는 사실을 잘 보여주고 있는 예이다. 우리의 말은 우리의 품격을 드러내고, 우리가 어울려온 사람들이 어떤 사람인지 알 수 있게 해주고, 우리의 교육수준과 교양의 척도가 된다.

우리는 네 가지 방식으로 세상과 대면한다. 우리는 직업, 외모, 무슨 말을 하고 어떻게 말하는지에 따라 평가받고 분류된다. 하지만 많은 사람들이 학교를 졸업한 후 정확하고 품위 있게 말하려는 의식적인 노력을 기울이지 않은 채 살아간다. 직장생활을 하며 습관적으로 사용하는 말들을 내뱉는다. 발음규칙을 어기고, 가끔 문법규칙조차 파괴하는 것도 놀라운 일이 아니다. 대학을 졸업한 사람들도 말을 잘 못하는데 경제사정으로 정규교육을 받지 못한 사람들은 어떻겠는가?

몇 년 전에 나는 로마의 콜로세움에 몽상에 잠긴 채 서 있었다. 영국령 국가에서 왔다고 말하며 낯선 사람이 내게 오더니 자기가 로마에서 경험한 일을 이야기하기 시작했다. 말을 시작한지 3분도 지나지 않아 그의 입에서는 문법체계를 무시하는 엉터리 말들이 튀어 나왔다. 그날 아침 잠자리에서 일어나 구두에 광을 내고 멋있어 보이려고 잘 다린 셔츠를 입었지만 자신의 언어에 광을 내고 멋진 문장을 말하려는 시도는 전혀 하지 않았다. 이야기할 때 여성에게 모자를 들어 올리지 않는 것에는 부끄러워했겠지만 자신이 문법에 어긋난 말을 하고 이상한 발음으로 말을 해서 상대의 기분을 나쁘게 하고 있다는 것은 의식하지도 못했다. 말이 그의 지위와 품격을 나타내고 있었다.

30년 동안 하버드대학의 총장으로 재직한 찰스 엘리엇 박사는 다음과 같이 말했다.

"인간교육의 필수요소는 모국어를 정확하고 품위 있게 구사할 수 있는 능력배양이다."

그렇다면 어떻게 단어와 친해지고 아름답고 정확한 언어를 구사할 수 있을까? 다행히 이를 위해 신비로운 비밀은 없다. 방법은 공공연한 비밀이다. 링컨은 이 방법을 성공적으로 사용했다. 어떤 미국인도 그처럼 아름다운 언어를 창조해내지 못했다. 일자무식의 아버지와 평범한 어머니의 아들인 링컨이 언어재능을 타고난 것일까? 그가 국회의원이 되었을 때 그는 공적 서류의 자신의 교육 란에 "하자 있음"이라고 썼다. 그의 전 생애에서 그가 학교교육을 받은 것은 12개월도 안 된다. 그러면 누가 그의 멘토였을까? 켄터키 숲에 살 때는 자카리아 버니와 칼렙 헤이즐이었고, 인디애나 주에서는 아젤 도시와 앤드류 크로포드였다. 이들은 모두 순회교사로 개척 마을을 다니며 햄과 옥수수 밀을 수업료로 학생들을 가르쳤다. 순회교사들에게 링컨은 거의 도움을 받지 못했다.

농부와 상인들, 일리노이의 법률사무소에서 일하는 변호사들에게서도 탁월한 언어재능은 없었다. 링컨은 자신의 시간을 이런 사람들과 어울리느라 낭비하지 않았다. 그는 당대의 뛰어난 지식인들, 가수, 시인들과 교류했다. 그는 번즈와 바이런, 브라우닝의 시를 암기했다. 그는 번즈에 대해 책도 썼다. 그는 바이런의 시집을 사무실과 집에 두고 자주 읽었다. 사무실에 두었던 시집은 너무 많이 봐서 너덜너덜해졌다. 남북전쟁의 중압감이 어깨를 누르고 있을 때도 자기 전에 후드의 시집을 읽었다. 한밤중에 잠에서 깨면 책을 펴고 특별히 감동을 주는 시구를 발견하면 잠옷을 입고 슬리퍼를 신은 채 비서에게 가서 시를 읽어주곤 했다. 백악관에 있을 때 셰익스피어의 시를 암기했고, 특정 배우가 그 시를 읽은 것을 비판하고 자신만의 해석을 붙이기도 했다. 그는 배우 해킷에게 이런 편지를 썼다. "나도 셰익스피어의 희곡은 많이 읽었습니다. 리어왕, 리처드 3세, 헨리 8세, 햄릿, 맥베스를 많이 읽었습니다. 그중에서 맥베스가 최고라고 생각합니다."

링컨은 시에 푹 빠져 지냈다. 시를 사적인 자리에서 뿐 아니라 공적인 자리에서도 암송할 뿐 아니라 직접 쓰기도 했다. 여동생의 결혼식에서 자작시를 읽기도 했다. 중년에는 자작시로 공책을 가득 채웠지만 너무 부끄러워 가장 친한 친구도 이 시를 못 읽게 했다.

로빈슨은 〈작가 링컨〉이라는 책에서 이렇게 썼다. "독학으로 공부한 링컨은 진정한 교양의 재료로 마음을 채웠다. 천재성이든 재능이든 그가 지성을 쌓아가는 과정은 에머튼 교수가 에라스무스의 교육에 대해 설명한 것과 같다. '그는 학교에 더 이상 다니지 않지만 쉬지 않고 끝없이 공부하고 연습하는 방법으로 스스로를 교육했다.'"

인디에나 피젼 농장에서 일당 31센트에 옥수수를 까고 돼지를 도살하던 개척자는 게티즈버그에서 인간의 입에서 나올 수 있는 가장 아름다운 연설을 했다. 링컨이 죽은 뒤에 찰스 섬너는 전쟁은 끝났지만 링컨의 연설은 영원할 것이고, 이 전투가 미래에 기억된다면 이 연설 때문일 것이라는 말을 했다. 게티즈버그라는 말을 들으면 전투만큼이나 연설이 떠오르지 않는가?

에드워드 에버렛은 게티즈버그에서 두 시간 동안 연설했지만 그가 한말은 잊혀지고 링컨은 채 2분이 되지 않는 연설을 했다. 연설 도중

사진사가 사진을 찍으려 했지만 카메라가 설치되고 초점을 맞추기 전에 링컨은 연설을 끝내버렸다.

링컨의 연설은 가장 아름다운 영어로 쓰여진 연설로 지금은 옥스퍼드대학교 도서관에 있다. 대중연설을 공부하는 학생은 다음의 그의 연설을 암기해야 한다.

"지금으로부터 87년 전 우리의 선조들은 모든 인간은 평등하게 창조되었다는 명제 하에 이 대륙에 새로운 나라를 만들었습니다. 지금 우리는 거대한 내전의 소용돌이에 있고, 이 나라가 과연 오래 지속될 수 있을 것인지 시험받고 있습니다. 우리가 모인 이 자리는 그 전쟁이 벌어졌던 싸움터입니다. 우리는 이 나라를 위해 목숨을 바치신 분들이 이곳에서 편히 쉬실 수 있도록 여기 모였습니다. 더 큰 의미에서 우리는 이 땅을 신성하게 만들지 않았습니다. 이 땅에서 싸웠던, 살아있거나 전사한 용사들이 이곳을 신성한 곳으로 만들었습니다. 세상 사람들은 오늘 우리가 여기에서 한 말을 오래 기억하지 않겠지만 그 용사들이 이곳에서 한 일은 영원히 잊혀 지지 않을 것입니다. 살아있는 우리들은 우리를 위해 싸우신 분들의 미완의 임무를 완수하기 위해 더욱 노력해야 합니다. 우리들은 그분들이 지키려 한 자유를 더욱 지키고, 그 분들의 죽음이 헛되지 않도록 노력해야 합니다. 이 나라가 하나님의 가호 아래 자유의 탄생을 보게 하고, 국민의, 국민에 의한, 국민을 위한 정부가 이 지상에서 사라지지 않도록 노력할 것을 다짐합니다."

이 연설의 가장 유명한 구절인 마지막 문장은 링컨이 만들어 낸 것일까? 그의 동료 변호사 헌돈은 몇 년 전에 그에게 시어도어 파커의 연설집을 주었다. 링컨은 이 책에서 "민주주의는 국민에 대한, 국민에 의한, 국민을 위한 직접적인 자치제도" 라는 표현을 읽고 밑줄 쳐 놓았다. 시어도어 파커는 그 말을 웹스터의 말에서 빌린 것인지 모른다. 웹스터는 그보다 4년 전에 "국민을 위해 만들어지고, 국민에 의해 만들어지며 국민에게 책임을 지는 정부" 라는 말을 했다. 웹스터도 그 말을 제임스 먼로 대통령이 30년 전에 한 말에서 따온 것일지 모른다. 제임스 먼로가 태어나기 5백 년 전 위클리프는 성경 번역본 서문에서 "이 성경은 국민의, 국민에 의한, 국민을 위한 정부를 위한 것" 이라는 말을 했다. 예수가 태어나기 4백 년 전에 클레온은 아테네 시민들에게 한 연설에서 국민의, 국민에 의한, 국민을 위한 통치자" 에 대해 말했다.

위대한 연사들의 연설의 비결은 독서에 있다.

책이 비결이다. 어휘력을 늘리고 싶으면 책의 바다에 빠져라. 존 브라이트는 이렇게 말했다. "도서관에 올 때마다 인생이 너무 짧아서, 내 앞의 성찬을 전부 즐길 수 없을 것 같아서 슬프다." 브라이트는 15살에 학교를 그만두고 공장에서 일했다. 그 이후로 학교교육을 받을 수 없었다. 하지만 그는 당대 최고의 연설가 중 한 사람이 되었다. 그는 읽고 연구하고 옮겨 적었다. 바이런, 밀턴, 워즈워스, 휘티어, 셰익스피어와 셸리의 시를 암기했다. 찰스 제임스 폭스는 자신의 문체를 개발하기 위해 셰익스피어를 큰 소리로 읽었다. 글래드스톤은 서재를 평화의 신전이라 부르고, 그 안에 1만 5천권의 책을 보관했다. 그는 성 어거스틴, 버틀러 주교, 단테, 아리스토텔레스와 호머의 책에서 많은 도움을 받았다고 말했다. 그는 일리아드와 오디세이에 푹 빠졌고 호머의 시와 그 시대에 대한 책을 6권이나 썼다.

피트가 어렸을 때 그리스어와 라틴어 작품 한 두 페이지를 정독하고 영어로 번역하는 연습을 했다. 그는 이 번역훈련을 10년 동안 계속했고 즉석으로 생각을 표현하는데 어떤 누구도 따라올 수 없는 뛰어난 능력을 가지게 되었다.

데모스테네스는 유명한 역사가의 장엄하고 인상적인 화법을 배우기 위해 투키디데스의 역사서를 8번이나 필사했다. 결과는 어땠을까? 2천년 뒤, 우드로 윌슨은 자신의 문체를 개선하기 위해 데모스테네스의 작품을 연구했다. 아스퀴스는 버클리 주교의 작품을 읽는 것이 최고의 훈련이라는 것을 발견했다.

테니슨은 매일 성경을 공부했다. 톨스토이는 성경을 암기할 때까지 계속 읽었다. 러스킨의 어머니는 아들이 성경을 암기하게 하기 위해 매일 큰소리로 읽게 했다. 러스킨은 자신의 문체와 문학적 취향은 어렸을 적 이 훈련의 영향을 크게 받았다고 말했다.

로버트 루이스 스티븐슨은 작가 중의 작가였다. 그가 어떻게 그토록 매력적인 문체를 개발하게 되었을까? 다행이도 스티븐슨 자신이 그 비결을 알려주었다.

"책을 읽으면서 표현이 절묘하거나 개성적인 표현을 만날 때면 곧바로 앉아서 그 특징을 내 것으로 하려고 노력했다. 언제나 만족할 수가 없어서 계속 시도했다. 하지만 적어도 이런 헛된 시도를 통해서 리듬, 조화, 구성이라는 측면에서 많은 연습을 할 수 있었다.

나는 해즐릿, 램, 워즈워스, 토머스 브라운, 디포, 호손, 몽테뉴를 열심히 따라했다."

모방을 하면서 자신의 한계를 느끼지만 이것이 모방의 의미이다. 실패해도 계속 시도해라. 이것만이 성공으로 향하는 지름길이다.

이제 비밀을 다 나왔다. 링컨은 성공한 변호사가 되고 싶어 하는 청년에게 이렇게 편지 썼다. "책을 읽고 공부하는 것이 유일한 방법입니다. 공부가 최고의 방법입니다."

그럼 어떤 책으로 시작할까? 우선 아놀드 베넷의 〈시간 관리론〉으로 시작해라. 이 책은 찬물로 샤워를 하는 것처럼 정신이 바짝 들게 해줄 것이다. 이 책은 세상에서 가장 흥미로운 주제인 당신에 대해 많은 것을 말해줄 것이다. 이 책은 당신이 하루에 얼마나 많은 시간을 낭비하는지, 시간을 어떻게 활용해야 할지 알려줄 것이다.

"신문 대신에 타키투스와 투키디데스, 뉴턴과 유클리드를 읽었는데 훨씬 행복해졌다." 라고 제퍼슨은 말했다. 한 달만이라도 영원한 가치를 지닌 좋은 책을 읽는데 시간을 투자해보는 건 어떤가? 엘리베이터, 전차, 식사, 약속상대를 기다리면서 책을 읽는 것은 어떨까?

〈시간 관리론〉을 다 읽었으면 같은 작가가 쓴 〈인간기계〉를 읽어라. 이 책은 사람을 좀더 현명하게 대하는 법을 알려줄 것이다. 이 책들은 내용도 좋고 구성방식과 어휘력 향상에 도움을 줄 것이다. 다음의 책들도 도움이 될 것이다. 프랭크 노리스의 〈문어〉와 〈함정〉은 최고의 미국 소설이다. 토머스 하디의 〈테스〉는 가장 아름다운 이야기 중 하나이다. 뉴웰 드와이트 힐리스의 〈사회에서의 인간의 가치〉와 앙드레 모로아의 〈아리엘〉, 〈셰리의 일생〉, 바이런의 〈차일드 헤럴드의 순례〉, 로버트 루이스 스티븐슨의 〈당나귀와의 여행〉 역시 좋은 작품들이다.

에머슨과 매일 친해져라. 그의 에세이 〈자기 신뢰〉를 매일 읽고 다음과 같은 주옥과 같은 문장에 귀 기울여라.

"마음속의 확신을 소리 내어 말하라. 그러면 그것이 보편적인 의미를 갖게 될 것이다. 가장 내적인 것이 외적인 것이 되고, 우리의 처음 생각이 마지막 심판의 나팔소리와 함께 우리에게 다시 되돌아온다. 모세와 플라톤과 밀턴의 가장 큰 장점은 이들이 책이나 전통에 기대지 않고, 다른 사람이 생각하는 것이 아닌 자신의 생각을 표현하였다는 것이다. 인간은 시인이나 현인이 노래한 하늘의 광채보다 마음속의 반짝이는 광채를 알아채는 방법을 배워야 한다. 하지만 인간은 자기의 생각이 자신의 것이라는 이유로 무시한다. 천재의 작품 속에서 우리는 우리의 생각을 발견하고, 우리가 거부했던 우리의 생각이 타인의 권위를 가지고 다시 돌아옴을 보게 된다. 위대한 예술작품이라고 해서 우리의 마음속의 생각보다 더 큰 교훈을 우리에게 주는 것은 아니다. 위대한 예술작품은 다른 작품이 반대편을 가리키고 있는 경우에도 우리의 자유의지를 따르라고 가르치고 있다. 내일 낯선 사람이 우리의 생각을 정확히 말할 것이며, 이때 우리는 우리의 생각을 부끄럽게 받아들이게 된다.

인간의 교육에서는 질투가 무지이고, 모방은 자살이며, 우주에 좋은 것이 가득해도 자신이 노력하지 않으면 옥수수 알 하나도 오지 않는다고 가르친다. 인간의 힘은 새로운 것으로, 자신 외에는 그 능력을 알 수 없고, 시도하기 전에는 그 능력을 알 수 없다."

아직도 최고의 작가들이 많이 남아있다. 그들이 누구일까? 헨리 어빙 경이 최고의 책 100권의 목록을 뽑아달라는 부탁을 받았을 때 이렇게 대답했다. "어떤 책보다 성경과 셰익스피어만큼 뛰어난 책이 없습니다." 이 위대한 영문학의 샘물을 오래 그리고 자주 마셔라. 신문을 치우고 이렇게 말해라. "셰익스피어여, 오늘밤 내게 와서 로미오와 줄리엣, 맥베스와 그의 야망에 대해 이야기 해주십시오." 이렇게 하면 어떤 좋은 점이 있을까? 점차 무의식적으로 당신의 언어는 아름다워지고 정교해질 것이다. 책 속 당신의 친구들의 영광과 아름다움, 위엄이 당신에게 영향을 미칠 것이다. 괴테는 이렇게 말했다. "당신이 읽고 있는 책을 내게 말해주면 당신이 어떤 사람인지 말해주겠다."

이 독서프로그램은 약간의 의지력과 시간 관리능력이 필요하다.

마크 트웨인의 비결

마크 트웨인은 어떻게 그렇게 말을 잘하게 되었을까? 젊어서 그는 미주리에서 네바다까지 정말 느리고 고통스러운 여행을 했다. 승객과 말을 위한 음식과 물도 날라야 했다. 필요 이상의 무게는 큰 사고로 이어질 수 있었고, 짐에는 온스 단위로 요금을 부과했지만 산길을 넘을 때나, 사막을 건널 때, 산적으로 득실대는 위험한 지대를 지날 때도 웹스터 사전을 항상 옆에 끼고 다녔다. 그는 언어의 달인이 되고 싶었고, 용기와 재치로 언어의 달인이 되기 위해 필요한 일을 했다.

피트와 채텀 경은 사전의 모든 페이지와 모든 단어를 두 번이나 공부했다. 브라우닝도 매일 사전을 들여다보며 즐거움을 느꼈다. 링컨은 해질 무렵 자리에 앉으면 어두워져서 글씨가 보이지 않을 때까지 사전을 읽었다고 한다. 이들이 특별한 경우가 아니라 모든 이름 있는 작가와 연사는 이런 과정을 거쳤다.

우드로우 윌슨은 뛰어난 영어를 구사했다. 그가 어떻게 이렇게 뛰어난 영어를 구사할 수 있었는지 직접 그의 이야기를 들어보자.

"나의 아버지는 식구들 중 어느 누구도 부정확한 표현을 쓰는 것을 허용하지 않으셨습니다. 자식들 중 누군가가 표현을 잘 못하면 즉시 고쳐주었습니다. 잘 모르는 단어는 곧바로 설명해주셨고, 대화중에 그 말을 자주 연습하게 해서 오래도록 기억에 남게 해 주셨습니다."

탄탄한 문장 구성력과 간결한 언어구사로 유명한 뉴욕의 한 연사가 자신의 비결을 말해주었다. 대화중이나 독서를 할 때 모르는 단어가 나오면 수첩에 적어두었다가 사전을 찾아보고 그 말을 완전히 자기 것으로 만들었다고 한다. 이런 식으로 자료를 모으지 못한 날은 퍼날드의 〈동의어, 반의어, 전치사〉한 두 페이지를 공부했다. 하루에 새로운 단어 하나씩 공부하는 것이 그의 목표였다. 이것은 곧 일 년에 365개의 새로운 표현을 얻는다는 말이 된다. 이 새로운 어휘는 작은 수첩에 기록하여 시간 날 때마다 공부했다. 그는 한 단어를 세 번 사용하면 완전한 자기 것이 된다는 사실을 발견했다.

당신이 사용하는 단어 뒤에 숨은 낭만적인 이야기

사전을 사용할 때 단어의 뜻 뿐만 아니라 어원도 찾아라. 어휘의 역사, 기원은 정의 뒤에 괄호에 표시되어 있다. 당신이 매일 쓰는 단어들이 진부하다는 생각을 집어치워라. 자세히 살펴보면 단어들은 개성이 있고, 낭만이 있다. "식료품점에 전화 걸어 설탕을 주문해라." 라는 말은 지극히 단순한 말을 할 때도 우리는 많은 외국어를 사용한다. 전화하다(Telephone)는 멀리를 뜻하는 tele와 소리를 의미하는 phone의 두 그리스어에서 만들어졌다. 식료품점(grocer)은 고대 프랑스어 grossier에서 나왔고, 그 프랑스어는 라틴어 grossarius에서 나왔다. 설탕(sugar)이라는 말도 프랑스에서 온 것이고, 그 프랑스어는 스페인어에서, 그 스페인어는 아랍어에서, 그 아랍어는 페르시아어에서 유래했다. 페르시아 말 shaker는 사탕을 의미하는 산스크리트어 carkara에서 파생되어 나온 말이다.

당신은 어떤 회사에서 일하거나 회사를 소유하고 있을 것이다. 회사(company)는 고대 프랑스어 companion에서 유래했다. com은 함께라는 뜻이고 panis는 빵이라는 뜻이다. 즉 companian은 당신과 함께 빵을 나누는 사람이라는 뜻이고, company는 빵을 만들려고 하는 사람들의 모임이다. 당신의 월급(salary)은 문자 그대로 소금 살 돈을 의미한다. 로마의 군인들은 소금살 돈을 받았는데, 어떤 사람이 자신의 급여를 salarium이라는 속어로 불렀고 이것이 영어가 된 것이다. 책은 문자 그대로 beech wood(너도밤나무)에서 나온 말이다. 오래전에 사람들은 너도밤나무에 글씨를 썼다. dollar는 골짜기(valley)를 의미한다. 달러는 16세기에 성 요아킴계곡에서 처음 만들어졌다. Janitor(문지기)와 January(1월)는 모두 로마에 살았던 에투루리아인 대장장이의 이름에서 나온 말로 그는 자물쇠와 빗장을 주로 만들었다. 그가 죽은 후에 그는 신격화 되었고 두 개의 얼굴을 가져서 동시에 두 방향을 볼 수 있었고 문을 열고 닫는 것과 관련이 있었다. 한해의 끝과 새해의 시작에 있는 달은 January 또는 Janus(야누스)의 달로 불리게 되었다.

July(7월)는 줄리어스 시저(Julius Caesar)의 이름에서 나온 말로 아우구스투스(Augustus) 황제는 그에게 뒤처지지 않기 위해 7월 다음 달을 자신의 이름을 따서 August라고 불렀다. 하지만 그 당시 8월은 30일 밖에 없었다. 시저의 이름을 딴 7월보다 날수가 모자란 것이 싫어서 결국 2월에서 하루를 떼어서 8월에 붙였다.

큰 사전에서 다음의 낱말들의 어원을 찾아보아라. 어원을 알고 나면 훨씬 흥미 있게 그 단어들이 다가올 것이고 이 단어들을 사용할 때 즐거움도 커질 것이다. 찾아볼 단어는 다음과 같다. atlas, boycott, cereal, colossal, concord, curfew, education, finance, lunatic, panic, palace, pecuniary, sandwich, tantalize

한 문장을 104번이나 고쳐 쓰다.

생각하는 바를 명확하게 말하기 위해 노력해라. 전문 작가들에게도 자신의 생각을 제대로 표현하는 것이 항상 쉬운 일이 아니다. 파니 허스트는 문장을 50번에서 100번까지 고쳤을 때도 있었다고 내게 말했다. 그녀와 이야기를 나누기 몇 일전에도 한 문장을 104번이나 고쳐 썼다고 말했다. 그녀는 〈코즈모폴리턴〉 잡지에 원고료로 2000달러나 받는 우수한 작가이다. 마벨 허버트 우르너는 신문을 통해 개재되는 단편 소설에서 한두 문장을 빼는 데도 오후 내내 걸렸다고 고백했다.

거버너 모리스는 리처드 하딩 데이비스가 올바른 단어 선택을 위해 어떻게 끊임없이 노력했는지 말해주었다.

"그의 소설에 등장하는 모든 표현들은 그가 생각할 수 있는 수많은 표현들 중에서 끊임없는 생각을 통해 고르고 고른 후 추려낸 것이다. 단어와 단락 페이지 심지어 전체 이야기를 끊임없이 고치고 또 고쳤다. 자동차가 문에 들어오는 장면을 묘사할 때 그는 예리한 관찰자의 눈으로 이 장면을 자세하게 묘사했다. 그렇게 한 후에 자신이 쓴 글을 하나씩 하나씩 삭제하는 과정을 거쳤다. 삭제하다가 '그림이 남아 있나?' 하고 자문했다. 삭제과정에서 그림이 남아있지 않으면 다시 복원하여 다른 어떤 내용을 삭제하는 과정을 되풀이했다. 이런 과정을 되풀이하다보면 모든 면에서 완벽한 얼음처럼 투명하게 빛나는 그림이 남아있게 된다."

이 수업을 듣는 수강생들은 앞에 말한 전문 작가처럼 절실하게 적당한 단어를 찾을 시간도 없고 그럴 생각도 없을 것이다. 지금까지 말한 예들은 성공한 작가들이 적절한 어휘와 표현을 얼마나 중요하게 생각하는 지 보여주고, 수강생 여러분이 영어의 사용에 좀더 흥미를 가져주기를 바라는 마음에서 인용한 것이다. 물론 연사가 적절한 말을 연설 중에 찾느라 말을 더듬는 것은 바람직하지 않다. 연사는 일상생활에서도 정확한 표현을 찾는 연습을 꾸준히 해서 무의식적으로 올바른 표현을 말할 수 있어야 한다. 하지만 실상은 어떤가?

밀턴은 8천 단어, 셰익스피어는 1만 5천 단어를 사용했다고 한다. 표준 사전에 기록된 어휘의 수는 45만 개인데 보통 사람이 사용하는 단어는 2천개 정도라고 한다. 보통 사람들은 동사 몇 개와 연결사, 명사, 습관적으로 사용하는 형용사 몇 개만을 사용한다. 그는 너무 게으르고 생업에 너무 몰두해 있어 정확한 표현을 찾는 훈련을 할 수 없다. 결과는 어떨까? 나는 예전에 그랜드 캐년에서 잊을 수 없는 며칠을 보낸 적이 있었다. 어느 날 오후에 어떤 부인이 차우차우 강아지와, 관현악 곡, 어떤 사람의 성격과, 그랜드 캐년을 이야기하면서 모두 똑같은 beautiful(아름다운)이란 단 한 형용사를 쓰는 것을 본 적이 있다.

그녀가 어떤 다른 단어를 사용할 수 있을까? 로제의 〈동의어 사전〉에 나온 beautiful(아름다운)의 동의어가 수없이 많다.

나는 글을 쓸 때마다 로제의 〈동의어 사전〉을 옆에 두고 어떤 때는 일반사전보다 10배는 많이 찾아볼 때도 있다.

이 사전을 만들기 위해 로제는 오랫동안 고생했지만 당신은 값싼 넥타이 한 개 값이면 책상 위에 두고 평생 사용할 수 있다. 이 책은 책꽂이 위에서 잠만 자고 있을 책이 아니라 계속 사용해야 할 도구이다. 글을 쓰거나 연설을 수정할 때, 편지를 구술할 때 이 책을 활용해라. 이 책을 매일 사용하면 당신의 어휘력은 증가할 것이다.

틀에 박힌 표현은 피해라.

정확하게 표현하는 것 외에도 신선하고 독창적인 표현을 사용하도록 노력해라. 본 그대로 말할 수 있는 용기를 가져야 한다. 예를 들어 홍수가 끝나고 얼마 지나지 않아 어떤 독창적인 사람이 다음의 비유를 사용했다. "오이처럼 냉정하다" 당시에 이 표현은 아주 참신했다. 냉정함을 표현하는 직유 표현은 다음과 같다. 이 표현들이 이제는 식상한 오이 비유만큼 효과적이면서 더 신선하게 느껴지지 않는가?

개구리처럼 차가운

새벽의 열탕 주머니처럼 차가운

탄약 꽂을 대처럼 차가운

무덤처럼 차가운

그린랜드의 얼음산처럼 차가운

진흙처럼 차가운

거북이처럼 차가운

흩날리는 눈발처럼 차가운

소금처럼 차가운

지렁이처럼 차가운

새벽처럼 차가운

가을비처럼 차가운

당신만의 직유를 만들어봐라.

—처럼 차가운

—처럼 차가운

—처럼 차가운

—처럼 차가운

—처럼 차가운

나는 미국에서 가장 많은 고료를 받는 것으로 유명한 캐슬린 노리스에게 문체를 어떻게 하면 개선할 수 있는지 물었다. 그녀는 이렇게 대답했다. "고전작품을 읽고, 자신의 글에서 진부한 표현을 냉정하게 잘라내는 연습이 필요합니다."

잡지 편집자는 진부한 표현이 두세 개 정도 발견되면 생각도 별로 독창적이지 못하다는 생각에 그 원고를 작가에게 반송시킨다.

요약

1. 사람들은 네 가지 기준으로 우리들을 평가한다. 우리의 행동, 우리의 외양, 우리가 하는 말, 그 말을 하는 방식. 전직 하버드 총장 찰스 엘리엇은 이렇게 말했다. "인간교육의 필수요소는 모국어를 정확하게 세련되게 말할 수 있는 능력이다."

2. 당신의 언어는 당신이 함께 지내는 사람들의 영향을 크게 받는다. 링컨처럼 문학의 대가들과 친해져라. 링컨처럼 저녁시간을 셰익스피어와 위대한 시인들 작가들과 함께 보내라. 이렇게 하면 무의식 중에 당신의 마음은 풍요로워지고 당신의 말에는 당신 친구들의 품격이 배어나올 것이다.

3. 토머스 제퍼슨은 이렇게 썼다. "나는 신문 대신에 타키투스와 투키디데스, 뉴턴과 유클리드를 선택했고 이로 인해 행복해졌다." 신문을 읽지 말라는 말은 아니다. 그저 예전의 절반 시간 정도만 신문 읽는데 쓰고 나머지 시간에 고전을 읽어라.

4. 옆에 사전을 두고 읽어라. 모르는 단어가 나오면 찾아보아라.

5. 평소에 사용하는 단어의 어원을 공부해라. 어원은 지겹지 않다. 어떤 때는 낭만적이기까지 하다.

6. 진부하고 상투적인 말을 사용하지 마라. 로제의 동의어 사전을 책

상에 두고 자주 들여다보아라.

7. '오이처럼 냉정한'이라는 진부한 단어는 사용하지 마라. 참신한 당신만의 고유한 직유표현을 만들어라.

데일카네기 불후의 3부작
인간관계론, 자기관리론, 성공대화론

초판 인쇄 2024년 06월 02일
초판 발행 2024년 06월 06일

지은이 데일 카네기
펴낸이 진수진
펴낸곳 책에 반하다

주소 경기도 고양시 일산서구 대산로 53
출판등록 2013년 5월 30일 제2013-000078호
전화 031-911-3416
팩스 031-911-3417